조선로동당 당원 조직 연구
1945~1960

조선로동당 당원 조직 연구(1945~1960)

초판 1쇄 발행   2008년 4월 28일

저   자 ㅣ 이주철
펴낸이 ㅣ 윤관백
편   집 ㅣ 이경남
표   지 ㅣ 김지학
교정교열 ㅣ 김은혜 · 이수정
펴낸곳   선인

인   쇄 ㅣ 한성인쇄
제   본 ㅣ 광신제책

등록 ㅣ 제5-77호(1998.11.4)
주소 ㅣ 서울시 마포구 마포동 324-1 곶마루 B/D 1층
전화 ㅣ 02)718-6252 / 6257   팩스 ㅣ 02)718-6253
E-mail ㅣ sunin72@chol.com

정가   37,000원
ISBN   978-89-5933-121-5   93900

· 잘못된 책은 바꿔 드립니다.

조선로동당 당원 조직 연구
1945~1960

이주철

책을 내면서

　북한을 전공으로 공부를 시작하여 석사논문을 쓴 지 20년이 되었다. 변화하는 북한을 모두 알기는 어렵지만, 이제 대충 알 것 같기도 하다. 앞으로 북한은 더 가깝게 우리의 생활 안에 들어오게 될 것이므로 우리 삶의 일부라고 할 수 있고, 우리 모두가 원하든 원치 않든 함께 하게 될 또 하나의 우리이다. 북한은 이제 단순한 공부나 연구의 대상이 아니라, 생활이고 환경이다.

　남한과 마찬가지로 북한정부 수립도 올해로 60주년이 되었다. 조선로동당이 이끄는 북한체제가 60년 이상을 지속하였다. 때로는 세상이 변하는 데 깜짝 놀라고, 때로는 세상이 변하는 데 정말 많은 시간이 걸린다는 생각을 하게 된다. 세상의 나라마다, 각 부문마다 변화의 속도가 다르지만, 오늘의 북한은 느리면서도 물밑에서는 빠르게 움직인다.

　최근의 북한을 바라보면, 희망과 좌절이 함께 느껴진다. 정치권력의 행태에서 좌절이 느껴지고, 북한인민과 국제정세의 변화에서 희망이 느껴진다. 비록 많은 시간이 필요하겠지만, 결국엔 변화하고 좋은 미래가 올 것이라는 믿음을 갖는다. 오히려 서두르기보다는 해방 100년·통일 원년을 기다리는 끈기 있는 마음으로 여유를 가지고 통일시대를 준비하는 것이 어떨까 하는 생각을 한다.

　이 책은 박사학위 논문으로 제출한 「북조선로동당의 당원과 그 하부조직에 관한 연구」를 확대한 글이다. 이제야 발간하게 된 것은 능력부족과 욕심, 세상일에 바쁨 때문이었다. 능력의 부족은 새삼 더 말할 것이 없고, 욕심은 2000년대 현재까지의 조선로동당 당원조직에 대해 논하고 싶었던 것이다. 결국 힘이 부쳐 일단 1950년 전쟁 전 시기로 마쳤던 박사논문을 1960년까지 늘리고 보론을 2편 싣는 것으로 마무리 했는데, 전쟁 이후 시기는 자료의 문제로 인해 원하던 수준의 구체적인 작업이 어려웠다. 책의 제목을 '조선로동당 당원 조직'이라고 한 것은, '당조직'보다 '당원'을 강조하고 싶은 생각 때문이다.

이 주제는 매우 중요하고, 필자의 관심이 응집된 주제이다. 세상일과 역사란 사람이 만드는 것인데, 북한의 역사는 역시 조선로동당 당원의 역할이 핵심적이었다는 생각이다. 최고권력자의 역할도 중요했지만, 앞으로 역사를 추동하는 힘의 근본이 인민대중에 있다는 사실을 확인하게 될 것이다. 앞으로도 필자의 관심은 사람이고, 특히 역사를 지고 나가는 사람들에 대한 연구를 계속해 나가고자 한다. 노력하여 이 책의 뒷부분을 잇는 책을 가까운 시간에 만들고 싶다.

세상일에 바쁨은 여러 가지 이유가 있으나, 그중 하나는 일터에서 시간과 힘을 나눈 것이다. 일터에서의 많은 시간을 오늘의 북한문제를 다루는 데 사용하였는데, 일터는 북한역사 공부에 전념할 환경이 되지 못했다. 그동안 통일 및 북한방송·남북교류와 관련된 연구와 조사에 시간을 많이 썼다. 큰 연구 성과를 거두지는 못했지만, 작은 연구나마 이 분야에서 연구를 열었다는 보람도 있다.

처음 북한토지개혁을 주제로 석사논문을 쓸 때가 생각이 난다. 1989년은 사학과에서는 북한을 학위논문의 주제로 다룬 일이 없던 시기였는데, 흔쾌히 주제를 받아주셨던 강만길 선생님이 계셔서 필자의 북한공부가 가능할 수 있었다. 만약 선생님께서 허락하지 않으셨다면, 나의 북한공부는 훨씬 늦어졌을 것이고 어쩌면 이루어지지 못했을지도 모르겠다. 선생님께 다시 감사를 드린다.

늘상 격려해 주시고, 논문을 심사해 주신 조광 선생님과 최덕수 선생님께도 감사를 드린다. 석사논문과 박사논문을 쓸 때 논문을 애써서 읽고 도와주셨던 지수걸 선배님과 정태헌 선배님께 감사를 드린다. 선배들의 도움을 받기는 했지만, 후배들을 잘 돕지는 못한 것 같아, 반성하고 미안한 마음이다.

　학교 밖에서도 많은 도움을 받았는데, 특히 이종석 박사님과 서동만 박사님의 도움을 많이 받았다. 북한 연구에서 대표적인 연구자로 잘 알려진 두 분으로부터 자료를 비롯하여 북한 공부에 관한 많은 도움을 받았다. 두 분의 역저는 언제나 학문적 반성을 느끼게 하는 책이다.

　역사문제연구소와 한국역사연구회, 한국정치연구회의 선배와 동학께도 깊은 감사를 드린다. 역사학과 정치학·사회학 등, 여러 분야의 연구자들이 모여 있는 곳에서 공부를 할 수 있었던 것도 행운이었다. 훌륭한 연구자들과 함께 공부하던 시절은 반성과 분발을 하는 소중한 시간이었다.

　또 한 곳 필자가 공부를 하면서, 많은 것을 배울 수 있었던 북한대학원이 있다. 박사를 마칠 즈음, 새로 생긴 북한대학원에 입학하여 석사과정과 박사과정을 다녔다. 그리고 이곳에서 매우 많은 북한 연구자와 북한 관계자, 북한이탈주민들을 만났다. 고대 사학과와 연구소·학회, 그리고 북한대학원에서 나의 공부는 이루어졌다. 늘상 격려해 주시던 최완규 교수님과 여러 선생님들, 동학들께도 깊은 감사를 드린다.

　공부를 하는 과정은 다른 사람의 도움을 받는 과정이었다. 필자의 일터 KBS와 이곳에서 만난 소중한 분들께 진심으로 감사를 드린다. 2000년에 KBS 방송문화연구소의 통일방송연구 담당자로 들어와 현재 근무하는 부서인 남북교류협력단에서 북한 관련 연구와 업무 등을 진행하면서 많은 것을 배웠고, 북한을 경험할 수 있었다.

　오랜 시간 미룬 원고를 받아 출간해 주신 선인의 윤관백 사장님과 이 책으로 인해 많은 수고를 한 편집부 식구분들께 마음으로부터 깊은 감사를 드린다.

　아내 지영과 아들 재정에게도 고마움을 표한다.

2008. 4. 19.
여의도 KBS 연구동에서 필자 씀

차 례

서론 13

제1장 북조선로동당의 당원확장과 조직강화 31

1. 북조선로동당조직의 확대·강화와 하부 지지기반의 구축   35
    1) 조선공산당북조선분국   35
    2) 토지개혁과 당원확장 기반의 구축   43
    3) 북조선로동당의 창립과 '전위적 대중정당'의 추진   52
    4) 북조선로동당 2차 당대회 후의 당원정책 변화   71

2. 북조선로동당 하부조직의 강화과정과 하부조직실태   83
    1) 조직강화과정   83
    2) 당규율·동원·학습·당원의 이탈을 통해 본 북조선로동당 조직 실태   100

3. 북조선로동당의 간부 양성과 당원 교육   143
    1) 간부당원의 양성   143
    2) 정규교육을 통한 당원 양성   154

4. 요약 및 소결   165

제2장 북조선로동당과 정권기관의 관계 173

1. 북조선로동당의 국가권력 장악과 하부인민위원회 재편   177

1) 김일성의 북조선임시인민위원회 주도　　　　　　　　　　177
　　2) 인민위원회의 합법화　　　　　　　　　　　　　　　　　182
　　3) 북조선로동당의 북조선인민위원회 주도　　　　　　　　189
　　4) 북조선로동당 당조의 조직과 면·리 인민위원회의 재편　198
2. 지방당과 하급 인민위원회의 관계　　　　　　　　　　　　207
　　1) 인제군당　　　　　　　　　　　　　　　　　　　　　　208
　　2) 인제군당과 인제군 정권기관의 관계　　　　　　　　　　232
3. 북조선로동당 당원의 보안기관·군·사법기관에서의 활동　　247
　　1) 보안기관과 군　　　　　　　　　　　　　　　　　　　　247
　　2) 사법기구　　　　　　　　　　　　　　　　　　　　　　261
　　3) 권력기관의 월권과 부정행위　　　　　　　　　　　　　266
4. 요약 및 소결　　　　　　　　　　　　　　　　　　　　　　273

▌제3장 북조선로동당과 타당·사회단체·기업소 관계 ▌ 281

1. 북조선로동당과 타정당 관계　　　　　　　　　　　　　　285
　　1) 조공분국과 타당과의 관계　　　　　　　　　　　　　　285
　　2) 북조선로동당과 타당과의 관계　　　　　　　　　　　　290
2. 북조선로동당의 사회단체 지배　　　　　　　　　　　　　299
　　1) 사회단체의 형성과 조공분국의 지도　　　　　　　　　　299
　　2) 북조선로동당의 사회단체 지배　　　　　　　　　　　　314
3. 북조선로동당 당원과 당조직의 공장에서의 역할　　　　　347
　　1) 인민위원회의 중요산업 관리　　　　　　　　　　　　　347
　　2) 북조선임시인민위원회의 노동정책과 노동자 생활　　　　360
　　3) 북조선로동당 당원과 당조직의 공장에서의 역할　　　　366
4. 요약 및 소결　　　　　　　　　　　　　　　　　　　　　　377

제4장 1950년대 조선로동당의 하부조직 재편과 당-국가체제 강화 ▌385

1. 전쟁 시기의 당조직 확대정비(1950~1953년)   389
    1) 전쟁 초기 당조직 정책   389
    2) 휴전협상 진행기 당조직 확대정비   393
    3) 전쟁시기 하급 당조직과 군(軍) 당조직 실정   397
    4) 개성지역 등 '신영토지역'에 대한 당조직 구축   401

2. 전후 복구기의 당조직 강화(1954~1956년)   405
    1) 남로계의 숙청과 당조직 정비   405
    2) 농업협동화의 추진과 지방당의 조직변화   409

3. 3차 당대회 이후의 당조직 재편(1956~1960년)   419
    1) 3차 당대회와 당조직 정비   419
    2) '8월 종파사건'과 당조직 변화   424
    3) 농업협동화의 성과와 당조직의 역할   428
    4) 중앙당 집중지도사업의 전개와 당조직 재편   432
    5) 지방 당조직의 통제력 강화   436
    6) 군내(軍內) 군(軍)당위원회의 최고 조직화   439

4. 1950년대의 조선로동당 당규약의 하부조직 규정 변화   443
    1) 조선로동당 2차 당대회   443
    2) 조선로동당 3차 당대회   444
    3) 조선로동당 4차 당대회   445

5. 요약 및 소결   447

▌결론 ▌453

보론 469

최고인민회의 대의원 연구   471
  1. 머리말   471
  2. 최고인민회의의 위상 변화   473
  3. 상임위원회(상설회의) 분석   480
  4. 대의원 분석   492
  5. 맺음말   509

조선로동당의 당역사 서술 변화   513
  1. 분석 대상과 서술 방향   513
  2. 목차 비교   515
  3. 각 시기별 서술의 주요 변화   521
  4. 조선로동당사 서술 변화의 주요 특징   551

참고문헌 557
표 목 차 567
찾아보기 573

서 론

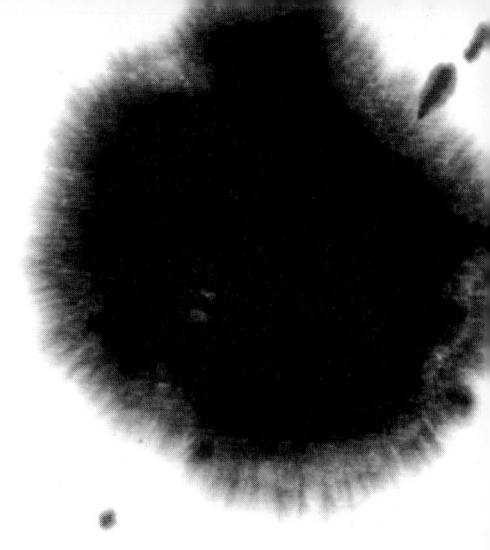

문제 제기

　이 연구는 항일독립투쟁을 거쳐 사회주의국가를 성립시키고, 한국전쟁 후에는 분단된 북한사회주의체제를 완성하고 오늘날까지 이끌어온 조선로동당과 그 당원을 이해하고자 하는 작업이다.
　조선로동당과 조선로동당 당원들을 이해하고자 하는 연구는 오랫동안 여러 각도에서 계속되어 왔다. 하지만 아직도 조선로동당의 뿌리와 구조에 대한 규명이 충분한 것은 아니다. 본 연구는 해방 후와 1950년대의 조선로동당의 당조직과 당원에 초점을 맞춰 북한체제를 이해하고자 하는 시도이다.
　1945년 8월 소련군은 북한을 점령했지만, 2차 대전 후의 세계질서 속에서 미국과 같은 자본주의 국가들과의 관계를 고려해야 했고, 한반도 안에서는 인민위원회를 조직하며 정치활동을 시작한 조선인과의 관계에도 신중한 대응이 필요하였다. 이런 제약조건 속에서 소련군이 북한에서 비교적 자유롭게 영향력을 펼 수 있었던 것은 일제하에서 투쟁해 왔던 자생적인 조선인 공산주의운동세력이 있었기 때문이었다. 소련군은 소련에 거주하던 '고려인'들을 데리고 왔지만 이들이 전면에 나서지 못하고, 항일투쟁을 한 조선인 공산주의자들이 전면에서 활동한 것은 일제에 투쟁했던 독립운동세력이 갖는 사회적 위상을 보여준다.

  소련의 북한 점령정책은 초기부터 조선인을 통한 소련의 의지 관철이라는 목표를 가지고 있었고, 해방 전부터 성립되었던 조선인 공산주의 운동세력과 소련과의 관계가 이것을 커다란 갈등관계 없이 이루어지게 한 것이다. 소련군이 북한지역을 점령하면서 국내외에서 활동하던 조선인 공산주의자들은 그들이 해방 전부터 목표로 하던 '국가'의 건설을 추진하였다. 이 과정에서 소련은 조선인 공산주의자들에게 현실적인 모델이 되었고, 소련은 이 과정을 적극 지원하였다.

  그러나 북한의 국가건설 과정은 소련에 의한 소비에트화 과정과는 상당한 차이가 있다. 소련군에 의해 형성된 유리한 정세와 더불어 조선인 공산주의자들의 활동이 활발할 수 있었던 북한사회 내부적 요인은 북한사회가 가지고 있었던 정치적·사회경제적 모순이었다. 북한의 사회경제적 구조를 보면 일제하에서 봉건적인 모순이 더욱 확대되어 인민의 대다수인 농민들의 생활은 소작농의 처지로 전락하였고, 지주계급은 일제와 타협하여 가난한 조선농민에 대한 수탈구조를 이루었다. 이런 모순은 당연히 일제권력이 붕괴된 후에는 재편이 요구될 수밖에 없었는데, 이런 상황에서 북한의 공산주의자들은 소련의 점령이라는 유리한 정치정세를 배경으로 하층농민과 노동자와의 결합을 추진하였다.

  이 과정에서 발생한 모스크바 3상회의 결정에 반대하는 조만식세력에 대한 통제와 토지개혁의 실행결과는 해방 직후의 '부르주아민주주의혁명 단계'라는 공산주의자들의 혁명노선에 변화를 압박하는 결과를 가져왔다. 그 결과 이후의 조선공산당북조선분국(이하는 조공분국으로 줄임)의 실제적인 혁명노선은 주로 노동자와 빈농에 연대하는 것이 되었고, 북한사회는 공산당의 주도하에 공산당원(이후의 북로당원, 조선로동당 당원)을 중심으로 국가를 장악하고 급진적 혁명단계로 빠르게 변화되기 시작하였다.

  한국전쟁 전후의 북한역사는 그 시기가 오래되지 않았고, 그 시기를 경험한 사람들이 아직까지 살아 있으며, 증언과 연구를 통하여 대체적인 윤곽은 많이 알려져 있다. 하지만 아직까지의 연구성과는 대체적인 윤곽 이상의 구체적 사실에 대한 이해는 부족한 단계이다. 이처럼 구체적 사실의 복원이 미진한 상태에서 한국전쟁 전의 북한사회에 대해 1947년부터 '사회주의혁명단계'로 이행한 '프롤레타리아독재정권의 수립'으로 보거나[1] '인민민주주의국가의 수립'으로 규정하는 연구가 있다. 하지만 문제는 이러한 규정에도 불구하고 두 가지의 규정 모두가 한국전쟁 전의 북한사회에 대한 충분한 설명을 함께 주고 있지는 못하다는 것이다. 따라서 현재의 연구의 초점은 성격에 대한 개념규정보다는 구체적 논거의 풍부한 복원이 선행되어야 할 필요가 있다.

또 1950년 한국전쟁 이후 전개된 북한체제의 변화에 대해서도 보다 구체적인 정리가 필요하다. 해방 후 구축한 북한체제의 질서가 한국전쟁 이후 어떻게 변화하였고, 이후 북한체제의 변화에 어떠한 의미를 갖는지에 대한 규명이 필요하다.

따라서 본고는 해방 후와 한국전쟁 이후 북한에서 이루어진 사회혁명의 결과와 주도세력을 실증적으로 설명함으로써 북한사회에 대한 이해를 높이고자 하며 다음과 같은 문제의식을 가지고 있다.

첫째, 해방 후 북한사회를 주도했던 북조선로동당(이하는 북로당으로 줄임)의 당원과 하부조직을 통해 북한에서 이루어진 사회혁명으로 인한 정치체제의 변화와 결과를 실증적으로 규명하고자 한다. 1945년 해방 후 북한의 공산주의 정치세력은 그들의 혁명단계를 '부르주아민주주의혁명단계'로 규정하였지만, 1948년에 조선민주주의인민공화국이 성립되는 과정은 적어도 정치권력 측면에서는 사회주의혁명의 진행과정이었다고 할 수 있다.

조선민주주의인민공화국을 사회주의적 정치체제로 규정하기 위한 조

---

[1] 『조선전사』 24, 과학, 백과사전출판사, 1981.

건은 여러 가지가 있을 수 있지만 그중에서 가장 중요한 조건은 당과 국가의 관계라고 할 수 있다. 역사 속에 존재했거나, 현존하는 사회주의 국가는 기본적으로 공산당이 국가를 지배하는 당-국가 체제를 성립시켰는데, 한국전쟁 전의 북한을 당-국가체제가 확립된 것으로 보는 데는 異論이 있을 수 있다. 하지만 분명히 당-국가체제로 가고 있었으며, 실제 당-국가체제를 돌이킬 수 없는 기본적 조건들이 이미 구축되었다고 본다. 그리고 북로당이 국가와 사회에 대한 주도권을 행사하고, 중요 기관·단체를 장악하였으며, 북로당 정권이 공고하여 다른 정당이나 계급에 의하여 교체될 가능성이 없었다면, 실제적인 사회주의적 당-국가체제가 성립된 것으로 평가할 수 있다.

공산당이 국가를 장악하는 체제는 공산주의 국가의 보편적인 구조이며, 북한에서의 국가건설과정의 진행방향이었다는 것은 그간의 연구를 통해서도 기본적인 합의에 이르렀다고 할 수 있다. 북한체제 성립과정의 성격을 논증하기 위해서는 최고권력지도부, 핵심정당, 주도계급, 이데올로기를 통하여 북한이 당-국가체제로 갔음을 실증해야 한다. 이를 위하여 당과 국가기구, 정당, 사회단체와 기업소를 중심으로 구축된 권력질서를 살펴보고자 한다.

둘째, 북한의 사회혁명을 주도한 세력을 북로당의 당원과 하부조직을 통해 실증적으로 분석하고자 하는 것이다. 북로당은 해방 후 3년 만에 80만에 가까운 당원을 확보했는데 이 과정은 사회주의 혁명세력이 인민의 다수를 차지하는 빈농·노동자 계급을 견인하여 국가를 건설하는 과정이었으며, 빈농과 노동자 계급이 북한사회에서 주도세력으로 등장하는 과정이었다. 북한의 토지개혁과 북로당의 확장과정에 참여한 당원들의 모습은 북한사회를 움직인 주도세력이 누구였는가를 보여준다. 국가기구와 사회단체 등에 참여한 북로당원과 하급간부의 성장과정은 빈농과 노동자를 중심으로 사회 질서가 변화되는 모습을 잘 보여주는데, 이들의 생각과 활동은 북한사회변화의 성격을 이해하는 데 핵심적인 요소이다.

북한사회를 이해하는 데 중요한 것은 상부 최고 권력자들의 모습뿐만이 아니라 실제적으로 국가의 중요기관을 장악하고 사업을 수행하는 하급 간부와 일꾼들의 활동이라고 할 수 있다. 인민대중은 최고권력과 직접적인 접촉을 갖는 것이 아니라 지방의 하급기관과 관계하게 되므로, 실제는 중앙권력이 아니라 지방기관이나 하급기관·단체의 지배를 받는 것이다. 또 대중의 정치참여도 지방기관이나 하급기관·단체를 통하여 이루어지므로, 당과 정부·사회단체의 하부조직에 대한 분석이 없이는 사회변화에 대한 충분한 설명에 도달할 수 없다. 따라서 북한의 사회혁명을 이해하는 데는 지방의 정권기관과 사회단체를 주도하여 북한사회의 변화를 주도한 북로당원과 하급간부에 대한 설명이 필수적이라고 할 수 있다.

하부에서 진행된 실제 사실을 복원하지 못함으로 인해 북한연구의 상당부분은 단순한 이념논쟁 이상의 것이 되지 못하는 면이 있었다. 또 구체적 사실을 추적한다 하여도 상부권력의 형식적 자리분배에만 집중하거나, 상부권력의 공식적인 언술에 의존하여 분석함으로써 권력의 핵심이나 하부사회에서 이루어지고 있는 현실과 유리되거나 공식적인 발표가 가진 포장을 넘어서지 못하는 면도 있었다. 북한사연구의 공백으로 남아있는 북한의 하부수준의 정치적·사회적 변화를 북로당의 당원과 하부조직, 당원들의 사상과 조직실태, 비당원과의 관계 등을 통해 이해할 필요가 있다.

이를 위해 하부사회에서의 북로당 조직의 확장과 강화과정, 북로당원의 인민위원회·사회단체 등에서의 활동을 중점적으로 살펴봄으로써 지방과 하급단위에서의 사회의 변화를 살펴보고자 한다.

셋째, 한국전쟁 이후 북한체제의 재편을 하부조직 측면에서 검토하고자 한다. 1950년 한국전쟁 이후 중앙권력의 측면에서 북한체제에 커다란 변화가 이루어졌다는 것은 잘 알려진 사실이다. 해방 후 소련계·연안계·국내계와 김일성의 만주파가 연립적 정권을 이룬 반면, 전쟁 이후에는 남로계가 제거되고 각 정치적 계기에 따라 소련계와 연안계마저 권력기반을 상실하였다. 중앙의 권력 변화는 이미 많은 증언과 연구를 통해 정리가 되었지만, 이러한 변화가 하부에는 어떤 영향을 주었는지에 대한 정리는 아직 부족하다. 이 부분에 관한 정리는 북한의 기층사회가 해방 이후 국가건설과정과 어떻게 달라졌는지, 북한체제의 성격이 어떻게 변화했는지를 이해하는 데 매우 중요한 의미가 있다.

본고는 이러한 실증적 분석을 통하여 해방 직후뿐만 아니라 1950년대 이후 북한사회 변화에 대한 이해를 넓히고자 한다. 북한은 해방 후의 국가건설과정에서부터 그 질서가 성립되었으며, 이것이 성립되고 재편된 한국전쟁 전후의 정치체제와 현재의 정치체제는 집권세력의 연합성·당원의 사상적 일치성이라는 점에서는 차이가 있지만, 당이 국가와 사회를 장악하는 구조라는 점에서는 근본적으로 동일하다.

기존 연구의 검토

남한 사회에서 식민지시기 공산주의 운동이 민족해방운동의 일환으로 인식되는 데는 참으로 오랜 시간이 걸렸지만 이제는 예사로운 일이 되어버렸다. 그리고 식민지시기 공산주의 운동에 대한 이해를 바탕으로 해방 후의 북한사회에 대한 인식이 바르게 형성될 수 있었다. 이러한 역사인식의 발전 과정은 곧 남한사회의 민주화과정과 궤적을 같이 했다고 할 수 있다.

해방 이후 1950년대까지의 북한에 대한 연구는 국내외에서 여러 학자에 의해 이루어졌는데, 국내외에서 여러 저작이 나오면서 나타난 중요한 흐름이 있다.

국가형성에 관한 연구 시각 면에서 봤을 때, 오래 전의 연구들이 주로 반공적·반북적 시각이었다면[2] 점차 최근에 가까울수록 반공적·반북적

---

2) 방인후, 『北韓 「朝鮮勞動黨」의 形成과 發展』, 아세아문제연구소, 1967.

시각에 대한 '수정주의적 시각'을 보여주었다는 점이다. 이 분기점은 주로 1980년대 후반부터 나타났고[3] 1990년대 중반 이후 '수정주의적 시각'에 대한 일부 재수정이 나타났다.[4]

북한의 국가형성에 대한 전통적인 견해는 '소비에트화 테제'인데, 이 논리는 북한의 국가형성을 소련식의 소비에트체제가 북한에 '위로부터' 이식되었다고 설명해 왔다. 스칼라피노·이정식의 연구에 이르러서도 한국 공산주의 운동이 갖는 역사적인 의미가 강조되면서 소련의 영향력에 대한 강조는 약화되었지만, '소비에트화 테제'는 이어졌다.[5]

반면에 최근의 연구에는 이러한 전통적 설명방식에 북한의 사회혁명에 있어서의 내부적 역동성을 강조하거나[6], '아래로부터의 정치'를 주목하여 인민위원회 조직의 발전과정에 초점을 맞춰 북한의 국가건설을 설명[7]하기도 하였다.

이상의 연구 성과들로 인하여 실제 북한의 국가 형성에 대한 설명은 많이 이루어진 면이 있다. 그 결과 최근의 연구들은 두 가지의 대조되는 시각들을 하나로 결합시키는 데 초점이 맞춰지고 있다. 그러나 소련의 친소우호적 정부 수립 의도와 북한사회 내의 자생적인 사회주의 건설을

양호민, 『북한의 이데올로기와 정치』 (1)·(2), 아세아문제연구소, 1967·1972.

3) Cumings, Bruce, The Origins of the Korean War: Volume Ⅰ·Ⅱ, Princeton University Press, 1990.
4) Hak Son Paik, NORTH KOREAN STATE FORMATION, 1945~1950, Universiry of Pennsylvania 박사학위논문, 1993.
이종석, 『조선노동당 연구』, 역사비평사, 1995.
박명림, 『한국전쟁의 기원과 발발』 Ⅱ, 나남출판사, 1996.
5) 스칼라피노·이정식 공저, 한홍구 옮김, 『한국공산주의 운동사』, 1972년 판 번역본, 돌베개.
6) 강정구, 『좌절된 사회혁명: 미군정하의 남한, 필리핀과 북한 연구』, 열음사, 1989.
7) 류길재, 「북한의 국가건설과 인민위원회의 역할, 1945~1947」, 고려대 정치외교학과 박사학위논문, 1995.

함께 설명해 내고자 할 때, 소련이 국가건설의 모델이 된 것과 소련에 의해 소비에트체제가 이식된 것은 구별할 필요가 있다. 이와 관련하여 기광서[8]는 소련과 북한 지도부의 상호작용과 '비모순성'에 주목하고 있다. 즉, 북한 국가형성에서의 소련의 주요 역할은 인정하지만 한국공산주의자들의 대소지향성이 소비에트모델을 상승시켰다는 설명이다.

북로당에 대한 연구를 보면, 기존의 연구들은 주로 중앙당에 한정된 고위급 정치지도자의 정치역정과 결정된 정책 내용 등에 초점이 맞춰져 있었다. 조선로동당의 당조직과 관련된 국내외의 연구는 많다고 할 수는 없다. 관심있는 연구자의 부족도 이유가 되지만, 특히 당조직문제 등에서는 핵심적인 관련 자료의 부족이 더욱 중요한 이유이다. 하지만 1940년대의 당조직에 관한 연구로는 김남식, 이정식·스칼라피노, 서대숙, 이종석, 서동만, 김광운, 이주철 등의 연구가 있으며, 김남식, 이정식·스칼라피노, 서대숙, 이종석, 서동만, 함택영·김근식의 연구는 1950년대까지도 진행되어 있다.[9]

이상의 연구 중에서 이종석과 서동만의 연구는 조선로동당의 조직에

---

8) 기광서, 「북한정치체제의 형성과 소련의 역할(1945~47)」(露文), 러시아과학아카데미 동방학연구소 박사학위논문, 1997.
9) 김남식, 「북한의 공산화과정과 계급노선」, 『북한공산화과정』, 고려대아세아문제연구소, 1972.
　스칼라피노·이정식, 한홍구 역, 『한국공산주의 운동사』 1~3, 돌베개, 1986.
　서대숙, 서주석 옮김, 『북한의 지도자 김일성』, 청계연구소, 1989.
　이종석, 『조선로동당연구』, 역사비평사, 1995.
　서동만, 『북조선사회주의체제 성립사 1945~1961』, 선인, 2005.
　김광운, 『북한정치사연구1』, 선인, 2003.
　이주철, 「북조선로동당의 당원과 그 하부조직에 관한 연구」, 고려대 박사학위논문, 1998.
　함택영·김근식, 「지방 당사업체계의 형성과 발전과정」, 『북한 도시의 형성과 발전』, 한울아카데미, 2004.
　북한에서 발간된 당역사에 관한 책은 『조선로동당사교재』(1964), 『조선로동당략사』(1979), 『조선로동당력사』(1991) 등이 있다.

관련된 부분을 상당히 자세하게 다루고 있는 대표적인 연구라고 할 수 있다. 특히 조선로동당의 당문서와 『로동신문』, 『근로자』 등 북한에서 발간한 각종 자료 등을 체계적으로 분석하여 중요한 성과를 거둔 연구라고 할 수 있다. 또 서동만의 연구는 기존의 연구들이 대부분 조선로동당의 최고 권력을 중심으로 분석을 진행한 것과는 달리 지방과 사회단체, 군, 기업과 농촌 등 산업부문까지 분석을 진행하였다.

북로당 당원과 조직에 관한 연구도 앞의 연구들에 의하여 상당한 진척이 있었다. 하지만 실제 사업을 진행하는 하급 간부와 당원들을 충분히 살피고 있지 못하며, 하급 조직에서 벌어지는 정책의 진행과정이나 결과 등으로부터 벗어나 있다. 하급간부나 당원들에 대한 이해없이 상층 구조를 분석하는 것만으로는 북한사회를 이해하는 데 한계가 있을 수밖에 없으며, 본고는 이러한 공백의 일면을 메우고자 하는 의미가 있다.

조선로동당의 조직과 당원에 관련된 부분은 주로 권력 핵심세력 사이의 투쟁과 관련지어 주목을 받아왔다고 할 수 있다. 6·25전쟁 이후 허가이의 숙청, 그리고 '8월 종파사건'이 그 대표적인 예라고 할 수 있다. 이 부분에 대한 연구는 상당한 자료와 관련 당사자들의 증언 등이 연결되어 많은 성과가 이미 이루어졌다. 따라서 필자는 본고에서 이러한 사건들에 대해 주목하기보다는 이러한 사건들과 관련된 하부 당조직과 당원 정책의 변화들에 주목하고자 한다.

본고에 이용된 주요한 사례는 북로당 중앙당과 도당에서 파악한 각 지방실정과 강원도 인제군당에 관한 것이다. 그중에서 인제군당 자료[10]는 구체적인 사실을 포함한 군당·면당·사회단체 등의 자료가 두루 확보되었다는 점에서 다른 자료들과는 큰 차이가 있다. 즉, 군 단위의 한 지역 전체에 대한 보다 체계적인 이해가 가능한 것인데, 실제 이 시기의 북로당 내부의 문건이 부족한 상태이기 때문에 이 자료의 효용 가치는 더

---

10) 인제군당 관련 자료는 주로 1947년부터 1949년 시기의 것이다.

욱 크다고 할 수 있다.

소련사회에 대한 이해에 '스몰렌스크 문서'[11]가 도움이 된 것에 비할 바는 못되지만, 북한의 지방사회와 인제군 분석을 통한 구체적 사실의 실증과 해석은 북한 연구에 기본적으로 필요한 부분이다.

인제군은 1948년 당시 약 34,000명의 인구를 가지고 있었으며, 산간지역임에도 불구하고 농가호수 5,473호, 논 1,959정보(호당 0.36정보), 밭 5,009정보(호당 0.92정보)[12]로 토지개혁 후 북한의 평균 경작지와 비슷한 실정에 있었다. 인제군이 평남이나 황해도의 평야지대와는 지역적 차이가 있지만 일부 평야지대를 제외한다면 논보다는 밭이 많은 북한에 대해서는 인제군의 사례를 통해 이해를 높일 수 있다.

또 해방 전 인제군이 북한지역의 보통 농촌과 유사한 계급구성을 가지고 있었고, 38선으로 인하여 지역이 분단되었던 점을 감안하면 한반도 정치를 이해하는 데 매우 흥미로운 조건을 가지고 있는 곳이라고 할 수 있다. 즉 인제군은 그 자체가 '분단된 한반도의 축소판'이었다고도 할 수 있다.

자료활용 면에서 본다면, 초기의 연구에서는 남한의 공간된 문헌이나 미군정의 각종 정보보고서, 월남자들의 증언자료에 의존하였다. 근래에는 한국전쟁 중에 미군이 노획한 북한 측의 문서들이 해방 5년간의 북한에 대한 연구의 주요 자료로 활용되었고, 러시아에 있는 북한관련 자료들을 이용한 연구 성과물들이 나오고 있다.[13] 이로써 다수의 북한 연구

---

11) 2차 대전 중 독일군 수중에 들어 왔던 스몰렌스크(smolensk)의 문서실에는 1917년부터 1939년까지의 소련공산당과 정부, 경찰의 문서가 있었다. 스몰렌스크 문서는 서구학계의 소련사 연구에서 아래로부터의 시각이 새로운 연구방법으로 정립되는 데 크게 기여하였다. 스몰렌스크에 대한 포괄적인 내용은 M. Fainsod: Smolensk under Soviet Rule. London, 1958 참조.
12) 「인제군당 상무위원회 회의록 제11호」, 『사료집』 2, 254쪽.
13) 김성보, 「북한의 토지개혁과 농업협동화」, 연세대 사학과 박사학위논문, 1997. 기광서, 앞의 논문.

들이 가지고 있던 사실로부터 유리된 북한 연구가 극복되고 있으며, 학문적 축적이 가능한 연구 성과가 나타나고 있다. 본 연구도 실증적 분석에 초점을 맞춤으로써 북한사회주의정치체제의 성립에 대한 실체적 규명에 접근하고자 한다.

주요 자료

해방 후와 1950년대 북한사 연구는 아직도 자료의 확보에 어려움이 있기 때문에 기본적인 자료들에 대한 주의 깊은 분석에 의존하지 않을 수 없다. 이 시기 연구의 기본 자료는 북한 측, 소련군 측, 미군 측의 자료를 들 수 있는데, 본고의 주제와 관련된 부분은 미군과 소련군 측의 자료 가치는 북한 측의 자료에 비하여 활용도가 떨어진다.

근래에 소련의 자료가 발굴됨으로써 북한 연구에 기여하고 있지만 본 연구에서의 소련군의 직접 정보는 상대적으로 가치가 제한적이다.[14] 소련 측의 자료는 중앙권력에 관련된 부분에서는 자료의 사실성이 높은 반면에 하부조직의 경우에는 정보수집자의 능력과 위치에 따라 사실성이 약한 경우도 있었다. 소련군이 일반 주민의 수준까지 직접 통치하지 않았고 1946년 초에 급속히 확장된 조공분국 세력의 권한을 인정했다는 점, 소련군의 기층사회 파악능력에 한계가 있었다는 점에서 실제 하부조직과 관련된 부분에 대해서는 제한적인 자료가치를 가진다고 할 수 있다.

따라서 본고는 북한 측이 작성한 자료를 중심으로 연구가 진행되었는

전현수, 「해방직후 북한의 사회경제 개혁(1945~1948년)」(露文), 모스크바대 박사학위논문, 1997.
14) 소련 측의 자료는 소련군의 자료와 소련 측이 수집하여 소장한 북한자료로 구분할 수 있는데 특히 주제에 따라서는 소련 측의 자료가 가지는 가치가 상대적으로 큰 분야가 있으며, 상대적으로 자료가치가 약한 주제도 있다.

데, 1950년 이전은 기본적으로 미군노획문서15)가 중심이 되었다. 1940년대에 대한 분석 자료는 북로당의 최고 상층에서 파악한 자료와 최하부 말단세포에서 작성한 자료를 함께 사용하여 상층과 하층의 상황인식과 실제 사실 간의 괴리를 극복하고자 하였다. 최고 상층의 자료는 조공분국의 결정서, 북로당중앙위원회 상무위원회 『결정집』, 당대회 회의록, 북조선임시인민위원회(이하는 북임인위로 줄임) 결정서 등을 사용하였고, 직접 확보가 불가능한 북로당 중앙에서의 중요 회의나 북조선인민위원회(이하는 북인위로 줄임) 회의 등은 김일성저작물을 통하여 보완하였다.16)

---

15) 한국전쟁 중에 미군이 북한지역에서 얻어낸 이 문서들은 현재 국사편찬위원회에서 51권(2006)까지 간행하였고, 계속하여 간행 중에 있다. 미간행된 문서의 일부는 직접 참조하였다.
16) 본고에서는 김일성의 같은 문건이면 가능한 한 오래된 간행물에서 인용하였다. 상당수의 자료들은 신문이나 잡지 등을 통하여 자료적 가치가 검증되었지만 비밀문건 등의 사실성은 실제적인 확인작업을 직접적으로 수행할 수는 없었다. 그러나 본고에서 인용되는 김일성저작물의 인용 부분은 중앙 권력의 미묘한 부분을 다루거나 권력투쟁에 직접 관계되는 부분이 적다는 점에서 事實 변조의 가능성은 별로 없다는 생각을 필자는 가지고 있다. 동시에 김일성의 주장들이 하부 자료와 상당히 일치성이 높다는 점에서 자료의 가치는 크다는 생각이다. 김일성 저작물들의 신뢰성에 대하여 혹자는 상당히 비판적인 경우가 있는데, 아래의 정리는 민족통일연구원이 발간한 『김일성저작해제』(1993)에서 밝힌 저작물의 수정부분을 간단히 요약한 것이다.
『김일성선집』(1판)(1953~1954)은 유고슬라비아 등의 민족주의 노선을 비판하고 소련과 중국을 중심으로 한 프롤레타리아 국제주의 노선에 충실하도록 내용을 수정했고, 남로당의 유격대 활동의 의미를 축소하였다. 『김일성저작선집』은 문화어로 대폭 수정되었다. 프롤레타리아 국제주의에서의 탈피 및 맑스-레닌주의의 강조를 통한 자주성 표방시도, 김일성 유일체계 확립 등이 수정되었다. 『김일성저작집』은 '해방자로서의 소련'에 관한 문구를 모두 삭제하고, 김일성 이외의 이름을 삭제하였고, 각종 용어와 내용을 주체사상의 틀에 맞게 수정하였다(민족통일연구원, 위의 책, 2~3쪽).
필자는 본고에 인용한 부분에 대해 『김일성선집』(1953~1954 발간)과 『김일성저작집』(1979)의 비교가 가능한 부분을 살펴보았는데 문장은 수정되었지만, 구체적인 사실은 다르지 않았다.

또 미군노획문서에는 검찰소와 같은 사법기구와 보안기관의 문서들이 있는데, 이들 문서에는 민주당과 청우당 같은 타당에 대한 자료와 일반 대중의 여론도 파악되어 있다. 또 하급 당원과 간부들에 대한 지시와 민주당과 신민당 자체의 문서도 포함되어 있다. 특히 강원도 인제군의 군당, 면당, 사회단체의 회의록과 기관 직원의 이력서 등도 중요한 자료이다.

여기에 조공분국 기관지인 『정로』와 각 지방 『로동신문』, 『근로자』, 『인민』과 같은 북로당과 국가기관의 잡지도 활용하였다. 특히 지방 『로동신문』은 지역의 실정을 보다 상세히 전하고 있는 장점이 있었고, 중앙에서 파악한 지방 실정과 비교하는 데 유용한 면이 있었다.

기존의 연구들이 주로 『로동신문』과 잡지 등을 잘 정리하고 있기 때문에, 김일성의 사후인 1996년부터 1999년에 발간된 『김일성전집』 15~26권에 실린 조선로동당 중앙위원회 '전원회의', '정치위원회', '조직위원회', '상무위원회' 자료를 중심으로 정리하고자 한다. 북한의 신문이나 잡지는 조선로동당의 결정에 대한 해설 자료의 성격이 강하므로, 중요 회의의 결론이 수록된 김일성 저작물은 1차 자료로서 우선적으로 분석될 필요가 있다. 물론 김일성 관련 자료는 '승리자'의 기록이라는 점에서는 사료적 가치에서 유의할 부분이 있다. 하지만 조선로동당 중앙위원회의 중요 회의 등에서 이루어진 결론 등 핵심적인 자료를 포함하고 있다는 점에서 —특히 현재는 북한의 당 핵심문건을 직접 확인할 수 없는 상황이므로— 자료적 가치는 충분히 강조될 만하다. 추후에 보완되어야 할 연구 방향은 북한 최고권력과 같은 시각으로 만들어진 신문이나 잡지보다는 일반 민중의 시각을 담은 자료와 증언을 찾아내는 것이다.

글의 구성

이 글은 4개의 장으로 구성되었다. 앞의 3개 장에서는 북로당과 국가기구, 사회(타당·사회단체·기업소)의 순서로 분석과 서술을 하였으며 1945년 해방 후부터 1949년까지를 중심으로 하였고, 제4장은 1950년대의 조선로동당 하부조직 재편을 정리하였다.

앞 3개 장 각 절에서는 기본적으로 조공분국시기, 북로당 창립 이후, 북로당 2차 당대회 후의 3시기로 구분하여 서술하였다. 조공분국 시기의 중요한 사건은 3차 확집위와 북임인위의 수립, 토지개혁을 들 수 있고, 북로당 창립 후에는 1946년 말과 1947년 초의 인민위원회 선거를 들 수 있다. 주제에 따라 토지개혁이나 인민위원회의 선거 등이 보다 중요한 시기구분이 될 수도 있지만, 당의 변화를 압축적으로 보여주는 북로당의 창립과 2차 당대회를 중심으로 시기구분을 하였다.

제1장은 북로당 당원의 확대과정과 당조직의 강화, 그리고 지방당조직의 실태와 당을 하부에서 이끌게 되는 하급 간부의 양성을 주로 서술하였다.

1절에서는 해방 직후 조공분국의 당원 실태에서 시작하여, 당의 확장과정과 확장 주도세력과의 관계, 그리고 그 과정에서 조직된 당원의 성격과 당내의 변화를 설명하였다. 특히 당원의 확장과정 단계마다 나타나는 당원의 특징과 당조직의 강화를 위한 북로당 중앙의 정책을 통해서 해방 후 북한사회의 변화를 주도한 세력과 변화의 추진력이 누군가를 살피고자 하였다.

2절에서는 당원들의 당 규율 준수와 당원 동원 능력, 당원의 학습회 참석 등을 정리하여 북로당 중앙당의 정책 결정과 집행이 하부에서 나타난 실태를 파악하고자 하였다. 또 인제군당의 출당자들을 분석하여 지방당에서의 당원들의 갈등을 서술하였고, 이를 통하여 북로당 조직의 실태를 파악해 보고자 하였다.

3절에서는 당원이 충원되는 구조를 주로 교육기관을 통하여 살펴보았고, 하급 당조직에서 당원들을 이끌어 가는 하급 당간부들의 양성과 조직화 과정을 서술하고 이들과 중앙 권력과의 관계도 살펴보았다.

제2장에서는 북로당과 중앙·지방 인민위원회의 관계, 보안기관과 군, 사법기관에서의 북로당원의 활동을 서술하였다.

1절에서는 해방 초기의 인민위원회 성립과정과 토지개혁 후 인민위원회에 대한 북로당 당원들의 참여를 살펴보았다. 특히 1946년 말의 도·시·군 인민위원회 선거 후의 변화를 중심으로 논의를 전개하였다. 이어서 리(동)·면 인민위원회의 재편과정에서의 북로당의 활동, 사회질서 변화의 성격과 그 내용을 구체적으로 살펴보았다.

2절에서는 인제군을 통하여 당과 인민위원회의 관계를 분석하였다. 먼저 인제군당의 당원들에 대한 분석을 통하여 인제군당 당조직의 실태와 당원들의 성격을 규명하고, 인제군 인민위원회와 기타 정권기관, 민전 등에 대한 인제군당의 지도와 사업방식 등을 서술하였다.

3절에서는 국가권력의 집행을 실제적으로 보장하는 보안기관과 사법기관에 대한 북로당원의 참여와 활동을 살펴보고, 군에서의 북로당원의 역할과 당조직, 군내의 정치간부의 성격 등을 살펴보았다.

제3장에서는 타당과 사회단체, 경제건설의 중추이자 선도계급이 활동하는 공장·기업소에 대한 북로당의 정책과 당원의 활동을 중심으로 서술하였다.

1절에서는 타당과의 관계를 보았는데 기본적으로 통일전선정책이 시행되었지만, 중앙과 하부에서의 분위기가 같은 것은 아니었다. 따라서 여기서는 지역에 따라, 북로당의 영향력이 큰 곳과 작은 곳에 따라 여러 가지 차이가 있었음과 타당과 북로당의 상호 간의 인식, 하부에서의 마찰과 북조선민주주의민족통일전선(이하는 북조선민전으로 줄임)의 역할을 서술하였다.

2절에서는 사회단체 형성과정에서의 조공분국의 역할과 사회단체의 활동과 변화를 서술하였다. 그리고 북로당의 각 사회단체에 대한 장악과정을 살펴보았는데 특히 사회단체별로 가진 역할과 북로당과의 관계의 특징을 살펴보았고, 인제군 사회단체의 실태를 서술하였다.

3절에서는 북한의 중요산업 국유화 과정과 인민위원회의 관리, 노동정책 등을 통해 국영 공장·기업소와 노동자와의 관계, 노동자들의 생활과 의식 등을 살펴보았다. 그리고 실제 공장 단위에서 북로당 당원과 당조직의 활동을 서술하였다.

제4장에서는 1950년대 조선로동당의 하부조직 재편을 통한 당국가체제 강화를 서술하였다. 한국전쟁 시기에 나타났던 하부 당조직의 문제와 이에 대한 조선로동당의 정책, 당조직 정책과 관련된 권력 투쟁, 농업협동화와 당조직, '8월 종파사건'과 당조직 변화 등을 서술하였다. 더불어 군대 내 당조직의 변화, 개성지역 등 '신영토지역'에 대한 당조직 정책, 지방당에 대한 중앙당 집중지도사업을 통해 1950년대에 이루어진 북한 체제의 변화를 서술하였다.

본 연구는 부분적으로는 기존의 연구성과와 서술 범위가 겹치는 것을 피할 수 없었으나, 가능하면 기존 연구의 성과와 서술범위가 반복되는 것을 피하고자 하였다. 상부 권력구조에 관한 부분과 해방 전의 중요한 항일투쟁 등의 관련부분은 기존의 연구 성과를 바탕으로 논의를 전개하였다.

제1장

북조선로동당의 당원확장과 조직강화

사회주의혁명을 이루어 내는 수단으로써 공산당 조직은 가장 중요한 요소이다. "프롤레타리아의 권력투쟁에서 조직 이외의 다른 무기는 없다"는 레닌의 말처럼 북한사회주의체제의 건설에도 공산당 조직의 역할은 핵심적인 것이었다. 그러나 일제의 강력한 탄압으로 조선인 공산주의자들은 해방 후에야 당을 재건하였는데, 공산주의 종주국인 소련의 점령과 소련군이 동반한 항일투쟁 공산주의자들의 입북으로 당조직과정에서 알력이 초래되었다.

　이 과정에서 소련군은 김일성파를 중심으로 한 조공분국의 성립을 지원하였고, 김일성파의 주도하에 당조직의 확대·강화가 추진되었다. 공산당이 국가와 사회를 장악하는 사회주의정치체제의 형성을 위해서는 특히 당의 확대가 중요한데 소련에서도 공산당원의 확대과정은 중요한 정치적 의미를 가지고 있었다. 북한의 경우 국가의 중앙권력에 대한 공산당의 주도권이 장악된 상태에서 공산당의 확대가 이루어졌기 때문에 그 과정은 대체로 순조로운 것이었다.

　그리고 당원의 확대는 당조직의 강화를 위한 것이었으므로 당원의 숙정이 수반되었는데, 북로당 지도부는 당원의 자격에서 무엇보다도 계급적 기반에 집착하였다. 이러한 계급적 기준에 의한 당원정책의 추진은 정권의 지지기반을 확실하게 할 수 있는 반면에, 지지기반을 기본계급으로 축소시키고 급진적이며 동원적인 성격이 될 수 있는 문제가 있었다. 특히 하급 당간부의 발탁과 양성은 북한사회의 변화를 보여주는 핵심적 요소인데, 확대·강화된 북로당조직은 1946년 말에 이미 하급 정권기관과 사회단체, 공장·기업소에 대한 장악을 강화하고, 사회의 지배질서를 재편하였다. 또 하급 당간부의 양성과 성장은 중앙권력에도 영향을 주는 중요한 의미가 있었는데, 북로당에서도 하급 간부의 성장이 당내의 권력관계에 영향을 주었다.

　본 장에서는 당원의 확장과 당조직의 강화과정이 갖는 의미를 실증적으로 규명하고, 북로당의 하부조직의 실태를 분석하고자 한다. 북로당의 하부조직은 분명히 강화되어 갔다. 하부 당조직이 가진 구체적 실태는 북로당 조직의 성격과 사회와의 관계, 북로당의 동원능력과 집행능력 등을 이해하는 데 중요한 요소가 된다. 이러한 부분에 대한 규명을 위해 당내 민주주의, 당비 납부, 당원의 노동성실성 등 당내 규율을 살피고자 한다.

그리고 북로당의 동원능력과 당원들의 자발성 등을 평가하기 위하여 당원의 동원참여와 학습참여를 분석하고, 인제군당에서 출당된 당원들을 분석하여 당원 구성의 문제점과 당내 갈등, 당조직과 사회와의 갈등 등을 설명하고자 한다. 특히 월남한 당원 분석과 일반적인 월남자들의 성격에 관한 연구의 비교는 월남자에 대한 이해를 높이고, 북한사회의 갈등을 이해하는 데 도움을 줄 수 있을 것이다.

이어서 당원의 충원과 사회전반에 대한 영향력 강화를 위해 이루어진 북로당의 교육정책과 당의 하급간부 양성을 살펴보고자 한다. 특히 당의 하급간부 양성은 최고권력과의 관계도 중요하지만, 기층사회의 변화와 밀접한 관련이 있다. 따라서 여기에서는 이들 하급간부의 조건, 교육과정, 배출로 인한 영향들을 중심으로 살펴보고자 한다.

북조선로동당조직의 확대·강화와 하부 지지기반의 구축

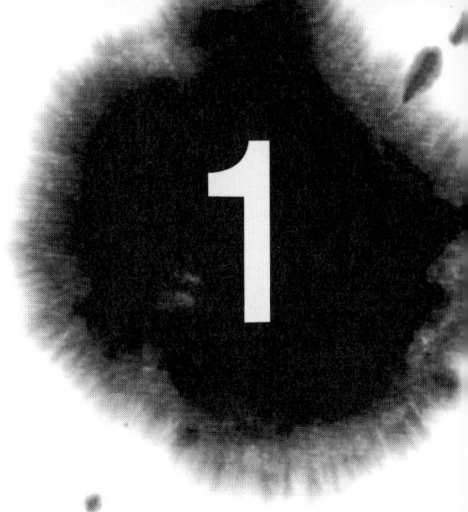

1) 조선공산당북조선분국

(1) 조선공산당북조선분국의 성립과 당원 실태

1945년 8월 일제 패망 직후, 서울에서는 조선공산당이 결성되었고, 남한과 북한에는 미국군과 소련군이 진주하여 각각 다른 정세가 진행되었다. 일제하에서 공산주의 운동을 해 왔던 오기섭·정달헌·주영하(함남), 김채룡(함북), 현준혁(평남), 박균·백용구·김재갑·김인직(평북), 김덕영·송봉욱(황해도) 등의 공산주의자들이 북한의 거의 모든 지역에서 활발히 활동하였다.[1] 평양(현준혁)을 제외한 함흥, 원산, 청진, 신의주, 해주 등의 북한 주요 도시에서는 박헌영의 지시를 받고 있던 토착공산주의자(국내계)들이 당조직을 주도하였다.[2] 이 시기 북한지역에서는 현준혁과 오기섭이 공산주의운동의 중심인물이었다.[3]

---

1) 이들의 활동에 대한 상세한 내용은 崔凡嘯, 『北韓의 政治狀勢』(1945)와 森田芳夫, 『朝鮮終戰の記錄』, 東京, 巖南堂(1964) 참조.
2) 스칼라피노·이정식 공저, 한홍구 옮김, 『한국공산주의 운동사』, 2, 돌베개, 1986, 408쪽.
   평양에서 초창기 당조직 활동을 주도했던 것은 현준혁이었는데 그는 다른 국내파 공산주의자들에 비해서 박헌영에 대해 비교적 자유로운 입장에 있었다 (같은 곳).

10월에 조선공산당 서북5도당책임자 및 열성자대회에서 공산주의자들 사이의 정치투쟁을 거쳐 조공분국이 설치되었다.4) 조공분국의 성립과정에서는 김일성파와 국내계 공산주의자들 간의 대립이 있었는데5) 김일성파는 12월 초순에 '공산당의 조직과 정치·행정 경험이 있는' 소련의 한인 3진이 도착함으로써 강화되었다.6) 이들은 김일성을 지원하고 사회주의 건설을 돕기 위하여 소련에서 온 사람들로 북한에서 당과 국가기관의 중요한 직책을 담당하였다. 9월에 입국하여 활동을 전개해 왔던 김일성은 소련계와 연안계의 지원을 끌어내어 12월의 조공분국 제3차 확대집행위원회(이하는 3차 확집위로 줄임)에서 책임비서로 선출될 수 있었다. 그리고 이들을 토대로 당을 주도하고 당 내외에 대한 통일된 지도를 시도하게 되었다. 이들 소련계는 출신지역상으로는 동일하지만 당내에서 독립적인 파벌을 형성하지 않았고, 소련의 정책과 '공산당의 조직 원칙'에 따라 김일성을 적극 지원했다는 점에서 이 시점에는 '김일성파'의 범위에 넣을 수 있다.7)

---

3) 스칼라피노·이정식 공저, 앞의 책, 2권, 410쪽.
4) 서동만, 앞의 논문, 18쪽.
   조공분국의 성립과정에 대한 자세한 내용은 중앙일보 특별취재반,『조선민주주의 인민공화국』, 서울 : 중앙일보사, 1993, 104~126쪽. 이종석, 앞의 책, 169~173쪽.
5) 박헌영은 조공분국 설치에 대한 소련(로마넨코)의 동조를 확인하고 이를 합의하였다(중앙일보 특별취재반, 앞의 책, 111쪽).
   대회개최 수주일 전부터 김일성파는 소련의 지지와 지도를 바탕으로 북한 전역에 김책·안길·김일 등을 파견하여 각 지방의 당조직에 접근하고, 박헌영의 추종자들로부터 권력을 빼앗아 우위를 확보하려 하였다(스칼라피노·이정식 공저, 앞의 책, 2권, 420쪽).
6) 林隱,『金日成正伝』, 沃村文化社, 1989, 177~179쪽(林隱,『北朝鮮王朝成立秘史－金日成正伝』, 自由社 간행물 번역본). 중앙일보 특별취재반, 앞의 책, 181쪽. 주요인물은 허가이, 박의완, 방학세, 김재욱, 강상호, 이춘백, 김택영, 기석복, 김승화, 김열, 허빈, 김동철, 김찬, 김영수, 박영, 정국록, 고희만, 박창식, 안동수, 이동건 등이다.

조선공산당 서북5도당책임자 및 열성자대회에서는 인테리겐차와 소시민이 절대 다수인 당부가 있음이 지적되었고 노동계급과 농민(특히 빈농)을 절대적 다수로 구성하도록 결정되었다.[8] 초기의 조공분국 입당절차는 1년 이상된 당원 2인 이상의 보증을 요구하였고, 노동자는 3개월, 농민은 6개월, 사무원과 학생은 1년의 후보기간을 두도록 하였다.[9] 이같은 내용은 조선공산당 중앙위원회의 결정을 조공분국에 그대로 적용한 것이었다.

3차 확집위 전까지의 조공분국 지도부[10]는 공산당을 노동계급의 전위당이자 노동계급의 모든 단체 중 최고단체로서 노동계급의 모든 단체를 지도하는 것으로 인식하였다.[11] 이러한 생각은 당원 확보에서 확인할 수 있는데 1945년 10월의 북한지역 공산당원은 1,000명 수준이었다.[12]

이후의 조공분국 당원 수에 대한 통계를 알 수 있는 것은 1945년 12월인데, 3차 확집위에서 김일성은 공산당 당원이 4,560명이 되었다고 보고

---

7) 여기에서 쓰는 김일성파란 의미는 항일유격대 출신의 만주파와 소련계를 포함하는 의미로 사용한다. 만주파가 과거의 항일유격대투쟁 경험을 기반으로 한 것이라면, 김일성파에 속하는 소련계는 '공산당의 조직 원칙'을 기반으로 한 것이다. 특히 소련이 김일성을 지지하는 원칙이 확고해진 이후에는 소련계가 독자적인 세력을 구축하는 것은 소련의 입장과도 일치하지 않는다.
8) 『정로』 1945년 11월 1일, (1).
조공분국은 당조직 후의 중심문제를 당의 볼셰비키화로 정하고 볼셰비키당이 되기 위하여 노동자, 농민을 당에 들어오도록 하였다(위의 신문, 1945년 11월 7일, (2), 「중앙의 지시를 위한 투쟁」).
9) 위의 신문, 1945년 11월 14일, (1), 「당원자격·입당수속·당원규율·세포(1)」.
10) 국내파인 오기섭은 공청을 정예화해 혁명세력으로 키워야 한다는 생각을 가지고 있었다(중앙일보 특별취재반, 앞의 책, 310쪽). 오기섭은 분국창설회의에서도 "정예공산주의자에 의한 새로운 국가건설"을 주장했고, 3차 확집위에서는 "사회단체도 정예공산세력이 주도해야 한다"고 주장했다(같은 책, 310~311쪽). 오기섭의 생각을 국내계의 노선으로 생각할 수 있다면 그동안 당원 확장에 적극적이지 않았던 경과를 이해할 수 있다.
11) 위의 신문, 1945년 11월 14일, (2), 「레닌의 공산당 조직원리개요」.
12) 중앙일보 특별취재반, 앞의 책, 121쪽.

하였다. 김일성에 따르면 각 도·시·군과 다수의 지방에 당위원회와 당 세포가 조직되었지만, 당원에게 유일 당증이 수여되지 않았으며, 공장·제조소·면들에는 아직 당세포가 조직되지 못하였다.13)

그러나 「조공북조선분국 중앙 제3차 확대집행위원회에서 결정」에 따르면 해방 후 3개월 동안에 공산당원 수는 7,000명까지 성장하였고 각 도·군·면 및 도시에 당지도위원회들이 조직되었으며, 많은 수의 공장과 기업소 그리고 농촌에 공산당 세포가 조직되었다. 3차 확집위 결정이 김일성의 보고와 적지 않은 차이를 보이는 것은 1945년 말, 당시 상황에 대한 평가에서 입장 차이가 있었기 때문인 것으로 보인다.

김일성의 보고와는 달리 결정문은 당시의 상황에 대하여 긍정적인 평가를 보였다. 이것은 당시의 조공분국 주도권 문제와 관계가 있는 것으로 해석된다. 여하튼 3차 확집위까지 당기관들은 당원의 성장을 적극적으로 추진하지는 못하고 있었다.14)

당시의 조공분국 당원을 7,000명으로 보면 북한 주민 약 1만 명에 당원 7명 수준으로 조직이 미숙했음을 알 수 있다. 당원의 사회적 성분도 노동자 30%, 농민 34%, 지식인과 상업가 및 기타 성분 36%로 공산당조직으로서는 문제가 있는 구성이었다. 이처럼 노동자 당원이 적었음에도 불구하고, 당기관 지도자들은 공장, 탄광, 농촌으로 가서 군중들과 접촉하지 않았다.15) 초기의 공산당 지도부는 노동자조직을 적극적으로 확대하지 않은 것이다.16) 그 결과 당원 중에는 일제하에서 경찰서 서장이었던 자가 당위원회 비서로 있거나, 해방 전에 '파시스트 당원'으로 있던 자

---

13) 「조공북조선분국 중앙 제3차 확대집행위원회에서 보고 1945년 12월 17일」, 『북한관계사료집』 1, 국사편찬위원회, 3쪽.
14) 「북부조선당 공작의 착오와 결점에 대한 결정서 - 조공북조선분국 중앙 제3차 확대집행위원회에서 결정 1945년 12월 17일」, 『북한관계사료집』 1, 11쪽.
15) 「조공북조선분국 중앙 제3차 확대집행위원회에서 보고 1945년 12월 17일」, 『북한관계사료집』 1, 5쪽.
16) 위의 글, 3쪽, 6쪽.

가 공산당원을 하는 경우도 있었다. 노동조합의 많은 지도 지위도 비당원들이 맡았으며 공산당원이 적은 처지에 있었다.

지방의 당 사정을 예를 찾아 살펴보면, 해주의 경우 시내 여러 기관과 기업소들에 당세포가 조직되었고, 당대열이 확대되고 있었지만 '분파적 경향이 나타나 당의 통일과 단결을 약화시키고 있었다.[17] 해주시 당조직은 당 성장사업을 적극적으로 진행하지 않고 있었고, 당에 받아 들여야 할 사람들까지 받아들이지 않고 있었다.[18] 또 황해도 봉산군의 경우 당원이 겨우 70~80명밖에 되지 않았으며, 많은 공장·광산·농촌들에 당세포가 조직되지 못하였다.[19] 조공분국은 이런 하부조직의 상태에서는 제 역할을 할 수 없었기 때문에 당을 강화하기 위하여 무엇보다도 먼저 당원을 늘려야 할 필요가 있었다.

이처럼 조공분국이 소수의 당원밖에 확보하지 못한 것은 조공분국과 민간사회, 인민대중의 결합이 약했기 때문이었다. 일제의 탄압으로 1930년대 후반부터는 농민운동, 노동운동이 지하로 잠복하는 형편이었으며, 인민대중은 일제의 반공선전으로 공산당에 대한 소원한 의식마저 가지고 있었기 때문이었다. 그러나 인민대중의 조직화가 미숙했던 것은 이후에 국가권력이 주도적으로 민간사회를 재편할 수 있는 유리한 배경이 되었다.

---

17) 「당대열의 통일과 단결을 이룩하기 위하여 모든 힘을 다하자 −북조선공산당 황해도 해주시 열성자회의에서 한 연설 1946년 1월 10일」, 『김일성전집』 3, 21쪽.
18) 「북조선농민조합련맹결성대회 준비를 잘할 데 대하여 −북조선농민조합련맹 경성준비위원회 일군 및 각 도 농민조합대표협의회에서 한 연설 1946년 1월 6일」, 『김일성전집』 3, 23쪽.
19) 「당대렬을 확대강화하며 당단체들의 역할을 높일 데 대하여 −북조선공산당 황해도 봉산군위원회 일군들 앞에서 한 연설 1946년 1월 13일」, 『김일성저작집』 2, 9쪽.

(2) 3차 확대집행위원회와 김일성의 당원확장 추진

김일성은 당의 확대·강화를 위하여 당 성장사업에서 '관문주의적 경향'을 비판하였다. 당조직의 확대·강화는 조공분국이 독자적으로 국가건설을 주도하기 위한 필수적 조건이었지만, 정치사상적으로 훈련된 사람이 매우 적은 상태에서 1년 이상의 당생활 연한을 가진 당원만이 입당 보증을 설 수 있는 조건하에서는 당 성장사업이 불가능하였다.[20] 입당하기를 원하는 노동자들도 보증인이 1년 이상의 당이력을 가져야 한다는 규정으로 인하여 입당에 제한을 받고 있었던 것이 이 시점의 실정이었다.[21]

이에 김일성이 주도하는 조공분국은 1946년 초부터는 입당 보증인의 조건에 따라서가 아니라 당에 들어 올 수 있는 사람은 누구나 들어오도록 하려 하였다. 1946년 1월 15일까지 전당원과 후보당원들에게 당원증을 주도록 하였고, 노동계급을 당에 인입하기 위하여 1년 이력을 가진 공산당원이 없는 공장과 기업소에서는 1년 이력을 가지지 못한 당원 2인 보증으로도 노동자들을 입당시키도록 임시로 허가하였다.[22]

이어서 김일성은 노동계급과 도시와 농촌의 선량한 군중을 토대로 장성할 것, 공장 및 기타 공업기업소 내에 당세포를 조직하고 도당부, 시, 군, 면 기타 당부 일꾼 양성배치에 특별한 주의를 돌릴 것[23] 등을 요구하

---

20) 위의 글, 10쪽.
21) 「조공북조선분국 중앙 제3차 확대집행위원회에서 보고 1945년 12월 17일」, 『북한관계사료집』 1, 4쪽.
22) 「조공북조선분국 중앙 제3차 확대집행위원회에서 결정」, 『북한관계사료집』 1, 14쪽.
1946년 4월경의 신당원의 입당 조건은 노동자, 빈농은 정식당원 1인, 농민·수공업자·지식분자·공산당이 영도하지 않는 기관에서 일하는 하급자는 정식당원 2인, 각 기관에서 일하는 '고급사람'은 정식 당원 3인, 다른 당(예를 들면 민주당)을 떠나 공산당에 들어오겠다는 사람은 1년 이상 당 이력을 가진 정식당원 3인(다른 당원에서 보통 당원이던 사람은 도당위원회의 허가, 다른 당에서 책임지위에 있던 사람은 당중앙의 허가 필요)의 보증이 필요하였다(조선공산당 청진시위원회, 「당의 생활」, 『북한관계사료집』 1, 68~69쪽).

였다. 문맹률이 높았기 때문에 일부 당원들이 글을 모르는 경우도 있었고,[24] 당정책의 말단 전달에도 어려움이 있었던 것이 1946년 초의 조공 분국 실정이었다. 그럼에도 불구하고 김일성은 당 성장사업을 위하여 투쟁경력이나 지식수준을 따지지 말고 계급적 각성도와 건국 열의로 당원자격을 평가할 것을 요구하였다.[25]

이상을 살펴보면 3차 확집위까지는 국내계를 중심으로 당원 확대에 폐쇄(관문주의)적인 경향이 있었음과 3차 확집위 이후 적극적인 당원확장정책이 추진되었음을 알 수 있다. 여기에서 김일성이 적극적인 당원확장 방향에 섰다는 점을 주목할 필요가 있다.

이처럼 김일성이 적극적인 당원확장정책을 편 것은 소련과 중국의 경험[26]이 활용된 것으로 보인다. 소련공산당 당원 수는 1945년에 5,760,367

---

23) 「조공북조선분국 중앙 제3차 확대집행위원회에서 보고 1945년 12월 17일」, 『북한관계사료집』 1, 9쪽.

24) 평남 평원군 한천면 당세포 책임자의 수준은 매우 낮고, 일부는 글을 잘 모르는 경우도 있어서 당세포회의의 보고서와 결정서를 쓰는 격식을 차리는 데도 어려움이 있었다(「당세포사업에 대한 지도를 잘하여야 한다 -북조선공산당 평안남도 평원군 한천면위원회 책임일군과 한 담화 1946년 2월 24일」, 『김일성전집』 3, 157쪽).
인제군당의 경우도 일부 부락세포에서는 회의를 하고도 문맹자가 많아서 회의록을 작성하지 못하기도 하였다(「인제군 인제면당 열성자 대회 회의록 -1946년 9월 19일」, 『북한관계사료집』 4, 672쪽).

25) 김일성, 위의 글, 155쪽.

26) 소련에서도 당의 정책에 따라 당원이 급팽창하는 경우가 있었는데, 1919년 10월부터 12월 사이의 이른바 「黨週間」에 약 20만 명의 새로운 당원이 입당했고, 1920년 3월 후 1년 만에 약 14만 명의 당원이 증가하기도 하였다(레오날드 샤피로, 양흥모 역, 『소련공산당사』, 문학예술사, 1982, 227쪽).
중국공산당은 제1차 국공합작 이후 당원충원정책을 전환하여, 당원 수를 급속히 늘림으로써 당을 '진정한 대중정당'으로 만들 것을 결정하였고, 1925년과 1927년 사이에 당원이 950명에서 57,000명으로 급증하였다. 1939년 30만이던 당원이 1940년에는 80만으로 급증하였고, 이후 비슷한 숫자에서 1945년에 121만, 1946년에 135만, 1947년에 180만, 1948년에 306만, 1949년 9월에 448만이 되었고 1952년에 600만이 되었다(이홍영 저, 강경성 역, 『중국의 정치 엘리트』, 나남,

명이었고, 1950년에는 6,340,183명으로 인구대비 3.6%에 달했다.27) 따라서 단순계산을 한다면 북한 인구대비 3.6%의 공산당원을 가지려면 약 36만 명의 당원은 확보되어야 했던 것이다. 이렇게 많은 당원의 확보를 추진할 수 있었던 것은 조공분국이 이미 혁명을 추진하기 위한 전위정당의 조직이 아니었기 때문이다. 즉 조공분국은 당이 국가를 장악한 상태에서 국가를 공고히 지배하는 데 필요한 당원의 적극 확장에 나선 것이다.

그렇다고 해서 무차별적인 입당정책이 실시된 것은 아니었다. 조공분국의 통일전선정책은 공산당의 독자성을 손상시키는 것은 아니었기 때문이다. 따라서 당원정책에서 계급 성분이 전혀 다른 사람은 당에 들어오지 못하도록 하였는데28) 자본가, 상인, 부농은 근본적으로 공산당원이 될 수 없다고 판단하였다. 물론 이 규정은 절대적인 것은 아니라고 하였고, 부농이 정치적으로 공산주의자가 되기를 각오하여 자기의 계급이익을 버리고 혁명에 참가하겠다고 원하면 살펴본 후 당에 넣을 수 있다고 했지만 이들을 믿을 수 없다29)고 평가하였다.

이런 원칙을 가지고 있던 조공분국에게 당 성장사업에서 당의 성분구성을 개선하는 것은 중요한 문제가 아닐 수 없었다. 1946년 초 노동자는 매우 적고 농민과 인테리가 많은 비중이었던 당구성 성분은 당 개혁의 핵심과제였다.30) 이를 위하여 3차 확집위 이후 도당위원회 책임자가 당

1997, 30~32쪽).
27) Paul S. Shoup, The East European and Soviet Data Handbook(New York, Columbia University Press, 1981) 82~85쪽. 조정남, 『소련반체제론』, 대왕사, 1983, 83쪽에서 재인용.
1941년에는 후보당원 포함 3,876,885명, 1947년에는 630만 명이었다(레오날드 샤피로, 앞의 책, 489쪽).
28) 조선공산당 청진시위원회, 「당의 생활」, 『북한관계사료집』 1, 67쪽.
29) 위의 글, 68쪽.
30) 「당대렬을 확대강화하며 당단체들의 역할을 높일 데 대하여 —북조선공산당 황해도 봉산군위원회 일군들 앞에서 한 연설 1946년 1월 13일」, 『김일성저작집』 2, 11쪽.

원과 후보 당원에 대한 당증을 수여하기 위한 심사사업에 직접 참가하고 도당위원회들에 대한 검열사업을 진행하였다.31)

심사과정에서 지주, 자본가, 친일분자, 투기분자, 탐위분자와 같은 비노동계급들이 출당당하였다.32) 그 결과 노동계급과 빈농·고농의 비율이 높아졌고, 심사 전 7천 명이었던 당원 중에서 1,400명이 출당되었다.33) 이 당시 대부분의 지방당, 도당 기관들이 국내계의 지도를 받고 있는 상황이었기 때문에 조직정비작업이 진행되면서 국내계가 타격을 받았다.34) 동시에 당내의 권력 소재가 분명해지면서 하급 간부와 일반 당원들은 새로운 당지도부에 대한 복종을 요구받았을 것으로 보인다.

1,400여 명의 비노동계급들이 출당당한 것은 조공분국의 당 성격을 명확히 보여주는 것이라고 할 수 있는데, 이즈음 조공분국은 철저하게 노동자와 빈농·고농으로 구성된 계급정당을 지향한 것이다. 이것은 조공분국의 해방 직후 혁명단계가 '부르주아민주주의혁명'이라고 하였지만, 그 내면의 지향은 '프롤레타리아 혁명'이었음을 보여준다.35)

2) 토지개혁과 당원확장 기반의 구축

(1) 토지개혁의 배경

일제하 조선농민들의 73.8%가 자작 겸 소작농이거나 소작농의 처지

---

31) 각도에 조공분국 국원 1명, 도당위원회 제1비서, 노동자 당원 1명으로 위원회를 구성했다(서동만, 앞의 논문, 29쪽).
32) 「당내 정세와 당면과업에 대하여 ―북조선공산당 중앙조직위원회 제4차 확대집행위원회에서 한 보고 1946년 2월 15일」, 『김일성저작집』 2, 44쪽.
33) 「우리당이 걸어온 길과 당면한 몇가지 과업에 대하여 ―함경남도당 확대위원회에서 한 연설 1946년 4월 20일」, 『김일성저작집』 2, 180쪽.
34) 스칼라피노·이정식 공저, 앞의 책, 2권, 431쪽.
35) 1946년 5월경의 중국공산당 당원 자격은 출신계급의 순수성, 경력의 깨끗함(국민당 입당이나 부일 협력자 제외), 다양한 대중투쟁과정에서 입증받은 정치적 활동이 요구되었다(이홍영, 앞의 책, 50쪽).

에 있었고[36] 농가호수의 약 4%인 지주가 전체 경지면적의 55% 이상을 소유하였다.[37] 특히 생산성이 밭보다 3~4배나 높았던 논의 경우 72.5%가 소작지였다.[38] 소작농들은 평균 50~60%에 이르는 소작료와 잡세, 무보수의 노동 등에 시달려 북한 농가 총호수 100여만 호 중에서 59만여 호의 농가가 기아나 반기아 상태에 빠져 있었다.[39]

따라서 농업사회인 북한에서는 봉건적 토지문제의 해결이 변혁의 중심과제가 될 수밖에 없었다. 조선의 독립운동세력들은 제각기 토지정책[40]을 건국강령에서 내세웠는데 조선공산당 창립기의 강령은 대토지 소유자와 회사, 은행이 점유한 토지를 몰수하여 국가 소유의 토지와 함께 농민에게 돌려줄 것과 소작료의 폐지를 궁극적인 목표로 하였다.[41] 민족혁명당에서는 "토지는 국유로 하고 농민에게 분급한다"[42]고 하였고, 조선독립동맹도 "일본제국주의자의 조선에 있어서의 자산 및 토지를 몰수하고 일본제국주의와 밀접한 관계에 있는 대기업을 국영으로 하고 토지분배를 실시할 것"을 강령으로 채택하였다. 또 좌·우파 연합체인 전국연합진선협회도 광복 후 수립할 민족국가의 정강에서 "토지는 농민에게 분배해 주며, 토지의 일체 매매를 금지한다" 하여 토지개혁에 대한 좌·우파 간의 합의를 이루기도 하였다.[43]

---

36) 북조선임시인민위원회 농림국장 이순근, 「북조선 농업발전을 위한 제문제」, 『인민』 창간호, 1946, 68쪽.
37) 「북조선 토지개혁의 역사적 의의와 그의 성과」, 로동당출판사, 1947, 12쪽.
38) 민주주의민족전선 편, 『조선해방연보』, 1946, 412쪽.
39) 북조선통신사, 『북조선통신』 8월 중순호, 1947, 3쪽.
40) 사회주의 각 계열의 신국가건설과 농업개혁에 관한 자세한 논의는 김성보, 앞의 논문, 39~64쪽 참조.
41) 尾村秀樹·姜德相 編, 『現代史資料 29-朝鮮5』, 421쪽.
42) 金正明 편, 『朝鮮獨立運動』 제2권, 540쪽.
43) 강만길, 「독립운동과정의 민족국가 건설론」, 『한국민족운동사론』, 한길사, 1985, 148쪽.

(2) 토지개혁의 결정과정과 집행

해방 전부터 독립운동세력은 좌·우파를 막론하고 토지개혁에 대하여 공통된 건국방향으로 합의를 이루었다고 할 수 있다. 그러나 해방 후 미국과 소련에 의하여 점령되면서 남북이 분단되고, 독립운동세력이 실질적인 권력을 가지지 못함에 따라 토지개혁도 구체적인 방향44)으로 진전되지 못하였다. 그러나 모스크바 3상회의의 결정이 나오면서 남북한의 정치정세가 급변하였고, 북한에서는 조만식세력이 권력에서 배제되었다.

이처럼 조만식세력이 배제되는 급격한 정세변화 속에서 북한에서는 북조선임시인민위원회가 수립되었고, 이러한 북한의 정세는 토지개혁의 성격에 중요한 영향을 주었다. 여기에 북한지역 농민들의 토지개혁 요구가 분출함에 따라 북임인위와 조공분국은 북조선농민연맹45)과 함께 연대하여 토지개혁법령의 제정을 추진하였고,46) 1946년 3월에 전면적인 토지개혁을 실시하였는데, 그 방향은 '모든 소작지의 무상몰수·무상분배'라는 급진적인 측면이 있었다.

토지개혁법령이 급진적 성격을 갖게 된 주요 원인은 토지에 대한 빈농

---

44) 해방 후의 토지개혁방향에 관한 자세한 논의는 김성보, 앞의 논문, 66~82쪽 참조.
45) 북조선농민연맹은 "1. 일본인들에게 소속되었던 토지, 변절자인 조선인들에게 속한 전토지 몰수, 2. 소작제 철폐, 자기의 전체 토지를 소작으로 주었거나, 그것을 고용노력으로 경작하는 조선지주들에 속한 토지 몰수, 사원과 기타 종교단체에 속한 토지 몰수, 3. 고용노동자, 무토지 농민, 소토지 농민에게 무상으로 영원히 분여 요청, 4. 농민과 고용자들의 토지소유 지주에 대한 부채의 취소 포고, 5. 전관개 시설의 인민화(국유화), 농민의 소소한 산림을 제한 전산림을 반드시 무상으로 인민화(국유화)"를 요구하였다(북조선농민연맹, 「북조선농민연맹 결정서」).
46) 김성보는 소련외무성의 무상몰수·유상분배에 의한 토지사유화 방안과 조공분국 및 연해주군관구의 무상몰수·무상분배에 의한 토지국유화방안이 대립되는 가운데, 토지개혁에 대한 기본적인 결정은 북조선농민연맹과 북임인위에서 내리게 되었다고 하였다(김성보, 앞의 논문, 103쪽).
소련 측의 토지개혁에 대한 관여와 토지개혁법령 논의는 김성보, 앞의 논문, 83~106쪽 참조.

들의 욕구가 강해졌고, 모스크바 3상회의 결정에 반대한 우익세력이 정권기관에서 배제됨에 따라 김일성을 중심으로 하는 조공분국세력이 정권의 기반 강화를 위해 빈농의 요구를 받아들일 수밖에 없었기 때문이다. 또 한편으로 경제적인 측면에서 보면 모든 소작지의 몰수라는 급진적인 정책을 쓰지 않고는 소작농들에게 필요한 최소한의 토지분배가 불가능했다는 점을 들 수 있다. 이처럼 토지문제는 급진화되기 쉬운 성격을 근본적으로 가지고 있었다.[47]

토지개혁이 성공적으로 집행될 수 있었던 중요한 원인은 1945년 말부터 있었던 소작료 3·7제 투쟁을 들 수 있다. 1945년 10월에는 일부 지역에서 '소작료 불납운동'이 나타났고, 11월에는 일제하에서 적색농조활동이 활발하였던 함남에서부터 3·7제 투쟁이 전개되었다.[48] 1946년 1월에는 각지에서 부락 또는 면 민중대회 등이 열려 지주를 성토하고 시위를 벌리면서[49] 빈농들의 조직화가 촉진되고, 투쟁력이 강화되었으며, 3·7제를 거부하는 지주에게 힘을 가하는 단계로 전개되었다. 3·7제 투쟁에는 조공분국과 보안기관, 사법기관의 지원과 지주에 대한 처벌이 있었고, 농민들로 구성된 농촌자위대가 총동원되었다. 1946년 2월부터는 북임인위가 3·7제 투쟁의 지원에 나섰고, 3·7제 투쟁이 위압적인 시위운동으로 발전하여 지주들이 토지 소유권을 포기하는 경우가 나타나기에 이르렀다.[50] 소작료 3·7제 투쟁을 통해서 빈농들의 계급적 각성과 토지

---

47) 중국에서도 신해방지구에서는 반일투쟁 수행기간 중에 온건한 토지정책을 실시하고 있었다. 그러나 농민들의 토지에 대한 절박한 요구로 말미암아 정책을 변경하지 않으면 안되었다. 이에 따라「토지문제에 대한 행동강령(1946. 5. 4)」에서 지주소유토지의 몰수와 경자유전 원칙에 따른 분배를 결정하여 중농의 이익침해라는 극좌적 오류를 범한 일이 있었다(송두율,「러시아와 중국 농촌혁명의 구조적 차이」,『소련과 중국 —사회주의사회에서의 노동자·농민·지식인』, 한길사, 250쪽).
48) 손전후,『우리나라 토지개혁사』, 평양 : 과학백과사전출판사, 1983, 96쪽.
49) 위의 책, 94쪽.
50) 위의 책, 103쪽.

소유 욕구는 크게 고양되었는데, 빈농들이 주체적으로 현실문제의 해결을 위한 투쟁을 전개하였던 소작료 3·7제 투쟁이 한달 만에 토지개혁이 완료될 수 있게 한 중요한 원동력이었다.

토지개혁이 이처럼 단기간에 집행될 수 있었던 또 다른 이유는 소련군의 점령과 지원하에서 1945년 11월에는 보안국이 만들어져 각 지방의 무장력을 중앙집권적 통제하에 넣었고, 공산주의자들이 각 지역 국가기구에서 활발히 활동한 반면, 우익세력이 반탁문제로 약화되었기 때문이었다. 이 시기의 우익정치세력은 지주나 부농계급을 조직화시키지 못했고, 민간사회가 허약했던 관계로 조만식세력이 무너지면서 버팀목을 상실하여 토지개혁에 대한 저항을 할 수 없었던 것이다. 또 강력한 국가권력하에서 수동적으로 살아왔던 지주나 부농은 국가의 힘으로 집행되는 토지개혁에 대한 저항을 적극적으로 고려조차 하지 못했다고 할 수 있다.

(3) 토지개혁의 결과와 현물세 부담

토지개혁의 결과 몰수 토지는 1,000,325정보에 달했는데 이 중에서 일본국가 및 일본인 소유, '민족반역자' 및 도주자 소유, 5정보 이상 지주소유, 성당·종교·승원단체 소유 토지는 모두 37.8%였고, '전부 소작주는 자의 토지와 계속 소작주는 자의 토지'가 62.1%에 달했다. 소작농들은 노동력과 부양가족을 감안하여 평균적으로 논·밭 1.29정보를 분배받았는데[51] 경지면적이 크게 부족했던 것도 급진적 토지몰수가 나온 중요한 이유였다. 토지개혁으로 소작농들은 부채로부터도 해방되었고, 생활이 개선되었으며, 자식들을 교육시킬 수 있게 되었고, 인격적인 해방감을 맛볼 수 있었다.

몰수된 토지의 명목 중에서 '전부 소작주는 자와 계속 소작주는 자'에

---

51) 한림대학교 아시아문화연구소, 『1946·1947·1948년도 북한경제 통계자료집』, 1994, 135쪽.

대한 정확한 내용을 알 수는 없는데 여기에는 상업이나 공업 등 다른 직업을 가지고 토지를 소유했거나, 토지의 일부를 소작준 중농도 여기에 포함되었을 가능성이 있다. 즉 북한의 토지개혁과정에서는 부르주아민주주의혁명단계에서 용인되는 부농도 청산되었고, 중농이나 소상인과 같은 중간계급에게까지도 부분적인 토지몰수의 피해가 미쳤을 가능성이 있다.

토지몰수가 중간계급에게까지 피해를 주었다면 이것은 북한 정권의 국가건설방향과 혁명노선에도 중대한 영향을 미쳤을 수 있다.52) 현물세 부담에 이르면 중농의 피해는 크지 않다고 할 수 있을지도 모르지만, 중농의 불만은 명백한 것이었다. 1946년 6월에 농업현물세는 25%로 결정되었는데, 이는 토지개혁으로 토지를 분배받은 빈농과는 달리 중농(자작농)에게는 불만스러운 것이었다. 여기에 현물세 징수가 실제로는 25%를 넘겨 징수됨에 따라53) 중농 성분의 불만이 확대되었을 가능성이 있다. 이것으로 인해 북로당 정권과 중농의 갈등이 심화되었을 수 있으며, 북로당의 정책노선은 더욱 철저하게 빈농과 노동자를 기반으로 움직이게 되었다.

---

52) 모택동은 "중농이 혁명에 대해 지지하는 입장을 취하느냐 거부하는 입장을 취하느냐에 따라 혁명의 성공과 실패가 판가름나며, 이는 특히 중농이 농촌인구의 다수를 점유한 농촌혁명 이후 시기에 적용된다."고(『모택동선집』 2, 376쪽. 송두율, 앞의 책, 251쪽에서 재인용』) 할 만큼 중농의 역할은 중요하다. 모택동은 토지개혁투쟁에 중농을 인입해야 하고, 중농의 이익을 돌보아주어야 한다(「신해방구의 토지개혁요점」, 『모택동선집』 4, 민족출판사, 1992, 1615쪽)고 했다. 하지만 북한에서는 중농(자작농)이 26.2%였고(이순근, 「북조선농업발전을 위한 제문제」, 『인민』, 창간호, 68쪽), 이미 정권을 공산주의자들이 장악하였기 때문에 중농계급의 중요성은 떨어지지만 중농의 지지여부가 사회의 안정성에는 영향을 줄 수 있었다.
53) 농업현물세 징수와 관련된 논의는 이주철, 「토지개혁이후 북한농촌사회의 변화」, 『역사와 현실』 16호, 1995, 250~255쪽 참조.

(4) 토지개혁 후 농촌사회 질서의 변화와 당원확장 기반의 구축

토지개혁의 실시로 빈농들의 지지를 확보함으로써 조공분국과 북임인위에서의 김일성의 위상은 크게 강화되었다. 항일무장투쟁으로 알려졌던 김일성은 토지개혁을 계기로 북한인민들에게 북임인위 위원장 즉 북한의 최고 지도자로 인식되게 되었다. 그리고 토지개혁과정에서 조공분국과 김일성은 사업수행의 역량을 보여줌으로써 위상을 강화시켰다. 이러한 조공분국과 김일성의 지지기반 확보와 위상강화는 북한 내에서의 소련군의 역할을 축소시키고 조선인에 의해 북한사회가 주도되는 계기를 만들어 갔다.54)

조공분국이 국가기구를 장악할 능력이 확보되지 않은 상태였기 때문

---

54) 소련군의 역할을 시기구분 없이 보는 것은 잘못이며 정권기관과 북로당(조공분국 포함)의 발전과정에 따라 소련군의 역할이 축소되어가는 과정을 주목해 보아야 한다.
1945년 10월 '김일성장군환영 평양시민대회'의 김일성 연설문은 소련군이 작성하였고(중앙일보특별취재반, 앞의 책, 88쪽) 북임인위가 수립될 때까지의 소련군의 역할은 '규정력'을 가지고 있었다. 또 북임인위의 각 국은 법령과 결정의 초안을 북임인위와 소련군사령부에 제출해야 했다(「북조선임시인민위원회구성에 관한 규정」, 『북한관계사료집』 5, 151쪽). 그러나 1947년 2월 북조선인민회의를 거쳐 북조선인민위원회가 수립되면서 소련군의 법적인 관여형식은 없어졌다. 인적 측면에서 보아도 소비에트 민정에서 일한 소련군 장교(전문가)의 숫자가 1946년 9월에는 200명에 달했으나, 12월에는 60명으로 줄어 들었고, 1947년 7월에는 30명으로 축소되었다(박명림, 앞의 책, 96쪽).
북임인위 수립 이후 소련군의 관여는 완만하게 축소되어 왔는데 주목할 만한 관여는 1947년 2월의 북조선 도·시·군 인민위원회 대회와 관련하여 이루어졌다. 이 회의의 준비과정에는 슈티코프, 치스챠코프, 로마넨코 등이 관여했는데(슈티코프, 『슈티코프일기』 1946년 12월 19일, 1947년 1월 4일) 이 과정을 소련군의 개입을 보여주는 증거로 보는 것은 적절하지 않다. 북조선인민위원회의 수립과정은 당연히 소련군의 북한주둔과도 관련이 되는 중대사안이었기 때문이다. 북조선인민위원회의 수립과정은 소련군의 관여를 보여주는 증거라기 보다는 소련군이 김일성과 북로당에 대한 영향력 축소를 인정한 증거라고 할 수 있다. 일부 연구에서는 소련군의 정책을 '한인화정책'이라고 했는데, 이것은 부적절한 표현이다. 북한에서는 대부분의 행정적 집행이 조선인에 의하여 집행되고 있었고, 소련인의 관여가 축소되는 과정을 밟고 있었다.

에 김일성의 국가기구 장악은 당의 장악보다 더욱 중요한 의미를 갖는 것이었다. 소련의 경우도 당의 지도자가 국가권력을 장악했는데, 스탈린은 1941년 5월에 인민위원회(1946년 이후 '각료회의'로 개편) 의장이 되었고, 그 뒤 전시내각 역할을 한 국가수호위원회 의장과 국방인민위원, 소비에트 연방 총사령관(나중에 대원수), 사실상의 외무 인민위원이었다.55) 스탈린의 새로운 직책들은 당기구가 아닌 국가조직에 속하는 것이었는데, 이처럼 국가기구의 장악은 권력을 확보하기 위한 더 중요한 요소였던 것이다. 특히 스탈린은 1939년 18차 당대회 이후 당대회를 열지 않다가 1952년에야 19차 당대회를 열었는데 이것은 소비에트 기구와 당기구 간에 위험한 불균형이 초래될 것을 우려한 조치였다.56) 이러한 조치를 취할 만큼 1940년대 소련에서는 권력의 중심이 국가기구에 놓여 있었다고 할 수 있다. 김일성의 경우도 북임인위 위원장으로서의 지위가 있었기에 최고 권력자의 길을 갈 수 있었던 것이며, 이후 북로당 창립시에는 북로당의 위원장을 김두봉에게 양보할 수도 있었던 것이다.

토지개혁의 성과로 많은 농민들이 조공분국에 입당하였는데, 평안북도 당조직에서 3,272명, 나머지 5도당에서도 9,058명이 입당하였다.57) 이로써 당원이 크게 확장되어 1946년 4월에는 26,000명의 당원을 가지게 되었고58) 노동자·농민의 당원 구성비가 높아졌다. 토지개혁의 결과 농촌에 대한 조공분국의 영향력이 강화되었고 각 부락마다 당세포를 조직하도록 하였다. 토지개혁을 실제로 집행한 11,500여 개의 농촌위원회 위원들(90,697명)은 모두 빈농과 고농으로 구성되었었는데59) 이들을 중심으

---

55) 로버트 H. 맥닐, 이병주 역, 『볼셰비키 전통』, 1983, 148쪽.
56) 위의 책, 150쪽.
57) 「토지개혁사업의 총결과 금후 과업」, 『북한관계사료집』 1, 46쪽.
58) 「우리당이 걸어온 길과 당면한 몇가지 과업에 대하여 -함경남도당 확대위원회에서 한 연설 1946년 4월 20일」, 『김일성저작집』 2, 180쪽.
59) 소작농 78.9%, 자작겸소작농 18.9%, 고용자 2.1%로 구성되었다(손전후, 『우리나라토지개혁사』, 144쪽).

로 먼저 당 하부조직이 확대되었다.

하지만 조공분국의 영향력이 군중 속에 만족스럽게 확보된 것은 아니었다. 당의 기관지가 대중 속에 들어가지 못하고 있었고, 많은 당원들의 당에 대한 인식이 부족하였다.[60] 또 조공분국은 당 간부로 노동자와 빈농·고농을 선발하기 위하여 과감한 등용을 시도했지만[61] 많은 어려움이 있었다.

1946년 6월 김일성은 '근로대중의 대중정당'으로의 확대발전을 당의 중요과업으로 제시하고,[62] '일부 공산당 조직'에서 이론적·실천적으로 준비된 공산주의자들만을 당에 받아들이려 함으로 인하여 당조직의 확대사업이 잘 되지 않았던 것을 비판하였다. 그리고 이론적 준비는 약하더라도 선진적인 노동자·농민을 당에 받아들여 공장·광산·농어촌에 빠짐없이 당조직을 조직하도록 요구하였다.[63] 이것은 김일성이 '토지개혁'의 성과를 당원확장으로 연결하려 했음을 보여준다.

또 북로당 지도부는 과거에 사회운동을 했다는 이유로 현재 활동이 약한 사람을 간부로 배치하는 것을 피하고, 나이가 어리더라도 유능하고 열성적인 사람을 등용하려 하였다.[64] 이들 열성적인 청년당원들을 통하

---

60) 평남도당 간부 훈련반 백여 명 중 '민주주의통일전선' '민주주의혁명'을 안다는 자가 3~4명에 불과하였다(선전부장 김창만 「북조선 공산당 중앙위원회 제2차 각도 선전부장회의 총결보고 요지, 1946. 4.」, 『북한관계사료집』 1, 89쪽).
3차 확집위 이후 조공분국은 다수의 노동자, 농민을 당원으로 흡수하였으나 충분한 교육을 하지는 못했고 그 결과 일부에서는 '공산당이 무언지 당원이 무언지도 모르는 당원'까지 생겼다(「조공조선분국 중앙제4차확대집행위원회에서 결정 1946. 2. 15」, 『북한관계사료집』 1, 31쪽).
61) 「당내 정세와 당면과업에 대하여 −북조선공산당 중앙조직위원회 제4차 확대집행위원회에서 한 보고 1946년 2월 15일」, 『김일성저작집』 2, 54쪽.
62) 「중앙당학교는 당간부를 키워내는 공산대학이다 −중앙당학교 개교식에서 한 연설 1946년 6월 3일」, 『김일성저작집』 2, 246쪽.
63) 위의 글, 247쪽.
64) 「인제군 인제면당 열성자 대회 회의록 −1946년 9월 19일」, 『북한관계사료집』 4, 678쪽.

여 당하부조직을 강화하고 하부조직을 재편하고자 한 것이다. 이것은 민청조직의 강화와 일정한 관련이 있는데 청년당원을 통한 당조직의 강화와 사회혁명의 추진은 소련의 경험(65)과 유사한 면이 있다. 공산주의운동이 청년과의 관계가 높은 것은 인간 착취 및 고통에 대한 해석과 이것을 종식시키려는 논리적 약속이 특히 청년들에게 큰 매력으로 다가감으로써 나타나는 보편적인 현상이라고 할 수 있다. 또 이러한 새로운 세대에 의존한 사회혁명의 추진은 일제의 탄압하에서 인민대중의 역할이 수동적이었던 것과도 밀접한 관련이 있었다고 할 수 있다.

3) 북조선로동당의 창립과 '전위적 대중정당'의 추진

(1) 신민당의 당원확장과정

조공분국이 당원확장에 치중하는 동안, 1946년 2월 16일에 조선독립동맹에서 개칭한 조선신민당도 당원확장에 노력하였다. 조선독립동맹의 후신인 조선신민당의 초기 당규약에 따르면 당원의 자격은 만 17세 이상 남녀로서 당원 2인의 추천에 의하여 지부위원회의 통과를 경유한 후 입당할 수 있도록 규정하였다.(66) 이후 신민당은 연령을 만 18세 이상으로, 당원 2인의 추천을 당원 1인의 보증으로 개정하였는데(67) 당규약의 개정

---

65) 스탈인은 1939년 3월의 소련공산당 18차 대회에서 젊은 기간요원을 과감하고 시의적절하게 승진시킬 것을 요구했다. 스탈린은 다음의 네 가지를 젊은 기간요원들이 가진 장점으로 주장하였다. 첫째로 젊은 기간요원들은 방대한 다수를 구성하며, 둘째로 젊고 아직은 직무로부터 이탈할 가능성이 적으며, 셋째로 모든 볼셰비키 활동가에게 귀중한 자질인 새로운 것에 대한 감각을 풍부하게 가지고 있으며, 넷째로 지식을 급속하게 발전시키고 획득하며, 열성적으로 밀어제치고 전진하기 때문에 낡은 친구들을 따라잡고 대체하기에 족할 정도로 되는데 그리 많은 시간이 걸리지 않는다(J. V. 스탈린, 서중건 옮김, 『스탈린선집』 2, 전진, 1990, 192~193쪽).
66) 「조선신민당(전조선독립동맹)규약」, 『북한관계사료집』 26, 17쪽.
67) 「朝鮮新民黨規約修改草案」, 『북한관계사료집』 26, 21쪽.

은 조공분국과 연령 규정을 맞추고, 당원 확장에 초점을 맞추었다고 볼 수 있다.

〈표 1-1〉 북조선 도별 신민당 당원 통계표(1946년 5월 중순)

도본부별	인원	시점	
평안북도	10,335(50.2%)	5월 중순 현재	
평안남도	3,042(14.8%)	〃	
함경북도	200(1.0%)	〃	은성, 청진 2군에 한함
함경남도	2,127(10.3%)	〃	
강원도	1,726(8.4%)	5월 21일 현재	
황해도	3,178(15.4%)	5월 중순	
총계	20,608		

출처:「조선신민당 중앙본부 조직부 통계」,『북한관계사료집』26, 40쪽.

〈표 1-1〉에 의하면 1946년 3월 15일 11,000명이던 신민당 당원 수가[68] 1946년 5월에는 20,608명으로 증가하였다. 이것은 신민당의 당원도 조공분국에 못지않게 증가하고 있었음을 보여주는데 토지개혁과 같은 정치 정세의 급변이 공산당에 비우호적이던 사람들을 신민당으로 입당시켰다[69]는 주장도 있다. 인제군당의 경우 신민당 입당자 중 중농이 26.17%로 조공분국 1.53%에 비하여 크게 높은 비율이었는데[70] 이것은 비록 지주나 부농은 아니었지만 정세의 급변 속에서 중농 계급이 신민당으로 연결되었음을 보여준다.

이즈음 신민당의 절대 다수 당원이 평안북도에 몰려 있었으며, 평안남

---

[68] 소련군제25군민정국,「朝鮮の政治政勢に關する調書」. 서동만, 앞의 논문, 77쪽에서 재인용.
[69] 김창순은 공산당에 위압을 느끼던 사람들이 정치적 피신처를 찾기 위하여 신민당에 마구 몰려들었다고 주장한다(김창순,『북한15년사』, 서울: 지문각, 1961, 97쪽).
[70] 제2장 2절 참조.

도, 황해도, 함경남도의 순으로 당원을 확보하였는데[71] 신민당 당원도 많이 확장되어 1946년 6월 26일에는 35,000명이 되었고[72] 북로당 창립시에는 당원 수가 9만 명에 달하였다.

(2) 북조선로동당의 창립과정

조공분국의 당원확대는 신민당과의 합당을 통하여 촉진되었다. 1946년 7월 김일성과 박헌영은 비밀리에 소련을 방문하여 스탈린을 만나고 돌아왔다.[73] 이들의 귀국 후 조공분국과 신민당의 합당이 전격적으로 추진되었는데, 양당의 합당을 추진한 것이 소련 측이라는 것은 매우 단순한 해석이며, 양당의 주도세력이 이를 선택한 실질적인 배경을 살펴보는 것이 중요하다.[74]

표면에 드러난 합당 절차는 1946년 7월 23일 신민당 중앙위원회에서 두 당의 합동을 제의하고, 조공분국 중앙위원회도 이에 동의하여 양당연석중앙확대위원회(7월 28~30일)에서 두 당을 합쳐 북조선로동당으로의 합당을 정식 결정한 것이었다. 이후 8월 5일부터 각 도당확대위원회부터 최하부 세포총회에 이르기까지 합당사업이 진행되어 면구군시당(面區郡市黨) 합동회의를 거쳐 북로당창립대회가 열렸다.[75]

양당은 여러 가지 차이점이 있었는데 조공분국은 '무산계급적 작풍'을 가지고 있었고, 신민당은 '인테리적 작풍'을 가지고 있었다.[76] 양당연석

---

71) 신민당은 평안북도, 황해도를 중심으로 지방에 세력기반을 구축하기 시작했다 (스칼라피노·이정식 공저, 앞의 책, 2권, 428쪽).
72) 서동만, 앞의 논문, 77쪽.
73) 중앙일보 특별취재반, 앞의 책, 236~238쪽.
74) 이종석은 신민당 결성시부터 양당의 합당은 예비되어 있었다고 할 수 있다고 주장한다(이종석, 앞의 책, 183쪽).
75) 김주현, 「북조선로동당의 탄생」, 『근로자』, 1946년 창간호, 37~38쪽, 41~42쪽.
76) 「오늘의 정치정세와 우리들의 새로운 임무 -북조선공산당 및 조선신민당 중앙위원회 확대련석회의에서 한 보고 1946년 7월 29일」, 『김일성저작집』 2, 321쪽.

중앙확대위원회에서 김두봉은 양당의 확대에 따라 하부말단에서 일부 마찰이 있었고, 그 원인은 조공분국이 지식층을 전체적으로 포용하지 못한 데 있다고 지적하였다.77) 반면, 김일성은 조공분국과 조선신민당의 합당에 대해 두 당의 하부 말단조직 사이의 마찰이 있기 때문에 그것을 없애기 위하여 취하는 조치는 아니라고 하였다.78) 그러나 신민당의 조직사업이 확대되는 과정에서 말단조직에서 다소 갈등이 없지는 않았다.79) 이를 통해 양당의 통합은 하부조직에 있었던 마찰을 해소하고 '근로대중의 분열을 막아야할 필요성'80)이 주요 원인의 하나였음을 알 수 있다.

또 하나의 중요한 이유는 유사한 강령과 계급기반을 가진 두 개의 정당이 존재하는 데서 오는 국가기구 운영의 문제를 해결하기 위한 선택이라는 측면도 있었다. 이러한 문제의 해결을 위하여 조공분국으로서는 경쟁대상으로 성장할 가능성이 있는 신민당을 합당해야 할 필요가 있었던 것이다. 신민당은 합당 전에 이미 모스크바 3상회담 결정을 지지하였고81) 북임인위에 대해 적극적으로 옹호했으며 김일성위원장의 20개조 정강에 의거하여 '진보적 민주정체'를 확립하고자 하였다.82) 신민당이 일체의 선전공작을 "조선민족의 위대한 영도자 김일성 장군을 옹호하는 방향으로 추진"83)하도록 하였던 점을 보면, 이미 신민당의 독자적 행보에

　　신민당의 조직성원은 소자산계급이 절대 다수를 점유하고 있었다(「조선신민당 제1차 북조선대표대회 보고서(초안)」, 『북한관계사료집』 26, 31쪽).
77) 김주현, 앞의 글, 40쪽.
78) 「오늘의 정치정세와 우리들의 새로운 임무 ―북조선공산당 및 조선신민당 중앙위원회 확대련석회의에서 한 보고 1946년 7월 29일」, 『김일성저작집』 2, 317쪽.
79) 「조선신민당 제1차 북조선대표대회 보고서(초안)」, 『북한관계사료집』 26, 31쪽.
80) 양당 하부말단에서 부분적으로 불필요한 마찰을 일으켰다(「당건설(강의요강)」, 『북한관계사료집』 10, 681쪽).
81) 「조선동포에게 고함 1946년 1월 15일」, 『북한관계사료집』 26, 9쪽.
　　조선신민당, 「조선신민당 제1차 북조선대표대회 결정서(초안)」, 『북한관계사료집』 26, 24쪽.
82) 조선신민당, 위의 글, 25쪽.

는 한계가 있었음을 알 수 있다. 신민당은 조공분국과의 연합을 위한 준비를 갖추고 있었던 것이다.[84]

아래 〈표 1-2〉, 〈표 1-3〉과 〈표 1-4〉를 통해 신민당이 조공분국과 통합을 하려했던 한 측면을 알 수 있으며, 조공분국이 신민당을 흡수해야만 했던 하부조직의 실태도 이해할 수 있다.

〈표 1-2〉는 1946년 5월 신민당원의 정권기관 내 위상을 보여주는데, 신민당의 하급 정권기관 내에서의 위상은 상당히 약했음을 알 수 있다. 이렇게 된 주된 이유는 신민당이 북한의 정권기구가 대부분 구성된 후에야 창당되었기 때문이다.

〈표 1-2〉 신민당원의 인민위원회 참여(군인민위원회 이상 단위, 1946년 5월 31일 현재)

	도인민위원회		시·군 인민위원회			보안서, 재판소, 검찰소
	위원장	부위원장	위원장	부위원장	과장 이상	
평남					1	1
평북				1		2
황해			2	1	5	1
강원	1	2		2	2	3
함남		1		2	2	
함북						
합계		2	4	6	8	7

* 보안서, 재판소, 검찰소는 시·군 단위 부서장, 소장 이상 직위.
출처 : 「조선신민당 중앙본부 조직부 통계 ―북조선 각 도·군 간부명부(1946. 5. 31)」, 『북한관계사료집』 26, 43~51쪽 정리.

신민당은 정당으로서 중앙에서 갖는 위상에 비해 지방하급 인민위원회와 국가 권력기구 내에서의 영향력이 매우 약했고, 국가권력으로부터

---

83) 위의 글, 26쪽.
84) 북로당 창립 후의 직책과 파벌의 분석은 서동만, 앞의 논문, 84~85쪽.

배제된 상태에서 독자적인 발전을 이루기가 어려웠다는 점에서 조국분국에 대한 신민당의 합당요청은 실질적인 필요에 의한 것이었다고 할 수 있다.

〈표 1-3〉 신민당의 각 도내 당원 통계(1946년 5월 중순)

도별	군별 평균	최고 3개 군 평균	최소 3개 군 평균	최고 군	최소 군	최고 지역명	100명 미만 군 수	통계 시·군 수
평안북도	608	1,533	182	2,000	115	창성군	0	17개
평안남도	253	520	38	630	30	평양시	4	12개
함경남도	236	577	44	1,235	35	북청군	5	9개
함경북도	100			123	77			2개
강원도	133	255	44	410	32	화천군	5	13개
황해도	227	350	110	373	40	봉산군	1	14개

출처 : 「조선신민당 중앙본부 조직부 통계」, 『북한관계사료집』 26, 41~43쪽 정리.

또 〈표 1-3〉이 보여주듯 각 군에서의 신민당 당세가 상당히 불균형적이었던 것도 이유의 하나일 수 있다. 함경남도의 경우 당원 최다 군과 최소 군의 비는 35.3 : 1이며, 평안남도는 4개 군, 함경남도는 5개 군, 강원도는 5개 군, 황해도는 1개 군이 당원 100명 미만이었다. 또 도별로도 커다란 차이가 나는데, 이는 신민당의 당원확장이 북한의 일부 지역에서는 어려움이 있었음을 보여 준다.

〈표 1-4〉는 1946년 북로당 창립 직전의 인제군 서화면 주요 단체장에 관한 자료이다. 그 구성원들을 보면 조공분국의 당원이 농민위원회, 직업노동동맹, 인민위원회, 여성동맹의 위원장을 맡아 주도권을 쥐고 있었고, 신민당은 주요 단체로는 민청위원장을 맡고 있을 뿐이었다. 북로당의 창립 후에는 인제군 서화면의 주요 단체장을 북로당원이 담당하게 되었을 것이며, 이러한 경향은 인제군 전체로 확대하여 추론해도 크게 다르지 않을 것으로 보인다.

〈표 1-4〉 강원도 인제군 서화면 주요 단체장 당별 분포[85]

소속 정당	공산당 5명	신민당 8명	민주당 1명
주요단체장	농민위원회위원장 직업노동동맹위원장 인민위원회위원장 면여성동맹위원장	면민청위원장 반일투위원장 우편국장 신민당위원장	민주당 책임
출신	빈농 4 노동 1	빈농 6 중농 2	빈농 1
8·15전 직업	농업 3 노동 1 상업 1	정신노동 5 농업 2 가사 1	정신노동 1

출처: 「서화면 직업노동동맹 간부명부」, 『북한관계사료집』 15, 54쪽(1946년 6월 하순자료로 추정).

조공분국으로서는 준비된 공산주의자들이 많지 않았고 노동계급이 적었으며 인민들이 일제의 악선전 등으로 공산주의에 대한 '옳은 인식'을 가지고 있지 못함으로 인해 어려움에 처해 있었다.[86] 이런 인민들의 부정적 이미지를 무마시키고자 했던 것도 북로당 창립의 또 하나의 이유였는데, 이것은 당역량을 급속히 확대·강화하여 '근로인민의 대중정당'으로 발전시키려는 조공분국의 입장에서는 중대한 문제였다. 또 조공분국으로서는 근로대중의 분열을 막고 그들을 하나의 정치적 역량으로 결집하기 위해서 합당이 필요하였던 것이다. 이상의 제반 실태를 살펴보면 양당의 합당은 양당 정치세력 모두에게 필요한 것이었음을 알 수 있다.

---

85) 서화면의 직업동맹 조직인원 수는 노동자(80), 기술자(50), 사무원(68), 여성기술자(4)로 총 202명이다(「강원도 인제군 서화면 직업동맹 조직인원 통계표」, 『북한관계사료집』 15, 55쪽).
86) 「현시기 나라를 자주적으로 발전시키는 데서 나서는 몇 가지 문제에 대하여 -남북조선공산당 책임일군협의회에서 한 연설 1946년 6월 26일」, 『김일성전집』 3, 515쪽.

(3) 북조선로동당의 당원확장 추진

조공분국과 신민당 양당 연석중앙확대위원회에서 김일성은 "누구든지 광범한 군중을 전취하면 승리자가 되며 조그만 계급적 울타리를 벗어나 절대다수의 근로대중을 총집결하도록 할 것"[87]을 주장하였다. 김일성의 주장과 같이 북로당 창립 후의 당원정책은 또다시 당원의 적극 확대에 있었다. 당원 확대를 추구하다보니 "당내에 오가잡탕이 들어왔다느니 청당사업을 해야 한다느니 하는 분란이 생겼지만"[88] 창립 직후의 실정에서 '청당사업'은 유보되었다.

북로당 규약은 입당을 하려는 사람에게 당의 강령을 승인하고 규약에 복종하는 것만을 요구하는 것이 아니라 당의 일정한 조직 내에서 열성적으로 사업해야 한다는 조건을 요구했다.[89] 그러나 당원확장정책은 북로당의 규약대로만 이루어지지는 않았다. 황해도에서는 당원들의 일부가 당사자가 당원이 되었는지 여부조차 알지 못하는 일이 있을 만큼[90] 당원을 확장하는 데 치중하였을 뿐 원칙이 지켜지지 않았다. 입당 당원의 심사가 당부 상무위원회에 본인이 참석하여 개별적으로 진행되지 않았고, 상무위원이 책임지고 세포에 가서 심사결정을 하는 등 원칙이 지켜지지 않는 일도 있었다.[91] 심지어는 심사 없이 당원을 흡수하여 당내에 상인, 투기업자가 들어오고 직장세포에 가정부인이 들어오는 일도 있었다.[92]

---

87) 김주현, 앞의 글, 39쪽.
88) 「로동당의 당면과업에 대하여 ―북조선로동당창립대회에서 한 결론 1946년 8월 29일」, 『김일성저작집』 2, 384쪽.
89) 朴昌玉, 「북조선로동당規約解釋」, 『근로자』 3월호, 1947, 50쪽.
90) 「북조선로동당창립대회 회의록」, 『북한관계사료집』 1, 158쪽.
91) 「평양시 동구역 당단체와 남포시당단체의 당장성문제에 관한 당중앙결정 집행 정형에 대하여 ―북조선로동당 중앙상무위원회 제10차 회의 결정서 1946년 11월 14일」, 『결정집』, 47쪽.
92) 위의 글, 49쪽.
강계군 당단체에서는 매개 당원에게 2명씩 또는 당원 2명이 1명씩 흡수하라는 할당제를 실시하기도 했다(「강계군 당단체의 사업정형에 대하여 ―북조선로

이러한 사례는 이 시기에 북로당이 얼마나 당원 확장에 치중하였는가를 보여준다.[93]

　현실적으로 북로당은 이 시기에 맑스-레닌주의로 무장한 혁명가들만으로 당을 구성할 수 없는 처지에 있었다. 따라서 맑스-레닌주의로 무장하지는 못한 사람이라도 '민주주의적 과업'에 적극적으로 참가하는 자들이라면 다 북로당에 들어오도록 하였다.[94] 즉 직장에서 생산능률을 올리고 농업수확고를 높이는 것을 북로당원이 될 수 있는 중요한 조건으로 삼은 것이다.[95] 이러한 당원확장정책은 혁명투쟁의 경험 대신에 경제 건설에서의 노동성실성을 당원의 투쟁경력으로 대체한 것인데, 이 같은 북로당의 신입당원 확대는 당의 하부조직에 변화를 가져왔다. 정리하면 북로당의 당원확장정책은 노동자·빈농 성분을 높이는 것과 중요 산업 부문에서 중요한 역할을 하는 사람들을 입당시키는 데 중점이 두어졌다고 할 수 있다.[96]

　　　동당 중앙상무위원회 제13차 회의 결정서 1946년 12월 4일」, 『결정집』, 66쪽).
93) 그러나 반대되는 경우도 있었다. 합당 후 평남도 및 기타 당단체들에서 당장성을 조합식으로 발전시키는 경향과는 반대로 황해도 당단체에서는 당을 공고히 하고 확대·강화할 목적이라며 당에 가입시킬 만한 준비된 근로자들까지도 당 대열에 가입시키지 않은 일로 비판을 받았다(「황해도당 당장성과 신입당원과의 사업정형에 대하여 -북조선로동당 중앙상무위원회 제7차 회의 결정서 1946년 10월 8일」, 『결정집』, 14~15쪽). 이 같은 상반되는 문제의 발생 원인은 북로당의 일부 하부조직들이 당원 확대로 오히려 당이 약화되고 당의 위신이 저하되는 상황을 이유로 들며 당원성장에 소극적이었기 때문이다.
94) 「북조선로동당창립대회의 총화에 관하여 -평안남도당 열성자회의에서 한 연설 1946년 9월 9일」, 『김일성 선집 1954』 1, 207쪽.
　　「황해도당 당장성과 신입당원과의 사업정형에 대하여 -북조선로동당 중앙상무위원회 제7차 회의 결정서 1946년 10월 8일」, 『결정집』, 15쪽.
95) 허가이, 「勞動黨唯一黨證授與에 對하여 -북조선로동당 제2차 중앙확대위원회에서의 보고」, 『근로자』, 1946년 2호, 61쪽.
96) 「황해도당 당장성과 신입당원과의 사업정형에 대하여 -북조선로동당 중앙상무위원회 제7차 회의 결정서 1946년 10월 8일」, 『결정집』, 16쪽.

그러나 당조직 확장은 이런 원칙과 무관하게 진행되기도 했다. 함북에서는 북로당 세포조직에 착수한 9월에 11일 동안 9200명의 당원을 확보한 일도 있었다.97) 또 평양시 동구역 당조직의 경우 당원확대를 위한 숫자 목표를 세우고 1946년 9월 25일까지 각 세포 및 공장위원회에 흡수할 책임 인원을 주었으며, '전 근로인민', '애인과 부인', '상인', '다른 세포 관계하의 사람'까지 흡수대상으로 하였다.98) 평양시 당부에서는 당원 돌격대를 조직하여 미흡수 군중의 숫자를 조사하고 당에 흡수할 방침을 세우기도 하였다.99)

북로당 중앙상무위원회는 평양시 동구역 당조직과 평양시 당부의 당 성장방식을 시정하도록 지시하였지만, 이런 일은 다른 하급당부에서도 보편적으로 존재했던 문제였다.100) 조공분국과 신민당이 합당하여 근로인민의 북로당이 구성되었다고 하며 전 근로인민을 당에 흡수하려 하거나, 목표를 세우고 하급 당에 책임 수량을 내려 보내기도 하였고, 다른 당에 가입하지 않은 인민들을 모두 흡수하려고까지 하였다.101)

이에 대응하여 북로당 제3차 중앙위원회는 당 성장사업에 있어서 하급 당조직에서 당조직노선과 이탈되는 현상이 보편적으로 존재하고 있다고 거듭 비판하였다. 당이 조합화되고 당과 사회단체의 구분이 명확하지 못하고, 심지어는 당과 근로인민을 혼동하는 경향마저 있었다는102)

---

97) 「북조선로동당창립대회 회의록」, 『북한관계사료집』 1, 132쪽.
98) 「평양시 동구역 당단체의 당장성문제에 관하여 -북조선로동당 중앙상무위원회 제3차 회의 결정서 1946년 9월 14일」, 『결정집』, 5쪽.
99) 위의 글, 5쪽.
100) 위의 글, 5~6쪽.
101) 허가이, 「黨長成과 黨組織及黨政治事業에 對한 諸課業 -북조선로동당 제3차 중앙위원회에서 보고」, 『근로자』, 1947년 3·4호, 40쪽.
102) 북조선로동당 제3차 중앙위원회 결정(1946. 11. 6), 「유일당증 수여에 관하야」, 『북한관계사료집』 1, 178쪽.
　　북조선로동당 중앙본부의 당장성문제에 관한 결정서를 각급 당단체들이 접수한 이후 관문주의적 경향으로 변하는 경향이 있었다(같은 곳).

것이다. 그러나 당원으로서의 자격이 부족한 자들이 당에 들어오게 된 것을 하급당조직의 잘못이라고 규정할 수만은 없다. 북로당 중앙위원회의 결정이 적극적인 당 성장사업의 필요를 강조하고 있었기 때문이다. 또한 하급 당조직은 사업지역 내의 노동자나 농민들을 당에 많이 받아들이지 못하면, 노동자와 농민들 속에서 당 정치사업을 부족하게 하였다는 것을 의미하므로[103] 양적인 성장에 치중할 수밖에 없었다.

하지만 여러 가지 문제점에도 불구하고, 중요한 것은 북로당의 당원확장이 성공적으로 이루어졌다는 점이다. 당원확장이 성공적으로 이루어진 주요 배경으로는 착취로부터의 해방을 약속하는 공산주의 사상의 매력, 당의 국가기구 장악, 토지개혁과 같은 '민주개혁'의 실시, 북로당의 '이미지 변화'를 들 수 있다. 특히 당의 국가기구 장악은 커다란 의미가 있는데 당원들이 국가기구에서 활동하게 되는 것이 중요한 흡인 요인이 되었다. 즉 당원이 되는 것은 사회에서 의미 있는 역할을 하는 기회가 되기도 하고, 지도층에 해당하는 지위를 얻는 길일 수도 있었다.

소련의 경우 1922년에 전체 당원의 2/3가 크고 작은 특권의 자리에서 일하고 있었는데[104] 이러한 당원들의 국가기구 참여는 북한 인민에게도 커다란 매력이었을 것임이 틀림없다. 당원 중에 1.2%나 되는 상인과 기업자들이 당원으로 가입했다는 점도 주목된다.[105] 이 사실은 당조직 강화에는 문제가 있지만, 노동자와 농민뿐만 아니라 상인, 기업자들도 북로당에 가입하는 것이 필요하다고 느낄 만큼 북한 사회에서의 북로당의 영향력이 커진 것을 보여준다.

이러한 당원확장을 통해 북로당은 "우리당의 가장 큰 힘은 우리 당이 인민과 친밀하다는 점"이라고 스스로 평가하고,[106] "금일 북조선 전체 인

---

103) 朴昌玉, 『북조선로동당規約解釋』, 『근로자』 3월호, 1947, 51쪽.
104) 레오날드 샤피로, 앞의 책, 231쪽.
105) 허가이, 「黨長成과 黨組織及黨政治事業에 對한 諸課業 −북조선로동당 제3차 중앙위원회에서 보고」, 『근로자』, 1947년 3·4호, 40쪽.

민들이 우리 로동당을 그렇게까지 자기의 친애하고 신임하는 정당으로 인정하는 것이 우연한 일이 아니다"[107]고 선전할 수 있는 단계를 이루었다.

(4) 당조직 강화를 위한 당원 숙정

북로당은 당원의 양적인 팽창에 이어 조직의 강화를 추진하였다. 북로당은 당원의 급격한 성장으로 당의 기본조직인 세포생활이 일반적으로 미약하고 형식적으로 흐르고 있으며, 세포회의도 제때에 소집되지 못하고 있음을 인식하고 있었다.[108] 이 때문에 당을 공고히 하는 방법으로 교양사업이 매우 중요했기에 북로당은 모든 당조직에 당강령과 당규약을 정확히 인식시키기 위해 연구할 것을 결정하였다.[109] 또한 강령과 규약의 해석사업을 비당원 군중에게도 광범히 조직하도록 하였다.[110]

그러나 양적 확대와 당원의 교양만으로 당조직 문제를 시급하게 해결할 수 없었기 때문에, 합당 당시부터 제기되었던 청당사업이 불가피해졌다. 이를 위해 1946년 9월 북로당 중앙위원회 제2차 회의에서 당원에게 유일당증 수여가 결정[111]되었고, 동시에 공민증 교부사업을 진행하도록 하였다. 공민증 교부사업은 주민구성 통계를 정확히 작성하는 것을 병행하여 '반동분자들의 적발'[112]도 의도하였는데, 공민증 교부사업이 유일당

---

106) 박일, 「宣傳의 意義」, 『근로자』 6호, 1947, 17쪽.
107) 朴昌玉, 「북조선로동당規約解釋」, 『근로자』 3월호, 1947, 48쪽.
108) 북조선로동당 제3차 중앙위원회 결정(1946. 11. 6), 「유일당증 수여에 관하야」, 『북한관계사료집』 1, 178쪽.
109) 「로동당 강령과 규약 연구에 대하여 -북조선로동당 중앙상무위원회 제3차 회의 결정서 1946년 9월 14일」, 『결정집』, 3쪽.
110) 위의 글, 5쪽.
111) 「현시기 당단체들과 정권기관들 앞에 나서는 당면과업에 대하여 -북조선로동당 중앙위원회 상무위원회 위원장 및 각 도당위원회 위원장, 도인민위원회 위원장 련석회의에서 한 결론 1947년 1월 10일」, 『김일성전집』 5, 27쪽.
112) 「공민증교부사업을 진행할 데 대하여 -북조선림시인민위원회 국, 부장회의에서 한 결론 1946년 8월 9일」, 『김일성전집』 4, 79쪽.

증 교부와 밀접한 관련을 가졌을 것임은 당연하다. 당증 수여사업은 단순한 기술적 사업이 아니라, 당내의 '불순분자', 모리배들을 제거하고 사상통일을 높여 당을 강화하는 사업이었다.[113]

북로당의 당원 확대정책의 추진 결과, 당내에 있는 '낙후분자'들을 적극적으로 제거할 수 있는 상황이 이루어진 것이다. 중국공산당의 경우도 급격하게 당을 확대하여 당원 수를 확충한 후에, 곧바로 부적격자를 출당시키는 정풍운동을 전개하였던 점[114]에서 공통적인 모습을 볼 수 있다.

〈표 1-5〉 당증 수여사업시 숙청대상

> ㄱ. 착취계급(자본가, 기업가, 상인 등) 또는 일본 및 기타 제국주의 행정기관과 민주주의 민족해방반대를 목적으로 하는 기관(민족 반동조직, 반공단, 대화숙, 록기연맹등)에 복무하든 자들로서 로동당에 잠입하야 당을 손상케 하는 자
> ㄴ. 토지개혁에 숙청당한 지주계급 중에서 로동당에 잠입하야 당을 손상케 하여서 인민의 정권을 약화시키는 자
> ㄷ. 종교단체의 신도 혹은 간부로서 로동당에 잠입하야 당과 인민정권을 손상케 하는 자
> ㄹ. 당내에서 사상통일을 반대하고 종파적 사상과 행동으로서 당규약을 위반하여 당을 약화시키는 자
> ㅁ. 탐위와 담음으로서 당과 인민정권을 손상케 하는 자
> ㅂ. 당원으로서 모든 민주개혁의 제과업과 그를 위한 인민위원회의 법령(국가산업, 재정정책, 로동법령, 현물세) 로동규율을 준수하지 않으며 집행하지 않이하야 인민정권과 경제를 약화시키는 자
> ㅅ. 사생활 또는 공적생활에 있어서 로동당의 위신과 도덕을 손상케 하는 자들

출처 : 북조선로동당 제3차 중앙위원회 결정(1946. 11. 6), 「유일당증 수여에 관하야」, 『북한관계사료집』 1, 180쪽.

북로당의 유일당증 수여사업으로 당내에 많은 문제도 생겼다. 북로당 중앙상무위원회는 1946년 12월 27일에 당증 수여사업을 당 숙청사업으

---

113) 허가이, 「勞動黨唯一黨證授與에 對하여 —북조선로동당 제2차 중앙확대위원회에서의 보고」, 『근로자』, 1946년 2호, 62쪽.
114) 이홍영, 앞의 책, 55쪽.

로 진행하는 것은 옳지 못하므로 출당결정을 신중하게 재검토하도록 하였다.115) 하지만 북로당이 1946년 12월부터 1947년 2월 20일까지 북로당 유일당증 수여사업을 진행하면서 〈표 1-5〉와 같은 숙청을 하도록 결정하였던 터라 이미 많은 숙청이 있었다.116) 숙청대상의 특징은 자본가, 기업자, 상인, 지주계급과 일제에 복무했거나 반공활동을 한 자들이 중심 대상이었다. 따라서 북로당의 청당사업이 당외에서 타계급과의 통일전선 정책에 악영향을 주었을 가능성이 높다. 1946년 초의 당내 숙청과는 달리, 1946년 말의 숙청은 북로당의 당원기반이 크게 확장된 것을 바탕으로 한 것이었다.

유일당증 수여사업이 진행되면서 당원들을 함부로 출당시키는 현상이 있었는데, 평안남도 당조직에서는 출당된 당원들 중에서 34%가 '직무태만'과 '규율위반'이라는 명목으로 출당당하였다. 또 평안남도 당조직들은 당원들의 과오의 경중에 관계없이 출당시키거나, 일제기관에 복무한 사람들을 기계적으로 출당시켰다.117) 이것은 합당 후 미루어 오던 청당사업이 상당히 강력하게 진행되었음을 알려준다.118)

---

115) 「평안남도 및 각도당 단체의 당증수여사업 진행 정형에 대하여 —북조선로동당 중앙상무위원회 제18차 회의 결정서 1946년 12월 27일」, 『결정집』, 101~102쪽.
116) 북조선로동당 제3차 중앙위원회 결정(1946. 11. 6), 「유일당증 수여에 관하야」, 『북한관계사료집』 1, 180쪽.
117) 「유일당증수여사업을 바로하며 녀성동맹에 대한 당적지도를 강화할 데 대하여 —북조선로동당 중앙위원회 상무위원회에서 한 결론 1946년 12월 27일」, 『김일성전집』 4, 494~495쪽.
118) 일부 당단체들에서는 유일당증 수여사업 과정에서 당원들을 함부로 출당시켰는데 평남 강동군 당단체에서는 당증 수여시에 26%의 당원을 출당시켰고, 5도 통계표에 의하면 당증수여사업으로 9%의 당원을 출당시켰는데 그중 '당사업에 태만', '불신임', '우연히 당에 가입한 자라 하여 출당한 자가 70여%를 차지하였다(「평안남도 및 각도당 단체의 당증 수여사업 진행 정형에 대하여 — 북조선로동당 중앙상무위원회 제18차 회의 결정서 1946년 12월 27일」, 『결정집』, 101쪽). 또 한 자료에는 출당된 당원이 심사한 당원의 5%나 되며, 이 중에서

강력한 청당사업의 진행은 이 문제에 대한 검토를 불러왔다. 북로당 내에는 지난날의 당 성장사업에 우경적 편향이 있었던 연유로 당에서 제거해야 할 불순이색분자가 전체 당원 수의 10%에 달한다는 주장이 있었으나, 김일성은 이에 대하여 지나친 평가라고 비판하였다.[119] 1947년에 김일성은 일부 당원들의 과오를 이유로 함부로 당에서 내쫓아서는 안된다고 지적하면서, 그들의 잘못은 그들이 정치사상 의식수준이 낮고 대중과의 사업 방법을 잘 모르기 때문이라고[120] 주장하였다.

김일성의 주장은 확연히 신입당원에 호의적이라는 점을 알 수 있는데, 김일성은 유일당증 수여사업에서 편향이 나타나게 된 주요한 원인을 일부 당일꾼들이 이 사업을 청당사업으로 잘못 인식한 데 있다고 비판하였다. 하지만 하급당에서 이 사업을 '청당사업'으로 인식하고, 이러한 하급당의 분위기는 실질적으로는 매우 큰 영향을 북한 사회에 미쳤다고 할 수 있다.

여하튼 유일당증 수여사업과정을 통해 북로당은 모든 당조직들과 조직적인 훈련이 부족한 당원들을 당규약의 요구대로 움직이게 함으로써 당내 규율을 강화하는 중요한 성과를 거두었다.[121] 1946년 11월의 도·

40%는 당의 강령과 규약을 위반한 이유로 출당되었다. 평안북도 어느 군당에서는 농촌의 일부 당원이 당비를 제때에 내지 않았다고 당규약위반자로 규정하여 출당시켰는가 하면, 함북 북청군의 어떤 당원은 과실을 몇 알 장마당에 내다 팔았다고 하여 모리간상배로 몰아 출당시켰다(「현시기 당단체들과 정권기관들 앞에 나서는 당면과업에 대하여 -북조선로동당 중앙위원회 상무위원회 위원장 및 각 도당위원회 위원장, 도인민위원회 위원장 련석회의에서 한 결론 1947년 1월 10일」,『김일성전집』5, 28쪽). 이 같은 경향은 북로당 하급당의 분위기가 상당히 좌경적인 것이었음을 보여준다.

119) 1947년 1월 10일 위의 글, 28쪽.
120) 「대중지도방법을 개선하며 올해 인민경제계획 수행을 성과적으로 보장할 데 대하여 -북조선로동당 중앙위원회 제6차 회의에서 한 결론 1947년 3월 15일」,『김일성저작집』3, 176쪽.
121) 「북조선로동당 중앙위원회 상무위원회에서 한 결론 1947년 2월 22일」,『김일성전집』5, 217쪽.

시·군 인민위원회 위원선거와 1947년 2월의 리·면 인민위원회 위원선거의 성공적 마무리와 함께 북로당이 이 같은 성과를 거둘 수 있었던 것은 북로당이 북한사회에서 갖는 영향력이 강화되고 뿌리내렸음을 보여준다.

당원의 정리와는 별도로 북로당의 당원 증가는 계속되었고, 1946년 11월 3일 선거 때에는 하급 당조직에서 타정당과의 마찰이 나타나기도 하였다. 민주당의 일부 간부들이 선거를 계기로 정권기관에서 자기당의 세력을 확대하려고 주민들을 적극적으로 입당시켰다. 이 과정에서 조선민주당의 당원들은 농촌에서 세력을 잡기 위하여 북로당원과 대립하였고, 도시에서는 각 기관에 당원들이 많이 들어가지 못한 데 대하여 불만을 가졌다.[122] 이에 대해 조선민주당 위원장 최용건은 민주당 내에는 상업가·자본가·기술자·지식인 등이 많다며, 정권기관보다 산업기관에 많이 들어가 산업부흥에 노력을 경주할 것을 요구하였다.[123]

이상의 상황을 보면 많은 민주당원들은 정권기관에 더 관심이 많았지만, 정권기관으로의 진출은 북로당에 의하여 제한받았던 것을 알 수 있다. 또한 이로 인하여 민주당원과 북로당원들의 갈등은 불가피했고, 하급 정권기관에서 권력다툼이 벌어졌음을 알 수 있다. 선거에 대응하여 북로당과 청우당의 일부 지방조직들에서도 서로 경쟁적으로 당원을 늘렸고[124] 정당이 사회단체에서 맹원을 받아들이는 것보다도 쉽게 아무 사람이나 당원으로 받아들이는 일이 벌어지기도 하였다.[125]

1947년 3월에 북로당은 65만의 당원을 가지고 있었는 데도[126] 불구하

---

122) 「제6차 중앙위원회확대회의에서의 최용건동지의 결론 1946년 12월 25일」(조선민주당) 『사료집』 8, 8쪽.
123) 위의 글, 9쪽.
124) 「면, 리(동) 인민위원회 위원선거를 성과적으로 보장하기 위하여 −북조선민주주의민족통일전선 중앙위원회 제9차 회의에서 한 결론 1947년 1월 11일」, 『김일성저작집』 3, 10쪽.
125) 위의 글, 10쪽.

고, 여러 당조직들에서는 개별적 입당절차를 지키지 않고 아무런 심사나 검열 없이 입당을 시키는 일이 있었다. 심지어 일부 당조직에서는 하급 당조직에 받아들일 사람 수를 정하여 내려 보낸 경우도 있었으며, 하급 당조직에서는 입당자 수를 채우는 데 치우치기도 하였다.[127] 이런 무원칙한 입당조치의 반복으로 당내에 조직생활과 정치생활을 체험하지 못한 단련되지 않은 사람들로 인한 조직의 약화가 나타났다. 김일성은 이 시점에도 당원들의 사상의식 수준이 높지 못하다고 평가하였는데, 보안간부훈련소의 일부 군인당원들조차도 해방 후 북한에서 실시한 제반 민주주의적 시책들의 '정당성'에 대하여 잘 알지 못하였다.[128]

조직의 약화에도 불구하고 별문제 없이 당원을 계속적으로 확장하였던 것은 이 시기의 북한정세가 당원에게 노동과 생산에서의 주요 임무를 요구했기 때문이다. 이즈음에 북로당이 요구하는 당원의 자격은 사상보다는 계급기반과 노동성실성이었는데, 당원들의 정치사상적 수준도 중요하였지만 그보다는 '건국사상 총동원운동'과 노동현장에서의 성실성, 계급적 각성이 중요시되었다. 따라서 북로당지도부와 당원들은 서로 조직 내의 갈등으로부터 부분적으로 피해갈 수 있었다.

합당 당시 37만 당원이었던 북로당은 창립 1주년 만에 68만의 당원을 가진 대중정당으로 성장하였다.[129] 1946년 말의 15세 이상 성인인구가 5,844,703명이었으므로 〈표 1-6〉에 의하면 15세 이상 성인 대비 당원비율

---

126) 1947년 7월에도 65만 당원으로 주장하고 있다(「소미공동위원회공동결의 제5·6호에 대한 해답서」,『북한관계사료집』1, 219쪽).
127) 「일부 당단체들의 사업에서 나타나고 있는 오유와 결함을 퇴치할 데 대하여 -북조선로동당 중앙위원회 제6차 회의에서 한 보고 1947년 3월 15일」,『김일성저작집』3, 165쪽.
128) 「현시기 당단체들과 정권기관들 앞에 나서는 당면과업에 대하여 -북조선로동당 중앙위원회 상무위원회 위원장 및 각 도당위원회 위원장, 도인민위원회 위원장 련석회의에서 한 결론 1947년 1월 10일」,『김일성전집』5, 29쪽.
129) 「창립 1주년을 맞이하는 북조선로동당 1947년 8월 28일」,『김일성저작집』3, 396쪽.

<표 1-6> 북로당 당원 증가 수

시기	당원 수	성분	
		노동자	빈농
1945년 10월	1,000		
1945년 12월	7,000		
1946년 5월	43,000		
1946년 7월	100,000		
1946년 8월	160,000		
1946년 8월 합당 직전	276,000		
1946년 8월 합당	366,000	73,000	185,000
1947년 3월	65만		
1948년 1월	708,000~750,000 725,762(당대회)	143,000	374,000
1956년 1월	1,164,945		

출처 : 「당중앙위원회사업에 대하여 —북조선로동당 함경남도 제2차 대표대회에서 한 보고 1948년 2월 21일」, 『김일성저작집』 4, 150쪽.
「북조선로동당 제2차 전당대회회의록」, 『북한관계사료집』 1, 296쪽, 335쪽.
「조선로동당 제3차 대회에서 한 중앙위원회사업총화보고 —1956년 4월 23일」, 『김일성저작집』 10, 258쪽.
*) 1945년 10월은 중앙일보 특별취재반 앞의 책, 121쪽.
*) 1946년 5월, 7월, 8월은 소련군제25군민정국, 「朝鮮의 政治政勢에 關하는 調書」, 서동만, 앞의 논문, 77쪽에서 재인용.

은 거의 11.6%에 달하였다.[130] 하지만 양적 성장에 비하여 질적 수준은 낮다.[131] 1947년 8월의 당원 성분 중 노동자 성분은 19.9%였으나 직접 생산에 참가하는 노동자 당원 수는 16.9%였고, 3,637명(약 5.3~5.5%)의 상인과 기업가 당원이 있었다.[132] 또한 14.1%의 당원이 국문을 해득하

---

130) 김일성은 한국전쟁 후라는 변수가 있지만 100만 당원도 결코 많은 것이 아니라고 주장하였다(「조선로동당규약 개정초안에 대하여 —조선로동당 중앙위원회 정치위원회에서 한 결론 1956년 1월 21일」, 『김일성저작집』 10, 22쪽).
131) 「중앙당학교 6개월반 제3회 졸업식에서 한 훈시 —1947년 8월 1일」, 『김일성저작집』 3, 366쪽.
132) 「북조선로동당 당원 성원에 관한 1947년 8월 1일 현재 통계에 관하여 —북조

지 못한 실정에 있었다.133)

　당원 확대정책에 영향을 미친 다른 정치적 요인은 임시정부 수립과 관련된 미소공동위원회의 활동이었다. 북로당 제8차 중앙확대위원회의 「소미공동위원회공동결의 제5·6호에 대한 해답서」를 보면 "임시정부는 조선의 민주주의 제정당 및 사회단체가 그 당원 수 또는 단체원 수에 의하여 가능한 범위 안에서 그 당 또는 사회단체의 영향력을 참작하여 결정하는 일정한 수의 대표자의 합동회의에서 국무총리 및 부총리와 그외의 정부성원을 구성한다"134)고 결정하여 정당의 당원 수를 중요한 영향력으로 평가하는 기준으로 삼도록 하고 있었다. 즉 미소공위의 임시정부 수립을 '목표'로 하고135) 있던 북로당은 미소공위에 대응하기 위하여 적극적으로 당원포섭정책을 폈던 면도 있다.136)

　따라서 북로당 중앙의 비판은 당원확장을 질적으로 만족시키지 못한 것에 대한 질책일 뿐이며, 북로당은 대중정당화를 통하여 한반도 내의 기반을 강화시키려는 명백한 의도가 있었다. 이처럼 북로당 중앙이 당원 확장을 지향한 것은 그 안에 한반도 전체에 대한 영향력의 확대라는 확고한 방침이 있었기 때문이라고 할 수 있다.

　　　선로동당 중앙상무위원회 제41차 회의 결정서 1947년 8월 21일」, 『결정집』, 273쪽.
133) 위의 글, 274쪽.
134) 「소미공동위원회공동결의 제5·6호에 대한 해답서」, 『북한관계사료집』 1, 225쪽. 국무총리는 임시정부의 우두머리를 가르킨다(『북한관계사료집』 1, 222쪽).
135) 「소미공동위원회공동결의 제5·6호에 대한 해답서」, 『북한관계사료집』 1, 225쪽.
136) 남로당도 제2차 미소공위 재개를 전후하여 '백만당원'의 구호를 내걸고 모집식 방법으로 '당원 5배가, 10배가 운동'을 전개하였다. 그러나 사건 발생시마다 당조직이 노출 파괴되고 지도적 지위에 있던 자들이 검거되는 결과를 가져왔다(방인후, 앞의 책, 135쪽).

4) 북조선로동당 2차 당대회 후의 당원정책 변화

(1) 당원의 정예화 지향

당원들을 층위에 따라 분류하면 당지도자, 고위간부, 중앙위원, 당 요원, 열성당원으로 구분할 수 있는데,[137] 2차 당대회의 결정을 통해 보면 북로당은 이 시점에서도 세포마다 2~3명의 열성당원을 만족스럽게 확보하지 못한 단계에 있었다. 1947년 초에도 노동자들이 다른 정당에 들어가는 일이 있었다.[138] 흥남인민공장 노동자 1만여 명 중에서 수천 명이 북로당에 입당하고, 2천여 명이 민주당에 입당하였는데 이들은 북로당을 적대시하여 감정적으로 대립하였다.[139] 이것은 북로당이 이 시점에 노동자계급으로부터 절대적인 지지를 받은 것은 아님을 보여준다.

북로당의 당원확보가 질적 담보에 이르지 못함에 따라, 1947년 9월경부터 김일성은 모집식의 당 성장사업을 비판하고 입당대상자들을 철저히 이해하고 체계적으로 교양하며 실천활동을 통하여 단련시킨 다음에 당에 받아들여야 한다는[140] 주장을 강조하였다.

---

137) 소련의 경우, 고위간부는 정치국원이나 서기국원을 가르킨다. 중앙위원은 기능과 지역에 따라 모이게 되는데 가장 많은 비율은 각급 지방당 비서이며, 중앙정부 요원으로 구성된다. 당 요원은 공산당원 중 약 2~3%로 상근하며 당 업무에 종사하는데 중앙당 각기관, 각급 지구당에서 보수를 받고 근무하는 요원(Aparatchiki)이고, 열성당원(Militant)은 당으로부터 시간제 업무를 맡기도 하지만 대부분 시민적 책임 속에서 당의 지시를 받아 실천하는 행동대원이다 (나창주, 『비교공산정치론』, 형성사, 1983, 166~171쪽).

138)「함경북도당단체의 사업을 개선 강화할 데 대하여 −북조선로동당 함경북도위원회 제19차 상무위원회에서 한 연설 1947년 1월 17일」, 『김일성저작집』 3, 41쪽.

139)「제6차 중앙위원회확대회의에서의 최용건동지의 결론」(조선민주당) 『사료집』 8, 8쪽.
조선민주당에 들어 간 노동자는 대부분이 북로당을 적대시했는데, 이들은 과거 공산당 시기의 부분적인 과오를 들어 대립하였다. 이들 중 일부는 과거 '반소반공'을 하기도 했다(같은 곳).

이런 정황을 바탕으로 북로당 2차 당대회에서는 당규약이 개정되었고, 당원 입당 시의 보증인 규정이 강화되는 주목할 만한 결정들이 있었다. 해방 후 조공분국은 당원 확충을 위하여 입당자격을 완화하였는데, 북로당 창립대회에서는 다시 20세에 달한 남녀가 당원 2명의 보증서를 첨부해야만 입당할 수 있도록 했고[141] 2차 당대회에서는 이 조건을 더욱 강화하였다. 이로써 2차 당대회부터 2명의 보증인은 당 연한이 1년 이상되어야 하고, 피보증인과 적어도 1년 이상 함께 사업하면서 서로 알아야 하며, 피보증인에 대한 책임을 지도록 하였다.[142] 입당 청원자가 보증인과 반드시 1년 이상 같은 직장에서 종사한 이력을 갖추어야 한다고 요구한 것은 청원자가 동일한 직장에서 적어도 1년 이상 고정적으로 작업해야 당원이 될 수 있다는[143] 노동 성실성을 요구하는 의미를 담고 있었다. 이를 통해 북로당이 노동력 유동이 심각한 상태에서 동일한 직장에 오랫동안 일한 노동자를 중심으로 당원의 성장 방향을 잡으려 하였다는 것[144]을 알 수 있다.

이처럼 입당 자격을 강화한 것은 북로당의 당세가 안정되었음을 보여준다. 75만의 당원을 확보한 북로당은 이미 대중정당으로서의 위치를 확고히 하였으며, '조합주의적 모집식 경향'과 일부당원의 무책임한 추천에 의한 조직구성으로 인해 당내의 통일성 약화가 오히려 문제되는 시점에 이른 것이다. 북로당에게는 당원의 확장보다는 정예화가 요구되는 시기가 된 것이다.[145]

---

140) 「산을 끼고있는 곳에서는 산을 잘 리용하여야 한다 －평안남도 양덕군 구지골 농민들과 한 담화 1947년 9월 30일」, 『김일성저작집』 3, 455쪽.
141) 「북조선로동당 규약」(1946년 8월 30일).
142) 「북조선로동당 규약－2차 당대회」, 『북한관계사료집』 1, 467쪽.
143) 황규진, 「신입당원 교양에 대하여」, 『근로자』, 1948년 7월호, 38쪽.
144) 위의 글, 40쪽.
145) 하지만 이후에도 입당절차와 규약상 원칙을 준수하지 않고, 신입당원을 다량적으로 당내에 인입시키는 일이 근절되지는 않았다(「북조선로동당 중앙위원

북로당 2차 당대회 이후에는 "검열된 근로자들 중에서 가장 충실한 자들, 타당 출신으로서 성분과 직업이 생산노동자, 농민, 근로인테리들인 사람 중에서 우수한 분자"146)를 당 성장사업의 대상으로 삼고, "전체당원과 신입당원에게 일제하 인민해방운동사, 로동당의 탄생과 발전, 역할"147) 등에 관하여 의무적으로 교양을 시키도록 하였다. 북로당 2차 당대회에서는 "당적 원칙의 순결과 당내의 엄격한 규율을 위한 철저한 투쟁, 당의 임무와 당원의 의무에 대한 자각적 관계 교양, 당조직 지도적 간부들의 성분 개선, 민주건설과 근로대중의 이익을 위해 헌신적으로 노력하는 당원 등용"148)을 결정하였는데, 이것들은 모두 당원의 질적 강화를 의도한 것이다.

2차 당대회 후의 당 성장사업 목표의 특징은 당원의 확충보다는 질적 개선이었는데, 특히 타당 출신의 입당 허용과 당원에 대한 교육의 강화, 당원의 열성제고와 모범적 역할의 요구에서 이전의 무차별적인 당원 확장시기와는 차이가 있었다. 북로당 2차 당대회 후 9개월이 지난 1949년 2월에는 당세포와 초급당조직 및 면당조직들의 기능이 강화되었고, 80여 만 명의 당원을 확보하여 공장, 농촌, 어촌 모두에 당세포가 조직되었다.149)

평양시 북구역당위원회 산하 거의 모든 당세포들에서는 제2차 당대회 이후 1년 동안 단 한 명도 입당시키지 않았고, 강선제강소 초급당위원회 산하 대부분의 당세포들에서도 1949년 상반기 동안 당 성장사업을 거의 진행하지 않았으며, 다른 도 당조직에서도 당 성장사업을 정상적으로 하

회 제5차 회의 결정서(一) 1949. 2. 12」, 『북한관계사료집』 1, 479쪽).
146) 「북조선로동당 제2차 전당대회회의록」, 『북한관계사료집』 1, 447쪽.
147) 위의 글, 141쪽.
148) 위의 글, 446쪽.
149) 「당단체들의 사업을 개선강화할 데 대하여 -북조선로동당 중앙위원회 제5차 회의에서 한 결론 1949년 2월 13일」, 『김일성저작집』 5, 50쪽.

지 않는 일이 나타났다.150) 이상의 맥락을 살펴보면 북로당은 2차 당대회 후 정부수립과정을 거치면서 당원의 양적 확장보다는 질적 강화에 치중하였음을 알 수 있다.

(2) 김일성의 '당조직원칙' 확립을 통한 당내 주도권 강화

김일성을 중심으로 한 당 주도세력은 당원확장정책에 따라 당원을 팽창시켰지만, '공산당의 조직원칙'들을 확고히 유지하였다. 비록 공산당에서 로동당으로 당명이 변하고 대중정당을 표방하였지만 당조직원칙은 변하지 않았다.

이 시기 소련공산당 당조직의 제1기본원리는 레닌이 설정한 민주적 중앙집권주의(democratic centralism)인데 당규약 제19조는 이를 다음과 같이 정의하였다.

- 말단에서 최고기관에 이르기까지 모든 당 지도기관의 선거
- 당 조직체 및 상급기관에 대한 당기관의 주기적 보고
- 엄격한 당규율과 다수에 대한 소수의 복종
- 상급기관 결정의 하급기관에 대한 절대적 구속력

하부는 상부의 명령에 반드시 복종해야 한다는 원칙은 결국 少數人의 寡頭政治를 정당화하고 있다.151) 특히 소련이 북한을 점령했을 때의 소련공산당체제는 대숙청을 마치고 스탈린의 절대적인 개인독재가 정착한 때였음을 주목할 필요가 있다. 소련에서 가장 중요한 기관인 정치국의 정치국원과 후보위원은 모두 스탈린의 측근 보좌관이었고, 이들은 스탈린에게 무조건적으로 복종했으며, 1939년부터 1952년까지는 당대회조차

---

150) 「당대렬을 질량적으로 강화발전시킬 데 대하여 —조선로동당 중앙위원회 조직위원회에서 한 결론 1949년 7월 8일」, 『김일성전집』 9, 348쪽.
151) 김학준, 『소련정치론』, 일지사, 1976, 215쪽.

소집되지 않았다.152) 이러한 소수의 과두정치로 가기 쉬운 조직원칙이 북로당의 조직원칙이 된 것은 이후의 북한체제 변화의 중요한 원인이 되었다. 동시에 이러한 조직원칙이 북한사회에서 쉽게 착근될 수 있었던 원인은 소련이라는 강력한 공산주의 종주국의 영향과 통제시스템의 이식, 그리고 공산주의자들 간의 조직원칙에의 합의와 복종, 북한지역 기층사회의 저항력 부족 등을 지적할 수 있다.

북로당이 모범으로 삼아 제시한 소련공산당 당조직원칙의 중요 내용을 정리하면 다음과 같다.

- 중앙위원회와 같은 통일적 당지도기관을 당대회 사이에는 수위로 삼아 소수는 다수에, 개별적 조직체는 중앙기관에, 하급조직체는 상급조직체에 복종하는 중앙집권제의 원칙 위에서 조직되어야 한다.
- 당조직의 구성과 성원은 직업적 혁명운동자와 광범한 외곽단체망·당원 대중의 두 부분으로 성립되어야 한다. 노동계급의 가장 우수한 혁명적 분자들을 집결시킨 단체가 당이다.
- 당원은 공산주의 사업에 충실한 사람 중에서 반드시 일정한 후보당원 연한을 걸쳐 엄중하고 개별적인 심사로서 입당시켜야하며, 계속적으로 당의 성분을 개선시켜야 한다.
- 당원은 당강령만 승인하면 되는 것이 아니라 강령의 실천과 당결정을 실행하여야 한다. 다수의 당원에 의하여 결정된 것은 각개 당원들에게 있어서 법으로 된다.

출처 : 『당건설(강의요강)』, 『북한관계사료집』 10권, 587쪽, 606쪽, 621쪽, 622쪽, 625쪽, 631쪽.

하부는 상부의 명령에 반드시 복종해야 한다는 원칙은 북로당의 초기 운영에서 확고한 원칙이었다. 공산당조직의 원칙은 상급기관의 결정이 하부기관에 절대적인 구속력을 갖는 것이 핵심인데, 이 원칙은 해방 전 조선공산당이나, 중국공산당 내에서 활동한 연안계나, 김일성파의 만주 항일유격대에서도 일관된 것으로 공산주의자라면 모두가 준수해야 할 당조직 원칙이었다. 또 해방 후 조공분국의 성립과정에서 벌어진 대립의

---

152) 니꼴라이 V. 랴자노프스키, 김현택 옮김, 『러시아의 역사』 2, 까치, 244쪽.

와중에서도 김일성의 당중앙(박헌영)에 대한 '복종의 형식'이 유지되었다. 김일성이 토지개혁 후 지지기반이 확충되고 당내 영향력이 제고되기까지 당중앙(박헌영)에 대한 지지를 밝히면서, 박헌영 지지세력을 견제해 갔던 점도 이 원칙을 지켜야 했기 때문이다. 이 과정에서 김일성의 당내 위상강화에는 당조직원칙에 따라 소련계[153]와 연안계 출신간부들이 김일성에게 복종한 것이 중요한 힘이 되었다.[154]

이 같은 북로당의 당조직원칙은 모든 당원들에게도 요구되었다. 당원의 확장, 당조직과 규율의 강화과정은 북로당의 성장과정이었으며, 이것은 곧 김일성의 위상강화에 중요한 바탕이 되었다. 김일성이 강력한 지도력을 확보하게 된 바탕은 소련군의 지원, 김일성의 항일유격대 투쟁경력, 중앙국가기구인 북임인위 위원장의 취임, 토지개혁의 성공적 수행을 통한 빈농의 지지확보, 젊은 빈농과 노동자들의 북로당 당원으로의 성장, 일제하 투쟁과정과 해방 후 공산주의자들 내부에 확립되어 간 당조직에 대한 복종 원칙 등이 종합되어 이루어진 것이다.

북로당 2차 당대회는 김일성에게 '승리'를 안겨준 대회였다고 할 수 있다. 북로당 창립기에만 하더라도 남로당의 위상이 확실하였으나, 1946년 말에는 박헌영이 월북하여 북로당의 지원에 의존해야 하는 상황이 되었다. 이후 남로당의 지지기반은 나날이 약화된 반면, 북로당은 '민주기지'로서의 위상을 확고히 하였다. 북로당의 강화에 힘입어 북한의 정권기관은 더욱 공고화되었으며, 김일성은 북로당 2차 당대회를 거치면서 북로당의 지도자로서가 아니라 남북로동당 모두의 지도자로서 북한에서 인식되기에 이르렀다.

---

153) 당업무를 체계화하고 행정기관을 제도화하는 업무를 맡아 대표적인 역할을 한 허가이는 소련에서 극동변강 공산청년위원회 조직부장, 끼네기마 시당위원회 비서, 타슈켄트주 양기율 구역당 비서, 하치르치크 구역당 비서 등을 역임했으며, 1940년대 '고려사람'들 중에서는 제일 높은 직위에 있었다(임은, 앞의 책, 179쪽).

154) 임은, 앞의 책, 165쪽.

(3) 당 하부 질서의 변화

모스크바 3상회의의 결정을 이행하기 위한 1947년 제2차 미소공위의 결렬로 남북한의 분단은 고착화 되어 갔으며, 북한에서도 헌법이 준비되어 헌법을 인민대중에게 학습시키고 군대가 창설되어가는 상황이었다. 이런 상황에서 이루어진 북로당 2차 당대회는 그 의미가 특별하였다.

북로당 2차 당대회에 참석한 당대표들의 변화를 통하여 당 하부질서의 변화를 알 수 있다.

〈표 1-7〉 연령별 당 대표 비교

연령		20~30	31~40	41~50	50세 이상
인원	창립	229	417	129	27
	2차	280	540	143	27
비율(%)	창립	28.6	52	16.1	3.4
	2차	28.3	54.5	14.4	2.7

출처 : 「북조선로동당 창립대회 회의록」, 『북한관계사료집』 1, 110쪽.
「북조선로동당 제2차 전당대회회의록」, 『북한관계사료집』 1, 422쪽.

〈표 1-7〉에 의하면 북로당 창립대회와 2차 당대회에는 당 대표들의 연령에도 작지만 차이가 있었다. 41세 이상의 연령층이 감소하고 40세 이하 연령층이 증가하여 대체적으로 간부들의 연령이 젊어졌다. 하지만 실제 일반 당원들의 경우는 30세 이하가 50%를 넘어 청년당원들이 당의 중심이었다.[155] 이것은 소련에서 집권 초기인 1919년에 정당원의 절반이상이 30세 이하였던 것[156]과도 비슷한데 이것은 공산주의체제가 청년층을 중심으로 하여 추진된 것을 보여준다.

〈표 1-8〉에 따르면 북로당 창립기와 2차 당대회 사이의 성분변화가 매우 뚜렷하다. 사무원 성분이 반으로 줄고, 노동자 성분이 2배로 증가한

---
155) 뒤의 인제군당 당과 연령과의 관계 참조.
156) 레오날드 샤피로, 앞의 책, 229쪽.

것이 가장 뚜렷한 변화라고 할 수 있다. 불과 1년 반 사이에 주어진 이 변화는 북로당 지도부가 당원과 간부의 성분을 적극적으로 변화시킴으로써 가능했다. 전체 당원 중의 노동자 비율과 대비하면(〈표 1-6〉 참조) 1948년 1월의 빈농과 노동자 당원의 비율은 2.6 : 1이었는데 간부의 비율은 반대로 1 : 1.73으로 노동자가 월등하게 많았다. 인구대비 노동자 성분의 간부비율은 농민의 4.49배에 달했다고 할 수 있다. 이것은 북로당 간부에서의 노동자 성분이 갖는 중요성과 역할을 보여 주는데, 북로당이 지향하는 당의 성격이 노동자 중심의 '전위적 정당'을 지향했음을 알 수 있다.

〈표 1-8〉 사회 성분별 당대표 비교

사회 성분		노동자	농민	사무원	기타
인원	창립	183	157	385	76
	2차	461	269	232	28
비율(%)	창립	23	20	48	9
	2차	46.6	27.0	23.4	3.0

출처 : 「북조선로동당 창립대회 회의록」, 『북한관계사료집』 1, 110쪽.
「북조선로동당 제2차 전당대회회의록」, 『북한관계사료집』 1, 421쪽.

〈표 1-9-1〉 직업별 당대표(창립시)

1945년 1월 15일 전 직업	직업혁명가	노동자	농민	사무원	기타
인원	112	142	120	296	131
비율(%)	13	19	15	37	16

출처 : 「북조선로동당 창립대회 회의록」, 『북한관계사료집』 1, 110쪽.

〈표 1-9-2〉 직업별 당대표(2차 당대회)

직업	당기관 일꾼	생산에 참가한 노동자	직접 농사에 종사하는 농민	생산기술자와 지배인 (농산기술자포함)	교원(교육부 문전부 포함)	의사	문예인	정권기관 일꾼(군대 내무군 포함)	사회단체일꾼	기타
인원	221	246	204	56	20	7	4	162	63	7
비율(%)	22.3	24.8	20.6	5.7	2.0	0.7	0.4	16.4	6.4	0.7

출처 : 「북조선로동당 제2차 전당대회회의록」, 『북한관계사료집』 1, 422쪽.

〈표 1-9-1〉과 〈표 1-9-2〉의 직업별 당대표 비교에서 주목할 점은 2차 당대회 때에는 생산에 참가한 노동자(24.8%)와 직접 농사에 종사하는 농민(20.6%), 생산 기술자와 지배인(5.7%), 교원(2%) 등 실제 근로자가 당대표의 절반 이상을 넘었다는 점이다. 소련의 경우 1927년의 당세 조사에 의하면 노동자로 입당한 사람의 1/3이 행정이나 연구 업무로, 농민 입당자의 1/4이 사무실에서 일하고 있었다.157) 북로당도 직접 생산에 종사했던 당원들을 당의 행정부서로 이동한 경우도 많이 있었고, 생산에 종사하는 근로자들을 당의 대표로 참가하도록 적극 추진한 것으로 보인다.

이로써 직업혁명가들이 주역이었던 창립 당시의 상황과는 당 간부 구성원의 성격이 변화되었음을 보여준다. 이것은 북로당의 정책중심이 초기의 정치적인 국가기구 건설에서 이미 경제건설로 이동하였음을 보여주며, 당내의 하급 간부진이 새로이 보충되었음을 보여준다. 특히 해방 전의 혁명운동자들에게 지식인 성분이 많았었기 때문에, 정치권력이 새롭게 구축되고 안정된 후에 프롤레타리아에서 간부가 발굴된 것은 당연한 방향이었다고 할 수 있다.

---

157) 레오날드 샤피로, 앞의 책, 298쪽.

<표 1-10> 당년별 당대표 비교

당년별		해방 전	해방 후			
			45. 8. 15 ~ 46. 7. 28	46. 7. 29 ~ 46. 8. 27	46. 8. 28 ~ 47. 12. 31	47. 1. 1 ~ 47. 12. 31
인원	창립	62	739*			
	2차	64	584	41	245	56
비율(%)	창립	7	93			
	2차	6.5	59.0	4.1	24.7	5.7

출처: 「북조선로동당 창립대회 회의록」, 『북한관계사료집』 1, 110쪽.
「북조선로동당 제2차 전당대회회의록」, 『북한관계사료집』 1, 422쪽.
* 총 801명에서 62명 차감.

<표 1-10>에 따르면 북로당의 주축이 해방 후 입당자(93.5%)로 구성되었으며, '해방 전 운동자'들의 세력이 약화되었다는 추정이 가능하다. 특히 해방 후에 입당하여 북로당 창립 시 대표로 되었던 당원들 중에서 최소한 114명이 대표에서 탈락한 점도 세력 재편과 관련하여 주목할 만하다. 즉, 당 대표의 30.4%는 북로당 창립 이후에 입당한 새로운 간부들이었다. 이것은 당원확장이 가져온 결과로서 과거 혁명운동자들의 위축은 불가피한 것이었다.

<표 1-11> 해방 전후 투쟁 경력 비교

		해방 전		해방 후
		1년 이상 감금자	지하운동 혹은 무장 폭동 등	인민경제건설에서 표창받은 모범 공로자
인원	창립	263	427(외국에서 혁명)	
	2차	206	253(국내외)	186
비율(%)	창립	30	53	
	2차	20.7	25.6	18.8

출처: 「북조선로동당 창립대회 회의록」, 『북한관계사료집』 1, 110쪽.
「북조선로동당 제2차 전당대회회의록」, 『북한관계사료집』 1, 423쪽.

〈표 1-11〉에서 일제하에서 투옥되었던 경력자의 수가 1년 반 만에 크게 감소하였고(30%→20.7%), 지하운동 혹은 무장폭동 등으로 투쟁했던 경력자들이 절대 수와 비율에서 절반으로 감소되었으며(53%→25.6%), 모범노동자 대표가 18.8%인 것을 주목할 필요가 있다. 이러한 변화는 경제건설에 북로당의 당력이 집중되고 있는 상황을 보여주며, 노동자들이 당의 주축으로 성장하고 있음을 보여 준다. 동시에 국내계의 지지기반이 크게 축소된 것을 의미한다.158)

〈표 1-12〉 지식별 당대표 비교

지식 정도		소학	중학	대학 전문 정도	합계
인원	창립	228	359	214	801
	2차	651	195	144	990
비율(%)	창립	29%	45	26	
	2차	65.8	19.7	14.5	

출처 : 「북조선로동당 창립대회 회의록」, 『북한관계사료집』 1, 110쪽.
「북조선로동당 제2차 전당대회회의록」, 『북한관계사료집』 1, 422쪽.

〈표 1-12〉에 의하면 당대표들의 학력은 창립 당시에 가장 많은 비율이었던 중학 정도가 반 이하로 줄고 소학 정도가 2배 이상 증가하였다. 이것은 북로당의 정책과 관련된 것으로 북로당이 교육받지 못한 노동자와 빈농을 당의 근간으로 흡수한 것과 관련이 있고, 특히 생산에 직접 종사하는 노동자와 빈농이 대표로 적극 선발된 데 이유가 있다. 또 주목할 점은 대표의 수가 190명가량 증가하였음에도 불구하고 중학학력자가 164명이 줄고, 대학 정도 학력자가 70명 정도 줄었다는 점이다. 이것은 당내의 해방 전 공산주의 운동자들이 탈락한 것으로 볼 수 있으며, 당내의 간부구성이 변하고 있음을 보여준다. 이러한 변화는 당내의 최고 지도부가 안정적으로 권력을 확보하고 당내의 세력변화를 만들어 가고 있었음을

---

158) 서동만, 앞의 논문, 109쪽.

의미한다.

반면에 2차 당대회의 중앙위원과 후보위원에 갑산파로 불리는 김일성의 직계가 형성되기 시작하였고 과거 적색노조와 농조 출신 국내계의 진출은 억제되었다.159) 이것은 김일성에 대립할 가능성이 있는 세력에 대항할 수 있는 김일성의 지지 세력이 성장하였음을 보여주며, 북로당 내의 당내 세력지형이 변화하였음을 보여준다.

북로당 2차 당대회에서의 발언을 보면 한 가지 공통점을 발견할 수 있는데 그것은 거의 모든 발언자가 김일성에 대한 지지를 하고 있다는 점이다.160) 여러 가지 비판 속에서161) 김일성만이 완전하게 벗어나 지지를 받을 수 있었던 이유는 북로당의 중앙집권적 조직 운영원칙에 의한 것이지만, 이는 당내의 하부 세력기반이 김일성을 중심으로 재편되었음을 보여준다.162)

---

159) 서동만, 앞의 논문, 110쪽. 소련계는 중앙위원 16인, 후보위원 3인으로 대폭 증가하였다. 기타 당 기구와 구성은 서동만, 앞의 논문, 110쪽 참조.
160) 1939년 소련공산당 18차 당대회에서는 토론과 비판이 없었고, 연설자들은 한결같이 주요한 보고서의 발표자인 스탈린, 몰로토프, 즈다노프가 제시한 노선을 앵무새와 같이 충실하게 되풀이 했고, 웅변가들은 스탈린의 위대함을 찬양하기를 겨루었다(레오날드 샤피로, 앞의 책, 407쪽).
161) 북로당 2차 당대회에서는 주로 국내파가 심한 비난을 받았는데, 이 내용에 대한 정리는 서동만, 앞의 논문, 106~108쪽 참조.
162) 이러한 변화가 파벌이 만족스럽게 청산된 것을 의미하지는 않는다. 당내의 '종파'들에 대한 숙청이 일단락된 1957년에도 김일성은 "아직도 엠엘파가 낫다느니, 화요파가 좋다느니 하면서 종파에 대하여 미련을 가지고 있는 사람들이 있다"고 비판하였다(「내각성원들의 책임성과 역할을 높일 데 대하여 −조선민주주의인민공화국 내각 제1차 전원회에서 한 결론 1957년 9월 23일」, 『김일성저작집』 11, 328쪽).

북조선로동당 하부조직의 강화과정과 하부조직실태

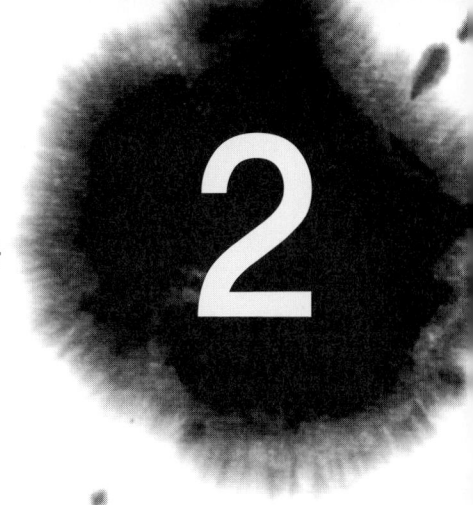

1) 조직강화과정

(1) 조선공산당북조선분국

'공산당 조직의 강화'는 소수가 다수를 움직이고 열성자가 비열성자를 움직여 가는 조직의 원리를 강화하는 것인데, 이 과정은 당의 기본조직이자 당원의 직접 조직으로서 모든 당원이 반드시 편입되어야 하는 세포를 통해 이루어진다. 그리고 세포는 군중을 동원하여 정부공작을 도우며, 새 당원을 받아들이고 교육하는 임무를 가지고 있다.[163] 조공분국도 모든 당원이 일정한 당세포에 소속되어 당조직생활을 하도록 하였고, 세포회의에서는 당원의 사업과 생활을 검토총화하고 당원들의 당생활에서 나타나는 결함을 비판하였다.[164]

그러나 조공분국 초기의 당생활을 보면 당원이 많지 않았던 1945년 11월에는 비당원도 아는 당 내부의 일을 당원이 모르는 일이 많았고,[165] 1946년 2월 시점에서도 많은 당원들이 세포생활을 하지 않고 있었다.[166]

---

163) 평남도당 선전부, 「세포공작요강 1946. 1. 23」, 『북한관계사료집』 1, 17쪽.
164) 「당내 정세와 당면과업에 대하여 －북조선공산당 중앙조직위원회 제4차 확대 집행위원회에서 한 보고 1946년 2월 15일」, 『김일성저작집』 2, 51쪽.
165) 『정로』 1945년 11월 21일, (1), 「당선전 선동에 대한 당원의 활동방침」.

또 일부는 보통의 군중과 조금도 다를 바 없이 이름만 당에 가입하고 있는 경우도 있었다.[167] 이런 상황에서 조공분국의 조직강화는 3차 확집위 이후에 추진된 것으로 평가되는데, 이때까지 조공분국은 각 도당의 사업에 관여할 수 있는 정도의 역량을 가지지 못했고 각 도당에 대한 통제도 어려운 상태에 있었다.[168] 김일성은 3차 확집위에서 조공분국이 노농대중의 기초 위에 기본조직을 세우지 못하고 소자산계급이 대다수임을 비판하였고[169] 조공분국 책임비서로서 당내의 '불순분자' 숙청과 중앙집권제 확립을 추진하였다. 그리고 당의 강화를 내세우며 당내의 상하를 철저하게 심사하여 당내의 친일파와 이색분자를 숙청하도록 하였다.[170]

이 과정을 통해 김일성은 당내의 '이색분자' 숙청과 더불어 당내 하부조직에 대한 주도권과 중앙집권을 강화하기 시작했다. 3차 확집위 직후 『정로』 사설은 당원들이 개인의 친척, 친구 관계를 포기하고 당의 당면 임무에 무조건적으로 복종할 것을 요구하였다.[171] 이것은 조공분국 내에 형성되어 있던 기존 인맥의 타파와 당지도부에 대한 무조건적인 복종을 요구했다는 점에서 주목할 만하다.

북임인위의 수립과 조공분국의 노력에 따라 1946년 초에 공장노동자 세포에서는 모범적으로 당조직이 운영되는 곳도 나타났다. 사동탄광영선세포에서는 식량배급 부족으로 인한 일부의 불만 노동자들을 설득하여 생산돌격운동을 벌였고, 매주 토요일에는 각 소조에서 소조회를 열고 다음 주 월요일에 세포회의를 열어 비판과 학습을 진행하는 엄격한 조직

---

166) 「조공북조선분국 중앙 제4차 확대위원회에서 결정 1946. 2. 15」, 『북한관계사료집』 1, 31쪽.
167) 위의 신문, 1946년 3월 15일, (1), 「사동탄광영선세포의 생활활발」.
168) 서동만, 앞의 논문, 28쪽. 허가이는 3차확집위에서 조공분국 組織部副部長이 되었다(같은 논문, 29쪽).
169) 위의 신문, 1945년 12월 21일, (1), 「조공북부조선분국 확대집행위원회」.
170) 위의 신문, 1945년 12월 21일, (1), 「사설」.
171) 위의 신문, 1945년 12월 21일, (1), 「사설」.

생활을 하였다.172) 이 외에도 평양시에서 사업을 잘 전개하는 세포가 많이 있었다는 것은173) 조공분국 하부 조직 일부가 강화되기 시작하는 모습으로 이해할 수 있다.

반면에 부두세포(埠頭細胞)의 모습은 당에 대한 인식이 박약하고 당에 가입하기 전이나 가입 후에도 전혀 변화된 것이 없었다.174) 이것은 각 세포가 조직 구성원에 따라 당원으로서의 조직생활에서 차이가 나는 것을 보여준다. 즉 부두세포는 부두의 자유노동자들로 구성된 세포로서 공장노동자들과는 차이가 있었던 것이다. 따라서 위의 사례들을 통해 조공분국이 공장노동자들에게 차츰 영향력을 강화하는 반면에 조직구성에 따라서는 조직강화에 어려움이 있었음을 알 수 있다.

스탈린시기 소련은 정보의 수립과 이용이 피라미드와 같이 중앙에 집중되었고, 노동자와 농민 통신원이라는 독특한 정보원을 가지고 있었다. 소련을 모범으로 독일, 프랑스, 미국, 영국, 일본과 일련의 작은 나라들의 공산당들도 노동자, 농민 통신원을 두고 있었는데175) 조공분국도 조직의 강화를 위해 통신망 조직을 추진하였다. 1945년 12월에 이미 당보 게재를 위한 통신망을 조직하도록 지시하였지만, 각 지방의 통신망은 1946년 3월이 되어도 조직되지 않았다.176) 이에 대해 조공분국은 '자유주의적 공작작풍'에 대한 퇴치를 요구하고 각 행정기관, 학교, 노동조합 등에 통신원을 1인씩 두어 각종 사건, 소식 등을 전하도록 하였다.177) 이 같은 통신망 조직의 추진은 조공분국 중앙의 지방에 대한 정보수집과 영

---

172) 위의 신문, 1946년 3월 15일, (1), 「사동탄광영선세포의 생활활발」.
173) 위의 신문, 1946년 3월 16일, (1), 「埠頭細胞의 組織生活 貧弱」.
174) 위의 신문, 같은 곳.
175) 파울 로트, 최정호 옮김, 『소련의 보도기관과 정보정책』, 정음사, 1984, 154~155쪽.
176) 위의 신문, 1946년 3월 24일, (1), 「통신망조직에 관하여」.
177) 위의 신문, 같은 곳.

향력을 강화하고, 지방 하급 당원들에 대한 교양사업을 강화하는 역할을 하였다.178)

(2) 북조선로동당 창립 후

북로당 창립 후에도 하부의 조직원칙은 조공분국 시절과 달라지지 않았다. 신민당은 당세확장을 위하여 무차별적으로 당원을 흡수하였는데 이들 구성원들에 중농이나 주부, 상인, 사무원이 조공분국보다 많았다. 이들은 동원에 대한 회피성향이 컸기 때문에 실제의 신민당 하부조직은 조공분국보다 더 허술하였을 것으로 보인다. 조공분국과 신민당의 합당은 하부조직상으로는 신민당원이 조공분국으로 흡수되는 형식이었으며, 북로당의 조직원칙도 조공분국의 것을 계승하였다.

최창익에 따르면 북로당이 다른 민주정당과 그 성격이 다른 것은 직장세포가 당의 조직적 기본이 되었기 때문이다.179) 각 당조직은 당의 직장세포 기초 위에서 각 정당·사회단체와 제휴하여 광범한 근로인민을 영도하도록 하였으므로, 당세포들은 비당원들 속에서 직접 일하면서 노동자·농민·인테리들을 당의 지도기관과 연락시킴으로써 '북로당의 승리'를 보장하는 기본 조건 중 하나였다.180) 따라서 광범한 군중으로 하여금 북로당의 정책집행에 참가하도록 하기 위해서는 세포의 강화가 필수적인 요소였다.

최창익과 박창옥의 설명에 의하면 직장세포를 기본으로 당의 하부조

---

178) 소련에서 스탈린은 노동자, 농민 통신원을 통한 정보의 수집에서 부족한 부족을 얻기 위하여 1928년에 당 정보망 내에 외부로부터 특별히 차단된 자기 자신의 정보기구를 만들었고, 각급 당기구에 모스크바에서 파견된 스탈린 개인 비서실 직속의 직원들이 지도하는 특별과를 설치하였다(파울 로트, 앞의 책, 157쪽). 북한의 경우 한국전쟁 전에 이러한 정보기구가 하급 당에 설치된 것으로 보이지는 않는다.
179) 崔昌益, 「黨細胞生活의 强化問題에 對하야」, 『근로자』, 1946년 2호, 67쪽.
180) 朴昌玉, 「북조선로동당規約解釋」, 『근로자』 3월호, 1947, 55쪽.

직이 형성됨을 알 수 있는데, 이것은 근로자를 중심으로 당이 조직되어 가는 모습을 보여주는 동시에 주요 직장을 북로당이 장악한 것을 보여준다. 일제와 일본인 소유기업이 국유화되었고, 중요 국가기구 및 사회단체가 북로당에 의해 주도되는 상황에서 북로당의 직장에서의 영향력은 강화되었으며, 당연히 직장세포는 북로당의 핵심적 조직이 되었다.

〈표 1-13〉 북로당 세포 증가 수

시기	당원 수	하부조직		
		당세포	공장당위원회	면당부
1946년 8월 합당 당시	366,000	12,000		400여 개
1947년 6월		26,344개	121개	
1948년 1월	708,000 ~ 750,000	28,000 (1947년 12월)	144개	전 면

출처:「당중앙위원회사업에 대하여 -북조선로동당 함경남도 제2차 대표대회에서 한 보고 1948년 2월 21일」,『김일성저작집』4, 150쪽.
「북조선로동당 제2차 전당대회회의록」,『북한관계사료집』1, 296쪽, 335쪽.

〈표 1-13〉에서 볼 수 있듯이 공산당과 신민당의 합당은 대중정당으로 급속히 성장하는 성과를 가져왔다. 그러나 정치사상 수준과 당적 각성을 높이기 위한 사업이 적극적으로 진행되지 못하였고[181] 양적 증가와 더불어 조직의 질적 강화가 이루어지지는 못했다. 북로당은 당원들이 일반적으로 정치수준과 문화수준이 요구수준에 미치지 못했기 때문에 '과학적 세계관'을 가지게 함과 더불어 당내의 문맹 퇴치사업도 추진하여야 하는 형편이었다.[182]

---

181)「각급 당지도기관 결산선거를 진행할 데 대하여 -북조선로동당 중앙위원회 정치위원회에서 한 연설 1947년 4월 13일」,『김일성전집』5, 371쪽.
182) 英煥,「勞動黨의 創立과 當面한 諸課業에 對하여」,『근로자』, 1946년 창간호, 73쪽.

〈표 1-14-1〉 조공분국 하부당조직(1946년 4월)

면위원회	정당원 50명과 세포 3개 내지 5개 이상 시에 조직, 비서 1명, 조직책임자 1명, 선전책임자 1명으로 당무 집행
당공장위원회	대규모 공장 내 정당원 100명 이상이면 조직, 비서 1명, 기술서기 1명
세포위원회	정당원 3명 이상으로 조직
공장세포	소규모의 공장으로 당공장위원회를 조직할 수 없는 곳

출처: 조공북조선분국 중앙 제6차 확대집행위원회에서 결정, 「당조직에 대한 결정서 1946. 4. 10」, 『북한관계사료집』 1, 78쪽.

〈표 1-14-2〉 북로당 당 중앙본부 및 하급당부의 인원 수(1946년 9월)

		책임 일꾼	기술 일꾼
당 중앙본부		112	36
당중앙 검열위원회		10	2
도당부		47	17
시당부	평양시	28	11
	도소재지 및 대도시	26	11
	기타 도시	20	10
구역당부(평양시)		17	6
군당부	제1급	21	6
	제2급	20	6
면당부	제1급(당원 2,000명 이상)	4	2
	제2급(당원 2,000명 이하)	3	1
공장당부	흥남비료공장	3	1
	기타공장 철도 대학당부	1	1

출처: 「당 중앙본부 및 하급당부의 인원수와 봉급에 대하여 - 북조선로동당 중앙상무위원회 제4차 회의 결정서 1946년 9월 20일」, 『결정집』, 8~9쪽 정리.

〈표 1-14-3〉 북로당 기본조직(2차 당대회)

> 가. 세포는 공장, 광산, 탄광, 철도, 리(농촌), 농장, 학교, 행정기관, 가두, 기타 공공시설에 당원 5명으로부터 조직함.
> 나. 당원 20명부터 당세포는 당위원회를 선거하고, 그중에서 위원장과 부위원장을 선거함.
> 다. 당원 100명 이상되는 생산 기업, 운수, 직장, 사무기관 혹은 리(농촌)에는 시(구역) 군당부의 결정에 의하여 적당한 위원으로 초급당 위원회를 구성하고, 그 밑에 과, 계 혹은 교대별로 세포와 동등한 권한을 가진 분(分)세포를 조직함.
> 라. 당의 기본조직인 세포 아래 사업상 필요에 의하여, 당원 3명으로부터 분조를 둘 수 있음.

출처:「북조선로동당 규약」(2차 당대회)『북한관계사료집』1, 470쪽.

위 〈표〉들은 조공분국과 북로당의 하부조직에 관한 것이다. 〈표 1-14-1〉과 〈표 1-14-2〉를 비교하면 면당부에서 커다란 차이를 볼 수 있다. 조공분국의 면위원회가 정당원 50명과 세포 3개 내지 5개 이상 시에 조직되도록 되어 있던 데 비하여, 북로당은 면당부를 당원 2,000명을 기준으로 1급과 2급으로 나누어 조직하도록 하였다. 이것은 1946년 9월에는 북로당 조직이 양적인 면에서 비약적으로 발전하였음을 알려주는데, 세포의 조직도 조공분국시기 3명 이상에서 북로당 창립 후에는 5명 이상으로 조직하도록 하였다.[183] 특히 〈표 1-14-2〉에서처럼 당 중앙본부 및 하급 당부의 상근자 수가 규정된 것은 북로당 조직이 크게 강화되어 갔다는 것을 보여준다.

〈표 1-14-2〉를 가지고 당일꾼을 계산하면 중앙, 6도, 12시, 89군, 805면[184] 단위에 약 8,000명 정도, 1,000여 개의 공장의 당일꾼을 합하여 약 1만 명 정도가 있었을 것으로 계산된다.[185] 이들 약 1만 명의 역할을 이

---

183)「북조선로동당 규약」(1차 당대회).
184) 한림대 아시아문화연구소, 앞의 책, 9쪽(1947년 10월의 행정구획 - 리는 10,066개).
185) 소련공산당의 경우 1924년 1월 당원이 47만 2천 명이었는데, 1924~1925년간

해하는 것은 이 시기와 이후 북한 사회를 이해하는 데 대단히 중요한 부분이다. 소련의 경우에는 이들이 중앙의 권력을 지탱하거나 변화시키는 동인이 되기도 하였으며186) 흐루시초프 시대에는 700만 명에 달하는 당원의 비대화 속에서 '아파라치기 당원'들이 '비아파라치키 당원'을 구사하여 사회를 통치하는 방식이 나타났었다.187)

하지만 당조직의 강화가 중앙당의 결정과 지시를 철저히 집행하는 규율의 강화로 즉시 연결된 것은 아니었다. 일부 군당에서는 면당간부들의 당강령과 규약학습에 대한 허위보고를 알지 못했으며, 군당 위원장은 상급당부의 지시를 충실히 집행하지 않고 내용 없는 빈 통계숫자 보고로 상급당부를 속이기도 하였다.188) 이처럼 당조직에는 여전히 정치사상 수준이 낮은 당원이 적지 않았고, 이에 따라 하급 당조직의 허위 보고도 상당히 많았을 것으로 보인다.

1947년에도 북로당원이 다른 시·군당조직로 이동하여 갈 때, 이동하는 당원이 이동수속을 하지 않거나 당조직이 당문건을 제대로 보내지 않는 등189) 당조직사업이 엄격하게 집행되지 못하였다. 전체적으로 이 시기까지의 북로당 하부조직은 비조직적이고 느슨한 형편을 벗어나지 못

의 당관료수는 25,000~27,000명이었다(E. H. Carr, Socialism in One Country, Ⅱ, Macmillan, New York, 1958, 199~200쪽. 이상민, 앞의 책, 168쪽에서 재인용). 소련의 당관료와 북한의 당일꾼이 비슷한 직위인지는 확인이 필요하다.
186) 레닌은 1921년 10차 당대회를 계기로 반대파들을 단죄하기 시작했는데 레닌의 승리는 정치적 요인과 더불어 당관료들의 지지가 바탕이 되었다. 흐루시초프는 당료 출신으로 군부장성의 지지와 당료세력을 기반으로 권력투쟁에서 승리할 수 있었고, '당기구개혁안'에 반발한 당료들에 의하여 축출되었다(이상민, 앞의 책, 169쪽, 196~197쪽, 205~206쪽).
187) 이상민, 앞의 책, 200쪽.
188) 「당의 결정, 지시를 철저히 집행하는 규율을 확립할 데 대하여 -북조선로동당 중앙위원회 상무위원회에서 한 결론 1946년 10월 14일」, 『김일성전집』 4, 332쪽.
「평남 양덕군 당단체의 당강령과 규약 연구사업 정형에 대하여 -북조선로동당 중앙상무위원회 제8차 회의 결정서 1946년 10월 14일」, 『결정집』, 25~26쪽.
189) 「당생활란」, 『근로자』 7호, 1947, 91~92쪽.

한 것으로 보이는데, 이는 사상적으로나 조직적으로 훈련된 간부가 부족하였던 데 핵심적인 이유가 있었다. 특히 지방 단위에서는 간부의 부족이 더욱 심했고, 일반 당원들도 당생활의 경험이 부족한 상태였기 때문에 짧은 시간에 당조직이 급속히 확대되는 과정에서 나타난 불가피한 현상이었다.

계속해서 북로당은 당원들의 정치사상수준이 낮고 사업경험이 부족하여 일어나는 편향을 해결하기 위하여 당중앙위원회, 도·시·군 당조직, 사회단체에 대한 검열을 하였지만, 검열사업의 효과는 부족하였고 이에 검열사업의 강화가 계속 강조되었다.[190] 이처럼 상부의 당 지도부와 하부의 조직 구성원 간에 가진 당 경험과 투쟁경력의 차이는 북로당이 위에서 아래로 지시하고 통제하는 형식으로 초기의 당이 발전해 나가지 않을 수 없는 결과를 가져왔다.[191]

당세포위원장들은 사업에서 열성은 높았지만 정치실무수준이 낮고, 사업방법을 잘 모르는 형편이었다.[192] 하지만 대체적으로 '종파적 경향'이 약화되었다는 점에서 북로당의 조직은 점차 강화되는 추세였던 것으로 보인다. 또 합당 이후 김일성이 당의 통일 강화를 내세우며 '종파주의적' 경향과의 투쟁을 당내 사상교육에 있어서 '특등임무'로 제기하였는데[193] 그 이후 1년 동안 가장 인재가 적다던 강원도 당조직은 8천여 명의 국가인재를 양성하였다. 이들은 강원도 내 인민정권과 각 기관들에서

---

190) 「평안북도당단체사업에서 나타난 결함과 우리앞에 나서는 몇 가지 과업 -북조선로동당 중앙위원회 상무위원회에서 한 연설 1947년 2월 7일」, 『김일성저작집』 3, 54쪽.
191) 위의 글, 55쪽.
192) 「현시기 경제사업에 대한 당단체들의 지도와 당내부사업에서 나서는 몇가지 과업에 대하여 -북조선로동당 중앙위원회 제9차 회의에서 한 결론 1947년 7월 24일~25일」, 『김일성전집』 6, 131~132쪽.
193) 『강원로동신문』 1947년 8월 28일, (2), 「북조선로동당 창립제1주년 기념일에 제하여」.

열성적으로 활동하게 되었고, 북로당은 '완전히 사상적으로 통일되었음을 주장'[194]할 정도로 조직이 크게 강화된 것으로 보인다.

조공분국 3차 확집위 당시 강원도당 당원이 200여 명에 불과하였던 점을[195] 감안하면, 김일성 지도부의 당원확장정책이 당내에 어떤 결과를 가져온 것인지를 명확하게 알 수 있다. 북로당의 양적 확대정책이 이처럼 지방당의 조직변화까지 이루어 낸 것인데, 부분적으로 존재하던 '종파적' 경향을 제거한[196] 1946년 유일당증 수여사업의 결과는 의미가 있다.

〈표 1-15〉 북로당 면당부 일꾼 월급(1947년 3월)

직책	월급(단위 원)
면당부 위원장	800
당선전 조직원	650
통계원	550

출처 : 「면당부일꾼 월급지불에 대하여 –북조선로동당 중앙상무위원회 제26차 회의 결정서 1947년 3월 3일」, 『결정집』, 155쪽.

북로당 조직의 강화는 하급 당간부의 보수 규정의 체계화에도 나타난다. 소련의 경우 당간부의 급료가 정부관리의 급여 체계에 따랐고 당관리들은 정부관리보다 약 50% 높은 임금을 받았는데[197] 〈표 1-15〉에서 보여주는 북로당의 면당 상근자의 보수에 관한 규정[198]도 비슷하였을 것으로 추정된다. 이처럼 당하급 간부의 보수가 체계화된 것은 실제적으로는 면인민위원회 위원선거가 끝나고, 면인민위원회의 체계가 잡힌 1947년 초인 것으로 보인다.

---

194) 위의 신문, 같은 곳.
195) 위의 신문, 1947년 8월 28일, (1), 「북조선로동당 창립제1주년 기념일에 제하여」.
196) 위의 신문, 1947년 8월 28일, (2), 「강원도당단체의 당장성 사업에 대하여」.
197) 레오날드 샤피로, 앞의 책, 145쪽, 303쪽.

여러 가지 문제에도 불구하고 1947년 8월경에는 북로당 조직이 크게 발전하였다. 이러한 발전에 대해 주녕하는 "만일 어떠한 사태와 전당을 동원할 필요를 요구한다면 오늘 우리 당은 특별한 노력과 혼란이 없이도 전당의 임의의 시각에 동원시킬 수 있는 그러한 조직체로 되었다"199)고 스스로 평가하였다. 북로당 조직의 강화는 2차 당대회를 앞둔 1948년 초의 각급당단체지도기관사업총결(各級黨團體指導機關事業總結)과 지도기관선거사업 과정을 통해서도 이루어졌다.200) 일부 세포총회가 형식적으로 진행되었다는 비판이 있었지만, 평북도 당원 중에 총회에 이유 없이 참가하지 않은 경우가 전연 없었으며, 삭주군당 산하 세포총회 평균참가율은 92.28%나 되는 등 전반적으로 긍정적인 예를 확인할 수 있다.201)

2차 당대회 전까지 북로당 내의 당적 규율이 강화되었으며, 당원이 70만으로 성장하고 근로대중의 당내 성분이 합당 당시에 비해 노동자 1.8배, 빈농 1.8배, 중농 1.6배가 늘어났다. 합당 이후 1년 동안에 수만 명의 당 열성자들과 당간부들이 양성되었다.202) 이후 북로당의 질적 성장에 대한

---

198) 〈표〉 조공분국 급료(1946년 4월)

직 책	월 급
면위원회비서	400.00
조직책임	350.00
선전책임	350.00
군조직원	400.00
공장위원회 비서	450.00
기술서기	300.00

출처 : 조공북조선분국 중앙 제6차 확대집행위원회에서 결정, 「당조직에 대한 결정서 1946. 4. 10.」, 『사료집』 1, 79쪽.

199) 주녕하, 「평남도 및 평양시당 열성자대회에서 주녕하동지 보고」, 『북한관계사료집』 1, 249쪽.
200) 『평북로동신문』 1948년 3월 9일, (2), 「당선전선동사업강화를 위한 몇 가지 문제」.
201) 위의 신문, 1948년 1월 16일, (1), 「사설 : 각급당단체지도기관사업 총결과 선거사업을 성과있게 진행시키자」.
202) 주녕하, 앞의 글, 250~251쪽.

자신감은 "당중앙으로부터 하부말단에 이르기까지 당내에 엄숙한 통일과 강철 같은 규율이 보존되고 긴밀한 당조직적 원칙이 수립된 강철 같은 정당이 되었다"203)고 김일성이 주장하기에까지 이르렀다. 김일성의 주장은 수동적인 당원의 소멸을 의미하는 것은 아니지만, 북로당 하부조직에 대한 중앙의 영향력이 강화되었음이 분명하다.

(3) 북조선로동당 2차 당대회 후

북로당의 결정과 지시를 하급당에서 확실히 집행하도록 하기 위하여 2차 당대회에서는 당규약의 강화가 이루어졌다. 1차 당대회의 규약 4조에서 "당상급기관의 지시는 하급기관의 엄격한 지도가 됨"으로 규정되었던 것이204) 2차 당대회 규약에서는 "각급 당조직과 매개 당원은 당중앙위원회의 결정을 의무적으로 준수하여야 하며 당상급기관의 지시는 하급기관의 엄격한 지도가 됨"205)으로 변경되었다. 작은 차이인 것으로 보이지만, 이는 북로당 중앙의 의지를 하급당에서 보다 만족스럽게 집행하고자 한 의지의 표현이었다.

또 당규약 제39조에 창립 당시부터 "어떠한 당조직을 물론하고 당상부기관의 결정과 지시를 위반하는 경우에는 중앙위원회가 그런 당조직을 해산시키고 그 당원들을 재등록할 수 있음"이라고 규정하여 당중앙위원회가 하급당에 대하여 강한 통제권을 가질 수 있게 하였다.206) 소련공산

---

203) 「북조선로동당 평남도 순천군당 제2차 당대표회에서 진술한 김일성동지의 연설 1948. 1. 24」, 『북한관계사료집』 1, 285쪽.
204) 朴昌玉, 「북조선로동당規約解釋」, 『근로자』 3월호, 1947, 47쪽.
205) 「북조선로동당 규약」, 『북한관계사료집』 1, 467쪽.
206) 朴昌玉, 앞의 글, 47쪽.
「북조선로동당 규약」, 『북한관계사료집』 1, 471쪽.
남로당과 북로당 수뇌의 하급 당에 대한 지시 관철 여부를 비교하면 북로당 수뇌의 지시는 엄중하게 관철되는 편이었다(송시백 인터뷰, 『근로자』 2대 편집국장, 본명 송영회, 1998년 7월 7일, 수원 자택).

당도 각 지방당 위원회의 구성이 중앙당의 의도에 맞지 않을 때 해당위원을 교체하는 권한을 가지고 있었는데[207] 북로당 당규약 39조는 바로 이런 상명하복 질서의 보장을 위한 장치였다.

북로당 2차 당대회를 전후하여 세포의 규율이 강화되는 모습이 보다 뚜렷해졌다. 의주군 옥상면 로조세포는 30여 명의 당원이 국수집 간부, 이발사, 운전사 등으로 직업이 달랐지만, 1948년이 되면서(지도기관 선거 이후) 학습참여 등이 강화되었다.[208] 또 평양여중세포의 경우 퇴근 시간을 저녁 8시~9시로 늦출 것을 각오하고 세포학습회를 제때에 할 것을 결정하였다.[209] 이처럼 1948년 초에는 당세포들의 세포활동이 과거에 비하여 활발해졌고, 당의 조직 원칙과 규율을 지키고 당원들에게 사업을 분공하고 총화할 줄 알게 되었다. 세포사업의 문제해결을 위하여 북로당이 매개 세포마다 열성당원을 3~4명씩 길러 훈련시키도록 하였던 것이[210] 차츰 효과를 나타낸 것이다.

아울러 북로당 2차 당대회에서도 군당부 내의 매개 세포에 2~3명의 세포 열성당원을 두기 위하여 정치적 교양과 실제사업을 훈련하는 강습을 조직하도록 하였다.[211] 2차 당대회의 결정을 보면 북로당은 이 시점에서도 군당부 내 세포에서는 2~3명의 열성당원을 만족스럽게 확보하지 못하는 단계였다.[212] 그러나 도시와 노동자계급에서는 상대적으로 열

---

207) 레오날드 샤피로, 앞의 책, 233쪽.
208) 『평북로동신문』 1948년 2월 20일, (2), 「의주군 옥상면 로조세포」.
209) 「북조선로동당 평안남도 평양시 중구역 평양여자고급중학교세포 제1차 정기 세포회의 결정서」, 『북한관계사료집』 26, 119쪽.
210) 「우리당 단체들의 과업에 대하여 ─ 북조선로동당 평안남도 순천군당대표회의에서 한 연설 1948년 1월 24일」, 『김일성저작선집』 1, 170쪽.
211) 「북조선로동당 제2차 전당대회회의록」, 『북한관계사료집』 1, 447쪽.
212) 평양시 중구역 평양여자고급중학교세포를 보면 학교사업 및 민청사업 협조에서 부분적 당원만 움직이는 경향이 있었고, 강한 당원 몇 명이 학교사업을 보장하였다(「북조선로동당 평남 평양시 중구역 평양제일여중세포 제7차 정기세포총회 결정서(1)」, 『북한관계사료집』 26, 113쪽/「북조선로동당 평안남도 평

성당원의 확보가 이루어졌으므로, 북로당은 대체로 (당세포 28,000개당 3명씩) 전체 당원의 약 10% 이상의 열성당원을 확보한 것으로 보인다.

실제로도 열성당원이 많이 나타난 모습을 볼 수 있는데, 1948년에 풍산군 당부 관하 제재소 현장세포의 세포위원장 홍범주나 함흥시 당부 관하 동북배전부 세포위원장 조두순 등은 문맹에서 벗어난 지 오래되지 않아 학습과 생산에서 열성을 보였다.213) 이런 사례들이 북한 전역에서 일어남으로써 다른 정당 당원들조차 학습에 의욕을 갖도록 자극이 되었고, 사회전체의 학습열을 높이는 결과를 가져왔다.214)

1948년 2차 당대회 이후 세포회의가 '활성화'되면서 북로당의 사회전반에 대한 영향력은 강화되어 갔다. 자기 비판과 상호 비판이 일상화되고, 당조직의 직장에 대한 영향력이 강화되었다. 당원들은 당원들대로 당조직 내에서 비판과 열성을 보여줘야 했으며, 비당원들의 교양과 견인을 해야 했는데, 비판이 일상화되면서 퇴근시간을 지키지 않는 등 일상적으로 일으키는 사소한 잘못이 비판의 대상이 되기도 하였다.215)

이러한 비판의 일상화는 개인생활이나 단체생활의 행동규범을 변화시켰지만, 기존의 '관용적인 가치관'이 전도됨으로써 갈등을 빚기도 하였다.216) 이것은 동시에 당을 두려워하는 경향이 당세포 내에 존재하게 하였는데217) 특히 성분적으로 '문제'가 있던 당원들은 늘상 자기 비판에서

양시 중구역 평양여자고급중학교세포 제1차 정기세포회의」, 『북한관계사료집』 26, 115쪽).
213) 「북조선로동당 제2차 전당대회회의록」, 『북한관계사료집』 1, 345쪽.
214) 위의 회의록, 346쪽.
215) 「평양여자고중세포 10월 중 세포사업보고(一女中분)」, 『북한관계사료집』 26, 229쪽.
216) 온화주의는 기본적인 비판대상이 되었다(「북조선로동당 평남도 평양시 중구역 평양여자고급중학교 세포회의록」, 『북한관계사료집』 26).
217) 「북조선로동당 평남도 평양시 중구역 평양여자고급중학교 세포위원회 제20차 정기세포회의 회의록」, 『북한관계사료집』 26, 262~263쪽.
「제37차 여고중세포총회 회의록」, 『북한관계사료집』 26, 411쪽.

자신의 성분을 먼저 비판해야 하는218) 부담을 갖게 되는 처지가 되었다. 이 시기에 이미 북로당은 철저한 성분주의적 경향을 보였다. 이처럼 성분주의적 경향을 강하게 노출한 것은 맑스-레닌주의의 성격에 기인한 것인데, 이후의 북한사회의 통합에는 상당히 부정적인 영향을 주었다.

그런데 이 시기까지도 초급 당조직에서는 당회의를 당규약대로 정상적으로 운영하지 않는 경우가 있었다. 이 때문에 북로당 중앙위원회는 당사업과 당회의에 대한 당원들의 책임감을 제고시키고자, 1개월에 2회 정도 '당날'을 정하여 당원들이 당회의에 반드시 참가하도록 하였다.219) 또한 당세포에 대한 검열을 군당위원회와 면당위원회, 초급당위원회에서 제각기 하면서 나타난 산만함을 해결하기 위하여, 당세포에 대한 지도검열을 군당위원회가 직접하고 면당위원회와 초급당위원회는 군당위원회를 돕도록 하였다.220) 이런 조치들을 통해 초급 당조직들의 규율과 열성당원의 양성이 차츰 체계화되고 있었음을 알 수 있다.

(4) 남북조선로동당의 합당 후

남로당과 북로당의 합당은 당원 조직상의 문제를 일으키지는 않았다. 두 당이 동일한 조직원칙과 사상적 기초를 가진 당들이었고,221) 합당이

---

218) 빈농이나 노동자 성분인 아닌 경우 자신의 과실은 근본적으로 성분의 문제로 비판하여야 했다(「북조선로동당 평남도 평양시 중구역 평양여자고급중학교 세포회의록」, 『북한관계사료집』 26).
219) 「당단체들의 사업을 개선강화할 데 대하여 -북조선로동당 중앙위원회 제5차 회의에서 한 결론 1949년 2월 13일」, 『김일성저작집』 5, 54쪽.
220) 위의 글, 56~57쪽.
1948년 초 당중앙에서 집행한 당조직사업에서의 당결정 실행여부에 대한 검열사업이 형식적이었다(「북조선로동당 제2차 전당대회회의록」, 『북한관계사료집』 1, 337쪽). 중앙검열위원회의 방우현은 황해도에 와서 1주일간 지도검열을 할 때, 항상 도당부 사무실에만 앉아서 시군당부 위원장에게 위임하고 있다가 아무것도 해결하지 못하고 돌아갔다(위의 글, 361쪽). 방우현이 심한 비판을 받았지만, 사실은 중앙이나 지방이나 모두가 당조직사업을 성과적으로 수행할 수 있는 조건을 갖추지 못하고 있었던 것이다.

남북조선로동당 중앙위원회 연합전원회의에서 비공개리에 결정되었기 때문이다. 하지만 당원 조직상의 문제를 일으키지 않은 근본적인 이유는 두 당이 지역적으로 분리되어 있어서 실제적으로 통합사업이 불필요했기 때문이었다.

조선로동당으로의 합당과정은 남북한의 정치정세의 변화에 대응하고자 한 것이었다. 먼저 남북조선 제정당, 사회단체들의 연석회의 후 남북조선로동당 지도부는 두 당에 대한 통일적 지도를 보장할 목적으로 남북조선로동당 연합중앙지도기관을 조직하는 문제를 토의하고 1948년 8월 2일에 결정서를 채택하였다.[222] 여기에서 북로당 대표 5명과 남로당 대표 4명으로 남북조선로동당 연합중앙지도기관을 조직하고 이것을 조선로동당 중앙위원회라고 했다.[223]

1949년 6월 30일의 남북조선로동당 중앙위원회 연합전원회의에서 김일성은 두 당 중앙위원회를 하나의 중앙위원회로 연합하여 남북조선로동당연합대회를 소집하기 전까지 두 당을 지도할 권한을 주며, 현존하는 연합중앙지도기관을 조선로동당 중앙위원회 정치위원회로 개편할 것을 제의하였다.[224] 남북조선로동당의 합당과 관련하여 중앙에서는 간부의 선발, 등용, 배치 문제가 중요하게 되었으나 지방에서는 별문제가 되지 않았다.

중앙의 경우도 남로당 세력이 일부 첨가되는 이상의 큰 의미는 없었

---

221) 「남북조선로동당을 조선로동당으로 합당할 데 대하여 – 남북조선로동당 중앙위원회 련합전원회의에서 한 보고 1949년 6월 30일」, 『김일성저작집』 5, 114쪽.
222) 위의 글, 122쪽.
223) 「남북조선로동당 련합중앙지도기관 결성회의에서 한 연설 1948년 8월 2일」, 『김일성전집』 8, 190쪽.
「남북조선로동당을 조선로동당으로 합당할 데 대하여 – 남북조선로동당 중앙위원회 련합전원회의에서 한 보고 1949년 6월 30일」, 『김일성저작집』 5, 122쪽.
224) 「남북조선로동당을 조선로동당으로 합당할 데 대하여 – 남북조선로동당 중앙위원회 련합전원회의에서 한 보고 1949년 6월 30일」, 『김일성저작집』 5, 124쪽.

다. 북로당(조공분국 시기 포함)이 건설된 후 4년 동안에 북한지역의 당 조직은 이미 크게 확대되었고, 국가건설과정에서 실제사업을 하면서 관리방법을 터득한 북로당 당원은 남로당원에 비하여 여러 면에서 우위에 서 있었기 때문이다. 조선최고인민회의 대의원 중에서 북로당이 17.9%(102명)를 차지한 반면 남로당이 9.6%(55명)에 불과했던 것은[225] 남로당의 영향력에 대한 북로당의 평가라고 할 수 있다.

동시에 남로당은 북로당과의 통합과정에서 처음부터 자신들에 대한 비판적인 분위기를 용인해야 했다. 김일성은 남북조선로동당 중앙위원회 연합전원회의에서 발언의 70% 이상을 종파 문제에 대하여 비판하였다. 기존의 조선공산당운동에 대한 비판과 더불어 당시의 북한 내 종파의 실정과 종파 문제에 대한 자신감까지 피력하였다.[226] 이 과정에서 김일성은 또다시 오기섭과 이주하를 비판하였는데 이 중에서 이주하에 대한 비판은 또 다른 의미가 있다. 이유인즉 오기섭이 북한에서 김일성을 반대한 것에 대해 비판을 받고, 이에 대한 자기 비판을 계속해 왔던 데 비하여 이주하(월남전 북강원도당 책임자이며 원산시당 위원장)는 김일성의 평양소환 지시를 거부하고, 서울로 월남하여 박헌영의 심복으로 활동하였기 때문이다.[227] 이주하와 오기섭에 대한 김일성의 비판은 박헌영에 대한 정치적 공격이었다고 할 수 있다.[228]

---

225) 국토통일원, 『북한최고인민회의자료집』 제1집, 99쪽.
226) 「남북조선로동당 중앙위원회 련합전원회의에서 한 결론 1949년 6월 30일」, 『김일성저작집』 5, 133~137쪽.
227) 원산시당위원회는 1947년 8월의 결정서를 통해 당내에 많았던 종파적 경향이 김일성의 적절한 지도와 도당의 지도에 의하여 종파를 없앰에 진보를 보고, 당단체가 사상적으로 통일 강화되었다고 평가하였다(「1947년 8월 3일 제6차 원산시당위원회 결정서」, 『북한관계사료집』 18, 509쪽).
228) 그 자리에 참석했다는 송시백도 김일성의 연설이 박헌영을 공격한 것이라고 주장함(송시백 인터뷰, 1998년 7월 7일, 수원 자택).
양당의 합당을 김일성이 힘으로 남로당의 지도권을 뺏은 것이라는 주장(박갑동, 『박헌영』, 인간사, 1983, 218쪽)이 있을 만큼 박헌영의 입장은 어려웠던 것

2) 당규율·동원·학습·당원의 이탈을 통해 본 북조선로동당 조직 실태

(1) 당 규율 준수

공산당의 생명력은 조직에 있고 그 조직의 생명력은 당 규율의 준수에 있다고 할 수 있다. 비록 국가권력에 도전하여 혁명투쟁을 진행하는 것은 아니었지만, 빈농과 노동자가 중심이 된 사회주의정치체제의 형성을 위해서 북로당은 강한 당규율을 유지해야 했다. 대체로 북로당 조직은 1947년 이후 강화되어 간 것으로 보이지만, 그 실태를 확실히 이해하기 위해서는 북한 정치권력과 정치변동의 성격을 파악하는 것이 필수적이라고 할 수 있다.

① 당내 민주주의

스탈린에 의하면 당내 민주주의란 당원대중의 적극성을 발휘시키며 당의 통일을 강화하고 당내의 자각적인 프롤레타리아적 규율을 강화하는 것[229]으로 당규율 준수의 한 측면을 보여준다.

1945년 10월 13일, 조공분국은 「5도당 열성자책임자대회 결정서」를 통해 당내의 민주주의를 힘있게 고조(高調)하도록 하면서도 과도한 민주주의도 옳지 않음을 인정한다[230]는 기본적 입장을 제시하였다. "과도한 민주주의도 옳지 않다"는 표현은 당내 민주주의에 대한 제한을 인정하는 표현인데, 이것은 공산당조직이 공고하지 못하였고 정치정세가 불투명

으로 보인다. 양당의 합당이 북한에서도 공표되지 않았고, 남한의 지하당원들은 한국전쟁 후에야 합당 사실을 알게 되었다. 서동만은 『근로자』 1949년 12월 31일 호에서 합당 사실을 엿볼 수 있는 최초의 증거가 있다고 보았다(서동만, 앞의 논문, 117쪽).
229) 「소련의 경제정세와 당의 정책에 대하여」, 『스탈린전집』 제8권, 1926, 173~174쪽. 극동문제연구소, 『원전 공산주의대계』 980쪽에서 재인용.
230) 『정로』 1945년 11월 1일, (1), 「5도당책임자열성자대회 결정서」.

한 상태에서 정권장악을 위하여 불가피한 면이 있었다고 할 수 있다. 그러나 이러한 인식은 정권을 장악한 후에도 기본적으로는 계속된 것으로 보인다.

북로당 규약에 의하면 당원은 당회의에서 근거와 이유가 있는 한 어떠한 당간부를 막론하고 비판할 권리가 있었다.[231] 그러나 북로당 2차 당대회를 살펴보면 다른 주요 간부에 대한 비판은 있었지만, 당의 최고지도자에 대한 비판은 없었다. 토론자들은 김일성의 지적과 보고를 "지지하거나, 옳다고 인정하면서" 토론을 이어갔다. 이처럼 당내에서 최고지도자에 대한 비판은 어려운 문제였지만, 정책 토론과 주요 간부들에 대한 비판은 부분적으로 이루어졌음을 알 수 있다. 동시에 이러한 비판이 실제로는 당내에서 다른 파벌이 강화되는 것을 견제하는 의미가 있었다는 점에서, 실질적인 의미로서의 당내 민주주의라는 것은 제대로 작동될 수 없는 상태였다.

김일성은 당원들의 창의성과 열성의 약화를 해소하기 위하여 거듭 당내 민주주의를 강조하였다. 하지만 1948년 후반, 강원도당위원회에서 모범세포로 결정된 한 세포에 대한 당중앙위원회의 검열에 따르면, 세포회의를 진행할 때 세포위원장이 미리 선정해 놓은 몇 사람의 발언으로 토론을 대체하고 당원들의 의사를 충분히 듣지 않은 채 회의를 마쳤다.[232] 이 사례는 북로당 하부조직에서는 당내 민주주의가 제대로 작동되지 않았음을 보여준다. 또한 다른 사람의 잘못을 비판하는 것에 대하여 좋지 않게 생각하는[233] 사회적 가치관도 북로당 내의 비판과 자기 비판이 진

---

231) 朴昌玉, 『북조선로동당規約解釋』, 『근로자』 3월호, 1947, 53쪽.
232) 「현시기 경제사업에 대한 당단체들의 지도와 당세포를 강화하는 데서 제기되는 몇 가지 문제에 대하여 −북조선로동당 중앙위원회 상무위원회에서 한 결론 1948년 11월 1일」, 『김일성전집』 8, 421쪽.
233) 「전체 당원들에게 보내는 당중앙위원회 편지 접수토의사업을 잘할 데 대하여 −북조선로동당 중앙위원회 상무위원회에서 한 결론 1949년 6월 7일」, 『김일성전집』 9, 271쪽.

행되는 데 장애가 되었다. 평양여중세포의 경우를 보면 1948년 초까지도 세포회의에서의 자기 비판에 익숙하지 못하였고, 토론 과정에서 상급기관의 결정에 대한 비판이 있는 경우 "당의 결정은 항상 옳다"[234]는 지적이 토론의 방향을 제시하였다. 사실 상급당의 결정에 대한 비판은 당규약에 위배되는 것으로 제한되었다. 따라서 당내 민주주의란 당조직 내의 수평적인 위치에 있는 당원들 사이의 상호 비판을 넘지 못하는 것이었다.[235]

이러한 상급당의 결정에 대한 복종의 원칙은 일부 하급 당조직들이 지방의 처지에 따라 당사업을 창의적으로 진행하지 않고 상부의 지시에 의해서 기계적으로 당사업을 진행하게 하는 결과도 가져왔다. 또 당내 민주주의가 제대로 작동되지 않아 당원들로 하여금 당사업에서 흥미와 창의력을 발휘하게 하지 못하는 경우도 있었다.[236]

1949년, 김일성은 북로당 중앙위원회 5차 회의에서 어떤 당조직의 한 당원이 초급간부들에게 엄중한 결함이 있음을 뻔히 알면서도 회의에서 비판하지 않다가 몇 달 후 상급당에 신소하였다고 비판하였다.[237] 김일성은 이러한 사건이 일부 당조직이 당내 민주주의를 충분히 보장하지 않기 때문이라고 지적하였는데, 이것은 하급당 내에서 간부들에 대한 비판이 자유롭지 못했음을 보여준다. 기본적 토론과 비판은 상부의 정책이

---

234) 「제37차 여고중세포총회 회의록 1949년 7월 7일」, 『북한관계사료집』 26, 421쪽. 「북조선로동당 평남도 평양특별시 중구역 평양여자고급중학교세포 제2차 림시총회 1948년 6월 14일」, 『북한관계사료집』 26, 471쪽.
235) 스탈린하에서는 자기 비판과 당 일반에 관한 비판이 되어야 하며, 중앙 지도부에 대한 공격이 될 정도로 분명하게 정식화되어서는 안 되며, 비판은 조직되어서는 안되므로 파벌이나 반대 간행물이 있어서는 안된다는 조건하에서만 당내 비판이 허용되었다(이상민, 앞의 책, 174쪽).
236) 「북조선로동당 중앙위원회 제5차회의 결정서(一) 1949. 2. 12」, 『북한관계사료집』 1, 478쪽.
237) 「당단체들의 사업을 개선강화할 데 대하여 —북조선로동당 중앙위원회 제5차 회의에서 한 결론 1949년 2월 13일」, 『김일성저작집』 5, 54쪽.

옳게 수행되었는가에 관한 것이었으며, 정책 자체를 비판하는 것은 허용되지 않았다. 하급당 내에서 당내 민주주의가 충분히 보장되지 못함으로써 상급당의 집행능력은 강화되었지만, 동시에 상급당의 지시에 대한 하급당의 자발적 참여는 약화되었을 것으로 보인다.

해방 초기 당조직이 허약하고 정치정세가 불안정한 상황에서는 중앙집권적인 통일적 지도가 강조되었고, 급격히 당조직이 확장되었기 때문에 북로당 하부조직에서의 당내 민주주의의 실현에는 실질적인 장애가 있었다. 그러나 당내 민주주의가 고양되지 못한 것은 당원들 간의 사상적 통일성이 약했고, 자발적인 참여의 정도가 높지만은 않았다는 반증일 수 있다. 그리고 중요한 것은 당원들이 당내의 의사결정 과정에서 차지하는 영향력이 매우 약했다는 점이다.

② 노동성실성 문제

1945년 말의 조공분국은 과거 지도자들을 달리하는 '小콤그룹'의 존재로 통일적 조직활동이 곤란했고, 이론상·정책상의 갈등으로 인하여 당내의 규율이 준수되지 못하였다.[238] 그리고 조공분국을 이은 북로당은 혁명투쟁의 경험이 있는 소수와 당원확장 과정에서 입당한 절대 다수의 혁명투쟁 경험이 없는 당원들로 구성되어 당규율이 확립되지 못했다. 그럼에도 불구하고 북로당은 적극적으로 당원을 확대했고, 조직 강화를 위한 방법으로 당원의 성분변화에 집중적인 힘을 기울였다.

그러나 빈농과 노동자에게 처음부터 당적 교양을 하면서 당조직을 강화해야 했던 것은 북로당에게는 큰 어려움이었다. 북로당은 정치적 교양과 조직적 훈련으로 당원들이 비당원보다 정치적 수준이 높고 산업부흥에 열성적이고, 모든 인민의 모범이 되어 지도적 역할을 하도록 하였는데[239]

---

238) 『정로』 1945년 12월 14일, (1), 「사설」.
239) 「황해도당 당장성과 신입당원과의 사업정형에 대하여 -북조선로동당 중앙상무위원회 제7차 회의 결정서 1946년 10월 8일」, 『결정집』, 16쪽.

그 결과 당원의 노동성실성은 당규율 준수의 핵심적 요소가 되었다.

〈표 1-16〉 당원의 의무

(1차 당대회 규약)

가. 조선민주주의 독립국가 건설을 공고히 하기 위하야 부단히 투쟁할 것
나. 자기의 정치적 급 문화적 수준을 향상하기 위하야 노력할 것
다. 당 상급기관의 결정과 위임을 철저히 충실하게 실행하며 또는 당규률을 엄격히 준수할 것
라. 입당금, 당비 및 의연금으로서 당에 물질적 원조를 할 것
마. 의무적으로 당회의에 참가하며 또는 당기관에서 결정하는 문제를 토의함에 참가할 것

(2차 당대회 규약)

가. 조선민주주의 자주독립국가 건립을 위하여 북조선에서 이미 얻은 민주개혁의 성과를 더욱 튼튼히 하도록 부단히 투쟁할 것
나. 북조선 인민정권기관의 모든 법령을 준수하며 국가 및 사회재산을 애호 절약하며 인민경제 건설에 모범적 역군이 될 것
다. 당 상급기관의 결정과 위임을 철저히 충실하게 실행하며 또는 당규약을 엄격히 준수할 것
라. 항상 자기의 정치 문화수준을 제고하며 또는 자기 맡은 사업과 기술에 정통한 능수가 되도록 노력할 것
마. 일상적으로 근로군중과 연결을 가지며 비당원 군중에게 당의 영향을 주며 인민정권의 정책과 결정을 해설 선전할 것
바. 의무적으로 당회의에 참가하며 또는 당기관에서 결정하는 문제를 토의함에 참가할 것
사. 입당금 당비 및 의연금으로써 당에 물질적 원조를 할 것

출처: 「북조선로동당 규약」 (1차 당대회).
「북조선로동당 규약」 (2차 당대회) 『북한관계사료집』 1, 468쪽.

〈표 1-16〉을 보면 2차 당대회의 규약은 당원의 정치적 임무와 더불어 1차 당대회 규약에 없었던 "인민경제건설에 모범적 역군이 될 것"과 "자기 맡은 사업과 기술에 정통한 능수가 되도록 노력할 것"이라 하여 생산활동에 대한 적극적 참여를 당원의 의무로 규정하였다. 이처럼 생산노동

에 대한 북로당의 관심은 정치적으로 안정되면서 더욱 각별하였고, 북로당 당원이 노동 규율을 위반하였을 때는 출당까지 시키도록 하였다.[240)

하지만 생산현장에서의 노동규율은 초기부터 만족스러운 것이 아니었다. 1946년 10월, 사동공장 내 당원 104명의 월평균 출근은 14일밖에 되지 않았고, 남포시 동양제련소 아연과의 당원 출근률은 평균 82%로 당원들은 임무를 성실히 실행치 않았다. 반면에 개인이익을 위하여 직장 근무 외의 노동일은 수입이 많은 직장으로 가는 현상도 있었는데[241) 그 결과 당의 위신이 저락하였다.[242) 당원의 노동규율이 준수되지 못한 것은 당의 성장이 '군중단체화' 하였기 때문이기도 하지만, 북로당이 노동자계급의 일상적인 생활문제를 크게 개선시키지 못한 것이 중요한 이유였다. 해방 후의 북한경제 실정에서 노동법령이 실시되었지만, 노동자의 생활이 급격히 개선되지는 못했고, 반면에 경제건설에서의 역할과 부담은 가중되는 면이 있었던 것이다. 따라서 노동자는 북로당의 핵심계급임에도 불구하고 때로는 당과 이해가 불일치되기도 하였다.

이런 상황에서 북로당은 농촌이나 도시에서 당원들 모두에게 모범적인 역할을 요구하였다. 농촌당원에게는 여유 곡물을 소비조합에 파는 일에 솔선할 것을 요구하였으며, 각 부락에서 수매할 양곡수량에 대하여 책임지고 농호를 지도하도록 하였다.[243) 소비조합의 양곡수매사업을 직접 간접으로 반대하거나 협조를 게을리하는 경우에는 엄중한 당적 책벌

---

240) 「평양 철도구 당단체의 당 중앙본부 철도사업에 대한 결정서 실행정형에 대하여 －북조선로동당 중앙상무위원회 제9차 회의 결정서 1946년 10월 21일」, 『결정집』, 37쪽.
241) 「평양시 동구역 당단체와 남포시당단체의 당장성문제에 관한 당중앙결정 집행정형에 대하여 －북조선로동당 중앙상무위원회 제10차 회의 결정서 1946년 11월 14일」, 『결정집』, 46~47쪽.
242) 「흥남시 당단체의 사업정형에 대하여 －북조선로동당 중앙상무위원회 제13차 회의 결정서 1946년 11월 25일」, 『결정집』, 58쪽.
243) 「소비조합의 량곡 수매사업에 대하여 －북조선로동당 중앙상무위원회 제13차 회의 결정서 1946년 12월 6일」, 『결정집』, 72쪽.

을 주고 경우에 따라서는 출당까지 시키도록 하였다.244)

1947년 초 당조직의 사업은 1947년도 인민경제발전계획을 수행하는 것이 중심과업이 되었고, 북로당원은 각자 부담한 책임량 완수를 당적으로 책임지도록 요구받았다.245) 그리고 각 지방 로동신문은 당원들이 노동현장에서 보여준 활약상을 끊임없이 발굴 보도하였고(예를 들면 1947년 8월 문천탄광 당원들의 와이야로프 부족 해결246) 1948년 1월 신의주제지공장 당원들의 금망설치작업247) 등등), 당원들은 실제로 고강도의 노동을 근무시간에 제한하지 않고 모범적으로 활약하기도 하였다.

모든 당원들이 이와 같을 수는 없었겠지만 당조직이 강화되어감에 따라 당원들의 노동규율은 더욱 강화되었고, 비당원들보다는 노동현장에서의 성실성이 돋보였다. 북조선인민위원회 창립 2주년을 계기로 각 기관에서 표창을 받은 모범간부 901명 중에서 88.5%에 달하는 798명이 북로당원이었다248)는 것은 근로자 중에서 북로당원이 많았던 것도 이유가 되겠지만, 북로당 당원들이 노동현장에서 모범적으로 일했음과 각 기관을 북로당이 주도하는 실태를 반영한다고 볼 수 있다. 이처럼 당원의 노동성실성이 높아진 것은 북로당에 참여한 당원들의 자발성이 생산현장에서 높아졌다는 의미에서 북로당조직의 강화로 해석할 수 있다.

③ 당비 납부

당비 납부는 당원들의 당에 대한 소속감과 참여의 자발성을 평가하는 기준으로 활용할 수 있다. 당원은 국가 건설과 당건설 과정에서 정치적

---

244) 위의 글, 73쪽.
245) 『근로자』 3월호, 1947년, 28~29쪽.
246) 『강원로동신문』 1947년 8월 27일, (2), 「문천탄광당공작세포원들」.
247) 『평북로동신문』 1948년 1월 16일, (1), 「신의주제지공장노동자들」.
248) 「당중앙위원회사업에 대하여 -북조선로동당 함경남도 제2차 대표대회에서 한 보고 1948년 2월 21일」, 『김일성저작집』 4, 147쪽.

투쟁, 성실한 노동과 더불어 물질적 부담도 가졌다. 당회에 불참한다든지 당비를 제때에 내지 않는 문제 등은 출당까지 당하는 최고 책벌에는 해당되지 않았지만 교양적 성질의 책벌을 받을 수 있었고,249) 당비를 3개월 이상 체납한 경우에는 출당까지 당할 수 있는 중요한 문제였다.250)

〈표 1-17〉 입당금과 당비

	수입	금액	
		1차 당대회	2차 당대회
입당금		5원	5원
당비	500원까지	1%	1%
	501원~1000원	2%	2%
	1000원 이상	3%	3%
	농민	5원	10원
	학생	1원	1원

출처 : 「북조선로동당 규약」(1차 당대회)
「북조선로동당 규약」(2차 당대회)『북한관계사료집』1, 471쪽.

〈표 1-17〉에 규정된 당비를 당원들은 자신의 직업과 수입에 따라 부담해야 했는데, 당비에 대하여 소극적인 경우도 있었다. 북로당은 당비 납부에 대한 엄격한 규정을 실시하여 징수하였는데 1차 당대회 이후 농민들이 부담해야 하는 당비 5원은 약 쌀 1.2홉 정도의 부담이었다.251)

당비뿐만 아니라 당원들은 특별부담금도 부담하였는데, 1946년 10월에는 공휴일 또는 시간 외 노동 등으로 얻은 수입을 당에 납부하도록 하기도 하였다.252) 인제군당에서는 1946년 추수기에 당의 재정을 원조하기

---

249) 朴昌玉, 「북조선로동당規約解釋」, 『근로자』 3월호, 1947, 53쪽.
250) 「당생활란」, 『근로자』 7호, 1947, 91쪽.
251) 1946년 8월 평양소매물가로 백미(상품) 5승이 291.67원이었다(한림대 아시아문화연구소 편, 앞의 책, 106쪽).
252) 500원 이하 수입 당원 50원, 1000원까지 수입되는 당원 및 농민 100원, 2000원까지 수입되는 당원 200원, 2000원 이상 수입되는 당원 500원, 당증교부 받을

위하여 당원마다 곡물 1되씩을 납부하도록 하였고253) 당기금 1두 3승을 거두기도 하였다.254) 이러한 경향은 전국적인 범위에서 비슷했을 것으로 보이는데, 대체로 당원들은 당비 이외에도 당재정을 위하여 때때로 일정한 부담을 져야 했다. 이렇게 보면 규정된 당비보다 부정기적으로 내는 부담금이 당원들에게는 훨씬 큰 부담이 되었다고도 할 수 있다.

당정책에 따라 크게 늘어난 북로당원들 중 일부는 당비를 제때에 납부하지 않는 경우가 많았다.255) 하지만 북로당은 1947년 1월부터 재정의 중앙집권제를 실시하여 적지 않은 성과를 거두었는데256) 이즈음이 대체로 당비 납부가 안정되기 시작한 때일 수 있다. 북로당의 재정에 대해서는 정확히 알 수 없지만, 하급당조직에서 거둔 당비를 가지고 당을 운영하는 것이 원칙이었다. 하지만 일부 당부는 당비를 상급당부에 납부하지 않고 낭비하여 문제를 일으키기도 하였고, 일부 군당부는 각 도·시·군 당부가 기업체에 대해 일체의 관계를 끊도록 한 중앙의 결정을 지키지 않고 양조장에서 소주를 생산 판매하여 로동당기금을 징수하였다.257) 이것을 보면 북로당 재정의 일정부분은 당비 이외에 국가재정이나 상업 활동을 통하여 충당되었을 것으로 추정할 수 있다.258)

  때 10원(「당원 특별부담금 징수에 관하여 −북조선로동당 중앙상무위원회 제7차 회의 결정서 1946년 10월 8일」, 『결정집』, 17쪽).
253) 「인제군 인제면당 열성자 대회 회의록 −1946년 9월 19일」, 『북한관계사료집』 4, 678쪽.
254) 「인제군 서화면당 열성자 대회 회의록 −1946년 11월 19일」, 『북한관계사료집』 4, 588쪽.
255) 「현시기 경제사업에 대한 당단체들의 지도와 당내부사업에서 나서는 몇 가지 과업에 대하여 −북조선로동당 중앙위원회 제9차 회의에서 한 결론 1947년 7월 24일~25일」, 『김일성전집』 6, 135쪽.
256) 「당재정 낭비와 재정규률에 대하여 −북조선로동당 중앙상무위원회 제43차 회의 결정서 1947년 9월 16일」, 『결정집』, 283쪽.
257) 위의 글, 283~284쪽.
258) 소련공산당은 1922년 이후 제정된 당규에 의거, 당비, 고위 당기구의 보조금

〈표 1-18〉 당비 납부(평양시 중구 도당세포, 1948년)

	납부(비율)	미납(비율)
6월분	83(83%)	17(17%)
7월분	82(80.4%)	20(19.6%)

출처 : 북로당 평남도당부, 「당비수입부」, 국편 소장 미간행 미군노획문서(복사본).

〈표 1-18〉에 따르면, 1948년 6~7월간 평양시 중구 도당세포의 경우 제때에 당비가 납부가 된 것은 80% 정도였는데, 이것을 자발적인 것으로 평가한다면 북로당 당원의 참여 태도에는 상당한 성과가 있었다고 할 수 있다.

강원도 인제군당의 당비 납부를 통하여 인제군당의 조직실태를 살펴보면 다음과 같다.259)

〈표 1-19〉 인제군당 당원 당비 납부비율(단위 %)

비율	1	2	3	4	5	6	7	8	9	10	11	12
1948년	96.4	93	94.2	71.9	69.9	72.9		95.1		93.6	89.9	93.1
1949년	91.1	92.3	93.5	93.9	92.4	89.7		95.5				

출처 : 「인제군당 상무위원회 회의록 제8호」, 『북한관계사료집』 2, 183쪽.
 「제17호」, 407쪽. 「제24호」, 610쪽. 「제30호」, 『북한관계사료집』 3, 3쪽. 「제34호」, 89쪽. 「제42호」, 282쪽. 「제57호」, 494쪽. 「제68호」, 773쪽.

또는 '기타 수입'으로 재정을 충당했지만, 필요할 때마다 국가로부터 적절한 자금을 지원받은 것으로 추정된다(레오날드 샤피로, 앞의 책, 303쪽, 418쪽).
259) 〈표〉 당비(1개월)

대상	금액	
가정부인	5원	
화전 당원	1원	유목민, 반유목민으로 극빈한 경우
농민	10원	부수입의 2%를 기본 당비 10원에 추가

출처 : 「인제군당 상무위원회 회의록 제30호」, 『북한관계사료집』 3, 7쪽.

〈표 1-19〉에 의하면 1948년 1분기 인제군당 당원들의 당비 납부는 1월 96.4%, 2월 93%, 3월 94.2%로 평균 94.2%였다.[260] 면당별로는 인제면이 100%였던 데 비하여 서화면은 1월 88.6%, 2월 78.9%, 3월 82.6%로 가장 뒤떨어졌다.[261] 이러한 차이의 원인을 정확하게 알기는 어렵지만, 당원들의 납부태도와 더불어 세포위원장의 징수 노력과도 밀접한 관련이 있었다. 당원들의 당비 납부는 자각적 납부방식보다는 세포위원장이 당원들을 방문하여 징수하는 방식이었기 때문에[262] 세포위원장의 적극성이 당비 납부율에 영향을 미쳤다.[263]

〈표 1-19〉에 따르면, 인제군당은 1948년 2/4분기를 제외하고는 평균 90%를 넘는 당비 납부가 이루어졌다. 자발적이든 수동적이든 당비 납부가 90%에 이른 것은 당원들이 기본적으로 당조직에 참여하기를 원했다는 —적어도 당비부담을 이유로 당에서 이탈하기를 원치는 않았다는— 해석이 가능하다. 또 1948~1949년간 출당당원이 10%에 달했다[264]는 점을 고려하면 당비 납부와 당원의 당 참여의식이 일정한 상관관계가 있었다는 추정이 가능하다. 더불어 북로당의 당조직 강화와 당원에 대한 동원능력이 상당 수준에 이르렀다고 해석할 수 있다.

(2) 당원 동원

북로당은 투쟁의 역정을 통한 당원의 성장과정이 없었기 때문에, 국가건설의 과정에서 동원과 학습을 통하여 근로자를 교양하고 단련함으로써 당조직을 강화해 갔다. 해방 후 북한은 초기의 정치적 대립이 크지 않

---

260) 「인제군당 상무위원회 회의록 제8호」, 『북한관계사료집』 2, 183쪽.
261) 위의 글, 184~185쪽.
262) 「인제군당 상무위원회 회의록 제34호」, 『북한관계사료집』 3, 91쪽.
263) 1949년 8월에도 일부 세포에는 사생활을 걱정하며 당비 납부에 잘 순응하지 않는 경우도 있었다(「제39차 평양여고중세포총회 회의록」, 『북한관계사료집』 26, 447쪽).
264) 자세한 내용은 뒤의 인제군당 출당자 분석을 참조.

앉고, 북임인위 성립 후부터 내부적으로는 정치 문제보다도 경제문제 해결에 역량이 집중되었다. 북임인위는 초기핵심 사업으로 1946년 3월에 토지개혁을 성공적으로 완수하였고, 이 과정에서 인민대중의 동원은 성과 있게 훈련되고 실험되었다. 대부분의 빈농과 노동자는 노농연대를 통하여 토지개혁을 완수하였으며, 이어서 경제건설에 모든 역량을 쏟았다. 이 과정에서 북로당은 건국사상운동을 일으키면서 인민대중을 사상적으로 단결시키는 한편 당과 정권기관, 사회단체의 조직화를 이룸으로써 동원을 성공적으로 이끌고자 하였다.

동원에는 기본적으로 두 가지 목적이 있었는데 하나는 정권기관과 북로당을 지지하는 학습과 시위의 성격이었고, 또 하나는 경제건설에 동원하는 것이었다. 따라서 동원에 나타난 당원의 활동 평가는 해방 직후 북한 사회의 성격에 대한 여러 가지 설명을 준다.

기본적으로 북한지역은 평년작이라 하여도 식량 확보가 어려운 형편이었다.[265] 북한의 논 중에서 82.3%가 관개답이고, 나머지가 천수답이라고 하지만 그중 설비가 나은 제언관개와 양수기 관개면적은 전체 관개면적의 39.2%에 불과하였다.[266] 이 때문에 토지개혁 실행 이후에 바로 경지확장과 토지개량 문제에 부딪히게 되었고, 따라서 이 당시에 북한정권이 사업의 완수를 위해서 할 수 있는 일은 노동력의 집중을 통한 건설이 중심이 될 수밖에 없었다. 사업의 중점은 관개사업이었는데, 이 사업은 국가예산의 지원과 더불어 각지 농민의 자발적 창의로 수행될 수밖에 없었다.[267]

---

265) 북조선임시인민위원회 농림국장 이순근, 「북조선 농업 발전을 위한 제문제」, 『인민』 창간호, 『북한관계사료집』 13권, 66쪽.
266) 위의 글, 68쪽.
267) 조선은행 조사부, 『조선경제연보』 1948, Ⅰ-377쪽.
　　농민들의 발의로 이루어진 평남 강동의 관개수리공사는 8,084정보의 논을 경작하게 하였고, 이로 인하여 11,000석의 증수가 예정되었다(같은 곳).

노동력 동원에 의한 건설의 전형은 1946년 5월 21일부터 시작하여 55일간 계속된 보통강 개수공사를 들 수 있다.268) 홍수피해를 막기 위해 진행된 이 공사는 강폭을 50m, 물 깊이를 7m로 하여, 총 길이 5km의 둑을 쌓는 것이었다. 공사에는 각 정당·사회단체·기관·기업소·공장·학생·농민과 구민·리민 등이 총동원되었는데, 동원된 총수는 연인원 579,000여 명에 달했다. 이 공사는 평양을 홍수피해로부터 면하게 하였고, 이후 각 지역에서 벌어지는 노동력 동원을 통한 건설의 전형이 되었다. 하지만 개수공사 동원에도 불구하고 공장, 탄광, 기업소들에서 생산량이 떨어지지 않도록 하였기 때문에269) 노동력 동원은 근로자들에게 상당한 육체적 부담이 되었고, 이에 일부 인민들이 노동력 동원을 기피하여 마찰을 빚는 경우도 생겨났다.

〈표 1-20〉 농촌생산반과 농업증산돌격대 조직 정형(1946년 5월)

도별	농촌생산반		농업증산돌격대	
	반수 (개)	인원 수(명)	대수(개)	인원 수(명)
평남	13,258	261,315	2,498	115,591
평북	17,865	303,695	2,938	153,795
함남	20,965	213,815	2,272	30,319
함북	7,248	25,185	2,235	30,900
황해	9,518	262;314	4,686	126,348
강원	10,635	207,919	2,135	29,365
계	79,489	1,274,243	16,764	486,318

출처 : 『정로』 1946년 5월 30일.270)

〈표1-20〉은 1946년 5월 말까지 약 8만 개의 농촌생산반과 약 17,000개

---

268) 사회과학원 력사연구소, 『조선전사』 23, 평양 : 과학·백과사전출판사, 1981, 318~334쪽.
269) 위의 책, 322쪽.
270) 위의 책, 360쪽 재인용.

의 농업증산돌격대가 조직되었음을 보여주는데, 토지개혁 당시 11,500여 개의 농촌위원회가 조직되었던 것과 비교하면 농민의 조직화가 크게 촉진되었음을 알 수 있다. 이러한 조직화는 생산성 증진과 당조직의 영향력 확보 및 동원에 도움이 되었다. 또한 이 조직들을 통한 동원의 과정은 당이 당원을 발굴하고 조직화하는 중요한 통로가 되었다.

해방 후 건국과정에서 다양한 형태의 자발적이거나 수동적인 동원이 이루어졌는데, 그중 특징적인 사례를 정리하면 다음과 같다.

> 1947년 8월 문천탄광 당공작세포는 석탄운반에 애로가 되는 와이야로프의 부족을 해결하기 위하여 당원들과 일반 노동자 40명으로 돌격대를 조직하고 근무시간 후 탄광을 출발하여 경사 25도 12km의 태령을 넘어 고원군에 갔다. 그곳에서 276m(중량 1m에 2관)를 한 사람당 6m씩을 어깨에 걸고 간 길을 돌아오는데 기력이 쇠진하였음에도 계속하여 밤 1시 30분에 탄광에 도착하였다. 또한 이들은 돌격작업으로 받은 보수금 3000원 중 2000원을 세포문화사업비로 쓰기로 하고, 1000원은 탄광 당기금으로 희사하였다.[271]

> 1948년 1월 신의주제지공장에서의 金網설치작업은 일제시대의 경험에 의하면 최소한 7일간이 요구되는 작업이었다. 그러나 전체 작업의 중단을 우려한 노동자와 당 열성당원의 솔선 작업으로 밤을 세워가며 작업을 마침으로써 공장 가동 중단을 28시간으로 단축하였다.[272]

위 사례들은 공장, 기업소에서의 당원들의 활약을 보여준다. 당원들은 시간 외 근무에 앞장서고 생산의 난관을 타개하기 위하여 '놀라운 노력'을 발휘하였다. 기본적으로 공장, 기업소 당원들의 모범사례는 다양하게 발굴되었는데, 이것은 북로당의 공장, 기업소 세포 조직이 강화되고 있

---

271) 『강원로동신문』 1947년 8월 27일, (2), 「문천탄광당공작세포원들」.
272) 『평북로동신문』 1948년 1월 16일, (1), 「신의주제지공장노동자들」.

음과 당조직의 역할이 확대되고 있음을 보여준다.

초기의 임시적 동원은 1948년 5월 북조선인민위원회에서 1년에 20일간의 건국노력동원이 규정되면서 법제화되었다.[273] 동시에 동원규정을 위반하였을 때는 법에 따라 처벌하는 규정을 두었는데, 이것은 동원의 성격에 강제성이 부여된다는 점에서 정부수립 후 동원체제가 강화되었다는 평가가 가능하다.[274] 복잡한 의미가 담겨진 정치적 동원에 비해 인민대중의 이익과 직접 연결된 경제건설을 위한 동원은 보다 용이한 호응을 이끌어 낸 것으로 보이지만, 그로 인한 갈등이 분명 실재하였다. 이러한 동원에 대한 인민대중의 태도를 이해하기 위해서는 보다 정확하고 실증적인 분석이 필요하다.

▶ 인제군 사례

인제군의 각종 동원을 통하여 농촌사회의 동원을 살펴볼 수 있다. 1948년 1월에서 7월까지를 분석하였는데, 이 시기를 선택한 이유는 이때가 남북한의 분단이 사실상 기정사실화된 시기로서 체제의 성격이 보다 확실해지는 특징이 있었기 때문이다. 이 기간 동안의 동원은 건설을 위한 경우와 사상교육을 위한 경우로 구별된다.

노동력 동원의 경우는 남면관개공사사업, 전기시설사업, 산업도로공사, 인제군 인민문화회관 건축, 국영기업소 미(未)달성분 완료 지원, 각급학교 교사 신증축 수리 등으로 종류는 크게 많지 않다. 이 중에서도 연인원 약 11만이 동원된 남면관개 공사사업이 가장 큰 일이었다. 이 공사계획은 군내 인민 1인당 9일간의 노동력 동원이 필요하였으나, '애국적

---

[273] 「지방인민위원회사업에서 나타난 결함과 그 시정 대책에 대하여 —북조선인민위원회 제65차 회의에서 한 결론 1948년 5월 27일」, 『김일성전집』 8, 57쪽. 연령은 남자 55세, 여자 50세로 규정(위의 글, 58쪽).

[274] 위의 글, 58쪽.

노력투쟁'으로 2일 내지 3일에 끝마쳤다275)는 점에서 적극적 참여와 높은 노동 강도로 동원이 진행되었음을 알 수 있다.

〈표 1-21〉 인제군의 군중동원

날짜	동원 사유	동원 대상	동원 연인원
2/8	유엔위원단 반대선전	농촌, 학교, 직장	5,022
	김일성장군신년사 보고회	인민반, 직장, 학교	12,479
	북조선인민위원회 탄생 2주년 기념행사	면별, 직장연합	1,660
	인민회의창립 1주년 기념선전		12,174
	헌법통의 해설사업		23,160
	붉은군대창립 기념행사		3,567
3/1	3·1운동 29주년 및 토지개혁법령기념		7,150
3/8	38부녀절 선전사업	여맹	760
3/12~25	남조선단독선거를 반대하는 김일성장군 중대보고 전달해설사업	군면, 직장, 농촌, 학교	11,960
	남북연석회의개최에 대한 북조선민전 호소문해설 및 남북연석회의 개최선전		9,295
	인민경제계획에 대한 선전과업	각 리	12,230
	문맹퇴치선전과업		55,696
	남면개답공사사업 해설 선전		17,949
	방역선전사업		4,644
	산불방지와 식수선전사업		4,836
5/1	5·1절 기념선전사업		18,407
	연석회의요청서에 대한 쏘련정부회답과 전력송전중지문제 보고회		16,882
	헌법초안해설선전	부락, 직장	16,072
	남조선단독선거결과 반대선전	각 리	11,233
6/24	로동법령 2주년 기념행사 및 선전사업	각 리	9,329

---

275) 『북한관계사료집』 2권, 403쪽.

2/23	소련군대창립 30주년 기념 보고회	각 리, 직장, 학교, 여맹, 민청, 학생	
2/24	리인민위원선거 1주년 기념 보고회	각 리, 직장, 학교, 여맹, 민청, 학생	
3/5	토지개혁 2주년 기념 보고회	각 리, 학교, 직장, 여맹, 민청, 학생	
3/15 ~20	맥유밭 거름주기, 밟기	여맹원	
3/17 ~21	조선임시헌법 토의 보고	각 리	23,078
3/9 ~20	모범농민 최창규운동 및 세금선납운동에 대한 선전사업 군중대회	각 리	
	조선임시헌법 초안발표를 경축하기 위한 세금선납운동 대회	각 리	
	남면관개공사 사업		110,000
	전기시설사업		4,539
	산업도로공사		16,105
	인제군 인민문화회관 건축		
	국영기업소 미달성분 완료 지원		3,000
	각급학교 교사 신증축 수리	직장	

출처: 「인제군당 상무위원회 회의록」, 『북한관계사료집』 2권, 399~401쪽(═══ 윗 부분: 군인민위원회의 군중사업총결에 대한 보고로 작성).
「인제군당 상무위원회 회의록」, 『북한관계사료집』 2권, 3~388쪽(═══ 아래 부분: 군인민위원회의 군중사업총결에 대한 보고에서 빠진 부분을 작성).
* 빈 칸은 확인이 되지 않은 것임.

〈표1-21〉에 따르면, 노동력 동원을 제외한 각종 동원은 7개월 동안 약 26번이었다. 그리고 동원 숫자가 파악된 〈표1-21〉의 윗 부분 경우만 보면 연인원 254,505명이 동원되어(매회 평균 12,725명) 군인구 약 35,000명의 약 1/3이 매회 동원되었음을 알 수 있다. 여기에 북로당의 당원이나 사회단체의 맹원은 해당 조직 내의 각종 행사에 참여해야 하기 때문에, 이들의 생활에서 동원이 차지하는 부분은 비당원이나 비맹원보다 컸다.

이러한 동원의 대부분은 사상교육의 성격을 가지고 있었는데, 이것은 북한정권이 사상교육을 통한 사상통일이 사회건설의 바탕이라고 여긴 데 기인하며 그만큼 사상의 불일치가 높았음을 보여주는 것이다.

인제군당의 당원비율은 북한지역 평균보다 높았지만, 당원 이탈자가 10%에 달한 것을 보면 당조직에 문제가 없었다고는 할 수 없다. 그럼에도 불구하고 이상과 같은 동원력을 발휘한 점은 주목할 만하다. 인제군의 경우 비록 질적으로 보장되지는 않았지만, 확장된 당원을 바탕으로 북로당이 확실한 동원과 집행능력을 행사했음을 확인할 수 있다. 이를 통해 양적인 당원확대가 당의 영향력 확대로 연결된 것을 분명히 알 수 있다.

동원과정에서 두드러진 역할을 수행한 각 단체의 구성원들은 보다 많은 역할을 수행해야 했다. 민청맹원은 규칙적인 독보회(맹원교양사업)에 참석해야 했으며, 각종 동원 행사에 앞장서서 일해야 했고, 남면 관개공사사업 등에는 민청의 조직하에 의무적으로 동원되기도 하였다. 이러한 일은 여맹, 농맹 등 다른 사회단체에서도 마찬가지여서, 동원으로 인한 부담이 일부 맹원들의 이탈 원인이 되기도 했고 잦은 동원으로 "사업할 겨를이 없다"[276]는 불평이 나오기도 했다. 하지만 다양한 동원의 과정은 북로당이 적극 참여하는 열성자를 당원으로 확보하고 당조직을 강화하는 과정이기도 했다.

1948년 인제군당 상무위원회 회의록은 동원건설과정에서 농민들의 적극적인 호응을 기록하고 있다.[277] 남면 관대리 개답공사의 경우 공사장

---

276) 「인제군당 상무위원회 회의록 제3호」, 『북한관계사료집』 2, 53쪽.
277) 1949년 말에는 비행기, 탱크 헌납운동이 전인민적 운동으로 전개되었고, 인제군 인민들도 11월 말에 현금 13,910원, 곡물 49두, 축우 8두를 모았다(「인제군당 상무위원회 회의록 제70호」, 『북한관계사료집』 3, 849쪽). 이 헌금들은 할당식으로 인민들에게 부담되거나, 노동자, 사무원들의 봉급에서 균형적으로 공제하는 현상이 있었다. 인제군당에서는 이것을 시정하고 일요일 또는 시간 외 노동으로 헌납을 보장하거나 농민들에게는 여유곡을 자원해서 헌납하도록 방침을 세웠다(「인제군당 상무위원회 회의록 제70호」, 『북한관계사료집』 3, 851쪽).

의 농민들은 6~7일 할 일을 중대한 사업이라 인식하고 2일간에 마쳤으며, 자신들의 농사일까지 다 완수하였다.278) 반면에 기술자들은 지도자들이 가면 일하는 체하고 보이지 않으면 일하지 않아 사업의 50%도 채 마치지 못하였다. 이 같은 기술자들의 태도는 북로당이 이들 계급을 효과적으로 견인해 내지 못했음을 보여주는데, 이들이 계급 성분이란 면에서 비판의 대상이 된 사회분위기가 중요한 원인이 되었을 수 있다.

전체적으로 보면 토지개혁을 거치면서 북로당은 북한사회 전체 인민 대중에 대한 동원능력을 확보한 것으로 보인다. 토지개혁의 결과 빈농과 노동자의 자발적 참여가 확대되었고, 사회전체에 대한 동원능력도 강화되었다. 특히 당조직의 강화가 동원능력의 강화로 연결되었음이 확인되는데, 1948년 이후에는 전면적인 동원능력이 확보된 것으로 보인다.

(3) 학습회 참여

북로당 창당 직후인 1946년 9월 북로당 중앙상무위원회는 당강령과 규약을 당내에서 교양할 것을 결정하였다.279) 당을 공고히 하는 데 필요한 교양사업 중에서 당강령과 규약을 정확히 파악하는 일에 특히 중요한 의미를 부여한 것은 당연하면서도 북로당 당원들의 다수가 혁명적 경험이 부족하고, 조직생활을 해보지 못한 수준이었다는 것을 반영한다.280) 동시에 북로당 강령과 규약의 해석사업을 비당원 군중에게도 광범히 조직하여 당원의 확장을 준비하고 당을 선전하였다.281) 중앙당의 지시에 따라 강원도당의 경우, 1946년 9월부터 12월까지 세포의 열성당원 14,905

---

278) 「인제군당 상무위원회 회의록 제6호」, 『북한관계사료집』 2, 130~131쪽.
279) 「로동당 강령과 규약 연구에 대하여 —북조선로동당 중앙상무위원회 제3차 회의 결정서 1946년 9월 14일」, 『결정집』, 3쪽.
280) 朴昌玉, 「북조선로동당規約解釋」, 『근로자』 3월호, 1947, 43쪽.
281) 「로동당 강령과 규약 연구에 대하여 —북조선로동당 중앙상무위원회 제3차 회의 결정서 1946년 9월 14일」, 『결정집』, 5쪽.

명을 교양시켰고, 1947년 중에는 3,800여 개의 세포학습회에서 10여 만 명의 당원들뿐만 아니라 56,000여 명의 비당원 열성군중을 교양하였다.[282]

〈표 1-22〉 강령 해득률(1946년 11월 강원도 인제군 서화면당)

단체	비율 (%)
민청	70
농민동맹	약 70
인민위원회	100
보안분서	70
우편국	70
인민학교	100
반투위원회	90
삼림분서	70

출처 :「강원도 인제군 서화면 각정당 사회단체 책임자 연석대회 회의록 1946년 11월 27일」,『북한관계사료집』 15, 384쪽.

〈표 1-22〉에 따르면 1946년 말, 북로당원들의 강령 해득은 상당히 미진한 것이었다. 인제군 서화면당의 경우 인민위원회와 학교를 제외하고는 대개 70% 선에 그쳤는데, 그 외의 정치사상 의식은 더 낮은 수준이었을 것으로 보인다. 또 대표적인 기관, 단체와 비교하면 농촌하부세포들의 수준은 더 낮았을 것이다. 따라서 실제 하부농촌의 당원들은 그들이 건설해 가는 '국가'에 대한 명백한 인식을 가지지는 못했고, 농민·노동자의 국가건설이라는 대원칙에 공감하는 수준에서 참여했다는 해석도 가능하다.

1946년 11월 제10차 중앙상무위원회에서 당정치 교양사업의 개선을 위한 결정이 있은 후, 당정치 교양사업은 진전을 이루었다. 하지만 1947년 초에도 많은 당학습은 먼저 신문을 읽고 그 후에 보충설명을 하는 형

---

282)『강원로동신문』 1947년 8월 28일, (3),「당창립 이후 1년간 강원도당 선전선동 사업개관」.

식으로 진행되었는데, 이때 청중들은 졸고 있는 형편이었다.[283] 교양사업은 양적으로는 확대되어 1947년 7월 각급 당조직은 전당에 걸쳐 196개의 야간 당학교와 시당학교, 24,410개의 세포학습회, 947개의 학습지도자 강습회, 25,998개의 독보회·도서실 등의 각급 교양망을 조직했고, 중앙의 유일제강에 의한 통일적인 교양을 집행하였다.[284]

이러한 성과를 바탕으로 1947년 말 북로당은 지난 1년간의 교양사업에 대하여 많은 문제에도 불구하고 당내의 사상적 통일을 보장하였으며, 당원들의 정치이론 수준을 향상시켰다[285]고 자평하였다. 특히 당 지도부의 통일적 지도를 끌어내기 위해 실시한 유일제강에 의한 당교양사업과 중앙당학교로부터 도당학교, 도·시·군 야간당학교로부터 세포학습회에 이르는 당교양체계의 수립을 긍정적으로 평가하였다.[286]

〈표 1-23〉 제강의 기본 제목

시·군 야간당학교와 동등 정도의 당원	일반적 세포학습회
계급사회와 국가	인간사회 발전의 기본 계단
세계정치 지리개관	우리조국의 과거
조선경제 지리개관	제2차 세계대전, 독일의 파멸
조선인민의 투쟁사	소련의 대일전쟁 참가와 조선해방
해방 후 조선, 소련	해방 후 조선
새민주주의 국가들에서 민주개혁의 경험	당생활
중정치 지도경험	북조선 민주개혁의 력사적 의의
당건설	

출처: 「당원들의 사상 리론수준 제고와 당선전사업의 질적향상을 위하여 ―북조선로동당 중앙상무위원회 제48차 회의 결정서 1947년 11월 10일」, 『결정집』, 339쪽.

---

283) 박일, 「黨宣傳의 意義」, 『근로자』 6호, 1947, 22쪽.
284) 「당정치교양 유일제강 실시에 관하여 ―북조선로동당 중앙상무위원회 제39차 회의 결정서 1947년 7월 11일」, 『결정집』, 260쪽.
285) 「당원들의 사상 리론수준 제고와 당선전사업의 질적향상을 위하여 ―북조선로동당 중앙상무위원회 제48차 회의 결정서 1947년 11월 10일」, 『결정집』, 335쪽.
286) 위의 글, 336쪽.

그러나 〈표 1-23〉에서 볼 수 있듯이 일반적 세포학습회의 학습내용은 공산주의이론이라 하기에는 거리가 있었고, 따라서 당연히 사상적 통일도 미흡했을 것으로 보인다. 하지만 유일제강에 의한 당교양사업의 실시로 북로당 지도부의 하부조직에 대한 장악력은 강화된 것으로 볼 수 있다.

당원들의 학습망 체계가 이루어진 후에는 당의 성장을 보장하기 위하여 비당원을 일상적으로 교양하는[287] 쪽으로 교양망을 확대하려 한 것 같다. 이 시점을 정확히 확인하기는 쉽지 않으나, 당원 수가 비약적으로 확대되고 제2차 미·소공위가 결렬되어 단정으로 갈 무렵에 더욱 강화되었을 것이다. 실제로 비당원 군중을 세포학습회에 참석시키지 않은 것이 비당원군중에 대한 정치적 교양사업을 등한히 하는 것으로 비판받을 만큼[288] 비당원 군중의 학습 참여는 일반적인 일이었다.

〈표 1-24〉 평북지역 당부의 학습상황

세포	출석률	
	1947년 학습망 개편 전	학습망 개편 후
신의주제2기계제작소 세포	60%	63%(갑반), 69%(을반)
위원군대덕면당부소속 세포	50%	99%
북평조선소 세포	60%	
평북수산연맹 세포	60%	
삭주군 당열성자 야간당학교	38%(12월)	
신의주고급여중세포	80%	97%
창성군 동창면소유동 제2세포	70%	
영변군 군당열성자 야간당학교	32%(10~1월)	

출처 : 『평북로동신문』 1948년 1월 21일, (1), 「신의주제2기계제작소세포」. 1월 22일, (1), 「위원군대덕면 당부」, 「평북조선소 세포」. 1월 23일, (1), 「평북수산연맹세포」. 1월 24일, (1), 「삭주군 당조직 교양사업에 대하여」. 1월 30일, (1), 「신의주 고급여중세포」. 1월 30일, (1), 「창성군 동창면 소유동제2세포」. 3월 20일, (1), 「녕변군당조직의 당교양사업강화를 위한 몇 가지 문제」.

---

287) 『평북로동신문』 1948년 1월 14일, (1), 「정주철도기관구 운전세포」.
288) 위의 신문, 1948년 3월 12일, (2), 「녕변군 당단체의 당교양사업강화를 위한 몇 가지 문제」.

위 〈표 1-24〉에서 보듯이 1947년 세포 학습회는 60%, 군당 열성자 야간당학교는 30%대의 출석률을 벗어나지 못했다. 평북의 상황에 비추어 다른 지역도 비슷한 실정이었을 것으로 보이는데, 이는 북로당의 조직이 충분히 강화되지 못했으며 당원들도 사상적으로 강하게 통일되지 못했음을 보여준다. 이처럼 이 당시의 참여율 저조는 북로당의 동원 능력과 당원들의 열의가 부족했다는 것을 의미하지만, 학습망을 개편한 1948년에 참여율이 높아진 것은 당의 조직이 강화되어 갔음을 의미한다. 또 1948년 초부터는 일부 당열성자들을 당교육망 기본체계인 학습회로부터 분리하여 자습체계에 넘기도록 하였는데289) 간부들의 자습당원제를 실시했다는 것은290) 적지 않은 이론 간부들이 양성되었음을291) 의미한다.

하지만 1949년 1월에 김일성은 타당원과 비당원들의 당세포 학습회 참여가 잘못되었다고 비판하면서292) 당세포 학습회가 일반 정치학습뿐 아니라 당내 문제를 학습하는 경우가 많은 것을 이유로 들었다.293) 이 비판은 이미 북로당의 당원확장이 일정 정도 이루어짐으로써 비당원들에 대한 적극적인 확장이 급하지 않은 단계에 이르렀고 당내의 단결이 더욱 중시되었음을 의미한다. 동시에 당원과 비당원과의 구별이 사회 내에서 명료해지고, 이전보다 당이 국가사회를 주도해 가는 경향이 강해졌음을 의미한다. 아울러 당원과 일반 인민대중 간의 의식차이가 커졌음을 의미할 수도 있다.

김일성의 비판은 북로당 중앙위원회 제5차 회의에서 수정되어 결정되

---

289) 박창옥, 「당교양사업에 있어서 자습체계를 고상한 질적수준에 제고시키자」, 『근로자』 1948년 6월호, 17쪽.
290) 『평북로동신문』 1948년 2월 20일, (1), 「사설 : 당간부들의 자습강화에 대하여」
291) 박창옥, 앞의 글, 17쪽.
292) 「간부들과 당원들에 대한 정치교양사업과 직총중앙위원회당조사업을 개선 강화할 데 대하여 －북조선로동당 중앙위원회 상무위원회에서 한 연설 1949년 1월 14일」, 『김일성전집』 9, 31쪽.
293) 위의 글, 31쪽.

었다. 이에 따라 1개월에 2차례로 결정된 당날을 당원들만이 참가하는 '비공개회의'와 발언권만 허여된 비당원 열성자들을 참여시키는 '시기적 회의'로 진행하도록 하였다.[294] '시기적 회의'의 참석자는 비당원이지만 열성자로 제한하였는데, 이들은 당의 정책을 대중 속에 전달하는 역할을 가지고 있었다.

결론적으로, 북로당의 하부조직은 1948년에 이르러서야 학습망이 강화되었고, 유일제강에 의한 통일적 교양의 집행을 통하여 당조직이 강화되었다고 할 수 있다.

▶ 인제군당의 당원 학습회

인제군 서화면당에서는 사업이 바빠서 정치교양사업을 조직하기가 곤란하다는 태도를 가지고 있었고, 면당 및 각 기관의 세포학습이 실천되지 않는 실정이었다.[295] 또 군·면·리 인민위원회 간부와 각 인민반장들의 사상의식에 대한 인제군당의 개별적 심사 결과는 524명 중 60%의 성적이 상·중·하 중에서 하로 평가되었다.[296] 간부들의 수준에 대해 이렇게 평가한 것을 보면, 일반 당원들의 경우는 더욱 수준이 낮았을 것으로 미루어 추측할 수 있다.

이에 따라 1948년 2월 인제군당에서는 강원도당의 지시를 받아 각 면의 세포에서 진행되는 학습회를 구체적으로 지도·검열하기 위하여 면당위원과 열성당원을 중심으로 학습지도반을 조직하도록 하였다. 학습지도반은 당중앙에서 제시한 유일제강에 의하여 세포학습을 지도하였는데[297] 이것은 북로당 중앙의 지침이 하부 말단 세포에 학습되어 사상의

---

294) 「당 열성자들에게 주는 주간보 제3호 -1950년 8월 27일」, 『사료집』 12, 590쪽.
295) 「인제군당 상무위원회 회의록 제3호」, 『북한관계사료집』 2, 55쪽.
296) 위의 글, 56~57쪽.
297) 「인제군당 상무위원회 회의록 제1호」, 『북한관계사료집』 2, 35쪽.

통일성을 확보하고 파당적 성격을 분쇄하는 데 기여했다.

　당 중앙의 지도에 따라 인제군당에서도 1947년 12월에 일부 당간부 및 열성자들을 당 교양망의 기본체제인 세포학습회에서 분리하여 자습당원으로 조직해「소련공산당 볼셰비키 역사」를 자습하게 하였다.[298] 하지만 개별 당원들의 이론 수준과 학습에 대한 열성을 고려하지 않고 직위 또는 소속 부문에 따라 형식적으로 조직하여 성과가 미진한 결과를 초래하기도 하였다. 이에 검토 결과 수준이 낮은 경우 군당의 야간 당학교에 출석하도록 하였다.[299]

　책임 간부들의 학습정형은 정기적으로 비교적 상세하게 검토되었다. 1949년 초, 당기관 책임자인 자습당원들은 학습을 게을리 하고 강연회에도 잘 참석하지 않는 경향이 있었고[300] 군인민위원장과 부위원장도 자습검토를 제대로 받지 않았으며 일부 자습당원들은 자습검토가 무서워 피하기도 하였다.[301] 또 리인민위원장, 농맹위원장, 민청위원장들이 세포학습회에 잘 출석하지 않는 경향도 있었다.[302] 이처럼 자습당원들의 태도도 일반 당원들의 학습 태도와 크게 다르지 않았는데, 이는 인제군당 당원들의 사상수준이 낮았음을 보여준다. 군인민위원장, 군인위간부, 면인민위원장, 사회단체 위원장 등의 자습 성과와 강연회 참석 등의 검토 결과를 보면, 이들은 1949년 10월에도 반복해서 부진한 학습과 이

---

298)「인제군당 상무위원회 회의록 제39호」,『북한관계사료집』3, 187쪽.
299) 위의 글, 187~188쪽.
　　1949년 초의 야간 당학교의 평균 출석률은 43%에 불과하였다(위의 글, 189쪽). 야간당학교를 졸업하면 자습당원이 될 수 있었다.
300) 위의 글, 188쪽.
　　군인민위원장, 검찰소장, 군민청위원장은 1949년 8월에도 학습 정형의 낙후로 비판을 받았다(「인제군당 상무위원회 회의록 제57호」,『북한관계사료집』3, 465쪽).
301)「인제군당 상무위원회 회의록 제39호」,『북한관계사료집』3, 190쪽.
302)「인제군당 상무위원회 회의록 제57호」,『북한관계사료집』3, 468쪽.

론적 낙후함을 이유로 경고 책벌이 요구될 정도로 비판을 받는 상태에 있었다.303)

 인제군당의 경우를 보면 북로당 당원의 대부분은 1948년경에도 공산주의에 대한 이해수준이 낮았는데, 당원의 학습실태를 곧바로 당성이나 당조직 문제로 연결하는 것은 무리가 있다. 북로당 지방당의 이 같은 건국 초기 실태는 이후 북한에서 사상교양이 강화될 수밖에 없었던 한 요인이라고 여겨지며, 북로당의 국가건설과정에서 인민대중의 참여가 수동적이었다는 해석도 가능하게 한다.

(4) 인제군당 출당자를 통해 본 당원의 성격
① 일반적인 월남 상황

 북한주민들의 월남은 1945년 말부터 꾸준히 이어졌는데, 월남문제에 대해서는 대체로 월남자 수·시기·원인·직업 등에 대한 조사가 이루어졌다. 북한지역의 한국전쟁 전 월남자 수는 권태환의 연구에 의하면 74만으로 추정된다.304)

 〈표 1-25〉에 의하면 월남시기는 두 번의 뚜렷한 급증이 있었다. 한 번은 1946년 토지개혁 직후이고 또 한 번은 1947년 북인위의 성립 이후이다. 이 두 번의 급증기(1946년 3~5월, 1947년 4~6월)에 3년간 월남자의 44.1%가 월남하였다. 이 두 시기의 월남 급증은 정치적·경제적인 의미를 가지고 있다. 특히 1946년의 1차 급증기가 경제적 의미와 크게 관련된다면, 1947년의 2차 급증기는 정치적 의미가 더 크다고 할 수 있다.

 이와 관련하여 1947년 5~8월간 월남자(90,464명)의 직업을 구분하면 무직(46.6%), 농업(12.0%), 노동자(광부, 직공, 인쇄공, 철공포함 ; 17.3%), 상업(광업, 목수, 양복공, 이발 포함 ; 12.3%), 인테리(학생, 교사, 의사,

---

303) 「인제군당 상무위원회 회의록 제66호」, 『북한관계사료집』 3, 696~699쪽.
304) Tai Hwan Kwon, Demography of Korea, 189쪽.
 각 자료나 연구마다 상당한 차이가 있다.

〈표 1-25〉 월별 월남인구 통계와 그래프

	1946년	1947년	1948년
1월	13,306	706	2,664
2월	20,437	166	4,005
3월	34,437	8,096	11,855
4월	50,450	28,443	15,848
5월	25,818	40,164	12,391
6월	17,203	25,631	15,473
7월	8,212	13,295	17,295
8월	4,739	11,374	7,450
9월	2,234	13,623	11,718
10월	2,997	9,533	7,764
11월	4,740	7,715	5,958
12월	635	4,487	3,686
합계	185,208	163,233	116,107

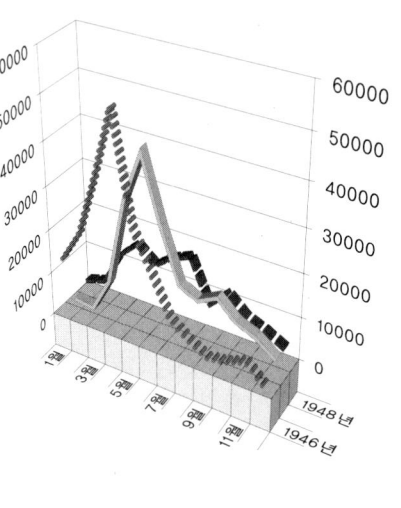

출처 : 박명림, 앞의 책, 357쪽.
* 1949년에는 17,215명, 1950년 5월까지는 29명이 월남했다(같은 곳).

서기, 관리 포함 ; 8.8%)였다.305) 이 중 무직이 많은 것은 청년층의 월남이 많았던 데 주된 이유가 있는 것으로 보이므로, 이들을 제외하고 성분별로 구분하면 북한 인구의 대부분을 차지하는 농업종사자의 비율이 상대적으로 낮다는 점에서 농민들의 북한사회에 대한 적응도가 높았다고 할 수 있다.306) 반면에 노동자의 비율이 상대적으로 높은 점을 주목할 수 있는데, 북한사회가 노동자 중심의 사회를 표방했음에도 불구하고 노동자의 갈등이 높았음을 알 수 있다. 이것은 권력상부층과 노동자 계급 간의 이해가 부분적으로 불일치했음을 의미한다. 상업종사자와 인테리

---

305) 조선은행조사부, 『조선경제년보 1948』, I -9쪽.
　　북한의 직업별 인구는 무직 26.5%, 농업 54.6%, 상업 2.4%이었다(한림대 아시아문화연구소 편, 앞의 책, 30쪽).
306) 이것은 토지로 인하여 이동이 부자유스러운 농민의 성격과도 관련이 있다.

의 월남비율은 인구에 비하여 상당히 높았으며, 이들이 북한사회의 변화에서 상당히 큰 갈등을 느꼈음을 알 수 있다.

조형·박명선의 연구에서는 93명의 한국전쟁 전 월남자의 월남동기가 사상적·정치적 이유 29명(31.2%), 토지개혁 등 재산몰수 14명(15.0%), 종교탄압 11명(11.8%), 학업 4명(4.3%), 취업 4명(4.3%), 징용 2명(2.2%), 기타 29명(31.2%)으로 밝혀졌다.307) 계급별로 보면 지주층은 72%가 재산몰수와 정치사상적 이유를 들었고, 도시와 농촌의 중간층도 60% 이상이 같은 이유를 들었다.308) 강정구의 연구는 지배계급 64.7%, 중간계급 55.6%, 피지배계급 35.3%가 정치적·사상적 이유로 월남했음을 보여준다.309) 따라서 지주뿐만 아니라 중농과 도시의 중간계급에서도 정치적·사상적 갈등이 있었다는 점은 주목할 만한 사실인데, 이 시기 북한사회에 사회의 통합과 안정성에 상당한 어려움이 있었음을 알 수 있다.

위의 연구들을 통하여 월남의 이유 등 여러 가지를 알 수 있었지만, 월남자들과 북로당 당원과의 연관은 확인하기 어려웠다. 이런 면에서 당원들의 월남을 통계로 잡을 수 있는 인제군당의 자료는 매우 유용하다. 타 지역에서는 당생활이나 지역에서의 불만이 있어도 지리적인 조건으로 인하여 행동으로 쉽게 옮기지 못했기 때문에 통계로 잡기가 어렵지만, 인제군은 지리적 조건이 월남에 유리했다는 점에서 적극적인 의사표시가 확실하게 드러날 수 있었다는 장점이 있다.

당원들을 출당시키는 것은 당조직을 규율있게 운영하는 데 필요한 조건이 되지만, 출당처분은 당사자에게 일정한 불이익이 될 때에 그 효과를 발휘할 수 있다. 혁명기의 공산당 조직은 당조직의 순결성과 혁명과

---

307) 조형·박명선,「북한 출신 월남인의 정착과정을 통해서 본 남북한 사회구조의 변화」,『분단시대와 한국사회』, 까치, 1985, 150쪽.
308) 같은 곳.
309) 강정구,「해방 후 월남인의 월남동기와 계급성에 관한 연구」,『분단과 전쟁의 한국현대사』, 역사비평사, 294~295쪽.

업의 완수를 위하여 출당조치를 활용하였지만, 사실상 정권을 장악한 정당인 북로당의 조치는 그 의미가 다를 수밖에 없었다. 즉 출당 조치는 북로당 당원의 사회적 역할 및 혜택의 박탈과 연관되는 것으로 북한사회 내에서 "정치적 생명을 잃는 것"[310]이었다. 이로 인해 과오를 범하고 출당당한 당원은 차라리 무소속보다 못한 입장이 되었다.

② 인제군당 출당자 빈도분석와 대응분석

인제군당에서는 1948년~1949년간 478명의 당원을 출당시켰다.[311] 이 수는 1949년 4월 3일 통계에 나타나는 인제군당 당원 4,984명[312]의 9.6%에 달한다. 출당 원인은 위법행위(당규약 위반 포함), 월남, 행방불명, 월남추정 행방불명 네 가지로 구별된다. 다음에 나오는 빈도분석〈표〉와 대응분석〈그림〉은 출당된 당원 478명을 통계처리하여 정리한 것이다. 출당자와 관련된 자료의 내용은 이름, 생년월일, 성별, 성분, 출신, 학력, 입당일자, 입당정당과 당원번호, 주요 약력과 현재 직업, 책벌 원인으로 구성되어 있다.

(예) 장문덕 : 1906년 5월 14일생, 남자, 조선사람, 성분-빈농, 출신-빈농, 무식, 1946년 7월 28일 입당 조선신민당 강원도 인제군 본부, 제20917호, 8세이래 자기집에서 농업에 종사, 자기집에서 농업, 38 이남으로 야간 도주함, (출당 준 세포) 남면 관대리 세포.
결정 장문덕, 1946년 7월 28일, 제20,917호는 38 이남으로 야간 도주하여 갔음으로 본 상무위원회는 출당을 결정함.[313]

---

310) 「인제군당 상무위원회 회의록 제41호」, 『북한관계사료집』 3, 238쪽.
311) 「인제군당 상무위원회 회의록 제1호~제73호」, 『북한관계사료집』 2~권.
312) 「인제군당 상무위원회 회의록 제41호」, 『북한관계사료집』 3, 247쪽.
  인제군당 당원 수는 1948~1949년간 큰 변동이 없다.
313) 「인제군당 상무위원회 회의록 제3호」, 『북한관계사료집』 2, 45쪽.

<표 1-26> 출당 원인과 연령관계

빈도/비율/행 비율/열 비율 \ 원인	나이 1	나이 2	나이 3	나이 4	계
위법행위	27 5.66 31.03 14.29	33 6.92 37.93 18.97	17 3.56 19.54 20.00	10 2.10 11.49 34.48	87 18.24
월남	107 22.43 41.15 56.61	97 20.34 37.31 55.75	46 9.64 17.69 54.12	10 2.10 3.85 34.48	260 54.51
행방불명	32 6.71 47.06 16.93	23 4.82 33.82 13.22	9 1.89 13.24 10.59	4 0.84 5.88 13.79	68 14.26
월남추정 행방불명	23 4.82 37.10 12.17	21 4.40 33.87 12.07	13 2.73 20.97 15.29	5 1.05 8.06 17.24	62 13.00
계	189 39.62	174 36.48	85 17.82	29 6.08	477 100.00

통계(출당원인과 연령관계표)

Statistic	DF	Value	Prob
Chi-square	9	11.197	0.262

출처: 「인제군당 상무위원회 회의록 제1호~제73호」, 『북한관계사료집』 2~3권.
* 나이 1(28세 이하), 나이 2(29세 이상~38세 이하), 나이 3(39세 이상~48세 이하), 나이 4(49세 이상)

<표 1-26>에 의하면 출당의 가장 큰 원인은 월남이었다. 월남(54.51%)과 월남추정 행방불명(13.00%)을 합하면 그 비율은 더욱 커진다. 모든 연

령층에서 월남으로 인하여 출당된 비율이 가장 많은데, 49세 이상층의 경우 월남비율이 상대적으로 낮은 반면, 젊은 층일수록(자체 연령층의 56.61%~55.75%~54.12%~34.48%) 월남선택 비율이 높았다. 이것은 젊은 층이 새로운 선택을 하는 성향이 높기 때문이기도 하지만 그만큼 북로당에서 젊은 층에게 요구하는 것이 컸고 많은 부담을 준 것으로 볼 수 있다.

위법행위(34.48%) 비율은 고연령층일수록 높아서 이들이 당생활에서 적응하는 데 어려움이 있었다고 볼 수 있다. 특히 위법행위로 인한 출당 비율은 연령층이 높을수록 높아진다(자체 연령층의 14.29%~18.97%~20.00%~34.48%).

대응분석 〈그림 1-1〉을 보면, 28세 이하는 월남과 행방불명으로 인한 출당이 많았고, 29세 이상~38세 이하는 월남과 월남추정 행방불명으로 인한 출당이 많았으며 39세 이상~48세 이하는 월남추정 행방불명으로 인한 출당이 많았다.

1949년 4월 인제군 당원 4,984명의 성분 비율은 빈농(3,903명, 78.3%), 중농(486명, 9.75%), 노동자(249명, 5%), 사무원(234명, 4.7%)였다.[314]

따라서 〈표 1-27〉에서 볼 수 있듯이 출당자들의 전체 당원 내 각 성분별 비율은 빈농(328명, 8.4%), 중농(80명, 16.5%), 노동자(18명, 7.2%), 사무원(35명, 15%)로 노동자 성분과 빈농 성분 당원이 인제군에서 가장 잘 적응하였고, 사무원 성분과 중농 성분은 상대적으로 갈등을 많이 가지고 있었음을 알 수 있다.

위법으로 인한 출당의 경우 전체 당원 내 각 성분별 비율은 빈농 성분 1.4%, 노동자 성분 2.4%, 중농 성분 2.7%, 사무원 성분 4.3%로 사무원 성분의 부적응이 높았음을 알 수 있다.

월남(월남추정 행방불명 포함)으로 인한 출당의 경우 전체 당원 내 각 성분별 비율은 노동자 성분 2.8%, 빈농 성분 5.6%, 사무원 성분 9.8%,

---

314) 뒤에 나오는 인제군당 성분 비율 참조.

〈그림 1-1〉 출당원인과 연령관계

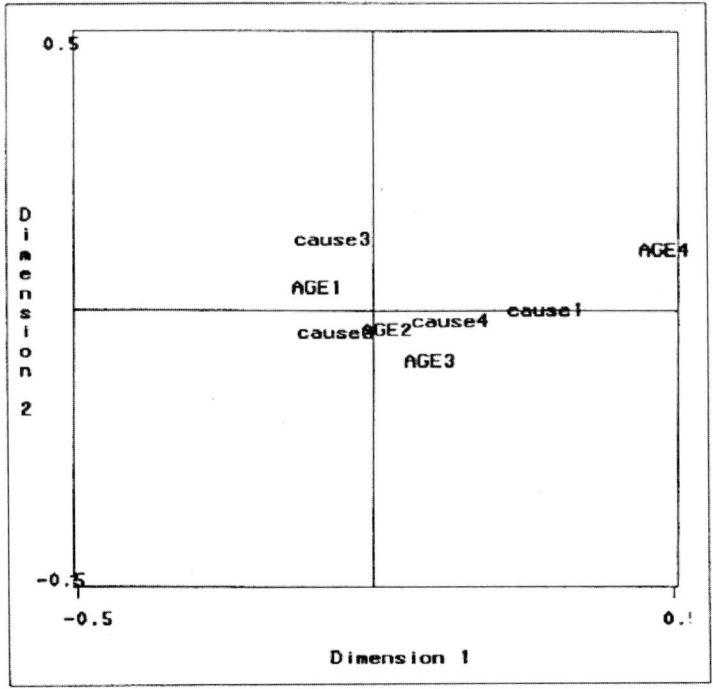

* CAUSE 1(위법행위), CAUSE 2(월남), CAUSE 3(행방불명), CAUSE 4(월남추정 행방불명).
* AGE 1(28세 이하), AGE 2(29세 이상~38세 이하), AGE 3(39세 이상~48세 이하), AGE 4(49세 이상).

중농 성분 12.3%로 중농 성분과 사무원 성분의 월남 비율이 상당히 높았음을 알 수 있다. 이것은 1948~1949년간에 인제군 사회에 상당한 계급 갈등이 있었음을 보여준다.

〈표 1-27〉로만 보면 자체 성분 중에서 월남(월남추정 행방불명 포함)으로 출당당한 비율이 높은 순서는 중농(75.00%), 빈농(67.07%), 사무원(65.72%), 노동자(38.89%) 순서이다. 이를 통해 중농 성분이 다른 성분보다 월남을 선택한 경우가 많았음을 알 수 있는데, 자립적 경제생활이 가능한 중농의 일부가 토지를 포기하고 월남을 선택한 것은 쉽지 않은

일이 벌어진 것이라고 할 수 있다. 분배받은 것이 아니라 스스로 획득하거나 물려받은 토지를 포기하면서까지 월남한 데는 매우 확실한 원인이 있었어야 하는데, 그것은 심각한 계급갈등이나 통제·동원에 대한 불만이었을 것으로 추정된다.

〈표 1-27〉 출당 원인과 성분관계

빈도 비율 행 비율 열 비율 원인	빈농	중농	부농	주부	상인	노동자	사무원	계
위법행위	56 11.72 64.37 17.07	13 2.72 14.94 16.25	1 0.21 1.15 50.00	1 0.21 1.15 7.69	0 0.00 0.00 0.00	6 1.26 6.90 33.33	10 2.09 11.49 28.57	87 18.20
월남	171 35.77 65.77 52.13	52 10.88 20.00 65.00	0 0.00 0.00 0.00	8 1.67 3.08 61.54	2 0.42 0.77 100.00	5 1.05 1.92 27.78	22 4.60 8.46 62.86	260 54.39
행방불명	52 10.88 76.47 15.85	7 1.46 10.29 8.75	1 0.21 1.47 50.00	1 0.21 1.47 7.69	0 0.00 0.00 0.00	5 1.05 7.35 27.78	2 0.42 2.94 5.71	68 14.23
월남추정 행방불명	49 10.25 77.78 14.94	8 1.67 12.70 10.00	0 0.00 0.00 0.00	3 0.63 4.76 23.08	0 0.00 0.00 0.00	2 0.42 3.17 11.11	1 0.21 1.59 2.86	63 13.18
계	328 68.62	80 16.74	2 0.42	13 2.72	2 0.42	18 3.77	35 7.32	478 100.00

통계(출당원인과 성관계표)

Statistic	DF	Value	Prob
Chi;square	18	28.378	0.057

출처: 「인제군당 상무위원회 회의록 제1호~제73호」, 『북한관계사료집』 2~3권.

〈그림 1-2〉 출당원인과 성분의 관계

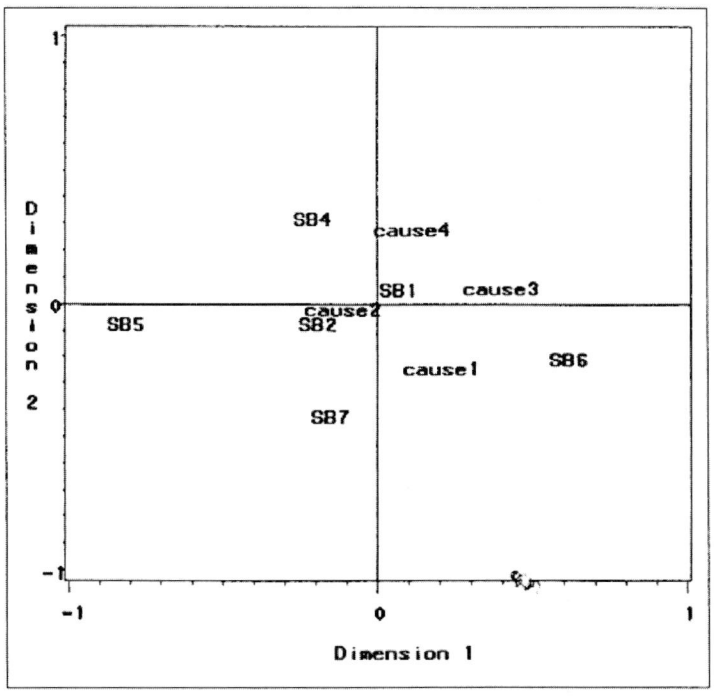

* CAUSE 1(위법행위), CAUSE 2(월남), CAUSE 3(행방불명), CAUSE 4(월남추정 행방불명).
* SB 1(빈농), SB 2(중농), SB 3(부농), SB 4(주부), SB 5(상인), SB 6(노동자), SB 7(사무원).

 단순 숫자로는 (북로당 당원의 가장 큰 비율이 빈농이므로) 출당자 중에서 월남(월남추정행방불명 포함)으로 인한 출당자 수가 빈농이 46.02%로 중농(12.55%)보다 월등히 많은 3.6배의 숫자가 월남했음을 알 수 있다. 이것은 북한사회 내의 빈농의 비율이 높았기 때문이지만, 새로운 사회를 지향한 북로당 정권하에서 기본계급에 해당하는 빈농 중의 일부도 인제군 사회에서 갈등을 느꼈음을 보여준다.
 출신 성분은 같은 빈농이라 하여도 신민당 입당자가 공산당 입당자보다 약 1.8배(90 : 49)가량 많이 월남했던 점에서 성분과 더불어 정치적 성향이 월남에 중요한 영향을 주었음을 알 수 있다.[315] 토지를 분배받았을 것으로 보이는 조공분국 출신 월남 빈농도 49명이나 되는데, 이것은 조공분국의 성분에 의존한 무차별 입당과 관련이 있을 수도 있으며, 일부 빈농들은 토지획득보다도 더 큰 부담을 느꼈다는 해석이 가능하다.

〈표 1-27〉에서 부농, 주부, 상인의 경우는 표본이 적어서 의미를 부여하기 힘들다.

대응분석 〈그림 1-2〉를 보면, 빈농 성분은 월남으로 인한 출당이 많았고, 중농 성분도 월남으로 인한 출당이 많았다. 주부는 월남과 월남추정 행방불명으로 인한 출당이 많았다.

〈표 1-28〉에 의하면 출신 성분 자체비율 중에서는 중농 출신이 월남(월남추정행방불명 포함)으로 인하여 빈농 출신보다 높은 비율로 출당당하였다(70.67% : 67.72%).

인제군당 전체 당원 중에서 빈농 성분은 3,903명으로 78.3%에 달했다. 따라서 실제 월남자 수는 빈농 출신이 256명이고 중농 출신이 53명으로 빈농 출신이 더 많이 월남을 선택하였지만, 당원 중의 출신 성분별 월남의 비율은 중농 출신이 높았다. 즉 중농 출신이 빈농보다 더 인제군 사회 내에서의 갈등이 많았다고 할 수 있다.

〈표 1-28〉의 출신 성분 중에서 부농, 상인, 노동자, 사무원은 표본의 과소로 인하여 의미부여를 하기 곤란하다.

대응분석 〈그림 1-3〉에 의하면 빈농 출신은 월남으로 인한 출당이 가장 많았고, 다른 이유들에 의한 출당에도 비슷하게 나타났다. 중농 출신 또한 월남으로 인한 출당이 가장 많았고, 다음으로는 위법행위로 인한 출당이 많았다.

---

315) 농민의 월남만을 분석한 것은 이주철, 「토지개혁 이후 북한 농촌사회의 변화」, 『역사와 현실』 제16호, 276~278쪽 참조.

〈표 1-28〉 출당 원인과 출신관계

빈도 비율 행 비율 열 비율 원인	빈농	중농	부농	상인	노동자	사무원	계
위법행위	64 13.45 74.42 16.93	17 3.57 19.77 22.67	2 0.42 2.33 25.00	0 0.00 0.00 0.00	2 0.42 2.33 28.57	1 0.21 1.16 20.00	86 18.07
월남	203 42.65 78.08 53.70	45 9.45 17.31 60.00	4 0.84 1.54 50.00	3 0.63 1.15 100.00	2 0.42 0.77 28.57	3 0.63 1.15 60.00	260 54.62
행방불명	58 12.18 85.29 15.34	5 1.05 7.35 6.67	2 0.42 2.94 25.00	0 0.00 0.00 0.00	2 0.42 2.94 28.57	1 0.21 1.47 20.00	68 14.29
월남추정 행방불명	53 11.13 85.48 14.02	8 1.68 12.90 10.67	0 0.00 0.00 0.00	0 0.00 0.00 0.00	1 0.21 1.61 14.29	0 0.00 0.00 0.00	62 13.03
계	378 79.41	75 15.76	8 1.68	3 0.63	7 1.47	5 1.05	476 100.00

통계(출당원인과 출신관계표)

Statistic	DF	Value	Prob
Chi-square	15	13.085	0.596

출처:「인제군당 상무위원회 회의록 제1호~제73호」,『북한관계사료집』2~3권.

〈그림 1-3〉 출당원인과 출신의 관계

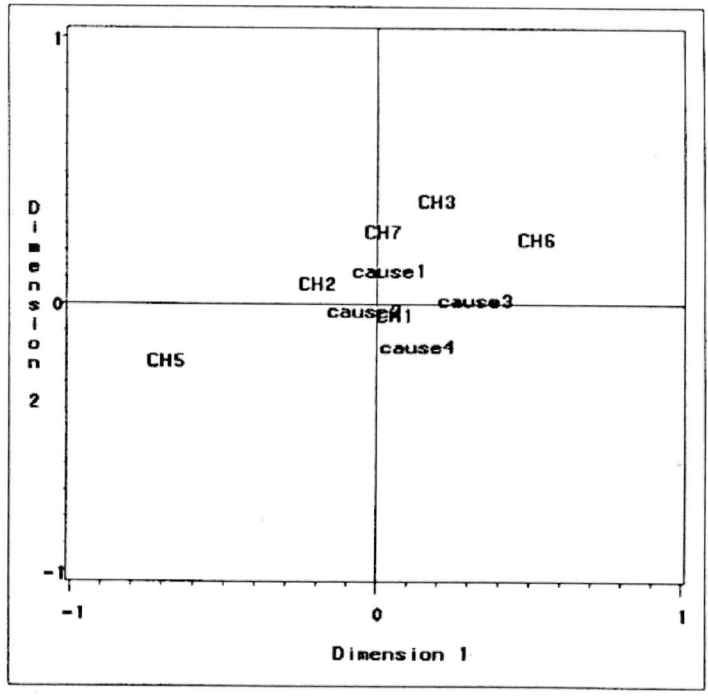

* CAUSE 1(위법행위), CAUSE 2(월남), CAUSE 3(행방불명), CAUSE 4(월남추정 행방불명).
* CH 1(빈농), CH 2(중농), CH 3(부농), CH 5(상인), CH 6(노동자), CH 7(사무원).

〈표 1-29〉에 의하면 자체 학력층 중에서 위법행위로 인한 출당 비율은 중학 이상(33.38%), 소학졸업(31.40%), 국문해득(14.34%), 무식(10.53%)으로 학력이 높을수록 높았다. 반면, 자체 학력층 중에서 월남(월남추정행방불명 포함)은 무식과 국문해득층이 거의 비슷한 비율(69.73% : 70.19%)로 높았다. 대체로 학력과 월남과의 관계를 뚜렷하게 설명하기는 어렵다.

〈표 1-30〉에 의하면 출당자가 가장 많이 생긴 입당 당은 신민당이다. 신민당 입당자가 출당자의 62.47%인 것을 보면 보다 큰 갈등을 느낀 것이 신민당 입당자임을 알 수 있다. 신민당 입당자 중에서도 가장 적극적인 거부감의 표현인 월남(월남추정행방불명 포함)으로 인한 출당자가

〈표 1-29〉 출당 원인과 학력관계

빈도 비율 행 비율 열 비율 원인	학력 1	학력 2	학력 3	학력 4	계
위법행위	8 1.70 9.20 10.53	38 8.07 43.68 14.34	38 8.07 43.68 31.40	3 0.64 3.45 33.33	87 18.47
월남	44 9.34 17.25 57.89	145 30.79 56.86 54.72	60 12.74 23.53 49.59	6 1.27 2.35 66.67	255 54.14
행방불명	15 3.18 22.39 19.74	41 8.70 61.19 15.47	11 2.34 16.42 9.09	0 0.00 0.00 0.00	67 14.23
월남추정 행방불명	9 1.91 14.52 11.84	41 8.70 66.13 15.47	12 2.55 19.35 9.92	0 0.00 0.00 0.00	62 13.16
계	76 16.14	265 56.26	121 25.69	9 1.91	471 100.00

통계(출당원인과 학력관계표)

Statistic	DF	Value	Prob
Chi-square	9	26.781	0.002

출처 : 「인제군당 상무위원회 회의록 제1호~제73호」, 『북한관계사료집』 2~3권.
* 학력 1(무식), 학력 2(국문해득), 학력 3(소학졸업), 학력 4(중학 이상).

70.47%에 달했다. 실제 월남자 수(월남추정행방불명 포함)도 210명으로 조공분국 당원의 2.7배에 달했다.

인제군당 내 조공분국 입당자와 신민당 입당자의 비율에 대한 정확한

〈표 1-30〉 출당 원인과 입당 당관계

빈도 / 비율 / 행 비율 / 열 비율 \ 입당 당 \ 원인	조공분국	신민당	북로당	계
위법행위	25 5.24 28.74 19.08	52 10.90 59.77 17.45	10 2.10 11.49 20.83	87 18.24
월남	55 11.53 21.15 41.98	173 36.27 66.54 58.05	32 6.71 12.31 66.67	260 54.51
행방불명	28 5.87 41.18 21.37	36 7.55 52.94 12.08	4 0.84 5.88 8.33	68 14.26
월남추정 행방불명	23 4.82 37.10 17.56	37 7.76 59.68 12.42	2 0.42 3.23 4.17	62 13.00
계	131 27.46	298 62.47	48 10.06	477 100.00

통계(출당원인과 입당관계표)

Statistic	DF	Value	Prob
Chi-square	6	17.968	0.006

출처 : 「인제군당 상무위원회 회의록 제1호~제73호」, 『북한관계사료집』 2~3권.

통계는 없지만, 대체로 조공분국과 신민당의 합당 시의 비율과 비슷했거나 조공분국 당원 비율이 더 많았을 것으로 추정된다. 이 점을 감안하면 실제 신민당 입당자의 월남비율은 조공분국 입당자 월남비율의 5.4배 이상이 될 가능성이 있다. 이것은 중농 성분 월남자가 빈농 성분보다 2배가량 높았던 것보다 훨씬 높은 것으로 인제군 내의 정치적·사상적 갈등이 월남에 매우 중요한 영향을 미쳤음을 보여준다.

이것은 성분과 더불어 정치적인 성향이 월남 선택에 보다 중요한 영향을 미친 것을 보여준다. 또 여기에서 신민당의 지방당이 가지고 있었던 성격의 일단을 읽을 수 있다.

대응분석 〈그림 1-4〉에 의하면 신민당 입당자가 월남으로 인한 출당이 많았고, 조공분국 입당자는 행방불명으로 인한 출당이 많았다.

〈그림 1-4〉 출당원인과 입당 당의 관계

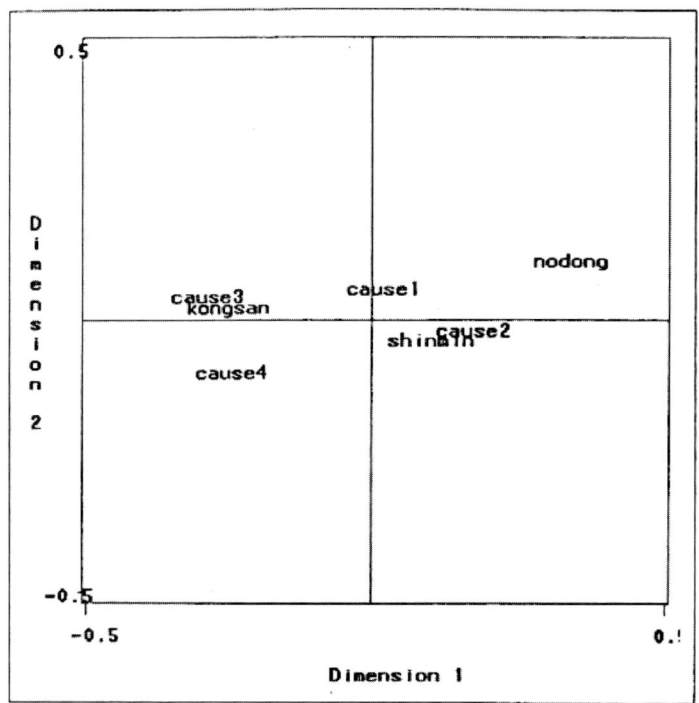

* CAUSE 1(위법행위), CAUSE 2(월남), CAUSE 3(행방불명), CAUSE 4(월남추정 행방불명).
* kongsan(조공분국), shinmin(신민당), nodong(북로당).

〈표 1-31〉에 의하면 성별로 구분해도 출당원인의 가장 큰 원인은 월남에 있다. 단순 숫자로는 남성 당원의 출당비율이 여성당원의 3.7배에 달하고 있지만, 이것은 남성당원이 인제군 전체당원 중에서 차지하는 비율

〈표 1-31〉 출당 원인과 성별관계

빈도 / 비율 / 행 비율 / 열 비율 \ 성별	남성	여성	계
위법행위	72 15.09 83.72 19.10	14 2.94 16.28 14.00	86 18.03
월남	200 41.93 76.92 53.05	60 12.58 23.08 60.00	260 54.51
행방불명	54 11.32 79.41 14.32	14 2.94 20.59 14.00	68 14.26
월남추정 행방불명	51 10.69 80.95 13.53	12 2.52 19.05 12.00	63 13.21
계	377 79.04	100 20.96	477 100.00

통계(출당원인과 성별관계표)

Statistic	DF	Value	Prob
Chi-square	3	1.985	0.575

출처:「인제군당 상무위원회 회의록 제1호~제73호」,『북한관계사료집』2~3권.

이 높았던 데 이유가 있을 뿐이며 남녀 모두 출당 원인은 비슷한 비율 분포를 보였다.

이상의 통계를 종합하면 다음과 같은 정리가 가능하다.

인제군당 출당자 자료의 분석에서 가장 중요한 것은 인제군 사회에 대한 강한 거부감의 표현인 월남에 관련된 부분이다. 월남을 중심으로 정리하면 연령층으로는 젊은 층, 성분으로는 중농, 학력으로는 국문해득층, 입당 당으로는 신민당과 밀접한 관련을 가지고 있었다. 이 중에서도 더욱 중요한 요인은 성분과 입당 당이라고 할 수 있다. 성분이 경제적 기반에 관련된 것이라면, 입당 당은 정치적 성향을 표현한 것이다. 즉 중농 성분기반에 신민당적인 정치성향을 가진 사람들은 인제군 사회에서 큰 갈등을 가지고 있었다는 설명이 가능하며, 이것을 북한 사회전체로 확대하여도 설명력을 가질 수 있을 것으로 보인다. 즉 북로당 내의 신민당원의 존재는 당조직에서 상당한 갈등 원인이었다는 추론이 가능하다.

또 인제군당의 하급세포들은 월남할 우려가 있는 당원들을 '정치적으로 교양하지 못하고 의심함으로써, 도리어 그들이 의심을 품고 월남하게 한 경우도 있었는데[316] 이것은 인제 군내의 사회분위기가 좌경화되어 계급 간의 갈등을 해소시키지 못했음을 보여준다.

---

316) 「인제군당 상무위원회 회의록 제41호」, 『북한관계사료집』 3, 242쪽.

3

북조선로동당의 간부 양성과 당원 교육

1) 간부당원의 양성

(1) 조선공산당북조선분국

　1945년 12월 조공분국 약 7,000명의 당원은 대부분 해방 후에 증가한 사람들이었다. 이들 중에는 해방 전 농민운동·노동운동 등으로 투쟁 경험을 가진 경우도 있었지만, 간부로서의 조직적인 훈련이나 체계적인 정치교양을 받아 본 경험은 많지 않았다. 따라서 조공분국은 당의 역량 강화를 위해서 간부의 양성과 확충에 많은 노력을 쏟지 않을 수 없었다.
　조공분국은 먼저 평양·함흥·원산에 정치학교를 설립하고 노동자 당원을 간부로 양성하도록 하였고, 각지에도 노동학교를 설립하여 노동조합 간부를 양성하였다.317) 이어서 조공분국 3차 확집위에서는 분국위원들과 도당비서의 양성을 위하여 당열성자학교 설치를 결정하였다. 또 도당위원회에서는 도당위원회 일꾼들과 군위원회 비서의 양성을 위하여 당열성자학교를, 군·면당위원회에서는 군·면위원회 일꾼과 당세포 책임자의 양성을 위하여 당야학교를 설치318)할 것을 결정하였다.

---

317) 『정로』 1945년 11월 7일, (2), 「중앙의 지시를 위한 투쟁」.
　　이후 실제로 각지에서 학교가 개설된 것으로 보이는데, 博川에서는 12월 15일에 노농정치학교를 개교하였다(『정로』 1945년 12월 14일, (2)).

실제로 평남도당에서는 1946년 1월에 15일간에 걸쳐 시·군 당간부에게 당건설과 군중공작을 중점적으로 훈련하였다.[319] 또 각 도에 설치된 도당학교에서는 1개월 반 동안 훈련을 하고, 1946년 하반기 내에 3회의 졸업생을 내도록 하였다.[320] 이렇게 시작된 당간부 양성은 1946년 6월 1일 중앙당학교를 창립함으로써 체계적으로 이루어졌다.[321] 중앙당학교와 중앙고급지도간부학교는 당과 인민정권기관의 간부들을 키워내는 곳이었는데[322] 시·군당위원회 선전선동부장과 도당에 내려가 사업하는 중앙당 공작원들도 이곳에서 교육을 받았다.[323]

중앙당학교의 창립은 단순한 간부양성 이상의 중요한 의미가 있었는데, 해방 전에 각 지방에서 개별적으로 또는 그룹으로 투쟁해 왔던 당내의 파벌과 분파로부터 벗어난 새로운 세력을 양성하는 중요한 계기가 되었다. 따라서 중앙당학교 학생들은 분파적 행동이나 자유주의적 경향이 허용되지 않았고, 기회주의자들과 '종파분자'에 대한 견결한 투쟁을 요구받았다.[324]

---

318) 「조공북조선분국 중앙 제3차 확대집행위원회에서 결정」, 『북한관계사료집』 1, 15쪽.
319) 『정로』 1946년 1월 24일, (1).
320) 「북조선공산당 중앙위원회 제2차 각도 선전부장회의 결정서 1946. 4」, 『북한관계사료집』 1, 95쪽.
321) 「당과 인민이 요구하는 훌륭한 당일군이 되자 -중앙당학교 창립 1주년 기념식에서 한 연설 1947년 6월 7일」, 『김일성저작집』 3, 298쪽.
322) 「청년자위대조직과 당면하게 제기되는 몇 가지 문제에 대하여 -북조선로동당 중앙위원회 정치위원회에서 한 연설 1947년 10월 2일」, 『김일성전집』 6, 373쪽.
323) 위의 글, 374쪽.
324) 「당과 인민이 요구하는 훌륭한 당일군이 되자 -중앙당학교 창립 1주년 기념식에서 한 연설 1947년 6월 7일」, 『김일성저작집』 3, 300쪽.

〈표 1-32〉 각 도당학교 교육내용

A. 정치 발전 급 정책교육에 관하여(15%)
　a. 당정치노선
　b. 민족통일전선
　c. 조선민주주의임시정부 20개 정강(김일성장군)
　d. 토지개혁과 농촌경제 재건설 (증산)
　e. 당의 산업정책과 노동영웅운동
B. 조직교육(30%)
　a. 당건설 세포(공장 농촌) 공작 급 세포생활
　b. 당 조직 규율(종파주의와 개인 자유주의 타도를 목표로 할 것)
C. 이론교육(15%)
　레닌주의 기초
D. 시사교육(10%)
　a. 국제정세(소련중심 교육)
　b. 국내정세(김구 이승만 조만식 반동분자 타도)
E. 공작작풍에 관한 교육(15%)
　당원의 볼셰비키적 작풍은 무엇인가(군중화)
F. 선전교육문제(15%)
　당의 선전공작은 어떻게 하나(讀報, 通訊문제 등 내포)
* 노동교육의 실시
사상개조와 군중공작의 군중 작풍을 습득케 하기 위하여 당교는 매 토요일 오후와 일요일은 공장 직장 농촌 밭 광산 어장 기타 노동에 집중적으로 참가해서 노동자와 농민을 도와 민주 건국 증산사업에 참가하도록 한다.

출처 : 「북조선공산당 중앙위원회 제2차 각도 선전부장회의 결정서 1946. 4」, 『북한관계사료집』1, 96쪽.

〈표 1-32〉에 따르면 도당학교의 교육내용은 75%가 공산주의에 관한 것이었는데, 그중에서 가장 큰 비중은 조직교육(30%)에 있었다. 그런데 조직교육에서 종파주의와 개인 자유주의 타도를 목표로 한 당조직규율 교육이 중요한 주제였다는 것은 주목할 만하다. 이를 통해 결국 이 시기 조공분국 조직사업의 핵심은 하부조직의 건설 강화와 '종파주의' 타도였음을 알 수 있다. 즉 조공분국 지도부의 결정이 철저히 관철되는 하부조직의 건설이 중요한 목적이었던 것이다.

간부양성에서 간부들을 노동현장에 연계되도록 한 노동교육이 갖는 의미도 주목된다. 이러한 틀은 인텔리와 소시민을 중심으로 한 간부양성을 억제하고 노동현장에 연계된 노동자를 중심으로 한 하급간부의 성장을 의도한 것이었다.

(2) 북조선로동당

1948년 1월 『근로자』에는 북로당의 영도핵심이 될 수 있는 간부의 표준이 인용되었는데[325] 그 내용은 다음과 같다.

> 첫째, 노동계급의 사업에 무한한 충심을 가져야 하며 당에 대하여 무한한 충심을 가질 것이며, 또한 이미 전투 중에서 감옥 중에서 법정에서 계급적 원수들과의 투쟁을 하는 데 있어서 자기가 진실로 이러한 충심을 가진 것을 증명하였어야 한다.
> 둘째, 우리들의 간부는 응당 군중들과 긴밀한 연계를 가져야 하며 일시일각을 불문하고 어느 때든지 군중의 리익을 주의하며 군중들의 감정과 정서와 수요를 깊이 알며, 당부조직의 영도자들의 위신은 응당 이러한 기초 위에 세워져야 한다.
> 셋째, 우리의 간부들은 응당 복잡한 환경 가운데서 독립적으로 방향을 결정하며 또한 책임지고 문제를 해결하는 것을 두려워하지 않아야 할 것이다.
> 넷째, 우리의 간부는 응당 규율을 준수하는 정신을 가져야 하며, 또한 계급의 원수들과 투쟁하는 가운데 있어서 일절 볼셰비키적 노선에서 떠난 경향들과의 비타협적 투쟁을 진행하는 가운데 있어서 볼셰비키적 단련을 받았어야 한다.
>
> 출처 : 김창만, 「黨事業 領導方法에 있어서 몇 가지 問題」, 『근로자』 1948년 1월호, 15~16쪽.

하지만 1948년 초 북로당 내에는 이상의 네 가지 표준에 들어맞는 준

---

325) 이것은 지미드로프의 간부정책에서 인용된 것임.

비된 간부들이 부족하였다.326) 간부의 자격 중에서 둘째, 셋째, 넷째 조건은 기본적으로 교육과 훈련을 통하여 준비될 수밖에 없었지만, 더욱 결정적인 요소인 투쟁과정을 통해서 노동계급의 사업과 당에 대한 충심을 증명한 경우가 드물었다는 것을 주목할 필요가 있다. 왜냐하면 하급 당간부의 자격으로 검증된 투쟁경력을 요구한다면, 김일성을 중심으로 한 주도세력은 오히려 간부충원에 어려움을 겪을 수밖에 없었기 때문이다. 결국 북로당의 실제 간부양성 과정에서는 성분이 강조되고, '종파'적 연관성이 없는 점이 더욱 중요했다고 할 수 있다. 이러한 모든 내용을 파악하는 방법의 하나로 자서전의 작성이 이루어졌고, 이것은 이후 당간부의 양성과 밀접한 관련을 갖게 되었다.327) 〈표 1-33〉에 나오는 자서전의 내용을 통하여 북로당이 요구하는 기본적인 요건을 파악할 수 있다.

〈표 1-33〉에 의하면 자서전에서 중요한 부분은 무엇보다도 성분과 경력에 관련된 것이었다. 부모의 직업 성분과 사상동태도 중요하였으며, 일제와의 협력여부, 해방 전 혁명사업 참가여부가 중요한 사항이었다. 그리고 38이남 친척관계와 토지개혁의 영향도 중요한 항목이었다. 이 내용들은 또한 입당 보증인과 과거 이력에 대한 증명인을 통하여 검토되었기 때문에 자서전 작성은 매우 중요한 절차였다. 이러한 경력조사를 거친 북로당의 간부양성은 당조직의 '순결성'을 유지하는 방법이 되었지만, 당에 참여할 수 있는 구성원을 제한함으로써 스스로의 지지기반을 제한하고 타 계급과의 갈등을 확대시키는 결과를 가져오기도 했다.

---

326) 김창만, 「黨事業 領導方法에 있어서 몇가지 問題」, 『근로자』 1948년 1월호, 15쪽.
327) 소련공산당은 당원의 색인 카드를 만들었는데 이를 통하여 당원을 지도자 그룹과 지도자로 승진할 수 있는 바로 밑의 그룹, 그리고 일반 당원으로 분류하였다(레오날드 샤피로, 앞의 책, 242쪽).

〈표 1-33〉 자서전 작성요령

1. 본적, 현주소
2. 출생 시부터 해방 직전까지 가정 경제 상태 및 부모의 변동 급 사상동태
   - 부모의 직업 성분
3. 해방 후 부모의 직업 급 사상동태 또는 정당관계
4. 본인의 8세 이래의 경력(취업 해방직업) 일제관청, 군대, 일제를 협력하는 공공단체를 구체적으로 쓸 것
   - 친척, 인척, 우인 중에서 사상적 기타 신상 중대한 문제에 영향을 받은 사실
   - 고학 또는 타인의 원조를 받은 사실, 졸업, 동맹휴학 관계 등, 전학 여부
   - 투쟁 경력 중 특기할 항쟁사실, 혹은 전향하였든 이유 급 증명서
   - 직장관계-소개자, 중요한 일
5. 해방 전 혁명사업에 참가여부 및 단체명
6. 해방 전 사회단체, 교제 친우성명, 지방명, 교제 연월일을 상세히 쓸 것
7. 옥생활 – 원인, 연월일, 출옥이유 급 출옥 후 직업 사상 동향
8. 해방 후 직업 급 당에 참가한 동기, 입당보증인
9. 과거이력에 대한 현재 증명인의 성명, 직업, 현주소, 정당 혹은 종교관계 유무
10. 38이남의 친척관계 – 직업, 주소, 활동, 상벌
11. 북조선 토지개혁으로 인한 영향 유무
12. 조국해방운동에서의 공로 – 감옥생활, 정당·사회단체 관계, 폭동 등
13. 친척(3촌까지) 주소, 직업, 정당관계, 가정환경, 우인
14. 이상의 사실을 증명할 수 있는 자

출처:「자서전 작성요령」,『북한관계사료집』 9, 93~95쪽(필자가 요약 정리).

당간부의 부족으로 어려움을 겪던 조공분국은 신민당과의 합당 후에는 사상의 일체성 강화와 당조직 강화라는 또 다른 어려움에 봉착하였다. 이를 해소하기 위하여 간부학습이 진행되었는데, 간부학습의 기본 방침은 다음과 같다.

〈표 1-34-1〉 간부 학습

1. 당의 정치노선을 정확히 파악하며 발전시키기에 연구
2. 사회의 일반적 발전법칙에 대한 연구와 조선사회 역사발전에 대한 연구

3. 진보적 민주주의에 대한 깊은 이해와 근세 민주운동사 및 조선 민주운동의 발전사 연구
4. 오늘의 국내외 정세의 분석과 연구
5. 국제적 혁명이론을 연구하여 조선 민주운동에 정확히 운용

출처:「간부학습문제에 대하여 -북조선로동당 중앙상무위원회 제4차 회의 결정서 1946년 9월 20일」,『결정집』, 7쪽.

〈표 1-34-2〉 도당 간부 훈련 방침

학교	대상	내용	기간
도당학교	도·시·군당 부원, 면당위원, 세포책임자, 세포위원, 공장·광산위원회 위원, 인민위원회와 각 사회단체의 부원과 동등한 당원 일꾼		3개월 이내
훈련반	도·시·군 면세포의 중요 간부	상부의 지시, 임무, 당면 과업을 구체적으로 인식시킴	7~10일간
기관학습	각급 당부	시사와 현실정책 학습	매일 공작의 시간을 학습시간으로 정함
	도·시·군당 소재지	도·시·군당 책임자 및 각 기관 내의 당간부	당의 정책과 일반 사업에 관한 인식 통일	

출처:「황해도당 당간부 양성에 관하여 -북조선로동당 중앙상무위원회 제9차 회의 결정서 1946년 10월 21일」,『결정집』, 32쪽.

〈표 1-34〉에 의하면 간부학습[328])의 중심은 북로당의 정치노선을 정확히 파악하도록 하는 데 주어졌는데, 현실문제를 맑스-레닌주의 이론에 결부시켜 실제 사업을 할 줄 알게 하는 데 중점을 두어 진행되었다.[329]) 1946년 10월 북로당 중앙상무위원회는 도당학교의 교장을 도당위원장이

---

328) 1946년 10월 황해도당에서 이미 훈련한 간부가 354명이었고, 200명을 훈련 중이었다(「황해도당 당간부 양성에 관하여 -북조선로동당 중앙상무위원회 제9차 회의 결정서 1946년 10월 21일」,『결정집』, 31쪽).
329) 위의 글, 31쪽, 33쪽.

겸임하도록 하고, 부교장·교무주임·전임강사·경리주임은 반드시 중앙당의 비준을 얻도록 하여 중앙당이 도당 간부 양성과정에 적극 관여하게 되었다.330) 이것은 북로당 중앙이 하급간부 양성과정에 적극 관여하였음을 보여주며, 중앙의 의지가 하급간부 양성에서 관철되고 있었음을 보여준다.

중앙의 지시에도 불구하고 각 도당위원회들이 당 간부 교육에 대해서는 특별한 주의를 기울이지 않았기 때문에 중앙당은 1946년 11월 내로 각 시당위원회에 야간당학교를 조직하여 당간부 및 당열성자를 망라시키도록 하였다.331) 당원의 교육 면에서 보면 중앙당의 지시는 하급 당조직에서 1946년 말까지도 충분하게 성과를 얻지 못하였다는 해석이 가능하며, 이러한 현상은 다른 부분에서도 나타났을 가능성이 있다.

그러나 1947년에는 간부양성에 변화가 나타났다. 1947년도 중앙당학교 제3기 6개월반의 학생들의 50%를 직접 생산에 복무하는 노동자 당원(지식 정도는 소학, 당 연한은 적어도 6개월) 중에서 모집하도록 하였고, 나머지 50%는 당간부와 사회단체 당원으로 구성하였다.332) 이처럼 중앙당학교 6개월반 학생의 절반을 직접 생산에 복무하는 노동자당원으로 모집한 것은 북로당 중앙의 당내 하부세력개편에 대한 확고한 의지를 보여주는 것이었다.

중앙당학교뿐만 아니라 각급 정권기관과 경제기관학교에서도 학생의 50~70%를 선진적 노동자, 농민 성분의 열성자 중에서 양성하도록 하였고, 각 도당과 사회단체 강습소학교에서도 50%는 열성적인 직장노동자를 학습하게 하였다.333) 그리고 노동자 당원의 교육이 이루어짐에 따라

---

330) 위의 글, 32쪽.
331) 「당정치 교양사업 개선에 관하여 −북조선로동당 중앙상무위원회 제10차 회의 결정서 1946년 11월 14일」, 『결정집』, 50~51쪽.
332) 「중앙당학교 제3기생 모집에 대하여 −북조선로동당 중앙상무위원회 제18차 회의 결정서 1946년 12월 27일」, 『결정집』, 107쪽.

1947년 7월에 각 도·시(구역)·군 당부의 각 부에 부부장을 증가 배치하게 되었을 때, 부부장을 모두 생산노동자인 우수한 당원으로 하도록 하였다.334) 즉 1947년 7월에는 하급 당간부의 성분에 큰 변화가 이루어진 것으로 볼 수 있다.

북로당의 결정에 대한 결과를 강원도당의 경우를 통해서 보면, 합당 당시의 당간부 구성 중 18.2%이던 노동자가 1947년 7월에는 30.8%로 개조되었고, 부부장 배치 후에는 56.2%로 변화되었다.335) 따라서 북로당 2차 당대회 전까지 중앙당학교와 도당학교에서 양성한 4000여 간부들의336) 성분은 기본 성분인 노동자, 농민이 중심을 이룰 수 있게 되었다. 그리고 이들 신진간부들의 당하부조직 배치는 기존의 국내계 공산주의자들의 세력을 약화시키고, 김일성이 하부조직에 대한 영향력을 강화할 수 있게 하였다. 이것은 김일성의 세력강화만으로 끝나는 것이 아니라 전통적으로 유지되던 구래의 지방사회 지배질서가 붕괴되고, 노동자와 빈농이 사회의 전면에 나설 수 있게 된 변화의 하나를 보여주는 일이었다.

1947년 7월에는 중앙당학교의 6개월반 학습기간이 1년으로 개정되었고, 사회단체에서 경영하던 간부양성학교의 학생모집도 중지되었다. 그리고 중앙당학교에서 120명의 3개월반을 신설함으로써 각 사회단체 간부양성권을 북로당에서 직접 확보하였다.337) 1947년 7월의 북로당 중앙

---

333) 「간부 양성제도에 대하여 -북조선로동당 중앙상무위원회 제30차 회의 결정서 1947년 4월 8일」, 『결정집』, 194쪽.
334) 「각도 시(구역)군당부 부부장 증가 배치에 관하여 -북조선로동당 중앙상무위원회 제38차 회의 결정서 1947년 7월 3일」, 『결정집』, 262쪽.
    이들 중에서 30%는 우수한 여성 생산노동자 당원으로 선발하기로 했다(같은 곳).
335) 「강원도당부 간부정책과 간부양성 정형에 대하여 -북조선로동당 중앙상무위원회 제43차 회의 결정서 1947년 9월 10일」, 『결정집』, 291쪽.
336) 「당중앙위원회사업에 대하여 -북조선로동당 함경남도 제2차 대표대회에서 한 보고 1948년 2월 21일」, 『김일성저작집』 4, 150쪽.
337) 「중앙당학교 학습반 신설과 각도당학교 학생증가 모집에 관하여 -북조선로

상무위 결정은 사회단체에 대한 북로당의 지배가 강화된 것을 보여준다. 이로써 사회단체들의 북로당으로부터의 자율성은 더욱 약화될 수밖에 없었고, 북로당과 국가기관·사회단체의 일체성은 더욱 강화되었다.

북로당은 2차 당대회를 계기로 중앙당학교를 확장하여 2년간 학습반을 설치하고 도당학교들은 강습생의 인원을 확장하고 학습기간을 6개월로 하였다.[338] 중앙당학교에 2년간 학습반을 설치한 단계는 북로당이 당 간부 충원에서 여유를 확보한 것으로 볼 수 있다. 그리고 단기간의 교육을 통한 간부양성 효과가 미진하였음을 의미하는 것으로 볼 수 있다.

1948년 초에 이르면 31,142개소의 세포학습회에서 당원들이 정치학습을 하고 있었고, 각 시·군에는 151개소의 야간 당학교가 조직되어 10,963명의 당원열성자들이 망라되었다.[339] 당학교의 조직은 김일성에게 당내에서의 우위를 제공하였다. 기존의 파벌이 '수공업적'으로 파벌조직을 확대한 데 비하여, 김일성은 당학교를 통하여 수천 명씩의 간부를 양성한 것이다.[340]

새로운 간부가 충원되면서 간부사업에서 계급적인 갈등이 생겨났다. 기본계급이 아닌 간부들을 간부대열에서 내보내려는 경향이 있었으며, 성분이 나쁘다고 일을 잘하는 간부까지 해임시키거나 철직시키는 일이 있었다.[341] 또 일부에서는 과거에 공부한 기술자, 전문가들과 접촉하는 것조차 꺼리면서 그들이 일하는 과정에서 결함을 범하게 되면 덮어놓고

동당 중앙상무위원회 제38차 회의 결정서 1947년 7월 3일」,『결정집』, 253쪽. 중앙당학교의 당건설과목을 주영하, 허가이, 김창만, 박정애, 한국모, 임해, 정철우, 박창옥, 리상조, 한효삼이 담당하기로 하였다(위의 글, 254쪽).
338) 「북조선로동당 제2차 전당대회회의록」,『북한관계사료집』1, 447쪽.
339) 위의 글, 373쪽.
340) 위의 글, 417쪽.
341) 「우리 당의 간부정책을 정확히 집행할 데 대하여 －정권기관, 사회단체 및 중요 공장, 기업소 간부사업일군련석회의에서 한 결론 1949년 1월 18일」,『김일성전집』9, 61쪽.

'이색분자'라고 단정해 버리는 현상까지 발로되었다.342) 이것은 중앙에서의 권력장악이 마무리된 후, 사회전체의 질서가 재편되고 북한사회의 모든 곳에서 계급 간의 권력다툼이 벌어지고 있는 양상과 북한사회 내의 주도세력이 급변하면서 하급간부 간의 권력다툼을 중앙이 통제해 내지 못하는 상황을 매우 잘 보여준다. 동시에 노동계급 출신들과 인테리 출신들을 적절히 배합하여 간부대열을 꾸려야만 하는343) 실정에 있던 북로당의 처지를 보여준다고 할 수 있는데, 사회질서의 재편이 추진되면서 나타난 계급갈등이 북로당 중앙의 통제를 넘는 수준에 이르고 있었음을 알 수 있다.

당학교 교육을 통한 교육이 모두 내실있게 진행된 것은 아니었지만344) 1949년 초 김일성은 3년간 간부사업에 많은 발전이 있었으며, 중앙으로부터 지방인민위원회와 공장, 기업소에 이르기까지 간부사업체계가 정연하게 섰고, 간부대열이 기본적으로 조직되었다345)고 평가하였다. 이처럼 계급적으로는 강화되었지만, 북로당이 사회발전의 동력으로 각 계급

---

342) 위의 글, 63쪽.
343) 「경비를 절약하며 면, 리 인민위원회 사업을 개선할 데 대하여 －조선민주주의인민공화국 내각 제1차 전원회의에서 한 결론 1949년 1월 17～18일」, 『김일성전집』 9, 59쪽.
344) 황해도 안악군 당조직의 경우 학습회 지도자를 위한 세미나 참가율이 연 평균 60%에 불과하였다. 북로당의 당원교육은 여러 곳에서 어려움에 처해 있었는데 예를 들면 평북 용천군 당조직 내 전체 당학습회 중 중단된 학습회가 60%를 차지하였다. 야간 당학교의 평균 출석률은 62.5%에 불과하며 강원도 내 전체 시 군 야간 당학교 중에서 1948년 말까지 1명의 졸업생도 내지 못한 학교 수가 8개소나 되며 평북 벽동군 야간 당학교는 1947년 당지도기관 선거 후 1949년까지 1회의 졸업생도 내지 못하였다(「당원들의 사상정치 교양사업 강화와 당단체들의 과업 －로동당 중앙위원회에서 진술한 박헌영동지의 보고 1949. 12. 17」, 『북한관계사료집』 1, 543～545쪽).
345) 「우리 당의 간부정책을 정확히 집행할 데 대하여 －정권기관, 사회단체 및 중요 공장, 기업소 간부사업일군련석회의에서 한 결론 1949년 1월 18일」, 『김일성전집』 9, 60쪽.

을 모두 활용하는 것은 곤란해졌다는 점에서 이후의 북한사회 발전에 대한 인적 자원의 일부가 상실되었다는 것을 주목할 필요가 있다.

2) 정규교육을 통한 당원 양성

당학교가 부족한 당간부를 양성하는 목적이었다면, 정규학교는 당원들을 기본적으로 충원할 어장이었다고 할 수 있다. 학교교육은 공산당이 의도하는 사상의 교육과 사회의 유지를 위한 필수적 기구로서 그 중요성을 강조할 필요조차 없다. 또한 중학 이상의 학교교육이 노동자나 빈농의 자식에게는 기회조차 주어지지 않았던 해방 전의 실태에서 조공분국에게 학교사회의 변화는 시급한 문제였다.

그러나 정상적인 학교교육에는 많은 어려움이 있었는데 특히 교원 부족은 중요한 문제가 되었다. 이에 북임인위는 일제하의 교원들 중에서 '불순분자'를 제외하고 재교육하여 쓸 수밖에 없었다. 그리고 교원경력이 없어도 소학교 졸업 정도의 지식을 가진 진보적인 젊은 사람을 선발하여 교원으로 양성했는데[346] 이것은 학교교육에 대한 영향력 확대를 위한 조공분국의 계급정책과 관련이 있었다. 이를 위해 각 도에 사범전문학교를 운영하고 단기 교원양성소를 설치하여 1946년 7월 2,000명의 인민학교 교원을 양성[347]하였다.

조공분국과 북임인위는 〈표 1-35〉와 같이 적극적으로 학교교육을 강화하였다. 1947년 2월에는 일제 때에 비하여 인민학교 1,110개, 중등학교 173개, 전문학교 21개가 증가하였고, 큰 공장·광산에 설치된 공업기술

---

346) 「애국적 민주력량의 단합된 힘으로 새 조국 건설위업을 촉진하자 -함경남도 내 정당, 사회단체 일군 및 무소속인사협의회에서 한 연설 1946년 4월 19일」, 『김일성전집』 3, 315쪽.
347) 「조선정치정세에 대하여 -북조선임시인민위원회 수립 1주년기념 대회에서 한 보고 1947년 2월 8일」, 『김일성저작집』 3, 72쪽.

〈표 1-35〉 학교와 학생 수의 증가

	1945년 (A)	1946년 (B)	1947년 예정(C)	1947년 10월	A/C (단위 %)
인민학교	1,372	2,482	3,156	2,954	230
인민학교 학생 수	878,000	1,183,000	1,500,000		170
중학교	44	217	426	535	968
중학교 학생 수	19,800	70,000	129,000		651
중등전문학교		28			
중등전문학교 학생 수		9,700			
성인학교		16,178	40,000		
성인학교 학생 수		556,000	800,000		
고급 성인학교		31	64		
고급 성인학교 학생 수		3,000	7,700		
기술학교 학생 수			17,000		
기술전문학교	3			44	
대학				6	

출처 : 「1947년 인민경제발전계획에 대하여 -북조선 도, 시, 군인민위원회 대회에서 한 보고 1947년 2월 19일」, 『김일성저작집』 3, 104쪽.
「1948년도 인민경제발전계획을 정확히 작성하며 도인민위원회들의 역할을 높일 데 대하여 -북조선인민위원회 제49차 회의에서 한 결론 1947년 10월 4일」, 『김일성전집』 6, 385~386쪽.

학교는 12개로 북조선 학생 수는 130만 명[348)]에 달하였다.

해방 당시 80% 이상의 인민이 문맹인 상황이었기 때문에 문맹을 깨치는 것은 매우 시급한 일이었다. 문맹의 문제는 당원의 경우도 마찬가지였는데, 해방 직후 몇 명의 당원들로 조직된 개천군 동림리의 경우 1948년 초에 당원이 수십 명으로 성장하였지만 당원 중에는 문맹자가 적지 않았다.[349)] 따라서 북로당으로서는 문맹 극복이 새로운 지배질서의 건설

---

348) 「조선정치정세에 대하여 -북조선임시인민위원회 수립 1주년기념 대회에서 한 보고 1947년 2월 8일」, 『김일성저작집』 3, 71쪽.
349) 「농촌당세포앞에 나서는 몇 가지 과업 -개천군 동림리 야참당세포 당원들과

을 위한 필수적인 요건이었고, 이를 위해 1947년에는 1만 6천여 개의 성인학교에서 55만 6,000명의 성인에게 교육을 하였다.350)

인제군의 경우를 보면, 공산당 입당자의 12.3%, 신민당 입당자의 17.8%, 북로당 입당자의 16.7%가 문맹이었다.351) 문맹이었음에도 불구하고 공산당원이 된 수가 12.3%를 넘고, 북로당 창립 후에도 문맹자가 당원이 될 수 있을 만큼 문맹은 광범위했다. 이것은 조공분국과 북로당으로서는 지나칠 수 없는 문제였는데, 지배계급의 교체에는 기본적으로 문자해득층이 필요했고 문자해득의 바탕이 없이는 새로운 지배질서의 구축자체가 불가능했기 때문이었다. 인제군당의 경우 1948년에는 문맹자의 입당을 부결한 것으로 보아 당차원의 문맹 문제는 1948년에 가서야 겨우 해결되었다고 할 수 있다.

(1) 고등교육

북로당은 전문학교와 대학에 노동자, 농민, 사무원의 자녀를 입학시키도록 하고, 이들 근로인민의 자녀들 중에서 인테리를 양성하여 '민족간부' 문제를 해결하기 위해 국가의 부담으로 공부시키는 적극적인 조치를 취하였다.352) 이를 위해 대학과 전문학교 학생들에게 장학금을 주었고, 이로써353) 학생들의 절대다수인 노동자, 농민의 자녀가 국가의 장학금을 받으며 공부하게 되었다.354)

한 담화 1948년 1월 13일」, 『김일성전집』 7, 79~80쪽.
350) 「조선정치정세에 대하여 －북조선임시인민위원회 수립 1주년 기념 대회에서 한 보고 1947년 2월 8일」, 『김일성저작집』 3, 72쪽.
351) 1948~1949년간 인제군 출당자 통계 참조.
352) 「국가의 법질서를 확립하며 민족간부양성사업을 강화할 데 대하여 －북조선인민위원회 제 40차 회의에서 한 결론 1947년 6월 20일」, 『김일성저작집』 3, 330쪽.
353) 「학생들에 대한 교육양성사업에서 제기되는 몇 가지 문제에 대하여 －전국교육일군강습회 참가자들 앞에서 한 연설 1947년 8월 5일」, 『김일성전집』 6, 164쪽.

그 결과 일제 때 3개밖에 없던 기술전문학교가 1947년에는 44개로 증가하였고, 학생 수는 거의 13,600여 명에 달하였다. 또한 종합대학을 비롯하여 6개 대학이 세워졌으며 그 학생 수는 6,500명이 되었다.[355] 대표적인 예로 창립 당시 7개 학부, 24개 학과, 30개 학급, 1,500명이었던 김일성종합대는 한 돌을 맞은 1947년에는 8개 학부, 39개 학과, 93개 학급, 3,813명이 공부하게 되었다.[356] 이들 학생들을 과학 및 기술과 맑스-레닌주의로 무장하도록 한 것은[357] 대학생을 북로당의 지도적 간부로 양성하려고 했기 때문이다.

하지만 처음부터 대학에서 북로당의 의지가 만족스럽게 관철된 것은 아니었다. 1947년 8월의 상황을 보면 평양시내 초급중학교 및 김일성대학에서 노동자, 농민 자녀의 비율이 소시민, 자본가, 지주의 자녀 비율보다 낮은 실정을 벗어나지 못하였다.[358] 이후 북로당은 근로인민의 자제들인 전문학교 이상의 학생 16,000명에게는 매월 5,000원의 장학금을 지불하여 학업을 보장하였고[359] 이로써 학생들의 성분변화에 효과를 거두게 되었다.

또 1947년 초 김일성종합대를 보면 당위원회가 8개의 세포위원회로 조직되어 459명의 당원이 있었음에도 불구하고, 당조직사업은 약하게 전개되었으며 당위원회 주위에 당열성자들을 결속시키는 핵심적 사업이

---

354) 「11월 3일선거 1주년을 맞이하면서 -평안남도 강동군 삼등면 선거자들 앞에서 한 연설 1947년 11월 2일」, 『김일성저작집』 3, 508쪽.
355) 한림대학교 아시아문화연구소, 앞의 책, 340~342쪽.
356) 「새조선의 우수한 민족간부가 되기 위하여 배우고 또 배워야 한다 -김일성종합대학 창립 한돓기념대회에서 한 연설 1947년 10월 1일」, 『김일성저작집』 3, 457쪽.
357) 위의 글, 458쪽.
358) 「새학년도 준비정형에 대하여 -북조선로동당 중앙상무위원회 제41차 회의 결정서 1947년 8월 21일」, 『결정집』, 270쪽.
359) 『강원로동신문』 1947년 11월 16일, (2), 「민주선거 1주년과 인민위원회 사업의 거대한 성과」.

이루어지지 않았다.360) 김일성종합대 내에서는 기숙사, 교정에 '반동적 삐라사건'이 일어나고 학생 일부의 '반동적' 행위에 대한 투쟁도 미약하게 전개되었다.361) 이에 대하여 북로당 중앙상무위원회는 대학 부총장 한빈과 당위원장 송예정을 엄중경고 처벌하고, 대학 내의 '반동분자'들을 숙청하는 투쟁을 결정하였다.362) 동시에 교원들 속에 있는 '반동적' 경향을 가진 자와 '반동적' 교원을 해직시키고, 대학생의 성분과 교원의 성분을 개별적으로 연구하도록 하였다.363)

평양교원대학의 경우 1947년 9월부터는 중요한 정치과목인 혁명사를 강의하지 않았고364) 대학정원 수를 채우기 급급하였던 학생모집의 결과 학생구성이 복잡해지고 '불순분자'들까지 입학하는 상황이었다.365) 이런 문제의 해결을 위하여 교육국에서는 대학의 교수교양사업을 당의 노선과 결정, 지시에 기초하여 진행하도록 하였고366) 이에 따라 평양교원대학은 중간층 학생들을 교양하고, '반동적인' 학생들을 축출하였으며,367) 노동자와 농민을 비롯한 근로인민의 자녀들을 입학시켰다. 또한 대학 내에는 대학당위원회와 세포들이 있었지만 당조직의 초급간부들이 당사업방법을 잘 알지 못함에 따라, 대학에 대한 당의 지도를 강화하기 위하여 평양시당 위원회의 지도가 결정되는 형편이었다.368)

---

360) 「김일성 종합대학 내 당단체들의 사업검열 총화에 관하여 -북조선로동당 중앙상무위원회 제20차 회의 결정서 1947년 1월 8일」, 『결정집』, 108~109쪽.
361) 위의 글, 109쪽.
362) 위의 글, 111~112쪽.
363) 위의 글, 114쪽.
364) 「교원대학사업을 개선강화할 데 대하여 -북조선로동당 중앙위원회 상무위원회에서 한 결론 1948년 1월 5일」, 『김일성저작집』 4, 8쪽.
365) 위의 글, 12쪽.
366) 위의 글, 8쪽.
367) 위의 글, 12쪽.
368) 위의 글, 12쪽.

하지만 1949년에 이르면 북로당 중앙위원회 상무위원회에서는 대학의 사회과학과목 교수의 중심을 변경하여, 교수의 중심을 사회발전의 일반적 법칙과 맑스-레닌주의, 다른 나라의 혁명투쟁 경험에서 북로당의 정책을 철저히 인식시키는 것으로 하였다.[369] 이처럼 북로당정책이 대학에서 사회과학과목 교수의 중심이 된 것은 북한의 대학사회에서 당원들이 중추세력이 되고, 간부당원 양성소로서의 위상을 가지게 되었음을 의미한다. 또 북로당은 해방 직후 북한에서만 230여 만 명의 성인문맹자 중 200만 명의 문맹을 퇴치하였고, 사회경제적 변화를 바탕으로 1949년에는 근로인민의 자제들이 기술전문학교와 대학에 갈 수 있도록 학생들에게 장학금을 주는 범위를 60%에서 80%까지 넓힐 수 있게 되었다.[370] 이러한 정책적 지원에 힘입어 북로당의 북한사회에 대한 지배력은 크게 강화되었다.

(2) 초·중등교육

1946년 1월 조공분국은 교원들의 '사상통일'이 이루어지지 않아 학교교육 주도에 어려움을 겪었다. 따라서 조공분국은 학교교육을 주도하기 위하여 제재를 가하였는데, 한 예로 학교 내에서 소련군을 비난하고 '진보적 민주주의'를 비난한 인민학교 교장을 보안서에 구속하였다.[371] 또 평남인민위원회는 평양시내 중학교 학생들의 일부가 학교에 등교하지 않거나 학교 내의 질서를 위반한 데 대하여 엄격한 제재를 결정하였다.[372]

---

[369] 「대학의 사회과학과목교수사업을 개선할 데 대하여 -북조선로동당 중앙위원회 상무위원회에서 한 결론 1949년 4월 18일」, 『김일성저작집』 5, 86쪽.
[370] 「2개년 인민경제계획의 수행은 조국통일의 물질적 담보 -조선민주주의인민공화국 최고인민회의 제2차 회의에서 한 연설 1949년 2월 1일」, 『김일성선집 1953』 2, 333쪽.
[371] 『정로』 1946년 1월 18일, (2).
[372] 위의 신문, 1946년 3월 6일, (1), 「평양시내각중등학교 사업개선에 관한 건 - 평남인민위원회결정서」.

1946년 3월이 되어도 다수 학교에서는 학생들의 출석이 불량하고 교내 질서와 규율이 문란하였다. 이에 대하여 북임인위는 교내 질서와 엄정한 규율의 준수를 요구하며 북임인위의 정책을 교육하였고, 노동자·빈농민·일반 사무원·소시민 출신 학생들에 대하여 식량을 시급히 배급하도록 하였다.373) 북임인위의 학교사업 개선책은 기존의 학생들에 대한 통제와 새로이 입학한 기본 성분 학생들에 대한 지원을 기본 내용으로 하였는데, 이 시점을 전후하여 학생들에 대한 조공분국의 영향력이 강화되었다고 할 수 있다. 1946년 3월 24일 평양에서는 300여 명의 남녀 학생들이 모여 평양학생대회를 열었는데374) 단면적이지만 학교사회 내의 기존 질서가 재편되고 있었음을 보여준다.

1945년에 비하여 1947년에는 중학교 수가 약 9배, 학생 수는 약 6배, 인민학교 수가 약 2.3배, 학생 수는 1.7배로 증가가 예정되었다. 특히 토지개혁을 통하여 북한사회 내의 계급 간 질서가 역전되고, 빈농과 노동자의 자녀들이 중학교에 진학할 수 있는 변화가 이루어졌다. 이런 변화를 바탕으로 북로당의 영도를 받는 민청은 소년단 사업에 착수하여 1947년 3월에 609,929명의 아동으로 1,783개의 소년단을 조직하였는데375) 조직만 되었지 사업이 전혀 없는 소년단이 많았고 평양시 중요 인민학교 소년학생의 약 20%가 교회에 다니는 실정이었다.376)

그러나 차츰 학교사회의 변화도 불가피해져 갔다. 선천군 조직부의 1947년 자료에 의하면 한 학교의 학기 초 종교아동 수 256명이 학기 말에는 거의 절반인 127명으로 감소하였다.377) 또 1948년에는 구역별로 집합

---

373) 위의 신문, 1946년 3월 27일, (1), 「학교사업개선책」.
374) 위의 신문, 1946년 3월 27일, (1), 「평양학생대회 熱狂裡進行」.
375) 「소년단사업 개선 강화에 관하여 －북조선로동당 중앙상무위원회 제27차 회의 결정서 1947년 3월 19일」, 『결정집』, 167쪽.
376) 위의 글, 168~169쪽.
377) 선천군 조직부, 문건 이름 없음, 1947, 『사료집』 11, 711쪽.

하여 열을 지어 등교할 만큼 조직이 강화되는 '모범소년단'도 나타났고378) 방학 중에 지방에 돌아가는 학생은 임시이동증을 받아 귀성지 초급단체에서 조직생활을 계속할 것을 요구받을 만큼 학교 내 민청조직이 강력해졌다.379) 학교를 주도하는 북로당의 영향력 강화는 학교 내 '종교아동 수'를 감소시키고 학생들을 조직화시켜 갔는데, 북한사회의 변화가 학교사회에서도 빠르게 이루어져 갔음을 알 수 있다.

학교장은 북로당이 주도하는 도인민위원회 위원장이 임면하였고380) 민청지도교원도 민청단체의 추천에 의하여 도인민위원회 위원장이 임면하였다.381) 또한 소년단지도교원도 민청단체의 추천에 의하여 시·군·구역인민위원회 위원장이 임면하였다.382) 이러한 방법으로 북로당의 학생에 대한 영향력은 강화되어 갔는데, 북로당의 정규교육 주도에 있어서 큰 문제는 교원 부족이었다. 1947년 9월 신학기 교육에 필요한 초급중등 이상 교원 2,151명이 부족하였는데, 일부 지역의 교원 중에는 일제 순사 출신이 있었고 황해도 황주여자중학교는 1명의 노동당원 교원 외에는 전원이 타당 당원이었다.383)

이러한 문제를 해결하기 위해 교원들의 경력 조사가 이루어졌는데, 평양여자고급중학교의 경우를 살펴보면 1947년 4월 이후에 당세포가 조직되었고384) 당원 및 교원들의 경력과 가정 성분조사가 1948년 6월경에 파악되었다.385) 이런 방식으로 교원들의 경력이 파악되고 북로당 세포조직

---

378) 『함남인민보』, 1948년 8월 5일, (4).
379) 위의 신문, 1948년 7월 18일, (4).
380) 교육성, 「인민학교에 관한 규정, 1950, 3」, 9쪽.
381) 교육성, 「고급중학교에 관한 규정 1950, 5」, 12쪽.
382) 교육성, 「인민학교에 관한 규정, 1950, 3」, 9쪽.
383) 「새학년도 준비정형에 대하여 −북조선로동당 중앙상무위원회 제41차 회의 결정서 1947년 8월 21일」, 『결정집』, 270쪽.
384) 「북조선로동당 제2차 전당대회 총결 평양여자고급중학교 세포총회보고서」, 『북한관계사료집』 26, 141쪽(1947년 이후 정확한 시기는 알지 못함).

의 강화가 이루어지면서 학교 내 교원들에 대한 북로당의 영향력은 크게 강화되었다. 평양여중의 경우를 보면 교장이 세포위원장, 교무부장이 세포부위원장으로 활동하면서 당의 노선과 행정적 노선의 통일을 확보해 갔다.386) 이를 통해 1948년 말에는 교직원 66명 중에서 당원이 28명으로 42%가 되었고387) 비당원 교원들도 소련공산당(사)을 학습해야 하는 분위기가 조성되었다.388) 이처럼 중요 책임자의 자리를 북로당원이 확보하고, 당원들의 세포조직 활동을 통해서 단체나 직장을 주도하려 했던 북로당의 정책은 1948년 초의 시점에서 이렇게 열매를 맺어갔다.

〈표 1-36〉 각 기술전문학교 교원 당별 소속

	로동당	무	남로당	비고
농전	13	12	1	
재경전	9			
의전	4	7		1명 미확인(교장)
계(비율)	26(56.5%)	19(41.3%)	1(2.2%)	

출처 : 평양시교육부기술교육과, 「각기술전문학교 교원명단 1950」.

〈표 1-36〉을 보면 1950년의 기술전문학교는 교원의 56.5%가 북로당 당원임을 알 수 있다. 즉 과반수의 교원이 당원으로 참여하였고, 학교 내

---

385) 「북조선로동당 평남도 평양특별시 중구역 평양여자고급중학교세포 제9차 정기총회」, 『북한관계사료집』 26, 166쪽.
386) 「북조선로동당 평남도 평양시 중구역 평양여자고급중학교세포 제4차 정기세포회의」, 『북한관계사료집』 26, 128쪽.
「북조선로동당 제2차 전당대회 총결 평양여자고급중학교 세포총회보고서」, 『북한관계사료집』 26, 146쪽.
387) 「북조선로동당 평남도 평양시 중구역당 평양여자고급중학교 세포위원회 제20차 정기세포회의 회의록」, 『북한관계사료집』 26, 251쪽.
388) 위의 글, 252쪽.
1938년 소련에서는 『소련공산당사, 단기과정』이 필독의 교과서였다(파울 로트, 최정호 옮김, 『소련의 보도기관과 정보정책』, 정음사, 1984, 115쪽).

의 주요 역할을 주도하였음을 알 수 있다. 하지만 의전(醫專)과 같은 부분에서는 북로당이 대세를 확보하지 못한 것을 알 수 있는데 이는 계급에 따라 북로당에 대한 지지여부가 분명했음을 보여준다.

학생들도 당조직 활동의 말단으로 연결되었으며 조직된 학생정보망은 중요한 역할을 하였다.[389] 이러한 학생들의 활동은 학교생활에 대한 평가에도 반영되었는데 졸업 및 진급시험에서 성적만 좋다 하여 우수한 학생으로 결정하는 것이 비판되고 학생의 사상성과 실천성을 결부시켜 평가하도록 하였다.[390]

이러한 과정을 통해 1948년 정부수립기에 이르면 인민학교에서 대학교까지 교원들은 북로당의 당원이 되거나 북로당원인 상급자의 지휘를 받게 되었고, 학생들도 민청과 소년단을 통하여 조직화되어, 사상적으로 변화되었다. 특히 노동자와 농민의 자녀들은 대학교육에서 재정적인 지원을 받았고, 학생들은 당조직의 하부에 연결되었다. 이로써 북로당은 청년과 소년에 대한 강력한 영향력을 확보함으로써 권력의 토대를 더욱 다질 수 있게 되었다.

---

389) 「북조선로동당 평남도 평양시 중구역 평양여자고급중학교세포 제21차 총회회의록」, 『북한관계사료집』 26, 275쪽.
390) 「북조선로동당 평남도 평양시 중구역당부 평양여자고급중학교 세포위원회 제35차 회의록 －결정서」, 『북한관계사료집』 26, 403쪽.

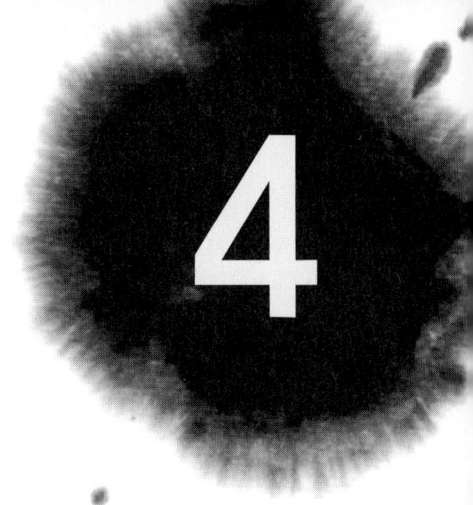

요약 및 소결

　조공분국은 1945년 12월의 3차 확집위 때까지도 당원 수가 7,000명을 넘지 못하는 등 하부조직의 확대에 만족스러운 성과를 거두지 못하였다. 이때에는 노동자 당원이 적었으며 노동자 조직이 적극적으로 확대되지 않았고, 노동조합의 많은 지도지위를 비당원이 맡고 있었다. 3차 확집위에서 책임비서가 된 김일성은 통일적인 지도를 강화하고, 당원확장정책을 적극적으로 추진하기 위하여 당원의 입당자격을 완화하였다. 투쟁경력이나 지식수준을 따지지 않고, 계급적 각성도와 건국열의로 당원자격을 평가하여 노동자와 빈농을 중심으로 당원을 확장하였다. 김일성을 중심으로 개편된 조공분국 주도세력은 북임인위를 성립시킴으로써 당이 국가를 장악했기 때문에, 당이 국가를 안정적으로 지배하기 위해서는 당원의 적극 확장이 필요했다.

　또 조공분국은 지식인, 상업가, 기타 성분이 당원의 36%였던 초기의 실정에서 지주·자본가·친일분자 등과 같은 비노동계급을 출당시키고, 적극적으로 노동자와 빈농 성분을 높여 갔다. 이 과정에서 토지개혁은 당원정책에 중요한 영향을 미쳤는데, 토지개혁의 실행으로 빈농들의 지지를 획득할 수 있었고 새로운 당원들을 충원함으로써 농촌에서의 당 하부 조직을 구축하게 되었다. 뿐만 아니라 토지개혁은 김일성과 조공분국, 북임인위의 위상강화에 크게 기여했으며, 새로운 청년당원을 확보하여 하급간부로 양성할 수 있는 기반이 되었다. 반면에 토지개혁의 급진적 성격은 중농이나 중간계급에게도 불안감을 주었고, 조공분국의 당원정책과 당노선이 더욱 더 빈농과 노동자계급 중심으로 제한되는 결과를 가져왔다.

조공분국과 신민당이 합당하면서 하부에서의 양당 간의 마찰이 상당부분 해소되었고, 북로당은 북한사회 내에서 가장 많은 당원을 가진 주도세력으로서 통일적으로 정권기관을 장악하게 되었다. 과거에 신민당에는 많은 수의 중농 성분 당원이 있는 등 조공분국과는 당풍에 차이가 있었는데, 북로당은 '대중정당'을 표방하면서도 조공분국의 당조직원칙을 계승하였다. 철저하게 당내의 '종파'를 제거하려 하였고, 상부의 결정에 대한 하부의 절대적인 복종을 요구하였다.

합당 후 북로당 내에는 청당사업의 요구가 있었지만 유보되었고, 당원확장은 계속되었다. 특히 이론적으로 훈련되지 못하였다 해도 생산현장에서 단련된 성실한 노동자에 대한 입당을 적극화하였다. 대대적인 당원성장에 대해 당이 조합화되고 사회단체와 구별이 되지 않는다는 비판이 있었지만, 조공분국 김일성지도부는 당원확장정책을 계속하였다. 이후 당원의 양적확대는 북로당의 조직강화사업을 가능하게 하는 바탕이 되었는데, 당조직의 강화를 위해 당원에 대한 교양이 강조되었고 유일당증수여사업을 통한 청당사업이 진행되었다. 청당사업의 결과 당내의 불순분자, '낙후분자'가 제거되었고, 북로당은 모든 당단체와 당원들이 당규약의 요구대로 움직이게 하는 당규율 강화에 성과를 거두었다. 반면에 이러한 청당사업은 타계급과의 관계에서는 악영향을 미쳤을 가능성이 높다.

청당사업 이후에도 북로당의 양적 확대는 계속되어 경쟁적으로 당원이 확장되었는데, 당원확장은 정치사상적 수준보다도 '건국사상 총동원운동'과 같은 노동현장에서의 성실성과 계급적 각성이 중요시되었다. 북로당은 최대한으로 당원을 확장하고, 세포마다 2~3명의 열성당원을 확보함으로써 다수의 당원을 동원할 수 있는 구조를 지향하였다. 이러한 정책은 임시정부 수립을 논의하던 미소공위에 대한 북로당의 대응책이기도 하였다.

북로당은 적극적인 당원확장으로 1948년 1월에는 70만 명을 넘어섰는데, 1948년 2차 당대회를 전후하여 질적인 당원정책으로 변화하였다. 입당보증인의 수와 자격조건이 강화되었고, 입당을 원하는 자는 적어도 1년 이상은 동일한 직장에서 일을 한 경력이 요구되었다. 입당 후에는 당원에 대한 교양이 강화되었고, 당원의 열성제고와 모범적 역할이 요구되었으며, 상부의 명령에 대한 하부의 절대 복종이라는 당조직원칙이 모든 당원들에게 요구되었다. 북로당은 이 시기에 이르면서 안정된 당세를 기반으로 당내의 통일성을 강화하고 당원을 정예화하는 데 중점을 두게 되었다.

2차 당대회에 참석한 당대표들도 창립대회 때와 다른 큰 변화가 이루어졌다. 직업혁명가들이 주역이었던 창립 당시와는 달리 생산에 참가한 노동자와 직접 농사에 종사하는 농민, 생산 기술자와 지배인들이 대표의 과반수를 넘었다. 특히 일반당원은 노동자가 농민의 반이 되지 못하였는데, 당대표 중에서 노동자 성분이 농민 성분의 두 배에 가깝다는 사실은 이 시점의 북로당의 지향을 명백하게 보여준다. 또 당대표들의 주축이 해방 후 입당자(93.5%)로 구성되고, 일제하 투쟁경력자가 크게 감소했다. 인민경제건설에서 표창을 받은 모범 노동자가 당대표의 18.8%를 차지하였고, 당대표들의 학력이 크게 낮아져 소학수준의 학력자가 65.8%를 차지하는 변화가 이루어졌다.

1948년 2차 당대회에서의 김일성에 대한 일방적인 지지는 당내의 하부 세력들이 김일성의 지지기반으로 확보되었음을 보여준다. 이와 같은 하부의 지지기반은 이후 최고 권력 엘리트 간의 권력투쟁에서 김일성이 상대방을 압도적으로 제압할 수 있는 힘이 되었다.

1946년 초에 조공분국의 많은 당원들은 당의 기본조직인 세포생활을 하지 않고 있었고, 조공분국도 각 도당에 대한 통제가 어려운 상태에 있었다. 그러나 김일성지도부가 하부조직에 대한 주도권과 중앙집권을 강화해 가면서 점차 공장노동자세포에서부터 조직의 강화가 나타나기 시작하였다. 이를 통해 북로당은 창립기에는 각 지역과 공장에 약 1만 명의 당일꾼을 확보하였고, 직장세포의 강화를 적극 추진하면서 북로당의 핵심조직으로 양성하였다.

　하지만 1947년에도 북로당 하부조직은 비조직적이고 느슨한 상태에 있었으며, 훈련된 간부가 부족하였다. 이처럼 상부의 당지도부와 하부조직 구성원 간의 당경험과 투쟁경력의 차이는 위에서 아래로 지시하고 통제하는 형식으로 당조직이 발전해 가는 결과를 가져왔다. 이 과정에서 종파적 경향은 점차 약화되었고, 당내의 새로운 간부가 양성되면서 당내의 사상의 통일성과 당조직의 강화가 진행되었다.

　1948년 초의 각급당단체지도기관사업총결과 지도기관선거사업과정을 통해 보면 전반적으로 세포가 강화되었고, 2차 당대회를 거치면서 세포의 규율이 강화되고 열성당원이 증가하였다. 이러한 당조직의 강화는 북로당의 사회전반에 대한 영향력의 강화로 이어졌고, 사회의 가치관을 변화시켰는데 이로 인해 계급 간의 갈등도 표출되었다. 북로당은 비록 국가권력에 도전하여 혁명투쟁을 진행한 것은 아니었지만, 노동자와 빈농이 중심이 된 사회주의정치체제의 형성을 위하여 강한 당규율을 유지하였다.

　북로당의 하부조직실태를 이해하기 위하여 1948년을 중심으로 정리하면 다음과 같다. 북로당은 조공분국시기부터 당내 민주주의에 대한 제한을 인정하였는데, 1948년경에도 하급당조직에서의 상급당 결정에 대한 비판은 금지되었다. 따라서 당내 민주주의는 상부 정책 자체를 비판하는 것이 허용되지 않는 것이었고, 당조직 내의 수평적인 위치에 있는 당원들 간의 상호 비판을 의미하는 것이었으며, 상부의 정책이 옳게 수행되었는가를 비판하는 것을 의미하였다. 이로써 하급당에 대한 상부의 장악은 강화되었지만, 하급당의 자발적 참여와 창의력의 발휘는 약화되었을 가능성이 높으며 당원들이 의사결정과정에서 차지하는 영향력은 매우 약했다고 할 수 있다.

노동규율을 위반하면 출당까지 당할 수 있을 만큼 노동성실성은 당원들에게 중요한 의무였는데, 1947년경부터는 노동자 당원들의 노동규율이 강화되고, 당원들의 노동현장에서의 모범적인 역할이 증가된 것으로 보인다. 당원들은 당건설과 국가건설, 성실한 노동과 더불어 당비라는 물질적 부담도 가지고 있었는데, 1948년 평양시 중구 도당세포와 인제군당의 경우를 보면 대체로 당비는 80~90% 이상이 납부되었다. 당비의 납부는 세포위원장의 징수태도와도 관련이 있지만, 이러한 당비 납부율은 당원의 당조직 참여의사를 반영하며 북로당의 당원 동원능력이 상당한 수준에 이르렀음을 보여준다.

투쟁의 역정을 통한 당원의 성장과정이 없었던 북로당은 국가건설 과정에서 동원과 학습을 통하여 당원을 발굴하고 당조직을 강화해 갔다. 동원은 북로당 정권의 지지를 위한 정치적 목적과 경제건설 목적으로 구별할 수 있다. 노동력 동원을 통한 경제건설과정은 상당한 육체적 부담이 되어 일부 인민들이 동원을 기피하는 등 마찰을 빚기도 하였지만, 1948년경에는 당조직의 당원들에 대한 노력동원이 성공적으로 이루어졌다. 1948년 5월에는 1년에 20일간의 건국노력동원이 법제화되어 강제성이 부여되었는데, 이 시기의 인제군에서는 당조직을 통해 각종 동원이 확실하게 집행되었다. 동원과정에서 일부의 불평에도 불구하고 북로당 당원들은 모범적인 역할을 해냈고, 북로당은 인민대중에 대한 동원능력을 확보한 것으로 보인다.

북로당 당원들의 맑스-레닌이즘 수준은 대단히 미약한 것이어서 1946년 말에도 당정치교양사업은 당강령과 규약해설에 치중되었다. 1947년 말이 되면서 당원들의 정치사상수준이 높아졌고, 유일제강에 의한 통일적인 교양의 집행이 이루어졌다. 이 단계에는 비당원들도 세포학습회에 참석시켜 교양사업을 수행하였는데 당원들의 참석률은 부진하였다. 이에 대처하여 북로당은 학습망을 개편하였는데, 그 결과 1948년에는 학습참여율이 높아졌고 일부 당열성자와 간부들의 자습체계가 이루어졌다. 이 단계는 북로당의 조직이 강화되고 일부 간부들의 이론 수준이 높아졌음을 보여주지만, 인제군당의 사례를 보면 간부급 당원들의 학습태도와 이론적 수준조차도 '경고책벌'이 요구되는 처지였다.

1949년 초부터는 비당원들의 세포학습회 참여가 비판되었는데, 이것은 당원확장을 위한 비당원 교양의 필요성이 적어졌음을 반영하는 동시에 비당원과 당원 간의 의식수준의 차이가 커졌음과 북로당 당조직의 독립적 역할이 커졌음을 보여준다. 대체로 당조직은 강화되어 갔지만, 그 내부에는 상당한 마찰과 갈등이 있었다. 한국전쟁 전에 약 70만 명가량의 월남이 있었다는 추정이 있는데, 이들 중 상업이나 인테리 성분의 월남 비율은 자체 성분 인구비율에 비하여 상당히 높았고, 농민에 비하여 노동자의 월남 비율도 높은 편이었다. 도시와 농촌의 중간계급과 피지배계급에서도 정치적·사상적 이유로 월남을 한 경우가 각각 55.6%와 35.3%에 달했다는 연구가 있었는데, 이것은 지주뿐만 아니라 중농과 도시의 중간계급도 정치적·사상적 갈등이 있었다는 점에서 주목할 만하다.

인제군당 당원 중의 약 6.5%가 월남(월남추정행방불명 포함)하였는데, 이들은 연령층으로는 젊은 층, 성분으로는 중농, 학력으로는 국문해득층, 입당 당으로는 신민당과 밀접한 관계를 가지고 있었다. 이 중에서도 더욱 중요한 요인은 성분과 입당 당이라고 할 수 있는데, 중농 성분의 신민당 입당의 정치적 성향을 가진 사람들이 인제군당 당원으로서는 가장 커다란 갈등을 가지고 있었음을 알 수 있다. 이것은 일반적인 월남과도 큰 차이가 없다고 할 수 있으며 북로당 당조직 내에 일반 사회와 비슷한 갈등이 내재해 있었음을 보여준다. 동시에 숫자적으로는 빈농 출신의 당원들이 더 많이 월남하였다는 점에서 북로당의 사회와 당조직의 운영이 기본계급에게도 큰 부담과 갈등을 주었음을 알 수 있으며, 기본계급에서도 일부 비슷한 현상이 있었음을 알 수 있다.

　조공분국은 1945년 말부터 각지에 정치학교를 설립하고 노동자 당원을 간부로 양성하기 시작하였으며, 3차 확집위 이후에는 도당학교, 중앙당학교가 설립되면서 당과 정권기관의 간부가 양성되었다. 중앙당학교의 창립은 당내의 파벌로부터 벗어난 새로운 세력을 양성하는 계기가 되었고, 도당학교에서도 하부조직의 건설과 종파주의 타도가 교육의 핵심 내용이었다. 이처럼 간부양성은 조공분국 지도부의 결정이 철저히 관철되는 하부조직의 건설이 목적이 되었으며, 노동현장에 연계된 노동자를 중심으로 한 하급간부의 성장을 목적으로 하였다.
　북로당의 간부양성과정에서는 성분이 강조되었고, '종파'와의 무관성이 요구되었다. 또 본인과 부모의 사상동태와 38이남 친척관계, 토지개혁으로 인한 영향도 중요한 조건이 되었다. 북로당 중앙은 도당에서의 하급간부 양성에 적극 관여하였고, 1947년부터는 중앙당학교와 각급 당간부 양성 학교에서 직접 생산에 복무하는 노동자당원을 50% 이상 학습시켰다. 또 도·시·군 당부의 부부장을 모두 생산 노동자인 당원으로 배치하였는데, 이로써 각지의 당간부 구성에서 노동자 성분이 증가하여 강원도당의 경우 56.2%에 달했다. 북로당 2차 당대회 전까지 중앙당학교와 도당학교에서 양성된 4,000여 간부의 성분은 노동자와 농민이 중심이 되었고, 이들은 지방사회의 지배질서가 개편되는 과정에서 주역으로 등장하게 되었다. 또 북로당은 사회단체에서의 간부양성을 중지시키고, 중앙당학교에서 각 사회단체 간부를 양성하게 함으로써 사회단체에 대한 지배를 강화하기도 하였다. 반면에 새로운 간부가 충원되면서 기본계급이 아닌 간부들이 밀려나게 되었고, 계급적인 갈등이 확산되어 하급간부 간의 권력다툼을 중앙이 통제해 내지 못할 정도로 하부에서의 질서의 재편이 이루어졌다.

　당간부의 양성과 더불어 노동자와 빈농의 자녀에게도 학교교육의 기회가 제공되었고, 강력한 문맹퇴치사업이 진행되었다. 특히 대학과 전문학교에서는 노동자와 농민의 자녀가 국가의 지원을 받아 공부하였고, 대학 내 당조직사업을 강화하고 학생들을 북로당의 결정과 지시에 의하여 교양하였다.

　중등학교에서는 1946년 초에도 교내 질서와 규율이 문란하였는데, 기본 성분의 학생들에 대한 지원이 강화되면서 조공분국의 영향력이 강화되었다. 1947년이 되면 북로당의 영도하에 민청이 소년단 조직에 착수하여 학생들의 사상을 변화시키고 조직화를 진행시켰다. 북로당은 학교장의 임면에 주도적 영향력을 가지고 있었는데, 1948년 중반에는 교원의 입당이 증가하였으며 학교 내 교원에 대한 북로당의 영향력도 크게 강화되었다.

　이로써 북로당은 노동자와 빈농을 중심으로 하는 당원 양성과 간부 양성의 토대를 구축하였으며, 하급간부에 대한 북로당 중앙의 통제력을 확보하였고, 이들을 통하여 하부의 질서를 개편하여 하부사회에 대한 북로당의 주도적 영향력을 장악하였다.

제 2 장

북조선로동당과 정권기관의 관계

한반도는 일제의 강력한 통치질서하에 있었지만, 일제 패망 후에는 한반도 전역에서 민간사회(civil society, 시민사회)로부터 조직된 인민위원회가 성립되었다. 각지에 성립된 인민위원회는 해방 전의 명망이나 사회운동을 기반으로 조직된 것으로 인민대중의 지지를 바탕으로 성립된 탄탄한 조직은 아니었다. 하지만 소련군은 각지에 성립된 인민위원회의 행정적 권한을 인정하였고, 특히 공산주의들에 의한 주도권 확대를 지원하였다.

북한 정치의 중심인 평양에서는 평남인민위원회가 조만식의 영향하에 있었지만, 그 외 각 지의 인민위원회에서는 공산주의자들의 영향력이 확대되었다. 특히 보안기관이나 군과 같은 무력기구에 대한 김일성파와 조공분국의 영향력이 확대되었다. 소련군의 지원은 북한 내의 실질적인 정치지형을 공산주의자들의 우위로 만들었는데, 모스크바 3상회의 결정은 우익세력의 중앙정치사회에서의 이탈로 이어졌다.

이로써 좌파 연합의 성격을 가진 중앙권력인 북임인위가 북한에서 성립되어 급진적인 토지개혁을 실시하고 지방에 대한 영향력을 강화하면서, 북한사회는 사회주의적인 정치체제로의 변화가 시작되었다. 본장에서는 1946년 11월에 실시된 도·시·군 인민위원회 위원선거가 갖는 실질적인 내용을 분석하고, 이어서 수립된 북조선인민위원회와 북로당의 관계를 논하고자 한다.

북조선인민위원회 수립 후 리·면 인민위원회 위원선거가 이어졌는데 이 선거를 통해 북한의 농촌사회는 북로당원에 의하여 완전히 재편되었고, 하부에서의 북로당 지배체제가 더욱 강화되었다. 이러한 변화를 인제군당과 인제군 정권기관의 관계에 대한 분석을 통해 정부수립 전후의 지방 정치체계와 사회변화를 정리하고자 한다. 인제군 사례는 북로당 지방당에 대한 자세한 이해가 가능한 사례로 하급당의 조직과 활동을 잘 볼 수 있고, 군당과 군인민위원회, 기타 정권기관, 사회단체를 함께 파악할 수 있다는 점에서 매우 유용하다. 또 지리적인 편중에도 불구하고 중앙에서 파악한 지방의 일반적인 사정과 크게 다르지 않다는 큰 장점을 가지고 있다.

이어서 김일성권력 수립의 실제적인 바탕이 되기도 한 보안기관과 군, 사법기관에 대한 북로당 당원의 참여와 역할을 살펴봄으로써 사회주의 정치체제의 수립과정과 성격을 논하고자 한다. 특히 북로당 지도부와 군과의 관계와 사법기관에서의 성분변화에 주목하여 살펴보고자 한다.

북조선로동당의 국가권력 장악과 하부인민위원회 재편

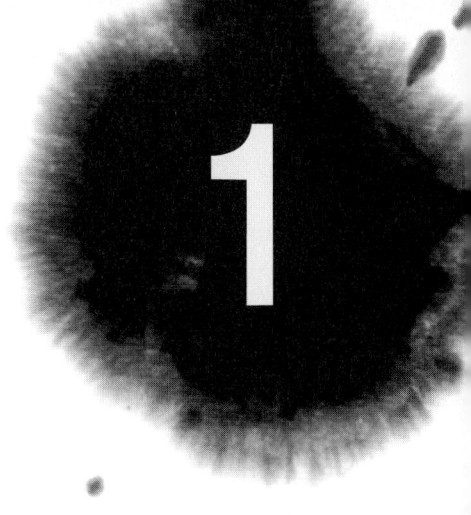

1) 김일성의 북조선임시인민위원회 주도

1945년 8월 일제가 패망하자 조선인들은 즉각적으로 인민위원회를 구성하였는데[1] 북한지역의 인민위원회 조직은 1945년 11월경에는 읍·면 단위까지 거의 완성된 것으로 보인다.[2] 각 인민위원회의 주도세력은 계급적 기반이나 이념적으로 차이가 있었고, 이 조직들이 좌익세력들에 의해 처음부터 모두 주도되었던 것은 아니었다.

북한의 중심인 평양에 조직된 건국준비위원회 평안남도 지부의 경우 위원장 조만식과 부위원장 오윤선이 모두 기독교 장로였고, 이주연·김광진·한재덕을 제외한 대부분은 기독교인과 우익인사들이었다. 그러나 평남건준은 8월 하순에 평남인민정치위원회로 명칭이 고쳐지고 간부구성이 개편되었는데, 간부 개편의 결과 평남건준시기 3명이었던 공산당측 간부가 반수가 되었다. 하지만 이 시기에는 조만식의 권위와 영향력을 소련군도 인정하는 상황이었기 때문에 평남인민정치위원회가 공산당측의 일방적인 통제하에 있다고 하는 것은 적절하지 않은 관찰이다.[3]

---

1) 각 도의 인민위원회 성립 과정은 류길재, 앞의 논문, 78~113쪽 참조.
2) 「전국인민위원대표자대회 의사록 1945년 11월 24~25일」, 『북한관계사료집』 6, 618쪽.

『평양민보』 10월 16일자에 발표된 평남인민정치위원회의 「시정대강」 19개조에 소작료 3·7제와 일제·친일분자 소유 생산기관을 국유화하는 등 중요 내용에서 공산당 측의 의견이 충분히 반영된 점은 주목할 만하다. 이와 같은 현상을 공산당 측의 수적인 우위에서 나온 결과로 해석하기보다는 해방된 조선의 구조적 조건이 요구하는 상황이 반영된 것으로 보아야 할 것이다.

평남인민위원회[4]는 초기 넉달 동안 조만식이 가진 정치적 위상을 바탕으로 북한의 준정부적 기능을 수행하였고[5] 10월 3일에 로마넨코 소장을 수반으로 발족한 민정국은 소련의 대북한 정책을 집행하는 역할을 수행하였다. 또 10~11월에 조직된 행정 10국은 소련군 사령부 밑에서 중앙권력기관의 기능을 수행하였는데, 행정 10국의 각 국장에는 공산당, 독립동맹, 무소속, 민주당이 망라되었다. 이처럼 해방 후 북한에서는 소련군과 조선인 간의 타협하에 정치상황이 전개되었다.

동해안 지역은 좌익인사들이 처음부터 인민위원회를 주도하여 소련군과 긴밀하게 연계되었으며, 중요한 우익정치조직도 거의 없어서 강원도(38 이북지역)에는 1945년 11월 시점에 좌익성향의 인민위원회가 상당히 안정된 정부기관으로 잘 기능하였다.[6] 다른 지역의 실정도 모두 평안남도나 강원도의 성격 범위 안에 있었지만, 공산당이 북한의 모든 지역에 대한 충분한 주도권을 장악하지는 못한 것이 1945년 말까지의 실정이었다.

조공분국 설립의 중요한 목적 중 하나가 5도에 대한 정치적 통제였지만[7] 1945년 말 조공분국의 자기평가를 보아도 조공분국의 도·군·면 인

---

3) 류길재, 앞의 논문, 84쪽.
4) 평남인민정치위원회는 11월 24일에 평남인민위원회로 개칭되었다(「중요일지」, 『북한관계사료집』 7, 582쪽).
5) 류길재, 앞의 논문, 86쪽.
6) 류길재, 앞의 논문, 109쪽.
7) 『正しい 路線』 東京, 民衆新聞社 出版部轉刊, 1946, 44~5頁. 서동만, 앞의 논문, 21쪽에서 재인용.

민위원회에 대한 영향력은 약한 실정이었다.8) 조공분국은 당내의 통일적인 지도권조차 확립되지 못하였고, 당조직이 강화되지 못한 상태였기 때문에 각 인민위원회에 대한 통일적 지도를 할 수는 없었다. 그러나 3차 확집위에서 책임비서로 김일성이 선출되면서 당내의 조직질서가 잡히게 되었고, 조공분국은 당 내외에 대한 통일적 지도를 시도하게 되었다.

하지만 조공분국 내에서 김일성의 통일적인 지도력이 안정되기도 전에 모스크바 3상회의의 '신탁' 결정이 나오면서 북한 내의 정치지형에 큰 변화가 이루어졌다. 북한 정치의 중심인 평남인민위원회는 모스크바 3상회의 결정에 의하여 충격적인 변동을 맞이하였다. 조만식은 모스크바 3상회의 결정에 대하여 지지를 거부하였고, 이에 대한 소련과 조공분국의 '연금' 대응으로 해방 후 이루어졌던 좌우익 간의 통일전선에서 이탈이 나타났다.9)

조만식이 반탁을 견지하고 조선민주당에서 평남도인민위원회에 들어가 있는 당원을 소환함으로써10) 평남인민위원회의 좌우파연합은 상부에서부터 실질적으로 붕괴하였다. 1946년 1월 14일 평남인민위원회 회의에서는 134명의 확대위원회를 조직하기로 하고 선출방법을 일임받은 전형위원으로 홍기주, 이주연, 장시우, 이완□, 박근창, 이관엽, 김□현 7인을 선정했다.11) 그리고 1946년 1월 23일에 144명의 위원으로 제1차 평남도

---

8) 「조공북조선분국 중앙 제3차 확대집행위원회에서 결정」, 『북한관계사료집』 1, 11쪽.
『정로』 1946년 1월 8일, (2), 「평남도당 제1차 대표대회결정서」.
9) 위의 신문, 1945년 11월 1일, (1), 「5도당책임자열성자대회 결정서」(조공분국은 식민지 조선이 자체의 힘에 의해 해방된 것이 아니고, 사회주의 소련과 자본주의 영·미의 힘에 의해 해방된 것이라는 특수성을 인정하고 있었다).
10) 위의 신문, 1946년 2월 13일, (2), 「조선민주당열성자협의회결정서」.
11) 위의 신문, 1946년 1월 16일, (1), 「평남인민정치위원회의」(□는 확인이 어려움).
평양시 40명, 진남포 10명, 각군에 6명(군위원회 위원장, 부위원장, 보안서장 포함)(같은 곳).

정확대위원회가 개최되었다. 개회사에서 홍기주는 일부 '반동분자'가 드디어 퇴진하였다[12]고 했는데, 이 시점을 계기로 평남도인민위원회에 대한 조공분국의 주도권이 확보되었음을 알 수 있다. 민주당 내에서 인민정치위원회에 공산당 출신간부가 너무 많다는 비판이 있었을 만큼[13] 큰 변화가 있었다.

이러한 변화 속에서 1946년 2월 8일 소련의 지원하에[14] 북임인위가 수립되었다. 이로써 소련군의 북한정치에 대한 직접적 관여가 점차 축소되고 조선인의 역할이 확장되는 계기가 마련되었다. 북임인위 위원장에 추대된 김일성은 조공분국의 지도자로서보다는 북임인위 위원장으로서 대중적인 명망과 위상을 강화하고자 하였는데, 북임인위 위원장이라는 직책은 김일성에게 인민의 최고지도자라는 위상을 심어주는 중요한 계기가 되었다.

당시 김일성은 조공분국 내에서 완전한 헤게모니를 장악하지는 못한 상태였고 조공분국은 국가기구를 완전히 장악하지 못한 형편이었는데, 김일성은 북임인위라는 국가권력기구 장악을 통하여 정치기구와 당에 대한 헤게모니를 강화하는 기회를 가지게 되었다. 또 이 시점에 국가의 강제력을 실행하는 보안기구가 항일유격대 출신 세력에 의하여 장악되어 간 것은 김일성 권력의 기반 강화에 중요한 의미가 있다.[15] 이러한 과정을 통해 김일성은 중앙의 국가기구를 주도하여 당을 확대·강화시키고, 다시 중앙과 지방의 국가기구를 당이 주도하는 형태로 변화를 이

---

12) 위의 신문, 1946년 1월 26일, (1), 「평남도정확대위원회」.
13) 위의 신문, 1946년 1월 26일, (1), 「김일성동지축사요지 －평남도정확대위원회」. 「인민정치위원회는 진정한 인민의 정권기관으로 되어야 한다 －평안남도 인민정치위원회 제1차 확대위원회에서 한 연설 1946년 1월 23일」, 『김일성저작집』 2, 24쪽.
14) 위의 신문, 1946년 2월 10일, (3), 「북조선인민위원회수립의 필요성에 관하야」.
15) 김일성은 소군정과의 협의 아래 북임인위 직속으로 보안대대본부(사령관 최용건)를 만들고 군대양성에 들어갔다(중앙일보 특별취재반, 앞의 책, 69쪽).

루어냈다. 이것은 소련군의 영향력을 약화시키고 조선인이 북한사회를 주도하며, 빈농과 노동자가 기본 성분인 북로당원이 북한사회의 지배질서를 변화시키는 과정이었다.

성립 초기의 북임인위는 비록 소련과의 협의를 거쳐야 했지만 모든 법령과 결정의 초안을 북임인위 산하의 각국(各局)이 작성하게 되어[16] 중요한 정치적 결정이 필요한 부분을 제외하고는 실질적인 권한을 확보했던 것으로 보인다. 이후 북임인위는 행정 10국의 사업을 이어 받고, 행정 수반인 김일성이 확고한 정치기반을 확보해 감에 따라 하부에 대한 지도능력이 강화되었다.

북임인위의 성격은 북임인위의 간부진과 창립대회 결정서에 제시된 주요과업을 통하여 이해할 수 있다.

〈표 2-1〉을 보면 북임인위는 조공분국, 독립동맹, 민주당, 북조선노동·농민조합, 여성동맹, 민주청년동맹이 골고루 참여하여 통일전선의 형식을 갖추었다.[17] 그러나 북임인위의 실질적인 권한은 인민위원회보다는 상무위원회나 행정 각국에 있었는데, 북한의 정치적·경제적 상황이 전문성과 강력한 지도력을 필요로 했다는 점에서도 상무위원회와 각국의 역할이 강조되었다.[18]

북임인위 수립 후 지방 인민위원회에 대한 장악은 교육 훈련과 재정적인 면에서도 이루어져 1946년 2월부터 각 도와 군인민위원회 간부들은 평양이나 도청소재지에서 훈련과 교육을 받아야 했다.[19] 재정 면에서 보면 1945년의 5~7개월간의 예산이 2억 3,600만 원이었는데, 1946년의 9개

---

16) 「북조선임시인민위원회구성에 관한 규정 실시요강」, 『북한관계사료집』 5, 15~16쪽.
17) 조공분국(김일성, 무정), 독립동맹(김두봉, 방우용), 민주당(홍기황, 강양욱), 노동조합(현창형, 강영근), 농민연맹(강진건), 여성동맹(박정애), 민주청년동맹(방수영), 문예동맹(이기영).
18) 행정 10국의 국장은 산업국장 정준택을 제외하고 전원 유임되었다.
19) 류길재, 앞의 논문, 199쪽.

월간의 예산은 9억 2,800만 원으로 증가하였다. 이와 더불어 중앙예산액의 도예산총액에 대한 비율이 1945년 60%에서 1946년에는 240%로 확대되었고, 중앙예산으로 도재정의 부족을 보급한 것이 1945년에는 7,500만 원이었는데 1946년에는 2억 4,000만 원으로 확대되어[20] 재정의 중앙집권화가 강화되고, 북임인위가 재정적으로 지방인민위원회에 대한 영향력을 강화해 가고 있었음을 알 수 있다.

〈표 2-1〉「북조선임시인민위원회」 조직구성

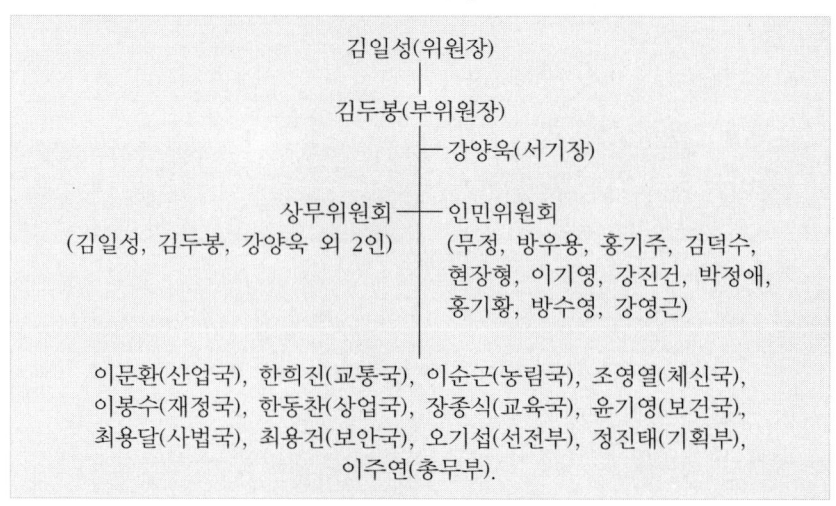

출처 : 류길재, 앞의 논문, 197쪽.

2) 인민위원회의 합법화

북임인위 수립으로 중앙에서 조공분국의 주도권이 확고해졌다면, 인민의 대부분이 거주하는 지방에서의 주도권은 토지개혁을 통하여 확보되었다. 토지개혁은 북한의 국가건설과정에서 아래로부터의 지지를 끌

---

20) 1947년 5월, 「북조선세제」, 민주조선사.

어낸 가장 중요한 사건이었으며, 이후 북한정치의 변화를 가져온 핵심적인 요소였다.

토지개혁의 실행과정에서 조공분국의 당원들이 모든 것을 주도하고, 정권기관은 뒤에서 보조역할이나 하는 것에 불과한 경우가 많이 있었다.[21] 이런 일이 나타난 이유는 각 처의 인민위원회가 약하고 '비민주주의 분자'들이 참여하고 있었기[22] 때문인데 조공분국의 적극적 역할이 불가피한 조건이었다. 따라서 토지개혁을 전후하여 조공분국과 북임인위는 적극적으로 행정기관에 있는 반대세력을 제거하였다.[23] 토지개혁의 과정은 각급 인민위원회 위원들의 정치적 성향과 실천능력을 확인하는 기회가 되었으며, 집행능력과 정권기관의 위력을 확인하는 계기가 되었다. 그리고 토지개혁의 성과로 조공분국의 영향력은 크게 확대되었다.

1946년 5월 북임인위 선전부는 매주 북임인위 직원들에게 조공분국의 노선과 정책, 북임인위의 법령과 결정, 지시, 국내외 정세를 교양하도록 하였다.[24] 북임인위 직원들에게 조공분국의 노선과 정책을 교양하도록 한 것은 북임인위에서의 조공분국의 영향력이 강화되었음을 의미하는데, 실질적으로 북임인위가 조공분국의 정권임을 드러낸 것이라고 할 수 있다. 또한 1946년 5월 북임인위 제7차 회의 즈음에 북임인위 국, 부들의 간부와 직원을 정리하는 심사사업을 진행하였다.[25] 심사사업에서 '불순이색

---

21) 김일성, 「토지개혁사업의 총결과 금후 과업 – 조공 북조선분국 중앙 제6차 확대집행위원회에서 보고 1946년 4월 10일」, 『북한관계사료집』 1, 57쪽.
22) 위의 글, 57쪽.
23) 황해도 신천군의 경우 해방 후 구성된 인민위원회 위원장에 조만식 지지파인 대지주가 당선되어 직원채용 및 도인위 명령 복종에 '과오와 오류'가 있었는데 직원 중 '불순분자'를 숙청하였다(「정세보고(황해도 관내 재판소·검찰소)」, 『북한관계사료집』 9, 167쪽).
24) 「북조선림시인민위원회 부서들의 사업을 개선강화할 데 대하여 – 북조선림시인민위원회 제7차 회의에서 한 결론 1946년 5월 3일」, 『김일성전집』 3, 360쪽.
25) 위의 글, 361쪽.

분자'들을 제거하여 북임인위에 대한 조공분국의 주도를 강화하였다.

그러나 아직도 각급 인민위원회들은 중앙의 지시를 집행하지 않는 무규율적인 현상들이 있었고[26] 현직 간부들은 과거에 중앙이나 지방의 행정을 해 본 경험이 없어서 부과된 과업이 원만히 수행되지 못하였다. 이에 대한 대책으로 각급 인민위원회 위원장, 부위원장, 부장들을 위한 강습소가 운영되었다.[27] 지방 인민위원회의 미숙한 행정능력은 중앙의 지도와 간섭을 강화시키는 조건이 되었으며, 이러한 중앙의 영향력은 지방인민위원회 내에서의 통일전선정책이 유지되는 실질적인 조건이 되었다. 동시에 조공분국의 영향력 약화를 보완하는 데 보안기구와 북조선민전이 기여하였다.

북로당이 창립되기 전부터 이미 영향력이 확대된 조공분국의 일부 당원은 인민위원회 사업을 독차지하려는 경향이 있었다.[28] 따라서 북로당이 창립된 후에는 인민위원회에 대한 영향력이 더욱 강화되었고, 토지개혁이후 지방사회에서의 좌경적 경향이 심해졌다는 점에서 북로당원의 인민위원회에 대한 독차지 경향은 계속된 것으로 보인다. 인제군의 경우 면당 위원장을 면인민위원장으로, 면인민위원장을 면당 위원장으로 하는 간부 이동을 상부지령으로 결정하였는데, 이것은 지역에 따라 북로당이 일방적으로 하급 인민위원회를 장악하고 있었음을 보여준다.[29] 이 시점에 북로당의 일부 당원은 타당원이 인민위원회 안에 들어오는 것을 꺼려하기도 하였는데 ―이에 대하여 김일성은 비판하였지만[30]― 북로당의

---

[26] 「북조선공산당 중앙위원회 확대집행위원회에서 한 결론 1946년 6월 22~23일」, 『김일성전집』 3, 495쪽.
[27] 위의 글, 495쪽.
[28] 「북조선로동당창립대회 회의록」, 『북한관계사료집』 1, 145쪽.
[29] 「인제군 서화면당 열성자 대회 회의록 －1946년 11월 19일」, 『북한관계사료집』 4, 586, 592쪽.
[30] 「로동당의 당면과업에 대하여 －북조선로동당창립대회에서 한 결론 1946년 8월 29일」, 『김일성저작집』 2, 387쪽.

주도가 실질적으로 필요하였기 때문에 하부에서의 북로당 독주는 고쳐질 수 없었다.

북로당이 성립된 직후인 9월 5일, 북임인위는 도·시·군·면·리 인민위원회에 대한 규정을 결정하였다.[31] 11월 3일의 도·시·군 인민위원회 위원선거와 1947년 2~3월의 리(동)·면 인민위원회 위원선거를 통하여 하부 인민위원회를 개편하고 영향력을 강화하고자 한 것이다. 하지만 북로당은 선거를 계기로 '통일전선'이 깨지는 일을 피하기 위하여 타당을 배격하는 일이 없도록 주의를 하면서, 북조선민전[32] 내 북로당의 영향력을 확대시키고자 하였다.[33]

도·시·군 인민위원회 위원선거는 북조선민전에서 위원후보자를 추천하였고, 흑백함 투표를 진행하였다. 투표의 진행과정은 흑백함 투표의 문제보다도 추천방식의 민주주의적 절차 생략이라는 문제점이 있었고, 이로 인하여 일부에서 '후보자를 민전에서 내세우는 것은 비민주주의적이며 선거할 필요가 없다'[34]는 비판이 있기도 했다. 특히 일부지방에서

---

31) 「북조선 도·시·군·면·리인민위원회에 관한 규정에 대한 결정서 —북조선임시인민위원회결정 제69호」, 『북한관계사료집』 5, 19쪽.
다음의 친일분자에게는 선거권과 피선거권이 박탈되었다.
1. 조선총독부의 중추원 참의·고문 전부 2. 도회의원·府會의원의 조선인 전부 3. 일제시대의 조선총독부 및 도의 책임자로써 근무한 조선인 전부 4. 일제시대의 경찰·검사국 재판소의 책임자로서 근무한 조선인 전부 5. 자발적 의사로서 일본을 방조할 목적으로 일본主權에 군수품 생산 기타의 경제자원을 제공한 자 6. 친일단체의 지도자로서 열성적으로 일본제국주의를 방조활동한 자 (「면·군·시·도인민위원선거에 대한 북조선임시인민위원회 제2차 확대위원회의 결정서 —북조선임시인민위원회결정 제72호」, 『북한관계사료집』 5, 26쪽).
32) 북조선민전은 1946년 7월 각정당·사회단체대표회의에서 결성이 결정되어 8월까지 도조직과 군조직을 완료하였다(『조선해방연보』, 455쪽).
33) 朱寧河, 「選擧運動의 意義와 黨의 當面課業」, 『근로자』, 1946년 창간호, 84~85쪽.
34) 「평북도당의 선거선전사업 강화에 관하여 —북조선로동당 중앙상무위원회 제7차 회의결정서 1946년 10월 8일」, 『결정집』, 18쪽.

는 '민전의 통일전선으로서의 위상을 인식하지 못한' 일부 북조선민전위원들이 마음대로 후보를 정한35)일로 인하여 불만을 사기도 하였다.36) 이것은 인민위원회 위원선거 과정에서 북로당의 영향력이 커짐으로 인하여 타당과 알력이 생겼던 것으로 이해된다.

〈표 2-2〉 도·시·군 인민위원회 위원 성분 구성

	1946년 9월26일	1946년 11월3일		1949년 3월 30일	
		비율	인원	비율	인원
노동자	5.7	14.7	510	26.5	1549
농민	71.8	36.4	1256	38.6	2259
사무원	15.8	30.5	1056	16.1	943
인텔리(문화원)		9.0	311	10.7	624
상인	4.6	4.2	145	3.2	190
수공업자/기업가	2.1	2.1	73	2.3	135
종교인		2.7	94	2.5	148
전지주		0.4	14	0.1(기타)	5
계	100%	100%	3459	100.0	5853

출처 : 「북조선로동당의 창립과 남조선로동당의 창건문제에 대하여 1946년 9월 26일」, 『김일성선집』 1(1954), 223쪽.
「북조선림시인민위원회 제3차 확대위원회에서 한 연설 1946년 11월 25일」, 『김일성저작집』 2, 544쪽.
『조선중앙년감』 1949년, 85쪽.
국토통일원, 『최고인민회의자료집』 제1집, 483~484쪽.
* 1949년은 구역 위원 포함.

---

35) 「면, 리(동) 인민위원회 위원선거를 성과적으로 보장하기 위하여 ─북조선민주주의민족통일전선 중앙위원회 제9차 회의에서 한 결론 1947년 1월 11일」, 『김일성저작집』 3, 12쪽.
36) 소련의 선거제도는 선거절차 자체보다도 각종 선거의 입후보자 지명과정이 까다롭고 중요하다. 당이나 정부기관 등의 공식기구에서 회합에 의하여 후보자로 지명된 사람은 국가선거위원회에서 당과 연방 등의 각종 조직의 대표가 모여 이력, 경력, 黨性 등을 감안하여 정식후보로 지명된다(조정남, 앞의 책, 91쪽).

1946년 11월의 도·시·군 인민위원 선거에 총 유권자 451만 6,120명 중에서 99.6%인 450만 1,813명이 투표에 참가하였으며, 도인민위원은 97%, 시인민위원은 95.4% 군인민위원은 96.9% 찬성을 받았다.[37] 선거의 선전에는 소학생으로부터 중학생, 청년, 여성, 예술인, 각 사회단체 맹원들 거의 모두가 동원되었다.[38] 학생들이 이처럼 선전에서 중요한 역할을 하게 된 것은 토지개혁으로 인한 성과의 하나라고 할 수 있다.

도·시·군 인민위원회 위원(도위원 452명, 시위원 387명, 군위원 2,720명) 중에는 453명(13.1%)의 여성이 선출되어[39] 당시 여성의 사회적 활동에 비하여 큰 비중을 차지하였다. 〈표 2-2〉에 따르면 북로당이 중시하는 성분의 변화는 1946년 11월 선거에서는 선거 전보다 노동자와 사무원이 각각 2.6배, 2.5배(문화인 포함) 증가한 것을 주목할 수 있다. 1949년 3월 선거에서는 노동자 성분이 26.5%가 되어 1946년 11월 선거를 통한 개편 전의 노동자 비율 5.7%에 비하면 불과 3년 만에 약 4.7배 증가한 것을 확인할 수 있다. 이처럼 북한사회는 뚜렷하게 지배질서가 재편되고 있었는데 노동자 성분의 증가는 북로당의 핵심 성분에 대한 당연한 확장이며, 사무원 성분의 확장은 인민위원회 행정을 감당하기 위한 불가피한 수요를 보여 주는 면과 통일전선정책의 유지를 보여주는 양면이 있었다.[40]

---

37) 「민주선거의 총화와 인민위원회의 당면과업 －북조선림시인민위원회 제3차 확대위원회에서 한 연설 1946년 11월 25일」, 『김일성선집 1954』 1, 267쪽.
38) 위의 글, 279쪽.
　　이때 83만여 명이 선전원으로 동원되었다(「당중앙위원회사업에 대하여 －북조선로동당 함경남도 제2차 대표대회에서 한 보고 1948년 2월 21일」, 『김일성저작집』 4, 143쪽).
39) 박철·김택영, 「북조선 면 및 리(동) 인민위원회 위원선거는 어떻게 진행될 것인가」, 『북한관계사료집』 11, 572~573쪽.
40) 일제하 사무원 출신은 대부분 하급직 종사자들이었을 것으로 보이지만, 북로당은 일제하 사무원 경력자들에 대하여는 비판적 시각을 계속 유지하였다.

〈표 2-3-1〉 도·시·군 인민위원회 위원의 정당별 구분

		북로당	민주당	청우당	무소속
도·시·군	숫자	1,102	351	253	1,753
	비율	31.8	10	8.1	50.1

출처 : 『조선중앙년감』 1949년, 84쪽.

〈표 2-3-2〉 도·시·군 인민위원회 위원의 정당별 구분(도별)

	북로당	민주당	청우당
평남	27.5	12.1	12.7
평북	28.8	10.3	8.2
함남	36.4	6.4	7.2
함북	33.3	7.2	5.6
황해	32.6	4.9	5.2
강원	34.7	11.1	3.6
평양	24.4	14.6	12.2

출처 : 같은 곳.

〈표 2-3-1〉의 도·시·군 인민위원회 위원 중에서 북로당 소속이 31.8% 인 것은 1946년 11월의 북한 정치상황을 충분히 설명하지 못한다. 〈표 2-3-2〉에 따르면 도별 도·시·군 인민위원회 위원들의 정당 소속에도 차이가 있었는데, 이것은 이 시기에 각 정당의 사회적 기반과 활동이 지역 별로 차이가 있었음을 보여준다.[41] 무소속의 비율이 50.1%에 달했는데, 대부분이 북조선민전에 참가하고 있는 각 사회단체의 주요 구성원들로 이루어져 있었다는 점에서 무소속 중에서 상당수가 북로당의 영향력 아래 있었을 것으로 추정된다.[42] 도시의 민주당원들이 각 기관에 많이 들

---

41) 류길재, 앞의 논문, 275쪽.
42) 북로당원과 무소속을 합한 비율 81.9%는 노동자, 농민, 사무원 성분 비율 81.5% 와 매우 유사한 수치를 가진다는 점도 의미있다.

어가지 못한 것에 대하여 불평불만을 품었다[43]는 것은 이 같은 사실의 일단을 설명해 준다.

1946년 말 평양시 인민위원회를 통해 보면 북로당과 북임인위의 지시가 효율적으로 집행되지 못했음을 알 수 있는데[44] 선거 이후에는 북로당과 북임인위의 영향력이 강화되어 이런 상황이 개선되는 효과가 나타났을 것으로 보인다.

3) 북조선로동당의 북조선인민위원회 주도

1946년 11월 3일 선거로 도·시·군 인민위원 3,459명이 구성되었는데, 이들 중에서 다시 북조선인민회의가 구성되었다. 북한에서 입법권을 행사하는 최고주권기관인 북조선인민회의는 북조선 도·시·군 인민위원회 대회에서 창설되었는데, 인민회의 대의원 237명은 노동자 52명, 농민 62명, 사무원 56명, 인텔리 36명, 기타 31명으로 구성되었다.[45]

북조선인민위원회 대회에서는 1946년 1년 동안에 북임인위가 발포한 법령을 승인하고 북조선인민위원회를 법적으로 합법화시켰다.[46] 법적인

---

[43] 「제6차 중앙위원회확대회의에서의 최용건동지의 결론」, 『북한관계사료집』 8, 8쪽.
민주당 내의 전문기술자들은 인민정권기관과 보안기관에 들어가기를 원했지만(위의 글, 13쪽), 북로당은 이들을 산업기관에 배치하기를 원했다. 이런 문제는 기술자, 지식층으로부터 북로당이 배척되는 원인이 되기도 하였다. 그러나 이것은 북로당의 사회질서 재편이라는 근본적인 문제였다.

[44] 「평양특별시 인민위원회 내 당단체의 사업정형에 대하여 -북조선로동당 중앙상무위원회 제17차 회의 결정서 1946년 12월 17일」, 『결정집』, 80~81쪽.
「평양시 일부 기관들의 사업내용 인원배치 경리상태 건물 등에 관하여 -북조선로동당 중앙상무위원회 제17차 회의 결정서 1946년 12월 17일」, 『결정집』, 86쪽.

[45] 「당중앙위원회사업에 대하여 -북조선로동당 함경남도 제2차 대표대회에서 한 보고 1948년 2월 21일」, 『김일성저작집』 4, 144쪽.

[46] 「북조선 도, 시, 군인민위원회대회를 성과적으로 보장하며 민주주의 민족통일 전선사업을 더욱 강화할 데 대하여 -북조선로동당 중앙위원회 정치위원회에

정당화 과정을 거친 북조선인민위원회 위원장에 김일성, 부위원장에 김책과 홍기주가 결정되었다.

〈표 2-4〉 북조선인민위원회 간부(1947년)

위 원 장 : 김일성(북로당)	
부위원장 : 김책(북로당), 홍기주(민주당)	
사 무 장 : 한병옥(북로당)	
기획국장 : 정준택(북로당)	산업국장 : 이문환(무)
내무국장 : 박일우(북로당)	외무국장 : 이강국(북로당)
재정국장 : 이봉수(북로당)	교통국장 : 허남희(무)
농림국장 : 이순근(북로당)	체신국장 : 주황섭(청우당)
상업국장 : 장시우(북로당)	보건국장 : 이동영(민주당)
교육국장 : 한설야(북로당)	노동국장 : 오기섭(북로당)
사법국장 : 최용달(북로당)	인민검열국장 : 최창익(북로당)
양정부장 : 송봉욱(북로당)	간부부장 : 장종식(북로당)
선전부장 : 허정숙(북로당)	총무부장 : 김정주(청우당)

출처 : 『조선중앙년감』 1949년 판, 조선중앙통신사, 85쪽.

〈표 2-4〉를 보면 북인위의 최고 간부 22명 중 16명을 북로당원이 맡게 됨으로써 북로당은 북인위에 대한 주도권을 확보하게 되었다. 또 북인위의 모든 구성원들이 정당의 소속여하를 막론하고 위원장의 주위에 하나의 사상으로 단결하여 움직일 것을 요구받았던 것은[47] 북로당의 주도권이 확보되었음을 보여준다. 제한된 자료이지만 북로당 중앙상무위원회의 결정사항을 중심으로 살피면, 북인위에 대한 북로당 중앙의 대책은 별도로 존재하지 않았다. 실제적으로 북로당의 지도자들이 대부분 북인위에 참여하였기 때문에 그럴 필요가 많지 않았다고 보여진다. 따라서 최고 권력기구만을 본다면 북로당의 국가기구에 대한 주도권이 확보되

  서 한 연설 1947년 2월 13일」, 『김일성전집』 5, 172쪽.
47) 「북조선인민위원회의 당면과업 －북조선인민위원회 제25차 회의에서 한 연설 1947년 2월 24일」, 『김일성저작집』 3, 126쪽.

었다고 할 수 있다.

〈표 2-5〉 북조선인민위원회 직원조사보고(1947년 4월) - 교육국

	노동당	무소속	월급
부장 이상	8(100%)		2000원
과장	5(45.5%)	6	1500
教學	9((75%)	3	1800~1600
編修	5(55.6%)	4	1500~1300
과원	6(26.1%)	17	1000~950

출처 : 「북조선인민위원회 직원조사보고(1947년 4월) - 교육국」, 국사편찬위원회 소장 미간행 미군노획문서(복사본).
* 비서 1명(지주 출신 - 세브란스 의전 출신 의사인 듯함)은 무소속임.

〈표 2-5〉는 북조선인민위원회 내의 북로당원의 위상을 보여준다. 부장 이상은 전원이 북로당원이고, 과장은 45.5%, 과원은 26.1%로 중요한 상급 직책일수록 주로 북로당원이 담당하고 있음을 볼 수 있다. 하급 과원의 경우 수적으로는 비당원이 더 많았지만 북로당원이 인민위원회의 중요직책을 담당하고 있었다. 1927년경의 소련 정부부처와 기관 내의 공산당원이 평균 20%를 상회하였던[48] 것과 비교하면 북한에서는 정권기관에 대한 북로당의 장악이 매우 빨리 그리고 강력하게 이루어졌다고 할 수 있다.

이처럼 북로당의 지배질서 재편은 근본적으로는 성분개조를 통해서 이루어졌다고 할 수 있는데, 지방 도·시·군 인민위원회에 따라서는 당 단체와는 달리 중앙의 의지가 만족스럽게 관철된 것은 아니었다. 강원도 당단체의 경우, 당간부 구성에서 노동자 성분이 합당 당시의 18.2%에서 1947년 7월에는 30.8%로 증가하였고, 7월 3일의 북로당중앙상무위원회의 결정에 의하여 도·시·군 당부의 부부장배치가 이루어짐에 따라 노

---

48) 레오날드 샤피로, 앞의 책, 307쪽.

동자 성분이 1년 전보다 3배나 증가한 56.2%가 되었다.[49]

그러나 당단체와는 달리 시·군 인민위원회 중요간부, 과장급 성분을 보면 노동자 13%, 빈농 7%인 반면에 사무원 성분이 76%, 상인 성분이 2%였는데, 이들 중의 상당수는 북로당원이었지만 실무를 맡은 간부들의 성분개조가 미진했음을 알 수 있다.[50] 강원도의 경우가 특별히 북로당 중앙상무위원회의 지적을 받았지만 북로당의 시·군 인민위원회에 대한 근본적인 개편에는 1947년 중반에도 실질적인 어려움이 존재했음을 알 수 있다.

이러한 하부의 실정이 북한 내의 통전원칙을 유지하게 한 배경의 하나였다고 할 수 있다. 즉 북조선민전이 인민위원회 선거에서 상인, 기업가, 종교인, 지주 출신에 대해 추천한 것은 통일전선의 원칙을 견지할 필요가 있었던 단계였다는 점을 이해할 필요가 있다.[51] 이러한 여건이었기 때문에 북로당 중앙상무위원회는 일부 당지도간부들이 다른 정당에 방종한 태도로 대하여 북조선민전 내의 통일에 해를 끼치고, 통일전선을 약화시키는 일을 우려하고 비판하였다.[52] 김일성도 인민위원회 내에서 북로당원이 '독판치는 경향'이 없도록 반복적으로 요구하였는데, 이는[53] 북로당

---

[49] 「강원도당부 간부정책과 간부양성 정형에 대하여 －북조선로동당 중앙상무위원회 제43차 회의 결정서 1947년 9월 10일」, 『결정집』, 291쪽.

[50] 위의 글, 같은 곳.
원 자료에는 노동자 성분이 1.3%로 되어 있는데 13%의 잘못으로 본다.
같은 때 강원도의 각 사회단체 시·군위원장 성분을 보면 민청은 노동자 성분이 13%, 사무원 성분이 87%, 여맹은 노동자, 빈농 성분이 없고 사무원 성분이 80%로(같은 곳) 북로당의 성분개조가 많은 어려움이 있었음을 알 수 있다.

[51] 위의 글, 같은 곳.

[52] 「북조선로동당 제6차 중앙상무위원회 결정서 제1 －1947년 3월 15일」, 『북한관계사료집』 17, 93쪽.

[53] 「대중지도방법을 개선하며 올해 인민경제계획 수행을 성과적으로 보장할 데 대하여 －북조선로동당 중앙위원회 제6차 회의에서 한 결론 1947년 3월 15일」, 『김일성저작집』 3, 178쪽.

중앙이 통일전선정책의 필요성을 계속 느끼고 있었음을 보여준다.

반면에 이러한 지방 시·군 인민위원회 내의 성분개조의 미진함이 북로당의 인민위원회에 대한 행정 관여의 원인이 되기도 하였다. 북로당 중앙은 1947년 1월에는 북인위에 대한 정책적 관여가 아닌 행정관리 문제에 대한 당기관들의 역할을 주었다. 행정관리기관의 당원들은 당기관의 정당한 제의를 정확하게 해결하도록 하였고, 만일 행정관리 책임자가 당기관의 정당한 협조에 있어서 무관심하거나 거부하는 경우에는 조직적으로 상급당조직에 그 대책에 관한 근거있는 보고를 제출하도록 하였다.54) 이로써 북로당과 행정기관의 관계는 당이 행정기관을 주도하는 체계가 마련된 것으로 볼 수 있다.

조직이 강화됨에 따라 북로당이 인민위원회의 행정을 대행하는 문제가 점차 증가되었다. 평안북도에서는 일부 당조직들이 할당식으로 농민의 양곡수매를 강요하기도 하였고, 황해도와 강원도의 일부 당단체는 세금징수사업과 춘기파종사업 진행을 협조함에 있어서 당단체가 책임구역을 분담하여 행정적으로 인민위원회 사업을 직접 대행하기도 하였다.55)

공산당의 국가 지배 원리는 "당은 지배하는 것이지 통치하는 것은 아니다(the communist party rules, but it does not govern)"56)고 정의되기도 하는데, 북로당 중앙도 이 같은 원칙을 가지고 행정대행을 계속적으로 비판하였던 것으로 보인다. 하지만 지방에서 북로당의 행정대행이 없어지지 않은 이유는 인적 구성·업무의 중복과 당우위원칙을 관철하여 당의 지배를 확립하려는 북로당 하부조직의 행정관여 때문이었다. 소련에서는 당간부와 국가행정간부의 엄격한 구분이 곤란하였고, 행정간부가

---

54) 「1947년 1월 21일 북조선로동당 중앙상무위원회 결정서」, 『북한관계사료집』 17, 85~86쪽.
55) 「북조선로동당 제9차 중앙위원회 결정서」, 『북한관계사료집』 17, 106쪽.
56) Darrell P. Hammer, USSR: The Politics of Oligarchy, The Dryden Press, Hinsdale, Illinois, 1974, 257쪽.

당간부로, 당간부가 행정간부로 이동하였는데[57] 북한의 경우도 다르지 않았다. 인적 구성면에서 보면 인민위원회 위원의 상당수가 북로당원이었고, 당단체가 가진 집행능력과 동원능력이 더 강력하였기 때문에 당의 행정대행은 구조적인 문제였다.

소련의 경험을 통해 보면 혁명의 성공으로 집권하게 된 공산당은 중앙이나 지방의 당간부들이 각 소비에트의 집행위원이 되었고, 당조직과 새로운 소비에트 정부 간의 관계에 대한 체계적 계획을 가지지 못했다.[58] 그 후 1919년 8차 당대회에서 당과 소비에트의 통합 활동에 종지부를 찍었는데, 당은 정부를 지도 감독하고 세부적인 행정업무는 맡지 않도록 하였다.[59] 그러나 당과 정부의 상호겸직이 중복되어 있었기 때문에 당과 정부의 기능과 지위의 중복현상은 없어지지 않았다. 당은 지도 감독을 위하여 광범하고 잘 조직된 당원의 확보가 필요하였는데, 북한의 국가건설 초기에 있었던 북로당의 행정대행은 권력의 장악과 국가건설이라는 두 가지 목표를 수행해야 하는 과정에서 구조적으로 빚어진 당연한 귀결이었다.

〈표 2-6〉은 인민위원회에 대한 당적 통제가 어떻게 가능한가를 보여준다. 〈표 2-6〉은 각급 정권기관, 각급 사회단체 및 각 국영공장 기업소의 당원인 책임간부에 대한 당적 책벌 문제를 보여주는데, 당원이라는 제한을 두고 있지만 이미 중요한 지위를 당원들이 담당하고 있는 상황에서, 당이 중요 정권기관, 사회단체, 국영공장 기업소 책임자들에 대한 책벌 권한을 가지고 있었다는 것은 북로당이 국가기구를 거의 장악한 것으로 볼 수 있다.

인민위원회 위원장과 부위원장은 상급 인민위원회와 당에 의한 2가지 방법의 인사조치가 가능하였다. 인민위원회의 경우 상급 인민위원회에

---

57) 이상민, 앞의 책, 190쪽.
58) 레오날드 샤피로, 앞의 책, 236쪽.
59) 레오날드 샤피로, 앞의 책, 237쪽.

서 하급 인민위원회의 위원장과 부위원장, 서기장을 파면 또는 전직 결정을 할 수 있었고[60] 북로당은 당적 책벌을 통하여 통제할 수 있었다. 〈표 2-6〉은 북로당이 사회단체와 국영공장, 도영공장까지 통제할 수 있었음을 보여준다.

〈표 2-6〉 책임간부에 대한 당적 책벌 문제 취급 범위

취급 당기관	당적 책벌문제 대상
당 중앙본부	북조선인민위원회 내 各局급 당원인 책임자와 부책임자(국내 처와 부책임자) 사회단체 중앙기관 책임자와 부책임자 도인민위원회 위원장
도 당부	각 도 인민위원회 부위원장, 기타 도 정권기관 책임자 각 도 사회단체 책임자 각 시, 군 인민위원회 위원장 국영기업소 지배인
시, 군당부	각 시, 군 인민위원회 부위원장, 기타 시, 군급 정권기관 책임자 각 면 인민위원회 위원장 시, 군급 사회단체 책임자 도영공장 기업소 지배인 *이상에 규정되지 않은 중앙기관과 도급기관 간부
면 당부	면인민위원회 부위원장 면급 사회단체 책임자

출처 : 「책임간부에 대한 당적 책벌문제 취급범위에 대하여 -북조선로동당 중앙상무위원회 제46차 회의 결정서 1947년 10월 20일」, 『결정집』, 321쪽.

업무면에서 1947년 7월 인민경제계획 완수를 위한 북인위와 북로당의 과업(도, 시, 군 단위)을 비교해 보면 다음과 같다.

---

[60] 「북조선 도·시·군·면·리인민위원회에 관한 규정 실시 요강 및 정원에 관한 결정서 -북조선인민위원회 결정 제16호(1947년 3월 24일)」, 『북한관계사료집』 5, 101쪽.

〈표 2-7〉 1947년 7월 인민경제계획 완수를 위한 인민위원회와 북로당의 과업

부문	인민위원회	북조선로동당
산업	공장, 기업소의 원료와 자재 보장	생산현장 문제 해결 기계설비의 점검 보수 관리 원료, 자재, 난방 등의 생산대책 경공업공장의 질 좋은 소비품 생산과 공급
노동	노동자들의 생활안정과 노동력 유동 방지	노동자들의 생활상 문제 해결, 도급제, 상금제, 특별배급제의 옳은 실시
교통운수	철도, 자동차, 선박 등의 수송 능력 확장	
농, 수, 임업	영농사업과 비료분배사업, 파종면적 조사, 가축증식, 수산물 공급, 목재생산 증대	농산물 수매사업
양정	수확고 판정사업, 농업현물세 징수	농업현물세징수사업에 대한 지도(면 인민위원회 위원들의 책임성과 역할 제고)
상업	상업망확장, 수매사업, 소비조합사업	소비조합일꾼 대열을 튼튼히 하고 이들에 대한 교양사업강화
보건	병원, 진료소, 농촌의료망 확장과 의료봉사사업	
교육	교양사업, 간부양성, 교과서편찬사업	
재정	예산 집행, 재정절약, 세금징수사업	
치안	법령, 결정 집행과 법질서 위반 처벌	법령, 결정 위반 현상과 무자비한 투쟁 공장, 기업소, 시설물 보위
조직정치사업		정치사상교양사업 강화, 증산돌격운동의 선봉, 담당 공장, 기업소, 농어촌의 생산계획 완수 투쟁 발동

출처 : 「1947년도 인민경제계획을 완수하기 위하여 제기되는 몇 가지 문제에 대하여 −북조선인민위원회 제43차 회의에서 한 결론 1947년 7월 23일」, 『김일성전집』 6, 118~122쪽 정리.
「현시기 경제사업에 대한 당단체들의 지도와 당내부사업에서 나서는 몇 가지 과업에 대하여 −북조선로동당 중앙위원회 제9차 회의에서 한 결론 1947년 7월 24일~25일」, 『김일성전집』 6, 125~130쪽 정리.

〈표 2-7〉은 동일한 시기 즉 1947년 7월 23일과 24~25일에 북조선인민위원회와 북로당 중앙위원회에서 있었던 김일성의 결론을 정리한 것이다. 특별히 경제사업에 관련하여 인민위원회와 당의 역할을 요청한 것인데 그 내용에는 사실상 차이가 없다.

무게의 중심이 인민위원회에 있다고 보여지는 부분은 교통운수, 보건, 교육, 재정인데 이 부문은 예산을 맡고 있는 인민위원회의 역할이 중요한 부문이며, 개별 생산단위나 사업단위와는 상대적으로 거리가 있는 분야들이다. 따라서 개별적인 하급 당단체의 직접적인 역할이 필요한 산업, 노동 등의 분야에서는 당과 인민위원회의 사업이 거의 일치하고 있다고 할 수 있다.

1948년의 평남관개공사의 경우 김일성은 평남도당위원회가 주인이 되어 공사를 적극 추진할 것을 요구하였다.[61] 이처럼 사업의 주체가 당단체가 되기도 하였다. 따라서 북로당이 당단체에게 행정기관이나 공장기업관리기관을 대신하는 문제를 지적하고, 당적 지도와 원조협력하는 당단체의 사업을 망각하지 말 것을 요구하는 것은[62] 계속적으로 반복되지 않을 수 없는 일이었다.

원칙적으로 당단체들이 하는 일은 상당부분 인민위원회의 역할과 구분하기가 어려운 경우도 있는데, 인민위원회 등이 행정적 역할을 맡는다면 당단체는 감독과 지도의 기능을 갖는다고 할 수 있다. 그러나 북로당과 인민위원회·기업소 등과의 관계는 북로당이 핵심당원을 통하여 각 기관을 장악하고, 북로당은 다시 기관을 장악한 당원들을 감독·지도함으로써 인민위원회·사회단체·기업소 등을 장악한다고 할 수 있다.

근본적으로 북로당과 인민위원회는 업무상의 중복이 불가피했고, 특히 핵심인력이 부족한 상태에서 인적인 중복이 이루어지고 있었기 때문

---

[61] 「평남관개공사를 적극 추진시킬 데 대하여 —북조선로동당 중앙위원회 상무위원회에서 한 결론 1948년 12월 29일」, 『김일성전집』 8, 510쪽.
[62] 『근로자』 5호, 1947, 31쪽.

에 당의 행정대행체제가 나타나게 되는 구조를 가지고 있었다고 할 수 있다. 따라서 이 시기의 북로당의 행정대행에 대한 비판은 당단체의 행정대행 현상이 만들어 낸 문제를 억제하려는 데 초점이 있었다기보다는 정권기관 내에서의 '통일전선 원칙' 유지를 위한 목적이 더 컸다고 볼 수 있다.[63]

이처럼 북로당과 북인위가 인적 및 업무적으로 중복되어 있고 북인위의 중앙집권이 강화되어가는 상황에서, 1948년에는 최고인민회의 성립을 거쳐[64] 조선민주주의인민공화국이 수립되었다. 초대 내각은 수상(김일성), 부수상 3명(박헌영, 홍명희, 김책), 각료 18명(2명 겸직)으로 구성되었다. 수상, 국가계획위원장, 민족보위상, 내무상, 산업상, 재정상 등의 요직을 북로당 출신이 장악하여 우위를 확보함으로써 북한지역의 행정에 관한 내각의 업무는 기본적으로 북로당의 통제하에 이루어지게 되었다.[65] 비록 내각의 구성은 각 당파를 대표하는 연립내각을 구성하였지만, 실제 권력이라는 측면에서 보면 명백히 북로당 정권이었다고 평가할 수 있다.

4) 북조선로동당 당조의 조직과 면·리 인민위원회의 재편

북인위와 도·시·군 인민위원회가 선거를 통하여 합법화되는 과정을 거친 후 북로당은 국가기구에 대한 당의 장악력을 강화하고자 하였다.

---

63) 김일성은 각급 당단체들이 특히 각급 행정기관들과 국영기업소, 소비조합들에서 경비를 절약할 데 대한 북조선인민위원회의 결정을 정확히 집행하며 경비를 절약하고 재정규율을 강화하도록 장악지도하도록 하였다(「도당위원회들의 지도기관결산 준비를 잘할 데 대하여 －북조선로동당 중앙위원회 상무위원회에서 한 결론 1948년 2월 9일」, 『김일성전집』 7, 185쪽).
64) 성립과정, 계파, 중요조직 분석은 서동만, 앞의 논문, 112~114쪽 참조.
65) 서동만, 앞의 논문, 115~116쪽.

1947년 2월 7일에 북로당은 선거를 한 각급 인민위원회와 사회단체 등의 위원 중에서 북로당원이 3명 이상 있을 때 당조를 조직하도록 하였다.[66] 이때 당조[67] 조직의 목적은 각급 인민위원회와 사회단체, 기타 선거받은 기관에서 북로당원의 사업을 지도하고 당의 영향을 강화하는 데 있었으며, 당조의 임무는 각 방면으로 그 조직과 기관 내에 북로당의 정책을 실행하는 데 있었다.[68]

1947년 1월, 북인위와 북조선인민회의를 성립시킴으로써 국가의 최고권력기구를 합법화시킨 시점에서 당조의 설치가 갖는 의미는 기존의 각급 인민위원회와 사회단체에 대한 영향력의 강화였다. 각 기관의 책임자를 위원장으로 하여 각종 중앙기관의 당조는 당 중앙본부에, 각급 도기관의 당조는 도당부에, 각 시·군기관의 당조는 시·군당부의 지도 밑에서 엄격히 복종하며 활동하도록 하였다.[69]

북로당은 북인위가 합법화됨에 따라 국가기구의 뿌리조직인 면·리(동) 인민위원회에 대한 재편과 장악을 추진하였다. 이 시기 기존의 면인민위원회 위원장들은 '민주주의적' 활동이 미약하였고, 리인민위원회가 조직되지 않은 곳이 대부분이었다.[70] 그 결과 현물세 징수와 양곡수매사

---

66) 「당조조직에 대하여 –북조선로동당 중앙상무위원회 제22차 회의 결정서 1947년 2월 7일」, 『결정집』, 129쪽.
67) 「평안북도 당단체들의 과업 –평안북도당대표회에서 한 연설 1956년 4월 7일」, 『김일성저작집』 10, 134쪽. 당이 정권기관사업을 지도한다는 것은 그 기관을 당조를 통하여 당의 노선과 정책을 옳게 침투시키며 그 기관 내 당원들을 당정책 관철을 위한 투쟁으로 조직동원한다는 것을 의미한다.
68) 위 1947년 2월 7일 결정서, 같은 곳.
69) 위 1947년 2월 7일 결정서, 같은 곳.
70) 사법국장 최용달, 「북조선 면 및 리(동) 인민위원회 위원선거에 관한 규정초안에 대한 보고」, 『북한관계사료집』 11, 571쪽.
해방 후 里(동)장들은 리(동)에서 주권을 대표하여 왔다(박철·김택영, 「북조선 면 및 리(동) 인민위원회 위원선거는 어떻게 진행될 것인가」, 『북한관계사료집』 11, 590쪽).

업 등에서 기존 면인민위원회가 충실하지 못하였고,[71] 면·리(동) 인민위원회는 계급적 입장이 확고하지 못한 사람들도 있어서 북임인위가 하달하는 제반 결정, 지시들이 제때에 인민들 속에 침투되어 집행되지 못하고, 인민들의 의사가 상급정권기관에 정확히 반영되지 못하였다.[72]

따라서 북로당은 그동안의 당의 성장을 기반으로 새로운 선거를 통하여 면·리(동) 인민위원회에 대한 영향력 강화를 추진한 것이다. 면·리(동) 인민위원회 위원선거는 말단 정권기관을 강화하는 것이며 북로당의 농촌진지를 확보하는 중요한 사업이었다. 따라서 북로당은 면·리(동)선거를 계기로 인민정권기관 내에 숨어 있는 '불순분자'를 제거하여[73] 농촌 내의 기존 질서를 재편하는 계기로 삼으려 했다.

그러나 도·시·군 인민위원회 위원 선거 시에 북조선민전에서 일방적으로 추천한 결과 나타난 일부의 불만으로 인해, 면·리(동) 인민위원회 위원선거에서의 추천방식이 변경되었다. 1947년의 면·리(동) 입후보자의 추천은 북조선민전에서 후보를 세우지 않고, 선거구역 내의 선거자 총회에서 군중적으로 추천하게 하거나[74] 북임인위에 등록된 민주주의정당과 사회단체에서 추천할 수 있게 하였다.[75] 그러나 면인민위원회 위원은 북조선민전에서 공동후보를 추천하는 것이 가장 옳은 방법으로 제시되었는데[76] 이것은 면인위 선거에서는 북조선민전을 통한 북로당의 주

---

71) 사법국장 최용달, 위의 글, 571쪽.
72) 「함경북도인민위원회 확대위원회에서 한 연설 1947년 1월 14일」, 『김일성전집』 5, 53쪽.
73) 「강원도 당단체들 앞에 나선 과업에 대하여 -강원도 및 원산시당 열성자 련석회의에서 한 연설 1947년 1월 18일」, 『김일성저작집』 3, 47쪽.
74) 사법국장 최용달, 앞의 글, 572쪽.
75) 박철·김택영, 앞의 글, 577쪽.
각 '민주주의정당'과 사회단체는 자기들의 명의로 공동후보를 추천할 수 있었다(박철·김택영, 앞의 글, 585쪽).
76) 중앙선거위원회 위원장 주영하, 「북조선 면 리(동) 인민위원선거와 북조선민주주의민족통일전선의 당면과제에 대한 보고」, 『북한관계사료집』 11, 606~607쪽.

도권행사가 필요한 실정에 있었음을 보여주며, 실질적으로 북조선민전이 추천했을 가능성을 시사해 준다.

입후보자 추천의 대상은 "농촌에서 멋없이 점잖은 체하면서 농민들의 등을 처먹는 건달뱅이가 아니라 농민의 이익을 철저히 대표할 수 있는 진보적이며 능력있는 사람으로서 민주개혁에 깊은 이해관계를 가진 열성분자"[77]라고 지목하여 계급적 입장을 관철시키고자 하였다. 당시의 상황을 미루어 볼 때, 면과 동의 인민위원회는 직접 군중과 접촉해서 정권의 모든 정책과 사업을 구체적으로 반영하고 해결하는 접촉선이었기 때문에 실질적으로는 선거자 총회의 추천보다는 북로당의 주도하에 타당과 사회단체의 협조를 얻어 추천을 진행한 것으로 보인다.

〈표 2-8〉 면·리(동) 인민위원회 선거에서 당선된 후보자에 대한 찬성률

도별	면 선거	리 선거
평남	93.5	81.11
평북	97.6	90.66
함남	97.5	88.52
함북	99.8	99.39
황해	93.7	77.7
강원	97.1	88.15
전 북조선	96.2	86.63

출처:「북조선 면 리(동)인민위원회 위원 선거사업에 관하여 - 북조선로동당 중앙상무위원회 제27차 회의 결정서 1947년 3월 10일」,『결정집』, 160쪽.

〈표 2-8〉에 따르면 면인민위원회 위원선거에서는 141,009명(3.8%)이 반대투표를 하였고, 리(동)인민위원회 위원선거에서는 전 투표 수의 13.37%가 반대표였다.[78] 전반적으로 비밀선거의 원칙이 지켜진 것으로 본다면,

---

[77]「면, 리(동) 인민위원회 위원선거를 성과적으로 보장하기 위하여 - 북조선민주주의민족통일전선 중앙위원회 제9차 회의에서 한 결론 1947년 1월 11일」,『김일성저작집』3, 14쪽.

선거에 미쳤을 여러 가지 영향을 고려한다하여도, 찬성률은 상당히 높았던 것으로 평가할 수 있다.

투표결과는 각 도별로 북로당의 영향력이 차이가 있음을 보여주는데, 면 선거에서는 평남(6.47%)과 황해도(6.3%)의 반대표가 많았고, 리(동) 선거에서는 평남과 황해도의 반대비율이 도별 평균보다 높았다.[79] 이것은 평야지역에서 계급적인 반대성향이 표출된 것으로 볼 수 있다. 또 하나의 특징은 면선거보다 리(동)선거가 반대율이 더 높았다는 점인데 이것은 가까운 곳에서 직접 겪은 잘 아는 후보자들에 대한 반대가 상대적으로 높았다는 것을 의미하며 하부 말단에서 지배질서의 재편과 관련하여 갈등과 마찰이 있었음을 보여준다.

북로당 중앙상무위원회는 평남 대동군 율리면에서 흑함을 고의로 보이는 데 놓아 비밀 투표의 원칙을 위반한 경우와 황해도 어떤 지역에서 선거자들을 백함으로 인도하는 실례가 있었음을 비판하였고[80] 북로당 평남도당 위원장은 대동군 율리면의 책임자에 대한 당적처벌을 지시받았다.[81] 이러한 불법적인 경우가 이것 외에도 있었겠지만, 대체로 선거원칙을 지키고자 하였다는 평가가 가능할 수도 있다. 하지만 위의 사례는 선거에서 비밀투표의 원칙이 잘 지켜지지 않았던 여러 사례의 일부일 수 있다.

〈표 2-9〉가 보여주는 면·리 인민위원회 위원의 북로당소속은 도·시·군 인민위원회에 비하여 2배에 가깝다. 이것은 북로당이 도·시·군 인민위원회보다는 면·리의 하급 인민위원회를 더 확고하게 장악한 것

---

78) 「북조선 면 리(동)인민위원회 위원 선거사업에 관하여 -북조선로동당 중앙상무위원회 제27차 회의 결정서 1947년 3월 10일」, 『결정집』, 159~160쪽.
79) 평남 성천군, 대동군 등에서는 북로당을 중심으로 후보자를 부적당하게 세움으로 인하여 낙선자가 10개 선거구가 되었고, 황해도 6개 선거구, 함남 1개 선거구, 평북 1개 선거구 도합 18개 선거구에서 낙선자가 있었다(위의 글, 161쪽).
80) 위의 글, 161쪽.
81) 위의 글, 162쪽.

을 의미하며, 동시에 말단에서의 북로당의 지지기반이 더 강했음을 보여준다. 그리고 면·리에서 지배질서가 재편된 것을 의미한다. 북로당은 해방 직후의 도·시·군 인민위원회보다는 면·리 인민위원회의 변화를 적극 추진할 수 있었던 것이다. 이것은 토지개혁의 성과를 반영한 것이며, 새로운 북로당 참여자가 성장함으로써 가능해진 것이다.

〈표 2-9〉 면·리 인민위원회 위원의 정당별 구분

	로동당	민주당	청우당	무소속
면(단위 %)	55.8	8.3	6.8	29.1
리(단위 %)	60.05	7.43	4.83	27.69

출처 : 주녕하, 「면리동 인민위원회선거의 총결에 대하야」, 『인민』 1947년 4월, 32~34쪽.

〈표 2-10〉 도별 면·리(동) 인민위원회 위원 중 북로당원의 비율

	면	리(동)	평균
평남	58.3	55.5	56.9
평북	71.6	73.0	72.3
함남	68.6	70.9	69.75
함북	33.9	65.6	49.75
황해	43.3	39.6	41.45
강원	46.3	59.4	52.85
평균	53.7	60.6	57.15

출처 : 「면인민위원당선통계표」, 『북한관계사료집』 11, 656쪽.
「당선리위원통계표」, 『북한관계사료집』 11, 654쪽.

〈표 2-10〉에 의하면 평균적으로 면에 비해서 리에 대한 북로당의 지지기반이 크다는 사실을 알 수 있다. 면·리 모두에서 북로당의 기반이 큰 곳으로는 평북과 함남을 꼽을 수 있으며, 황해도가 상대적으로 약했음을 볼 수 있다. 이것은 해방 전의 혁명적 노농운동과도 연관이 있을 것으로 보이며, 각 지역이 가진 농업환경과 계급구성에도 연관이 있다. 같은 38선

연접지역이면서도 강원도와 황해도가 큰 차이가 나는 것은 계급적 처지에 따른 지지기반이 형성된 것으로 설명할 수 있다. 여하튼 북로당이 황해도를 제외한 북한 전 지역에서 정권기관을 주도할 수 있는 결과를 얻어냈다고 할 수 있다.

〈표 2-11〉 면인민위원회 위원 사회 성분(1947년 3월 5일)

	면인민위원		리(동)인민위원	
	인원 수	비율(%)	인원 수	비율(%)
노동자	1,121	8.33	2,508	4.7
농민	7,795	57.97	46,245	86.7
사무원	3,901	29	3,681	6.9
지식인	310	2.3	174	0.3
상인	228	1.69	493	0.9
기업가	48	0.35	129	0.2
종교인	40	0.29	67	0.1
전지주	1	0.07	17	
합	13,444	100.00	53,314	99.8

출처 : 『조선중앙년감』 1949년, 84쪽.

〈표 2-11〉에 의하면 면·리 인민위원회 위원의 성분이 가지는 특징은 —도·시·군 인민위원회 위원 성분에 비하여— 농민을 제외한 모든 성분 비율이 감소하여, 농촌사회의 성분 구성을 그대로 반영하였다는 것이다. 그 결과 기존의 유지들인 지식인·상인·기업가·종교인들이 면에서 4.7%, 리(동)에서 1.7%에 불과하게 되었다. 반면에 도·시·군 인민위원에서 51.5%에 불과하였던 노동자, 농민 성분이 면인민위원에서는 66%, 리인민위원에서는 91%가 되었다. 이제 더 이상 지주나 종교인, 기업가, 상인, 지식인, 사무원 등이 마을의 지도층으로 행세하기가 곤란하게 된 것이다. 이것은 북한사회의 사회질서가 농촌일수록 더 근본적으로 개편되었음을 의미하며, 북한사회 혁명의 근거지가 농촌임을 보여준다.

복잡한 고려를 통해서 읽어야 할 부분이지만 김일성과 박헌영이 1949년 6월 5일에 슈티코프 대사와 나눈 대화의 일부는 한 번 읽어 볼 가치가 있다.

> "자유로운 조건하에서 전 조선을 대상으로 보통선거를 실시한다면 좌익 및 사회주의 단체들이 승리할 것입니다. 북조선에서는 이들이 투표의 80%를, 남조선에서는 65~70%를 획득할 것입니다."[82]

남한의 경우를 제외하고 북한만을 본다면 도인민위원은 97%, 시인민위원은 95.4%, 군인민위원은 96.9%의 찬성을 받고[83] 면인민위원회 선거에서 96.2%, 리인민위원회 선거에서 86.63%의 찬성이 있었던[84] 상황에서의 평가라는 점에서 주목할 만하다. 이를 통해 김일성이 정권기관에 대한 인민의 지지를 선거결과보다 상당히 낮추어 보고 있었다는 것을 알 수 있다.[85] 김일성의 말이 실상을 보다 정확히 파악한 것으로 보이는데, 전체적으로 80%의 지지를 북한에서 끌어낼 수 있다는 인식은 계급적인 인구 구성에 근거한 것으로 보인다. 그러나 인제군당의 경우 빈농도 당에서 이탈하는 사례를 볼 수 있는 점을 감안하면, 김일성의 지지율 예상

---

82) 「슈티코프가 스탈린에게 보낸 1949년 6월 5일자 전문, p.5.」, 예프게니 바자노프·나딸리아 바자노바 저, 김광린 역, 『소련의 자료로 본 한국 전쟁의 전말』, 18쪽에서 재인용.

83) 「민주선거의 총화와 인민위원회의 당면과업 -북조선림시인민위원회 제3차 확대위원회에서 한 연설 1946년 11월 25일」, 『김일성저작집』 2, 542쪽.

84) 「북조선 면 리(동)인민위원회 위원 선거사업에 관하여 -북조선로동당 중앙상무위원회 제27차 회의 결정서 1947년 3월 10일」, 『결정집』, 159~160쪽.

85) 1948년에 비하여 1949년 중에 정치 범죄행위가 증가하였다. 원인은 소련군의 철수로 '반동 세력'들이 보다 대담해진 것과 남조선에서 파견된 스파이, 테러리스트, 파괴분자들의 침투가 강화된 것을 들고 있다(「남북한 정치·경제 정세에 대한 대사관의 분석 보고, 1949년 9월 15일, 러시아 대통령실 문서고, pp.1~21」, 예프게니 바자노프·나딸리아 바자노바 저, 김광린 역, 『소련의 자료로 본 한국 전쟁의 전말』, 36쪽에서 재인용).

은 실제보다 높은 것일 수도 있다.

　기존 질서의 급작스러운 변화로 인한 부작용도 있었다. 1946년 11월과 1947년 3월의 인민위원회 선거를 통해 구성된 인민위원회의 일부 일꾼들은 정치실무 수준이 낮아서 농촌경리사업을 제대로 지도하지 못하고, 행정사업도 바로 하지 못했다.[86] 부작용에도 불구하고 북임인위는 기존의 질서를 정리하기 위한 조치를 계속하여 해방 직후부터 조직된 각종 사회단체들과 조합, 연맹의 이름을 가진 여러 가지 공리단체들에 대한 통제를 강화하였다.[87]

　북조선민전에 등록되지 않은 사회단체와 공리단체를 등록·정리하는 사업의 전개는 북한에서 북로당의 지도를 체계화하고 단순화하는 중요한 의미가 있었다. 이 사업으로 북한 내 단체들에 대한 '사상통일'이 상당히 진전된 것으로 볼 수 있다.

---

86) 「농촌사업에서 당면하게 제기되는 몇 가지 과업 —북조선인민위원회 제39차 회의에서 한 결론 1947년 6월 6일」, 『김일성전집』 6, 5쪽.
87) 「북조선림시인민위원회 상무위원회에서 한 결론 1947년 2월 7일」, 『김일성전집』 5, 137쪽.

2

지방당과 하급 인민위원회의 관계
(강원도 인제군을 중심으로)

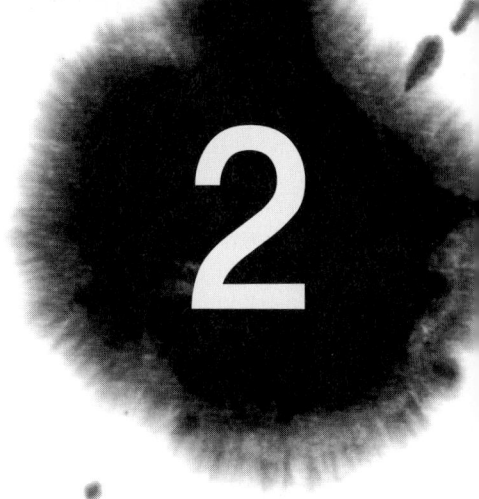

　북로당 조직원칙에서는 북로당 최고기관인 전당대회에서 당대표들이 결의한 결정이나 지시는 모든 당단체와 각개 당원들이 변경시킬 수 없는 규율이었다. 지방 당기관의 첫째 임무는 중앙위원회 결정에 표현된 당의 지령들과 북인위의 제법령·결정들을 실행하는 데 있었다.[88] 이때 당위원회들이 인민정권기관이나 사회단체들을 대신하여 직접 행정사업을 처리하는 것을 의미하는 것이 아니며, 하급 당기관들은 정치적 지도기관이다.[89]

　전당대회에서 선거한 중앙위원회는 대회와 대회 간에 당내 조직문제, 정치문제, 사상문제, 교양문제 등에 관하여 하급당단체에 결정과 지시를 내릴 수 있는바 하부기관들은 절대 복종하며 실행하도록 되어 있었다.[90] 하지만 하급당조직의 자치권 강화를 위하여 "당기관들이나 각개 당원들이 당노선에서 반대되지 않는 범위 내에서 지방 특수사정이 제기한 모든 문제를 자립적으로 해결할 수 있는 권리를 보장하여 주며 자치권을 강화하려 한다"[91]고 하였지만 실제 자치권은 제한적인 것이었다. 여러 면에

---

88) 朴昌玉, 「北朝鮮勞動黨規約解釋」, 『근로자』 5호, 1947, 58쪽.
89) 위의 글, 58쪽.
90) 民生, 「北朝鮮勞動黨 事業組織과 實踐에 對하여」, 『근로자』, 1947년 3~4호, 9~10쪽.

서 살펴보면 자치권의 제한은 중앙이 하부조직에 주는 권한에서도 제한이 있었지만, 각 하급당조직들이 가진 역량이 스스로의 자율적 권한을 약화시켰다는 점도 지적할 수 있다.

1947년 초 북로당의 도·시·군 당위원회에서 채택하는 결정서는 당의 노선과 정책에 기초하여 해당 도나 시, 군의 실정에 맞게 적용되지 못하고, 당사업을 제대로 해결하지 못하였다.[92] 그 결과 일부 상급당단체에서 하급당단체를 관료주의적이거나 위협적으로 지도함으로써 하급단체가 두려움을 가지고 상급단체를 기만하고, 실제 형편을 보고하지 않는 일도 벌어졌다.[93] 북로당 지방당의 결점의 원인은 첫째, 해방 초기의 훈련된 당원의 부족, 둘째, 중앙집권의 강화로 인하여 하부의 자율적인 활동이 약해졌기 때문이라고 할 수 있다.

1) 인제군당

(1) 인제군당 출당자 자료로 본 조공분국과 신민당 당원 성격

강원도 인제군은 〈표 2-12〉와 같이 1948년 당시 약 34,000명의 적지 않은 인구를 가지고 있었다.[94]

---

91) 위의 글, 10쪽.
92) 「평안북도 당단체사업에서 나타난 결함과 우리 앞에 나서는 몇 가지 과업 – 북조선로동당 중앙위원회 상무위원회에서 한 연설 1947년 2월 7일」, 『김일성저작집』 3, 55쪽.
93) 「일부 당단체들의 사업에서 나타나고 있는 오유와 결함을 퇴치할 데 대하여 – 북조선로동당 중앙위원회 제6차 회의에서 한 보고 1947년 3월 15일」, 『김일성저작집』 3, 164쪽.
94) 「인제군당 상무위원회 회의록 제11호」, 『사료집』 2, 254쪽.

〈표 2-12〉 인제군 인구(1948년)

구분	공민증 해당자			출생증 해당자			합계		
	남	녀	계	남	녀	계	남	녀	계
인제면	3,352	3,128	6,480	2,808	2,664	5,472	6,160	5,792	11,952
남면	1,030	991	2,021	867	785	1,652	1,897	1,776	3,668
북면	2,259	2,103	4,362	1,809	1,700	3,509	4,068	3,803	7,871
서화면	2,851	2,645	5,496	2,355	2,230	4,585	5,206	4,875	10,081
계	9,492	8,867	18,359	7,839	7,379	15,218	17,331	16,246	33,572

출전:「북조선로동당 강원도 인제군당 상무위원회 회의록 제31호」,『사료집』3, 24쪽(이하는 인제군당 상무위원회 회의록으로 줄임).

　북로당 인제군당 당원은 조공분국 입당자, 신민당 입당자, 북로당 창립 후 입당자로 구성되었다. 여기에서는 1948년과 1949년에 인제군당에서 출당된 당원들을 통하여 조공분국과 신민당 당원 성격을 살펴보고자 한다. 인제군당에 관한 초기자료는 찾지 못하였지만 북로당의 일반적인 확대과정과 유사할 것으로 보이는 부분은 여러 곳에 나타난다. 인제군당의 당원 수는 1946년 북로당으로의 합당 이후 큰 변화가 없었다는 점과 조공분국과 신민당의 당원들이 대부분 1946년 합당 전에 집중적으로 입당하였다는 점에서 합당 전의 두 당에 대한 이해가 가능하다.
　자료의 단점으로는 이들이 모두 출당당한 당원이라는 면이 있다는 점을 들 수 있다. 그러나 출당당한 당원 수가 인제군당 당원 수의 10%에 달하므로 대체적인 성격을 파악하는 것은 통계적으로 무리가 없다.
　다음은 이들 출당자들의 빈도분석 〈표〉와 대응분석 〈그림〉이다.

〈표 2-13〉 당과 연령과의 관계

빈도 비율 행 비율 열 비율 당	나이 1	나이 2	나이 3	나이 4	계
조공분국	59 12.39 45.04 31.22	47 9.87 35.88 27.17	20 4.20 15.27 23.53	5 1.05 3.82 17.24	131 27.52
신민당	105 22.06 35.35 55.56	109 22.90 36.70 63.01	60 12.61 20.20 70.59	23 4.83 7.74 79.31	297 62.39
북로당	25 5.25 52.08 13.23	17 3.57 35.42 9.83	5 1.05 10.42 5.88	1 0.21 2.08 3.45	48 10.08
계	189 39.71	173 36.34	85 17.86	29 6.09	476 100.00

통계(당과 연령과의 관계표)

Statistic	DF	Value	Prob
Chillsquare	6	10.841	0.093

출처 : 「인제군당 상무위원회 회의록 제1호~제73호」, 『북한관계사료집』 2~3권, 통계처리.
* 나이 1(28세 이하), 나이 2(29세 이상~38세 이하), 나이 3(39세 이상~48세 이하), 나이 4(49세 이상).

〈표 2-13〉에 의하면 조공분국 입당자는 28세 이하가 45.04%이고, 29세 이상~38세 이하가 35.88%로 젊은 층으로 구성된 당임을 알 수 있다. 이 것은 신민당 입당자와 비교하면 구별이 되는데 신민당은 28세 이하가 35.35%, 29세 이상~38세 이하가 36.70%로 28세 이하 연령층이 10% 가량 차이가 난다. 반면에 신민당은 39세 이상~48세 이하 연령층과 49세

이상 연령층이 조공분국보다 각각 5% 가량이 많다. 이것은 조공분국이 청년들을 중심으로 확대에 치중하였던 사실과 일치한다.

북로당 입당자는 28세 이하가 52.08%로 조공분국 시기보다도 젊은 층을 중심으로 당원을 확장하였음을 알 수 있다.

〈그림 2-1〉 당과 연령과의 관계

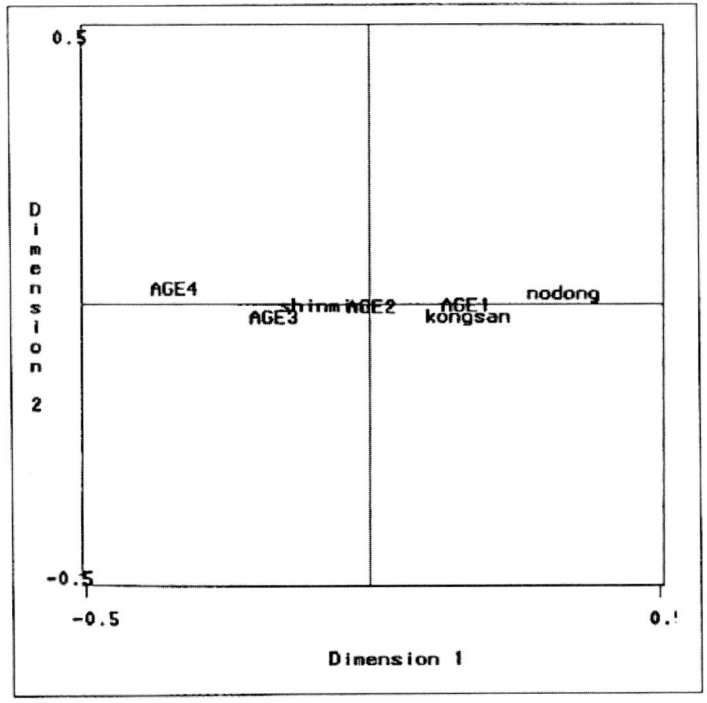

* kongsan(조공분국), shinmin(신민당), nodong(북로당).
* AGE 1(28세 이하), AGE 2(29세 이상~38세 이하), AGE 3(39세 이상~48세 이하), AGE 4(49세 이상).

대응분석 〈그림 2-1〉을 보면, 28세 이하의 청년층은 조공분국 입당자와 북로당 입당자에 많았고, 29세 이상~48세 이하의 연령층은 신민당 입당자에 많았다.

〈표 2-14〉 당과 성분과의 관계

빈도/비율/행 비율/열 비율 당 \ 성분	빈농	중농	부농	주부	상인	노동자	사무원	계
조공분국	109 22.85 83.21 33.23	2 0.42 1.53 2.50	0 0.00 0.00 0.00	2 0.42 1.53 16.67	0 0.00 0.00 0.00	10 2.10 7.63 55.56	8 1.68 6.11 22.86	131 27.46
신민당	177 37.11 59.40 53.96	78 16.35 26.17 97.50	2 0.42 0.67 100.00	9 1.89 3.02 75.00	2 0.42 0.67 100.00	7 1.47 2.35 38.89	23 4.82 7.72 65.71	298 62.47
북로당	42 8.81 87.50 12.80	0 0.00 0.00 0.00	0 0.00 0.00 0.00	1 0.21 2.08 8.33	0 0.00 0.00 0.00	1 0.21 2.08 5.56	4 0.84 8.33 11.43	48 10.06
계	328 68.76	80 16.77	2 0.42	12 2.52	2 0.42	18 3.77	35 7.34	477 100.00

통계(당과 성분과의 관계표)

Statistic	DF	Value	Prob
Chi-square	12	62.922	0.001

출처: 「인제군당 상무위원회 회의록 제1호~제73호」, 『북한관계사료집』 2~3권, 통계처리.

인제군은 농촌지역의 특성상 농민이 주된 구성원이었다. 〈표 2-14〉에 의하면 조공분국 입당자의 성분은 빈농 성분이 83.21%인 반면에 신민당 입당자는 빈농 성분이 59.40%이고, 중농 성분은 조공분국보다 크게 많은 26.17%이다(조공분국은 1.53%). 이 부분은 이 자료가 출당당한 당원들의 경우를 표본으로 한 데 원인이 있을 수도 있지만, 두 당의 기본적인 성격을 잘 보여주는 부분이다. 노동자 성분 입당자도 조공분국과 신민당이 차이가 있는데 조공분국이 7.63%로 신민당(2.35%)에 비하여 높은 수치를 보인다. 이상의 사실은 조공분국의 확장과정이 빈농 성분과 노동자 성분에 집중되었고, 중농 성분이나 부농 성분, 사무원 성분이 신민당에 호의적이었음을 알 수 있다.

그 외의 성분은 표본의 수가 너무 적어서 의미를 부여하기 힘들다.

〈그림 2-2〉 당과 성분과의 관계

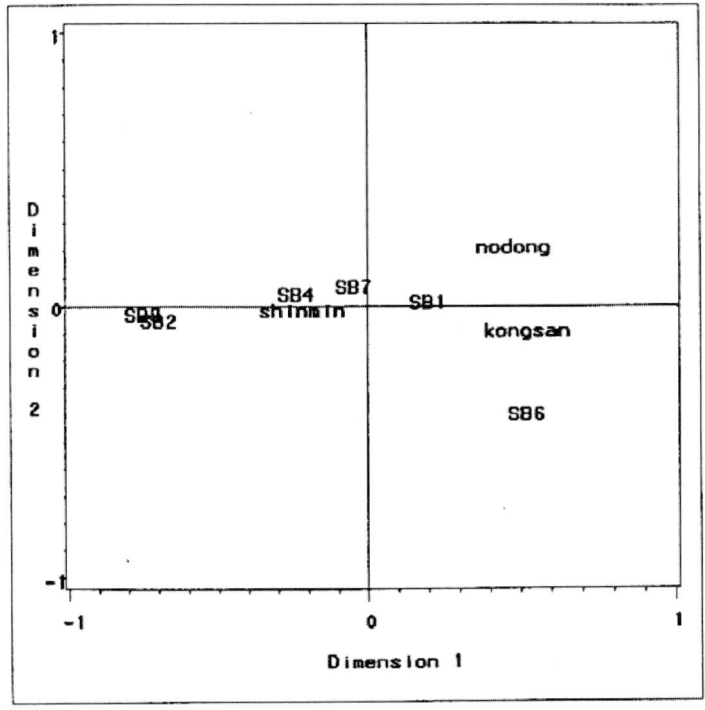

* kongsan(조공분국), shinmin(신민당), nodong(북로당).
* SB1(빈농), SB2(중농), SB3(부농), SB4(주부), SB5(상인), SB6(노동자), SB7(사무원).

대응분석 〈그림 2-2〉를 보면, 중농 성분과 사무원 성분, 주부는 신민당 입당자에 많았고, 노동자 성분은 조공분국 입당자에 많았다.

<표 2-15> 당과 출신과의 관계

빈도 비율 행 비율 열 비율 당	출신 빈농	중농	부농	상인	노동자	사무원	계
조공분국	126 26.47 96.18 33.33	1 0.21 0.76 1.33	2 0.42 1.53 25.00	0 0.00 0.00 0.00	2 0.42 1.53 28.57	0 0.00 0.00 0.00	131 27.52
신민당	210 44.12 70.71 55.56	72 15.13 24.24 96.00	6 1.26 2.02 75.00	2 0.42 0.67 66.67	3 0.63 1.01 42.86	4 0.84 1.35 80.00	297 62.39
북로당	42 8.82 87.50 11.11	2 0.42 4.17 2.67	0 0.00 0.00 0.00	1 0.21 2.08 33.33	2 0.42 4.17 28.57	1 0.21 2.08 20.00	48 10.08
계	378 79.41	75 15.76	8 1.68	3 0.63	7 1.47	5 1.05	476 100.00

통계(당과 출신과의 관계표)

Statistic	DF	Value	Prob
Chi-square	10	52.612	0.001

출처: 「인제군당 상무위원회 회의록 제1호~제73호」, 『북한관계사료집』 2~3권, 통계처리.

<표 2-15>에 의하면 조공분국 입당자는 빈농 출신이 96.18%이고 신민당 입당자는 빈농 출신이 70.71%로 출신 성분상에는 상당한 차이가 있었다. 조공분국 입당자는 중농 출신이 0.76%인 반면 신민당의 경우는 24.24%로 신민당이 중농 출신층에게 호응을 받았다는 점을 확인할 수 있다.

북로당 입당자의 경우 조공분국 시기보다는 중농 출신 입당자가 늘었지만(0.76%~4.17%) 신민당 입당자 중 중농이 차지한 비율(24.24%)에

비교하면 중농들을 적극적으로 끌어 들이지는 않았음을 알 수 있다. 그 외의 출신 성분은 표본의 수가 적어서 의미를 부여하기 어렵다.

〈그림 2-3〉 당과 출신과의 관계

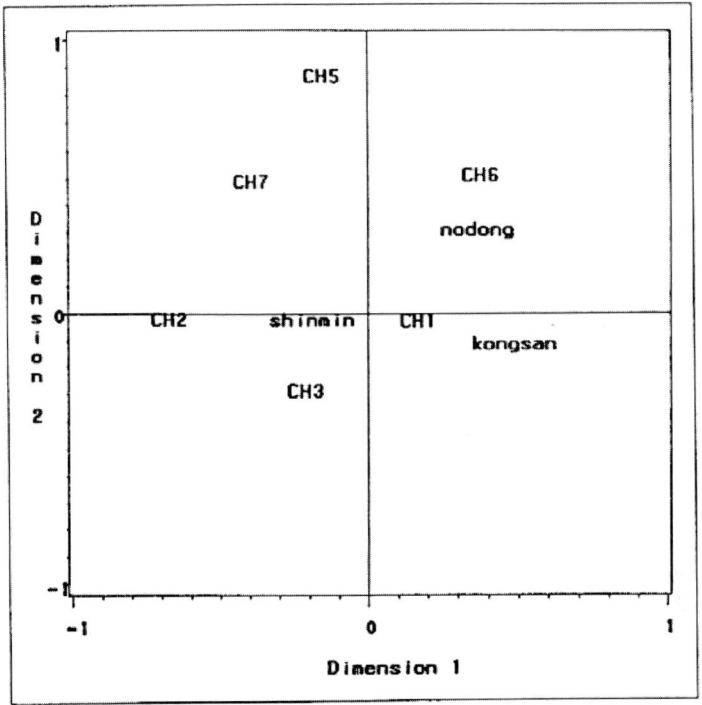

* kongsan(조공분국), shinmin(신민당), nodong(북로당).
* CH1(빈농), CH2(중농), CH3(부농), CH5(상인), CH6(노동자), CH7(사무원).

대응분석 〈그림 2-3〉을 보면, 중농 출신과 부농 출신은 신민당 입당자에 많았고, 빈농 출신은 조공분국 입당자에 많았으며, 노동자 출신은 북로당 입당자에 많았다.

〈표 2-16〉 당과 학력과의 관계

빈도/비율/행 비율/열 비율 당	학력 1	학력 2	학력 3	학력 4	계
조공분국	16 3.40 12.31 21.05	82 17.41 63.08 30.94	29 6.16 22.31 23.97	3 0.64 2.31 33.33	130 27.60
신민당	52 11.04 17.75 68.42	157 33.33 53.58 59.25	78 16.56 26.62 64.46	6 1.27 2.05 66.67	293 62.21
북로당	8 1.70 16.67 10.53	26 5.52 54.17 9.81	14 2.97 29.17 11.57	0 0.00 0.00 0.00	48 10.19
계	76 16.14	265 56.26	121 25.69	9 1.91	471 100.00

통계(당과 학력과의 관계표)

Statistic	DF	Value	Prob
Chi-square	6	5.102	0.531

출처: 「인제군당 상무위원회 회의록 제1호~제73호」, 『북한관계사료집』 2~3권, 통계처리.
* 학력 1(무식), 학력 2(국문해득), 학력 3(소학졸업), 학력 4(중학 이상).

〈표 2-6〉에 의하면 조공분국 입당자는 무식이 12.31%인 반면 신민당 입당자는 17.75%이고, 조공분국 입당자는 국문해득이 63.08%인 반면 신민당 입당자는 53.58%로 신민당원들의 교육수준이 조공분국보다 높은 것은 아니었다. 소학졸업 이상인 사람은 신민당이 26.62%로 조공분국(22.31%)보다 높지만 두 당의 당원 교육수준은 거의 비슷한 것이었음을 알 수 있다. 이것은 신민당에 대한 일반적인 평가와 차이가 있는데 농촌

지역에서는 주로 인제군과 비슷했을 것으로 보인다.

〈그림 2-4〉 당과 학력과의 관계

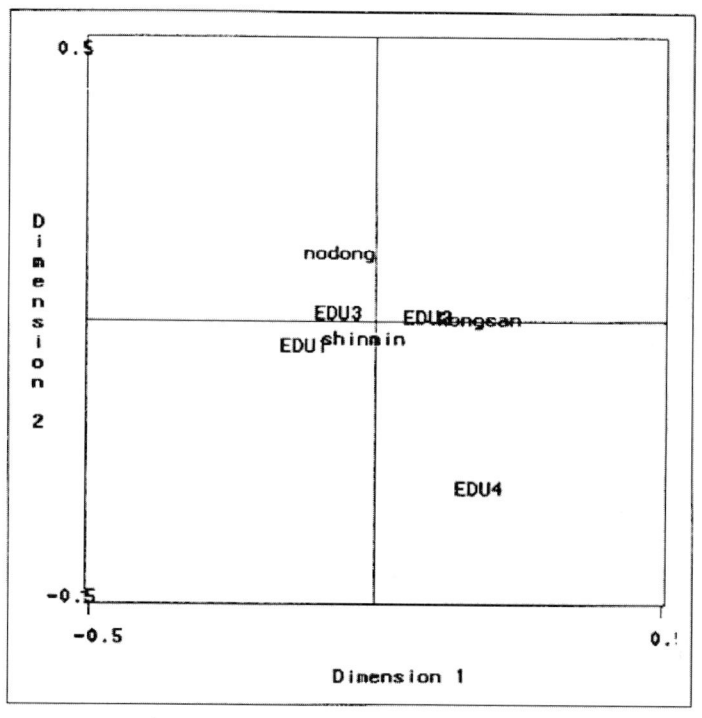

* kongsan(조공분국), shinmin(신민당), nodong(북로당).
* EDU 1(무식), EDU 2(국문해득), EDU 3(소학졸업), EDU 4(중학 이상).

대응분석 〈그림 2-4〉를 보면, 무식층과 소학졸업층은 신민당 입당자에 많았고, 국문해득층은 조공분국 입당자에 많았다.

〈표 2-17〉에 의하면 조공분국 입당자 중에는 여성이 7.69%인 반면, 신민당 입당자는 27.52%가 여성으로 조공분국에 비하여 신민당이 여성당원을 많이 입당시켰음을 알 수 있다. 이것은 조공분국이 가졌던 성향이 여성들의 입당에 영향을 미쳤던 것으로 보인다. 북로당은 조공분국에 비

하여 여성당원의 입당이 비율로는 약 2배가 증가하였는데, 이것은 북로당의 조직이 강화되고 있었던 증거로 볼 수 있다.

〈표 2-17〉 당과 성별과의 관계

빈도 / 비율 / 행 비율 / 열 비율 \ 성별	남성	여성	계
조공분국	120 25.21 92.31 31.83	10 2.10 7.69 10.10	130 27.31
신민당	216 45.38 72.48 57.29	82 17.23 27.52 82.83	298 62.61
북로당	41 8.61 85.42 10.88	7 1.47 14.58 7.07	48 10.08
계	377 79.20	99 20.80	476 100.00

통계(당과 학력과의 관계표)

Statistic	DF	Value	Prob
Chi-square	2	22.847	0.001

출처 : 「인제군당 상무위원회 회의록 제1호~제73호」, 『북한관계사료집』 2~3권, 통계처리.

(2) 인제군당의 당원 변화
① 인제군당의 간부 성분과 계급 구성

조공분국과 신민당의 합당으로 창립된 북로당 당원들은 사상적으로 통일되지 못하여 갈등이 있었다. 인제군에는 공산당과 신민당의 합당 시에 공산당에 반대한 그룹이 있었고, 인제면 인위 서기장 심일록(1948년 2월 현재)은 공산당 타도 만세를 부른 일까지 있었으나 북로당 당원이 되었다.95) 북로당 당원 중에는 비당원보다도 수준이 낮은 경우도 있었으며 당원들의 일부는 자기의 이름도 쓰지 못하여 당증을 교부받지 못하기도 하였다.96) 인제군당에서는 신민당 출신 당원 서류의 이력 기재를 조공분국의 기준에 맞추도록 하였는데97) 이것은 당원 관리와 조직운영이 조공분국의 방식으로 운영되었음을 의미한다.

군당의 재정 해결을 위하여 당원들에게 백미 소1두3승(小1斗3升)씩을 내도록 요구하였고, '1946년 6월 말 현재 전공산당원(前共産黨員)'들은 상급당 재정기금으로 1인당 50원을 납부하도록 하였다.98) '전공산당원들'만이 기금을 낸 사실은 북로당 창립 후의 인제군당의 중심이 어디에 있는가를 명백히 보여주며 신민당원들과의 통합에 갈등이 있었음을 알 수 있다.

인제군 인제면당은 합당 이후 5개월간 겨우 48명의 신입당원을 흡수하였는데, 그중에 여성은 한 명도 없었다.99) 신입당원 흡수가 부진했던 것은 합당 후 내부 정리 등에 주로 힘이 소진된 탓으로 여겨지지만, 여성 당원의 입당이 이루어지지 않은 것은 남성 당원들이 그들의 가족을 당생활에 참여시키는 데 소극적이었음을 보여 주는 면이 있다.

---

95) 「인제군당 상무위원회 회의록 제3호」, 『북한관계사료집』 2, 52쪽.
96) 「강원도 인제면당부 제2차 세포위원장 회의록 1946년 10월 15일」, 『북한관계사료집』 15, 602쪽, 607쪽.
97) 8세 이후의 이력을 빠지지 않게 게재하도록 한 것은(위의 글, 602쪽.) 조공분국의 방침과 같은 것으로 여겨진다.
98) 「북조선로동당 인제면당 제3차 세포위원장 회의록 1946년 11월 6일」, 『북한관계사료집』 15, 617쪽.
99) 「북조선로동당 강원도 인제군 인제면당 열성자 대회 회의록 1947년 1월 14일」, 『북한관계사료집』 4, 685쪽.

〈표 2-18-1〉 1948년 2월 인제군당 간부 명단과 성분

부서와 직책	이름과 성분
위원장 부위원장	송갑수(노동) 이종빈(빈농)
기술서기	김태민(빈농)
조직부장 부부장 지도원	김순길(사무원) 허기(노동) 김흥순(노동), 김복환(빈농), 어덕준(빈농)
유일당증과장 통계원	이문규(사무원) 심관섭(빈농), 김옥자(빈농)
간부과장 과원	변윤환(노동) 최병묵(빈농)
기요과장 과원	이종락(사무원) 김종한(빈농)
선전선동부장 부부장 교양지도원 도서주임 선동원	박삼양(노동) 최종갑(사무원) 김기원(노동) 전창인(빈농) 신기열(빈농), 이태형(노동)
농민부장 부부장 지도원	오일영(빈농) 이근순(빈농) 박경균(사무원), 최근수(빈농)
노동부장 부부장	조택율(노동) 강유복(노동)
문화인부장 부부장	김복근(사무원) 이용호(노동)
총무과장 과원	임상학(사무원) 이준규(노동), 이명수(빈농)
면당위원장	이천수(사무원; 인제), 이용범(노동; 남면), 심상범(노동; 북면), 김인식(노동; 서화)

출처:「인제군당 상무위원회 회의록 제1호 1948년 2월 4일」,『북한관계사료집』2, 12~13쪽.

〈표 2-18-2〉 인제군당 간부 성분 비율(%)

	노동자	빈농	사무원
1948년 2월	38.9	38.9	22.2
1949년 1월	46	48.6	5.4
1949년 9월	42.8	57.2	

출처 : 1948년 2월은 위의 〈표 2-19-1〉에서 정리.
「인제군당 상무위원회 회의록 제62호」, 『북한관계사료집』 3, 643쪽.

〈표 2-18-2〉에 따르면 1948년 2월의 인제군당 간부의 성분은 노동자와 빈농이 각각 14(38.9%)명이고 사무원이 8(22.2%)명이다. 1948년 5월 인제군당 내 노동자 당원 비율(4.6%)에 비하면 노동자 성분 간부의 비율은 매우 높았으며 위원장, 조직부 부부장, 선전선동부장 등이 노동자 성분이었고, 빈농 성분 간부는 당내의 빈농비율 78.3%에 비하면 상대적으로 적었다. 동시에 사무원 성분은 조직부장, 선전선동부 부부장, 문화인 부장 등의 중요 간부를 맡고 있는 점을 주목할 수 있다. 이것은 이 시점의 인제군당이 노동자, 빈농 성분을 중심으로 조직화되었지만, 사무원 성분의 협력이 필요한 단계였음을 보여준다.

그런데 1년 후인 1949년 1월에는 간부 중에서 사무원 성분이 감소하고, 9월에는 사무원 성분이 완전히 없어진 것을 통해 인제군당이 적극적으로 성분을 개조해 나갔음을 알 수 있다. 이것은 사무원 성분에 대한 북로당의 인식이 뚜렷하게 반영된 것이며, 빈농과 노동자 성분에서 당 하급간부가 양성되었음을 보여준다. 즉 1948년 정부수립 후의 북한사회는 더욱 더 빈농과 노동자계급을 중심으로 지배질서가 재편되어 갔음을 알 수 있다.

〈표 2-19〉에 따르면 1947년 말 이후 1949년 초까지 인제군당 당원은 거의 증가하지 못했다. 약 413명의 당원이 이 시기 동안 증가했지만 그만큼 출당자도 많았기 때문이다. 1948년 이후에는 북로당의 당원정책이 질적 강화로 변했던 것도 중요한 원인인데, 북로당의 정책이 인제군당에서

도 관철되고 있었음을 알 수 있다.

〈표 2-19〉 인제군당 당원 증감

	당원 수	여당원 비율(%)	민청맹원 비율(%)	세포 수
1947년 말	4,954	30	45.1	
1948년 말		29.9(21)	33.7	
1949년 3월	4,984			153
1949년 6월		26		

출처:「인제군당 상무위원회 회의록 제34호」,『북한관계사료집』3, 93쪽, 95쪽.「제41호」, 247쪽.「제57호」, 490쪽.
* 이 시기의 인제군당 통계는 때로는 불일치하는 경우가 있는데, 1948년 말의 여성당원 비율은 29.9%로 나온 경우와 21%로 나온 경우가 있다. 1948년 여성당원의 비율은 21%쪽이 더 가깝다고 본다(출당자 통계에서는 여성당원 비율이 20.96%이다).

인제군 내의 면당 사정을 살펴보면 1946년 합당 당시 북면의 당원 수는 20세 이상 인구 4,700명의 26%인 1,243명이었는데[100] 이것은 북면 인구 전체로 보아도 당원비율이 약 15.5%에 달하는 높은 비율이었던 관계로 당원증가는 정체되었다. 서화면당은 합당 당시 당원 수에서 1948년 1월까지 불과 27명이 증가하였고[101] 오히려 유일당증 수여 시(감소한 당원 수 전체의 62%), 자연출당자(감소한 당원 수 전체의 6.2%), 38이남 월남자(감소한 당원 수 전체의 15.1%), 행방불명자(감소한 당원 수 전체의 11%), 주권기관법령위반자(감소한 당원 수 전체의 2.6%), 당강령규약 위반자(감소한 당원 수 전체의 3.1%)로 인하여 감소되는 형편이었다.[102]

서화면당의 경우 1948년 2~3월간 3명이 입당한 반면 출당자 2명에 월남한 당원이 15명이나 되어 당원이 감소하였다.[103] 인제군당 전체적으로

---

100)「인제군 북면당부 제2차 대표자 회의록」,『북한관계사료집』15, 521쪽.
101)「북조선로동당 강원도 서화면당 제2차 대표자대회 회의록 제2호」,『북한관계사료집』15, 566쪽.
102) 위의 글, 559쪽.

보면 1948년의 5개월 동안 73명의 당원이 입당하였을 뿐이고, 전체 당원 수는 3월에 비하여 5월에는 22명이 감소하였다.[103] 1948년 10월까지의 서화면당 당원 확대도 성과를 거두지 못하였는데, 53명의 당원이 입당한 반면 97명이 출당을 하였고[105] 그중 91.6%가 행방불명(월남 포함)이 원인이었다.[106]

당성장의 정체를 맞이한 인제군당은 1949년에는 당성장을 성분개조 방향으로 지도하였다.[107] 당성장을 질적으로 강화한다는 목표는 중농이나 38선 이남에 친척을 둔 대상자들을 입당시키려 하지 않는 결과를 가져왔다.[108] 무원칙하게 성분에만 의존한 간부 등용이 때로는 결점을 만들어 냈다[109]는 인제군당 상무위원회의 논의는 북로당의 간부정책이 주로 성분에 의존한 것이었음을 보여준다.

전체적으로 인제군당은 초기에 급격한 당성장을 이룬 후, 2차 당대회 이후에는 입당자격이 상대적으로 엄격해졌고, 모집식으로 입당했던 당원들의 이탈로 인하여 성장자체가 어려운 구조로 변해 버렸다. 반면에 인제군당은 〈표 2-20〉과 같은 성분 구성개조에 중요한 의미를 두었다. 1949년 1월 초의 인제군당 상무위는 1948년 전기분(6월)에 비해 상인이 8명 감소된 것을 좋은 현상으로 적시하였는데[110] 이것은 인제군당이 상인 성분에 대하여 가지고 있는 부정적 인식의 일단을 보여준다. 당내에서 대단히 적은 상인 성분의 당원조차 환영받지 못한 현실은 당하부조직에서 나타난 사회의 한 면을 보여주는 것이다. 이는 사회 내에 계급 간의

---

103) 「인제군당 상무위원회 회의록 제6호」, 『북한관계사료집』 2, 146쪽.
104) 「인제군당 상무위원회 회의록 제13호」, 『북한관계사료집』 2, 297쪽.
105) 「인제군당 상무위원회 회의록 제25호」, 『북한관계사료집』 2, 629쪽.
106) 위의 글, 625쪽.
107) 「인제군당 상무위원회 회의록 제57호」, 『북한관계사료집』 3, 490쪽.
108) 「인제군당 상무위원회 회의록 제61호」, 『북한관계사료집』 3, 623쪽.
109) 「인제군당 상무위원회 회의록 제62호」, 『북한관계사료집』 3, 645쪽, 647쪽.
110) 「인제군당 상무위원회 회의록 제33호」, 『북한관계사료집』 3, 73쪽.

갈등을 확대하였다.

〈표 2-20〉 인제군당 당원 계급 구성

	빈농	노동자	중농	사무원	상인	기타
1947년 말	77.2	4.4	11.3	5	0.24	
1948년 5월	77.4	4.6	11	4.9	0.3	
1948년 12월	78.3	4.8	10	4.7	0.2	
1949년 1월	78.3	4.9	9.9	4.6	0.2	1.8
2월	78.6	4.9	9.8	4.7	0.2	1.8
4월	78.3	5.0	9.75	4.75	0.21	
5월	78.45	5.02	9.72	4.59	0.2	1.92
6월	79.42	4.91	9.19	4.20	0.29	1.94
7월	79.5	4.9	9.2	4.1	0.3	1.9
9월	79.8	5	9.1	4.1	0.2	1.7
10월	80	5	9	4	0.2	1.7

출처 : 「인제군당 상무위원회 회의록 제13호」, 『북한관계사료집』 2, 296쪽.
「인제군당 상무위원회 회의록 제33호」, 『북한관계사료집』 3, 73쪽. 「제34호」, 92쪽.
「제35호」, 140쪽. 「제38호」, 176쪽. 「제44호」, 312쪽. 「제48호」, 383쪽. 「제53호」, 417쪽.
「제56호」, 459쪽. 「제69호」, 813쪽.

인제군당은 철저하게 생산에 고착된 노동자와 고용 노동자, 빈농민을 흡수하는 것을 당의 발전으로 보았다. 따라서 노동자에 대한 끊임없는 교양을 통하여 입당을 추진하였고, 이것은 적지만 꾸준한 성과를 가져왔다. 입당의 절차는 1949년 5월의 시점에는 더욱 강화되었다. 용대 작업소의 경우 2년 이상의 노동연한을 가진 비당원 노동자 48명의 80%가 입당을 청원하였음에도 불구하고, 세포위원장이 과거 경력을 잘 모른다는 이유로 입당을 계속 지연시키는 경우도 있었다.[111]

1948년 8월 조선최고인민회의 총선거에서 전유권자가 입후보자에게 100% 찬성투표를 하면서도, 월남자 35명이 체포되고, 38선을 지키는 38

---
111) 「인제군당 상무위원회 회의록 제46호」, 『북한관계사료집』 3, 337쪽.

자위대 16명이 남으로 '도주'하는 일이 동시에 벌어진 인제군은[112] 내부에 상당한 갈등이 존재하는 불안정한 곳이었다.

　당원 중 30세까지의 청년당원이 53%인[113] 반면 41세 이상의 당원은 불과 14.4%에 불과하였는데, 근로계급 중에서 나이 많고 경험이 풍부한 열성적 우수분자들의 흡수가 부족하였다.[114] 이 같은 연령분포는 북로당에서는 일반적인 것이었고, 북로당의 사업추진 성격을 규정짓는 한 원인이 되기도 하였다. 또한 남면에서는 당원 조직대상의 42.2%를 흡수한 반면, 인제면에서는 18.9%를 흡수하여[115] 인제군 내에서도 지역적으로 심한 불균형 상태에 있었다.

　1948년 초 인제면당의 경우 몇몇 세포를 제외하고는 여당원이 없는 세포가 대부분이었다.[116] 이처럼 연령적·지역적·성별적인 큰 불균형은 인제군당이 처해 있는 실정과 사업 방식에 큰 영향을 미쳤다고 볼 수 있으며, 지지기반 확대에 여러 가지 제약이 있었음을 알 수 있다.

　무책임한 보증과[117] 모집식 당원 확장[118]은 이후 북한 지역의 정치 경제적 상황과 맞물려 상당한 출당자를 만들었다. 서화면당은 1948년 1년간 입당자 수에 비하여 출당자 수가 130%이었고, 남면당은 입당자 수의 112%가 출당되는 상황에서[119] 1949년 4월의 인제군당 상무위는 출당 문

---

112) 「인제군당 상무위원회 회의록 제25호」, 『북한관계사료집』 2, 632~633쪽.
113) 「인제군당 상무위원회 회의록 제15호」, 『북한관계사료집』 2, 332쪽.
114) 「인제군당 상무위원회 회의록 제13호」, 『북한관계사료집』 2, 296쪽.
115) 위의 글, 297쪽.
116) 「인제군 인제면당 제2차 대표자 회의록」, 『북한관계사료집』 15, 581쪽.
117) 남면 대흥 세포의 심재혁이 보증 선 당원은 28명, 인제군 인위 세포 임응면이 보증 선 당원은 16명이 출당되었다. 1949년 초에도 피보증인의 경력을 모르고 보증을 서기도 하였다(「인제군당 상무위원회 회의록 제41호」, 『북한관계사료집』 3, 239쪽).
118) 특히 북로당 합당 이전 공산당과 신민당은 확장을 위하여 신임할 수 없는 사람들도 조합식으로 흡수하였다. 신민당에는 북면 마평세포 내에 불로 지주들이 6명이나 입당하였다(위의 글, 240~241쪽).

제에 대한 개별적인 충분한 검토와 심중한 조사를 요구하였다.[120]

② 인제군당 1948~1949년간의 입당자 분석

1948~1949년간의 입당자는 867명이었다. 이들의 입당 시에 인제군당 상무위원회에서 비준을 하였는데, 각 개인별로 이름, 출생연월, 성별, 주소, 국적, 성분, 출신성분, 학력, 세포, 입당 연월, 보증인 1, 보증인 2가 회의록에 기록되어 있다.

(예) 이일부 : 1925년 2월 11일생, 남자, 인제군 인제면, 가아리, 조선사람, 성분-빈농, 출신-빈농, 국문해득, 인제군 인제면 가아리 반장동세포 1947년 12월 10일 입당, 보증인 박일홍 311195호, 박인규 31290호.[121]

〈표 2-21〉 인제군당 입당자의 연령

입당시기(분기)	연령				계
	18세	28세 이하	38세 이하	39세 이상 (48세 이상)	
1948년 1(2~3월만)	0	21	15	8 (1)	44
2	0	21	9	3 (1)	33
3	0	83	41	14 (5)	138
4	0	61	34	12 (1)	107
1949년 1	4	47	29	9	89
2	13	76	23	11 (2)	123
3	22	63	22	10 (1)	117
4	51	120	38	5	214
계	90	492	211	72 (11)	865
비율	10.4	56.7	24.3	8.3 (1.3)	

출처 : 「인제군당 상무위원회 회의록 제1호~제73호」, 『북한관계사료집』 2~3권에서 정리.

---

119) 위의 글, 245쪽.
120) 위의 글, 238쪽.
121) 「인제군당 상무위원회 회의록 제3호」, 『북한관계사료집』 2, 44쪽.

위 〈표 2-21〉에 따르면 인제군당 입당자의 월 평균 인원은 37.7명이고[122] 1949년에 입당 가능 연령이 되어 입당한 사람은 90명이다. 1949년에 증가된 당원(543명) 중에서 18세 연령이 16.6%인 것은 입당 가능 연령이 되자마자 예비된 당원들을 입당시켰기 때문이다. 입당자 중 28세 이하가 66.7%인 것을 보면 북로당의 중심이 민청맹원들의 연령대에 있었음을 알 수 있다. 1948년 이후 입당자 중에서 49세 이상은 11명으로 1.3%에 불과하고, 39세 이상 48세 이하자도 7%에 불과하다. 이것은 김일성을 중심으로 한 북로당 중앙이 청년층을 중심으로 당을 구성하려 한 노력과도 충분한 관계가 있으며, 이를 통해 민청과 북로당의 관계가 갖는 중요성도 잘 알 수 있다.

〈표 2-22〉 인제군당 입당자의 성별 구분

입당시기(분기)	성별			계
	남 (인원)	여		
		인원	비율	
1948년 1	38	6	13.6	44
2	23	10	30.3	33
3	111	29	20.7	140
4	76	31	29.0	107
1949년 1	71	18	20.2	89
2	95	28	22.8	123
3	96	21	17.9	117
4	158	56	26.2	214
계	668	199		867
비율	77.0	23.0		

출처: 「인제군당 상무위원회 회의록 제1호~제73호」, 『북한관계사료집』 2~3권에서 정리.

---

[122] 월 평균에 2배 이상 차이가 나는 달은 1948년 8월(75명), 10월(81명), 1949년 10월(86명), 12월(87명)이다.

인제군당은 낮은 여성당원 비율을 높이기 위하여 많은 노력을 했다. 조공분국 시기의 인제군당 여성당원 비율은 7.69%였다.[123] 〈표 2-22〉에 따르면 신입당원 중 여성의 비율이 평균 23%였는데, 인제군당이 여성당원 입당에서 성과를 거두고 있음을 알 수 있다. 여성당원의 증가는 북한사회에서 북로당의 세력기반이 강화되는 것을 보여주는 중요한 증거가 되는데, 남성당원들의 형식적인 참여가 아닌 가족전체가 당원화되고 있다는 의미부여가 가능하다.

〈표 2-23〉 인제군당 입당자의 성분

입당시기(분기)		성분			
	빈농	중농	노동자	사무원	기타
1948년 1	40	0	3	0	1
2	20	0	5	3	4
3	122	5	3	4	4
4	94	0	6	3	4
1949년 1	75	2	7	3	2
2	100	0	17	2	4
3	97	1	12	6	1
4	192	1	4	13	4
계	740	9	57	34	24
비율	85.6	1.0	6.6	3.9	2.8

출처: 「인제군당 상무위원회 회의록 제1호~제73호」, 『북한관계사료집』 2~3권에서 정리.
* 기타 24명의 대부분은 가정부인(19명)이고, 4명은 학생이다.

인제군은 산들 사이의 평지들을 이용하여 농사를 짓는 농업지대이므로, 주민의 대부분이 농민이며 당연히 농민들이 당원의 대부분일 수밖에 없다. 〈표 2-23〉에 보듯이 2년간의 입당자 중에서 중농이 9명밖에 없다는 것은 이 지역의 계급특성과도 무관하지 않지만, 인제군당이 중농 성

---

[123] 인제군당 출당자를 분석한 〈표 2-17〉 당과 성별과의 관계.

분에 대한 확장에 큰 의지가 없었음을 알 수 있다. 반면에 노동자에 대한 입당은 상대적으로 활발하였다.

〈표 2-24〉 인제군당 입당자의 출신 성분

입당시기(분기)		출신			
	빈농	중농	노동자	사무원	기타
1948년 1	42	0	1	0	1
2	28	0	3	1	0
3	132	4	0	1	1
4	102	1	2	2	0
1949년 1	83	3	3	0	0
2	115	2	5	1	0
3	114	1	1	1	0
4	209	2	3	0	0
계	825	13	18	6	2
비율	95.5	1.5	2.1	0.7	0.2

출처:「인제군당 상무위원회 회의록 제1호~제73호」,『북한관계사료집』2~3권에서 정리.

〈표 2-24〉에 따르면 입당자의 현재 성분이 빈농인 당원이 85.6%인데 비하여 출신이 빈농인 당원은 95.5%였다. 이것은 현재의 성분이 노동자, 사무원이더라도 대부분의 출신 성분은 빈농이었기 때문인데 노동자, 사무원도 빈농 출신이 주된 입당 대상자였던 것이다.

〈표 2-25〉에 따르면 인제군당 입당자의 학력은 70.9%가 국문해득이다. 북로당 입당자 중에서 출당당원의 학력이 무식(16.67%), 국문(54.17%), 소학(29.17%), 중학(0%)이었던 것[124]과 비교하면 1948년~1949년 입당자의 학력은 무식자가 없어지고, 국문해득자가 57.78%에서 70.9%로 증가하였다. 학력면에서 2년간의 뚜렷한 시기별 변화가 보이지는 않지만,

---

124) 앞의 인제군당 출당자 분석표 참조.

북로당의 문맹퇴치운동이 성과를 거두고 있었음을 보여준다.

〈표 2-25〉 인제군당 입당자의 학력

입당시기(분기)		학력			
		국		소	중
		인원	비율(%)	인원	비율(%)	
1948년	1	34	77.3	9	20.5	1
	2	16	48.5	17	51.5	0
	3	101	73.2	36	26.1	1
	4	82	76.6	25	23.4	0
1949년	1	66	74.2	22	24.7	1
	2	86	69.9	35	28.5	2
	3	91	77.8	24	20.5	2
	4	137	64.0	72	33.6	5
계		613		240		12
비율		70.9		27.7		1.4

출처 : 「인제군당 상무위원회 회의록 제1호~제73호」, 『북한관계사료집』 2~3권에서 정리.

인제군당 상무위원회는 〈표 2-26-1〉, 〈표 2-26-2〉와 같이 2년 동안 63명의 입당을 부결하였다. 부결원인을 살펴보면 계급의식박약이나 사상박약이 가장 많다. 이어서 38이남에 친척이 있거나 가족 중에 월남자가 있는 경우도 부결원인이 되었으며, 이력을 보증할 수 없는 경우도 부결하였다.

부결원인들 중에서 자유노동, 문맹, 무직, 출신 성분(기본계급이 아닌 것), 일제 때의 경력(일경찰 급사), 민청미가입, 당강령 불이해도 있었다. 1948년 이후에는 입당자격이 강화되었음을 확인할 수 있으며, 북로당 조직이 상당한 정도로 강화된 것을 반영한다.

〈표 2-26-1〉 인제군당 입당신청 부결자

입당시기(분기)	부결	입당자 수
1948년 1	8	44
2	1	33
3	17	140
4	8	107
1949년 1	14	89
2	4	123
3	3	117
4	8	214
계	63	867

출처: 「인제군당 상무위원회 회의록 제1호~제73호」, 『북한관계사료집』 2~3권.

〈표 2-26-2〉 인제군당 입당 부결자의 원인 구별

이유	의식박약	이남 친척	이력보증	계
인원	42	16	5	63
비율	66.7	25.4	7.9	

출처: 「인제군당 상무위원회 회의록 제1호~제73호」, 『북한관계사료집』 2~3권.
* 이남 친척은 월남이력자 2명 포함.

〈표 2-27〉 북로당과 인제군당 노동자 성분 비율

	노동자 성분	노동자 성분 간부
북로당 전체	19.9%(1947. 8)	46.6%(2차 당대회 대표 비율)
인제군당	4.4%(1947년 말)	38.9%(1948. 2)

출처: 앞의 〈표 2-20〉, 〈표 2-18-2〉.

인제군당 입당자 성분을 북로당 전체와 비교한 〈표 2-27〉을 보면, 인제군당이 노동자 성분이 적고 빈농이 많았던 차이가 있다. 하지만 간부 중 노동자 성분의 구성비는 46.6 : 38.9%로 비슷하였는데, 노동자 성분 간부의 역할로 본다면 인제군당에서는 노동자 성분의 지도적 성격이 상대적으로 컸다고 할 수 있다.

2) 인제군당과 인제군 정권기관의 관계

북로당의 면·리 인민위원회에 대한 영향력은 기본적으로 간부 추천 과정을 통하여 확인할 수 있는데, 1947년의 인민위원 후보자 추천과정은 북로당과 면·리 인민위원회의 관계를 잘 보여준다. 1947년 인제면 인민위원 후보자를 북로당원만으로 추천하였던 인제면당은 상부로부터 북로당원 40%, 민주당원 10%, 비당원 50%로 개정하라는 지시에 따라 북로당원을 비당원으로 교체하였고[125] 다른 면에서 비슷한 일이 벌어졌다. 남면당에서도 리인민위원회 위원 후보자 24명을 북로당원으로 추천하여 상부의 비준을 받으려 했으나[126] 상급당의 지시에 의하여 민주당, 무소속, 여성 등으로 적절하게 다시 추천하게 되었다.[127] 이에 따라 다시 남면당이 추천권을 갖고 24명을 추천하였는데, 이들 중에서 45.8%인 11명이 북로당원으로 추천되었다.[128] 법령과는 달리 면·리(동) 인민위원회의 추천과정 역시 도·시·군 인민위원회 선거 때와 비슷한 방식으로 진행되었고, 도·시·군 인민위원 선거과정에서 나타난 '불만'을 희석시키고자 하였던 뜻에서 이루어진 면·리(동) 선거에서의 인민 대중의 추천이라는 절차는 잘 지켜지지 않았다.

1947년 2월 25일의 리인민위원 선거에서는 각 세포위원장에 대한 반대표가 어느 위원보다도 많아서, 세포위원장이 인민과 떨어지는 경향이 있다는 비판을 받았다.[129] 리인민위원 선거에서 북로당의 각 세포위원장이

---

125) 「린제면 각사회단체 급 정당책임자 연석회 회의록 결정서 1947년 2월 12일」, 『북한관계사료집』 15, 471~472쪽.
126) 「인제군 남면당부 제1차 세포책임자 회의록 1947년 1월 22일」, 『북한관계사료집』 15, 491쪽.
127) 「인제군 남면당부 제5차 세포위원장 정기회의록 1947년 2월 1일」, 『북한관계사료집』 15, 492쪽.
128) 위의 글, 496쪽.
129) 「인제군 인제면 각세포위원장 연석회의록 1947년 2월 27일」, 『북한관계사료집』 15, 620~621쪽.

다른 위원보다 많은 반대표를 받은 것은 북로당의 하급간부에 대한 인민 대중의 신임과 관련이 있는데, 북로당 세포위원장이 인민 대중에게는 인기가 높지 못했다는 추정이 가능하다. 또 이것은 북로당의 정책이 하부에서 집행되는 과정에서 주민들의 불만이 상당히 있었다는 해석도 가능하다.

1948년 2월 인제군당 상무위원회는 군인민위원회(재정·공상·간부·선전과장)와 농맹(군농맹 문화부원, 면농맹위원장), 민청(군민청위원장, 면민청위원장)의 간부이동 공작배치를 승인하였다.[130] 이것은 군인민위원회와 사회단체를 인제군당이 지배하고 있음을 보여주는 것이며, 인제군당의 정권기관과 사회단체를 장악하는 방식을 보여준다.

인제군당의 사업방식은 정권기관과 사회단체의 간부를 통하여 사업을 진행하는 것이었다. 남면 관개관리공사의 경우를 보면 군인민위원회의 기획과장, 노동과장과 내무서장, 인제·남 면인민위원장, 군농맹위원장, 군민청위원장에게 조직을 통하여 노력을 동원하도록 하였다.[131] 각 리별로 노무동원 인원이 할당되었고, 각 리에서는 인민반 단위로 검열을 실시하여 빠지는 사람이 없도록 하였으며, 각 사회단체 맹원들은 1일 이상씩 의무적으로 동원되었다.[132]

이러한 사업들은 바로 인제군당에 의해서 총지휘되었고 각 정권기관과 사회단체를 통하여 집행되었는데, 이것이 북로당이 북한사회 내에서 가진 위상이었다. 이 과정에서 당조는 당적 위임을 옳게 집행하며 주권기관의 결정지시를 옳게 집행하는 임무를[133] 가지고 있었다. 그러나 당조의 역할이 주권기관이나 사회단체에서 정확하게 인식되고 실행되는 데 차이가 있었다. 군 여맹 당조는 3명으로 조직되었는데, '당조회의 집

---

130) 「인제군당 상무위원회 회의록 제1호」, 『북한관계사료집』 2, 14쪽.
131) 「인제군당 상무위원회 회의록 제2호」, 『북한관계사료집』 2, 17쪽.
132) 위의 글, 19쪽.
133) 「인제군당 상무위원회 회의록 제20호」, 『북한관계사료집』 2, 473쪽.

행정형 방법상 문제'에 있어서 당조회의와 동맹상무위원회를 혼동하여 확고한 체계와 한계를 가리지 못하고 동일한 문제를 취급하였다.[134] 또 1949년 상반기에 군인민위원회 당조는 4월 이후 당조회의를 3차례밖에 가지지 않고 7~8월에는 회의를 2개월이나 쉬었다.[135]

이처럼 당조가 당조회의와 동맹상무위원회를 혼동하고, 당조회의가 없이도 군인민위원회가 기능하였다는 것은 실질적으로는 당조가 또 하나의 중복되는 조직이었을 뿐임을 보여준다. 실질적으로 동맹상무위원회나 군인민위원회가 거의 북로당 당원들에 의하여 장악된 상태에서 당조가 갖는 독자적 의미는 크지 않았다. 지역에 따라 차이가 있었을 수도 있지만, 북로당 당조는 이미 집행기구로 변해 있었음을 의미한다.[136]

그런데도 불구하고 당조가 그 조직을 계속 유지한 이유는 북로당이 인민위원회와 사회단체에 있는 당원들을 장악하고 지휘하는 데 필요했기 때문이다. 또한 당국가체제가 미완성된 상태에서 주권기관이나 사회단체가 북로당으로부터 이탈하는 것을 조직적으로 견제하는 데 필요했던 것이다.

〈표 2-28〉은 1948~1949년 약 2년간의 인제군 중요기관 책임자들의 명단인데, 이들의 명단은 인제군당 상무위원회 참석자들에서 정리된 것이다. 이들이 인제군당 상무위원회에 참석하는 빈도는 직책에 따라 차이가 많지만, 모두 당원이라는 것과 중요 직책일수록 참석의 빈도가 높다는 특징을 가지고 있었다.

군인민위원회는 위원장, 부위원장, 서기장과 각 과장들이 북로당원이었으며, 내무서도 내무서장과 부서장, 각 계장들이 북로당원이었다. 검찰소장, 재판소장, 민전 서기장, 사회단체 위원장이 모두 북로당원인 것도 확인할 수 있다. 이렇게 본다면 실제 지방에서도 당이 국가기관을 지

---

134) 「인제군당 상무위원회 회의록 제41호」, 『북한관계사료집』 3, 226쪽.
135) 「인제군당 상무위원회 회의록 제58호」, 『북한관계사료집』 3, 508쪽.
136) 군인위 당조의 사업이 기관주의적이라고 비판되었다(위의 글, 518쪽).

배하는 단계로 확실히 이행했음을 알 수 있다.

〈표 2-28〉 인제군 각 정권기관, 사회단체 간부 명단과 직책(북로당원)
(1948년 2월~1949년 12월)

소속	이름(직책)
인민위원회	정윤교(위원장-어덕준), 송제운(부위원장-김인식), 김시종(서기장-박용린), 김상용(재정과장-강히련), 김시건(공상과장-심상덕), 박재정(간부과장-이도남), 원용선(선전과장-최종갑-김덕수), 김동호(농산과장-전용순), 박동석(양정과장-김석구), 김창우(교육과장), 이기호(기획과장), 심윤흠(노동과장-임철돈), 이흥수(수매과장-박용성), 고기흥(재정과장)
검찰소	김문성(검찰소장), 우성권(검사)
내무서	손중히(내무서장-김두표), 염인선(부서장-김봉순), 이종억(정보계장), 김기성(호안계장), 김재영(시설계장), 김치성(기요계장), 이종혁(공민증계장)
재판소	임준설(소장-강문신)
군	엄주호(정치보위부 부장)
직맹	홍만주(위원장)
선거위원회	이종석(위원장), 김복환(서기장)
민전(조국전선)	심윤흠(서기장-조돈근), 조돈근(조국전선 서기장)
민청	원용선(위원장-유팽수), 이이준(부위원장-지규현), 정영우(조직간사)
농맹	이종명(위원장), 박경균(부위원장), 고우석(문화부원), 전용순(문화부장), 이수용(조직부장-박경균)
여맹	최옥히(위원장-김옥자), 김선자(서기장), 김양덕(부위원장), 조옥진(조직부장)
소비조합	이종석(위원장-조창선), 김봉린(부위원장), 정동준(합작과장-김재황), 이문규(검사위원장), 김상용(총무과장), 이성용(회계과장), 최병용(선전조직과장), 장승엽(계획과장), 김승업(상업과장)
조쏘문화협회	이장호(위원장-김광철), 김훈(문화부장)
우편국	한재우(국장)
농은	전지식(지점장-염만종), 정의순(부지점장), 김규목(지점장 대리)
국영기업소	우동하(소장)

출처 : 「인제군당 상무위원회 회의록 제1호~제73호」, 『북한관계사료집』 2~3권.
* ( ) 안은 직책-후임자 이름임.

⟨표 2-29⟩ 인제군 각 면 정권기관, 사회단체 간부 명단과 직책(북로당원)
(1948년 2월~1949년 12월)

인민위원회	김규환(남면 위원장), 김국천(남면 서기장), 이종해(북면 위원장), 김병식(북면 부위원장), 고기홍(북면 서기장), 이봉운(인제면 위원장-김순길-김시건), 이수용(인제면 서기장), 조환철(서화면 서기장)
분주소	이광희(남면 소장-김만기), 서상철(북면 소장), 권택원(서화면 소장), 이호근(귀둔 소장), 김치성(인제 소장)
민청	박재국(북면위원장)
농맹	이학원(서화면위원장), 심영진(남면위원장), 임봉석(인제면위원장)

출처: 「인제군당 상무위원회 회의록 제1호~제73호」, 『북한관계사료집』 2~3권.
* 일부 면의 간부는 파악되지 않았음.

　모든 면의 간부가 파악된 것은 아니지만 ⟨표 2-29⟩는 대체적으로 각 면의 정권기관과 사회단체의 간부도 북로당원이 맡고 있었음을 보여준다. 군인민위원회 위원장은 군인민위원회의 당조위원장이었으며, 농맹과 소비조합의 위원장 역시 당조위원장이었던 것으로 보아 각 기관, 단체의 위원장이 당조위원장으로서의 역할을 하였음이 확인된다. 북로당 규약 제4조 라항에 '당상급기관의 지시는 하급기관에 엄격한 지도가 됨'이라고 규정되어, 군인민위원회 당조는 당상급기관의 결정 및 지시에 따르도록 되어 있었다.[137] 따라서 각 기관, 단체는 북로당의 조직에 의하여 주도되었다고 할 수 있다.

　그러나 각 기관, 단체의 간부들이 북로당원들에 의하여 주도된 것과 인제군당의 임명권과는 차이가 있었던 것으로 보인다. 인제군당은 군인민위원회, 농맹, 민청 간부에 대한 이동 배치를 승인하였는데, 이 부분에 대해서는 실질적인 임명권을 가지고 있었던 것으로 보인다. 하지만 검찰소·내무서·재판소에 관한 임명권은 가지고 있지 않았던 것으로 파악되며, 검찰소·내무서·재판소에 대한 하급당의 영향력은 상대적으로 작

---

[137] 「인제군당 상무위원회 회의록 제3호」, 『북한관계사료집』 2, 61쪽.

앉던 것으로 보인다.

〈표 2-30〉의 간부들은 인제군당 상무위원회에서 이동을 비준한 사람들이다. 그러나 이들 외에 많은 간부들이 직책의 변동을 가졌는데 상무위원회 회의록에 나타나지 않는다. 특히 인제군당 상무위원회가 1948년 8월 30일에 간부 이동을 결정한 후 1949년 말까지 당간부를 제외한 간부 이동을 승인하지 않았다는 점이 시기적으로 주목할 만하다.

1948년 9월의 조선민주주의인민공화국 정부 수립 후 인민위원회 간부의 임명권이 정부로 넘어갔다는 추정이 가능하다. 그러나 군인민위원회 위원장의 후임이 북로당 인제군당 내의 간부에게 이어진 것을 보면, 당의 실질적인 권한이나 역할의 약화를 의미하는 것은 아니다.

〈표 2-30〉 인제군당 상무위원회의 기관·단체 간부 비준

* 1) 군인위 간부비준 : 재정과장(김상용), 공상과장(김시건), 간부과장(박재정), 선전과장(원용선)
  농맹간부 비준 : 문화부원(고우석), 서화면 위원장(이학원), 남면 위원장(심영진), 인제면 위원장(임봉석)
  민청 : 군민청위원장(유팽수), 북면 위원장(박재국)

* 2) 전매소 : 소장(전승배), 수매과장(최창규)
  소비조합 : 검사위원장(이문규), 총무과장(김상용)
  강원로동신문 인제군 주재기자 : 최종갑

* 3) 군여맹 : 위원장(최옥히), 서기장(김선자), 교양원(김현순), 지도원(김양덕)

* 4) 용대, 강원기업소 직맹위원장(김홍순; 전직 로동당 군당부 조직부 조직원)
  인제 인민학교 교원(이태형; 전직 로동당 군당부 선전선동부 지도원)
  로동당 군당 선전선동부 지도원(박을용; 서화면 민청 책임자)
  소비조합 선전조직과장(최병용; 전직 로동당 북면 당 통계원)
  군인위 로동과장(심윤흠; 전직 군 민전 서기장)
  군인민위원회 선전과원(홍만주; 전직 림산 직맹위원장)

출처 : * 1) 「인제군당 상무위원회 회의록 제1호」, 『북한관계사료집』 2, 14쪽.
   * 2) 「인제군당 상무위원회 회의록 제3호」, 『북한관계사료집』 2, 78쪽.
   * 3) 「인제군당 상무위원회 회의록 제4호」, 『북한관계사료집』 2, 98쪽.
   * 4) 「인제군당 상무위원회 회의록 제21호」, 『북한관계사료집』 2, 540쪽.

〈표 2-31-1〉 인제군당 상무위원회 방청자 소속
(시기 : 1948년 2월 4일~10월 21일)

참석기관 \ 회차	1	2	3	4	5	6	7	8	9	10	11	12	13	14	15	16	17	18	19	20	21	22	23	24	25	소계
군인위		*	*	*			*		*	*				*				*	*		*	*	*	*	*	16
면인위		*							*												*					3
검찰소	*	*		*	*	*			*			*		*		*					*			*		11
내무서		*		*	*	*	*		*			*					*					*	*		*	11
재판소							*	*	*	*				*						*	*		*		*	9
학교														*							*	*			*	4
군																										0
민전																							*	*		2
직맹																			*							1
민청	*	*			*	*	*									*		*	*			*	*	*		11
농맹		*	*						*									*						*		5
여맹	*	*			*				*	*						*				*	*					8
소비조합	*		*	*	*	*	*	*			*		*					*	*							14
조소협회		*						*													*					5
우편국		*															*		*							4
농은		*			*																		*	*		4
국영기업소													*													1
도당	*												*									*				3
면당		*	*		*	*	*	*	*			*					*	*			*	*	*	*	*	18
로동출판사			*																							1
전매소				*																						1
통운국																			*							1
로동신문사									*											*		*	*	*		5

〈표 2-31-2〉 인제군당 상무위원회 방청자 소속
(시기 : 1948년 10월 31일~1949년 6월 24일)

참석기관 \ 회차	26	27	28	29	30	31	32	33	34	35	36	37	38	39	40	41	42	43	44	45	46	47	48	49	50	소계
군인위	*	*			*		*		*	*		*		*	*		*		*	*		*				14
면인위								*						*					*	*	*					5
검찰소	*																									1
내무서	*		*	*	*	*		*	*	*	*			*				*	*	*	*	*	*		*	17
재판소	*		*	*					*			*														7
학교					*		*	*			*			*									*			6
군					*									*							*			*	*	5
민전		*										*		*		*			*			*				7
직맹																										0
민청			*	*		*					*	*						*	*		*		*		*	12
농맹			*	*		*						*		*		*										6
여맹			*	*		*		*			*			*				*			*			*		7
소비조합	*			*	*			*		*		*				*	*	*			*				*	13
조소협회					*	*											*	*			*		*			7
우편국																		*		*						2
농은								*			*			*				*		*	*					5
국영기업소																										0
도당														*								*		*	*	4
면당		*	*	*	*					*				*		*	*	*					*			10
로동출판사																										0
전매소																										0
통운국																										0
로동신문사																				*						1

〈표 2-31-3〉 인제군당 상무위원회 방청자 소속
(시기 : 1949년 7월 6일~12월 27일)

참석기관\회차	51	52	53	54	55	56	57	58	59	60	61	62	63	64	65	66	67	68	69	70	71	72	73	소계	총계
군인위				*				*	*		*	*		*	*	*		*	*	*				11	41
면인위				*							*	*						*	*	*				6	14
검찰소																*	*	*						3	15
내무서				*		*		*	*					*		*	*	*	*	*			*	11	39
재판소							*							*	*	*	*			*			*	8	24
학교															*	*	*							3	13
군				*										*	*					*			*	5	10
민전								*				*		*										5	14
직맹																								0	1
민청			*					*				*							*					8	31
농맹																*			*					2	13
여맹					*			*						*			*	*	*	*			*	9	24
소비조합						*	*									*	*	*						8	35
조소협회			*			*		*	*														*	6	18
우편국									*		*							*						3	9
농은										*			*											1	10
국영기업소																								0	1
도당		*						*						*			*							4	11
면당				*		*	*	*		*	*				*		*	*	*	*				11	39
로동출판사																								0	1
전매소																								0	1
통운국																								0	1
로동신문사																				*				1	6

출처 : 「인제군당 상무위원회 회의록 제1호~제73호」, 『북한관계사료집』 2~3권에서 정리.

위 〈표 2-31〉을 통한 분석이 인제군이나 인제군당 내의 모든 세력관계나 역할의 중요도를 반영하는 것은 아니지만 제한적이나마 보여주는 바를 정리하면 다음과 같다.

2년간 북로당 인제군당 상무위원회에 가장 많은 참석을 한 것은 군인민위원회 관계자들(41회 참석)이다. 이들은 시기적으로도 큰 변동없이 꾸준한 참석을 보여 인제군당과의 긴밀한 관계를 유지했음이 확인된다. 그다음으로 많은 참석을 보인 것은 면당관계자(39회 참석)와 내무서 관계자(39회 참석)이다. 이 중에서 내무서 관계자는 '정부' 수립과 무관하게 꾸준한 참석을 하여 인제군 인민위원회와 함께 군당과 밀접한 관계를 가졌음을 보여준다.

특히 내무서와 연관된 기능을 가진 검찰소가 '정부' 수립 전에는 10회나 참석한 반면, '정부' 수립 직후 1차의 참석 후에는 참석을 전혀 하지 않았다는 점은 중요한 차이이다. 반면에 재판소는 '정부' 수립과 무관하게 24회의 정례적인 참석을 하여 인제군당과 밀접한 관련이 있음을 보여준다. 즉 검찰소는 중앙권력의 지휘를 받는 반면 재판소는 지방당과의 중요한 협력관계를 유지한 것으로 보인다.

군과 북조선민전은 각각 10회, 14회의 참석을 하였는데 모두 '정부' 수립 후에 참석하기 시작했다는 특징을 가지고 있다. 북조선민전의 경우 '정부' 수립 후 공식적으로 인제군당 산하기구로 위상이 변화된 것을 반영한다.

사회단체에서는 세력이 약한 직맹이 1차의 참석에 그쳤고, 민청(31차 참석)과 여맹(24차 참석)이 주요 참석자였다. 민청과 여맹은 인제군 내에서의 역할상 많은 참석이 필요했던 것으로 보이는데, 특히 민청이 가진 역할의 크기를 뚜렷하게 보여준다.

1948년 초 인제군당 상무위원회에서는 "주권기관에서는 사회단체에서 모든 사업을 해주리라는 의뢰심을 가지고 있다"[138]고 비판하였는데 이것

---

138) 「인제군당 상무위원회 회의록 제3호」, 『북한관계사료집』 2, 55쪽.

은 인제군의 행정이 인제군당의 지도하에 사회단체의 지원을 받아 집행되었음을 보여준다.

〈표 2-32〉 인제군당 상무위원회의 월간사업 계획(사례; 1949년 3월)

상무위원회 사업	(1) 조기 파종 준비사업 보장을 위한 북면 당단체 협조정형 보고 (2) 남면 당단체의 선거 선전원들의 활동정형보고 (3) 문맹 퇴치사업 총결보고 (4) 군 여맹 당조 사업보고
조직문제	(1) 제6차 군당위원회 결정을 각 세포에 구체화할 것에 대한 총화지도 (2) 세포총회 지도 경험 교환 및 총결과 지도 방향 개선 (3) 농촌세포 총회지도 (4) 서화면 도자기합작사 1.4분기 계획보장을 위한 협조지도 (5) 각 면당 단체와 세포들에서 조기 파종사업 지도 검열 (6) 남면 가로 개답공사 사업지도 검열 (7) 각 면당 단체들의 선거 선전사업 지도검열 (8) 의무교육 준비사업을 위한 희사운동 전개에 대한 사업지도 (9) 2개년 경제계획의 정치적 의의와 애국증산운동을 고취시키는 군중 선전선동사업 전개 지도 검열
선전선동 사업	(1) 당정치 교양사업 　- 상급반 학습회, 강사학습회 -하급반 학습회, 강사학습회(세포학습회) 　- 동기 교양사업 총화(면 당단체 지도 검열) (2) 출판사업 　- 신문배포 정형에 대한 우편국 지도검열 　- 인제면 당단체세포 도서비치 및 이용방법에 대한 지도검열 　- 통신원 강습회 조직 (3) 강연사업 　- 제2차 전당대회 이후 강연사업총화를 상무위원회에 반영시킬 것 　- 공화국 헌법에 대하여(집체연구) 　- 민족과 민족문제 　- 자본주의 경제체제와 사회주의 경제체제의 우월성 　- 맑스주의 발생은 철학에 있어서 혁명적 전환 　- 국제주의와 민족주의 　- 중국정세에 대하여(ㄷ~ㅅ 보충강연) 　- 남조선 인민들의 영웅적 구국투쟁(민전강연)(중학교청년들에게)

선전선동 사업	- 중국정세에 대하여(여성들에게) - 국제정세에 대하여(보안원들에게) - 남조선 괴뢰정부의 매국적 정책(일반 군중에게)(ㅈ～ㅋ 계층별 강연) (4) 군중선동사업 - 1949년 인민경제 1.4분기 실행에 있어서 북면당 전반적 지도검열 - 도, 시, 군 선거사업 진행 정형, 선전원 활동 정형에 대한 서화면당 검열 - 문맹퇴치사업집행 정형, 군인위 교육과(검열, 보고)

출처:「인제군당 상무위원회 회의록 제38호」,『북한관계사료집』3, 177~179쪽.

〈표 2-32〉는 1949년 3월 인제군당의 사업계획표인데, 인제군당의 다른 월간사업계획에 비하여 간단한 경우이다. 대체적인 특징을 보면 당조직 문제, 선전선동과 같은 당사업뿐만 아니라, 파종·공장 생산·개답공사 등등 거의 모든 사업에 관여하여 지도하고 있었음을 알 수 있다.

춘기파종 준비 문제에 대한 인제군당 상무위 결정서는 우량종자 부족분 문제는 군인민위원장, 영농준비의 완전 실천은 군농맹 당조 및 면당위원장, 춘기파종의 방조는 민청과 여맹 당조에게 각각 책임을 위임하였다.[139] 이처럼 인제군당은 군내의 문제에 대한 총괄적인 개입을 하고 있었고, 그 결과 주권기관의 행정 집행 기능을 대행했다.

1948년 여름에도 이 같은 상황은 반복되었다. 군인위 당조는 당면한 중요과업인 하작물 파종에 아무런 계획을 세우지 않고 있다가, 군당상무위원회에서 결정이 있어 과업을 제시해야만 마지못해 당조회의에서 취급하였다.[140] 이 같은 결과가 초래된 원인은 군인민위원회가 북로당에 장악되어 있었지만 인민위원회가 인제군당 만한 지도력이 없었던 까닭

---

[139]「인제군당 상무위원회 회의록 제3호」,『북한관계사료집』2, 66쪽.
현물세 징수의 경우 농맹원은 탈곡반, 민청원은 출하반, 여맹원은 까부랑질 식으로 분할하여 군인위 사업에 협조하도록 지시받았다(「인제군당 상무위원회 회의록 제18호」,『북한관계사료집』2, 422쪽).
[140]「인제군당 상무위원회 회의록 제19호」,『북한관계사료집』2, 442쪽.

이며, 권한의 위임이 제대로 이루어지지 않고 군당에 의하여 좌우되는 수동성이 익숙해졌기 때문이다.141)

반면에 면인민위원회나 리인민위원회는 당과의 연락이 없이 과거 면장이나 구장과 같이 사업을 했다고 비판을 받기도 했는데142) 이것은 1948년 초의 시점에서 당의 하급정권기관에 대한 장악과 지도가 충분치 못했음을 보여준다. 심지어 서화면 인민위 위원장은 토지문제에 대한 당의 간섭을 회피하고 독자적으로 취급하여 당의 강령 규약을 무시했으며, 이포리 인민위원장 신봉의는 해방 전 철원에서 면장을 했으면서도 리인민위원장으로 일하면서 면장식으로 착취와 횡령을 하고 도주하기도 하였다.143) 이처럼 1948년 초의 인제군은 당의 정권기관에 대한 장악에 부분적으로 결함을 가지고 있었음을 알 수 있다.

정권기관에 대한 당의 부족한 장악력은 북조선민전에 의하여 보완되었다. 북조선민전을 통한 북로당의 정책 집행은 북조선민전의 위상을 강화시킨 면이 있었는데, 한반도에서 두 개의 단독정부 수립이 확실해지면서 북조선민전의 역할도 변화하였다. 1948년에 인제군 민전은 '신학년도 준비사업', '묘표용 식목종자 채취', '고공품 생산 사업지도 검열', '한계리 금광구 개발사업' 등과 같은 주권기관과 사회단체의 사업에 관여하거나 주권기관의 내부사업에 간섭하였다.144)

〈표 2-33〉의 사례는 북조선민전이 각 단체들을 지도하는 기관의 역할을 수행하여 주권기관이 해결할 문제에 간섭했음을 보여준다. 그런데 1948년에 행해진 이런 간섭이 1949년 4월 인제군당 상무위원회에서 심각하게 비판받은 점을 주목해 볼 필요가 있다. 상무위원회에 참가한 토론

---

141) 인제군 주권기관의 중요간부들이 38남으로 도주하였다(「인제군당 상무위원회 회의록 제3호」, 『북한관계사료집』 2, 60쪽).
142) 「인제군당 상무위원회 회의록 제6호」, 『북한관계사료집』 2, 149쪽.
143) 「인제군당 상무위원회 회의록 제10호」, 『북한관계사료집』 2, 221쪽.
144) 「인제군당 상무위원회 회의록 제43호」, 『북한관계사료집』 3, 306~307쪽.

〈표 2-33〉 인제군 민전의 관여 실제 내용(사례-신학년도 준비사업)

- '신학년도 준비사업에 대하여'라는 문제 설정
- 군인민위원회 교육과장의 보고 청취
- 신학년 준비위원회 조직
- 자재 공급을 산림소장과 군소비조합 위원장에게 책임지움
- 수송은 교통부 책임자에게 책임지움
- 신축과 증축은 토건위원장에게 책임지움
- 장작은 군농맹, 군 민청위원장에게 책임 지움
- 학교 내 미화장치와 학생출석 독려는 여맹위원장에게 책임지움
- 부족 교실과 교원 숙사는 군인민위원장에게 책임지움

출처:「인제군당 상무위원회 회의록 제43호」,『북한관계사료집』3, 306쪽.

자들의 발언을 보면 북조선민전의 관여를 비판하면서도 '정도 이상의 간섭'이라는 표현이 반복되었다. 이것은 사실상 북조선민전이 이러한 역할을 수행해야 했던 필요성이 있음을 부분적으로 인정한 것으로 보여진다. 즉 인제군당이나 군인민위원회의 위신과 능력만으로는 부족한 부분을 북조선민전을 통하여 해결해 왔던 것으로 이해할 수 있다.

단지 1949년 4월의 시점은 이런 북조선민전을 통한 행정적 문제 해결의 필요성이 더 이상 존재하지 않게 되었음을 의미한다. 이것은 정부 수립 후 북한의 주권기관들의 안정성과 집행력이 강화된 것을 의미한다. 인제군당 상무위 43차 회의에서는 "각급 당 단체들과 세포들에서는 무원칙하게 정당 사회단체 연석회의를 개최하는 경향을 퇴치할 것"[145]을 결정하였는데, 이것은 이후의 행정이 주로 북로당과 주권기관을 중심으로 이루어지게 되었음을 말해 준다. 군 민전의 위상을 알 수 있는 사실로 주목할 만한 것은 군 민전 서기장이었던 심윤흠이 군인민위원회 노동과장으로 이동된 것이다. 이것은 이 시점의 군민전이 갖는 위상과 군민전에 대한 북로당의 영향력을 보여주는 것으로 볼 수 있다.

---

145)「인제군당 상무위원회 회의록 제43호」,『북한관계사료집』3, 310쪽.

이러한 북로당과 북로당 정부의 안정성과 집행력 강화는 인민들이 자발적으로 참여하게 한 문맹퇴치사업146)의 성과에 도움을 받았다. 1948년도 제1기 문맹자 시험 결과 퇴치율은 86%에 달했고 그 결과 5,804명의 문맹자 중에서 5,006명이 합격하였다.147) 이처럼 문맹자가 감소한 것은 국가의 인민에 대한 사상적 침투력을 강화시키고, 국가나 당·사회단체가 조직사업을 강화하는 데 기여하였다.

---

146) 「인제군당 상무위원회 회의록 제2호」, 『북한관계사료집』 2, 23쪽.
147) 「인제군당 상무위원회 회의록 제7호」, 『북한관계사료집』 2, 176~177쪽.

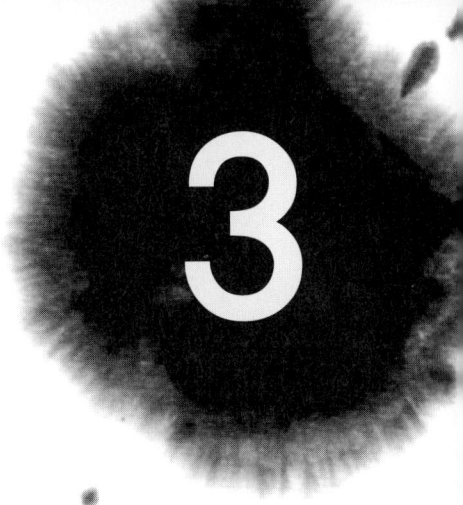

북조선로동당 당원의
보안기관·군·사법기관에서의 활동

1) 보안기관과 군

(1) 보안기관

국가기구가 인민대중의 지지하에 합법화되고 안정되지 못한 때일수록 실질적인 무력을 행사하는 군과 보안기관 및 사법기관의 역할은 클 수밖에 없다. 해방 초기의 북한상황에서도 인민의 지지와 더불어 실질적인 무력을 확보하는 것이 정치적 주도권을 장악하는 데 중요한 힘이 될 수 있었다. 따라서 각 정치세력과 인민위원회는 소련군의 허용 범위 안에서 자치적인 무력확보를 추진하였다.

해방 후 황해도 재령읍에서는 자치적으로 치안유지회가 조직되었다. 9월 하순에는 도 보안부 계통하에 보안서 기구가 조직되어 경비대가 특설되고 면에 분주소를 두었다.148) 대체로 이상과 같은 과정을 거쳐 발전하던 치안조직과 무장조직 등과 같은 각종의 보안기구들은 10월 12일 소련군 제25군사령관의 성명서에 따라 모두 해산되었다.149) 이후 보안기관들은 1945년 11월에 행정 10국의 한 부서로 보안국이 성립되면서 통일적

---

148) 「정세보고(황해도 관내 재판소·검찰소)」, 『북한관계사료집』 9, 179~180쪽.
149) 「북조선주둔 소련제25군 사령관의 성명서」, 『조선중앙년감』 1949, 58쪽.

인 성격을 가진 기관으로 발전하였다. 보안국(보안국장 최용건)은 각 지방의 무장력을 통일시켜 중앙집권적 통제하에 넣었고, 이후 공산주의자들이 지방에서의 권력을 강화하는 과정으로 이어졌다.150)

북한에서의 반공적 활동에 대한 억압은 보안국 창설 직후부터 실시되었고, 소련군은 중대정치범의 취급에 직접 개입하였다.151) 소련에서 국가정치간부회는 누구든 마음대로 체포하고, 재판없이 강제노동장에 유배시키고, 제약없이 수색하고 수사할 수 있었는데, "선전 또는 선동, 단체에의 가입 또는 단체와의 협력을 통해 폭력, 개입, 봉쇄, 첩보, 언론에 대한 재정지원, 기타 수단으로 공산체제의 전복음모를 자행하고 있는 국제 부르주아 세력을 추호라도 돕는 자는 사형 또는 징역에 처한다"152)는 1922년의 소련 형법이 북한에서도 유사하게 적용되었을 가능성이 있다. 또 흐루시초프가 소련공산당 20차 당대회에서 밝힌 바에 의하면 인민내무위원회(1938년부터 담당 인민위원은 베리아) 장교들은 자백을 받아내기 위해 정신적·육체적 고문을 사용할 권한을 가지고 있었는데153) 이러한 억압이 북한에서도 나타났을 가능성이 있다. 그렇다고 해서 이 시기를 폭력이 대중 통제의 중심이 된 것으로 규정할 수는 없지만, 반공·반소적 활동에 대해서는 설득과 더불어 무력이 중요한 통제 수단이 된 것으로 보인다.154)

---

150) 반공적 활동에 대한 보안기구의 억압은 박명림, 앞의 책, 213~214쪽 참조.
151) 박명림, 앞의 책, 212쪽.
152) 레오날드 샤피로, 앞의 책, 256쪽.
153) 레오날드 샤피로, 앞의 책, 398쪽.
154) 황해도의 경우 1946년 1~6월 사이에 체포된 정치범이 1,752명이었는데 이 중에서 186명이 '소군이감자'였고 이들 중의 일부는 소련으로 압송되기도 하였다(박명림, 앞의 책, 213쪽).
1937년~1938년간의 소련에서의 대숙청은 예조프(Nicholas Ezhov)가 내무인민위원부를 지휘했을 때 절정에 달했는데 체포된 자의 수가 8백만 명에 달했고, 생존자들의 증언은 꽉 찬 감방과 수많은 강제 노동수용소 부분에서 이구동성으로 일치하고 있다(니꼴라이 V. 랴자노프스키, 앞의 책, 243쪽).

지방 보안서의 초기 모습은 부정적인 요소가 많이 있었다.155) 속초보안서의 경우 적산관리 부정사실에 대해 불만을 품은 사람들에 의한 습격모의 대상이 되기도 하였고, 일부 면 보안분서장은 독직 및 살인미수사건을 일으키기도 하였다.156) 강원도의 경우 자연발생적으로 나타난 보안기관이 친일파, 지주, 소시민층으로 구성되어 일제 경관보다 더욱 심하다157)는 인민들의 비난을 받기도 하였다. 그러나 보안기관과 사법기관들은 개편이 되면서 '성출'을 미납하는 지주들을 견제하고158) '반동적인' 움직임을 적발해 냄으로써, 북한 사회의 새로운 권력질서가 확립되는 데 크게 기여하였다.

　　중앙차원에서도 보안기관의 정비가 이루어졌는데, 1945년 12월 제1차 각도 보안부장회의가 있은 후부터 1946년 4월까지 보안국의 기구가 개편되면서 초기에 들어왔던 '불순분자, 퇴보분자'가 숙청되었다.159) 도인민 보안부장 2인이 해임이나 파면되었고, 보안부 차장 2명이 파면되었으며160) 보안부 내의 과장급 간부 이상이 10명이 넘게 교체되었고, 보안서

---

155) 해방 직후 황해도 당단체에서는 적산을 몰수하여 써버린 적이 있었고(「현시기 경제사업에 대한 당단체들의 지도와 당내부사업에서 나서는 몇 가지 과업에 대하여 ―북조선로동당 중앙위원회 제9차 회의에서 한 결론 1947년 7월 24일~25일」,『김일성전집』6, 134쪽.) 보안일꾼들이 비법적으로 주택을 차지한 경우도 있었다(「개인기업을 장려하며 평양시 주택문제를 해결할 데 대하여 ―북조선림시인민위원회 제17차 회의에서 한 결론 1946년 10월 4일」,『김일성전집』4, 287쪽).
156) 강원도 검찰소장,「북조선 제2차 사업책임자회의 강원도 사업 보고서 1946년 4월 22일」,『북한관계사료집』9, 10쪽, 12~13쪽.
157) 북조선인민위원회 보안국 감찰부,「제1회 각도 보안부 감찰과장회의록」,『북한관계사료집』9, 269쪽.
158) 강원도 검찰소장, 앞의 글, 14~15쪽.
159)「제2회 각도보안부장회의록」,『북한관계사료집』9, 232쪽, 238쪽.
160) 평남 보안부 차장 문태영은 인사사무를 專行하며 상부의 지시명령을 불복한 것으로 파면당했다(『정로』1946년 3월 14일, (1),「사설 : 민권을 수호하는 보안이 되라」).

장과 부서장도 10명 이상 파면 또는 해임되었다.161) 간부뿐만이 아니라 하부의 변화도 있었는데, 평남에서는 보안원 886명이 숙청되고, 결원보충은 '정치적 훈련을 받은 청년들'이 각 보안기관에 배치됨으로써 해결되었다.162) 이러한 간부의 교체와 보안기관에 정치적 훈련을 받은 청년들이 배치되는 과정 등은 조공분국의 결정에 의해 이루어진 것으로 볼 수 있으며, 조공분국이 보안기관에 대한 적극적인 장악을 추진하였음을 보여준다.

각 도별 사정을 보면, 보안원들의 대다수가 소시민과 사무원이었던 함경북도의 경우 숙청작업을 통하여 노동자·농민 성분이 75%, 소시민이 15%, 사무원이 10%로 성분 개조가 빠르게 이루어졌다.163) 함경남도의 경우도 총인원 3,039명 중 397명을 숙청하였고, 평안북도의 경우 전직자(일제기관 종사자)와 불순분자, 무능력자들을 숙청하였다. 함북·함남·평북은 비교적 빠르게 조직이 개편된 반면, 황해도에서는 2,351명 중 1,247명이 파면 또는 의원사면 되었는 데도 불구하고, 지방 본위주의가 남아 있고 상부지시 실시가 불철저하였다.164) 또 평안남도에서는 1개월간에 수백 명이 숙청되었다.165)

반년간에 숙청된 보안원들이 2,047명이었고 남은 보안원은 약 15,000명이었는데166) 이 자료들을 통하여 남겨진 보안원들이 어떤 사람들인가를 명확하게 알 수는 없다. 하지만 결과는 몇 가지로 정리가 가능하다. 첫째, 숙청된 사람들은 성분이 노동자나 농민과 같은 기본 성분이 아닌 경우가 많았으며, 일제기관과 관련된 전직자, '불순분자'들이 주대상이었

---

161) 위의 신문, 1946년 3월 14일, (1), 「보안국각부의 간략한 사업경과」.
162) 같은 곳.
163) 「제2회 각도보안부장회의록」, 『북한관계사료집』 9, 239쪽.
164) 위의 글, 240쪽, 243~244쪽, 246쪽.
165) 위의 글, 249쪽.
166) 위의 글, 259쪽, 264쪽.

다. 그 결과 보안기관 내의 성분 변화를 가져왔다.

둘째, 종파주의, 지방본위주의에 관련된 자들을 숙청함으로써 보안기관 내의 통일성을 해칠 수 있는 사람들이 제거되었다. 따라서 보안원들은 —물론 이 시기에 충분하게 성과를 거두지는 못했지만— 조공분국과 연대할 수 있는 성분의 사람들로 구성되었거나 조공분국과 우호적인 사람들로 이루어졌다.

보안기관과 김일성의 관계는 특별한 면이 있었다. 1946년 7월의 제2회 각 도 보안부장회의에서 보안국 부국장은 "종파주의, 지방본위주의, 자아중심주의를 버리고 김일성장군의 사상밑에 굳게 통일하여야 한다"고[167] 말한 바 있다. 부국장의 이 발언은 김일성을 중심으로 굳게 단결할 것을 요구한 것인데, 이것은 보안기관들이 갖는 김일성과의 관계의 특수성과 더불어 1946년 중반에는 북임인위 위원장인 김일성의 위상이 크게 강화되었음을 보여준다. 또 보안국장인 최용건도 사업보고를 통하여 보안기관 내에 있는 '불순분자'의 숙청을 요구하였고, '건국을 좀먹는 분자'를 숙청하는 데 보안원들이 적지않은 공헌을 하였음을 치하하였다.[168] 특히 최용건은 보고에서 "각 부문에 혁명적 전통이 수립되었다"[169]고 했는데 이 말은 국가기구 각 부문에 대한 김일성의 주도권이 강화되었음을 표현한 것으로 보인다.

1947년 6월 보안기관[170]들은 우편배달원, 전등수금원, 각 리위원장, 인민학교 선생 등을 기관별 형편에 따라 활용하였는데[171] 이것은 보안기관의 사회전체에 대한 통제능력이 현저히 강화된 것을 보여준다. 이러한

---

167) 위의 글, 226쪽.
168) 「제2회 각도보안부장회의록」, 『북한관계사료집』 9, 230쪽.
169) 위의 글, 232쪽.
170) 1947년 2월 북임인위가 북인위로 발전하면서 보안국은 폐지되고 내무국(국장 박일우)이 창설되었다.
171) 「제1회 각도 및 철도수상대 감찰과장 회의록」, 『북한관계사료집』 9, 217~220쪽.

보안기관의 강화가 부작용을 빚기도 했는데, 일부 보안기관들은 1947년에도 사람을 함부로 체포하는 등의 횡포로 원성을 사기도 했다.[172) 이에 대하여 각급 당단체들은 보안기관들에 대한 당적지도를 강화하고[173) 해방 초기부터 나타난 폐해에 대하여 반복적으로 시정을 요구하였지만 하부에서의 폐단이 시정되지 않았다. 이러한 결과가 빚어진 근본적 이유는 강한 국가권력에 비하여 민간사회가 허약했던 것과 보안기관과 같은 국가권력기관의 사회에 대한 강한 통제력의 확보를 권력의 중심부에서 실질적으로 요구했기 때문이다.[174)

전체적인 흐름을 볼 때, 1946년 북임인위가 수립된 이후 국가기구가 강화되었고, 또 보안기관이 갖는 특별한 역할이 있었다는 점에서 이후 북로당의 당원들이 보안기관의 중요한 구성원이 되었을 것으로 보는 것은 큰 무리가 없다.

(2) 군
① 김일성파의 군창설 주도
해방 초기의 보안기관들이 보안국을 통하여 중앙집권적 통제하에 들

---

172) 「영농사업을 잘하며 인민정권기관들의 사업을 개선할 데 대하여 -북조선인민위원회 제34차 회의에서 한 결론 1947년 4월 26일」, 『김일성저작집』 3, 256쪽.
173) 「평안북도 당단체들 앞에 나선 몇 가지 과업 -북조선로동당 중앙위원회 정치위원회에서 한 결론 1947년 1월 25일」, 『김일성전집』 5, 105쪽.
174) 민간이나 하부기관은 권력기관에 대해 무력하였다. 토지개혁 과정에 나타난 '假檢事'사건을 보면 평남 대동군에서 토지를 몰수당한 자가 평양에서 가짜 검사를 데리고 와서 농촌위원과 민청 간부 등 20여 명을 구타 감금하고, 토지분할 문서를 빼앗고 몰수당한 물건을 도로 빼앗아간 일이 있었다(『정로』 1946년 5월 17, (4), 「반역자가 꾸민 假檢事 徒黨 拘束」). 이 사건은 북한사회에서 기존 일제하의 권력자들이 하던 행태가 그대로 먹히고 있었다는 것을 보여준다. 이와 유사한 일은 1948년에도 일어났다. 정복을 입은 내무원이 자칭 내무국 감찰원에게 대낮에 평양시 파출소 내에서 공금을 사기당하여 빼앗기는 일이 벌어졌다(「내무원경각심 제고에 관한 지시」, 『북한관계사료집』 9, 111~112쪽).

어간 후, 1946년 1월 무장경비조직인 철도보안대가 창설되었다. 소련은 김일성을 중심으로 한 항일유격대 출신자들이 군과 보안기관 창설을 거의 독점적으로 주도할 조건을 보장했다.175)

이런 정치적 배경하에서 김일성파는 정당, 정치기관, 민중단체의 간부를 양성하기 위하여 1946년 1월 3일에 평양학원(원장 김책)을 정식 개학하고176) 평양학원을 모체로 하여 여러 가지 군사학교를 창설할 계획을 추진하였다. 1946년 중에 평양학원은 군사간부 양성기능은 다른 데로 넘기고, 정규무력의 정치간부를 양성하는 것을 기본사명으로 하였다.177) 평양학원은 북로당의 영도 밑에 인민군대를 창건하기 위한 간부양성의 모체였기 때문에, 교원들은 북로당의 정책으로 무장해야 했고 교직원과 학생들의 당조직 생활을 강화하고 당성을 높이는 것이 중요한 일이었다.178) 이를 위해 평양학원 학생들은 모두 노동자·농민의 자녀로 구성되었으며, 학원 안에는 공산당조직과 민청조직이 있었다.179) 이처럼 북한군 간부양성의 모체였던 평양학원에 대한 북로당의 당적 지배는 북한

---

175) 서동만, 앞의 논문, 136쪽.
176) 『정로』1946년 1월 15일, (2). 김일성이 명예원장, 김책이 원장이었다. 김일성은 정규군대 창건을 위한 군사정치간부를 키워내기 위하여 1945년 11월에 창설되었다고 하였다(「평양학원개원식을 축하하며 -평양학원개원식에서 한 연설 1946년 2월 23일」, 『김일성저작집』 2, 71쪽).
177) 「군대의 유능한 정치간부를 양성하기 위하여 -평양학원 교직원, 학생들과 한 담화 1947년 3월 29일」, 『김일성전집』 5, 329쪽.
178) 「참다운 인민의 군대, 현대적인 정규군대를 창건하자 -평양학원 제3기 졸업식 축하연회에서 한 연설 1947년 10월 5일」, 『김일성저작집』 3, 462쪽, 468~469쪽.
179) 「평양학원개원식을 축하하며 -평양학원개원식에서 한 연설 1946년 2월 23일」, 『김일성저작집』 2, 75쪽, 77쪽.
학생들에게는 애국적인 명장, 3·1운동, 6·10만세운동, 광주학생사건, 항일유격대원의 혁명정신, 토지개혁을 비롯한 제반 민주개혁을 깊이 인식시키도록 하였다(「군대의 유능한 정치간부를 양성하기 위하여 -평양학원 교직원, 학생들과 한 담화 1947년 3월 29일」, 『김일성전집』 5, 330쪽).

군과 북로당의 관계를 단적으로 보여준다고 할 수 있다.

　1946년 7월에는 중앙보안간부학교가 정식 개교하였는데 항일무장투쟁에 참가했던 사람들이 우선 무력건설 부문에 많이 보내졌고, 정치부교장180)과 교무부장도 항일무장투쟁 경력자였다.181) 노동자·농민 출신의 새로운 군사정치간부들이 많이 양성됨에 따라 그들을 핵심으로 하여 8월에는 보안간부훈련소를 설립하였다. 이곳은 정규무력의 핵심부대로 위치지어졌고182) 청년 군인들을 맑스-레닌주의 사상, 공산당의 혁명사상으로 무장하도록 하였다.183) 이들은 공산당원 중에서 선발된 것이 아니라 노동청년, 농민청년 등으로 구성되었지만184) 이들이 공산당원이 되는 것은 일반적인 절차였다.

---

180) 정치부교장은 학교 내 당조직을 꾸리고 당원들의 당성을 단련시키는 역할을 가지고 있었다(「새로 파견되는 중앙보안간부학교 정치부교장과 교무부장에게 한 훈시 1946년 8월 16일」, 『김일성전집』 4, 112쪽).
181) 위의 글, 109~110쪽.
182) 서동만 앞의 논문, 137쪽.
　보안간부훈련소라는 이름으로 출발하여 9월에는 보안간부훈련대대부가 창설되었다. 보안간부훈련소와 보안간부훈련대대부의 두 명칭은 한동안 혼용되다가 보안간부훈련대대부가 상급기관으로서 군의 지휘부 역할을 하였고, 보안간부훈련소는 개천, 나남 등 여러 지역에 설립되었다(박명림, 앞의 책, 694쪽). 군대 편제에 관한 자세한 내용은 박명림, 앞의 책, 696~697쪽 참조.
　훈련대대부 사령관 최용건·부사령관겸 문화부사령관 김일·부사령관겸 포병사령관 무정(연안계)·참모장 안길·사령관 총고문은 소련군 스미르노프 소장이었고, 신의주·정주·강계 등에 분소가 신설되었다(중앙일보 특별취재반, 앞의 책 하권, 71쪽).
183) 「혁명군대를 건설하기 위하여-보안간부훈련소 제1소 1분소 군인들과 한 담화 1946년 10월 7일」, 『김일성저작집』 2, 471쪽.
184) 위의 글, 475쪽.
　대원들은 각지에서 모집한 18~25세의 노동자, 농민 출신이었다(중앙일보 특별취재반, 앞의 책 하권, 71쪽).

② 북로당원의 군 참여와 북로당 중앙의 군 장악

북한에는 민주당도 있고 청우당도 있었지만, 군대만은 북로당의 군대로서[185] 북로당의 사상과 맑스-레닌주의로 지배되도록 하였다. 특히 1946년 10월에는 평양학원 및 보안간부학교 내의 당단체는 당 중앙본부에 직속하도록 하여[186] 이들 군 관련 학교에 대해 북로당 중앙이 직접 지배하고자 하였다. 또한 이들 학교 내의 당위원회는 당규약에 규정한 시·군당 위원회와 동등한 권리를 가진 동급의 당부로 승인하였는데[187] 이것은 군관련 조직의 위상을 높여주고 타 당부의 간섭으로부터 배제하고자 한 의도였다고 할 수 있다. 따라서 북한 내의 군조직은 북로당 중앙에 장악되었다고 평가하는 것이 가능하다.

38선 경비대 군인들 가운데는 당원들이 많았다. 경비대에는 여단 당위원회와 산하 당조직들이 구성되어 있었는데[188] 경비대는 창건 시부터 부대안에 당조직을 두고 당위원회의 지도 아래 모든 활동을 하였다.[189] 경비부대의 지휘관들과 문화일꾼들은 노동자, 농민의 자녀들로 구성하여[190] 북로당의 무장력으로 만들어갔다.

그런데 1946년 10월에 군대 내의 당조직과 관련된 결정이 있었다. 북로당 중앙상무위원회는 보안훈련소, 철도경비대는 전인민의 군대이므로 군대의 당군화를 방지하고 군대의 통일적 통솔권을 보장하기 위하여 대

---

185) 「인민군 신문을 창간하며 그 편집을 잘할 데 대하여 1948년 1월 21일」, 『김일성저작집』 4, 41쪽.
186) 「평양학원 및 보안간부학교 내 당조직에 대하여 -북조선로동당 중앙상무위원회 제7차 회의 결정서 1946년 10월 8일」, 『결정집』, 14쪽.
187) 위의 글, 14쪽.
188) 「38선 경비대의 임무 -내무국 경비처 제3경비려단장을 임명하면서 준 지시 1948년 8월 7일」, 『김일성저작집』 4, 400쪽.
189) 「부대의 당정치사업을 강화하기 위하여 -경비대문화일군회의에서 한 연설 1948년 10월 21일」, 『김일성저작집』 4, 461쪽.
190) 위의 글, 469쪽.

오 내에 각 정당조직을 두지 않기로 결정하였다.191) 대신 군대 내의 당원에 대하여 당증 대신 당원 증명서를 주고, 군대 내의 당원이 당규율 및 군대규율을 위반할 때는 당규약에 제정한 책벌을 적용하기로 하였다.192) 그러나 이 결정은 군대 내에 북로당 조직을 두지 않기로만 하였을 뿐 당원에 대한 관리와 통제는 유지함으로써 실질적으로 변한 것은 거의 없었다.193)

또한 군대 기관에서 일하는 간부들은 하급당부에서 배치 및 이동을 취급하지 못하도록 하여194) 북로당 중앙의 장악을 강화하였다. 군조직에 대한 당중앙의 장악의도는 계속되어, 1948년 초에 경비처, 각종 보안대 내 당조직은 시(구역)·군당부에서 분리하여 독립적인 당조직으로서 당중앙에 직속시키는 조치가 이어졌다.195) 북로당 중앙의 직접적인 군대장악은 군에 대한 당의 통제 방법의 하나인데, 소련에서도 군인당원은 지방당에서 관리하지 않고 당 중앙위원회에서 관리했다는196) 점을 참고할 필요가 있다.

김일성은 1947년 1월 보안간부훈련소 제2소군관회의에서 부대건설이 기본적으로 끝났다고 말한 바 있는데197) 보안간부훈련소에는 항일유격

---

191) 「군대내 당조직에 관하여 -북조선로동당 중앙상무위원회 제9차 회의 결정서 1946년 10월 21일」, 『결정집』, 39쪽.
192) 위의 글, 40쪽.
193) 방인후는 중대단위에 1개 세포, 대대단위에 2개 정도의 세포, 사단에는 초급 당을 조직하고 있었으며, 주로 야간을 택하여 비밀리에 세포회의를 개최하였다고 한다(방인후, 앞의 책, 141쪽).
194) 「간부배치 및 이동에 관하여 -북조선로동당 중앙상무위원회 제9차 회의 결정서 1946년 10월 21일」, 『결정집』, 39쪽.
195) 「내무국 경비처 각종 보안대 내 당조직에 대하여 -북조선로동당 중앙상무위원회 제52차 결정서 1948년 1월 5일」, 『결정집』, 365쪽.
196) 나창주, 『비교공산정치론』, 형성사, 1983, 206쪽.
   소련의 경우 지방당조직과 군 내부의 당조직 사이엔 연락이 유지되고 있었지만, 지방당 조직은 군대 내의 당조직을 관장하지 않았다(레오날드 샤피로, 앞의 책, 310쪽).

대원들이 많이 있었고198) 북로당원은 핵심역량이었다.199) 북로당은 군 경력이 있는 사람들을 특별히 파악하고 있었는데, 이들이 과거 징병되어 일본군에 관계되었던 것을 문제 삼지는 않았다. 이것은 인제군의 경우 일본군 경력이 있던 175명 중에서 126명이 북로당원이었다는 점을 통해서도 확인할 수 있다.200) 도당위원회들은 우수한 당원들을 선발하여 인민군대에 입대시키도록 하였고 인민군대 초모사업을 책임지도록 하였다.201) 이처럼 군대는 북로당 당원이 인민군대의 기본적 구성원이 되었고, 중앙당에서 직접 군을 장악한 북로당 중앙의 군대였다.

③ 한국전쟁 전 북한 군대의 구성원과 문화간부의 성격

〈표 2-34〉는 1949년 북한의 어느 부대원들에 대한 통계이다. 주목할 점은 하사나 전사와는 달리 군관의 80%가 북로당 당원이라는 점이다. 즉 북로당은 가급적 많은 군관을 당원으로 충당하고, 당원을 통하여 군에 대한 지휘권을 성공적으로 확보하고 있었음을 알 수 있다.

소련의 경우 1927년에 전군 장교의 절반 이상이 공산당원이었고, 공산청년동맹(Komsomol) 맹원들은 주로 하부 구성원을 이루었다.202) 또 중국공산당도 항일전쟁 개시까지 대대장급 이상은 100%, 소대장이나 중대장급은 90%, 그리고 정규 군인은 20%가 당원이었는데203) 북한의 경우

---

197) 「보안간부훈련소의 당면과업 －보안간부훈련소 제2소군관회의에서 한 연설 1947년 1월 15일」, 『김일성저작집』 3, 23쪽.
198) 위의 글, 21쪽.
199) 「참다운 인민의 군대, 현대적인 정규군대를 창건하자 －평양학원 제3기 졸업식 축하연회에서 한 연설 1947년 10월 5일」, 『김일성저작집』 3, 467쪽.
200) 「린로당 제 호(로동부) －군사 급 기술인재 조사에 관한 건 1946년 10월 29일」, 『북한관계사료집』 15, 62~71쪽.
201) 「현정세의 요구에 맞게 당과 인민군대를 강화하기 위한 몇 가지 과업 －북조선로동당 도, 시, 군 위원회 위원장련석회의에서 한 연설 1948년 9월 25일」, 『김일성전집』 8, 324쪽.
202) 레오날드 샤피로, 앞의 책, 312쪽.

도 비슷한 골격이었다고 할 수 있다.

〈표 2-34〉 1대대 중기중대 조직통계표(1949년 10월)

	정당	
	로동당	무소속
군관	4(80%)	1(20%)
하사	8(31%)	18(69%)
전사	19(43%)	25(57%)

출처 : 국사편찬위원회 소장 미간행 미군노획문서(복사본) (報先書綴-1대대 중기중대).

〈표 2-35〉 조선인민군 249군부대 5대대 대원 성분구성표

(1950년 6월~8월중 자료로 추정)

	정당			민청			총원
	로동당	민주당	청우당	맹원	필맹	비맹원	
신대원	55(12.8%)		1	350(81.6%)	13	66	429
구대원	77(22.7%)	1		305(90%)	6	28	339
합계	132	1	1	655	19	94	

출처 :「조선인민군 249군부대 5대대」, 국사편찬위원회 소장 미간행 미군노획문서(복사본).

〈표 2-35〉 249군부대 5대대의 자료를 보면 당원비율은 낮은 데 비하여, 민청맹원비율은 80~90%에 달하였음을 알 수 있다. 이것은 한국전쟁 전에 군이 급격히 확장된 모습과 군대 내의 조직교양과 운영에서의 민청의 위상을 보여준다. 북한에서는 1949년 초에 인민군 입대제도가 자원 입대제에서 공개 징집제로 전환되었고, 10월에는 3개의 민청훈련소가 설치되어 징집된 청년들의 훈련을 담당하였다. 이들 3개 사단과 제4사단은 예비사단의 성격을 갖고 있었다.[204]

1949년에는 인민군대에 문화부중대장제도가 설치되었다.[205] 이 제도

---

203) 이홍영, 앞의 책, 42쪽.
204) 장준익,『북한인민군대사』, 서문당, 117~119쪽.

는 1940년 8월 소련에서 채택된 잠폴리트(zampolit)제를 도입한 것으로 보이는데, 잠폴리트제는 군지휘관과 동격의 정치장교제를 폐지하고 군내 선전과 교육만 담당하는 당원으로 부지휘관을 임명하는 제도이다. 이 부지휘관(잠폴리트)는 사단, 여단, 연대, 대대급까지 파견되어 중앙당의 주요 정치행정과의 지시를 받았고[206] 당의 군 장악에 기여하였다. 또 문화부중대장은 중대민청사업을 일상적으로 지도하여 민청원들이 전투정치훈련과 군사규율준수에서 모범이 되도록 하였다.[207] 문화부중대장제도의 실시는 인민군대의 구성원들이 북로당 당원보다는 민청원들이 주요 구성원이었던 데도 이유가 있는데, 이는 군에 대한 당의 지배를 확고히 하고자 하는 방법이었다.

〈표 2-36〉 문화간부 성원 통계표(1949년)(정원 2,542명, 현원 1,892명)

성분			교육				군관복무		
노동	빈농	중농	소학	중학	전문	대학	1년 이하	1~2	2~3	3~
19%	66%	7.3%	58.8%	32.3%	0.16%	3.8%	73.6%	8.7%	11.7%	6%

---

205) 『조선인민군대 내에 중대문화부중대장제 설치에 관한 결정서(1949년 5월 27일 내각 결정제60호)』, 국사편찬위원회 소장 미간행 미군노획문서(복사본).
206) 김학준, 「소련의 정부구조와 정치과정」, 『현대소련의 해부』, 한길사, 100쪽.
207) 「인민군대 내에 문화부중대장제를 내오며 일군들속에서 위법현상을 없앨 데 대하여 -남북조선로동당련합중앙지도기관회의에서 한 결론 1949년 5월 27일」, 『김일성전집』 9, 257쪽.

〈표〉 문화일군 일반 임무

1. 군무자 직접 교양, 2. 공화국 중요결정을 잘 알려 줄 것, 3. 군중문화사업, 4. 군사규율 공고, 5. 군무자의 요구를 알고 해결, 6. 군사국가비밀 엄수, 7. 부대 내 민청사업 발전, 8. 사업을 통계하고 상급관에게 보고

출처 : 「문화일군일반임무」를 필자가 요약 정리, 국사편찬위원회 소장 미간행 미군노획문서(복사본).

	당연한				전문교육				
1년 이하	1~2	2~3	3~4	4~5	제2 정교	중앙당 학교	사동 학교	대내 등용	기타군 사학교
2.8%	6.9%	15.4%	70.5%	4%	53.4%	2.8%	7.4%	29.8%	4.7%

	일제하 혁명운동 비관계자		일제하 혁명운동 관계자		
	무 경력	일본군 경력	팔로군	지하운동	항일연군
인원	1,134	316	422	9	5
비율	60.1	16.8	22.4	0.5	0.3

출처 : 문화간부 성원 통계표(1949년), 국사편찬위원회 소장 미간행 미군노획문서(복사본).

〈표 2-36〉은 1949년의 북한 군대 내 문화간부 1,892명에 대한 통계 자료이다. 이 표에 따르면 빈농과 노동자 성분이 85%를 차지하였고, 당 연한이 3~4년 이하가 95%였으며, 1134명(60.1%)의 새로 양성된 간부가 최대의 구성원으로 문화간부가 되었다. 따라서 군관 경력이 1~2년 이하인 새로운 사람들로 문화간부가 구성된 1949년의 북한인민군대는 기존의 파벌의 영향이 많이 있기보다는 김일성이 중심이 된 북로당의 군대였던 것으로 보인다.[208]

이 사실은 1949년 1월과 2월의 국기훈장 수여자를 통해서도 확인할 수 있다. 전체 국기훈장 수여자 82명 중에서 계파가 확인되는 사람은 김일성항일유격대파 33명(40%), 연안계 15명(18%), 소련계 13명(16%), 남로계 4명(5%)으로 김일성항일유격대파가 수적으로 우세했고, 제1급·제2급 훈장의 70%를 차지하여 군내의 위치도 높았음을 알 수 있다.[209] 민

---

[208] 서동만은 적어도 1949년 중반까지는 항일빨치산 출신의 만주파가 인민군의 지휘계통을 장악하였다고 보았다(서동만, 앞의 논문, 147쪽). 또 인민군대는 인민위원회의 외부에서 만들어져 인민위원회와 병립하였다(서동만, 앞의 논문, 149쪽).
군대 내에서의 김일성의 혁명투쟁사에 대한 학습은 박명림, 앞의 책, 732~734쪽, 739~749쪽 참조.
[209] 김용현, 「북한 인민군대의 형성과정에 관한 연구」, 동국대 정치학과 석사학위

족보위성, 군단, 사단, 38경비여단, 특수부대 책임자의 계파는(장성급만 파악) 김일성항일유격대파 12명(48%), 연안계 9명(36%), 소련계 4명(16%)으로 김일성항일유격대파가 인민군대의 핵심을 장악하였다.210) 이것은 김일성항일유격대파가 군의 핵심을 장악하고, 정권의 기반이 되었음을 보여준다.

전체적으로 볼 때 1949년 북한군대의 상부는 김일성의 항일유격대파가 핵심을 장악하였고, 하급정치간부(문화간부)는 노동자·농민 성분 중에서 새로이 양성된 북로당원이 중심이 되었다는 점에서 북로당 중앙의 군대로서의 성격이 강했다고 할 수 있다.

2) 사법기구

(1) 북조선임시인민위원위의 사법기구 주도

해방 후 북한의 사법기구를 황해도의 경우를 중심으로 살펴본다. 황해도에서는 해방 직후 자연발생적으로 조직된 치안대에 의하여 사법활동이 이루어지다가, 황해도 인민위원회의 지시에 의하여 1945년 10월에 황해도지방재판소·황해도지방검찰소가 성립하였다. 그리고 11월에 북조선 사법국이 발족하면서 '인민재판소'로서의 모습을 가진 황해도 재판소가 구성되었다.211)

해방 초기에는 사법국 포고에 의하여 잠정적으로 종전의 일본 법률을 다소간 삭제·보충하여 적용하였다.212) 또한 사법국포고 제3호에 의해

논문, 1993, 61~62쪽.
210) 위의 논문, 66~67쪽(계파가 확인되지 않은 사단장 1명 제외).
1949년 7·8월과 1950년 4월 동북조선의용군 계열의 3개 사단 5만의 병력이 입북하여 인민군에 편성되었다. 이들은 당시 인민군 전체의 약 1/3에 해당되는 대병력이었지만, 1950년의 민족보위성과 예하부대 책임자의 계파별 비중은 크게 변하지 않았다(같은 곳).
211) 「정세보고(황해도 관내 재판소·검찰소)」, 『북한관계사료집』 9, 113쪽.

과거에 법률 공부를 한 사람만이 판사나 검사가 될 수 있게 하였고, 황해도 인민위원회 사법부에서는 일제시기의 재판소나 검사국에서 판사나 검사를 하였거나 서기로 일한 사람만이 재판소와 검찰소의 판사나 검사가 될 수 있다고 규정하였다.[213] 이러한 사법국포고 제3호를 보면 북한사회 내의 일제(日帝) 질서가 완전하게 붕괴되지 않았음을 알 수 있다. 또 법령의 부재를 이유로 친일파, 민족반역자에 대한 처벌이 제대로 이루어지지 않았고, 보안기관에서 구속한 지주가 석방되는 실정이었다.[214]

〈표 2-37〉 황해도 내 지방재판소 성립과정(1946년 4월 보고)

해주인민재판소	해방으로 해주지방법원 자연 소멸 - 당시 직원들이 해주지방법원 건국협력회 조직 - 도인민위원회 포고로 재판소 구성 - 12월 10일 최초 인민재판 개정
장연인민재판소	2월 중순 각 정당, 사회단체 대표자가 추천 - 2월 말 북조선사법국이 발령
수안인민재판소	3월 초순부터 조직 착수 - 각 행정기관, 사회단체, 종교단체 대표자들이 판사, 검사 선임

출처 :「정세보고(황해도 관내 재판소·검찰소)」,『북한관계사료집』9, 120~121쪽, 155쪽, 201쪽.

〈표 2-37〉을 보면 군 단위 재판소는 황해도 지방재판소보다는 늦은 1946년 2월 이후에 조직에 착수하였는데, 각 정당, 사회단체 대표자들이 추천을 하고 북조선사법국이 발령을 하는 형식으로 구성된 것으로 보인다. 이 시기는 조만식세력이 정치권력에서 이탈하고, 북임인위가 조공분국에 의해 주도된 시점이란 점에서 지방재판소의 구성에 조공분국의 영향력이 컸을 것으로 보인다.

---

212) 위의 글, 120쪽.
213)「북조선 사법국, 검찰소 책임 일군들과 한 담화 1946년 2월 7일」,『김일성전집』 3, 92쪽.
214) 위의 글, 94쪽.

북임인위는 사법기구를 개편하기 위하여 노동자와 농민의 과감한 등용을 추진하였는데, 도 재판소와 인민재판소의 판사는 도인민위원회의 추천에 의하여 사법국장이 임명하고, 각 검찰소의 검사는 북조선 검찰소장의 추천에 의하여 임명하도록 하였다.[215] 이로써 북임인위는 실질적으로 판사와 검사에 대한 임명권을 장악하였다.

이어서 북임인위는 국가법령과 결정들을 정확히 집행하기 위하여 사법국에 속해 있던 북조선검찰소를 직속시켰고[216] 검찰소의 기능도 강화하였다. 검사의 직무는 북임인위의 결정과 명령이 어떻게 시행되는가를 감시하는 데까지 확대되었고[217] 1946년부터는 조공분국이나 북로당이 주도하는 북임인위가 중심이 되어 사법기구를 주도한 것으로 보인다.

(2) 북조선로동당의 사법기구 장악

1947년에는 그동안 미봉적으로 실시하던 사법제도에 중요한 변화가 주어졌다. 북임인위에서는 1947년 1월 14일 판사선거에 관한 규칙을 결정하여 근로인민들 속에서 재판부문 책임일꾼들을 선출하도록 하였고[218] 적어도 생산노동자와 농민을 판사에 50%, 참심원에 90%가 선거되도록 하였다. 그리고 검찰·재판기관 책임간부를 개편하기 위하여 북조선법률학원을 성분상으로는 생산노동자 50%, 근로농민 30%로 구성하도록 하였다.[219] 또 각급 당조직들은 재판소의 판사와 참심원으로 노동자, 농

---

215) 「북조선임시인민위원회 사법국 재판소·검찰소의 구성과 직무에 관한 기본원칙 -북조선임시인민위원회결정 제3호의 2」, 『북한관계사료집』 5, 748쪽.
216) 「량정사업을 개선하며 일부 법규정을 개정할 데 대하여 -북조선림시인민위원회 상무위원회에서 한 결론 1947년 2월 3일」, 『김일성전집』 5, 117쪽.
217) 「검찰, 보안기관 일군들의 당면임무 -각 도, 시검찰소장 및 보안서장련석회의에서 한 연설 1946년 11월 20일」, 『김일성저작집』 2, 537쪽.
218) 「조선정치정세에 대하여 -북조선임시인민위원회 수립 1주년 기념 대회에서 한 보고 1947년 2월 8일」, 『김일성저작집』 3, 73쪽.
219) 「판사 및 참심원 선거에 관하여 -북조선로동당 중앙상무위원회 제21차 회의

민을 비롯한 근로자들 중에서 계급적 입장이 확고하고 충실한 사람들이 선거되도록 지도하였다.[220]

이러한 북로당의 노력의 결과 강원도 검찰소의 경우 1947년 말에 간부의 41%를 노동자, 농민 성분으로 개편하였고[221] 1948년 초 북한에 108개의 재판소가 완비되었다.[222]

〈표 2-38〉 판사의 성분 변화

	노동자	농민	사무원	기타	인원 수
1946년 12월	7.6%	3.5%	77.3%	2.6%	154
1947년 3월	22.9%	2.3%	64.8%	1%	188
1947년 12월	26%	50%	19%	5%	191

출처:「북조선로동당 제2차 전당대회회의록」,『북한관계사료집』1, 394쪽.

〈표 2-38〉 판사 성분의 변화에서 가장 눈에 띄는 것은 1946년 12월의 사무원 성분이 77.3%에 달했다는 것이다. 그러나 사무원 성분의 판사는 불과 1년 후에 19%로 감소하고 농민과 노동자가 76%로 증가하였다. 이 비율은 앞에서 서술한 북로당 중앙상무위원회의 결정에 거의 근접하였음을 알 수 있다(노동자 성분은 4%가 부족하다). 이처럼 사법기구의 변화는 북로당의 의도대로 관철되었는데, 대체로 북로당원들이 주도하였을 것이 분명하다.

북한과의 비교를 위해 소련의 형법을 보면, 소련 형법은 법에 명시된 위법사항이 입증되지 않을 경우에도 피고에게 유죄를 선고할 수 있는 광

결정서 1947년 1월 28일」,『결정집』, 127쪽.
220)「종합대학당단체 사업을 개선 강화할 데 대하여 ―북조선로동당 중앙위원회 상무위원회에서 한 결론 1947년 1월 8일」,『김일성전집』5, 14쪽.
221)『강원로동신문』1947년 12월 25일, (2),「민주승리에 빛나는 1947년을 보내면서」.
222)「북조선로동당 제2차 전당대회회의록」,『북한관계사료집』1, 394쪽.

범위한 재량권을 판사들에게 부여하였다.[223] 그런데 소련의 경우 당원의 비율이 특히 법원에서 두드러지게 높아 1931년 거의 모든 재판관은 당원이었고[224] 결과적으로 재판 결과를 소련 공산당의 손에 일임하였다고 볼 수 있다. 북한의 경우도 북로당의 영향력이 이들 당원인 판사를 통하여 관철된 것으로 볼 수 있다.

〈표 2-39-1〉 참심원 성분

	노동자	농민	사무원	기타	인원 수
1946년 12월					2,300명
1947년 선거 후	20.8%	28.1%	43.4%	7.7%	3,780
1947년 말	36%	25%	41%	8%	3,505

출처 : 「북조선로동당 제2차 전당대회회의록」, 『북한관계사료집』1, 394쪽.

〈표 2-39-2〉 북조선 최고재판소 참심원 성분과 정당소속, 연령(1948년)

성분	노동자	농민	사무원	합계
인원	14	1	5	20
비율(%)	70	5	25	100

정당	북로당	민주당	청우당	계
인원	18	1	1	20
비율(%)	90	5	5	100

연령	30세 이하	35세 이하	40세 이하	41세 이상
인원	8	3	4	5
비율(%)	40	15	20	25

출처 : 국토통일원, 『북한최고인민회의자료집』제1집, 262~264쪽.

북로당의 결정에 비하면 부족하였지만, 위 〈표 2-39-1〉과 같이 참심원

---

223) 레오날드 샤피로, 앞의 책, 256쪽.
224) 레오날드 샤피로, 앞의 책, 426쪽.

의 성분도 변화되어 노동자, 농민을 중심으로 한 사법기구의 확립은 차츰 자리를 잡아갔다. 노동자 비율의 증가는 특히 〈표 2-39-2〉의 북조선 최고재판소 참심원 성분을 통하여 볼 때 주목할 만하다. 최고인민회의에서 선거 된 이들은 70%가 노동자 성분으로 구성되었고[225] 북로당원이 90%를 차지하였으며, 연령적으로 35세 이하의 청년층이 55%인 점도 북한사회의 변화와 지향을 보여준다. 이상과 같은 성분의 변화는 확대·강화된 북로당 당조직을 바탕으로 가능했다.

판사와 참심원의 성분 개조와 더불어 법률학원생의 성분도 개조되어, 1947년 제3기생이 노동자 12%, 농민 11%였던 것이 제4기생의 경우는 노동자 51%, 농민 34%로 변하였다. 이 결과는 북한정권과 북로당이 사법부문의 성분개조에 얼마나 적극적이었는가를 보여준다.[226]

3) 권력기관의 월권과 부정행위

해방 후 북한에서는 조선사회의 봉건적 지배와 일제의 폭압적 지배를 통하여 형성된 부패구조가 남아 있었는데, 이런 부패구조는 공산주의자들이 주도권을 장악한 후에도 상당부분 계속되었다. 특히 해방 초기의 국가건설과정에서 북로당은 간부부족으로 심각한 어려움을 겪었는데, 간부문제가 '당적 원칙'에 의해서가 아니라 '안면관계'에 의하여 해결되는 경우가 많았다.[227] 당시 사회적 조건을 감안하면 불가피한 면이 있었지만, 이러한 후진적인 간부충원 과정은 이후 당과 정권기관의 활동에 부

---

225) 이들 중에는 자동차 공장 직공, 기계제작소 주물공, 연탄공장 기계운전공 등의 생산노동자가 포함되어 있다.
226) 위의 글, 394쪽.
227) 김일성은 함경남도의 경우를 예로 들며 비판하였지만, 북한 전역의 일반적인 현상이었다고 보는 것이 타당하다(「당사업을 개선강화하기 위하여 나서는 몇 가지 문제에 대하여 －조선로동당 중앙위원회 지도원이상 일군들과 한 담화 1956년 12월 17일」, 『김일성저작집』 10, 418~419쪽).

정적인 영향을 많이 미쳤다. 그 결과 형성된 각종 월권행위와 부패는 북로당이 해방 후의 국가건설과정에서 부딪쳐야 할 과제가 되었다.

　월권 행위의 초기적 형태는 부족한 양곡의 보충을 위하여 양곡수매사업을 펼치는 과정에서 나타났다. 소비조합과 지방행정기관들은 북임인위의 '농민들의 양곡자유매매원칙'을 무시하고 각 농가에 양곡수매량을 의무적으로 나누어 맡기는 할당제를 실시하였고[228] 심지어는 양곡자유판매와 관련하여 구속행위라는 월권적인 행동까지 저질렀다. 이로 인해 북임인위로부터 경고를 받았는 데도[229] 불구하고, 1946년의 양곡수매사업에서 상당수의 인민위원회 간부들은 강제적 수매를 실시하여 농민들의 불만을 샀다.[230]

　또 이러한 문제는 양곡 식량의 배급과정에서도 나타났다. 식량의 배급은 반드시 노동자, 사무원들과 그 부양가족을 비롯한 식량배급 대상자에게만 공급하도록 하였지만, 일부 지방 인민위원회 위원장들은 식량을 가지고 선심을 쓰거나 부정행위로 식량을 공급하기도 하였다.[231] 1947년 초 인민위원회 위원장들이 대부분 북로당원으로 구성되어 있었으므로, 이들의 부정행위는 모두 북로당과 관련이 있다.

　북로당이 북한사회 전반을 장악하면서 일부 당원은 자기를 특수한 존재로 여기면서 법질서를 준수하지 않는 경우도 있었다. 다른 사람이 한 행동이면 반동적인 것으로 취급될 수 있는 위법행위도 북로당원에게는 묵과되는 경우가 적지 않았고[232] 재정 금융부문에서 일하는 당원들은

---

228) 「부정확한 량곡수매를 중지하라 －신문『민주조선』에 발표한 담화 1946년 12월 30일」, 『김일성전집』 4, 506쪽.
229) 위의 글, 같은 곳.
230) 「월동준비와 경제사업에서 제기되는 몇 가지 문제에 대하여 －북조선인민위원회 제50차 회의에서 한 결론 1947년 10월 21～22일」, 『김일성전집』 6, 441쪽.
231) 「함경북도인민위원회 확대위원회에서 한 연설 1947년 1월 14일」, 『김일성전집』 5, 55쪽.
232) 「대중지도방법을 개선하며 올해 인민경제계획 수행을 성과적으로 보장할 데 대

조합이라는 이름으로 세금을 덜 물고 일반인보다 좋은 조건으로 대부를 받기도 했다.233)

이러한 부정적 행위로 인해 1947년 7~9월 중에 강원도와 평안남도 두 도에서만도 525명의 당원이 벌금·구류·징역의 형벌을 받았고, 1947년 1년 동안 4,135명의 북로당원이 형을 받았다.234) 1947년 4월에서 10월까지 7개월간의 피의자들 중에서, 북로당원이 2,571명(13%), 민주당원 1,218명(6%), 청우당원 974명(5%)으로 정당원(政黨員)이 25%였고, 이들의 범죄는 절도가 1,101명, 공금사기·횡령이 584명이었다.235) 북로당원의 북한 인구중 비율을 감안하여 보면, 북로당원은 이 시기 북한의 비당원과 비슷한 비율로 법적 제재의 대상이 되었다.

일부 도·시·군 당위원장들은 당중앙위원회에서 비준한 재정예산을 초과하여 쓰거나 부당한 구실을 붙여 당재정을 유용하고, 당비를 규정대로 입금하지 않고 유용하는 경우도 있었다.236) 김일성은 도·시·군 당에서 기관, 기업소로부터 비법적으로 돈을 걷어 쓰는 현상의 근절을 요구하였지만237) 이러한 부패 현상은 쉽게 근절되지 않았다. 이런 현상이 나타난 것은 북로당이 가진 권력이 행정권력기관과 같은 데 기인하는 것이며, 외부의 견제나 내부의 검열통제가 부족하였음을 보여준다.

1948년 2월에 함경남도 각 정당, 사회단체 간부 협의회에서 민주당이나 청우당의 일부당원들이 북로당의 세포위원장이 식량배급을 받고 있

하여 -북조선로동당 중앙위원회 제6차 회의에서 한 결론 1947년 3월 15일」, 『김일성저작집』 3, 175쪽.
233) 「북조선로동당 제2차 전당대회회의록」, 『북한관계사료집』 1, 371쪽.
234) 위의 글, 412쪽.
235) 「제2회 각도 및 특별시 철도·수상 감찰과장회의록」, 『북한관계사료집』 9, 283~284쪽.
236) 「북조선로동당 도, 시, 군 위원회 위원장련석회의에서 한 결론 1947년 9월 6일」, 『김일성전집』 6, 282쪽.
237) 위의 글, 283쪽.

다며 자신들의 식량배급 문제를 제기하였다. 이에 대하여 김일성은 그들이 북로당 세포위원장으로서 식량배급을 받는 것이 아니라, 국영공장·기업소의 노동자나 사무원으로서 배급을 받은 것[238]이라고 주장하였다. 김일성의 주장이 일면 타당할 수 있지만, 그동안 김일성도 식량의 배급 규정을 위반한 경우에 대해 계속 지적을 했던 점을 고려하면 타당당원의 지적이 일부지역에서는 사실이었을 것으로 보인다.

실제로 북로당 중앙상무위원회가 1947년 3월 비농가인 면당부 일꾼들에 한하여 사무원의 식량을 배급하도록 한 것을[239] 보면 타당의 지적이 근거가 있다고 할 수도 있다. 또 북로당의 세포위원장들이 공장·기업소에서 직무를 가지고 있었지만, 노동보다는 당활동에 주력함으로써 타당당원들에게는 북로당원으로서의 특혜를 누리고 있다고 이해되었을 수도 있다. 특히 북로당원이 아니고는 중요한 직책에 접근하기 어려웠다[240]는 점에서 북로당 당원이 타당 당원보다 혜택을 받고 있었다고 할 수 있다.

이러한 북한체제의 구조하에서 북로당 당원들의 국가재산 남용과 횡령이 큰 문제가 되어, 1948년 1월에 북조선인민위원회는 각급 행정기관, 국영기업소 및 소비조합의 경비절약에 대한 결정을 채택하기도 하였다.[241] 또 북로당 2차 당대회의 당규약 수정에서 당원임무에 "북조선 인민정권기관의 모든 법령을 준수하며 국가 및 사회재산을 애호 절약하며 인민경제 건설에 모범적 역군이 될 것"을 첨가해야 한다는 주장이[242] 제

---

238) 「민전산하 정당, 사회단체들은 굳게 뭉쳐 민주주의적 통일정부수립을 앞당기자 －함경남도 각 정당, 사회단체일군협의회에서 한 연설 1948년 2월 22일」, 『김일성전집』 7, 260쪽.
239) 「면당부일꾼 월급지불에 대하여 －북조선로동당 중앙상무위원회 제26차 회의 결정서 1947년 3월 3일」, 『결정집』, 155쪽.
240) 송시백은 당원이 아니고는 사회적 중요 업무에 접근하기가 어려웠다고 확인함(송시백 인터뷰, 1998년 7월 7일, 수원 자택).
241) 「경비를 절약하며 면, 리 인민위원회 사업을 개선할 데 대하여 －조선민주주의인민공화국 내각 제1차 전원회의에서 한 결론 1949년 1월 17~18일」, 『김일성전집』 9, 42쪽.

기되어 첨가되기도 하였다.

정부 수립 후에도 북로당 당원들의 월권적 행위는 계속되었다. 어떤 곳에서는 현물세를 제때에 납부하지 않았다고 토지를 몰수하였으며, 심지어는 논에서 돌피를 뽑지 않았다고 하여 토지를 몰수하는 경우도 있었다.[243] 북한 정권이 지방인민위원회들에게 비법적으로 처리된 토지를 철저히 조사하여 농민들에게 돌려주도록 한 것은[244] 불법적 토지몰수 현상이 상당히 많이 있었던 것을 보여준다. 이런 원인은 일부 북로당원의 월권행위라고 해석할 수도 있지만, 이 시기에 강력한 국가권력이 민간사회에 대하여 억압적인 권력행사를 했던 것으로 볼 수 있다.

사법기관의 불법적 행위도 많았다. 재판, 검찰 기관에서는 간부들이 법을 위반하여 재판받은 사실을 공개하지 않았다.[245] 그런데 김일성이 1949년 중반에 간부들의 위법행위에 대한 재판사실의 공개를 요구하였는데, 이 사실은 당과 정권기관의 위신을 이유로 사법기관의 불법행위를 감추기보다는 공개를 통해 인민들의 비판을 받게 하고 준법질서를 강화하는 것이 더 필요한 단계가 되었음을 보여준다.

이 시기에 국가법령을 위반한 인민위원회 간부에 대한 처벌이 강조된 것은 부정부패가 상당히 많았음을 보여준다. 여전히 일부 기관, 기업소 간부 속에는 횡령·절취·낭비 등의 현상이 빨리 근절되지 않았고, 일부 검찰 간부들은 국가재산을 횡령·절취하는 행위를 개인재산을 절취한 경우보다 가볍게 취급하였다.[246] 이러한 일부 검찰 간부의 태도는 간부

---

242) 「북조선로동당 제2차 전당대회회의록」, 『북한관계사료집』 1, 440쪽.
243) 「국가의 법령을 철저히 집행하며 국가기밀보장사업을 잘할 데 대하여 - 조선민주주의인민공화국 내각 제20차 전원회의에서 한 결론 1949년 7월 12일」, 『김일성저작집』 5, 141쪽.
244) 위의 글, 143쪽.
245) 위의 글, 144쪽.
246) 「인민민주주의제도를 법적으로 튼튼히 수호하자 - 각 도, 시, 군검찰소 검사장회의에서 한 연설 1949년 7월 20일」, 『김일성저작집』 5, 181쪽.

들의 부정행위가 상당히 많았던 상황을 반영하는 것이라고 추정된다.
　일부 검찰간부들이 부정행위를 방관한 것만이 문제가 되는 것은 아니었다. 일제하의 경찰, 검사들이 숙청되었음에도 불구하고, 일부 검찰간부들이 일제 때의 관리들처럼 행세하기를 좋아 했고[247] 각종의 뇌물에 노출되어 있었다. 이들의 대부분은 일제하에서는 노동자·농민들이었고, 해방 이후에는 북로당원이 되었지만 일제하의 조선사회가 가지고 있던 여러 가지 부정적 풍조에서 자유롭지 못했음을 알 수 있다. 북로당이란 새로운 조직에 들어간 핵심 당원들조차 사회의 부정적 풍조와 구조로부터 탈피하기가 쉽지 않았으며, 북로당을 중심으로 한 권력기구의 독점하에서 또 다른 부패구조가 만들어졌다.

---

247) 「도인민위원회 서기장들과 한 담화 1948년 5월 28일」, 『김일성전집』 8, 61쪽. 1949년 7월 20일 위의 글, 182쪽.

요약 및 소결

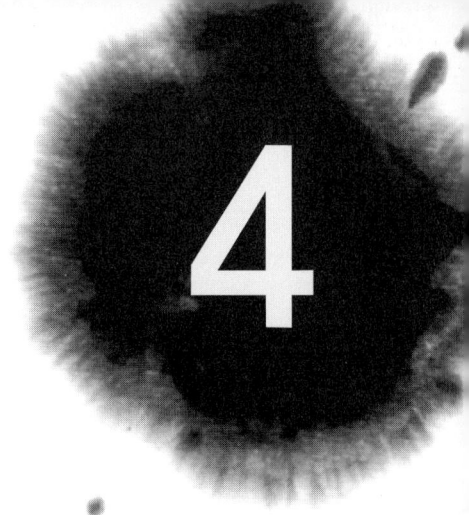

 해방 직후 성립되었던 북한의 정치구조는 모스크바 3상회의 결정에 의하여 충격적인 변동을 맞이하였다. 모스크바 3상회의 결정에 대한 조만식의 지지거부는 조만식의 연금으로 이어졌고, 좌·우 정치세력 간의 통일전선에는 균열이 나타났다. 그 결과 좌·우파의 연합적인 성격을 가졌던 평남인민위원회에 대한 조공분국의 주도권이 확보되었고, 1946년 2월에 성립된 북임인위는 지방 인민위원회에 대한 영향력을 강화하였다. 특히 토지개혁을 전후하여 조공분국과 북임인위는 행정기관 내에 있는 반대세력을 제거하였고, 북임인위의 직원들은 조공분국의 노선과 정책을 지시받고, 조공분국 당원들이 인민위원회 사업을 독차지하기도 하였다.

 인민위원회의 합법화는 중앙권력의 변화와 토지개혁의 성과를 바탕으로 1946년 11월의 도·시·군 인민위원회 위원선거를 통하여 이루어졌다. 도·시·군 인민위원회 위원의 추천은 북로당의 영향하에 있던 북조선민전에서 추천되었는데, 위원 중에서 북로당 소속은 31.8%에 불과했다. 하지만 50.1%를 차지한 무소속의 대부분이 북조선민전에 참가하고 있는 각 사회단체의 주요 구성원들로 이루어졌기 때문에 북로당의 실질적 영향력은 매우 컸다. 실제 각 사회단체가 이미 이 시점에는 북로당에 장악되어 있었다는 점에서 이들 50.1%의 무소속 중에서 상당수는 북로당의 영향권 안에 있었다고 할 수 있다.

도·시·군 인민위원회 위원선거 후 북로당은 북조선인민회의를 구성하고, 이 기구를 통하여 1946년 1년 동안 북임인위가 발포한 법령을 승인하고 북조선인민위원회를 법적으로 합법화시켰다. 북인위 최고 간부 22명 중 16명이 북로당원이었고, 모든 일꾼들은 북로당의 영도에 복종을 요구받았다. 각 국의 직원들은 상위직일수록 북로당원의 비율이 높았고, 북로당원들이 인민위원회를 주도하였다. 하지만 1947년 중반에 강원도의 시·군 인민위원회 간부 중에서 노동자와 빈농 성분이 20%밖에 되지 못한 경우가 있을 만큼 성분개조까지 확실하게 진행된 것은 아니었다.

북로당 중앙의 계속되는 비판에도 불구하고 북로당의 행정대행과 '독판'이 없어지지 않았는데, 그 이유는 당과 행정기관의 업무 중복과 당우위원칙을 관철하여 당의 지배를 확립하려는 북로당 하부조직의 행정관여에 있었다. 또 인적 구성면에서도 북로당 당원과 인민위원회 위원이 상당수 일치하고, 핵심인력이 부족한 상태에서 당단체가 가진 집행능력과 동원능력이 더 강력하였기 때문이다.

북로당은 당원들에 대한 책벌권을 통하여 각급 정권기관, 사회단체 및 국영공장·기업소의 당원인 책임간부에 대한 당적 통제를 행사했다. 이미 각 기관의 중요한 지위를 당원들이 장악하고 있는 상황에서, 당이 중요 정권기관, 사회단체, 국영공장·기업소 책임자들에 대한 책벌권한을 가지고 있었다는 것은 북로당이 북한체제 전반을 장악하였음을 의미한다.

북인위와 도·시·군 인민위원회가 선거를 통하여 합법화 과정을 거친 후, 북로당은 국가기구와 당조직의 일체화를 공식적으로 시도하였다. 이를 위해 1947년 2월 7일에 북로당은 각급 인민위원회와 사회단체에 위원 중에서 북로당원이 3명 이상 있을 때 당조를 조직하도록 하였다. 이러한 당조의 조직은 각급 인민위원회와 사회단체 등에 대한 당의 영향을 강화하는 데 목적이 있었으며, 당조의 임무는 각 기관·단체에서 북로당의 정책을 실행하는 것이었다.

이어서 북로당은 면·리(동) 인민위원회를 재편하였다. 특히 리인민위원회는 조직되지 않은 곳이 대부분이었는데, 북로당은 그동안의 당원확장을 바탕으로 리인민위원회 장악을 추진하였다. 면·리 인민위원회 위원의 북로당소속은 도·시·군 인민위원회에 비하여 2배에 가깝다. 이것은 도·시·군 인민위원회보다는 면·리의 하급 인민위원회를 북로당이 더 확고하게 장악한 것을 의미하며, 면·리라는 행정 말단 단위의 지배질서가 완전히 바뀐 것을 의미한다. 이것은 토지개혁의 성과를 반영하는 것이며, 새로운 북로당 참여자를 발굴하는 의미가 있었다. 북조선민전에 등록되지 않은 사회단체와 공리단체를 등록·정리하는 사업도 전개되었다. 이로써 북한에서 '사상의 통일'과 북로당의 지도체계가 크게 진전되었다.

지방에서의 북로당과 정권기관의 관계를 보기 위하여 분석된 인제군 사례를 정리하면 다음과 같다.

인제군당의 당원 구성은 조공분국·신민당·북로당 입당자로 구성되었는데, 조공분국과 북로당 입당자는 신민당 입당자보다 상대적으로 젊은 층으로 구성되었다. 성분적으로는 빈농의 조공분국과 북로당 입당 비율이 높았고, 중농·사무원·주부 등은 신민당 입당 비율이 높았다. 학력 면에서는 조공분국과 신민당 입당자 사이에 큰 차이가 없었다. 신민당 입당자 중에서 여성의 비율은 조공분국의 약 4배였는데, 대체로 중농 성분·사무원 성분·여성·고연령층에서 신민당 입당자가 많았다. 따라서 이렇게 당원의 성격에서 차이가 나는 조공분국과 신민당의 합당으로 이루어진 북로당 인제군당은 그 안에 상당한 이질적 요소가 있었음을 알 수 있으며, 다른 지역에서도 양당의 합당 후 당내에 상당한 갈등이 있었을 것을 추정할 수 있다.

실질적으로 인제군당 내에서는 합당 후 양당 출신 간의 갈등이 있었고, 조공분국 출신 당원들이 인제군당 내의 중심이 되었다. 1948년 초 인제군당 간부의 성분은 노동자와 빈농이 각각 38.9%를 차지하였는데, 노동자 성분 당원의 비율(4.6%)에 비하면 노동자 간부의 비율은 대단히 높았다. 1948년 초에 22.2%를 차지하던 사무원 성분은 1년 후에는 5.4%로 감소하고, 1949년 9월에 이르면 완전히 없어졌다. 이상의 사실들을 통해 보면 북로당의 농촌지역 하급당에서조차도 노동자 성분의 주도는 분명하였으며, 1949년 단계에 이르면 철저하게 노동자와 빈농을 중심으로 한 성분에 의존하는 당원구조를 정착시켜 갔음을 알 수 있다.

일반 당원조차도 북로당 2차 당대회 이후부터는 입당과정이 엄격해졌고, 인제군당은 당원 성분개조에 중점을 두고 노동자와 빈농의 흡수에 치중하였다. 인제군당은 경험 많은 근로자나 여성의 흡수에서 크게 어려움을 겪었고, 군내에서도 지역 간에 불균형이 있었다.

1947년 인제면 인민위원 후보자의 추천과정에서는 '인민대중의 추천'이라는 민주적 절차는 생략되었고, 면인민위원의 추천은 타당·무소속·여성의 비율이 상급당에서 지정되었고, 면당에서는 이에 따라 추천하였다. 1948년 2월 인제군당은 간부 임명을 통하여 군인민위원회와 사회단체를 장악하고 있었고, 당조를 통하여 인민위원회와 사회단체의 행정과 사업을 좌우하였다.

구체적으로 살펴보면, 1948~1949년 약 2년 동안 인제군 중요기관 책임자들이 인제군당 상무위원회에 참석하였다. 여기에 참석한 군 인위 위원장과 부위원장, 내무서장과 부서장, 검찰소장, 재판소장, 민전 서기장, 사회단체 위원장 모두가 당원이었으며, 중요 직책일수록 인제군당 상무위원회 참석의 빈도가 높았다. 이러한 결과는 지방에서 북로당이 국가기관을 확실히 지배하는 단계로 이행하였음을 보여준다.

실제 사업의 진행과정에서도 인제군당은 인민위원회의 모든 사업에 관여하여 지도하였고, 행정집행기능을 대행하였다. 인제군당과 정권기관의 집행능력 부족은 통일전선기구인 민전에 의하여 보완되었다. 북조선민전을 통한 북로당의 정책 집행은 북조선민전의 위상을 강화시킨 면이 있었는데, 한반도 내 두 개의 단독정부 수립이 확실해지면서 북조선 민전의 역할도 변화하였다. 1948년에 인제군 민전은 주권기관과 사회단체의 사업에 관여하거나 주권기관의 내부사업을 간섭하였는데, 1949년 4월의 시점은 더 이상 이런 민전을 통한 행정적 문제 해결의 필요성이 존재하지 않게 되었다. 이것은 북한정부 수립 후 정권기관의 안정성과 집행력이 강화되었기 때문이다.

인제군이 북한지역 다른 지방과 유사한 부분이 있는 점, 그리고 북로당과 북한정권의 영향력을 감안하면, 인제군의 구체적 사회상을 통해 다른 지방에 대해 추론을 하는 것도 충분히 가능하다. 북한의 지방사회는 전체적으로 노동자와 빈농을 중심으로 하는 북로당원의 주도하에 지배질서가 변화했음을 알 수 있다.

조공분국과 북로당이 인민위원회에 대한 영향력을 강화하는 과정에서 중요한 역할을 한 것이 보안기관이며, 보안기관에서 군대의 조직이 시작되었다. 해방 후에는 각지에서 자치적으로 치안유지회가 조직되었는데, 1945년 11월에 행정 10국의 한 부서로 보안국(보안국장 최용건)이 성립되면서 각 지방의 무장력을 통일시켜 중앙집권적 통제하에 넣었고, 이것이 공산주의자들이 지방에서의 권력을 강화하는 과정으로 이어졌다. 북임인위가 수립된 후 보안 관련 기관의 숙청이 단행되었고, 중앙의 통제력과 규율이 강화되었으며, 구성원의 성분에 변화가 이루어졌다. 이와 더불어 '종파'에 관련되었거나 지방본위주의에 관련된 자들이 숙청되었는데, 보안기관과 김일성의 관계는 특별한 면이 있었다.

소련군은 김일성을 중심으로 한 항일유격대 출신자들의 군과 보안기관 창설을 거의 독점적으로 주도할 수 있는 조건을 보장했다. 이러한 조건하에서 김일성파는 평양학원을 모체로 노동자·농민의 자녀를 간부로 양성해 갔고, 중앙보안간부학교·보안간부훈련소를 설립하여 맑스-레닌주의 사상으로 청년들을 무장시켜 북로당의 군대로 만들어 갔다. 1946

년 10월에는 평양학원 및 보안간부학교 내의 당단체를 당 중앙본부에 직속하도록 하여, 타당부의 간섭을 배제하고 북로당 중앙의 직접 지배하에 두었다. 또한 군대와 보안대 내의 당조직은 독립적인 당조직으로 당중앙에 직속시켜 하급당부의 간섭을 배제하고 북로당 중앙의 지배를 강화하였다.

1949년의 한 중대 조직을 보면, 북로당 당원인 80%의 군관이 부대를 지휘하였고, 80~90%가 민청맹원인 전사들을 민청조직을 통하여 지도하였다. 이들 전사들을 사상적으로 지도하고 북로당의 지배를 강화하기 위하여 설치된 문화부중대장의 80~90%는 1~2년 이하의 군관경력, 노동자·빈농 성분, 3~4년 이하의 당 경력을 가진 새로운 사람들로 구성되었다. 또 각 부대의 장성급 책임자의 약 반절이 김일성항일유격대파에 의해 장악되었다는 점에서 북한 인민군대는 기존 파벌의 영향이 많이 있었다기보다는 김일성이 중심이 된 북로당 중앙의 군대로 성격 지을 수 있다.

보안기관, 군과 함께 또 하나의 핵심적인 무력기구인 사법기관도 북임인위가 수립되면서 노동자·농민을 과감히 등용하였고, 북임인위는 실질적으로 판사와 검사의 임명권을 장악하였다. 1947년부터는 근로인민들 속에서 재판부문 책임일꾼들을 선출하도록 하였고, 북로당은 적어도 생산노동자와 농민을 판사에 50%, 참심원에 90%가 선출 되도록 하여, 1947년 12월에는 판사의 76%를 노동자와 농민 성분으로 교체하였다. 불과 1년 만에 77%에 달하던 사무원 성분은 19%로 감소하였는데 이를 통해서도 북로당의 확고한 계급정책을 이해할 수 있다. 특히 1948년 최고인민회의에서 선출된 북조선최고재판소 참심원의 70%가 노동자 성분이었고, 90%가 북로당원이었던 사실은 북로당의 사법기관에 대한 확고한 장악을 보여준다.

이상과 같이 북로당은 1947년부터는 인민위원회와 보안기관, 군, 사법기관 등의 권력기관에 대한 영향력을 실질적으로 확보하였다. 이 과정을 거쳐 성립된 조선민주주의인민공화국의 내각 구성은 각 당파를 대표하는 연립내각을 구성하였지만, 실질적 권력이라는 측면에서 보면 명백히 북로당 정권이었다고 평가할 수 있다.

제 3 장

북조선로동당과 타당·사회단체·기업소 관계

북로당은 국가권력의 지원하에 급속히 확대·강화된 당조직을 바탕으로 사회 전반에 대한 영향력을 확보하였는데, 본장에서는 타당과 사회단체, 공장·기업소에 대한 북로당 당원의 활동과 당조직의 역할을 분석하고자 한다.

　북로당은 타당에 대해서는 원칙적으로 통일전선정책을 실시하였는데, 대표적인 정당인 조선민주당은 조만식의 연금 이후 상부조직이 조공분국의 영향력하에 들어감으로써 실질적인 정당의 기능을 상실하였다. 또 조공분국의 직접적인 영향하에 들어간 것은 아니지만, 청우당도 조공분국이 주도하는 국가권력의 통제하에 있었다. 이들 정당의 중앙에서의 정치지형은 대체적으로 잘 알려져 있으므로, 본 연구에서는 지방에서의 민주당과 청우당의 실질적인 영향력과 당원들의 성격, 북로당과의 관계를 구체적으로 살펴보고자 한다.

　대표적인 사회단체는 민주청년동맹, 직업동맹, 농민동맹, 여성동맹을 들 수 있는데, 이들 단체의 조직 목적은 기본적으로 북로당의 정책과 노선을 사회에 전달하는 데 있었다. 따라서 북로당(조공분국)은 초기부터 사회단체의 조직과 활동에 깊이 관여하였고, 정치세력 사이에는 사회단체에 대한 영향력 유지와 관련하여 정치적인 대립도 있었다.

　민주청년동맹은 가장 특징적인 단체인데, 초기의 공청조직을 김일성이 주도하여 민청으로 개편하고 청년들을 적극적으로 인입하여 북한사회 변화의 주동력으로 변화시켰다. 이들 단체에 대한 북로당의 지배는 1947년 초에 크게 강화되었는데, 이들 단체에 대한 지배력의 확보가 바로 북로당의 당조직이 확대·강화되고 사회전반에 대한 영향력이 강화된 시점과 일치한다. 따라서 이들 사회단체의 변화와 실태는 북로당의 영향력과 인민대중의 대응을 잘 알 수 있는 주제로서 가치가 높다.

　북한에서 정치권력과 더불어 먼저 사회주의적인 형태를 갖춘 것은 공장·기업소 부문이다. 대규모의 공장이 일제의 소유하에 있었기 때문에 일제의 붕괴 후에는 곧바로 실질적인 국유화의 단계로 접어들고, 인민위원회의 관리하에 들어가는 것이 가능했다. 노동자권력을 표방하는 공산주의 정치세력과 노동자계급의 관계는 북한정치체제의 성격과 사회의 성격을 잘 보여줄 수 있는 주제이므로, 이를 분석하기 위하여 북한정권의 노동자 정책, 공장관리 정책, 공장 내의 북로당 당원과 당조직의 역할을 살펴보도록 한다.

북조선로동당과 타정당 관계

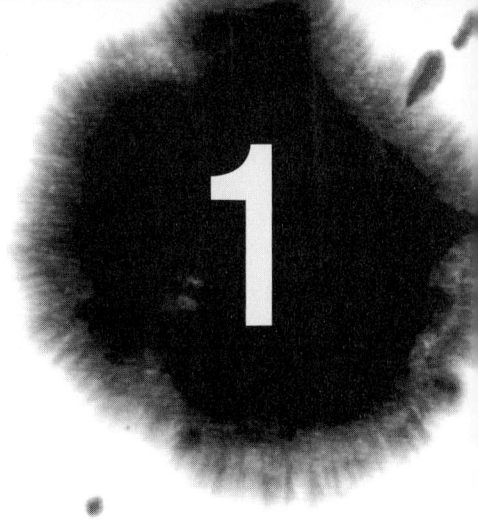

1) 조공분국과 타당과의 관계

조공분국은 해방 후 북한혁명의 단계를 부르주아민주주의 혁명으로 규정하였다. 하지만 강력한 타당의 존재를 인정하지는 않았고, 타당에 대한 통제력의 확보와 견인이 당면한 정책적 목표가 되었다. 이를 위해 조공분국은 해방 후 북한지역에서 실질적인 영향력을 가진 조선민주당[1]에 대한 통일전선정책을 추진하였다.[2] 그러나 조공분국과 함께 권력을 양분했던 조만식은 모스크바 3상회의 결정에 대한 반대를 계기로 연금

---

[1] 조선민주당은 11월 3일에 공산당과 소련군 사령부의 지원을 받아 조만식이 창설하였다.

〈표〉 조선민주당 규약

> 조선민주당규약 - 단기 4278년 11월 3일부터 시행
> 자격 : 20세 이상, 당원 2인의 추천
> 당수 1인, 부당수 2인, 서기장 1인 - 당수, 부당수급 위원은 총회에서 선거
> 당의 경비는 당원 及 유지의 의연으로 충당함

출처 : 국사편찬위원회 소장 미간행 미군노획문서(복사본).

[2] 처음 민주당의 일각에서는 33인으로 구성된 당위원회에 최용건을 선출하는 것을 반대하였는데, 조만식의 지지 발언 후에 박수로써 통과되었다(기광서, 앞의 논문, 100~101쪽).

되었고, 민주당 내의 핵심적인 우익인사들은 월남을 선택하였다. 이후 조선민주당 지도부는 공산당원인 부당수 최용건에 의하여 장악되었는데, 최용건은 모스크바 3상회의 결정을 지지하지 않는 '반동분자'의 배제를 추진하였다.[3]

조공분국은 조선민주당 강령의 민주성은 인정하면서도, 민주당 구성원들의 태반이 '반민주주의자'이고 공산당에 대한 정당한 이해가 없다고 비판하였다. 또한 민주당이 청년학생단체를 조직하는 것을 분파적이며 통일전선을 거부하는 것이라 비난하였는데[4] 이것은 조공분국이 청년층에 대한 주도권을 장악하기 위한 것이었음은 두말할 것이 없다.

1946년 1월 김일성은 민주당에 있는 '불순분자들'을 내쫓는 사업을 민청에서 도와줄 것을 요구하였지만[5] 조공분국의 당원들이 직접 민주당을 방해하거나 불필요한 마찰을 하지 않도록 교육하였다.[6] 그러나 2월이 되어도 조선민주당이 전당의 일치된 결의로서 모스크바 3상회의 결정에 대한 지지 성과를 내지 못하자[7] 조선민주당 내의 '진보층'이라는 세력을 중심으로 당혁신열성자협의회가 조직되어 "조만식일파를 민족통일의 파괴자요 배반자로 규정하고"[8] 당수에 홍기황, 부당수에 최용건을 선출하였다.[9]

이후 조선민주당 지도부는 당 내부의 '불순분자', 친일분자, 민족반역

---

3) 『정로』 1946년 1월 29일, (2), 「조선민주당부당수 최용건씨 성명발표」.
4) 위의 신문, 1946년 1월 13일, (1), 「사설 조선민주당의 강령과 실천」.
5) 「북조선민주청년동맹결성에 즈음하여 −북조선민주청년단체대표자회의에서 한 연설 1946년 1월 17일」, 『김일성저작집』 2, 21쪽.
  오기섭은 조선민주당 내의 친일파, 민족반역자, 민족파시스트를 엄격히 숙청할 것을 요구했다(위의 신문, 1946년 1월 16일, (1), 「삼국외상회의 조선문제 결정과 조선공산당의 태도」).
6) 평남도당 선전부, 「세포공작요강 1946. 1. 23」, 『북한관계사료집』 1, 22쪽.
7) 『정로』 1946년 2월 7일, (1), 「조선민주당의 혁신에 대하여」.
8) 위의 신문, 1946년 2월 7일, (1), 「조선민주당의 혁신에 대하여」.
9) 위의 신문, 1946년 2월 7일, (2), 「조선민주당대표 열성자대회」.

자를 숙청하고, 조만식과 분리하여 당의 재건을 추진하였다.10) 그리고 조공분국은 『정로』 등을 통하여 계속적으로 조만식을 비판하고, 조만식이 1943년 11월 16일에 『每日新報』에 실은 「學徒에게 告한다」를 지목하여 '전쟁범죄자'로 비난하였다.11) 이 과정을 통하여 최용건이 중심이 되어 조선민주당을 개편하였고, 개편된 조선민주당 중앙위원회는 1946년 4월 1일에 회의를 열고 모스크바 3상회의 결정 지지, 북조선임시인민위원회의 20개조 정강 지지, 당내에 남아 있는 극소수의 '반동세력' 숙청 등을 결정하였다.12)

또한 강원도와 함북에는 새로운 도당조직을 만들고, 평남·평북은 '굳은 조직'으로 변경하며, 황해도와 함남은 도당부를 강화하도록 하였으며, 시군당부에 각계의 진보적 분자를 흡수하고 군당위원회와 당역원(黨役員)을 개선(改選)하도록 하였다.13) 이와 더불어 당원의 성분심사를 진행14)함으로써 조선민주당은 하부조직부터 상부조직에 이르기까지 커다란 성격의 변화를 가지게 되었으며, 조공분국은 조선민주당에 대한 주도적 영향력을 확보하게 되었다. 그러나 마구잡이 입당이 많았다15)고는 하지만 1946년 4월경 30만에 이른 민주당의 일반 당원들이 적극적으로 조공분국을 지지했을 것으로는 보이지 않는다.

천도교 청우당은 1946년 2월 8일에 창립되었는데, 조공분국은 청우당에 대해서 드러나는 통제와 간섭을 행하지는 않았다.16) 청우당은 기본적으로 천도교 신자로 구성되었는데, 몇 가지 면에서 조공분국과 공존할

---

10) 위의 신문, 1946년 2월 13일, (2), 「조선민주당열성자협의회결정서」.
11) 위의 신문, 1946년 4월 10일, (1).
12) 『정로』 1946년 4월 10일, (3), 「조선민주당 제2차 중앙위원회 결정서」.
13) 위의 신문.
14) 위의 신문.
15) 『김일성저작집』 10, 19쪽.
16) 김창순, 앞의 책, 165쪽.

수 있는 성격을 가지고 있었다. 청우당은 지상천국을 세계만국에 건설하려는 뜻을 가지고 있었고, 해방된 조선에서는 무엇보다도 '민족통일'을 외치고 있었다.17) 특히 소유제도에 대하여는 공산주의와 유사한 생각을 가지고 있었고 국민개로제(國民皆勞制) 실시를 주장하였는데18) 이것 역시 조공분국의 계급의식과 근로의식에 가까운 점이 있었다.

반면에 천도교는 종교가 아편이라는 공산주의자들의 생각에 대하여 이는 과거종교를 배척하는 것일 뿐이며 도리어 미래의 신(新)종교를 배양하는 조짐(兆朕)이라고19) 해석하며, 조공분국과의 대립을 회피하려 했던 것으로 보인다. 즉 청우당은 종교적으로는 조공분국과 생각이 달랐지만, 실제 정책상에서는 공존과 협동의 소지를 가지고 있었다.

〈표 3-1〉 황해도 지역 조공분국과 타당과의 관계(1946년 4월 상황)

지역	타당의 실정
평산군	민주당 - 당원 160명으로 활발한 기세로 발족하였으나, 반탁운동으로 인하여 공산당의 강력한 반대를 받고 유명무실 상태에 있음. 신민당 - 당원 50명으로 결성하여 가장 진보적인 역할을 발휘할 것으로 기대 됨.
신계군	침체 중에 있음.
안악군	민주당 - 토지개혁으로 봉건적 지주층 당원이 위축되어 지지부진 상태임. 신민당 - 광범위한 입장에서 장래의 활약이 괄목할 만함.
재령군	민주당 - 기독교 신자 등으로 십수 명이 결성준비과정에 있음.
곡산군	민주당 - 활동 중임.

출처 : 「정세보고(황해도 관내 재판소·검찰소)」, 『북한관계사료집』 9, 140~141쪽, 145쪽, 160쪽, 181쪽, 207쪽.

---

17) 이돈화, 「천도교청우당 당지」, 『북한관계사료집』, 429~430쪽.
18) 위의 글, 444쪽.
  소유제도는 만악을 낳는 원천이 된다. …… 토지는 국유로 하는 것이 도덕상 又는 천하공도에 부합되는 제도이며, …… 공장도 자본주의화한 공장은 토지와 같은 소질을 가졌음으로 당연히 국유로 할 것이다(위의 글, 443쪽).
19) 위의 글, 449~450쪽.

〈표 3-1〉은 1946년 4월의 황해도 실정을 보여주는데, 대체적으로 민주당의 활동이 위축된 것으로 보인다. 특히 토지개혁의 실시가 큰 타격을 주었다. 이 보고는 신민당의 활동에 대하여 긍정적인 평가를 하였는데, 이것은 이후의 조공분국과 신민당의 합당과 연결지어 생각해 볼 수 있다.

해방 후의 국가건설이 모든 민주정당, 사회단체들의 공동의 노력과 통일적인 분투가 필요한 형편이었기 때문에[20] 김일성은 1946년 7월 북조선 민주주의 정당, 사회단체 대표회의에서 모든 정당 사회단체의 상설적인 협의기관으로서 민주주의민족통일전선 중앙위원회의 결성을 제의하였다.[21] 이후 북조선민전은 면·리 단위까지도 결성되었는데, 주로 정당 및 사회단체 연석회의를 통하여 구성되었다.[22] 인제군 남면의 경우 민전 사무실은 민청 사무실에 두었고, 위원장은 북로당 위원장이 맡았는데[23] 인제군에서는 북로당이 타당을 견제하는 기구로 이용되었다.

북조선민전은 각 정당, 사회단체에 대한 통제에 활용되기도 하였는데, 각 정당, 사회단체에 있는 친일파, 민족반역자 및 要移住者, 불순분자를 내사하여 적발하기도 하였다.[24] 그러나 북한의 정치질서가 안정되면서 1947년 말에는 민전의 활동이 변하여 문맹퇴치사업, 동기방역사업 협조, 고공품 생산사업 협조, 농업현물세 수송보관사업 협조, 소비조합 양곡교

---

20) 「민주주의민족통일전선위원회를 결성할 데 대하여 －북조선 민주주의 정당, 사회단체 대표회의에서 한 보고 1946년 7월 22일」, 『김일성선집 1954』 1, 135쪽.
21) 위의 글, 137쪽.
22) 「제1차 남면정당급 사회단체연석회의록 1946년 9월」, 『북한관계사료집』 15, 414~415쪽.
민청, 인민위원회, 농조, 보안분서, 직업동맹, 군당부, 면당부, 학교, 여성동맹(결석) 등이 참석하였다.
23) 위의 글, 419쪽.
24) 북조선 민전 평남도위원회, 「친일파 민족반역자 및 요이주자의 당단체 잠입분자 내사에 관한 건 1947년 6월 28일」(미군노획문서(복사본), 국사편찬위원회 소장 미간행본).

역 수매사업협조를 당면사업으로 하였다.25) 이것은 북한의 민전이 특히 하부단위에서는 정권기관의 행정을 지원하는 사회단체로서의 역할을 수행하였음을 보여준다.

2) 북조선로동당과 타당과의 관계

(1) 민주당

북로당의 통일전선정책하에서 민주당은 조직을 유지하며 양적으로 발전하였지만, 지방 본위적 경향이 농후하였고 상급당부의 지시가 하급당부에서 제대로 집행되지 않았다.26) 또 민주당은 재정이 없어서 일을 못할 지경이었으며 지방당부의 책상 위에 먼지가 쌓이고 있었다27)는 것은 민주당 조직이 허약하였음을 보여 주는데, 이것은 북로당의 견제가 성과를 거둔 것이다.

민주당은 초기부터 소시민, 지식분자, 수공업자와 자본가들이 절대 다수였는데, 1946년 말 이후의 당세발전도 도시 소시민, 농촌 부농층을 중심으로 이루어졌다.28) 북로당의 의도대로 민주당의 중앙은 개편되었지만, 당내에는 '조만식잔재'가 여전히 흐르고 있었고29) 하부조직에 대한 장악은 미진하였다.30)

---

25) 『강원로동신문』 1947년 11월 26일, (1), 「도민전 제37차 회의 당면한 중요안건 토의」.
26) 조선민주당 제6차 확대중앙위원회, 「조선민주당 중앙본부 결정서」, 『북한관계사료집』 8, 3쪽.
27) 「제6차 중앙위원회확대회의에서의 최용건동지의 결론」, 『북한관계사료집』 8, 10~11쪽.
28) 조선민주당 제6차 확대중앙위원회, 앞의 글, 4쪽.
29) 「제6차중앙위원회확대회의에서의 최용건동지의 결론」, 『북한관계사료집』 8, 7쪽.
30) 1946년 말의 도·시·군 인민위원회 선거와 농업현물세 징수, 양곡수매사업에 대하여 민주당은 소극적이었다(위의 글, 6쪽).

1946년 말에도 민주당에는 인민위원회 선거를 반대한 세력이 잔존하였고[31] 민주당 함남도당위원장은 공공연하게 인민위원회를 반대하고 북로당에 도전하였다. 또 평북 용천군에서는 민주당 청년부를 단독으로 조직하여 민청을 분열시키려는 일들도 있었다.[32] 북로당과 마찬가지로 민주당도 당원 확장을 계속하였고, 이에 대해 김일성은 타당으로부터 출당당한 자를 입당시키거나 자기 정당의 영향 밑에 별개의 사회단체를 조직하려는 정당이 있다고 민주당을 비판하였다. 이것은 민주당 내의 기존 세력이 일부 지역에 잔존하고 있었음과 북로당에 대한 견제의식을 가진 세력이 여전히 존재했음을 보여주며, 민주당에 대한 북로당의 영향력이 하부에서는 제한적이었음을 보여준다.

이러한 상황에 대해 김일성은 1946년 말, 각 정당들이 통일노선에 방해되는 구호들을 제멋대로 거리에 붙여 놓았다고 비판하고, 대중을 상대로 하는 정치구호 등은 북조선민전이나 인민위원회의 비준을 받은 통일적인 구호만을 내세우도록 요구하였다.[33] 이것은 타당의 활동을 억제하고 북로당의 노선을 따를 것을 요구한 것으로, 1946년 말의 시점에 북로당을 제외한 정당들의 독자적 활동이 불가능해지고 있음을 확인할 수 있다. 또 이 시점에 당원심사사업을 통하여 당내의 '불순분자'를 축출하던 북로당이 민주당에 대해서도 같은 요구를 하였다는[34] 점에서 민주당의 독자적 성격이 거의 상실되는 상황이었다고 할 수 있다.

김일성은 민족통일전선의 강화에 있어서 북로당의 독자성을 잃지 않

---

31) 조선민주당 제6차 확대중앙위원회, 앞의 글, 3쪽.
32) 「현시기 민전앞에 나선 몇 가지 임무에 대하여 —북조선민주주의 민족통일전선 중앙위원회 제8차 회의에서 한 연설 1946년 12월 26일」, 『김일성선집 1954』 1, 297쪽.
33) 위의 글, 300쪽.
34) 「면, 리(동) 인민위원회 위원선거를 성과적으로 보장하기 위하여 —북조선민주주의민족통일전선 중앙위원회 제9차 회의에서 한 결론 1947년 1월 11일」, 『김일성저작집』 3, 11쪽.

고 타당의 당원들을 옳은 방향으로 이끌어 나갈 것을 요구하였는데[35] 이 것이 북로당 통일전선의 기본방향이었다. 그런데 북로당의 일부당원들은 타당과 협동하지 않고 '특권당의 행세'를 하려 함으로써 타당과의 관계를 악화시키고 통일전선정책을 집행하는 데 장애를 조성하였다.[36]

구체적인 사례를 들면, 평안북도 일부지방들에서는 주로 북로당원과 민청맹원들로 조직된 자위대원들이 민주당 내 '불순분자들'과 투쟁한다는 구실하에 사람들에게 폭행을 가한 일이 있었다.[37] 이러한 일들은 북로당원이 타당의 내부에 대해서도 통제하였음을 보여주며, 북한사회 내의 통일전선이 하부에서는 형식조차 유지하지 못했음을 보여준다.

하지만 북로당은 당시 북한사회 내에서 민주당이 나름대로의 지지기반을 가지고 있었기 때문에, 민주당원의 '잘못된 행동'에 대해서 정면으로 충돌하지 않도록 심중하게 행동해야 할 필요가 있었다.[38] 비록 북로당이 절대적인 우위에 있었지만 타당과의 관계는 아직도 조심스러운 면이 있었기 때문에, 북로당은 타당과의 문제를 북조선민전을 통하여 처리하는 방법을 사용하였다.[39]

1948년이 되면서 민주당 내에 있는 일부 목사와 장로, 극소수의 투기모리업자 등의 '반동분자'들에 대한 비판이 강화되었는데[40] 이것은 정부

---

35) 「강원도 당단체들앞에 나선 과업에 대하여 -강원도 및 원산시당 열성자 련석회의에서 한 연설 1947년 1월 18일」, 『김일성저작집』 3, 48쪽.
36) 「일부 당단체들의 사업에서 나타나고 있는 오유와 결함을 퇴치할 데 대하여 -북조선로동당 중앙위원회 제6차 회의에서 한 보고 1947년 3월 15일」, 『김일성저작집』 3, 160쪽.
37) 위의 글, 161쪽.
38) 위의 글, 179쪽.
39) 청우당의 간부를 출당시키기 위하여 군 민전에서 출당을 제의하는 방법을 사용하여 타당에 대한 견제를 하기도 하였다(「천도교청우당 순천군당부 간부명부」, 『북한관계사료집』 1, 280쪽).
40) 「우리당 단체들의 과업에 대하여 북조선로동당 평안남도 순천군당대표회의에서 한 연설 1948년 1월 24일」, 『김일성저작선집』 1, 173쪽.

수립을 준비하면서 민주당에 대한 북로당의 통제가 강화된 것을 보여준다. 실제로 조선민주당은 1948년 11월, 제3차 전당대회 이후부터 한국전쟁시기까지 새로운 당원을 전혀 받아들이지 않았으며, 많은 '반공주의자들'을 출당시켰다.[41] 이로써 민주당은 정당이기보다는 사회단체와 같은 위상을 가지게 되었다.

(2) 청우당

북로당은 청우당에 대하여도 통일전선정책을 실시하였는데, 청우당이 종교적 특징이 있지만 기본적으로 밀접한 협력이 가능하다는 것이 북로당의 입장이었다.[42]

다음의 자료들은 주로 평양 인근 군지역의 청우당에 대하여 1947년 1~2월에 작성된 것들이다.

〈표 3-2〉에 따르면, 북로당은 청우당 간부들 대부분의 성분과 과거의 경력이 나쁘다고 평가하고 있다.[43] 청우당 순천군 당부의 경우를 보면 지주(소지주, 부농 포함)계급이 16.7%를 차지하는 반면, 빈농 출신은 6.3%에 불과하였다. 사무원(39.6%), 중농(25%)의 비율이 높았고, 해방 전의 직업도 사무원이 44%, 상업이 18.8%로 높은 비율을 차지하였다. 특히 청우당 간부의 사상을 평가한 것을 보면 평가된 14명 중에서 10명을 반동으로 규정하였고, 중립으로 3명을 규정하였다. 이러한 북로당의 청우당에 대한 인식은 하부에서 상당한 대립이 나타나는 원인이 되었다.

---

41) 스칼라피노·이정식 공저, 앞의 책, 2권, 538쪽.
42) 英煥, 「勞動黨의 創立과 當面한 諸課業에 對하야」, 『근로자』, 1946년 창간호, 67쪽.
43) 「청우당의 일반적 동향」, 『북한관계사료집』 1, 264쪽.

〈표 3-2〉 천도교 청우당 순천군 간부(1947년 2월 14일)(단위 명)

사상		성분		나이		학력		8·15전 직업	
반동	10	사무원	19(39.6%)	20대	11	전문졸업	3	사무원	21(44%)
중립	3	지주	8(16.7%)	30대	21	중학졸업	13	농업	11
견실	1	중농	12(25.0%)	40대	13	소학졸업	22	교원	3
기타	34	소시민	5(10.4%)	50대	3	기타	10	상업	9
		빈농	3(6.3%)	60대				순사, 지원병	2
		상인	1(2.1%)					의사	1
계	48		48		48		48		47

* 사상난의 기타는 파악 안된 수.
* 농업 1명은 중농으로 계산, 소지주 2명 부농 2명은 지주로 계산.
* 학력난의 기타는 파악 안된 수.
* 직업 1명은 무직.
* 사무원 중에는 농림조합 서기, 면서기, 수리조합서기, 금융조합서기 등이 10명 포함.
출처 : 「청우당의 일반적 동향」, 『북한관계사료집』 1, 280~283쪽.

〈표 3-3〉 각 군 청우당 당원 성분 표(1947년 1~2월 통계)

군	노동자		농민		사무원		기타		합	여자	
	수	비율(%)	수	비율(%)	수	비율(%)	수	비율(%)		수	비율(%)
□□군	185	9	1,686	82.1	89	4.3	94	4.6	2,054	188	9.2
순천군	545	13.5	3,282	81.5	107	26.6	91	2.3	4,025	309	7.7
맹산군	81	1.4	5,268	93.4	114	2.0	177	3.1	5,640	1,350	23.9
안주군	64	3.0	2,006	94.5	43	2.0	9	0.4	2,122	599	2.8
남포시	162	25.0	59	9.1	153	23.6	196	30.3	647	13	2.0
강동군	212	6.6	2,565	80.0	248	7.7	181	5.9	3,206	863	26.9
덕천군	55	1.8	2,809	94.4	47	1.6	64	2.2	2,975	163	5.5

* 안주군은 정당원과 준당원(90명)합계, 사무원에 기술자 8명 포함.
* 기타는 상인, 기업자 포함.
출처 : 「청우당의 일반적 동향」, 『북한관계사료집』 1, 270~279쪽.

〈표 3-3〉에 따르면 청우당의 일반 당원들은 80%가 넘는 사람이 농민 성분이었다(남포시 제외). 농민들의 성분이 구체적으로 나타나 있는 덕천군의 경우를 보면, 농민 중의 87.1%가 빈농 성분(중농 7.4%, 부농 1.2%)이었고, 전체 세포 186개 중에서 농촌세포가 180개를 차지하였다. 따라서 일반 당원의 경우는 북로당과 청우당의 계급기반이 겹치고 있었으며, 청우당의 일반 당원과 간부 당원과는 계급 성분상의 불일치가 있었다. 또 덕천군은 청우당 당원 중 후보당원 수가 1,198명(48%)에 달해 급격한 당확장이 시도되었음을 알 수 있는데, 이것이 북로당과의 마찰을 가져왔을 가능성이 있다.

강동군의 경우 민주당 당원 수는 노동자(93명), 농민(664명), 사무원(50명), 기타(60명) 등 총 867명으로 청우당에 비하여 25%에 불과한 당세를 보이고 있다.[44] 이것만으로 본다면 민주당의 당세 약화는 청우당에 비하여 현저히 빠르게 이루어진 것으로 보이는데, 이것은 민주당에 대한 견제가 청우당보다 더 컸던 데 원인이 있다.

북로당과 청우당의 관계는 1947년 중반까지도 하부에서는 경쟁관계가 내포된 '우당관계'였다고 할 수 있다. 청우당은 내부적으로 1946년 11월의 도·시·군 인민위원회 선거에서 반대투표를 조장하기도 한 것으로 보이며, 1947년의 각 면·리 인민위원 선거에서는 북로당과 경쟁을 하였다.[45] 이러한 관계는 다른 자료에서도 확인할 수 있는데, 청우당은 맹산군 인민보안처에서 당간부가 테러혐의로 검거되었다가 무죄석방되자 군확대회의를 열고 기세를 올리기도 하였다.[46] 또 맹산군 옥천인민학교에서 열린 8월 천도교청우당회의에 강사로 나온 중앙위원회 부위원장 박윤길은 교인의 성미(誠米)에 대한 간섭을 비판하였고 '왜놈시대에도 주목을 받고 있었지만 지금도 역시 시달리고 있다'며 비난하였다.[47] 하지

---

44) 「청우당의 일반적 동향」, 『북한관계사료집』 1, 278쪽.
45) 위의 글, 264쪽.
46) 위의 글, 264쪽.

만 박윤길은 "(임시정부)대통령 선출시에 북조선에서는 김일성 위원장을 수반으로 해야 하겠지만 너무 떠들어 대면 미국 측의 반대로 될 일도 안 된다"48)며 최고권력에 대한 협력은 수용하면서도 북로당의 독주에 대해서는 불만을 토로하는 모습을 보였다.

이 시기에 북로당은 타당과의 관계에서 신중하게 대응하고 있었지만, 상부에서의 통일전선에 대한 강조가 지방에서 그대로 지켜진 것은 아니다. 북로당 양덕군당위원장은 청우당 책임일꾼을 불러다 아랫사람 대하듯 하면서 청우당 사업을 훈시하고 내부사업을 간섭했으며, 심지어 일부 공장에서는 북로당원인 공장 지배인이 청우당원이나 민주당원은 공장에 받아들이지 않겠다고 공공연히 선포하고, 정주군에서는 타당당원을 배척하는 행동을 하였다.49) 북로당 당원들의 특권당 행세는 당 상부의 거듭되는 지도에도 불구하고 계속되었는데, 이것은 북한사회 내에서 가장 강력한 정당인 북로당의 권력이 저절로 분출된 것이다.

이런 북로당의 영향력은 타당에서 탈당하여 북로당에 입당하기를 원하는 사람들을 만들었다. 이에 대하여 북로당은 타당과의 관계에서 부정적 영향을 고려하여, 이들을 먼저 사회단체조직에 망라시켜 일정기간 교양하고 단련시키도록 하였다.50) 1946년 후반기부터는 북로당이 타정당을 분해시켜가는 힘을 발휘하는 단계에 이르렀음을 보여준다. 그리고 1948년 초에는 '타당 내에 잠입한 일부반동분자들을 타당원들을 통하여 제때에 적발폭로' 하는 방식을 택하고51) 하부말단에서 당이 다르다하여 대립적 태도를 취하지 않도록 할 정도로52) 타당에 대한 북로당의 정책은

---

47) 위의 글, 265~266쪽.
48) 위의 글, 266쪽.
49) 「북조선로동당 도, 시, 군 위원회 위원장련석회의에서 한 결론 1947년 9월 6일」, 『김일성전집』 6, 280쪽.
50) 위의 글, 281~282쪽.
51) 『평북로동신문』 1948년 3월 4일, (1), 「사설 : 민주주의민족통일전선의 강화를 위한 우리 당단체의 과업」.

여유를 갖게 되었다.

　북로당의 통일전선정책은 한반도 내에서 우월한 위치를 확보하기 위한 목적과 북한 내의 정세로부터 강요받은 두 가지 측면이 있었다. 원인이야 어떠하든 북로당은 민주당 지도부를 장악하였고, 청우당을 견인하여 북로당의 정책 안에서 움직이게 했다는 점에서는 통일전선정책을 성공적으로 수행했다고 할 수 있다. 하지만 각 계급 구성원과 정치세력이 대립을 극복하고 민족 내 다수의 공동 목표를 창출하려 한 것과는 차이가 있었다는 점에서, 그리고 오히려 계급 간의 대립과 갈등이 또 다른 형태로 계속되었다는 점에서 통일전선정책이 바람직하게 진행되었다고 평가하기는 어렵다.

---

52) 위의 글.

북조선로동당의 사회단체 지배

1) 사회단체의 형성과 조공분국의 지도

사회주의 국가에서 노동자, 농민, 청년, 여성들의 대중조직은 공산당과 대중을 이어주는 연결벨트 역할을 한다. 이들은 공산당이 대중을 지도하는 핵심적인 외곽조직으로서 공산당의 사상과 정책을 대중에게 전달하는 것을 중요임무로 한다. 현재 북한의 이들 단체는 김일성사회주의청년동맹, 조선직업총동맹, 조선농업근로자동맹, 조선민주여성동맹으로 명칭이 달라졌지만, 기본적인 역할은 크게 달라지지 않았다.

해방 후 인민위원회와 마찬가지로 사회단체의 조직도 자연발생적으로 추진되었다. 그중에서도 농민조합과 노동조합의 조직이 활발하였는데, 지방 노동조합의 결성은 각 지역의 공산당조직과 밀접한 관계하에 진행되어 일제하의 적색노동조합운동이 강한 곳에서 활발했다.[53] 그러나 북한에서의 노동조합 조직은 강력한 힘을 갖지는 못했다. 그 이유는 첫째, 해방된 공간에서 투쟁의 대상이던 일제 자본가가 붕괴하면서 생산활동이 약화되고 인민위원회가 관리주체로 등장하여 투쟁의 대상이 소멸하였기 때문이고, 둘째는 사회단체건설보다 국가건설이 시급히 요구되는

---

53) 서동만, 앞의 논문, 51쪽.

상황에서 투쟁 경력이 있는 조선인 노동운동자들이 급격히 증대한 정치적 수요에 따라 인민위원회 등과 같은 정치기구로 이동하였기 때문이다.54) 따라서 공장 등 생산현장에서는 노동운동 세력과 노동자 대중의 연계 고리가 약화되었다.55)

이런 상황하에서 1945년 말까지도 조공분국은 당의 기초조직인 세포를 크게 확대시키지 못함으로 인하여 대중으로부터 떨어져 있는 형편이었고56) 이 문제를 해결하기 위하여 당원들이 노동조합, 농민위원회로 들어 갈 것을 요구하였다.57)

〈표 3-4〉 북한의 사회단체 결성 시기

단체	결정 시기	결성 시기
민주여성동맹		1945년 11월 18일
민주청년동맹	1945년 10월 29일	1946년 1월 17일
전국농민연맹 북조선연맹	1946년 1월 6일 준비모임	1946년 1월 30일

출처 : 「북조선로동당 제2차 전당대회회의록」, 『북한관계사료집』 1, 409쪽.
「북조선농민조합련맹결성대회 준비를 잘할 데 대하여 －북조선농민조합련맹경성준비위원회 일군 및 각 도 농민조합대표협의회에서 한 연설 1946년 1월 6일」, 『김일성전집』 3, 18쪽.

---

54) 일제하의 노동운동에 참여했던 사람들의 대부분은 급격한 정치적 수요를 따라 인민위원회, 조선공산당, 민주주의민족전선 등 정치 기구에 주로 진출하였다. 『한국사회주의운동인명사전』(강만길·성대경 엮음, 창작과비평사, 1996)을 자료로 이런 평가를 하는 것은 어려움이 있지만, 대체적으로 이러한 추세를 설명하는 것은 가능하다고 여겨진다.
55) 조선노동조합전국평의회(전평)의 이념과 노선은 소련식의 국가사회주의를 추구하는 정치조직으로서의 성격이 강했고, 전평에서 활동하던 운동가들의 관심의 초점도 국가권력의 장악에 있었다. 또 전평은 노동자 주도의 공장관리운동이 전평이나 인민위원회가 추구하는 국가소유제의 원칙을 벗어날 수 있었기 때문에 원칙적으로 부정하였다(조순경·이숙진, 『냉전체제와 생산의 정치 : 미군정기의 노동정책과 노동운동』, 이화여대출판부, 1995, 265쪽, 267쪽, 287쪽).
56) 『정로』 1945년 12월 14일, (2), 「10월혁명기념투쟁총결보고 －평양시당원회의에서」.
57) 위의 글.

1946년 초 조공분국은 노동조합, 농민조합, 여성동맹, 민청과 같은 대중 단체를 정비하고 수많은 군중을 망라하였지만, 당의 지도는 허약하였고 사회단체들이 당의 외곽단체로서의 임무를 수행하지 못하는 상태에 있었다.58) 조공분국의 당원이 1945년 말에 7,000여 명에 불과하였고 이들 중 1,400여 명이 1946년 초의 유일당증 심사과정에서 숙정된 것을 고려하면 조공분국의 실질적인 사업역량은 하급 인민위원회에 대한 주도적 운영에는 어려움이 있었다. 그리고 지방당의 경우를 보아도, 면당위원회가 사회단체에 대한 지도를 실속있게 하지 못하기 때문에 사회단체들이 당의 외곽단체로서의 역할을 제대로 하지 못하고 있었다.59) 하지만 북임인위의 성립과 토지개혁의 실시 이후, 각 지역에서의 조공분국의 역할은 크게 변화하였다.

〈표 3-5〉는 황해도 19개 군 중에서 「정세보고」에 나타난 1946년 4월의 7개 군을 정리한 것이다. 7개 군 모두 조공분국이 '핵심'이거나 '대활약' '영도'의 위치에 있었다. 평산군의 경우는 소수의 당원임에도 불구하고 민청·여맹·노조·농조를 전적으로 영도하였는데 이는 토지개혁으로 당세가 강화된 것으로 볼 수 있다. 신계군의 경우, 읍내 민청에서 약간의 '반동적'인 태도가 있음에 대하여 취조 중이었던 것을 보면, '반동적'인 활동이 나타나기 어려운 상태에 있었음을 알 수 있다.

대체로 사회단체는 송림군과 같이 조공분국의 주도에 순응하는 형세에 있었다. 사회단체의 순응은 각 단체가 이미 조공분국을 중심으로 조직되었기 때문인데, 조직 내에 조공분국에 대한 적대적 행동은 별로 없고 다수의 맹원들은 순응적 태도를 보였을 것으로 여겨진다.

---

58) 「당내 정세와 당면과업에 대하여 －북조선공산당 중앙조직위원회 제4차 확대집행위원회에서 한 보고 1946년 2월 15일」, 『김일성저작집』 2, 55쪽.

59) 「당세포사업에 대한 지도를 잘하여야 한다 －북조선공산당 평안남도 평원군 한천면위원회 책임일군과 한 담화 1946년 2월 24일」, 『김일성전집』 3, 159쪽.

〈표 3-5〉 조공분국과 사회단체와의 관계(1946년 4월 황해도 상황)

지역	공산당과의 관계
금천군	해방 후 조공 금천지구위원회가 먼저 발족 - 군·면 농민위원회, 군민청, 노동조합, 여성동맹이 공산당을 핵심으로 일체가 됨
평산군	당원 45명으로 민청(150명의 주동으로 3,000명의 맹원), 부녀동맹(3,200여 명의 대상 중 대부분 흡수), 노조, 농조(26,000여 명) 등을 전적으로 영도
신계군	조선공산당은 대활약 중이며, 읍내 민청에서 약간의 반동적 태도가 있어 취조 중이고, 부녀동맹, 농민위원회는 활발하게 진행 중임
신천군	조선공산당이 토지개혁을 계기로 매면(每面)에서 당원이 상당한 수를 점함 - 민위원회는 완전히 공산당의 영도하에 있음
재령군	공산당의 영도하에 노동조합, 농민위원회, 민청, 부녀동맹 등이 활동
송림군	7개 사회단체가 조선공산당의 주범(主範)하에 순응하여 민주주의적 관계로서 이탈된 사항 없음
곡산군	공산당, 민주당, 청년동맹, 노동조합, 농민조합, 부녀동맹 등의 단체가 활동 중이나 그중 공산당의 활약이 현저함

출처 : 「정세보고(황해도 관내 재판소·검찰소)」, 『북한관계사료집』 9, 136쪽, 139쪽, 145쪽, 168쪽, 181쪽, 187쪽, 211쪽.

〈표 3-6〉 1946년 7월 22일 사회단체 가맹 인원(북한 전체)

단체	가입 인원	인구(또는 호수)	가입 비율
직업동맹	386,106	391,206인	98.7%
농민동맹	180여 만 명	1,121,295호	160.5%
민주청년동맹	100만 명	1,500,354인	66.7%
여성동맹	60만여 명		

출처 : 「민주주의민족통일전선위원회를 결성할 데 대하여 - 북조선 민주주의 정당, 사회단체 대표회의에서 한 보고 1946년 7월 22일」, 『김일성저작집』 2, 306쪽.
한림대학교 아시아문화연구소, 앞의 책, 20쪽, 30쪽, 34쪽, 68쪽.
* 민청가입 가능 인구는 연령별 인구에서 16~26세를 계산한 것임.
* 민청가입인원은 만 16세 이상 만 26세 이하임.[60]

    조공분국의 사회단체에 대한 장악능력은 기본적으로는 단체들의 맹원 흡수 정도를 통해 파악할 수 있다. 〈표 3-6〉을 보면, 가입인원 수로는 농

---

60) 북조선민청중앙위원회, 『동맹강령 및 규약해설』, 1949년 6월 49쪽.

맹·민청·여맹·직맹의 순서이지만, 가입비율로는 직맹·농맹·민청·여맹의 순으로 파악된다. 직맹에 대한 장악은 조공분국의 노동조합에 대한 적극적 활동의 결과이며, 농민동맹은 토지개혁의 성과가 가시화된 것이라고 할 수 있다. 그러나 민청의 사례에서 볼 수 있듯이 이들 단체 역시 소수의 당원들에 의하여 주도되는 단계에 있었고, 맹원에 대한 훈련과 교육은 거의 이루어지지 못하고 있었다. 사회단체의 강화를 위해서는 먼저 조공분국의 확대·강화가 이루어져야 했다.

(1) 민주청년동맹[61]

1945년 10월 6일 평양에서 각계 청년대표 200여 명이 참석하여 민청결성준비회의를 개최하고[62] 노동청년을 비롯하여 '민주주의적' 이념을 가진 광범한 각 계층 청년을 망라한 대중적 단체를 목표로 민청을 발족하였다. 여기에서 김일성은 명예회장으로 추대되었는데, 이를 통해 김일성의 민청에 대한 관심과 초기부터의 관여를 잘 볼 수 있다. 김일성이 민청 조직을 주도하면서 "공청을 그대로 두어서는 청년들을 다른 당과 종교단체에 빼앗기고 말 것"[63]이라고 말한 것은 공청을 민청으로 개편한 이유를 보여주는데, 초기의 공청조직이 청년들을 제대로 견인해 내지 못했음을 알 수 있다. 또 김일성이 "공청을 민청으로 개편하지 않았다면 130만 명의 청년을 당 주위에 묶어 세울 수 없었을 것"[64]이라고 말한 것을 통해 보아도 당시 조공분국의 역량과 청년들의 의식성향이 조공분국에 유리한 것만은 아니었음을 이해할 수 있다. 실제로 자산계급 출신이 많던

---

61) 민주청년동맹은 1964년에 조선사회주의로동청년동맹으로 개칭하였다가, 1996년에 김일성사회주의청년동맹으로 다시 명칭을 바꾸었다.
62) 『정로』 1945년 11월 14일, (2).
63) 「북조선로동당 제2차 전당대회회의록」, 『북한관계사료집』 1, 416쪽.
64) 「당중앙위원회사업에 대하여 -북조선로동당 함경남도 제2차 대표대회에서 한 보고 1948년 2월 21일」, 『김일성저작집』 4, 138쪽.

학생들 속에서 민청결성을 거부하는 분위기가 농후했고, 1945년 11월에는 '신의주학생사건'이 발생하기도 했다.65)

1946년 1월 16일에 민주주의청년단체대표자회의가 열리고, 17일에 조선민주청년동맹북조선위원회가 결성되었다.66) 회의의 진행과정을 살펴보면 첫날 개회사를 조선공산당 평남도위원회 김상규가 하였고, 명예의장에 김일성·무정·최용건·리호제가 추대되고, 방수영이 임시의장으로 회의를 진행하였으며, 다음 날에는 오기섭이 축사를 하였다. 셋째 날은 김일성, 소련군민정부 G.매끌레르중좌, 북조선교육국장 장종식의 축사가 있었는데67) 이러한 회의진행을 통해 조공분국의 주도를 쉽게 알 수 있다.

민청의 강령은 중요한 정치정세의 변화를 따라 수정되었다. 〈표 3-7〉의 2개의 상이한 민청 강령 중에서 〈표 3-7-1〉이 민청조직 초기의 것으로 보인다. 이때의 강령은 대동단결을 통한 민주주의적 독립국가건설에 총역량을 집중하고, 미소영중(美蘇英中) 기타 민주주의 나라의 청년들과 우의적 친선에 노력한다하여 자본주의국가들에 대한 우호적 시각이 드러나 있으며, 계급적 성격이 거의 드러나지 않았음을 알 수 있다.

반면에 〈표 3-7-2〉는 '민주주의 인민공화국'이라는 국가성격을 확실히 하고 있으며, 일절의 '반동적 음모'와 투쟁한다 하여 계급적 성격이 담겨있다. 또 평화안전을 보장하는 소련과 기타 민주주의 국가의 청년들과 우의적 친선에 노력한다 하여 여타 자본주의국가에 대한 우호감이 약화되었다. 동시에 〈표 3-7-1〉의 '소년남녀의 과중한 노동을 반대하여 투쟁

---

65) 이종석, 「김일성사회주의청년동맹연구」, 『북한의 근로단체연구』, 세종연구소, 1998, 29쪽.
66) 『정로』 1946년 1월 24일, (1), 「조선민주청년동맹 북조선위원회결성」.
67) 위의 신문, 같은 곳.
상무위원들의 이력을 확인하기는 어렵다(위원장 김옥진, 부위원장 박일순, 조직부장 리응하, 총무부장 리창협, 선전부장 김상규, 농민부장 허인흡, 노동부장 김익현, 소년부장 엄효숙, 여자부장 현금란, 학생부장 송군찬, 체육부장 리인원)(위의 신문, 1946년 1월 24일, (1), 「조선민주청년동맹 북조선위원회결성」).

〈표 3-7-1〉 조선민주청년동맹강령

1. 본동맹은 민주주의적 이념과 경향을 가진 청년들이 대동단결하야 강력한 민주주의적 독립국가건설에 총역량을 집중함
2. 정치경제문화에 있어서 일본제국주의와 잔재요소를 근본적으로 숙청함
3. 평화와 안전을 보장하는 미소영중 기타 민주주의제국가 청년들과 우의적 친선에 노력함
4. 민족문화를 부흥시키며 청년남녀급 아동의 과학적 지식을 배양하고 문맹퇴치사업에 노력함
5. 정치경제문화생활에 있어서 절대적으로 남녀평등을 주장하며 조혼매혼제도의 철폐에 적극노력함
6. 청년대중의 보건을 위하여 싸우며 소년남녀의 과중한 노동을 반대하여 투쟁함
7. 청년의 언론출판집회결사신앙의 자유와 평등한 선거권 피선거권을 위하야 투쟁함
8. 본동맹은 조선의 경제건설을 위하야 모든 산업교통운수기관의 부흥과 농촌경제의 급속한 발전에 적극 노력함

〈표 3-7-2〉 조선민주청년동맹강령

1. 조선민주청년동맹은 계급, 지위, 당파, 종교의 여하를 막론하고 대동단결하야 민주주의인민공화국건설에 총역량을 집중함
1. 우리는 일본제국주의의 침략적 잔재와 친일적 반동분자의 철저숙청을 기함
1. 민족단결을 방해하고 분리작용을 꾀하는 일절의 반동적 음모와 투쟁함
1. 정치 경제 문화 기타 제부문에 있어서 일본제국주의적 요소를 일소하고 민족문화의 부흥과 정치 경제의 건전한 발전을 기함
1. 청년남녀급 아동의 과학지식의 배양과 문맹퇴치사업에 노력함
1. 국고부담에 위한 의무교육제 실시를 주장함
1. 청년대중의 보건을 위하야 싸우며 조혼, 매혼제도의 철폐에 노력함
1. 청년에 대한 不當한 일절차별대우에 반대함
1. 청년남녀는 온갖 국가기관에 있어서 평등한 선거권 급 피선거권획득을 위하여 투쟁함
1. 언론, 출판, 집회, 결사, 신앙의 자유
1. 우리는 조선인민공화국경제건설에 적극 참가하며 인민생활의 급속한 안정을 위하야 실제사업에 헌신 노력함
1. 평화안전을 보장하는 소련 급 기타 민주주의 국가의 청년들과 우의적 친선에 노력함

출처 : 「조선민주청년동맹강령」, 국사편찬위원회 소장 미간행 미군노획문서(복사본).

함'을 삭제하고 청년들의 적극적인 경제건설에의 참가와 헌신 노력을 요구하였는데, 이것은 민청의 자율성과 청년의 이익보다 국가의 요구가 앞섬을 보여준다.

〈표 3-7-1〉시기의 민청이 조공분국과 거리를 가지고 있었던 것은 아닌데, 〈표 3-7-1〉의 표면적 강령과 실제 민청의 활동은 엄격한 해석이 필요하다. 초기 민청은 "모스크바 3상회의 결정 지지, 농촌 공장 기업소 학교 등에 자기의 세포조직을 견고히 할 것, 강철 같은 규율을 세울 것, 친일파 반동분자의 철저한 숙청 등"을 결정하였는데[68] 여러 면에서 조공분국의 조직원칙이나 노선과 유사하였다. 하지만 이 시점에 일부 도와 군에 민청조직이 완성되지 못하였고, 간부진영도 견고하지 못하였으며[69] 민청을 결성했음에도 적지 않은 청년들이 민청에 들어오지 않았다.[70] 특히 학생들의 일부는 조공분국의 정치노선으로부터 벗어나 비판적 행동을 취하는 단계에 있었다.[71]

공청이 민청으로 개편되었으나 공청의 행동성향에서 빨리 벗어나지 못하는 형편에 있었는데, 민주청년동맹 기관지 『청년』에는 "만국의 무산청년들은 단결하라!"는 구호가 조공분국의 노선을 이해하지 못하고 실리는 형편이었다.[72] 이런 현상은 80여 만의 각계 각층 청년을 결속시키는 방향으로 조직의 양적 확대를 추진했지만, 민청이 기존의 공청조직에 의하여 좌우되고 있었음을 보여 준다. 또 맹원심사사업(맹원증 수여사업 병행)을 진행하여 좀 '자유주의적'으로 행동하였다고 하여 반동분자로 규정하고 제명하는 일도 있었고, 일부는 타당의 간판을 떼러 다니는 일도 있었다.[73]

---

68) 위의 신문, 1946년 1월 25일, (1), 「북부조선민주주의청년단체대표자회의결정서」.
69) 위의 신문.
70) 「북조선민주청년동맹결성에 즈음하여 －북조선민주청년단체대표자회의에서 한 연설 1946년 1월 17일」, 『김일성저작집』 2, 19쪽.
71) 『정로』 1946년 2월 10일, (3), 「북조선교육국장 장종식씨와 일문일답」.
72) 「청년사업을 개선강화할 데 대하여 －북조선공산당 중앙조직위원회 상무집행위원회에서 한 결론 1946년 5월 13일」, 『김일성전집』 3, 396쪽.

이것은 북한사회 내에서 조공분국이 통일전선정책을 실시하고 있었으나, 사회 내의 분위기는 이미 조공분국 당원들이 장악하고 있었음을 보여 준다. 특히 평양시에서는 민청에 들어 온 학생들의 비율이 높지 않았고, 민청에 학생청년들을 가입시키는 사업이 잘되지 않았다.[74] 이 같은 현상은 조공분국 당원이 주도하는 민청에 학생들이 가입하기에는 계급기반의 이질성과 조직적인 마찰이 있었기 때문이다.

조공분국은 스스로 민청에 대한 당적 지도를 강화하고, 각급 당단체들이 능력 있는 당원들로 하여금 민청대열을 꾸리도록 함으로써 민청의 강화를 추진하였다.[75] 그리고 민청은 맹원확대에 진력하여 80만이 넘는 맹원을 모았지만, 이들에 대한 훈련과 교육은 제대로 하지 못하는 단계에 있었다.

(2) 직업동맹

해방 직후인 1946년 12월의 북한 호수는 1,530,999호이고 인구 총수는 9,296,772명이었다. 이들 중 중국인과 일본인을 뺀 9,257,317명의 조선인 총인구 중에서 1946년 6월 24일에 공포된 노동법령에 의한 노동금지 연령인 14세 이하를 제외하면 5,844,703명이 된다.[76] 이 중에서 교원, 사무원 등을 포함한 노동자 수는 391,206명이었다. 따라서 성인 중(15세 이상) 노동자의 비율은 6.69%에 불과했다.

해방 초기 북한의 정치경제적 상황에서 조공분국은 노동자의 적극적인 협력이 필요하였다. 이에 따라 조공분국은 각종 노동조합이 산업을 급속히 발전시킴으로써 생활향상을 위하여 적극 협조할 것을 요청하였고, 인민위원회가 관리하는 공장이나 직장에서 노동자의 적극적 협력을

---

73) 위의 글, 397쪽, 404쪽.
74) 위의 글, 402쪽.
75) 위의 글, 405쪽.
76) 한림대 아시아문화연구소, 앞의 책, 30쪽.

요구하였다.[77] 이를 위해 1945년 11월 전반에는 북부조선 각도 노동조합 통일지도기관 결성 준비가 진행되었고[78] 11월 30일에 조선노동조합전평 북조선총국이 결성되었다.[79] 그러나 조공분국은 1945년 12월 시점에서도 노동조합사업에 충분한 영향을 주지 못하고 있었고[80] 다른 사회단체에도 비슷한 상황이었다.

　초기의 노동조합과 조공분국의 이해가 완전히 일치한 것은 아니었다. 노동조합은 노동자들의 당면한 생활 문제의 해결을 주목하였고, 국가운영을 주도한 조공분국은 노동자의 파업과 태업은 악덕 자본가에 대항하는 수단이므로 북한에서는 적절하지 않다는 입장이었다. 나아가 조공분국은 악덕자본가와의 투쟁에 있어서도 투쟁방법은 건설적인 방향으로 이루어질 것을 요구하였다.[81] 『정로』에 소련의 직업동맹이 소개되는 것을[82] 통하여도 3차 확집위 이후 조공분국 지도부의 노동조합에 대한 인식과 변화방향을 이해할 수 있다.

　해방 직후 북한에서는 소련식의 노동자조직이 이루어지지는 않았지만, 국가기구를 조공분국이 주도하는 상황하에서 소련의 노동조합제도가 북한에 수용되게 되었다. 10차 당대회 후 소련의 노동조합은 경영관리권을 박탈당하고, 기업장 이하 기업관리부원을 국가임명제로 하는 유일관리제가 채택됨으로써 경영관리에 관한 의견제출권만 인정받게 되어 기능이 현저히 약화되었다. 특히 스탈린은 1933년에 노동성을 폐지하고 이를 전소련노동조합중앙평의회와 합체하여 노동조합을 준국가기관화

---

77) 『정로』 1945년 11월 7일, (2), 「중앙의 지시를 위한 투쟁」.
78) 위의 신문, 1945년 11월 14일, (2).
79) 위의 신문, 1945년 12월 5일, (1).
80) 「북부조선당 공작의 착오와 결점에 대한 결정서 - 조공북조선분국 중앙 제3차 확대집행위원회에서 결정 1945년 12월 17일」, 『북한관계사료집』 1, 11쪽.
81) 『정로』 1945년 12월 26일, (1), 「사설」.
82) 위의 신문, 1946년 1월 16일, (1), 「소련의 직업동맹」.

했으며, 오직 위로부터의 명령에만 복종하는 기업장 단독에 의한 경영원리가 확립됨으로써 노동자 및 노동조합의 경영관리 참가는 완전히 폐지되었다.[83]

소련 공산당 지도자들은 노동조합에 대해 노동자와 노동자 정부 간에는 기본 충돌이 있을 수 없다고 보았고, 사회주의 국가에서 노동조합의 역할은 작업능률의 유지와 생산성 향상에 국한되어야 한다는 기본 인식을 가지고 있었다.[84] 북한에 주둔한 치스챠코프 사령관의 노동자 문제에 대한 인식 역시 크게 다르지 않았다. 한 함경도대표가 공장관리에 노동자도 관여하게 하라는 요청을 하자, 치스챠코프는 노동자의 기업관리참여에 대하여 부정적인 태도를 보이고 '노동자는 노동을 하는 것이 주임무'라는 의견을 보였다.[85] 치스챠코프의 반응은 단편적인 것이지만, 소련의 노동정책 방향에 기초한 것이었다는 점에서 이후의 북한 노동정책의 방향과 관련이 있었다.

1945년 12월 조공분국 3차 확집위에서의 보고에서 김일성이 '노동조합' 명칭대신에 '직업동맹'을 사용한[86] 반면, 3차 확집위 결정서에는 노동조합으로 수정되어 정리되었다.[87] 이것은 이때에 노동조합의 직업동맹화에 대한 합의가 이루어지지 못했음을 보여준다. 조공분국이 노동조합을 확실하게 장악하지도 못했고, 국내에서 활동하던 조공분국 당원들이 노동조합의 성격변화를 받아들이지 않은 것이다.

---

83) 배손근, 「소련의 노동조합에 관한 연구」, 『노동문제논집』 8집, 고려대 노동문제연구소, 1986, 200~201쪽.
84) 레오날드 샤피로, 앞의 책, 198쪽.
85) 오영진, 『하나의 증언』, 135쪽.
86) 김일성, 「북부조선당 공작의 착오와 결점에 대하야」, 『북한관계사료집』 1, 1945, 6쪽. 서동만은 김일성의 「직업동맹」 명칭 사용을 의식적인 것으로 보고 있다 (서동만, 앞의 논문, 52쪽).
87) 조공북조선분국, 「북부조선당 공작의 착오와 결점에 대한 결정서」, 『북한관계사료집 1』 11쪽.

이러한 인식하에서 조공분국과 전평북조선 총국 간에 갈등이 노출되었다. 전평 북조선 총국의 규약이 조공분국과 연락없이 '옳지 못하게 개면한 것'을 계기로, 총국 집행위원장 현창현의 철직(후임 최경덕), 총국 상무위원회의 개선(改選), 산업별 책임진영 개조가 조공분국 상무위원회에 의하여 결정되었다.[88] 이 과정에서 노동조합이 직업동맹으로, 전평북조선 총국이 북조선 직업동맹으로 각각 개칭되었다.[89]

1946년 4월 5일에 북조선인민교원직업동맹이, 5월 20일에는 평안남도 사무원직업동맹이 결성되었다.[90] 5월 25일에는 북조선노동총동맹이 50만 명을 망라한 북조선직업동맹으로 개편되었다. 1946년 12월에 북한 노동자 중 1.3%를 제외한 38만 6천여 명이 직업동맹에 가맹하여 거의 완벽하게 노동자들이 맹원으로 흡수되었다.[91]

북조선 직업총동맹위원장은 조공분국 황해도 당책임비서로 북로당 중앙위원이었던 최경덕이었으며, 북임인위 노동부장인 오기섭도 북로당 중앙위원이었다는 점에서 북로당의 직업동맹에 대한 장악의지를 확실히

---

88) 「강원도당 제108호 －로동운동 지도에 관한 건 1946년 5월」, 『북한관계사료집』 15, 17~18쪽.
  소련에서도 1939년 제18차 당대회에서 보고된 바에 의하면, 1934년 이후 공장의 노조위원회 구성이 70~80%가 바뀌었고, 노조중앙위원회의 구성은 96% 정도가 바뀌었다(레오날드 샤피로, 앞의 책, 434쪽).
89) 「강원도당 제108호 －로동운동 지도에 관한 건 1946년 5월」, 『북한관계사료집』 15, 18쪽.
90) 『해방 후 4년간 국내외중요일지』, 43쪽, 52쪽. 서동만, 앞의 논문, 157쪽에서 재인용.
91) 북조선인민위원회기획국편찬, 「1946년도 북조선인민경제통계집」, 『북한경제통계자료집』, 한림대학교 아시아문화연구소, 1947, 68쪽.
  1946년 12월 말에 391,206명의 노동자 중에서 약 1.3%에 불과한 5,100명을 제외되고 북조선 직업동맹이 조직되었다. 산별(産別) 미조직원수의 비율이 높은 순서는 일반(4.75%), 어업(4.34%), 함철국(咸鐵局)(3.02%), 평철국(2.98%), 목재(2.84%), 교원(1.96%) 순이다(같은 곳). 일반은 정확한 산업구성을 알 수 없다. 미조직원수의 비율이 차이가 있는 것은 현재의 자료로는 뚜렷한 원인을 찾기는 힘들고, 큰 의미가 있어 보이지는 않는다.

읽을 수 있다.

1946년 6월 24일에 공포된 노동법령은 북조선직업총동맹의 행동강령을 수용하는 내용으로 이루어져 있음을 주목할 필요가 있다.

〈표 3-8〉 직업(총)동맹의 업무와 역할

1. 해로운 조건을 가진 생산부문과 지하노동에 대한 직업종목을 산업국과 직업총동맹에서 규정하여 북조선임시인민위원회의 비준을 얻는다(노동시간을 7시간으로 축소하는 직업선정).
2. 해로운 조건을 가진 소년노동에 대한 노동종목을 산업국과 직업동맹에서 규정하여 인민위원회의 비준을 얻는다.
3. 기업소와 사무소에서의 시간외 노동은 특별한 경우에 한하여 허용하되 직업동맹단체의 승인을 얻어야 한다.
4. 도급제로 노동임금을 규정하는 경우 규격품의 표준생산량을 기업주와 직업동맹체에서 협의하여 결정한다.
5. 보충적 휴가를 주어야 할 생산과 직업의 종목은 직업동맹에서 규정하여 북조선임시인민위원회의 승인을 얻어야 한다.
6. 산업국은 직업총동맹과 함께 노동자 사무원들의 사회보험에 대한 규정을 작성하되 거기에는 규정된 사회보험료를 받는 데 대한 문제 또는 보조금, 연휼금 및 의료상 방조의 규정과 한도에 대한 문제를 미리 제정할 것이다.
7. 산업국은 직업총동맹과 함께 생산 각 부문에 있어서 작업상 위험에 대한 안전시설과 노동보호에 대한 것을 감독하며 검열할 방책을 강구하고 실현할 것이다.
8. 노동자들의 임금비율표·표준임금액의 작성과 국가기업소·운수기관 기타 모든 산업기관의 기사·기술자·사무원들과 모든 행정기관의 사무원들의 직위상 봉급정액표의 작성을 직업총동맹·재정국·산업국 또는 교통국에 위임한다.
9. 고용주와 고용자사이에 발생하는 노동쟁의문제는 고용주와 직업동맹사이에서 해결한다. 고용주와 직업동맹 사이에 의견이 일치되지 못할 경우에는 인민재판소에서 그 노동분쟁에 대한 종결적 해결을 짓는다.
10. 기업소지배인·개인기업주 및 각 기관의 지도자들은 무단히 결근하거나 노동규율을 위반하는 자들에 대하여 언제든지 그 지방 직업동맹대표와 협의하여 해고시킬 권리를 가진다.
11. 직업총동맹의 참가하에서 특별위원회를 조직하여 노동자사무원들의 보험에 관한 문제와 실업자·연로한 노동자·사무원들에게 주는 연휼금규정에 대한 문제를 연구, 작성할 것이다.

출처 : 북조선임시인민위원회, 1946, 「제9차 북조선임시인민위원회의 북조선노동자 및 사무원에 대한 노동법령에 대한 결정서」, 『북한관계사료집 5』, 685~688쪽.

〈표 3-8〉에서 보면 직업(총)동맹의 역할의 핵심은 노동조건을 결정하는 데 있어서 국가기관과 협의하는 것이라고 할 수 있다. 중요산업을 국가가 장악한 상태에서 노동조건의 협의는 국가기관과의 협의를 통해서 이루어질 수밖에 없게 되었지만, 직업동맹이 노동조건에 대하여 국가기관의 협의 대상으로 위치 지워진 점은 강력한 조공분국과 국가기구의 하부조직으로 변화된 것이라고 할 수 있다.

(3) 농민동맹

일제하 혁명적 농민조합운동의 전개과정에서 농민 출신의 토박이 활동가들이 많이 배출되기 시작했는데, 이들이 해방공간에서 전개된 지역단위의 인민위원회와 농민조합운동을 주도하였다.[92] 해방 후 북한의 농민운동세력들과 농민들은 새로운 정세에 대응하여 조직화되기 시작하였는데, 농민의 의식을 측정할 수 있는 지표로 사용할 수 있는 것의 하나가 바로 농민조합에의 참여 여부이다. 각 도별로 농민조합 참여에 상당한 차이가 있었는데, 함경남·북도의 높은 조직상황이 주목된다.[93] 1946년 1월 31일에는 도·시·군 농민대표들이 참석한 가운데 전국농민연맹 북조선연맹이 결성되었는데, 결성 당시 북조선연맹은 70여 만 명의 농민을 흡수하였다.[94]

하지만 적지 않은 농민들이 농민조합사업에 무관심하고, 조합에 가입한 경우에도 조합사업에 피동적으로 참가하고 있었다.[95] 이런 상황에서 1946년 1월 31일에 전국농조총련 북조선연맹결성대회가 평양에서 개최

---

92) 지수걸, 『일제하 농민조합운동연구』, 역사비평사, 1993, 400쪽.
93) 민주주의민족전선, 『조선해방연보』, 1946, 167쪽.
94) 「북조선토지개혁의 역사적 의의와 그의 성과」, 27쪽.
95) 「북조선농민조합련맹결성대회 준비를 잘할 데 대하여 -북조선농민조합련맹 경성준비원원회 일군 및 각 도 농민조합대표협의회에서 한 연설 1946년 1월 6일」, 『김일성전집』 3, 17쪽.

되었고, 이후 토지개혁에서 중요한 역할을 하였다.

2월 15일의 조공분국 중앙 제4차 확대집행위원회는 최단기간 내에 토지의 수목(數目) 등을 조사하고, "농민대중의 의견과 요구에 의하야 토지문제를 정리하도록 노력할 것"96)을 결정하였다. 이것은 토지개혁의 구체적 내용을 농민의 요구에 응하는 방향으로 정리하라고 결정한 것을 의미하는데, 농민의 요구를 전달하는 통로가 북조선농민연맹이 되었다.

2월 18일에는 일제하에서 20년이나 옥살이를 한 북조선농민연맹위원장 강진건이 북임인위 위원장 김일성을 만나97) 농민연맹의 주도적 역할을 확인받은 것으로 보인다. 이어서 24일부터 3일간 북조선농민연맹 내 토지문제분과회가 열렸는데, 참석자는 북조선연맹위원 5명, 조공분국 1명, 함남 11명, 함북 11명, 평남 11명, 평북 9명, 황해 7명, 강원 9명, 지도자 2명, 방청자 수 명이었다.98) 토지문제분과회가 북조선농민연맹에 의하여 주도되었음을 알 수 있는데, 조공분국의 1인을 제외하면 대부분이 북조선농민연맹의 사람들로 보인다. 그러나 실제 이들의 대부분이 조공분국의 당원이었을 것99)이므로 이들을 구별하는 것이 큰 의미는 없다.

3월 1일에 3·1운동 27주년을 기념하는 전국적인 시위 운동을 계기로 북한지역에서 수많은 농민이 낫과 호미를 들고 "토지는 밭갈이 하는 농민에게"라는 구호를 외치며 전국적인 시위를 하였다.100) 북조선농민연맹은 이러한 준비과정을 거쳐서 3월 3일에 「북조선농민연맹대회 결정서」를 내놓았는데, 여기에는 북임인위와 북조선농민연맹 사이의 협의가 이미 마무리되어 있었다.

---

96) 「목전 당내정세와 당면과업에 관한 결정서」, 『북한관계사료집』 1권, 34쪽.
97) 『조선전사』, 연표 2, 과학·백과사전출판사, 112쪽.
98) 민주주의민족전선, 앞의 책, 173~174쪽.
99) 필자가 확인한 전농의 북한지역 관계자는 대부분이 이미 일제하에서 농민운동을 했거나 조선공산당과 연계되어 있었다(이주철, 「북한 토지개혁의 추진주체 : 소련주도설에 대한 비판」, 『한국사학보』, 1996 창간호, 206쪽 참조).
100) 『조선전사』, 연표 2, 113쪽.

원칙적으로 북임인위와 소련군사령부에 제출할 법령과 결정의 초안을 작성하는 것은 북임인위 각 국의 직무였는데,101) 실질적인 법안은 북조선농민연맹에서 13인의 성원으로 위원회를 선정하여 작성하기로 하였다. 이러한 결과를 가져올 수 있었던 이유는 북조선농민연맹이 일제하에서부터 투쟁을 해 왔던 공산주의자들과 농민운동주체에 의해 결성된 것이었기 때문이며, 토지개혁의 집행과정에서 볼 수 있듯이 북조선농민연맹의 적극적인 활동이 토지개혁의 완수에 필요 요건이었기 때문이다. 「북조선농민연맹대회 결정서」는 이후의 토지개혁법령 원칙과 거의 같은 것인데, 이것은 토지개혁법령의 작성에서 북조선농민연맹이 중요 역할을 하였음을 보여준다. 토지개혁법령의 작업은 실질적으로는 조공분국의 '토지개혁법령 작성위원회'의 협조 아래 북조선농민연맹의 '위원회'102)에서 만들어졌다.

　농민동맹의 개편은 토지개혁 후 이루어졌다. 1946년 4월 12일 북조선농민위원회총연맹은 제1차 확대집행위원회를 열고 불순한 간부의 숙청과 빈농 출신 간부의 선발, 노동자계급과의 동맹 강화, 생산돌격대 조직 등을 결정하였다.103) 농민동맹의 개편은 조공분국의 노선이 관철되었다는 점에서 조공분국의 실질적인 주도로 이루어졌음을 알 수 있다.

2) 북조선로동당의 사회단체 지배

　조공분국과 신민당의 합당이 인민위원회의 통일적인 장악에 필수적이었듯이, 사회단체의 장악에도 필수적이었다. 따라서 북로당은 모든 과업의 달성을 위하여 당을 확대·강화하며 각계각층의 군중을 조직하여 당 주위에 결속시키기 위하여 사회단체 사업을 강력히 추진하였다.

---

101)「북조선임시인민위원회 구성에 관한 규정」,『북한관계사료집』5권, 149쪽.
102) 중앙일보사 특별취재반,『조선민주주의인민공화국』하권, 1993, 52쪽.
103)『정로』1946년 4월 27일, (6),「농위결정서」.

사회단체의 초급단체는 상급동맹의 결정, 지시를 직접 집행하는 단위인데, 여기에서 동맹원들 간에 주로 문제가 발생하였다. 북로당 창립 초기는 사회단체들이 중앙조직만 강화되고 초급단체조직은 테두리만 있는 형편이었고, 초급단체 활동을 하는 동맹원 중의 열성분자는 얼마되지 않는 북로당원뿐이었다. 따라서 각급 당단체들이 사회단체들에 대한 지도를 잘 못하고 있었고[104] 사회단체를 낭비적으로 동원하는 상황이었다.

(1) 민주청년동맹

북로당 창립 당시 민청의 간부진영을 보면, 면 이상 간부 중 85%가 북로당 당원이었고[105] 민청원으로서 각급 인민위원회 위원으로 선거된 수는 18,800명이 넘고 전체 인민위원 수의 43%를 차지하였다.[106] 이처럼 민청은 당원과 정권기관 인재를 길러내는 가장 중요한 원천이었는데, 북로당원이 간부의 85%를 장악하고 있는 것을 통해서도 북로당이 민청조직을 실질적으로 주도했음을 알 수 있다.[107] 민청조직은 북로당원뿐만

---

104) 「사회단체들에 대한 지도를 강화할 데 대하여 -북조선로동당 중앙위원회 제10차 회의에서 한 결론 1947년 10월 13일」, 『김일성저작집』 3, 482쪽.
105) 「북조선로동당창립대회 회의록」, 『북한관계사료집』 1, 141쪽.
106) 「앞날의 조선은 청년들의 것이다 -세계 청년축전에 참가할 대표단 환송체육대회에서 한 연설 1947년 6월 23일」, 『김일성저작집』 3, 336쪽.
107) 〈표〉 시군위원 구성표(예정) (단위 %)

	당별			성분		
	로동당	우당	무	노동	농민	기타
함북도	40	15	45	30	45	25
함남도	40	15	45			
평북도	40	15	45			
평남도	40	15	45			
황해도	40	15	45			
강원도	40	15	45			

출처: 「동맹 각급 지도기관 사업결산과 선거진행에 관한 제반 문건(극비)」, 국사편찬위원회 소장 미간행 미군노획문서(복사본)(민청추정).

아니라 청우당과 민주당원도 많이 포함된 정치적으로 비교적 복잡한 조직이었음에도[108] 민청 내 북로당 당원들이 타당 단체와 당원에 대하여 비법적 폭행을 가한 일이 있었던 것은[109] 북로당 당원들이 가진 위세를 보여준다.

하지만 북로당이 민청기관의 비교적 정치수준이 높은 당원들을 당기관 및 인민정권기관으로 빈번히 이동시킴으로 인하여 민청의 간부수준이 낮아지고,[110] 민청원으로서 입당한 후에는 민청회의와 민청학습회에 참가하기를 싫어하는 경향들도 있어서[111] 북로당의 장악력이 충분하게 발휘되지 못한 측면도 있었다.

1946년 말의 민청실태를 함흥시를 통해 살펴보면, 함흥시 민청은 창립 당시 맹원 2,000명이 1946년 10월 말 4,064명으로 성장하였고, 전 학생청년의 85%를 민청대열에 흡수하였다.[112] 민청은 국가사회의 정치적·경제적 중요 사업에서 주축으로 활동을 하였는데, 함흥시 민청은 선거사업 때 반간첩 투쟁, 추수돌격, 도로수리, 농업현물세 징수협력사업 등의 활동을 하였다.[113] 그러나 민청 상부기관의 지시가 초급단체까지 전달되지 못하였고, 자기가 어느 초급단체에 소속하는지도 모르는 민청원이 적지

위 〈표〉는 민청의 각급 지도기관 선거계획을 보여준다. 시와 군의 위원들 각각 정당별, 성분별로 구분하여 계획하고 있었음을 보여주며, 위원의 40%를 북로당원이 장악하게끔 한 것을 알 수 있다. 북로당이 전체의 과반수가 되지 못하였지만, 북로당의 인구비율을 감안한다면 북로당원이 차지하는 비율의 크기를 이해할 수 있다.

108) 「청년사업 강화에 관하여 -북조선로동당 중앙상무위원회 제22차 회의 결정서 1947년 2월 7일」, 『결정집』, 132쪽.
109) 위의 글, 133쪽, 135쪽.
110) 위의 글, 135쪽.
111) 위의 글, 135쪽.
112) 「함흥시 당단체의 청년사업 지도에 대하여 -북조선로동당 중앙상무위원회 제12차회의 결정서 1946년 11월 19일」, 『결정집』, 54~55쪽.
113) 위의 글, 55쪽.

않은 실태[114]였음을 감안하면, 민청상부 즉 북로당 당원들의 활동이 하부 민청원들을 수동적으로 동원하는 실태에 있었음을 알 수 있다.

때로는 보다 적극적으로 민청에 대립한 경우도 있어서 일부 학생청년 가운데는 '기독교청년회' 간판 아래 그룹을 조직하고 인민정권기관에 반대하는 경우도 있었다.[115] 또 적극적인 반대의 경우와는 달리 맹비 외의 많은 부담금을 이유로 탈맹을 요구하는 청년들도 있었다.[116] 북로당은 이상과 같은 민청의 문제 해결을 위하여 민청간부의 이동 시에는 상급당의 승인과 비준을 얻도록 하였고[117] 학교 내에서는 민청과 학생자치회 외에 청년들이 다른 조직을 가질 수 없도록 하여 기독교청년회 등 '반동적 조직'을 시급히 해산시키도록 하였다.[118]

민청사업을 하는 간부학생은 민청사업의 분주함을 이유로 수업에 들어오지 않는 경우도[119] 있을 만큼 학교 내에서의 민청사업은 중요한 것이었다. 민청은 이후 학교 내 교양자치사업을 완전히 담당하도록 되었고, 대학·전문·중등학교 입학전형시에 다른 정당·사회단체와는 달리 존중받는 추천단체가 되었다.[120] 특히 1947년 9월부터는 각 대학·전문학교

---

114) 위의 글, 55쪽.
115) 위의 글, 55쪽.
116) 「청년사업 강화에 관하여 －북조선로동당 중앙상무위원회 제22차 회의 결정서 1947년 2월 7일」, 『결정집』, 134쪽.
117) 위의 글, 136쪽.
118) 위의 글, 137쪽.
학생 자치회가 민청과 대립하는 경우가 생겨 학교 내의 교양자치사업을 민청과 소년단에서 완전히 담당하도록 하였다(「학교 내 민청사업 강화에 대하여 －북조선로동당 중앙상무위원회 제37차 회의 결정서 1947년 6월 11일」, 『결정집』, 239～240쪽).
119) 「북조선로동당 평남도 평양시 중구역 평양여자고급중학교세포 제2차 정기세포회의」, 『북한관계사료집』 26, 122쪽.
120) 「학교 내 민청사업 강화에 대하여 －북조선로동당 중앙상무위원회 제37차 회의 결정서 1947년 6월 11일」, 『결정집』, 241～242쪽.
현재의 김일성사회주의청년동맹도 대학에서 특수한 일부학과를 제외하고는

학생 전체의 절반을 국비로 공부하도록 하였는데, 대학·전문·중등학교 입학생 전형에서 '불순분자'를 배제하고 근로 성분을 중심으로 민청단체의 추천을 존중하도록 한 것[121]도 민청의 위상에 중요한 의미가 있다.

민청이 가진 문제점에도 불구하고 북로당은 당원의 50%를 민청원이 차지하는 실정에 있었으며[122] 농민자위대를 해산하고 그 역할을 민청맹원들이 대신하도록 하였다. 북로당은 특히 군대에 대한 관심이 컸는데, 군대 내 중대 및 독립소대에도 민청 초급단체를 조직하고 연대에까지 민청조직을 두도록 하였으며, 연대 민청위원회는 시·군 위원회와 동급의 권리를 가진 위원회로 인증하여 군대 내 민청 사업을 적극적으로 추진하였다.[123] 이처럼 연대 민청위원회를 시·군 위원회와 동급의 권리를 가진 위원회로 인정한 것을 통해서도 북로당 중앙의 군대에 대한 직접적 장악 의도를 알 수 있다.

조직의 확대와 인공수립을 바탕으로 민청은 1948년 11월 11일 제3차 대회에서 강령을 〈표 3-9〉와 같이 수정하였다. 수정된 강령의 전문에서 "북조선민주청년동맹은 도시와 농촌의 광범한 선봉적 민주청년을 자기 대열에 단결시킨다" 하여 동맹사업에 열성적으로 복무할 수 있는 근로청년을 핵심으로 단결할 것을 요구하였다.[124] 수정된 강령 제1조에서는 "청년들에게 미치는 반동적, 반인민적 사상의 부패한 영향을 반대하여 투쟁하며 근로자들의 선진적이며 과학적인 진보적 민주주의 사상으로 청년들을 교양한다" 하여 대중단체인 민청 맹원이 맑스-레닌주의로 사

약 3년간 군대나 공장, 농촌에서 근무하던 청년동맹원들 중 '우수하다'고 판단되는 사람을 대학에 추천하는 권리를 가지고 있다(이종석, 앞의 글, 56쪽).
121) 위의 글, 241~242쪽.
122) 「유일당증 수여사업 완필에 관하여 -북조선로동당 중앙상무위원회 제24차 회의 결정서 1947년 2월 22일」, 『결정집』, 139쪽.
123) 「군대 내 민청조직에 관하여 -북조선로동당 중앙상무위원회 제9차 회의 결정서 1946년 10월 21일」, 『결정집』, 41쪽.
124) 북조선민청중앙위원회, 『동맹강령 및 규약해설』, 1949년 6월, 4쪽.

상을 통일할 것125)을 요구하였다.

⟨표 3-9⟩ 민청 강령(1948년 11월 제3차 대회 수정)

제1조. 본동맹은 맹원과 전체 청년들에게 정치적인 자각과 전면적인 문화수준을 제고 향상시키기 위하여 견결히 투쟁하며 그들의 조국민주건설에 대한 무한한 충성심과 자기인민에 대한 애호사상을 배양한다. 본동맹은 우리조국의 민족적 재생을 저해하는 반동적 일제 및 봉건적 사상잔재를 청년들의 의식에서 근절시키기 위하여 완강히 투쟁한다. 본동맹은 청년들에게 미치는 반동적 반인민적 제국주의 사상의 부패한 영향을 반대하여 투쟁하며 근로자들의 선진적이며 과학적인 진보적 민주주의 사상으로 청년들을 교양한다.
제2조. 본동맹은 조선민주주의인민공화국 중앙정부와 그 정강주위에 전체 민주청년을 결속시키며 청년들의 투지를 민주개혁의 전조선적 공고 확대와 부강한 통일적 민주주의독립국가인 조선민주주의인민공화국을 위한 투쟁으로 인도한다.
제6조. 본동맹은 청년들에게 우리조국의 복리와 번영을 위한 로력에 대한 애착심을 배양한다. 본동맹은 청년들을 생산증산경쟁에 적극 망라시키며 인민경제의 각 분야에서 생산능률의 정상적 제고를 조성하며 선진기술과 작업의 선진방법을 획득하는 데 청년들을 방조한다.
제9조. 조선인민적 민주주의공화국의 옹호는 애국자들의 신성한 의무로 된다. 본동맹은 인민군대의 복무를 고상한 영예와 명예의 임무로 인정하면서 인민군대를 열렬히 사랑하는 정신으로 교양한다.

출처 : 북조선민청중앙위원회, 『동맹강령 및 규약해설』, 1949년 6월, 7,9,12,21,22,28쪽.

이 시점에서 민청이 공식적으로 북로당을 옹호하는 조직으로 변화됨을 알 수 있는데, 민청의 조직원칙을 보면 북로당과 민청조직의 유사성을 알 수 있다.

⟨표 3-10⟩ 제4조에는 선거받은 지도기관들이 자기사업을 상급에 일상적으로 정확히 보고함으로써 자기 단체의 결점을 제때에 상급으로부터 시정받도록 하였는데, 이것은 상급기관의 하급기관에 대한 장악을 의도한 '민주주의적 중앙집권적 원칙'이 적용되었음을 알 수 있다. 동시에 상

---

125) 위의 책, 9~10쪽.

〈표 3-10〉 민청 규약(1948년 11월 제3차 대회 수정)

제4조. 1. 동맹각급지도기관은 중앙으로부터 초급단체에 이르기까지 선거하며 선거받은 지도기관은 동맹단체 앞에 자기사업에 대하여 일상적으로 보고한다.
2. 소수는 다수에게 의무적으로 복종하며 하급단체와 맹원들은 상급의 결정을 의무적으로 실행한다.
제5조. 본동맹에 가맹하려는 자는 맹원 2명의 보증을 얻은 후 가맹원서를 초급단체에 제출한다. 단 소년단원으로서 가맹하려는 때에는 맹원들의 보증이 없이 소년단위원회의 추천서를 첨부하여도 된다.
제6조. 가맹에 대한 결정은 초급단체 총회에서 통과한 후 시·군무위원회의 승인으로 확인된다.
제7조. ㄷ. 국가법령을 준수하며 국가 및 사회재산을 애호 절약하며 인민경제 건설사업에 열성적으로 참가하여야 한다.
ㅁ. 조선민주주의 인민공화국 국토를 보위하기 위하여 적극적으로 노력하여야 한다.
ㅂ. 동맹의 결정과 지시를 실행하며 동맹의 규약에 복종하여야 한다. 자기가 속하고 있는 초급단체회의에 반드시 참가하며 맹비를 규정한 시일 내에 납부하여야 한다.
제29조. …초급단체는 공장 광산 철도 운수기관 학교 인민군대 보안기관 경비대 사무기관 농촌 가두 등에 맹원 5명 이상 모여 있는 곳에는 전부 조직한다.

출처 : 북조선민청중앙위원회, 『동맹강령 및 규약해설』, 1949년 6월, 42쪽, 51쪽, 59쪽, 63쪽, 64쪽, 72쪽.

급에서 이루어진 결정에 대해 비판을 배제하였고, 오직 의무적으로 그 결정을 실행할 의무만이 있다고[126] 하였으며 가맹시의 보증인 조건, 초급단체의 조직 등에서는 북로당의 조직원칙과 유사성이 확인된다. 이것은 민청이 단순한 사회단체와는 차이가 있는 북로당 다음의 제2당이라는 성격규정이 가능하다. 즉 북로당이 생각하는 이 시기 혁명주체는 단순한 노동계급이 아니라 근로청년들에 의존하는 '청년노동자혁명'을 지향한 것으로 볼 수 있다. 그리고 이런 북로당의 정책이 "민청단체 중에 당노선 외에 딴 민청노선이 있는 것 같이 생각하며 민청을 「청년정당」

---

126) 위의 책, 43~45쪽.

시하는 청년 선봉주의적 경향이 있게"127) 하였다.

　북로당이 민청을 중시하게 된 이유의 하나는 민청이 가진 사회적 역할을 통해서도 볼 수 있다. 강원도 철원군 마장면의 민청원들은 농업현물세 징수와 관련하여 현물세 징수사업에서 일절 운반사업의 담당과 창고 경비를 담당하였다.128) 이처럼 민청은 행정적 필요에 대한 핵심적 지원 인력으로서의 역할을 수행한 점에서 북로당에는 더 없이 중요한 조직이었던 것이다. 또 민청은 반간첩투쟁을 위하여 소수 정수분자로 민청망을 조직하기도 하였다. 학교·가두·농촌·광산·공장·중요 직장·철도기관·기타 초급단체 단위로 민청망을 조직하도록 하였고, 민청망에 관한 서류 2부 중 1부는 해당급 보안서에 보관하도록 하여 보안서와 연계 시켰다.129)

　이렇게 중요한 역할을 수행하는 민청 간부를 양성하기 위한 각종 조치도 취해졌다. 강원도당의 경우 각급 당단체들이 민청을 지도 및 방조하였으며, 1946년 11월에 도민청학원을 개강하여 군 민청부장 및 면 위원장급 현지간부 196명을 양성하였다. 또 각 시·군 민청에서도 초급단체 책임자 및 면 민청 지도일꾼을 위한 군 민청학원을 통하여 많은 간부를 양성함으로써130) 민청에 대한 북로당의 지도력을 확보하였다.

　1948년 초에 민청은 북조선 전체 청년의 73.8%를 결속시켰고, 공장·광산·학교·농촌 등의 말단 초급단체가 24,212개 조직되었으며, 간부교양을 위하여 도·시·군 각급 민청의 단기강습회를 비롯하여 3만 5천 개

---

127) 「청년사업 강화에 관하여 -북조선로동당 중앙상무위원회 제22차 회의 결정서 1947년 2월 7일」, 『결정집』, 133쪽.
128) 『강원로동신문』 1947년 9월 23일, (3), 「철원군 마장민청원 군내에 호소」.
129) 북조선민주청년동맹중앙위원회, 「제14차 중앙상무위원회 결정서 제7호-1947년 1월 11일」, 국사편찬위원회 소장 미간행 미군노획문서(복사본).
　각 면내 중요간부로서 책임자 1명과 필요에 따라 부책임자 1명을 두게 하였다.
130) 위의 신문, 1947년 9월 25일, (2), 「창립 이후 1년간 강원도당 청년사업에 대하여」.

의 학습반을 조직하였다.131) 1948년 초에 말단 초급단체를 이처럼 강화한 것은 북로당의 조직역량이 사회 말단에까지 뿌리내리고 있었음을 의미한다. 이로써 북로당의 영향력은 크게 강화되어 1948년 12월에는 연령해당자의 80.5%를 조직하였다.132)

그러나 각 도별로는 불균형이 있었다.133) 1948년 12월 말 연령해당자에 대한 조직 장성 비율은 함북도 95.7%, 강원도 86.7%, 함남도 86.4%, 평북도 78.6%, 황해도 74.4%, 평남도 72%로 최고인 함북도와 최저인 평남도는 23.7%의 차이가 났다.134) 심지어 같은 도내의 시군에서도 차이가 있었는데, 평남도 안주군은 81.2%, 대동군은 64.8%였고, 황해도 신계군은 94%, 송림시는 56.3%, 평북도 영변군은 90.8%, 초산군은 45%, 강원도 평강군은 97.9%, 회양군은 74.1%, 함남도 홍원군은 94.9%, 풍산군은 76.5%였다.135) 도내의 차이에 대한 각각의 정확한 이유를 알 수는 없지만, 도별 차이는 해방 전부터 있었던 지역 내의 사회운동의 영향과 계급구성에 관련이 있었다.

남녀 간의 차이는 점차 줄어들어 민청맹원의 61%가 남자였고, 여성 연령 해당자의 맹원비율은 72%에 달하였다. 특히 여성 연령 해당자의 맹원비율은 북로당의 사회정책이 여성들을 얼마나 효과적으로 견인해 내고 있는가를 보여주는 중요한 척도라는 점에서 그 의미가 크다. 여성

---

131) 「북조선로동당 제2차 전당대회회의록」, 『북한관계사료집』 1, 408쪽.
132) 「동맹 조직 장성 및 맹적에 대하야 -북조선민청 중앙상무위원회 제8차 회의 결정서 1949년 2월 28일」, 『북한관계사료집』 25, 123쪽.
133) 1949년 초에도 황해도 민청 조직비율은 전체 청년의 72.6%에 불과하였고, 노동청년들을 광범히 동맹대열에 인입하지 못하였다(「황해도 민청단체들의 동맹 조직적 지도사업 정형에 대하야 -북조선민청 중앙상무위원회 제7차 회의 결정서 1949년 2월 1일」, 『북한관계사료집』 25, 106쪽).
134) 「동맹 조직 장성 및 맹적에 대하야 -북조선민청 중앙상무위원회 제8차 회의 결정서 1949년 2월 28일」, 『북한관계사료집』 25, 123쪽.
135) 위의 글, 123쪽.

맹원비율 72%는 26세 이하의 젊은 세대를 대상으로 한 사회적 견인이 성공적으로 이루어지고 있음을 보여준다. 이와 같은 결과는 북한사회 내의 기존의 가치관, 질서가 급한 변동을 보이고 있었음을 의미한다.

이러한 변동을 읽을 수 있는 또 하나의 중요한 요소는 종교를 가진 청년들의 문제인데, 민청은 기독교 청년의 65%, 천도교 청년의 80%, 기타 종교 청년 67%를 조직해 내는 상황이었다.[136] 이 비율은 노동청년 87.8%, 농민청년 8□.□%(정확한 숫자 확인 안됨)와 비교하면 다소 낮은 듯이 보이지만, 대체적으로 새로운 질서가 북한사회 내에 정착되어 가고 있었음을 보여준다.[137]

하지만 부정적인 측면도 여전히 지속되었다. 1948년 11월 3차 대회 이후 민청지도부는 정치사상 교양사업을 강화하며, 민청독보망을 학습망으로 개편하고, 동맹전체가 유일학습제강을 가지고 매주 한 번씩 정기적으로 학습하도록 했다.[138] 그러나 1949년에도 자강도[139]와 평북도 내의 민청 학습회는 50%가 진행되지 않았고, 평남 강서군 대보면 초급 단체 내 전체 학습회는 31개 중에서 30개가 전혀 진행되지 않았다.[140] 1949년 초 평양시 중구·남구 민청단체들에서는 20여 개의 초급단체에 학습회를 조직하지 않았고, 평양시 민청 동기 단기강습회에도 망라된 강습생의 불과 50%만이 참석하였다.[141] 심지어는 평양시 민청 부위원장과 조직부장

---

136) 위의 글, 124쪽.
137) 평양시는 기독교 청년 25%, 천도교 청년 47%, 평북도 신의주시는 천도교 청년 62%, 벽동군은 기독교 청년 64%가 조직되지 못하였다(위의 글, 124쪽).
138) 이종석, 앞의 글, 32쪽.
139) 1949년 1월에 자강도가 신설되었다.
140) 「당원들의 사상정치 교양사업 강화와 당단체들의 과업 －로동당 중앙위원회에서 진술한 박헌영 동지의 보고 1949. 12. 17」, 『북한관계사료집』 1, 546쪽.
141) 「평양시 민청단체 내 간부 및 맹원 정치교양사업 진행정형에 대하야 －북조선민청 중앙상무위원회 제7차 회의 결정서 1949년 2월 1일」, 『북한관계사료집』 25, 112~113쪽.

을 위시한 다수 간부들이 지난 2개월간 전혀 자체 학습을 하지 않았다.[142]

이상의 실정을 이즈음의 당단체 교양사업의 결점들과 비교한다면 사회단체의 특성상 크게 낙후한 것은 아니다. 하지만 분명한 것은 이 시기의 민청 조직이 자발적이기보다는 조직의 동원능력에 따라 좌우되는 상태에 있었음을 확인할 수 있다. 또한 평양시 민청단체에 나타난 결점들은 평북, 황해도 단체들에서도 공통적으로 나타난 결점[143]이었다는 점에서 일반적인 현상이었음을 이해할 수 있다. 북한 전체적으로 볼 때, 북로당이 청년층의 밑으로부터 자발적인 참여를 이끌어내는 데는 많은 어려움이 있었음을 알 수 있다.

〈표 3-11〉 민청 내 면위원장 이상 여성간부의 도별 인원(1948년 10월 25일 현재)

	함북	함남	평북	평남	강원	황해	합
인원	17	5	5	1	4	1	33

출처: 「동맹 내 여성간부 양성사업을 강화할 데 대하여 -1949년 1월 26일, 북조선민주청년동맹 중앙상무위원회 결정서」, 『북한관계사료집』 25, 98쪽.

부정적인 측면은 민청 내 여성간부의 양성에서도 볼 수 있다. 〈표 3-11〉에 의하면 1948년 10월 25일 현재 면위원장 이상 여성 간부는 북한 전도에서 33명으로 전체 간부의 1.6%에 불과하였으며, 기술적 사무에는 참여하였으나 동맹군중과 하급단체들을 지도하는 책임적 간부로는 등용되지 않았다.[144] 여성간부가 충분히 양성되지 못하고 활동하지 못한 것은 이 시기 여성들이 전통사회의 관습으로부터 벗어나지 못하고 있었음과 북로당이 주도하는 민청이 밑으로부터의 자발적인 지지를 끌어내는 데 충분치 못했음을 보여준다.

---

142) 위의 글, 113쪽.
143) 위의 글, 114쪽.
144) 「동맹 내 여성간부 양성사업을 강화할 데 대하여 -1949년 1월 26일, 북조선민주청년동맹 중앙상무위원회 결정서」, 『북한관계사료집』 25, 98~99쪽.

민청은 북로당이 가장 소중히 여긴 사회단체였고, 민청간부들은 볼셰비키 당사와 레닌, 스탈린 약전을 의무적으로 연구하도록 하였다는[145] 점에서 북로당과 민청의 사상적인 일치를 볼 수 있다. 특히 민청원인 직맹원의 경우 민청 학습회에 참가하게 함으로써 청년들의 독자성과 창의성을 높이도록 한 점을[146] 주목할 필요가 있는데, 북로당은 직맹보다도 민청에 더 중요한 사회적 의미를 부여하고 있었다는 해석이 가능하다.

▶ 사례 : 인제군 민청 실태

민청은 각 계층과 각 정당의 청년을 포함한 조직인데, 1947년 인제군 민청은 농민청년이 전체 청년의 94%를 차지하였고 청년사업이 활발하지 못하였다.[147] 1947년 3월에도 민청맹원들은 맹원의 임무도 모르고 강령규약이 몇 조목인지도 모르는 형편이었다.[148] 1947년 말까지도 가두 청년, 여성 청년, 사무원 청년들 중에는 비맹원들이 있었으며[149] 인제군 민청은 조직 안에 있는 비당원 청년, 타당 청년들을 강력하게 지도하지 못했다.[150] 또 일부 청년 당원들조차도 민청생활을 싫어하고 27세만 되

---

145) 「동맹 제3차 대회 이후 정치문화교양사업 진행정형과 금후 과업에 대하여 – 북조선민주청년동맹 중앙위원회 제3차 회의 결정서 1949년 2월 15일」, 『북한관계사료집』 25, 179쪽.
146) 「평양시 민청단체 내 간부 및 맹원 정치교양사업 진행정형에 대하야 –북조선민청 중앙상무위원회 제7차 회의 결정서 1949년 2월 1일」, 『북한관계사료집』 25, 116쪽.
147) 인제군 당부, 「인제군 당단체 청년사업에 대한 1947년도 일년간의 사업총결」, 『북한관계사료집』 15, 625쪽.
148) 「남면당 제8차 세포위원장 회의 결정서(기2) 1947년 3월 24일」, 『북한관계사료집』 15, 516쪽.
149) 「1947년 12월 22일 남면당 청년당원 열성자회의 결정서 –청년통일전선 강화에 대하야」, 『북한관계사료집』 18, 41쪽.
150) 「인제군 남면 청년당원 열성자대회 –1947년 12월 22일」, 『북한관계사료집』 18, 35쪽.

면 필맹을 요구하기도 했고, 여성 청년들은 '봉건적' 사상으로 민청사업에 참가하기를 싫어하였으며 1개월에 2회씩 실시하는 초급단체 총회는 결원으로 회의를 하지 못하는 일이 허다했다. 심지어는 청년 당원이 책임을 회피하고, 월남하는 경우도 있었다.[151]

1948년에 군민청 위원장은 157개의 독보회가 290개로 증가하였으며 출석률도 40% 이내에서 70%로 증가하였다고 보고하였지만, 보고한 통계가 허위적이라는 비판을 받았다. 또 민청맹원들이 400명씩 월남하였고, 필맹을 희망하는 맹원이 있었다.[152] 1949년 말에도 초급단체에서는 많은 맹원들이 토론에 참가하지 않았고, 초급단체 위원장이 마음대로 결정을 채택하는 경우도 있었다.[153]

이상과 같이 민청의 실태는 많은 문제를 가지고 있었지만, 면인민위원 선거에서 27%, 리인민위원선거에서 34%가 청년들로 선출된 사실이[154] 민청이 인제군에서 가지는 중요성을 보여준다. 민청은 현물세의 운반, 경비와 같은 중요 업무에 협조하고 38자위대를 조직하여 활동하였고[155] 인제군 건설사업은 민청사업의 주임무로 90%가 민청맹원들의 역할이었다.[156] 또 한 가지 민청의 중요사업은 '소년단'과 같은 청소년의 조직화와 동원, 교양이었다.

---

151) 위의 글, 35~38쪽.
152) 「인제군당 상무위원회 회의록 제1호」, 『북한관계사료집』 2, 6쪽, 9쪽.
153) 「인제군당 상무위원회 회의록 제73호」, 『북한관계사료집』 3, 926쪽.
154) 인제군당부, 「인제군당단체 청년사업에 대한 1947년도 일년간의 사업총결」, 『북한관계사료집』 15, 625쪽.
민청원은 만 16세부터 26세까지 될 수 있었다(북조선민청중앙위원회, 『동맹강령 및 규약해설』, 1949년 6월 49쪽). 정확한 변경 시점은 알 수 없지만, 이후 만 14세부터 28세까지의 청년이 민청원이 될 수 있었고 만 28세를 초과한 민청원이 원할 때는 2년 연장이 가능하도록 변경되었다(민주청년사, 『조선민주청년동맹 규약해설』, 1957, 23쪽).
155) 인제군당부, 위의 글, 627~628쪽.
156) 「인제군당 상무위원회 회의록 제29호」, 『북한관계사료집』 2, 738쪽.

〈표 3-12〉 인제군 민청 맹원

	맹원 수	당별			성별	
		로동당	민주당	무소속	남	녀
1946년 말	7,182					
1947년 3월 (맹원재등록 사업)	7,135	29.8%	0.38%	69.82%	54.57%	45.43%
1947년 말	5,120	28.6%	0.25%	71.15%	54.2%	45.8%
1948년 6월	5,058					
1948년 9월	5,121					

출처 : 인제군당부, 「인제군당단체 청년사업에 대한 1947년도 일년간의 사업총결」, 『북한관계사료집』 15, 629쪽.
「인제군당 상무위원회 회의록 제29호」, 『북한관계사료집』 2, 740쪽.

〈표 3-12〉에서 보듯이 민청 맹원은 1946년 말에서 1947년 말까지 1년 사이에 약 28.7%가 감소하였고 동시에 북로당원의 비율도 감소하였는데, 주요 원인은 관문주의였다.[157] 반면에 1947년 4월에 간부 160명을 심사하여 17명의 '불순간부'를 숙청하고, 120명을 보충하여 초급단체를 재편성함으로써 조직은 강화되었다. 또한 1947년 말에는 38개의 초급단체를 105개소로 증가시켰고[158] 1948년에는 인제군 내 연령 해당자의 91%를 민청에 조직하였다.[159] 이로써 인제군 민청은 인제군당 당원의 36.6%를 가지고 있는 매우 비중 있는 사회단체가 되었다.[160]

군과 면 민청의 간부 결정과정을 보면, 민청 도간부 심사위원이 군 민청과 면 민청 간부를 심사하고 부위원장, 부장, 면 민청위원장들의 임면을 결정하였는데[161] 인제군당의 지시에 의해 당조가 결정된[162] 직후의

---

157) 「인제군당 상무위원회 회의록 제1호」, 『북한관계사료집』 2, 10쪽.
158) 인제군당부, 「인제군당단체 청년사업에 대한 1947년도 일년간의 사업총결」, 『북한관계사료집』 15, 629쪽.
159) 「인제군당 상무위원회 회의록 제16호」, 『북한관계사료집』 2, 362쪽.
160) 「인제군당 상무위원회 회의록 제13호」, 『북한관계사료집』 2, 296쪽.
161) 「인제군 민청 당조 제2차 회의록」, 『북한관계사료집』 4, 8~9쪽.

임면을 결정하는 과정에서 군 민청은 참고의견을 제시하고 결정에 대하여 형식적인 토론과 승인을 하였다. 이것은 북로당이 상급 민청을 통하여 하급민청을 실질적으로 장악하고 있음을 보여주며, 인제군당과 도 민청이 인제군 민청을 지휘했음을 알 수 있다. 또 1948년 초에 군 민청위원장이 인제군당의 결정에 의하여 교체된 것은163) 지방에서의 당과 사회단체의 관계가 체계화된 것을 보여준다.

뿐만 아니라 인제군에서는 1947년 8월에 처음으로 도당과 군당에서 사업검열지도원을 파견하여 민청의 하부를 지도검열 하였고, 검열을 통하여 각급 당단체들과 청년당원들이 민청사업을 영도하게끔 하였다.164) 그러나 인제군당 각급 당단체는 여전히 민청간부의 부족, 민청의 조직규율 이완 등의 어려움을 겪어야 했다.165)

이상의 사실에서 민청사업이 상당수 맹원들의 자발적인 참여로 이루어진 것이 아니었음을 알 수 있으며, 불만세력의 일부는 월남이라는 적극적인 선택을 하기도 하였지만 대부분의 청년층은 수동적 순응으로 대응하였음도 알 수 있다. 1949년 10월, 인제군 민청 당조의 "하부 단체가 질적으로 강화"되었고, "인제군 민청 단체가 많은 발전을 가져온 것이 눈앞에 뚜렷"166)하다는 자체 평가는 민청조직이 대체적으로 강화되는 추세에 있음을 보여준다.

---

162) 「인제군 민청 당조 결성 회의록 제1호」, 『북한관계사료집』 4, 8쪽.
　　7명으로 당조를 조직하고 위원장은 민청위원장 원용선이 맡았다.
　　당조는 1961년 조선로동당 제4차 대회를 계기로 당이 동맹을 직접 지도하면서 폐지되었다(이종석, 앞의 글, 47쪽).
163) 「인제군 민청 당조 제22차 회의록」, 『북한관계사료집』 4, 51쪽.
164) 인제군당부, 앞의 글, 630쪽.
165) 인제군당부, 앞의 글, 631쪽, 635쪽, 636쪽.
166) 「인제군 민청 당조 제46차 회의록」, 『북한관계사료집』 4, 145쪽.

(2) 직업동맹

북로당 창립 직후인 1946년 9월 말 현재 단체계약 체결은 2,612개 공장 중에서 65%, 인원 149,525명 중에서 71%가 완료되었는데, 이 과정에서 직업동맹 일꾼들의 수준이 낮고 당단체들의 방조가 약하여 사업진행에 많은 결점이 있었다.[167] 단체계약 체결과정의 결점들에 대한 북로당 중앙상무위원회의 결정은 창립 직후 북로당의 직업동맹에 대한 영향력이 부족하였음을 보여준다. 기본적으로 북로당 자체의 역량이 부족하였고, 자본가를 대신한 국가권력과 노동자 사이의 갈등과 더불어 노동조합에 세력을 둔 국내계 공산주의자와 정권을 장악한 김일성세력 사이의 인식의 차이도 있었다. 이로 인한 충돌은 오기섭의 직업동맹에 대한 해석과 관련하여 이루어졌다.[168]

1947년 1월에 오기섭은 "직업동맹은 과거나 현재를 불구하고 노동계급의 이익을 위하여 투쟁하는 노동자의 집합체"라고 정의하였다.[169] 또 "직업동맹은 노동자와 사무원의 이익을 위하여 자기의 관철하기까지 투쟁할 것이며 그것이 그의 의무이자 권리이지만 노동법령의 집행기관은 될 수 없는 것" "현하(現下) 조선에 있어서 사회단체인 직업동맹은 노동법령의 시행을 방조하며 협력은 할 지언정 그의 집행기관은 될 수 없다"고 주장하였다. 이어서 "노동자는 언제든지 자기계급의 이익을 위하여 투쟁의 무기를 버리어서는 안 될 것이며 그 투쟁방식이 착취의 대상만 되고 있는 영미식 자본주의 국가의 방식이 되어서는 안되는 동시에 생산수단이 전부 국가의 수중에 있는 소련의 방식이 되어서는 안될 것이라"[170]고 주

---

167) 「단체계약 체결 진행에 대한 정형 보고에 관하여 ―북조선로동당 중앙상무위원회 제7차 회의 결정서 1946년 10월 8일」, 『결정집』, 20쪽.
168) 직업동맹의 성격과 관련된 오기섭의 문제제기와 논쟁은 서동만, 앞의 논문, 157~159쪽 참조.
169) 오기섭, 「북조선임시인민위원회 노동행정부의 사명」, 『인민』 1947년 신년호, 1947(『북한관계사료집』 13, 186쪽).
170) 위의 글, 189~190쪽.

장하였다. 오기섭의 이 같은 주장은 레닌에 바탕을 둔 것171)으로 1947년 시점에 진행된 직업동맹의 성격변화에 대한 명백한 반론이었다.

이 글로 인하여 오기섭은 북임인위 상무위원회에서 트로츠키주의적 이론이라고 비판을 받았다.172) 그럼에도 불구하고 오기섭은 자기주장을 신문에 다시 실었고, 이로 인해 북로당 중앙위원회 제6차 회의(1947년 3월 15일)에서 엄중한 비판을 받았다. 이 회의의 결론에서 김일성은 오기섭의 글이 노동자들에게 좋지 못한 영향을 주었다고 비판했으며 "각성되지 못한 일부 로동자들은 오기섭이 과거 혁명을 하였다고 하며, (…중략…), 그의 《논문》을 옳은 것으로 믿고 거기에 있는 그릇된 리론대로 행동하려 할 수 있다"173)고 비난하였다. 이것은 김일성이 스탈린 체제하의 직업동맹관을 가지고 오기섭의 논리를 노동자들이 인민정권을 상대로 투쟁해야 한다는 반동적인 주장174)이라고 규정한 것이다. 인민정권기관과 노동자 간의 갈등은 해방 후 북한경제가 처한 어려움에도 원인이 있었지만, 기본적으로는 북로당 지도부가 가진 노동자와 노동조합에 대한 인식의 차이에 원인이 있었다.

동시에 오기섭의 직업동맹에 대한 주장으로 인한 논란 과정은 권력다툼의 성격을 가지고 있다. 이것은 노동자의 이익을 매개로 지지기반을 유지하고자 했던 국내계 공산주의자와 국가의 공업성장을 먼저 실현하려는 정권장악세력 간의 갈등이었던 것이다. 결과적으로 이 논쟁을 거치

---

171) 오기섭은 자신의 주장이 레닌의 생각과 같다고 스스로를 옹호하였다.
172) 「북조선로동당 중앙위원회 제6차 회의에서 한 결론」, 『김일성 저작집』 3, 186쪽.
173) 김일성, 앞의 글, 187쪽.
174) 「대중지도방법을 개선하며 올해 인민경제계획 수행을 성과적으로 보장할 데 대하여 ―북조선로동당 중앙위원회 제6차 회의에서 한 결론 1947년 3월 15일」, 『김일성저작집』 3, 186쪽.
「『북조선 인민정권하의 북조선 직업동맹』이라는 제목하에서 오기섭 동무가 범한 엄중한 정치적 오류에 관하여 ―북조선로동당 중앙상무위원회 제28차 회의 결정서 1947년 3월 19일」, 『결정집』, 171쪽(오기섭의 글은 『로동신문』 1947년 3월 13일).

면서 오기섭은 김일성과 그 연계세력에 의하여 고립되었다.

　오기섭에 대한 비판이 일단락된 후, 1947년 5월 북로당 중앙상무위원회는 직업동맹의 기구를 개편하고, 농민 출신이나 인텔리를 배제하고 노동계급 출신을 간부로 하는175) 직업동맹 내 세력개편을 추진하였다. 특히 각급 동맹 지도기관 구성을 열성적이며 유능한 노동자 당원들을 절대다수로 선거토록 하고, '건달꾼'들을 숙청하도록 하였다.176) 이때의 '건달꾼'의 의미는 여러 가지로 해석할 수 있는데, 북로당 당원이 아닌 사람, 기본계급 성분이 아닌 사람, 생산현장으로부터 이탈된 지 오래된 노동운동 경력자가 이에 해당되었다. 기구개편은 각 산별의 역할을 높이기 위하여 5개 산별로 축소하고 인원도 2/3로 축소하도록 하였는데177) 기본적으로 직업동맹의 구조를 단순화시키고 북로당지도부의 지배력을 강화하려는 의도가 있었다. 따라서 직맹의 산별 개편은 생산현장에서 이탈된 직맹일꾼들을 감축하고 직맹의 주도세력을 개편하며, 북로당지도부의 지배력을 강화하는 데 중요한 목적을 두고 있었다.

〈표 3-13-1〉 산별 개편

개편 전	개편 후
금속, 화학, 섬유, 식료, 전기, 광산, 토건	산업로동자 직업동맹
목재, 어업	농림 수산로동자 직업동맹
철도, 교통운수, 체신	교통 체신로동자 직업동맹
교원, 문화인, 출판, 보건, 사무원	사무원 직업동맹
일반	일반로동자 직업동맹

출처 :「직업동맹 지도기관 선거 및 조직개편에 관하여 - 북조선로동당 중앙상무위원회 제36차 회의 결정서 1947년 5월 29일」,『결정집』, 233~234쪽.

175)「방송사업을 개선강화할 데 대하여 - 북조선로동당 중앙위원회 상무위원회에서 한 결론 1947년 5월 29일」,『김일성저작집』 3, 297쪽.
176) 위의 글, 234쪽.
177)「직업동맹 지도기관 선거 및 조직개편에 관하여 - 북조선로동당 중앙상무위원회 제36차 회의 결정서 1947년 5월 29일」,『결정집』, 233~234쪽.

〈표 3-13-2〉 직업동맹 중간지도기관 해소방안

부문	방안
광산, 금속, 화학, 식료, 섬유, 교통, 운수, 출판	각 산별 중앙위원회에 직장위원회와 지구위원회를 직속
어업(수산으로 개칭)	중앙위원회는 동해안위원회와 서해안위원회를 조직하고 직장위원회와 지구위원회를 소속시킴
목재(임산으로 개칭)	중앙위원회는 함남, 함북, 평북, 강원의 4도위원회를 조직하고 지구위원회와 직장위원회를 소속시킴, 황해와 평남도 내 림산 직장위원회와 지구위원회는 중앙위원회에 직속
통신, 교문, 사무원 보건, 일반	중앙위원회는 각각 6도위원회를 조직하고 직장위원회와 지구위원회를 소속시킴
철도	중앙위원회는 각 철도부위원회를 조직하고 직장위원회를 소속시킴
전기	중앙위원회는 각 전기부위원회를 조직하고 직장위원회와 지구위원회를 소속시킴

출처 : 「직업동맹 지도기관 선거 및 조직개편에 대하여 −북조선로동당 중앙상무위원회 제44차 회의 결정서 1947년 10월 2일」, 『결정집』, 304쪽.

그러나 〈표 3-13-1〉의 1947년 5월의 산별 개편결정은 10월이 되어도 마무리가 되지 않은 것으로 보인다. 대신에 산별 통합이 아닌 〈표 3-13-2〉의 중간 지도기관의 해소가 추진되었다.[178] 이때 추진된 직업동맹 개편은 직업동맹의 기능을 제고하고 생산협조사업을 더욱 강력히 전개하도록 하려는 데 목적이 있었다. 그리고 그 방법으로 중간 지도기관이 도연맹과 시·군 연맹 및 시·군 산별위원회를 전면적으로 해소하도록 하였다.[179] 이 조치는 북로당의 당조직을 통하여 직업동맹의 하부에 대한 지도를 강화하고, 기존의 직업동맹 조직을 약화시키기 위한 것이었다.

또한 이것은 유능한 노동자 당원을 직맹 지도기관 구성에 선출하고

---

[178] 「직업동맹 지도기관 선거 및 조직개편에 대하여 −북조선로동당 중앙상무위원회 제44차회의 결정서 1947년 10월 2일」, 『결정집』, 304쪽.
[179] 위의 글, 304쪽.

'건달꾼'을 숙청180)하여 기존의 국내 좌익 운동세력의 영향력이 컸던 직업동맹의 중간지도기관을 제거함으로써, 북로당과 말단 노동자조직을 직접 연결시키려는 의도였다. 결과적으로 직업동맹의 중간지도기관이 해소됨으로써 직업동맹 내에 남아있던 불평세력181)에 대한 제거가 이루어진 것으로 보인다.

그러나 직맹에서의 불평세력의 제거가 노동자와 정권, 직업동맹과 정권과의 갈등을 마무리 지은 것은 아니다. 1948년 초에도 북로당의 직총 당조는 직업동맹을 국가 경리기관과 대립시키려는 경향을 각급 직맹단체 지도기관에서 없애지 못하였다.182) 이 시기에 북로당이 생산직장의 관리 측에게 '비국가적·이기적 요구'를 장려하는 방향으로 직업동맹을 인도하는 경향에 대한 끊임없는 투쟁을 요구한 것은183) 갈등이 계속되고 있음을 보여준다.

결국 북로당은 각급 당조직들이 직업동맹 도평의회를 새로 만들고, 직업동맹 산별중앙위원회를 국가의 경제지도체계에 맞게 개편하는 사업을 잘 지도하도록 하여184) 직업동맹의 변화를 실질적으로 주도하였다. 그리고 당조직들이 사회단체 각급 지도기관에 우수한 당원을 파견하고, 각급 당위원회 책임일꾼들이 사회단체들의 사업을 직접 장악하도록 하였다.185) 이 과정을 거쳐 정부수립기에는 직맹이 실질적으로 북로당에 장악되었다.

---

180) 위의 글, 305쪽.
181) 「북조선로동당 제2차 전당대회회의록」, 『북한관계사료집』 1, 401쪽.
182) 「단체계약 갱신사업에 대하여 –북조선로동당 중앙상무위원회 제56차 회의 결정서 1948년 3월 10일」, 『결정집』, 384쪽.
183) 김민도, 「민주주의 노동규율의 강화에 대하여」, 『근로자』, 1948년 7월호, 78쪽.
184) 「경제사업에서 당면하게 나서는 몇 가지 문제에 대하여 –북조선로동당 중앙위원회 상무위원회에서 한 결론 1948년 9월 17일」, 『김일성전집』 8, 297쪽.
185) 「당단체들의 사업을 개선강화할 데 대하여 –북조선로동당 중앙위원회 제5차 회의에서 한 결론 1949년 2월 13일」, 『김일성저작집』 5, 70쪽.

▶ 인제군 직맹 실태

인제군 직업연맹은 1947년 3월에 당조를 결성하고, 스스로 "당으로는 군 로동당이 제1당이고 직업연맹이 제2당이라고 볼 수 있으며, 사회단체로는 군내 제1최고기관"이라고 평가했다.[186) 하지만 생산직장 5개소, 공장 2개소에 총맹원 수 130명에 불과한[187) 지역 특성으로 인하여 인제군 직맹은 기본적으로 중요한 사회단체가 되지 못하였다.[188) 흥미로운 것은 1948년 8월에 농림노동자 직업동맹 인제군 지구위원장 홍만주가 견책 처벌을 받은 일이다. 홍만주는 신민당에 입당했었던 빈농 출신, 사무원 성분을 가진 당시 36세의 남자인데, 그가 처벌을 받은 이유의 하나는 직맹을 '그릇되게' 인식하고 국가 기업체인 신탄작업소와 대립 투쟁하는 방향으로 사업하여 노동자와 작업소의 관계를 좋지 못하게 하였다는 점이었다.

이것은 1947년 초에 중앙에서 오기섭이 비판을 받은 것과 비슷한 내용이라고 할 수 있는데, 이 같은 현상이 북한 내의 하급 직맹 단위에서도 1948년까지 '퇴치' 될 수 없었다는 점이 주목된다. 이런 현상이 나타난 것은 노동자의 월급을 제때에 지불하지 못한 것이[189) 중요한 이유일 수 있으나, 지방단위에서 북로당 지도부의 정책과 노동자계급의 일체감이 충분히 형성되지 못한 것으로 이해할 수도 있다.

---

186) 「인제군 직업연맹 당조 제1차 회의록」, 『북한관계사료집』 4, 482쪽.
187) 「인제군 직업연맹 당조 제3차 회의록」, 『북한관계사료집』 4, 485쪽.
188) 1948년 말 인제군당은 생산노동력 부족을 해결하기 위한 상급당 결정 집행을 위하여, 고용농업노동자와 화전민들을 농업에서 노동으로 전직하도록 하여 각 생산사업장에 알선하였다(「인제군당 상무위원회 회의록 제31호」, 『북한관계사료집』 3, 36쪽).
189) 「인제군당 상무위원회 회의록 제21호」, 『북한관계사료집』 2, 510쪽.
용대 림산기업소는 1948년 9월까지의 미지불된 노임을 11월까지 청산하도록 한 군당의 지시를 1949년 1월까지도 해결하지 않았다(「인제군당 상무위원회 회의록 제35호」, 『북한관계사료집』 3, 129쪽).

(3) 농민동맹

농민동맹은 토지개혁의 성과로 인해 북로당이 잘 연계할 수 있는 사회단체였다. 농민동맹은 창립한 지 불과 1년 만에 200만의 농민을 결속하고 하부조직을 기본적으로 조직하였으나, 양적으로 확대하는 데 주력하여 '불순이색분자'들도 포함되었다.[190] 토지개혁에도 불구하고[191] 농민동맹의 일부 일꾼들은 북로당원으로서의 각성이나 계급적 입장이 확고하지 못한 경우도 있었는데, 이들은 빈고농에 의거하여 사업을 하지 않고 부농들을 찾아다니며 추종하는 경우도 있었다. 심지어 평북의 일부지방에서는 적지 않은 고농, 빈농들이 자기의 계급적 처지와는 달리 자산계급의 이익을 대표한 정당에 들어가는 현상도 있었다.[192] 이러한 현상이 여러 지역에서 나타난 것을 보면, 북로당이 노동자와 빈농 중심의 당 기반을 구축하였지만 북로당을 지지하지 않은 빈농도 상당수에 달한 것으로 보인다.

실례로 용천군의 농민동맹원 수는 58,815명으로 전체 농민의 97%를 조직했으나, 북로당원 7,378명(12.5%), 민주당원 4,776명(8.1%), 청우당원 1,064명(1.8%)으로 북로당에 인입할 수 있는 빈농들이 타당에 많이 가입하고 있었다.[193] 1946년 말의 평북 용천군의 사례는 조금은 특별한

---

[190] 「농민동맹사업과 조소문화협회 사업을 개선할 데 대하여 -북조선로동당 중앙위원회 상무위원회에서 한 결론 1947년 1월 28일」, 『김일성전집』 5, 106~107쪽.

[191] 토지개혁의 성과는 전반적으로 성공적이었지만, 평북 룡천군 당단체는 1946년 말에도 소작제도를 존속시키고, 이주대상지주 76명 중에서 13명만을 이주시키고 지주들을 농민동맹에 가입시켰다(「평북 룡천군당부의 농민동맹사업 협조에 대하여 -북조선로동당 중앙상무위원회 제17차 회의 결정서 1946년 12월 17일」, 『결정집』, 87쪽).

[192] 「농민동맹사업과 조소문화협회 사업을 개선할 데 대하여 -북조선로동당 중앙위원회 상무위원회에서 한 결론 1947년 1월 28일」, 『김일성전집』 5, 107~108쪽.

[193] 「평북 룡천군당부의 농민동맹사업 협조에 대하여 -북조선로동당 중앙상무위원회 제17차 회의 결정서 1946년 12월 17일」, 『결정집』, 87쪽.

면이 있지만, 농민동맹 내의 북로당 세포가 형식적 명목으로만 존재하여 북로당의 정책을 제대로 집행하지 못한 것은[194] 특히 지주나 기독교 세력이 강했던 인근 지역에서도 흔히 있던 일이었다.

1947년 초 농민동맹은 250만의 농민대중을 흡수하였지만, 토지를 분여받은 농민들의 계급의식은 미약했다. 또 조직 내에는 부농 성분이 9%나 포함되어 있었으며, 면 이하 동맹조직은 실질상 내용이 없는 숫자적 조직에 불과하였다.[195] 때문에 농민동맹 상부의 결정과 지시는 하부에 침투되지 못하고 겨우 군 혹은 면 동맹에까지만 전달되었고, 심지어 농민동맹 내에는 지주 성분이 많이 침입하여 영향을 주기도 했다.[196]

면 이하 농민동맹을 재조직해야 할 정도였던[197] 농민동맹의 실상은 농맹의 책임자인 강진건과 현칠종이 당적 주의를 받을 만큼[198] 많은 문제를 가지고 있었다. 1947년 초 북로당의 농맹에 대한 장악력의 부족은 첫째, 북로당의 조직이 아직 강화되지 못한 데도 이유가 있지만, 다수 농민의 적극적 참여를 끌어낼 수 있는 정책을 북로당이 펼치지 못했다는 점을 주된 이유로 들 수 있다. 실제로 토지개혁 이후 농맹이 가진 역할은 축소되었고, 토지를 분배받은 농민조차도 일부 보수화되면서 농맹의 강화 역시 크게 진전되지 못한 것이다.

이런 실정하에서 북로당 중앙위원회에서는 당중앙위원회 상무위원회에 농민동맹 중앙위원회 일꾼들을 참가시키고 농민동맹사업정형을 검토하여 해당한 대책을 세우는 등 농민동맹의 사업에 직접 관여하였다.[199] 동맹 내

---

194) 위의 글, 87~88쪽.
195) 「농민동맹 사업보고에 대하여 －북조선로동당 중앙상무위원회 제21차 회의 결정서 1947년 1월 28일」, 『결정집』, 122쪽.
196) 위의 글, 122쪽.
197) 위의 글, 125쪽.
198) 위의 글, 126쪽.
199) 「평안북도 당단체들 앞에 나선 몇 가지 과업 －북조선로동당 중앙위원회 정치위원회에서 한 결론 1947년 1월 25일」, 『김일성전집』 5, 103쪽.

에 적지 않은 '불순이색분자'들과 청우당원들이 있는 상황에서 이루어진 북로당의 직접적 관여는 농맹의 지도일꾼들과 북로당원이 타당당원과 대립하여 통일전선사업에 지장을 주는 경우도 있었다.[200)]

이러한 상황에 있던 농민동맹에 대해 북로당은 농민동맹의 개선을 추진하였는데, 일부 농민자위대가 인민위원회의 지시에 도전하는 일이 벌어지자 농민자위대에 대한 지도를 농민동맹에서 해당지역 보안기관으로 변경하였다.[201)] 이로써 농업현물세 창고경비, 국경선 및 38도선의 보위에 대한 협조는 민청 동맹원들이 보안기관의 지도 밑에 종사하도록 결정되었다.[202)] 이처럼 농민자위대의 지도기관을 보안대로 바꾼 것은 국가의 무력 장악을 체계화시키는 작업의 일환이었는데, 이것은 북로당이 농맹이 가진 계급성과 지도능력을 부정적으로 판단했다는 의미도 있다.

인민위원회에 대한 정비를 마친 북로당은 1947년 4월에 도·시·군·면 대회와 리 총회를 완료하고, 북조선 농민동맹 지도기관 개선을 결정하였다.[203)] 각급 당조직 위원장들은 농민동맹 지도기관 개선을 적극적으로 방조하도록 하였고, 각급 동맹 내의 당조를 통하여 지주와 농촌 건달꾼을 숙청하고 토지를 분여받은 맹원들 중에서 열성적인 당원들을 많이 당선시키도록 지시받았다.[204)]

---

200) 「농민동맹사업과 조소문화협회 사업을 개선할 데 대하여 —북조선로동당 중앙위원회 상무위원회에서 한 결론 1947년 1월 28일」, 『김일성전집』 5, 109쪽.
「농민 자위대에 대하여 —북조선로동당 중앙상무위원회 제22차 회의 결정서 1947년 2월 7일」, 『결정집』, 138쪽.
201) 「평안북도 당단체들 앞에 나선 몇 가지 과업 —북조선로동당 중앙위원회 정치위원회에서 한 결론 1947년 1월 25일」, 『김일성전집』 5, 103쪽.
「농민동맹 사업보고에 대하여 —북조선로동당 중앙상무위원회 제21차 회의 결정서 1947년 1월 28일」, 『결정집』, 125쪽.
202) 「농민 자위대에 대하여 —북조선로동당 중앙상무위원회 제22차 회의 결정서 1947년 2월 7일」, 『결정집』, 138쪽.
203) 「도·시·군·면·리 농민동맹 지도기관 개선에 대하여 —북조선로동당 중앙상무위원회 제27차 회의 결정서 1947년 3월 10일」, 『결정집』, 156쪽.

〈표 3-14〉 리(동) 농민동맹위원회 위원 성분과 정당별 구분

성분	비율	정당	비율
고농	0.17	북로당	56.21
빈농	79.41	민주당	8.71
중농	19.91	청우당	5.40
부농	0.51	무소속	29.68

출처 : 「북조선 리(동) 면 군 및 도 농민동맹위원회 선거정형에 대하여 －북조선로동당 중앙상무위원회 제30차 회의 결정서 1947년 4월 8일」, 『결정집』, 189～190쪽.

    선거사업에서는 반드시 뽑아야 할 사람을 '첫째도 농민이요, 둘째도 셋째도 농민이라' 하여 동맹 내에 잠입해 있던 순사 출신, 면서기 출신, 건달꾼들을 제거하고 조직 핵심성원을 개편하는 데 초점이 주어졌다.[205] 〈표 3-14〉에 따르면 4월 1일부터 진행된 리(동) 농민동맹위원회 선거 결과 북로당은 토지를 분여받은 빈농 성분이 압도적 다수가 되고, 북로당원이 56.21%를 차지하는 성과를 거두었다. 이어서 벌어질 선거에서 북로당은 열성적 당원들을 적극적으로 당선시키도록 했고, 이를 위해 위원장과 위원 후보자들을 엄격하게 검열하고 종래의 사무원과 기타 성분을 일소하였다.[206]

    1947년 초의 농민동맹위원회 선거는 동맹의 기본조직인 리(동)위원회를 더욱 강화하였으며, 각급 지도기관을 강력하게 개편하여[207] 북로당이 농민동맹을 하부조직에서부터 장악하는 실질적 시점이 되었다. 그리고 1947년 4월의 북조선 농민동맹 지도기관 개선으로 북로당은 농민동맹에 대한 장악력을 강화하였다. 이로써 하급 농민동맹은 새로이 구성된 면·리

---

204) 위의 글, 156～157쪽.
205) 『북조선농민신문』 1947년 3월 31일, (1), 「어떠한 사람을 선거할 것인가」.
206) 「북조선 리(동) 면 군 및 도 농민동맹위원회 선거정형에 대하여 －북조선로동당 중앙상무위원회 제30차 회의 결정서 1947년 4월 8일」, 『결정집』, 192쪽.
207) 『평북로동신문』 1948년 1월 31일, (1), 「사설 : 북조선농민동맹 창립 2주년에 제하여」.

인민위원회와 함께 북로당의 정책을 지원할 수 있는 체제를 구축하였다.

▶ 인제군 농맹 실태

1947년 4월 인제군 농민동맹 당조가 5명으로 구성되고, 위원장에는 농맹위원장인 이종명이 결정되었다.[208] 1947년 10월, 농민동맹 당조는 위원장과 조직부장, 집행위원, 상무위원을 새로이 결정하고, 이 결정을 군 농민동맹 집행위원회에서 통과시키는 방식으로 북로당의 사업을 진행하였다.[209] 이것이 사회단체 내에서의 일반적인 북로당 당조의 활동 방법이었는데, 인제군당은 당조와 연락하여 농민동맹의 간부 결정에 개입하였다.

1948년 5월의 인제군당 상무위에서는 군 농맹 당조가 군당 상무위의 결정서가 구체적이므로 당조회의가 필요치 않다는 견해를 보였던 일과[210] 형식적으로 농맹 당조회의가 진행된 것을 비판하였다. 그런데 이처럼 형식적인 농맹 당조회의가 이루어진 주요 원인은 인제군당 상무위의 개입이 대단히 구체적이었던 데 있었다. 이로 인해 농맹 당조회의는 구체적으로 추가적인 논의를 할 여지가 별로 없었는데, 그 이유는 실질적으로 농맹과 관련된 결정과정이 인제군당 상무위에서 이루어졌기 때문이고 농맹의 성격은 당이나 정권기관의 집행을 지원하는 데 있었기 때문이다.

1949년 1~2월간 농맹은 각급 지도기관 사업결산과 지도기관 선거를 진행하였다. 인제군당은 이 선거에서 농맹의 하부를 강화하기 위하여 부농과 과거 지주·농촌 건달꾼 등이 당선되지 않도록 하고, 열성적이고

---

208) 「인제군 농민동맹 당조 제1차 회의록」, 『북한관계사료집』 4, 281쪽.
　　농맹 당조는 매월 2회 소집되었다(같은 곳).
209) 「인제군 농민동맹 당조 제8차 회의록」, 『북한관계사료집』 4, 295쪽.
210) 「인제군당 상무위원회 회의록 제10호」, 『북한관계사료집』 2, 236쪽.

모범적인 '노력 농민 성분'이 90% 이상이 되도록 하였다.[211] 그 결과 —〈표 3-15〉에 의하면— 인제군 농민동맹위원은 거의 대부분을 빈농 성분인 북로당원이 차지하여 실질적으로 북로당에 장악되었다고 할 수 있다.

〈표 3-15〉 인제군 농민동맹 위원 성분과 소속 정당

	성분			당		
	노동	빈농	사무원	로동당	무소속	민주당
군위원 19명	10.6	84.5	5	89.4	5.3	5.3
면위원 41명	2.5	95	2.5	80	12.5	7.5
리위원		100		83	17	

출처 : 「인제군당 상무위원회 회의록 제73호」, 『북한관계사료집』 3, 923~924쪽.
「인제군 농민동맹 당조 제37차 회의록」, 『북한관계사료집』 4, 371쪽.

1949년 6월의 농민동맹 기본 사업은 이앙사업, 논 중경제초, 전작물 제초, 농작물 비배관리, 춘잠 사육, 보리종자확보, 기술보급 등[212]의 농업 문제가 기본이었고, 여기에 교양사업, 노력동원, 문맹퇴치, 선거시의 선거 지원, 학교 관계 지원 등이 때에 따라 추가되었다.[213] 이러한 농민동맹의 사업내용으로 보면 농민동맹이 갖는 정치적 위상은 크지 않았다고 할 수 있다.

---

211) 「인제군당 상무위원회 회의록 제31호」, 『북한관계사료집』 3, 31쪽.
   리 선거결과 투표율은 82%(12,726명 중 10,435명 참가), 후보 중 15명이 낙선되었고, 찬성은 99.97%였다(「인제군 농민동맹 당조 제37차 회의록」, 『북한관계사료집』 4, 370쪽).
212) 「인제군 농민동맹 당조 제47차 회의록」, 『북한관계사료집』 4, 412~413쪽.
213) 인제군 농민동맹 당조 회의록(1947년 4월 15일~1949년 12월 7일)의 의제는 농업과 농민에 관한 것이 39건(40%), 세금과 자원 추출에 관한 것이 17건(18%), 선거·헌법·인민위원회에 관한 것이 9건(9%), 각종 기념사업에 관한 것이 8건(8%), 선동·선전·교육·문화에 관한 것이 7건(7%), 인민경제계획·산업·노동자·사무원 등에 관한 것이 6건(6%), 국방·38선에 관한 것이 4건(4%), 소련에 관한 것이 2건(2%), 기타 5건(5%)이었다(백학순, 「조선농업근로자동맹 연구」, 『북한의 근로단체 연구』, 144쪽).

(4) 여성동맹

여성동맹은 1945년 11월 18일 중앙6도대표대회에서 명칭이 통일되고, 북조선 본부의 구성을 확립하였다.[214] 이 당시 북한 사회에서는 여성들의 사회활동에 대한 생각이 소극적이어서, 여성동맹은 북로당이 조직하기에 제일 어려운 단체였다. 1946년 1월 19일에 탄생된 강원도 여성동맹의 경우 여성맹원이 총 9,860명이었고, 이들은 봉건적 가정제도에서 벗어나지 못한 상태였다.[215] 그럼에도 여성동맹[216]은 창립 1년 남짓 기간에 80여 만 명의 맹원[217]을 확보하였다. 하지만 이 숫자는 하부조직이 제대로 갖추어지지 않은 '숫자적 조직'에 불과하였던 것으로 보인다.

하지만 여맹조직은 북로당의 인전대로서 당의 노선과 정책을 관철하기 위한 투쟁에 광범한 여성군중을 조직동원하는 역할을 가지고 있었다. 이를 위하여 북로당은 여맹의 간부대열을 노동여성, 농민여성을 비롯한 근로여성들 중에서 우수한 사람들로 조직하였고[218] 여성당원의 간부 등용을 요구하였다.[219]

해방 초기에는 사회단체 중에서도 여성동맹에 대한 당의 실질적 장악

---

214) 『강원로동신문』 1947년 9월 20일, (2), 「당창립 이후 강원도당 부녀사업의 개관」.
215) 위의 신문, 1947년 9월 20일, (2), 「당창립 이후 강원도당 부녀사업의 개관」.
216) 1946년 5월 제1차 대표자회의에서 발표한 7개항의 강령과 의미는 손봉숙, 「조선민주여성동맹 연구」, 『북한의 근로단체 연구』, 211~214쪽 참조.
217) 「유일당중수여사업을 바로하며 녀성동맹에 대한 당적지도를 강화할 데 대하여 -북조선로동당 중앙위원회 상무위원회에서 한 결론 1946년 12월 27일」, 『김일성전집』 4, 498쪽.
강원도의 경우 1947년 4월에 113,329명의 맹원이 구성되었으며, 이 수는 도내 전 여성의 55%에 달하였다(『강원로동신문』 1947년 9월 20일, (2), 「당창립이후 강원도당 부녀사업의 개관」).
218) 「녀맹동맹사업에 대한 지도를 강화할 데 대하여 -북조선로동당 중앙위원회 상무위원회에서 한 결론 1947년 10월 20일」, 『김일성저작집』 3, 493쪽.
219) 「유일당중수여사업을 바로하며 녀성동맹에 대한 당적지도를 강화할 데 대하여 -북조선로동당 중앙위원회 상무위원회에서 한 결론 1946년 12월 27일」, 『김일성전집』 4, 500~501쪽.

은 허술하였던 것으로 보인다. 1946년 말의 신의주시당 부녀사업은 다음과 같이 표현되어 있다.220)

- 여맹조직체가 불완전하여 여맹조직이 농촌의 3개 구역과 직장 외에는 없고, 넓은 시가지에는 조직원이 유명무실하여 항상 군중이 없이 간부 몇 명이 여성운동을 하고 있었다.
- 여맹원이 100명 이상이 되어 열성적으로 사업을 하는 농촌 몇몇 동에는 북로당 여당원이 1명도 없고, 이들 여맹원들이 민주당에 입당하는 형편에 있었다.
- 여성 노동자가 50명이나 되는 공장에 북로당 여당원이 한 명도 없었다.

신의주시를 통해 본 여맹 조직상황은 시내 37개 동 중에서 27개 동이 미조직 상태이거나, 여당원조차 여맹에 가입하지 않는 등221) 대단히 미진한 상태였다. 평북 신의주가 가지는 특수성을 감안하여도, 북로당의 여맹장악은 1946년 말까지는 많은 문제를 가지고 있었던 것으로 보인다. 1947년 5월에도 북로당은 일부지방 여맹의 경우 여맹에 나오는 한두 명의 열성당원 외에는 여당원들이 여성사업을 방관하며 하등 당원의 임무를 집행하지 못하고 있다222)고 비판하는 실정이었다.

여러 가지 문제점에도 불구하고 1948년 초에는 각종 군중단체의 조직체계가 수립되었고, 각 방면에 하급조직이 이루어졌다. 그러나 사회단체들은 양적으로는 많이 발전한 데 비해 아직 북로당 주위에 맹원들을 튼튼히 단결시키지 못하였으며, 북로당의 영향을 군중 속에 깊이 침투시키

---

220) 「신의주시당의 부녀사업 협조정형에 대하여 -북조선로동당 중앙상무위원회 제18차 회의 결정서 1946년 12월 27일」, 『결정집』, 97~99쪽.
221) 위의 글, 99~100쪽.
222) 「녀성사업 강화에 대한 북조선로동당 단체의 과업에 대하여 -북조선로동당 중앙상무위원회 제35차 회의 결정서 1947년 5월 20일」, 『결정집』, 227쪽.

지 못하였다. 각 사회단체에 있는 맹원들의 일부는 북로당의 영향을 떠나 종교단체나 자기의 계급이 맞지 않는 당 영향하에 넘어가는 사실까지도 있었다.223) 특히 계급 성분이 북로당에 맞는 일부 맹원들조차도 다른 당에 가입하는 것은 북로당에게는 심각한 문제였는데, 북로당이 기본계급의 여성들로부터도 절대적인 지지를 끌어낸 것은 아니었다.

여맹의 간부사업에서 노동자, 농민 출신 여성을 무식하다하여 내보내고 공부한 여성이나 교원을 등용하는 지역이 있는가 하면, 일부에서는 기업가, 상인, 종교인의 딸이라 하여 배척하고 순 노동자·농민 여성들만 가맹시키는 등224) 계급적으로 대립되는 일들이 벌어졌다. 이와 같은 일들은 북한 내의 여맹조직이 이념적 지향과 여성들의 계급적 각성이 불일치하는 상태에 있었음을 보여준다.

북로당 2차 대회를 계기로 북로당은 중앙으로부터 도에 이르기까지 청년사업부, 부녀사업부, 문화인부를 폐지하였다.225) 이처럼 핵심적인 부서가 폐지된 이유는 사회단체 내에 북로당원 간부가 성장하였고, 거기에 당조라는 지도기관이 있어서 당상무위원회의 직접 지도를 받게 되었기 때문이었다.226) 청년사업부, 부녀사업부의 폐지는 북로당이 민청과 여맹을 직접 지도할 수 있는 체제가 갖추어졌음을 의미하는 것으로, 초기의 민청과 여맹의 결성, 확대과정을 지나 민청과 여맹 내의 조직이 당원들에 의하여 완전하게 장악되었음을 의미한다.

---

223) 「북조선로동당 제2차 전당대회 회의록」, 『북한관계사료집』 1, 338쪽.
224) 「녀맹조직들앞에 나서는 당면한 몇 가지 과업에 대하여 -북조선민주녀성동맹 중앙위원회 책임일군들과 한 담화 1948년 10월 2일」, 『김일성전집』 8, 338쪽.
225) 「북조선로동당 제2차 전당대회 회의록」, 『북한관계사료집』 1, 426쪽.
   북로당의 중앙본부안에는 조직부, 당간부부, 선전선동부, 로동부, 농민부, 재정경리부만이 있게 되었다(위의 글, 429쪽).
226) 위의 글, 437쪽.

▶ 인제군 여맹 실태

1947년 3월의 인제군 남면 각 리 여성동맹 초급단체는 맹원명부가 완비되지 못한 유명무실한 것이었는데, 맹원간부가 여성동맹의 사명을 모르며 맹원들이 자신이 맹원인지를 모르는 형편이었다.[227] 이런 군내 형편에서 인제군 여맹은 여맹 상무위원 중에서 당원들로 당조를 조직하고, 여맹 당조는 반드시 당조 회의를 열어 결정한 후 여맹 상무위원회를 통해 여맹사업을 전개하도록 하였다.[228] 하지만 여맹 당조가 당사업을 잘 해내지 못하자, 인제군당은 군당 부녀부의 이정열을 당조위원장으로 파견하여[229] 여맹당조의 정상화와 여맹사업에 개입하였다. 이처럼 초기의 인제군 여맹은 인제군당의 일방적인 지휘 아래 있었음을 알 수 있다.

1947년 9월에도 한 리에 100명 이상이 되는 여맹 초급단체가 있었지만[230] 형식적으로 구성되어 있는 비활동 조직이었다. 그런데 1947년 11월 말일의 맹비 납부율은 80%였는데[231] 실제 여맹 조직의 허약성에도 불구하고 이 같은 맹비납부가 이루어졌다면 맹원들의 수동적 참여를 끌어내는 데는 성과를 거두고 있었다고 할 수 있다. 다른 해석으로는 사회단체가 단순한 임의기관이 아니라, 법적 기관화하여 관련 대상자들이 대부분 '의무적'으로 가입해야 했던 현실이었다는 추정도 가능하다.

---

227) 「남면당 제8차 세포위원장 회의 결정서(기2) 1947년 3월 24일」, 『북한관계사료집』 15, 517쪽.
228) 「인제군 여성동맹 당조 제1차 회의록」, 『북한관계사료집』 4, 169쪽.
229) 「인제군 여성동맹 당조 제5차 회의록」, 『북한관계사료집』 4, 182쪽.
230) 「인제군 여성동맹 당조 제4차 회의록」, 『북한관계사료집』 4, 179쪽.
231) 「인제군 여성동맹 당조 제7차 회의록」, 『북한관계사료집』 4, 188쪽.

〈표 3-16〉 인제군 여맹 맹원 통계

시기	맹원 수	비맹원
1946년 말	6,393	
1948년 7월	5,787(82.1%)	1,259
1949년 1.4분기	5,805	

출처 : 「인제군당 상무위원회 회의록 제20호」, 『북한관계사료집』 2, 471~472쪽.
「인제군당 상무위원회 회의록 제41호」, 『북한관계사료집』 3, 226쪽, 230쪽.

〈표 3-16〉에 따르면 인제군 여맹은 1948년 7월에 대상자의 82.1%를 흡수하였는데, 이것은 1946년 말보다도 감소한 것이었다. 1948년 여름 학습회에도 여당원들만이 참석하는 경향이 있었고, 7월 중의 학습회에 참가한 연인원 수가 총맹원 수의 0.04%에 불과하였다.[232] 또 현물세 징수의 경우 농맹원은 탈곡반, 민청원은 출하반, 여맹원은 분할하여 군인위 사업에 협조하도록 지시를 받았지만, 여맹은 이것을 하지 않았다.[233] 이처럼 1948년 정권 수립 직전에도 북로당에 장악된 사회단체들은 조직화의 수준에 큰 차이가 있었는데, 특히 여맹조직이 허약하였다.

이러한 여맹의 낙후성은 중간기구인 면연맹의 해소로 이어졌다. 1948년 7월 1일 면여맹이 해소되고 군 직속인 책임지도원제가 실시되어[234] 군당과 군여맹의 직접적인 지도가 실시되었다. 그러나 여맹원들이 경제건설사업에 적극 참가하여도[235] 봉건적 태도에서 벗어나지 못했고, 열성적으로 당생활을 하는 남자 당원조차도 부인을 입당시키지 않는 경향을 바꾸기는 어려웠다.[236] 심지어 1948년 10월에는 인제군 여맹의 상무위원

---

232) 「인제군당 상무위원회 회의록 제20호」, 『북한관계사료집』 2, 471쪽, 474쪽.
233) 「인제군당 상무위원회 회의록 제18호」, 『북한관계사료집』 2, 422쪽.
　　「인제군당 상무위원회 회의록 제20호」, 『북한관계사료집』 2, 473쪽.
234) 「인제군당 상무위원회 회의록 제20호」, 『북한관계사료집』 2, 470쪽.
235) 「인제군당 상무위원회 회의록 제41호」, 『북한관계사료집』 3, 233쪽.
236) 「인제군당 상무위원회 회의록 제33호」, 『북한관계사료집』 3, 68쪽.

과 집행위원(약 20명 추정) 중 5~6명을 빼고는 대부분이 행방불명, 월남, 전입 등으로 없어짐으로써 보선을 실시해야 했다.[237]

1949년 초의 인제군 여맹 상무위원회는 선거받은 위원 다수가 행방불명되었으나 제대로 보선을 하지도 않았고, 여맹 군집행위원들을 농업증산에 열성적인 모범 근로여성으로 구하지 못하고 가정부인(75%), 학교 교원, 사무기관 여성으로 충당하였다.[238] 이로 인하여 군여맹 지도기관은 하부 실정을 파악하지 못하고 있었다. 이 같은 여맹조직의 허약성은 인제군뿐만 아니라 북한 사회의 전반적인 상황으로 이해할 수 있다.

---

237) 「인제군 여성동맹 당조 제19차 회의록」, 『북한관계사료집』 4, 217쪽.
238) 「인제군당 상무위원회 회의록 제41호」, 『북한관계사료집』 3, 235쪽.

북조선로동당 당원과 당조직의 공장에서의 역할

1) 인민위원회의 중요산업 관리

(1) 인민위원회의 적산 인수

　북한정권은 중요산업 국유화 법령에 의하여 1946년 8월 전체 산업의 90% 이상인 1,034개의 기업을 국유화하였다.[239] 이 기업 수는 소련군이 북한에 진주한 후 파악한 대·중 공장, 기업소의 수와 같은 것인데, 이들 중에서 1,015개의 공장, 기업소가 움직이지 못하고 있었다.[240] 1946년 말 국영산업 기업소 종업원의 총수는 116,948명이었으므로, 전체 산업 노동자 수의 41.5%를 차지하는 규모였다.[241]

　위와 같이 국유화된 공장이 해방 직후 조선인 측에 장악되는 과정은 소련군의 진주 전과 진주 후로 나누어 살펴볼 수 있다. 그리고 소련군 진주 전의 공장접수 주체는 노동자·군중, 인민위원회나 보안대, 친일계 인사로 나눌 수 있고, 소련군의 진주 후는 주로 인민위원회에 의하여 접수되었다.[242]

---

239) 한림대학교 아시아문화연구소, 앞의 책, 142쪽.
240) I. M. 치스차코프, 「제25군의 전투행로」, 『조선의 해방』, 국토통일원 조사연구실, 1987, 70쪽.
241) 한림대학교 아시아문화연구소, 앞의 책, 57쪽, 68쪽.

〈표 3-17〉에 의하면 소련군의 진주 전에 노동자나 군중에 의해 장악된 것으로는 북선제강소(함남 문천-8월 18일), 조선일산화학(평남 남포-8월 15일)과 남포지역 공장들을 들 수 있다.243) 소군 진주 전 조선인에 의해 장악된 이들 공장 접수과정의 특징은 조선인의 역량에 달려 있는 경우보다 일본인 공장의 자체적인 방어능력에 영향을 받은 것으로 보인다.244)

소련군의 진주 전에 접수된 공장기업소를 보면 낙산광산, 원복광산, 기주광산, 수안광산, 발은광산을 들 수 있다.245) 수안광산의 경우는 1945년 8월 20일에 친일계(親日系) 조선인 측의 손에 의해 광산위원회가 결성되어 공산당과 마찰을 빚기도 하였다.246)

남포지역에서는 조선일산화학이 해방 당일 점령되었고 공장점거가 속출하였다. 그럼에도 불구하고 8월 23일에 소련군이 진주하여 각 관청을

---

242) 평양에 소련군 선발대가 진주한 것은 8월 24일이고, 26일에는 북한점령업무를 담당한 제25군 사령관 치스챠코프 대장과 본대가 도착하였다. 각 지역마다 조금씩 차이가 있다.

243) 日本鑛業株式會社鎭南浦製鍊所, 「終戰後 日鑛鎭南浦製鍊所および鎭南浦 一般狀況」, 『朝鮮終戰の 記錄』 資料篇 三卷(森田芳夫, 長田かな子 編), 巖南堂書店, 499쪽.
長野 勇, 「川內里(小野田セメンド工場)の引揚」, 같은 책, 540쪽.
위 자료만으로는 노동자와 군중을 정확하게 구분하기는 곤란하다. 노조가 존재했던 공장, 노조가 기업과 대립했던 공장, 구속되거나 해고된 노동자가 있었던 공장은 노동자에 의해 장악되었을 가능성이 상대적으로 높다. 하지만 해방공간은 전민족의 열기가 터져 나왔던 만큼 조선인 군중에 의해 장악된 곳도 여러 곳이 있을 수 있다.

244) 함남 원산은 1945년 8월 22일에 소련군에 의해 점령되었고, 함흥은 선발대가 21일에 진주하였고 24일에 본대가 진입하였다.

245) 日本鑛業株式會社記錄, 「三十八度以北日本鑛業事業場の狀況」, 『朝鮮終戰の 記錄』 資料篇 三卷, 517~518쪽.
이 중에서 일본인 직원의 수는 낙산광산이 25명, 원복광산이 45명, 기주광산이 96명, 수안광산이 105명이었다(같은 곳).

246) 위의 글, 518쪽.

〈표 3-17〉 일제소유 공장 접수·관리 주체

		관리주체		
		노동자	인민위원회의 관리자 임명	소련군
소련군 진주 전 공장 접수 주체	노동자 군중		· 조선일산화학 · (남포지역 공장점거 속출) · 북선제강소	
	인민위원회, 보안대	· 낙산광산 · 원북광산 · 기주광산	· 발은광산	
	친일계	· 수안광산		
소련군 진주 후 공장 접수 주체	소련군			
	인민위원회	· 겸이포 일본제철 · 운산광산	· 서선합동전기회사 · 조선무연탄회사 · 小野田시멘트승호리내화연와공장 · 일본화성공업 순천공장 · 일본광업 성흥광산 · 흥남 日窒공장 · 함남 문천군 소야전시멘트공장 · 북선제지공장	· 일본광업주식회사 진남포제련소 · 수풍발전소 · 일본고주파 성진공장
	노동자			

출처 : 『朝鮮終戰の記錄』資料篇 三卷(森田芳夫, 長田かな子 編), 巖南堂書店(필자가 작성)
* 〈관리주체분류〉
조선일산화학과 북선제강소는 규모로 판단하여 인민위원회에서 관리자를 임명한 것으로 분류하였다. 낙산광산, 원북광산, 기주광산, 수안광산, 겸이포 일본제철, 운산광산은 초기에는 일시적으로 노동자가 관리주체가 되었지만 1946년 이후에는 관리주체가 바뀐 것으로 보인다.

접수한 후, 8월 30일에야 일본광업주식회사 진남포제련소는 평안남도 인민정치위원회 및 진남포지구 노동자동맹 연명(連名)으로 접수되었다. 진남포제련소는 일인직원들로 진남포제련소 자위단을 조직하여 조업설비와 종업원의 안전을 확보하려 하였다.[247] 이상의 사실은 해방 직후의 공간에

---

247) 日本鑛業株式會社鎭南浦製鍊所, 앞의 글, 487쪽, 490쪽.

서 일부 공장이 계속 일인에 의하여 장악되었음을 보여준다. 이것은 일제 패망 직후의 조선인 노동자와 군중의 역량이 부족하였음을 보여 준다.

 소련군이 진주해서야 조선인들의 손에 접수된 공장들의 특징은 일인들이 자체적인 방어력을 행사할 조직을 갖추고 있었거나, 규모가 크고 운영에 상당한 수준의 기술이 요구된 공장들이라고 할 수 있다. 소수의 조선인들의 힘으로는 이들 공장을 빼앗을 수 없었고, 소수가 장악 또는 소유하거나 공장 가동을 유지할 수도 없었다. 이처럼 북한에서 국유화된 1,034개의 공장 중에서 일부 대규모의 공장은 소련군의 진주 후에야 조선인 측에 접수되었지만, 대부분의 중소기업은 일본인들의 도피로 손쉽게 조선인의 손으로 이양되었다.

 〈표 3-17〉은 공장의 규모가 대부분 대규모라는 특징을 가지고 있는데 ―이것은 기록자들이 우연히 이러한 대규모 공장의 종사자였기 때문이었을 가능성도 있지만― 이들 대규모 공장의 종사자들이 소규모 공장소유자와는 달리 해방 후 즉시 피신하지 않고 공장에 잔류하였던 관계로 소련군 진주 후 접수되는 많은 사례를 보여준다.

 소련군 진주 후 접수과정의 특징은 소련군이나 노동자에 의하여 접수되지 않고 주로 인민위원회에 의하여 접수되었다는 점을 들 수 있다. 이는 소련군이 진주한 전후로 급속히 조직된 조선인 행정조직에 행정을 이양한 결과라고 볼 수 있다. 그러나 소련군은 일본광업주식회사 진남포제련소나, 수풍발전소, 일본고주파 성진공장에 대하여는 일시적이나마 직접 관리를 하였다. 소련군은 진남포제련소에 10월 초순 기술중좌이하 장교 수명을 보내서 공장을 관리하였고[248] 수풍발전소는 10월 하순 소련군 3천 이상이 도착하여 12월 중순까지 3·4·5호기를 해체하였다.[249] 성진고주파공장에서도 소련군들은 기계설비의 일부를 철거해 갔는데 이처럼

---

248) 日本鑛業株式會社, 앞의 글, 498쪽.
249) 廣田種雄, 「水豊引揚の記」, 『朝鮮終戰の 記錄』 資料篇 三卷, 522쪽.

제3장 북조선로동당과 타당·사회단체·기업소 관계 ▌351

소련군은 고가의 장비나 제품에 대해서는 직접 관할을 하기도 했다.
　제2차 세계대전으로 소련은 엄청난 피해를 입었는데, 사망한 군인과 민간인의 총수를 1946년 소련 정부는 700만 명으로 발표했다. 대부분의 외국학자는 이보다 늘려잡고 있는데 쁘로꼬보비치(Prokopovich)는 1,400만, 슈만(Schuman)은 2,000만으로 발표했다.[250] 나치의 침략과정에서 점령지의 모든 것이 파괴되었는데, 600만 개의 건물, 84,000개의 학교, 43,000개의 도서관, 31,000개의 공장, 1,300개의 교량이 파괴되었고, 137,000대의 트랙터, 49,000대의 콤바인수확기, 700만 두의 말, 1,700만 두의 소, 2,000만 두의 돼지, 2,700만 마리의 양과 염소를 잃었다.[251]

(2) 인민위원회의 기업소 관리와 유일관리제의 실시
① 인민위원회의 기업소 관리

북로당은 공장 및 기업소를 당에서 경영하기도 했지만[252] 기본적으로는 해방 초부터 인민위원회를 통하여 관리하였다. 북조선산업국이 성립된 후에는 이곳에서 국유기업장의 운영방침과 관리자 선정, 운영자금과 각종 자재의 조달·교류 등을 허가했고, 기술자의 재배치는 직접 지시하였다.[253] 특히 1946년 8월에는 국적 여하를 떠나 전문대학 졸업 또는 중졸 이상의 기술자를 전원 등록하고, 현재 기술과 무관한 직장에 있을 때는 반드시 국영직장에 재배치하도록 하였다.[254]

---

250) 니꼴라이 V. 랴자노프스키, 앞의 책, 270쪽.
251) 같은 곳.
252) 「재정관리에 대하여 – 북조선로동당 중앙상무위원회 제2차 회의 결정서 1946년 9월 7일」, 『결정집』, 1쪽.
253) 「산업국 임시조치시정요강 – 북조선산업국 지령 제 호」, 『북한관계사료집』 5, 155쪽.
254) 「기술자확보에 관한 결정서 – 북조선임시인민위원회결정 제62호」, 『북한관계사료집』 5, 176쪽.
　일본인 기술자에 대하여는 우대조건을 시행하였다(「기술자확보에 관한 결정

해방 직후 적산 접수 후의 공장관리는 대부분이 인민위원회에서 관리자를 임명한 것으로 보인다. 겸이포 일본제철은 해방 초기인 9월에는 제철소 동지회에서 제철소운영위원회가 되었지만, 12월 24일에 제철소운영위원회가 자금난 상태가 되자 1946년 1월 11일 정원모가 지배인으로 왔다.[255] 이 과정은 노동자중심의 운영위원회가 위기에 봉착하고, 국가에 의해 다시 장악 및 관리되는 사례를 보여준다. 마찬가지로 운산광산도 9월 19일에 운산광산 자치회에 의하여 접수된 후 직원 박영관이 광산소장이 되었지만, 이후 수차례 바뀌다가 1946년 9월경에는 평북광산과장이 소장으로 있었다.[256] 이 경우 역시 초기의 직원에 의한 관리에서 국가기관에 의한 관리로 넘어간 모습을 보여준다.

대체로 북한의 일본인소유 공장기업소는 소련군 진주 전후에 일부가 조선인 직원들에 의하여 관리되기도 하였지만, 인민위원회를 중심으로 장악되어 갔다. 산업의 유기적 연관과 유통질서가 붕괴된 상황에서 대규모 공장은 재정적·기술적 지원이 없이는 존립이 가능하지 않았으며, 국가의 지원이 없이는 공장관리가 불가능한 데도 이유가 있었다고 할 수 있다. 따라서 공장들 중에는 비교적 규모가 큰 것은 소야전시멘트 승호리내화연와공장, 일본광업 성흥광산과 같이 접수 후 바로 국영공장이 된 것으로 보인다. 1946년 6월의 중요산업국유화는 1,034개에 달한 일본인 공장 중 국영화가 공식적으로 이루어지지 않은 일부를 처리하였거나 법적인 마무리를 하는 조치였다.

공장접수와 더불어 공장관리에 있어서 중요한 일의 하나는 일본인 기술자들에 대한 잔류조치와 이들을 이용한 공장복구였다. 해방 직후의 조

  서시행에 관한 건 −북조선임시인민위원회 산업국 지령 제 호」, 『북한관계사료집』 5, 178~179쪽).
255) 今井大宗, 「從前後の兼二浦−日本製鐵を中心に」, 『朝鮮終戰の 記錄』 資料篇 三卷, 466쪽.
256) 森 繁男, 「終戰後の雲山鑛山」, 『朝鮮終戰の 記錄』 資料篇 三卷, 509쪽.

선인들은 일본인들을 즉각 축출하는 데 큰 관심을 쏟았지만, 이미 9월부터는 일본인 기술자의 수요를 발견하였다. 9월 상순 일본화성공업순천공장에서는 소련군 군정관이 일본인의 우대와 생산복귀를 역설하였고, 일본광업성흥광산에서도 일본인들의 자발적인 광산협력을 요구하였다.[257] 10월에는 겸이포 일본제철, 조선무연탄회사, 흥남일질공장, 북선제지공장 등에서도 일본인들의 협력을 요구하였다.[258]

이러한 일본인들의 잔류협조조치는 일관된 지침에 따라 이루어지기보다는 일본인 기술자를 사용할 수 있다는 기본원칙하에 각 지역 소련군과 인민위원회의 결정에 따른 것으로 보인다. 그러나 북한에 정권기관이 성립된 후, 일본인의 잔류가 산업재건에 필요함을 깨달은 산업국에 의해 일인 기술자들이 11월부터 특별 억류되기 시작하였다.[259] 12월에 일본고주파 성진공장에서는 1200명의 일본인이 기술자·기능자로서 가동에 협력하였고, 1946년 3월에 공장 측은 기술자 등 210명의 잔류를 결정하였다.[260] 1946년 3월의 상황은 북임인위가 성립된 후 북한정치와 더불어

---

257) 田崎健治, 「順天(日本化成工場)の引揚」, 『朝鮮終戰の 記錄』 資料篇 三卷, 481쪽.
  友永重雄・大谷英雄, 「終戰後の成興鑛山」, 『朝鮮終戰の 記錄』 資料篇 三卷, 505쪽.

258) 今井大宗, 앞의 글, 463쪽.
  加藤五十造, 「終戰後平壤に殘留して」, 『朝鮮終戰の 記錄』 資料篇 三卷, 472쪽.
  鎌田正二, 「終戰後の興南日窒工場と日本人組織」, 『朝鮮終戰の 記錄』 資料篇 三卷, 529쪽.
  向井 毅, 「吉州日本人會引揚狀況－北鮮製紙工場を中心に」, 『朝鮮終戰の 記錄』 資料篇 三卷, 557쪽.

259) 島村忠男, 「北朝鮮における日本人技術者」, 『朝鮮終戰の 記錄』 資料篇 三卷, 568쪽.
  일인기술자의 노동계약 기간은 1년 이내(연장시는 양자의 양해에 따름), 급료는 조선인 기술자의 5할을 증액하기로 하였는데, 실제 1년 후 연장된 사례가 많고 급료도 기술적 기여도에 따라 우대를 한 것으로 보면 조선 측의 기술적 애로를 실감할 수 있다(같은 글, 569쪽).

260) 向井 毅, 앞의 글, 546쪽.

경제통제에서도 질서가 잡혀가는 것으로 해석할 수 있다.[261]

공장접수와 공장관리를 통하여 조선인 노동자는 역량의 부족을 드러냈으며, 이런 실상이 조선인 노동자의 역할을 수동적으로 만드는 한 이유가 되었다.

② 민간기업에 대한 북로당의 정책(1945~1946년을 중심으로)

해방 후 조공분국은 민간인의 상공업은 지방정권의 지도하에 자유경영을 허락하도록 하였고, 조선인의 사유자본으로 경영하는 공장은 경영주가 관리하고 정부의 지도를 받도록 하였다.[262] 하지만 북한 내 중요산업의 인민위원회 접수와 토지개혁, '5·1절 기념과 관련한 결정서 초안' 등에서 나타나는 사회주의적 분위기[263]는 일부 중소기업가들이 자금과 설비, 자재를 사장시키면서 기업활동을 주저하게 만들었다.[264]

이로 인해 민간의 생산이 더욱 위축되었고, 이에 대응하여 북임인위는 주민들의 광범한 수요에 공헌할 제품 및 상품을 증산하기 위하여 노동자 50명 이하를 사용하는 공장, 기업소 등을 산업가에게 방매(필요한 경우에 한함) 또는 임대할 수 있게 하였다.[265] 이 경우에 양도 및 임대차 희

---

261) 일본인의 역할을 인정한 북임인위는 1946년 8월 7일에 북한에 있는 일본인 기술자의 확보를 결정(북조선임시인민위원회, 「기술자확보에 관한 결정서」, 『북한관계사료집 5』, 1946, 176쪽)하였는데, 이것은 이전에 법령의 형식을 갖지 않고 이루어지던 조치들에 대한 사후 법적 보장 조치를 한 것이다.
262) 『정로』 1945년 11월 7일, (2), 「중앙의 지시를 위한 투쟁」.
263) 「북조선공산당 중앙조직위원회 상무집행위원회에서 한 결론 1946년 4월 8일」, 『김일성전집』 3, 257쪽.
264) 「애국적민주력량의 단합된 힘으로 새 조국 건설위업을 촉진하자 - 함경남도 내 정당, 사회단체 일군 및 무소속인사협의회에서 한 연설 1946년 4월 19일」, 『김일성전집』 3, 311쪽.
265) 북조선임시인민위원회, 「개인소유권을 보호하며 산업 및 상업 활동에 있어서의 개인의 창발성을 발휘시키기 위한 정책에 관한 결정서」, 『북한관계사료집 5』, 1946, 182~183쪽.
위의 결정에서는 조선공민의 개인소유였던 기업소 등을 불법적(인민재판의

망자가 다수인 경우는 개인기업가에게 우선권을 주어[266] 개인기업가의 능력을 인정하고 활용하려는 태도를 보였다. 특히 생활 필수품에 대한 인민의 수요를 보장하기 위하여 개인중소기업을 장려하지 않을 수 없었다. 그러나 개인기업가들이 가진 자본과 기술을 건국사업에 동원하려는 데 목적이 있었기 때문에 공업허가령에 철저히 입각하여 국가적 지도와 통제를 강화하였다.[267] 이처럼 북임인위는 중소상공업자에게 기업활동의 자유를 보장할 뿐만 아니라 기업을 장려한다고 하였지만, 이미 북한 사회의 분위기는 기업가들의 활동을 위축시키고 있었다.

물론 개인기업의 장려가 투기·모리 행위를 허용하는 것은 아니지만, 기본적으로 북한정권의 개인기업장려가 자본가의 성장을 허용하는 것이 아니었다[268]는 점에서 중소자본가의 창의적 기업활동을 불러오기는 어려웠다. 특히 해방 직후의 개인기업가에 대한 재산침해와 중요산업국유화의 실시로 인하여 개인기업가들은 재산몰수에 대한 불안감에 빠져 있었고 당연히 기업활동에서 창의성을 발휘하지 않았다.[269]

이 때문에 북임인위는 몰수당한 공장의 반환을 진행하기도 했고, 일부 소규모 공장·기업소·창고·상점들을 개인에게 방매하거나 대차하여 운영하도록 함으로써 민간에 사장되어 있는 원료·자재를 동원하여 생산을 증대시키고자 하였다.[270] 이것은 중요산업이 국가 권력의 지원하에서

결정 또는 북조선인민위원회의 특별한 결정―민족반역자 처분―을 제외한 경우)으로 몰수한 사건을 조사하여 전소유자에게 반환할 것을 각 도인민위원회에 위임하였다.
266) 북조선임시인민위원회, 「북조선산업 및 상업발전에 관한 법령」, 『북한관계사료집 5』, 1946, 186쪽.
267) 「공업허가령을 채택할 데 대하여 ―북조선림시인민위원회 상무위원회에서 한 결론 1946년 7월 18일」, 『김일성전집』 3, 22쪽.
268) 위의 글, 21쪽.
269) 「개인기업을 장려하며 평양시 주택문제를 해결할 데 대하여 ―북조선림시인민위원회 제17차 회의에서 한 결론 1946년 10월 4일」, 『김일성전집』 4, 283쪽.
270) 위의 글, 284쪽.

재건되고 있었지만, 실질적인 북한 경제의 재건에는 민간업자들의 적극적인 경제활동이 시급하게 요청되었음을 의미한다.

개인기업소에 대한 감독과 통제는 직맹단체를 통해서도 이루어졌는데, 직맹단체가 기업주와 단체계약을 체결하고, 노동법령을 잘 이행하도록 감독하고 통제하게 하였다.[271] 직맹단체가 이미 북로당의 영향하에 있었던 상태에서 직맹을 통한 민간기업 통제는 사실상 북로당의 사기업 통제로 이해해도 될 것이다. 개인기업소에 대한 통제는 재정 면에서도 이루어져 일제시기 대부 자금을 회수함으로써[272] 개인기업가에게 타격을 주었고, 대부분이 중류급에 속하는 상공인 소득자들에 대한 세율을 높게 정하여 상인들 속에서 자본주의적 요소의 성장을 제한하고자 하였다.[273]

하지만 1946년의 시점은 민간기업에 대한 북로당의 지배가 강압적으로 이루어진 것은 아니었고, 북로당은 민영공장 내에서는 북로당 당세포를 강화하여 노동자들이 개인기업주를 제어하도록 하였다. 평양에서조차 민영기업 내의 당단체가 부실하고, 국영공장의 노동자들이 민영공장으로 이동하는 상황은[274] 1946년경의 북로당이 민간기업과 노동자에 대한 장악에 어려움이 있었음을 보여준다.

③ 유일관리제의 실시[275]

1948년 이후 북한의 모든 경제부문의 운영 원칙은 유일관리제와 독립채산제의 원칙에 의하여 운영되었다.[276] 소련계 한인으로서 중앙은행 총

---

[271] 「현계단에 있어서의 직업동맹의 기본임무 - 북조선직업총동맹 중앙위원회 책임일군들과 한 담화 1946년 12월 23일」, 『김일성전집』 4, 466쪽.
[272] 「량정사업을 개선하며 일부 법규정을 개정할 데 대하여 - 북조선림시인민위원회 상무위원회에서 한 결론 1947년 2월 3일」, 『김일성전집』 5, 119쪽.
[273] 「소득세법개정안을 잘 만들 데 대하여 - 재정성 부상에게 준 지시 1949년 7월 2일」, 『김일성전집』 9, 342쪽.
[274] 「북조선로동당 제2차 전당대회회의록」, 『북한관계사료집』 1, 384~385쪽.
[275] 유일관리제에 관한 자세한 연구는 서동만, 앞의 논문, 173~180쪽을 참조.

재 겸 재정성 부상이었던 김찬은 국영기업소의 생산활동과 회계활동을 책임 있게 계획적으로 수행시키기 위해서는 반드시 새로운 관리원칙으로 독립채산제의 실시가 요구된다며, 이 시기에 있어서 독립채산제를 기업조직과 그 관리의 유일한 기본방법으로 주장하였다.277)

독립채산제는 매개 기업소가 그 단위가 되는데, 기업소는 자립적으로 자기의 자금을 통제하며 경리사업행정에 있어서 그 결과여부에 대하여 전적으로 책임을 지게 되는 것이다. 김찬의 주장에 따르면 독립채산제의 확립으로써만 정확한 노력 통계와 기업소의 경제활동의 결과에 대한 정확한 통계를 확보할 수 있으며, 독립채산제는 기업소 지배인들에게 생산품의 질적 가치향상과 기업소의 생산을 제고시키는 데 창안을 발휘하게 한다.278)

독립채산제와 함께 불가분의 관계에 있는 것이 유일관리제(Edinonachalie, One-Man Management System)279)이다. 유일관리제는 10월 혁명 후 레닌에 의해 주창되어, 스탈린시대에 접어들면서 생산에 대한 노동자들의 통제권을 완전히 배제한 '지배인 유일관리제'가 되었다.280) 유일관리제는 상급기관으로부터 임명된 일정한 책임자 즉 지배인이 전 책임을 지고 기업소를 관리하는 것이다. 책임자의 책임을 다른 사람이 대신할 수 없고, 다른 사람이 전혀 간섭할 수도 없으며, 기업소에 복무하는 전체종업원들은 직접 지배인에게 복무한다는 것이다. 상급관은 지배인에 대하여 기업 운영 관리 노동자 및 사무원의 임면, 각 관계 경제기관 사이에 사업상 요구되는 각종 계약 체결 및 생산 계획수립 등에 관한 일체권리를 부여한

---

276) 『근로자』 9호, 1950. 5. 15, 5쪽.
277) 김찬, 「독립채산제문제와 유일관리제」, 『근로자』, 1948년 12월호, 82쪽.
278) 위의 글, 82~83쪽.
279) 중국에서는 一長制, 북한에서는 유일관리제로 번역 사용되었다.
280) 박정진, 「북한의 '생산정치(Politics of Production)'와 노동자조직의 성격변화에 관한 연구」, 동국대 정치학과 석사학위논문, 1996, 13쪽.

다는 것이 그 내용이다.[281]

북한의 공식문헌에서 유일관리제라는 용어가 처음 등장한 것은 『근로자』 1948년 12월호였다.[282] 비록 유일관리제가 공식문건에서 처음 등장한 것은 1948년 12월 『근로자』이지만 이미 1947년부터 독립채산제가 실시되었고[283] 독립채산제가 유일관리제와 불가분의 관계에 있다고 주장[284]되는 점, 지배인 칭호의 사용 등을 감안하면 이 시기보다 일찍 유일관리제가 실시되었음을 추정할 수 있다.

소련군은 만주와 북한을 점령한 초기에 현지의 중요한 공업시설에 관심을 가지고 일부시설을 약탈한 것으로 확인되고 있는데, 시간이 흐르면서 여러 측면에서 지원을 하였다. 북한은 공장, 기업소의 가동을 위한 소련의 실질적인 원조를 요청하였고[285] 소련은 북한의 중공업기업소의 복구에 필요한 물적·기술적 자원을 지원하였다.[286] 해방 후 북한경제의 상황에서 공업에 대한 소련의 지원은 매우 중요한 부분이었기 때문에, 소련은 단순한 물적·기술적 지원뿐만이 아니라 공장관리에 있어서의 기본적인 방침에도 영향을 주었다. 이것을 유일관리제의 실시로 직접 대입할 수는 없지만, 1945년 12월 초순에 공장책임자를 지배인으로 칭했고[287] 1946년 이후에는 지배인이라는 직명이 자주 등장[288]하는 것으로 보아 유

---

281) 김찬, 앞의 글, 92쪽.
282) 서동만, 앞의 논문, 173쪽.
283) 김찬, 앞의 글, 84쪽.
284) 김찬, 앞의 글, 91쪽.
285) I. M. 치스쨔코프, 앞의 글, 68쪽.
286) 소연방 과학아카데미 동양학연구소, 국토통일원조사연구실 번역, 「북조선에 있어서의 중공업기업소의 우선적인 가동에 관한 북조선 주둔 소련군 사령관의 명령」(1945. 11. 27) 『소련과 북한과의 관계-1945~1980』, 1987, 43~44쪽.
287) 日本鑛業株式會社, 앞의 글, 498쪽.
288) 森田芳夫, 長田かな子 編, 『朝鮮終戰の記錄』 資料篇 三卷, 465쪽, 476쪽, 483쪽, 533쪽.

일관리제의 실시가 소련의 경제건설 경험의 수용이라는 면에서 해방 초기부터 활용되었던 것으로 추정할 수 있다.

그러던 중 1946년에 중요산업국유화가 완수되고 난 후, 1946년 12월 1일부터는 유일관리제의 초기적 형태가 공식적으로 도입되었다. 「국영기업장 관리령」의 공포가 그것을 의미하는데, 기업장의 책임자는 산업국장이 지시하는 생산책임량의 완수와 해당 기업장의 경리·경영에 대한 독립채산의 책임을 가지게 되었다.[289] 기업장 책임자는 기업의 업무를 총리(總理)하고 부장(상급직제가 과제(課制)인 곳은 과장급) 이하의 임면이동(任免移動)을 결정할 수 있었고, 산업국의 승인을 얻어서 기업장의 직제 제정과 직원의 정원 및 배치, 운영방침·사업계획, 기업의 확장 등을 실시할 수 있었다.[290] 이 단계는 지배인이 전적으로 책임을 지는 유일관리제가 실시될 수 없었던 조건을 가지고 있지만, 유일관리제가 명확한 관리 방침으로 결정되었음을 알 수 있다.

그리고 유능한 지배인의 부족을 극복하기 위하여 북임인위는 생산기업장 지배인 강습소를 설치하고, 현직 지배인의 일부(2개월 강습)와 기술이나 사무적 중등상식을 가진 사람 중에서 장차 기업을 지도할 사람(6개월 강습)들의 강습을 실시하였다.[291] 이러한 과정을 거쳐 1947년 3월에 산업국장 이문환은 국가가 임명한 국영기업소 최고책임자의 책임을 강조하였는데, 이것은 이 시기에 이미 유일관리제 기업 관리형식이 제한적이나마 실시되었음을 설명해 준다. 또한 노동조합이 직업동맹으로 변화되어 있었던 점도 이러한 관리형식이 가능한 필요조건을 갖추었다고

---

289) 북조선임시인민위원회, 「국영기업장 관리령」, 『북한관계사료집 5』, 1946, 187쪽.
290) 같은 곳.
291) 북조선임시인민위원회, 「생산기업장지배인 강습소설치에 관한 결정서」, 『북한관계사료집 5』, 1946, 667쪽.
6개월간의 강습을 받은 자는 지배인이나 부지배인으로 임명될 자격을 얻는다 (같은 곳).

할 수 있다. 또한 1948년 1월 25일에 김일성이 국영기업소 지배인, 기술자들과의 담화에서 기업소 지배인이 "산업건설에서 군대의 련대장과 같은 역할을 수행해야 하며, 지배인이 기업소의 지휘관이며 국가적으로 중대한 책임을 지니고 있음"292)을 강조한 것은 1948년에는 유일관리제의 실시가 진행되고 있었음을 보여준다.

2) 북조선임시인민위원회의 노동정책과 노동자 생활

(1) 노동법령과 사회보험의 실시

북임인위는 노동자들과 사무원을 위한 노동법을 1946년 6월 24일에 공포하였다. 노동법령에는 ㄱ) 8시간 노동제(유해환경은 7시간), ㄴ) 14세 미만의 노동 금지, ㄷ) 시간 외의 노동은 1년 동안 250시간으로 제한, ㄹ) 1년에 2주일간의 정기적 휴가, ㅁ) 산전(35일) 산후(40일)의 유급 휴가293)가 결정되었다. 북한의 노동법은 당시에 있어서는 세계에서 가장 진보적인 노동법령의 하나로 평가받았다.294) 노동법령은 북조선직업동맹의 요구도 반영되었는데, 1946년 5월에 개편된 북조선직업총동맹 행동강령은 "상병(床病), 폐질(廢疾), 급유(給乳) 등으로부터 노동자, 기술자, 사무원을 보호하기 위하여 기업주와 노동자 및 직업인의 부담에 의한 사회보험제 실시"를 요구하였다.

보험급여의 제공은 ㄱ) 일시적으로 노동능력을 상실한 일꾼들에 대한 보조금, ㄴ) 임신 및 해산으로 인한 휴가시의 보조금, ㄷ) 장례시의 비용

---

292) 『김일성 저작선집』 1권, 183쪽.
293) 북조선임시인민위원회, 「제9차 북조선임시인민위원회의 북조선노동자 및 사무원에 대한 노동법령에 대한 결정서」, 『북한관계사료집 5』, 1946, 685~687쪽.
294) Rudolph, Philip. North Korea's Political and Economic Structure. New York: Institute of Pacific Relations. 1959, 38쪽. 백학순, 박사학위논문, 525쪽에서 재인용.

보조금, ㄹ) 노동으로 인한 불구자나 직업으로 생긴 병에 의하여 근무할 수 없는 자들의 연휼금, ㅁ) 양육자를 상실한 경우에 유가족에게 주는 연휼금의 경우가 있다. 보조금은 규정된 보험료를 7개월 이상 계속적으로 납부한 노동자 및 사무원들만이 받을 권리를 가지도록 하였다. 사회보험은 ㄱ) 국가・소비조합・사회기업소 사무소 및 단체에서는 그 생산부문에 따라서 지불하는 임금의 5% 내지 8%, ㄴ) 개인기업소 및 고용주는 그들이 지불하는 임금의 10% 내지 12%의 범위, ㄷ) 피보험노동자 및 사무원들은 임금의 1%를 납부하도록 하였다. 사회보험료를 받는 문제와 보조금, 연휼금 및 의료상의 방조의 규정과 한도는 산업국이 직업총동맹과 함께 규정하도록 하였다.

노동법령에 나타난 사회보험제는 농민을 포함하지 못하는 단계에 있었으며, 국가나 소비조합, 사회기업소에서 부담하는 사회보험료는 임금의 5~8%인 데 비하여 개인 기업소의 부담은 10~12%에 달했다. 사회보험의 효력은 준비기간(규정된 보험료를 7개월 이상 계속적으로 납부한 노동자 및 사무원 자격 발생) 7개월 경과 후인 1947년 1월 24일부터 효력이 발생되어, 1년 후인 1948년 1월 24일까지 사회보험의 각종 급부를 받은 사람이 541,962명[295)]에 달하였다. 노동자, 기술자, 사무원에게 1년에 2주일간 외금강의 휴양시설을 이용할 자격이 주어졌다[296)]고도 하지만 이것이 실행되기는 어려웠을 것이다.

오기섭은 이 시기 사회보험에 대하여 초보적이며 착수한 데 불과함을 인정하였지만, 휴양 후의 생산실적이 휴양 전보다 현저히 높아졌다[297)]고

---

295) 北朝鮮人民會議常任議員會 及 北朝鮮人民委員會 機關紙, 『민주조선』 1948년 1월 24일.
296) 같은 곳.
1년간 요양소, 휴양소, 사회보험병원을 이용한 연인원은 3,836,464명이고 실인원은 627,571명에 달했다(위의 신문, 1948년 1월 25일).
297) 『민주조선』 1948년 1월 31일.

평가하였다. 북한 정권은 사회보험이 생산성 향상에 효과가 있음을 인정하였고, 1948년 사회보험 실시목표에 사회보험 사업비로 200%지출, 정양·휴양사업 강화, 탁아시설을 포함하였다.[298]

〈표 3-18〉 1947년 북조선 노동자, 사무원들의 출근률

분기별	출근률
1/4	83.2%
2/4	86.2%
3/4	93.3%
4/4	94.3%

출처 : 『민주조선』 1948년 1월 31일.

〈표 3-19〉 7개월 이상 근속자 長成比

연도	분기	비율
1947	1/4	100
	2/4	119.2
	3/4	132.0
	4/4	144.3
1948	1/4	152.3
	2/4	161.7

출처 : 조선중앙통신사, 『조선중앙년감 1949년도』, 157쪽.

〈표 3-18〉과 〈표 3-19〉는 북한 노동자의 출근률과 장기근속률이 높아지고 있음을 단적으로 보여준다. 이 같은 결과에는 여러 가지 이유가 있겠지만, 사회보험의 실시가 노동자의 노동 규율을 강화하고 동일 직장에서 계속적으로 근무하도록 유도하는 데 기여하였다고 할 수 있다. 결과적으로 해방 초기의 빈번한 노동력의 이동으로 인하여 겪던 애로를 줄여나가는 데 사회보험의 실시가 기여를 한 것으로 볼 수 있다.

---

[298] 같은 곳.

북한의 사회보험정책은 '돌격생산'에 최대한 동원하고 보상을 준비한 것이라고 요약할 수 있는데, 노동자들은 노동생산성을 올리고 정권은 생산의 일부를 노동자에게 다시 돌리는 순환구조를 만들어 냈다고 볼 수 있다.

(2) 노동자의 생활조건 개선

일제의 수탈과 오랫 동안의 전쟁으로 북한의 경제는 극히 어려운 상태였고, 1946년 북임인위가 수립된 후에도 북한의 식량사정은 어려웠다. 북임인위는 당면한 최대 과제의 하나였던 식량 문제의 해결을 위하여 북임인위 결정 제2호에서 3월부터의 노동자에 대한 식량배급량을 결정하였다.299) 그러나 국가의 일관된 배급은 가능하지 않았고, 북조선 산업국 및 노동조합이 협력하여 생활 필수품을 생산하고 이를 농촌의 곡물과 교환하여 노동자와 사무원에게 분배하도록 하였다.300) 이것은 배급제의 실시라기보다는 각 기업소에 자체적 해결을 책임지게 한 것으로 볼 수 있다. 그러나 토지개혁 후 현물세의 수납이 이루어지는 1946년 가을부터는 국가가 식량 분배를 주도하는 상황으로 변화되었고 국가의 힘이 강화되는 데 기여하였다.

〈표 3-20〉에 의하면 1946년 이후 1948년까지 대체적으로 식량배급이 증가하였다. 식량을 확보한 북임인위는 식량의 배급량을 증대시켰고 중노동자가 책임생산능력의 110% 이상을 완수할 때는 특등배급량(900g)을 배급하고, 경노동자가 110% 이상을 완수한 경우는 중노동자의 배급량(750g)을 배급하였다. 또한 100%를 달성하지 못한 경우는 각기 한 등급씩 낮추어 배급하였다.301) 이처럼 북한 정권은 노동자의 노동생산성을

---

299) 북조선임시인민위원회, 「북조선임시인민위원회의 식량대책에 대한 결정서」, 『북한관계사료집 5』, 1946, 315쪽.
300) 위의 글, 316쪽.
301) 북조선임시인민위원회, 「등급별전표제 식량배급제도 실시에 관한 건」, 『북한

〈표 3-20〉 식량배급량의 변화과정 - 1인당 1일 배급량임(단위는 g)

시기 대상분류	1946.2.27	1946.10.19	1946.12.26*			1948.11.1
		900(특급)	수량	미곡	잡곡	900(탄광광산노동 철도기관차승무원)
중노동자	600	750	700	420 : 280		800
기타노동자(경노동자)	500	600	600	360 : 240		700
사무원	400	525	500	300 : 200		
노동자 및 사무원의 가족	300	450	300	180 : 120		

출처: 북조선임시인민위원회, 1946, 「북조선임시인민위원회의 식량대책에 대한 결정서」, 『북한관계사료집 5』, 315쪽.
북조선임시인민위원회, 1946, 「등급별전표제 식량배급제도 실시에 관한 건」, 『북한관계사료집 5』, 351쪽.
북조선임시인민위원회, 1946, 「식량배급에 관한 건」, 『북한관계사료집 5』, 360쪽.
『근로자』 1948년 11월, 73쪽.
* 1946년 12월 27일의 결정은 1947년 5월 1일부터 실시한 것으로 보임.

제고하기 위하여 노동자의 임금에서 큰 부분을 차지하는 식량 배급을 엄격히 적용하였다. 따라서 만일 하루라도 정당한 이유없이 결근한 노동자, 사무원에게는 그 가족과 함께 그날의 배급이 중지되었으며[302] 근로자와 부양가족의 배급량의 차이는 ―1946년 12월 결정의 경우― 40%에서 50%에 달하여 부양가족(특히 여성)의 노동을 자극하였다. 특히 곡물의 국가배급가격과 소비조합 판매가격의 차이는 노동의욕을 자극시켰다고 할 수 있으며, 식량배급의 개선으로 정권에 대한 신뢰는 증대되었다.

1947년 12월 1일 신구화폐교환법령의 실시로 북한의 물가와 임금관리는 국가권력의 손에 장악되었고, 그동안 유통되던 소련군의 군표를 소지한 상인층과 자산층에 손실을 강요한 화폐개혁의 결과는 1948년 2월과 5월 2차에 걸친 생활필수품 가격 인하의 배경이 되었다. 화폐개혁 직후인

관계사료집 5』, 1946, 352쪽.
302) 북조선임시인민위원회, 「식량배급에 관한 건」, 『북한관계사료집 5』, 1946, 361쪽.

1948년 1월에도 노동자와 정권 간의 임금으로 인한 갈등은 계속되었고, 노동자들은 임금 인상을 요구하였다.303) 이후 물가의 저하와 더불어 임금이 인상되어 노동자들의 실질임금은 1947년 6월에 비해 1948년 상반년에는 약 2배로 증가하였다.304)

〈표 3-21〉 평양의 소매물가지수

	곡류	의료품	일용잡화	연료	어육류	식료품	목재	기타	계
1947.11	100	100	100	100	100	100	100	100	100
1947.12	87	90	66	92	82	105	80	53	82
1948.1	66	63	79	71	78	84	97	63	76
1948.2	57	64	74	74	84	90	106	66	77
1948.3	50	56	69	58	75	78	82	71	61
1948.4	44	53	65	49	59	68	82	73	62

출처 : 조선중앙통신사, 『조선중앙년감 1949년도』, 117쪽.

〈표 3-22〉 1948년 6월의 물가지수와 임금지수

	1947년 12월 화폐개혁 전	1948년 6월
물가	100	51.1%
임금지수	100	210~240%

출처 : 『근로자』 1948년 11월호 73쪽.

〈표 3-21〉, 〈표 3-22〉에 의하면 1948년 6월의 실질임금은 크게 인상되었다는 결론이 가능한데, 이것은 농업생산이 1946년에 비하여 1947년에는 130%로 확대되고, 국영공업이 226%(1948에는 325% - 예상치)로 증대하였으며, 노동생산성이 2배 이상(1948년에는 1947대비 147% 예상) 성장

---

303) 「국영공업을 어떻게 발전시키며 기업소를 어떻게 운영할 것인가? - 국영기업소 지배인, 기술자들과의 담화 1948년 1월 25일」, 『김일성 저작선집』 1, 1967, 183쪽.
304) 조선중앙통신사, 『조선중앙년감 1949년도』, 154쪽.

된 조건을 토대로 이루어졌다.

　북한정권은 국가 수립과정에서 당과 국가의 지주로 되는 노동자의 처지를 개선하려는 의도를 가지고 있었지만, 개별 노동자들의 요구에는 미치지 못하는 현실에 있었다.

3) 북조선로동당 당원과 당조직의 공장에서의 역할

　1945년 말까지도 조공분국 내의 노동자 당원은 매우 적었으며, 공장·기업소에 당세포가 조직되지 않은 곳도 적지 않았는데, 조공분국은 3차 확집위 이후 적극적으로 당원확장을 추진하여 노동자 당원의 인입과 공장 내 당조직의 강화를 추진하였다.

　이어서 1946년 2월 김일성은 노동영웅운동의 전개를 제기하였다. 그리고 공장, 광산, 농촌에서 노동영웅운동을 광범히 조직하여 국가 건설을 위한 '혁명적 경쟁'에 노동자, 농민을 적극적으로 동원하도록 하였는데305) 이들은 조공분국 당원으로 먼저 흡수되는 대상이 되었다. 조공분국은 성실한 노동자를 당원으로 흡수하고, 이들 당원을 다시 철도운수사업 등의 핵심적인 부문들에 파견하여306) 공장, 기업소 등의 생산부문에서의 역할을 높이도록 하였다. 이 같은 상황의 전개는 당시의 당원들의 노동태도가 비당원보다 열의가 있었음을 의미한다.

　노동영웅운동은 1946년 3·1운동 기념을 계기로 '생산돌격'운동으로 전개되었다. 조선철도노동조합 평양공장분회에서는 종업원대회를 열고, 2월 11일부터 2주일간 매일 노동시간을 2시간 연장하는 생산돌격운동을 결의하였다.307) 이 운동은 철도, 광산으로 연결되고 평양철도 노동자들

---

305) 「당내 정세와 당면과업에 대하여 — 북조선공산당 중앙조직위원회 제4차 확대집행위원회에서 한 보고 1946년 2월 15일」, 『김일성저작집』 2, 56쪽.
306) 「북조선공산당 중앙위원회 확대집행위원회에서 한 결론 1946년 6월 22~23일」, 『김일성전집』 3, 496~497쪽.

은 휴일을 전폐까지 하였지만308) 3월 초에도 산업부문에서 전면적으로 전개되지는 못하였다.309) 이상의 실정은 조공분국의 공장 노동자에 대한 영향력을 보여주는 것으로, 조공분국이 전면적인 동원능력을 갖추지 못했음을 보여준다. 하지만 조공분국은 '돌격생산'운동을 통하여 노동자들의 노동규율을 강화하는 성과를 얻기도 하였다.

이 당시 생산현장을 살펴보면, 국영기업소 간부들 가운데는 '참다운 주인'이라는 의식이 부족한 경우가 적지 않았고, 일부 노동자들은 노동량과 노임문제로 마찰을 빚었다310) 따라서 건국사상총동원운동은 주로 상층에서 맴돌 뿐이었고 하부 말단의 광범한 대중 속에는 미치지 못하는 것이 실정이었다.311) 흥남시의 경우를 보아도 당조직이 공장간부, 기술자, 기능자 등 핵심 간부들을 장악하지 못했는데312) 이런 현상 역시 북한 전역에 공통된 현상이었다.

당조직이 핵심간부들을 장악하지 못한 상황은 공장 내의 대립으로 연결되었다. 해방 전에 공부한 기술자들은 유산계급 출신이라거나, 일제에게 복무하였다하여 친일파, 민족반역자와 같이 취급받는 일도 있었고, 어떤 지방에서는 국영공장·기업소에서 성실하게 일하고 있는 기술자들을 믿을 수 없다고 내보내는 현상까지 있었다.313) 이처럼 당조직의 활동

---

307) 『정로』 1946년 2월 13일, (1), 「생산돌격대운동을 전개」.
308) 위의 신문, 1946년 3월 7일, (1), 「국가산업의 대동맥 철도를 시급히 보장하자」.
309) 위의 신문, 1946년 3월 9일, (2), 「생산돌격건국운동을 조직적으로 영도하자」.
310) 「국영기업을 계획적으로 관리운영하기 위하여 －각 도인민위원회 산업부장 및 국영기업소지배인회의에서 한 연설 1946년 12월 3일」, 『김일성저작집』 2, 564쪽, 566쪽.
311) 「현시기 민전앞에 나선 몇 가지 임무에 대하여 －북조선민주주의 민족통일전선 중앙위원회 제8차 회의에서 한 연설 1946년 12월 26일」, 『김일성선집 1954』 1, 302쪽.
312) 「흥남시 당단체의 사업정형에 대하여 －북조선로동당 중앙상무위원회 제13차 회의 결정서 1946년 11월 25일」, 『결정집』, 57쪽.
313) 「북조선림시인민위원회 국, 부장회의에서 한 결론 1946년 10월 1일」, 『김일성

이 강화되면서 공장·기업소 내의 계급 간의 갈등은 북한사회 전역에서 일반적인 현상이 되었던 것으로 보이는데, 이런 갈등은 산업의 복구와 사회통합에도 부담을 주었다.

북임인위에서는 1946년 10월 초, 기술자들의 기술 등급사정에는 학력과 근무 연한뿐만 아니라 현재의 기술수준을 충분히 고려하여 사정하도록 하였는데314) 이것은 저학력의 노동자·빈농 출신 기술자들을 평가에서 우대하려는 뜻이 있었다. 이 시기는 8월에는 북로당의 창립이 있었고, 11월 초에는 도·시·군 인민위원회 선거가 예정되어 있는 북한사회의 질서재편과 연관이 높은 시점이었으므로, 공장 내의 질서도 변화가 있었을 것으로 보인다. 그리고 그 변화는 북로당의 공장에 대한 관여를 강화하는 방향으로 이루어졌다.

공장에 대한 북로당 조직의 관여를 강화함과 더불어 북조선 민전에 참가한 모든 정당 사회단체들의 행동강령은 반드시 인민경제계획을 실행하는 데 '복종'할 것을315) 요구받았다. 특히 생산관련 당조직은 모든 당사업 중에서 생산계획 완수를 당면한 제일의 과업으로 하였다.316) 이처럼 북로당의 생산직장에 대한 관심은 지대하였는데, 당성장 결과 세포 내에 당원 수가 100명 이상 되는 생산직장 내 당조직들이 많아지자 100명 이상 당원을 가진 중요한 공장, 광산, 제작소, 농촌 내의 당지도기관으로 당위원회를 조직하였다.317) 그리고 당단체들은 인민경제계획의 성과적 수행을 위하여 모든 당원들이 돌격운동에 적극 참가하도록 했고, 계획과

전집』 4, 276쪽.
314) 위의 글, 278쪽.
315) 「조선정치정세에 대하여 —북조선임시인민위원회 수립 1주년 기념 대회에서 한 보고 1947년 2월 8일」, 『김일성저작집』 3, 82쪽.
316) 「사동탄광 당단체의 생산계획 실행에 대한 협조정형에 대하여 —북조선로동당 중앙상무위원회 제18차 회의 결정서 1946년 12월 27일」, 『결정집』, 104쪽.
317) 「당단체의 지도기관 조직에 대하여 —북조선로동당 중앙상무위원회 제22차 회의 결정서 1947년 2월 7일」, 『결정집』, 130쪽.

제 완수를 위해 충실하고 희생적인 전사가 되기를 요구하였다.318)

북로당의 요구에 따라 정주기관구 당단체는 철도운영에서 규율확립을 강력하게 전개하고, 노동자, 기술자, 사무원들 속에서 건국사상총동원운동을 전개하기 위한 조직정치사업을 하였다.319) 당원은 모든 사업에서 항상 군중의 모범이 되어야 하며 선봉적인 역할을 할 것을 요구받았는데320) 특히 증산돌격운동은 북로당원들의 모범적 역할에 의하여 이루어졌다.321)

하지만 여러 가지 부작용도 나타났는데, 1947년에 함북도 내 탄광을 비롯하여 적지 않은 기업소에서 노동생산능률은 높이지 않고 노동자 수를 증가시키는 것으로 생산을 높이려 하거나, 심지어는 노동생산능률을 낮추면서까지 노동자 수를 늘려 생산을 성장시키는 일이 벌어졌다.322) 탄광과 같은 기업소들의 대부분이 당단체가 조직되어 있었음에도 불구하고 이런 부정적 현상들이 나타난 것은 국영기업의 운영에서 나타나는 구조적 문제점들로부터 북한사회도 자유로울 수는 없었음을 보여준다. 이것은 하급 당조직이 강화되지 못한 데 원인이 있다고 할 수도 있지만, 그보다는 하급 당조직이 상급당의 일방적 계획 달성요구에 부정적인 방식으로 대응하였다는 설명이 가능하다.

---

318) 「대중지도방법을 개선하며 올해 인민경제계획 수행을 성과적으로 보장할 데 대하여 -북조선로동당 중앙위원회 제6차 회의에서 한 결론 1947년 3월 15일」, 『김일성저작집』 3, 182쪽.
319) 「북조선로동당 중앙위원회 상무위원회에서 한 결론 1947년 4월 18일」, 『김일성전집』 5, 393쪽.
320) 「중앙당학교 6개월반 제3회 졸업식에서 한 훈시 1947년 8월 1일」, 『김일성저작집』 3, 364쪽.
321) 주녕하, 「평남도 및 평양시당 열성자대회에서 주녕하동지 보고」, 『북한관계사료집』 1, 258쪽.
322) 「금년도 인민경제계획 실행을 위한 투쟁에서의 당단체들의 과업-북조선로동당 중앙위원회 제12차 회의에서 한 보고 1948년 2월 9일」, 『김일성저작집』 4, 116쪽.

북로당원의 긍정적인 역할을 보여주는 사례도 있다. 흥남지구인민공장에서는 1947년 한해 동안에 74건의 창의고안이 있었는데, 우수한 발명고안이 모두 북로당원에 의하여 이루어졌으며 북조선인민위원회 창립 2주년을 계기로 각 기관에서 표창받은 모범일꾼 901명 중에서 88.5%에 달하는 798명이 북로당원이었다.[323] 이처럼 북로당원이 모범일꾼의 많은 수를 차지하게 된 것은 북로당의 당원확장정책이 정치사상수준보다도 생산현장에서의 성실한 노동에 비중이 주어졌던 점을 감안하면 당연한 일이었다. 이것은 이 시기에 이미 중요한 역할들이 북로당원을 중심으로 추진되고 있는 한 단면을 보여준다.

기업소 내의 당단체의 역할이 생산기업소 내에서 한정되는 반면에 시·군 당단체는 군이나 시내의 기업소 간의 협조를 조정하였다. 성진제강소는 일제의 파괴로 1946년에도 복구되지 못하였는데, 1947년에는 상급당의 지시하에 성진시당부 산하 공장당부 말단세포에 이르기까지 총동원이 되어 공장복구에 나섰다. 성진시당에서는 성진제강의 노력조직, 정치교양에 개입하였으며, 당원들은 당원자격을 들먹이며 복구에 나섰고, 공장당부의 지시로 '가장 우수한 동무'들을 전체 중요생산직장에 동원하였다.[324] 특히 특정 공장—물론 성진제강이 갖는 의미는 매우 크지만—의 관리에 시당부가 직접 나서서 추진하고 있는 모습은 북한의 초기 국가건설과정에서의 당단체와 인민위원회의 역할을 보여준다고 할 수 있다.[325]

이러한 당단체와 인민위원회의 역할은 원산에서도 볼 수 있다. 원산에

---

323) 「당중앙위원회사업에 대하여 －북조선로동당 함경남도 제2차 대표대회에서 한 보고 1948년 2월 21일」, 『김일성저작집』 4, 147쪽.
324) 「북조선로동당 제2차 전당대회회의록」, 『북한관계사료집』 1, 349쪽.
325) 이와 같은 모습은 국영신의주 방직공장에서도 볼 수 있다. 이 공장 방직갑반세포(紡織甲班細胞)에 대하여 상급당은 1947년 사업 총결의 재검토를 지시하고, 1948의 생산협조사업을 지시하였다(『평북로동신문』 1948년 1월 25일, (1), 「신의주방직공장 방적 갑반세포」).

서는 원산조선소 문평분공장의 남은 노동력을 문천 기계제작소에 돌려 노동력부족을 타개하기도 하였는데326) 초기 북한 사회의 생산활동이 크게 진전된 것은 이처럼 개별 기업소단위에서 처리할 수 없는 문제들을 당단체와 인민위원회가 능동적으로 대응하였기 때문이다.

공장 당단체의 역할을 이해하기 위해 1947년의 황해제철소 당단체의 활동을 살펴보면 다음과 같다.

첫째, 공장 당단체는 항상 사업의 중심을 생산을 보장하는 데 두도록 요구받았다. 이 같은 당단체의 역할은 실질적으로 설비관리와 생산에 대하여 국가에 책임을 진 지배인을 당단체가 대행하여 생산을 직접 조직하는 경우를 적지 않게327) 만들어냈다. 북한의 다른 공장당부에서도 '당의 기본노선을 옳게 파악하지 못하여' 공장 유일관리제를 간부들 자신이 문란케 하였는데328) 이런 결점은 상당히 일반적이었던 것으로 볼 수 있다. 김일성은 반복적으로 당단체의 이런 잘못을 비판하였지만, 당단체들이 기업소 내에서 지배인의 역할을 대행하는 일들이 계속될 수밖에 없는 여건이었다.

둘째, 공장 당단체는 당원들에 대한 동원과 공장 내의 '대립적' 요소들을 제거하는 역할을 가지고 있었다. 제철소 당단체의 당원들은 생산과제를 책임적으로 수행하며 모든 사업의 선두에 서서 대중을 이끌어 나가도록 요구받았다. 또한 생산을 저애하려는 '반동분자들'과의 투쟁에 광범한 군중을 동원해 분쇄할 것도 요청받았다.329)

셋째, 공장 당단체는 노동자들의 부식공급, 주택 문제 등의 생활에도

---

326) 「북조선로동당 제2차 전당대회회의록」, 『북한관계사료집』 1, 365쪽.
327) 「생산에 대한 공장당단체들의 지도를 강화할 데 대하여 −북조선로동당 중앙위원회 상무위원회에서 한 결론 1947년 7월 31일」, 『김일성저작집』 3, 359쪽.
328) 『평북로동신문』 1948년 1월 30일, (1), 「청수화학공장당부총회」.
329) 「생산에 대한 공장당단체들의 지도를 강화할 데 대하여 −북조선로동당 중앙위원회 상무위원회에서 한 결론 1947년 7월 31일」, 『김일성저작집』 3, 361쪽.

책임을 가지고 돌보는 역할을 하였다. 이것은 공장 당단체가 노동자들의 권익을 옹호하는 일에 관여하여 노동조합을 부분적으로 대행하는 의미가 있다.

넷째, 공장 당단체는 사회단체들을 지도하였다. 직맹·민청·여맹단체들이 근로자들 속에서 영화·연극관람과 체육사업을 정상적으로 조직진행하도록 하고, 가족들에 대한 교양사업도 맡았다.330)

이상과 같이 생산과 노동자와의 관계에서의 당단체의 역할이 중요하였고, 실제 공장의 운영에서 당단체의 관여가 강해질 수밖에 없었다.

〈표 3-23〉 지방산업처 산하 공장 지배인 분석(1948년)

연령	26 이상	31 이상	36 이상	41 이상	46 이상	51 이상	56 이상
인원	5	17	17	10	6	2	1

당	노동당	무소속
인원	53	5

출신	노동자	빈농	중농	사무원	기타	상인
인원	5	35	7	4	3	2

성분	노동자	빈농	중농	사무원	기타	상인
인원	15	1		35	1	6

지식정도	소학	중졸	전문
인원	25	26	7

취임시기	47.7	47.9	47.10	47.11	47.12	48.1	48.3
인원	4	19	3	2	1	4	11

출처: 『1948년 지방산업처 직원 명부』.
* 사무원 성분 중에서 행정 경험자는 9명.
* 지방산업처 직원 35명 중 무소속 12명, 북로당원 23명.

---

330) 위의 글, 362쪽.

위 〈표 3-23〉에서 볼 수 있는 바와 같이 북로당은 지방산업처 산하의 공장 지배인 58명 중에서 53명(91.4%)을 북로당원으로 흡수하였다. 중앙에서 관리하는 국영기업소의 경우 —지배인의 당원 비율을 확인할 수는 없지만 전체 북한사회에서의 북로당의 영향력을 보면— 당원 비율이 지방산업처와 비슷하거나 그 이상이었을 것으로 추측할 수 있다. 그리고 이러한 실태를 통해 북로당이 기업소 운영에 깊이 관여할 수 있는 기본적인 구조를 가지고 있었음을 알 수 있다.

〈표 3-23〉에 따르면 지방산업처 산하의 공장 지배인들의 출신은 빈농이 60.3%였지만, 성분은 60.3%가 사무원이었다. 대체로 공장 관련 사무원들이 지배인으로 임명되었음을 보여주는데, 이들의 학력은 56.9%가 중졸 이상이었다. 공장관리를 위하여 70.6%에 달하는 사무원과 상인 성분이 중심역할을 할 수밖에 없었음을 알 수 있으며, 동시에 이러한 성분구조하에서는 당조직의 관여가 배제되는 유일관리제의 원칙을 지켜나갈 수 없었을 것임을 추측할 수 있다. 또 이들의 취임 시기가 1947년 9월 이후가 중심을 이룬 것은 유일관리제의 실시시기와 관련이 있을 수 있다.

실제로 당의 관여가 문제를 가져오기도 하였는데, 당원업무를 이유로 노동으로부터 이탈하는 현상과 비효율적인 회의 등으로 노동시간이 낭비되는 일이 있었다. 흥남시의 한 당위원회는 하부일꾼들을 불러 회의를 자주 열고 하부일꾼들로부터 생산통계를 받는 것으로 경제건설사업에 대한 당적 지도를 대치하였는데, 공장당세포위원장을 불러다가 노동시간에 세포위원장연석회의를 조직한 것만도 한 달 동안에 24회나 되었다.[331]

이것은 북로당의 관여가 일상화되었음을 보여주는데, 이에 대응하여 북로당 중앙위원회에서 당사업이나 사회단체 사업을 노동시간에 처리하는 사실들을 근절할 것[332]을 요구하기까지 했을 정도로 당조직의 공장

---

331) 「당단체들의 사업을 개선강화할 데 대하여 —북조선로동당 중앙위원회 제5차 회의에서 한 결론 1949년 2월 13일」, 『김일성저작집』 5, 62쪽.
332) 「북조선로동당 중앙위원회 제5차 회의 결정서(二) 1949. 2. 13」, 『북한관계사

생산에 대한 관여는 컸다. 이것은 이 시기 북로당이 경제건설에 당의 역량이 집중하면서 나타난 현상의 하나였는데, 그 결과 기업관리에서의 유일관리제의 원칙을 혼란스럽게 했다. 어떤 기업소에서는 사회단체들이 지배인의 사업에 간섭하였고, 또 어떤 기업소에서는 지배인이 책임을 회피할 목적으로 일의 대소경중을 막론하고 사회단체들과의 연석회의 결정으로 집행하려 하였기 때문에 과업을 실행하지 못하는 일이 있었다.[333]

이러한 현상은 해방 후 북로당이 처했던 간부문제에도 원인이 있었다. 북한의 건설과정에서의 가장 어려운 문제로 김일성은 간부 문제를 지적했는데, 일제하에서 조선인들이 행정·경제·문화·공업부문에서 아무런 지도적 지위를 가지지 못하였기 때문에 간부가 특히 부족하였다. 북한은 이 문제를 해결하기 위하여 각종학교를 건설하였고, 특히 산업부문에 필요한 간부양성을 위하여 지배인강습소, 기술전문학교, 공장기술학교를 운영하였다.[334] 하지만 이런 식으로 양성된 지배인 유일관리제가 정상적으로 작동하기에는 북한의 경제사정이 너무 좋지 못하였다. 또 지배인이 당조직과 당의 지배하에 있는 사회단체의 관여 사이에서 책임 경영을 할 수 없는 것도 당연한 일이었다.

북로당의 당조직들이 모든 건설 사업에 참가하고, 생산직장에서 50%에 가까운 당원이 직접 생산에 분투하고 있던 상황은[335] 북로당의 기업에 대한 관여를 구조화시켰다. 당단체들은 각 공장·근로자들이 자기에게 맡겨진 생산과제를 어김없이 수행하도록[336] 하였는데, 이처럼 경제건

료집』 1, 488쪽.
333) 「2개년 인민경제계획 실행을 위한 투쟁에 있어서 산업부문 내 당단체들의 사업개선방침에 관하여 -1949년 12월 17일 로동당중앙위원회에서 진술한 허가이 동지의 보고」, 『북한관계사료집』 1, 523쪽.
334) 「남조선신문기자단과 한 담화 1948년 4월 29일」, 『김일성선집 1953』 2, 156쪽.
335) 「2개년 인민경제계획 실행을 위한 투쟁에 있어서 산업부문 내 당단체들의 사업개선방침에 관하여 -1949년 12월 17일 로동당중앙위원회에서 진술한 허가이 동지의 보고」, 『북한관계사료집』 1, 524쪽.

설사업에 대한 당적 지도를 강화하여 당의 의도대로 경제건설을 진행하려 하면서 여러 가지 문제점이 나타났다.

경제건설사업을 당적으로 지도한다는 것은 정치적 조직사업으로 경제건설을 보장하는 것을 의미하였는데, 적지 않은 당단체들이 경제건설에 대한 당적 지도를 행정 경제사업에 대한 국가의 지도와 동일시하였다. 그 결과 당단체들의 행정경제일꾼들에 대한 지나친 간섭은 행정경제일꾼들의 창의성과 능동성을 약화시켜 1948년 3/4분기 인민경제계획을 제대로 수행되지 못하게 하였다.337) 또 생산량에 치중한 경제정책의 결과, 일부 공장, 기업소에서 금액상 계획을 수행하는 데 치중하면서 생산하기 쉬운 제품만 생산하거나338) 제품의 양적 생산에만 치중하고 그 질을 보장하지 않는 현상339)이 나타나기도 했다.

북로당은 당위원회가 경제건설에서의 당적 지도를 행정화하고 있음을 비판하고 있는데, 이는 정치권력이 우위에 서는 북한의 정치구조하에서는 불가피한 일이었다. 생산에서의 정치사상의 역할에 대한 과대 평가와 물질적 분배의 불충분, 기업소 지배인 등의 기술인력에 대한 북로당의 권력우위는 기업소 내에서 북로당의 행정대행과 관여를 불가피하게 만들었다.

---

336) 「인민들의 물질문화 생활을 향상시키기 위한 몇 가지 과업 -북조선로동당 중앙위원회 상무위원회에서 한 결론 1948년 11월 22일」, 『김일성저작집』 4, 493쪽.
337) 「현시기 경제사업에 대한 당단체들의 지도와 당세포를 강화하는 데서 제기되는 몇 가지 문제에 대하여 -북조선로동당 중앙위원회 상무위원회에서 한 결론 1948년 11월 1일」, 『김일성전집』 8, 418~419쪽.
338) 「당단체들의 사업을 개선강화할 데 대하여 -북조선로동당 중앙위원회 제5차 회의에서 한 결론 1949년 2월 13일」, 『김일성저작집』 5, 66쪽.
339) 『평북로동신문』 1948년 1월 16일, (1), 「평북조선소 세포」.
「당단체들의 사업을 개선강화할 데 대하여 -북조선로동당 중앙위원회 제5차 회의에서 한 결론 1949년 2월 13일」, 『김일성저작집』 5, 65쪽.

요약 및 소결

　조선공산당은 해방 후의 혁명단계를 부르주아민주주의혁명으로 규정하였다. 조공분국에서도 이 규정은 계속되었고, 타당과의 통일전선은 중요한 정책이었다. 그러나 모스크바 3상회의 결정에 대한 조만식의 지지 거부와 함께 우익세력과의 통일전선은 실질적으로 손상이 되었다. 특히 조선민주당은 항일유격대 출신인 부당수 최용건에 의하여 장악되었고, 모스크바 3상회의 결정에 반대한 세력은 당에서 배제되었다. 또 토지개혁으로 인하여 조선민주당의 활동은 크게 위축되었다.
　1946년 4월에는 민주당이 개편되었고, 개편된 민주당 중앙위원회는 모스크바 3상회의 결정과 북임인위의 20개조 정강을 지지하였다. 이어서 민주당 중앙위원회는 지방당을 개편하고 하부조직에 대한 영향력도 확보했지만, 일반 당원들의 지지를 끌어내는 데는 미치지 못하였다.
　조공분국은 청우당에 대해 드러나는 통제와 간섭을 하지는 않았는데, 타정당, 사회단체의 협력을 끌어내기 위하여 1946년 7월에는 북조선민전을 결성하였다. 이후 북조선민전은 지방의 하부단위까지 결성되었고, 각 정당, 사회단체에 대한 통제와 정권기관의 행정을 지원하기도 하였다.
　민주당은 1946년 말에도 도시 소시민, 농촌 부농층 등을 중심으로 당세를 유지하였고, 일부 지역에서는 북로당에 반대하고 별개의 사회단체를 조직하여 영향력을 확장하려 함으로써 북로당과 마찰을 빚는 경우도 있었다. 이에 대하여 북로당은 북조선민전과 인민위원회의 허용범위 내에서의 활동을 요구하였고, 민주당 내의 일부 당원의 축출을 요구하기도 하였다. 이 시기를 거치면서 민주당의 대외적인 독자성은 거의 상실되어 갔고, 북로당의 통제가 강화되면서 정부수립 후부터는 정당이기보다는 사회단체와 같은 위상을 가지게 되었다.

청우당의 일반 당원과 간부 당원의 계급 성분이 불일치하였는데, 일반 당원들의 대부분이 농민(빈농)이어서 북로당과 계급기반이 겹침으로 인하여 북로당과 마찰을 빚기도 했다. 하지만 북로당은 성공적으로 청우당을 견인해 낸 것으로 보이며, 북로당이 주장하는 의미에서는 통일전선정책을 성공적으로 수행했다고 할 수도 있다. 하지만 각 계급 구성원과 정치세력의 대립을 극복하고 민족의 다수가 자발적으로 공동의 목표를 창출하였는가 하는 측면에서는 평가가 달라질 수 있다.

북로당은 타정당의 사회단체화와 더불어 노동자·농민·청년·여성들을 대상으로 사회단체를 조직하여 대중과의 연결벨트를 확보하였다. 일제하에서 투쟁경험이 있었던 노동조합과 농민조합이 먼저 조직되어 활동하였고, 노동운동 경력자들은 국가건설을 위한 정치적 수요의 증가에 따라 인민위원회와 같은 정치기구로 이동하기도 하였다. 1946년 초 조공분국은 노동조합·농민조합·민청·여성동맹과 같은 대중단체를 정비하였지만, 이들 단체를 주도할 역량은 부족하였다. 그러나 토지개혁과 더불어 조공분국은 민청·노조·농맹·여맹에 대한 '영도력'을 확보하였다.

이 과정에서 조공분국은 청년들의 의식성향이 조공분국에 유리하지 않은 분위기를 타개하고, 청년들을 견인하기 위하여 공청조직을 개편하여 민청을 만들었다. 하지만 학생들을 중심으로 한 청년들은 민청에 들어오려 하지 않았으며, 기존의 공청조직은 기존의 행동 성향으로부터 벗어나지 못함으로 인해 민청조직은 견고하지 못했다. 이 같은 상황의 타개를 위하여 조공분국은 당원들로 민청대열을 장악하게 함으로써 민청의 강화를 추진하였다.

조공분국은 1945년 12월에도 노동조합에 충분한 영향을 주지 못하는 상황이었고, 국가운영을 주도하는 조공분국과 노동자의 당면한 생활문제 해결을 목표로 하는 노동조합 간의 이해가 일치하지 않았다. 이런 상황에서 조공분국 지도부는 3차 확집위를 거치면서 노동조합을 소련식의 직업동맹으로 개편을 추진하였고, 1946년 5월경에는 직업동맹을 노동조건에 대한 국가기관의 협의대상으로 위상을 변화시켰다. 일제하에서 혁명적 농민조합운동을 주도했던 활동가들은 해방과 더불어 인민위원회와 농민조합을 주도하였다. 이들은 북조선농민연맹을 결성하고 조공분국과 함께 토지개혁을 추진하였는데, 토지개혁법령은 조공분국의 '토지개혁법령 작성위원회'의 협조 아래 북조선농민연맹의 '위원회'에서 만들어졌다. 토지개혁 후 농민동맹은 조공분국의 주도 아래 '불순간부'를 숙청하고, 빈농 출신 간부를 선발하는 등 개편을 진행하여 조공분국과의 일체감을 강화하였다.

북로당이 창립됨에 따라 인민위원회와 마찬가지로 사회단체에 대한 통일적인 장악이 진행되었다. 북로당 창립 초기에도 사회단체들은 중앙조직만 강화되었고, 초급단체는 북로당원들만이 주로 활동을 하는 형편이었다. 민청의 경우 면 이상 간부의 85%가 북로당 당원이었을 만큼 민청은 북로당에 장악되어 있었고, 맹원의 증가에도 불구하고 북로당 당원들에 의하여 민청맹원들이 수동적으로 동원되는 실태에 있었다. 북로당은 민청의 강화를 위하여 학교 내에 민청과 학생자치회 외의 조직을 금지하였고, 상급학교 진학 시에 민청단체의 추천을 존중하도록 하였다. 특히 민청은 북로당원의 50%를 차지하는 조직으로서 군대에서도 핵심적 조직이었다.

1948년 11월의 민청 3차 대회 이후에는 조직원칙이 북로당과 유사하게 되었는데, 상급에서 이루어진 결정에 대한 비판은 배제되고 오직 결정을 실행할 의무만이 주어졌다. 이렇게 조직된 민청은 북로당의 핵심적 인전대로서 행정 지원과 반간첩 투쟁 등의 역할을 수행했다. 북로당은 민청

간부를 양성하여 민청에 대한 지도력을 강화하였고, 1948년에는 연령 해당자의 80%를 조직하였다. 또 사회 말단에까지 3만 개 이상의 학습반을 조직하여 간부들에게는 볼셰비키 당사와 레닌·스탈린 약전을 학습시켰다. 북로당은 직맹보다도 민청에 더 중요한 사회적 의미를 부여하고 있었지만, 여전히 민청조직의 활동은 자발적이기보다는 조직의 동원능력에 좌우되는 단계에 있었다.

인제군의 사례를 보면 북로당은 하부의 민청조직 장악을 위하여 상급 민청과 인제군당의 두 가지 경로를 통하였는데, 1948년에는 인제군당에 의해서 군민청위원장이 교체되었고 북로당은 하부의 민청을 직접 검열하기도 하였다. 인제군 민청은 민청원들의 소극적 참여와 기피, 월남 등으로 어려움을 겪었지만, 민청원들은 면인민위원의 27%, 리인민위원의 34%를 차지하고 38자위대활동과 건설사업을 담당하는 핵심적 역할을 수행하였고 북로당의 확실한 지배하에 있었다.

북한경제의 어려움 속에서 북로당 정권과 직맹의 관계는 1947년에도 노동계급의 이익 옹호 문제에 대한 대립이 있었다. 하지만 오기섭에 대한 비판이 일단락된 후 북로당은 5월에 직맹의 간부 교체와 기구 개편을 추진하였다. 이 과정에서 직맹의 간부를 노동자 당원으로 꾸리도록 하였고, 생산에서 이탈된 노동운동 세력을 배제하였다. 또한 직맹의 중간지도기관을 해소하여 조직을 간소화하고 직맹일꾼을 감축하여 약화시킴으로써 북로당의 당조직을 통한 직맹 하부에 대한 지도를 강화하였다. 이로써 직맹의 독자성은 약화되었으며, 북로당과 말단 노동자조직의 직접적인 연결이 추진되었고, 정부수립기에 북로당은 당조직을 통하여 직맹을 실질적으로 장악하였다.

농민동맹은 토지개혁의 성과로 북로당이 잘 연계할 수 있는 사회단체였지만, 토지개혁 후 역할이 축소되었다. 노동자와 빈농 성분이 북로당의 중심이 되었음에도 불구하고 상당수의 빈농들이 타당에 입당하기도 하였고, 1947년 초에는 토지를 분배받은 빈농조차도 일부가 보수적이어서 농맹에 대한 북로당의 장악력은 강하지 못하였다. 이에 대응하여 북로당은 농민동맹 지도기관의 개선을 추진하였는데, 리 농맹위원을 빈농 80%, 북로당원 56%로 교체하고, 사무원과 기타 성분을 배제함으로써 하급 농맹에 대한 장악력을 강화하였다.

인제군을 통하여 농민동맹을 보면, 인제군당은 농맹의 간부결정에 개입하고, 농맹 당조를 통하여 사업을 진행하였다. 인제군당이 매우 구체적인 사업까지 직접 관여함으로 인하여, 농맹은 인제군당의 결정에 따라 군당과 정권기관의 사업 집행을 지원하였다. 농민동맹의 기본사업은 농업문제가 중심이었고, 때에 따라 교양사업·노력 동원·문맹퇴치·선거사업 등을 지원하였다.

여성동맹은 여성들의 소극적인 활동으로 활동과 조직이 가장 부진한 단체였다. 1948년 초에야 하부조직이 체계적으로 만들어졌지만, 북로당은 기본계급 성분의 여성들로부터도 절대적인 지지를 끌어내지는 못하였다. 인제군당의 지휘 아래 있었던 인제군 여맹은 1947년 말에 맹비납부는 비교적 잘 이루어졌지만, 조직은 형식적으로 구성된 비활동 조직이었고 맹원들은 수동적으로 동원되고 있었다. 여맹조직을 활성화시키기 위하여 면 여맹을 해소하고 인제군당과 군여맹이 직접 지도에 나서기도 했지만, 1948년 10월에는 일부 군 여맹 상무위원과 집행위원이 월남을 하는 등 조직유지에 어려움을 겪기도 하였다.

사회단체 내에 당원인 간부가 성장하고 당조가 조직됨에 따라, 북로당은 2차 대회를 계기로 중앙으로부터 도에 이르기까지 청년사업부, 부녀사업부를 폐지하였다. 이것은 북로당이 민청과 여맹을 직접 지도할 수 있는 체제가 갖추어졌음을 의미하며, 민청과 여맹 내의 조직이 당원들에 의하여 충분히 장악되었음을 보여준다. 사회단체의 맹원들은 수동적일 수밖에 없지만, 전체적으로 볼 때 1948년을 전후하여 북로당은 사회단체 조직에 대한 장악과 맹원들에 대한 동원 능력을 충분하게 확보한 것으로 보인다.

노동자계급과 빈농계급은 함께 북로당의 주력이 되었지만, 그중에서도 노동자계급은 북로당이 국가와 사회를 장악하는 전위계급으로서 타계급에 비하여 월등히 많은 간부를 국가기관과 사회단체에 참여시켰다. 이처럼 노동자계급은 국가건설과 경제건설의 주역이었는데, 이들의 공장에서의 역할과 북로당과의 관계는 정치적·경제적으로 중요한 의미가 있다.

북한의 노동자들은 일제하에서 투쟁역량을 성장시켜 왔지만, 1930년대 이후 가혹한 탄압으로 역량이 침체된 상태에서 일제의 패망을 맞이하였다. 그 결과 일제가 남긴 공장, 기업소들은 노동자들에 의하여 접수되기보다는 대부분이 소련군의 진주하에 인민위원회에 접수되었고, 공산당에 참여한 소수의 노동운동자들은 국가건설에 필요한 인력수요로 흡수되었다.

노동자들은 공장·기업소를 주도적으로 장악하지 못했으며, 일부 장악한 기업소도 자신들의 힘으로 경영하는 데 한계에 부딪치지 않을 수 없었다. 일제의 하급노동자로 살아온 이들에게는 기술이 부족하였고, 국가 경제가 마비된 상태에서 국가의 지원이 없이는 자력에 의한 경영은 더더욱 불가능하였다. 반면에 정치권력은 국내외에서 일제와 투쟁한 역사적 정당성의 우위를 확보하고 있었으며, 산업을 전체적으로 통제하고 재건하는 위치에 서게 되었다. 따라서 대부분의 공장·기업소는 인민위원회를 중심으로 경영되지 않을 수 없었으며, 국가 권력의 역할은 강화되지 않을 수 없었다. 1946년 2월에 수립된 북임인위는 토지개혁과 더불어 중요산업을 국유화하고, 소련에서 도입된 유일관리제 방식으로 기업을 관리하였는데, 유일관리제하의 노동자의 역할은 수동적일 수밖에 없었다.

해방 초부터 민간기업은 지방정권 지도하에 자유로운 경영을 허락받았지만, 토지개혁과 사회주의적 계급대립 등으로 중소기업가들의 활동은 위축되었다. 북임인위는 생필품에 대한 수요 등으로 개인중소기업의 활동을 장려하였지만, 기본적으로 대자본가로의 성장을 허용하는 것이 아니었다. 따라서 북임인위는 직맹을 통하여 자본가에 대한 통제를 하거나 대출을 회수하여 자본주의적 요소의 성장을 억제하였다.

이와 더불어 북한정권은 새로운 노동법령을 공포하여 노동자들의 노동조건을 개선할 것을 천명하였고, 노동법령에 근거하여 사회보험을 실시함으로써 노동자들의 생활을 개선하였다. 토지개혁으로 식량이 확보되고, 화폐개혁이 실시된 후, 노동자에 대한 식량배급체제도 개선되었고 물가도 안정되었다. 공업 생산량의 증가를 위하여 노동자들은 엄격한 노동규율의 준수를 요구받았지만, 임금은 개별 노동자들의 요구에 미치지 못하는 현실이었다.

생산증가를 위한 북로당의 노력은 공장 내 당조직을 통하여 추진되었다. 북임인위가 수립되면서 조공분국의 공장 내 당조직은 급격히 증가되었고, 당조직 활동이 강화되면서 공장·기업소 내에서의 계급 간의 갈등도 확대되었다. 공장 내 당단체와 당원들은 인민경제계획의 완수를 위하여 희생적인 전사가 될 것을 요구받았고, 증산돌격운동에서 북로당원은 모범적 역할을 수행하였다.

북로당의 공장 내 당단체는 사업의 중심을 생산의 보장에 두었고, 그 결과 지배인의 역할을 대행하는 일도 벌어졌고, 시·당단체는 지역 내의 개별 기업소에서 처리할 수 없는 문제를 인민위원회와 함께 해결하였다. 이처럼 북로당 당조직은 지역 내의 생산과 공장 내의 생산에서 주도적 책임을 수행하였고, 공장의 지배인들도 당원으로 흡수하였다. 기본적으로 북로당은 공장·기업소의 생산활동에 관여할 수 있는 구조를 구축하였고, 그 결과 경제건설에서의 당적 지도가 행정화하였다. 동시에 당적 지도의 행정화는 계속적으로 비판의 대상이 되었지만, 지배인과 기술인력에 대한 당조직의 권력우위는 북로당의 관여를 구조화시켰다.

제 4 장

1950년대 조선로동당의
하부조직 재편과 당-국가체제 강화

1948년 3월 북로당은 제2차 당대회를 열었는데, 북로당 제2차 당대회 후 김일성의 위상은 더욱 강화되었고, 김일성은 이러한 강화된 위상을 바탕으로 조선민주주의인민공화국을 건국하였다. 북로당의 중심세력은 이미 1948년 9월의 정부 수립을 준비하면서, 북로당과 남로당 조직의 통합을 준비하였다.[1] 이것을 위하여 1948년 8월 남북로동당 연합중앙위원회(위원장 김일성)가 구성되어 상부조직의 통합이 우선적으로 이루어졌다.

  소련계 한인들은 1948년 9월에 열린 북로당 중앙위원회 제3차 회의에서 당의 조직사업을 장악하였다. 조직부장 허가이가 중앙위원회 부위원장이 되어 당을 책임지게 되었고, 김열과 박영선(소련계)이 상무위원으로 보강되었고, 조직위원회는 김일성과 소련계인 허가이, 김열, 박창옥, 박영선이 맡았다.[2] 그리고 1949년 6월 30일 북조선로동당과 남조선로동당은 합당을 하였다. 북로당과 남로당의 합당은 형식상으로는 1 : 1 합당으로 보였지만, 실질적으로는 북로당이라는 조선로동당에 남로당이 흡수된 것이다.[3]

  합당에 따라 김일성이 위원장, 박헌영이 부위원장, 새로이 신설된 당 비서에 허가이(제1비서), 이승엽(제2비서), 김삼룡(제3비서)이 임명되었다. 당의 핵심부인 정치위원에는 김일성·박헌영·김책·박일우·허가이·이승엽·김삼룡·김두봉·허헌(뒤에 박정애)이 선출되었고, 여기에 최창익

---

1) 북로당 2차 당대회에서 주로 소련계 한인들과 김일성이 오기섭, 정달헌, 최용달과 같은 국내 공산주의 운동 출신자들을 비판하였다(『북한관계사료집』 1, 국사편찬위원회, 418쪽). 여기에서 있었던 김일성의 발언은 박헌영과 주변 인물들의 남로당에 대한 주도권을 인정하지 않겠다는 의미였다.
2) 이종석, 『조선로동당 연구』, 역사비평사, 208쪽.
3) 1949년 초 대부분 청년으로 구성된 약 80만 명의 당원을 확보했다. 그리고 당 세포가 조직되지 않은 생산직장이나 농어촌, 중요국가기관, 학교는 거의 없게 되었다(허가이, 「북조선로동당 하급 당단체(세포·초급당부·면당부)들의 9개월간 사업총결에 관한 총화와 당 지도사업 강화에 대하여」, 『근로자』 1949년 3월 15일, 4쪽).

과 김열을 포함시켜 조직위원회를 구성하였다. 남북 노동당의 합당은 북한정권의 성립이라는 정세 변화를 바탕으로 북로당이 남로당세력을 흡수하였다고 평가된다. 당보다는 국가기구가 권력을 실질적으로 행사하던 1940년대 건국 초기 상황에서 국가 권력기구의 대부분을 장악한 북로당이 남한에서 퇴각하여 북로당에 얹혀 살고 있는 남로당 출신들을 흡수한 것이다.

남북로동당 연합중앙위원회가 결성된 후 소련계 한인들이 부상하였다는 점은 현실적으로 국가 권력을 장악한 김일성이 소련계 한인들을 활용하여 남로당에 대한 견제와 조선로동당 장악을 진행한 것을 의미한다. 이러한 운영은 1949년 6월 합당까지 계속되었는데, 양당의 합당은 비공개로 진행되었다. 양당의 통합이 공표된 것은 한국전쟁 중이던 1950년 8월 북한의 승리기인데, 이 시점에 남로당의 조직은 거의 궤멸적인 타격을 받고 있었기 때문에 남로당 지도부는 사실상 북로당 체계에 편입되었다고 할 수 있다.[4]

1945년 해방 이후 국가건설과정에서 조선로동당은 국가기관과 근로단체, 공장기업소 등을 당조직을 통해 장악하였다. 그러나 북한사회 전체를 장악한 당원과 당조직은 불과 몇 년 사이에 양성되고 조직된 것으로 여러 면에서 미숙한 상태였다. 이런 상황에서 한국전쟁을 치르게 된 조선로동당은 당의 하부조직에 대한 전면적인 재편이 불가피했고, 1950년대에는 당조직을 강화하여 국가 전체를 조직적으로 지도할 수 있는 체계를 구축했다.

---

4) 이종석, 앞의 책, 210쪽.

전쟁 시기의 당조직 확대정비
(1950~1953년)

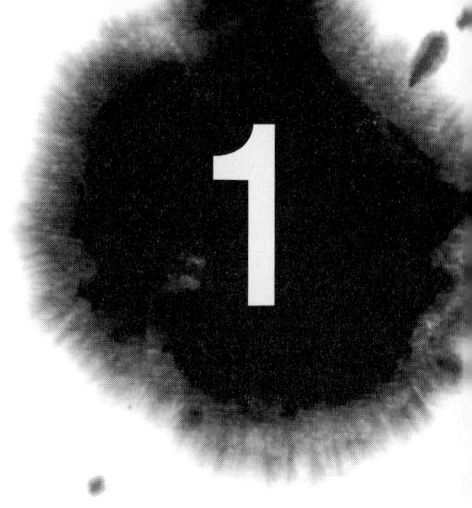

1) 전쟁 초기 당조직 정책

한국전쟁이 발발하여[5] 북한군이 남한 지역을 점령하면서 조선로동당의 당조직 건설은 남쪽 지역까지 확대 추진되었다. 북한군의 남진을 따라 당조직들이 재건되기 시작하였고, 이 조직들은 조선로동당 중앙에 의하여 장악되기 시작하였다. 그러나 당조직이 뿌리내리기 전에 전세는 역전되었다. 전세가 역전되자 조선로동당은 군대 내에 군사위원회 제도를 신설하는 한편, 문화부를 정치부로 개편 강화하면서 그동안 통일전선문제로 보류해 왔던 군대 내 당조직을 만들기로 결정하고 이를 총괄할 인민군 총정치국을 신설하였다.[6]

---

5) 한국전쟁 직후인 1950년 6월 26일 최고인민회의 상임위원회 정령으로 구성된 전시 중 일체의 주권을 행사할 군사위원회는 위원장 김일성, 박헌영, 홍명희, 김책, 최용건, 박일우, 정준택 7인으로 구성되었다.

6) 「조선로동당 중앙위원회 정치위원회에서 한 결론-1950.10.21」, 『김일성전집』 12, 357쪽.
(* 제4장에서는 『김일성전집』의 문건 제목을 간략히 쓰기 위해 주로 회의명칭과 연월일만을 표시하였다.)
군단부터 중대까지 정치부(副)대장, 중대에는 당세포, 대대에는 대대당위원회, 연대에는 연대당위원회를 설치함.
당조직과 관련된 구체적 내용은 서동만, 『북조선사회주의체제 성립사 1945~

군관학교와 일부 부대에만 당단체가 있었던 상황에서[7] 전체 군대 내에 당조직을 만들었다는 부분은 매우 유의해서 볼 필요가 있는데, 특히 퇴각 국면에서 당조직을 만들었다는 것은 당시의 군대의 조직이 군관은 주로 북로당원, 전사들은 주로 민청원이었다는 현실과 연관해서 해석할 수 있다. 이 시점의 북로당원이 대부분 힘없이 당조직으로부터 이탈하였듯이, 군대에 반강제로 입대하여 전쟁에 휘말린 민청원들인 전사들의 군대에 대한 충성 부족과 이탈이 심했던 것으로 이해할 수 있다. 그리고 결국은 북쪽 출신이 대부분인 인민군대에서 당조직을 신설한 것은 '통일전선의 성격을 가지고 있던 군대'를 '북로당 중앙의 군대'로 변화시키는 효과를 가져왔을 것으로 볼 수 있다.[8] 그리고 군에 대한 당의 지배력 강화와 김일성의 군 장악 강화 효과가 나타났을 것이라고 추정할 수 있다.[9]

인천상륙작전으로 뒤집힌 전세는 북한지역으로 유엔군과 국군이 진주하는 결과로 이어졌으며, 조선로동당은 북한의 지역기반마저 상실하는 상황이 전개되었다. 그러나 이 역시 그다지 오래가지 않았다. 중공군의 개입으로 유엔군과 국군은 다시 철수하였고, 1951년 1월 4일부터 중공군은 북한군과 함께 서울을 다시 점령했다. 하지만 3월 15일에는 서울에서 철수했으며, 4월과 5월의 접전을 거치면서 중공군과 연합군 모두 휴전을 필요로 하게 되었다. 결국 전선이 휴전선을 중심으로 고착되면서 조선로

1961』, 선인, 416~417쪽 참조.
7) 위의 글, 354쪽.
8) 위의 글, 356쪽.
  인민군 내에 당단체가 조직된 것이 당규약상의 규정이 아니었고, 공식노선이 존재하는 것이 아니었다는 평가가 있다. 하지만 실질적으로는 북한군대가 당에 의해 창건되었고, 조선로동당에 의해서만 영도되어야 한다는 점이 강조되었다는 점을 주목해야 한다.
9) 각 단위의 군사위원회가 중앙의 군사위원회에 직속되어 있기 때문에, 군사위원회의 상설화는 군대 정치적 통제의 최고 권한을 총정치국이 아닌 중앙의 군사위원회에 두는 의미가 있다. 이것은 김일성의 군에 대한 정치적 통제권 확보와 관련이 있다(서동만, 앞의 책, 424쪽).

동당의 권력상층에서는 치열한 권력투쟁이 진행되었고, 하부에서는 당조직을 정비하는 작업이 진행되었다.

　인천상륙작전 이후 북한군이 후방으로 철수하면서 북한 지역은 커다란 혼란에 빠졌다. 남한과 미군을 따라 올라간 우익 월남자들이 자신들이 살던 고향 땅을 다시 찾게 되면서, 그 안에서 충돌이 나타났다. 각 지역의 말단 조선로동당원들은 자신들이 가지고 있던 당원증을 소각하거나, 땅속에 묻고 더 이상 로동당원이 아닌 모습으로 변신하였고, 수없이 많은 당원들이 당을 배반하거나 북한 정권에 대한 지지를 거두어 들였다. 그러나 이러한 당원들의 변신도 오래 가지 못했다. 불과 한 달여 만에 다시 남한군과 미군이 철수하기 시작했고, 북한 지역 농촌과 도시의 지배 질서는 또다시 전복되었다. 미군과 남한군을 따라 남으로 가지 않은 북한 인민들은 조선로동당의 지배 질서를 다시 수용해야 했고, 당증을 파묻거나 태워 버린 사람들은 불안한 처지가 되지 않을 수 없었다.

　한국전쟁 전 조선로동당 중앙은 당조직을 급속히 확대했었지만, 전쟁이라는 아주 특별한 사건 앞에서 당조직은 실질적 역할을 충분히 해내지 못했다. 어쩌면 해방 후 당조직의 성장과정을 본다면 너무나도 당연한 일이었다고 할 수 있는데, 이런 상황에서 중공군의 지원으로 북한 지역에 대한 지배력을 다시 확보한 조선로동당은 새롭게 당조직을 정비하게 되었다. 그리고 전쟁 후 당조직을 재건하면서 엄격하게 조직원칙을 적용한 것도 전쟁 중에 빚어진 결과에 대한 당연한 반작용이었다고 할 수 있다.10)

　전선이 휴전선을 중심으로 고착된 후, 상당히 많은 수의 당원들이 전쟁 중의 과오로 인하여 당의 책벌을 받았는데, 이 중에서 80~85%가 당

---

10) 1951년 7월 휴전회담이 시작되면서 내부의 권력투쟁이 발생하였고, 엄격한 조직원칙을 적용하는 과정에서 조선로동당 내에는 파쟁이 벌어져, 소련군과 함께 북한에 와서 당조직을 장악했던 허가이가 관문주의적 오류를 범했다고 비판을 받고 사망으로 이어지는 사건이 벌어졌다.

증 보관을 잘못한 것과 관련이 있었다. 이들은 북한군의 후퇴 시기에 당증을 땅에 파묻거나 불태워 버린 일과 관련되어 책벌을 받았다.[11] 이런 상황하에서 조선로동당은 1951년 여름을 전후한 시기에 당원들의 재등록사업과 조직정리사업을 통해 기본적으로 당조직을 복구하였다.[12] 그러나 이 과정에서 허가이는 노동자 성분의 비율을 유지하기 위하여 농민들의 입당을 기계적으로 제한하였고, 평북 운산군당 같은 곳에서는 당원등록사업을 계기로 적극성이 부족한 당원들을 당에서 내보내기도 하였다.[13]

이에 대하여 김일성은 평남 남포시 해신리초급당에서 100여 명의 근로여성이 '적들의 위협에 못 이겨 2~3일간 보초를 섰다' 하여 당적 관심을 돌리지 않는 것을 지적하는 등, 당단체들이 조선로동당의 대중적 성격과 현정세를 옳게 이해하지 못하고 있다고 비판하였다.[14] 하지만 김일성의 인식과는 달리, 하부 당단체들에서는 입당 대상자들의 당원 자격에 대해 부정적인 생각을 가지고 있었던 것으로 볼 수 있다. 이처럼 입당 예비자들의 자질이 부족하였던 사실은 1951년에 함남 혜산군당위원회에서 상반기 동안 입당을 부결한 212명 중에서 77.4%가 교양부족이 원인이 되었음을 통해서도 알 수 있다.[15] 이러한 정황을 보면 1951년에는 훈련

---

11) 「전시환경에서 당조직사업에 대하여 - 조선로동당 중앙조직위원회 제48차 회의 결정서 1950.12.23」, 『당중앙조직위원회 결정집 1949.7~1951.12』, 255~260쪽/「후퇴과정과 적 강점기간에 있어서 당문건을 유실한 당원들에 대한 당적 문제 취급에 대하여 - 조선로동당 중앙조직위원회 제49차 회의 결정서 1950.1.23」, 『당중앙조직위원회 결정집 1949.7~1951.12』, 266~268쪽/「조선로동당 중앙위원회 부위원장에게 준 지시-1951.10.15」, 『김일성전집』 14, 92쪽.
12) 「조선로동당 중앙위원회 제4차 전원회의에서 한 보고-1951.11.1」, 『김일성전집』 14, 119쪽.
13) 위의 글, 125~126쪽. 허가이의 당조직사업과 관련된 부분은 서동만, 앞의 책, 392~397쪽 참조.
14) 위의 글, 122쪽.
15) 위의 글, 123~124쪽.

제4장 1950년대 조선로동당의 하부조직 재편과 당—국가체제 강화 393

된 당원을 확보하기가 대단히 어려운 상황이었음을 알 수 있으며, 김일성이 당원 확장을 위해서 결점이 있는 경우까지 입당을 허용할 것을 요구하는 상황이었음을 알 수 있다.

이상과 같은 상황의 전개는 조선로동당 당원의 대부분이 이념적으로 단련된 사람들이 아니었다는 점에서 이미 충분히 예상할 수 있는 일이었다고 할 수 있다. 대부분의 당원이 해방 이후 북한 정세의 급격한 변화와 당원확대 과정에서 필요에 따라 당에 입당하였으므로, 전쟁 중에 정세가 바뀐 상황에서 당을 포기한 것도 그들로서는 당연한 일이었다고 할 수 있다. 항일유격대원 출신이었던 북강원도당 위원장 임춘추가 "적의 진공에 황겁되어 하부 당지도기관들과 당원들과 인민들을 버리고 도망질쳤다"16)는 비판을 받고 출당까지 당했던 것을 보면, 후퇴 시기의 일반 당원의 모습은 너무나 당연하였다고 할 수 있다.

2) 휴전협상 진행기 당조직 확대정비

해방 후 당 창건 때부터 당원확장사업은 조선로동당의 당 조직사업에서 매우 중요한 위치를 차지하였으나, 한국전쟁으로 인하여 당원들의 감소와 이탈이 크게 발생하였다. 또 공업과 농업 생산액도 현격히 줄어들어 1949년 319억 원이 넘었던 공업총생산액은 1952년 181억 원으로 줄어들었고, 알곡 생산도 279만 톤에서 220만 톤으로 감소하였다.17) 휴전상태에 들어가면서 조선로동당 중앙위원회 조직위원회는 1951년 9월 1일부 결정에 의하여 당원들에게 적용된 부당한 처벌과 지나친 처벌을 시정하도록 하였다.18) 그리고 김일성은 관문주의적 경향을 비판하면서 당장

---

16) 김일성, 「현정세와 당면과업」, 『김일성선집』 3, 1954년 판, 148쪽(이종석, 앞의 책, 243쪽에서 재인용).
17) 「조선로동당 중앙위원회 정치위원회에서 한 결론—1953.12.8」, 『김일성전집』 16, 241쪽.

성사업에서의 오류의 시정을 요구하고, 전쟁과 공장 기업소의 파괴로 인하여 노동자 수가 줄어든 상황에서 당이 노동자의 성분비율을 의식하여 열성적인 근로농민들조차 받아들이지 않고 있다고 비판하였다.[19] 김일성은 노동자 성분비율이 낮아진다 하여도 조선로동당이 농민당이 되지는 않으며, 근로농민을 사상적으로 교양할 수 있다고 주장하였다. 더불어 공산당이 아니라 노동당으로 만든 이유가 광범한 대중과의 연계 필요성에 원인이 있었다며, 수년 동안 농민 성분이 많은 것도 당연한 것이라고 주장하였다.[20]

또 인민군대, 탄광, 기업소를 가리지 않고 나타난 관문주의적 경향에 대하여 김일성은 당에 대한 충실성을 척도로 당조직사업을 진행하여 조선로동당을 대중적 당으로 확대·강화할 것을 요구하였다. 더불어 입당 연령을 만 18살로 규정하고, 입당보증인의 자격도 완화할 것을 요구하였다.[21] 1951년 당중앙위원회 4차 전원회의 결과 3개월 동안에 적지 않은 성과가 이루어져 당대열이 급속히 확대되었는데, 함남지역에서는 당원 '배가운동'을 진행하기도 하였다.[22] 그동안 '열성적으로 활동'했던 노동자·농민·군인·근로인테리가 입당하였는데, 일부 당단체에서는 당문을 열고 무원칙하게 당원을 받아들이는 경향까지 있었다.[23]

---

18) 「조선로동당 중앙위원회 제4차 전원회의에서 한 보고-1951.11.1」, 『김일성전집』 14, 138쪽.
19) 「조선로동당 중앙위원회 정치위원회에서 한 결론-1951.10.9」, 『김일성전집』 14, 87쪽.
20) 「조선로동당 중앙위원회 제4차 전원회의에서 한 결론-1951.11.2」, 『김일성전집』 14, 144~145쪽/ 「당단체들의 조직사업에 있어서 몇 가지 결점에 대하여 -당중앙위원회 제4차 전원회의 결정서 1951.11.1~4」, 『당중앙위원회 결정집 1946. 9~1951.11』, 127~135쪽.
21) 「조선로동당 중앙위원회 정치위원회에서 한 결론-1951.10.9」, 『김일성전집』 14, 89쪽, 91쪽.
22) 「조선민주주의인민공화국 내각 제48차 전원회의에서 한 연설-1951.11.22」, 『김일성전집』 16, 190쪽.

이런 연유로 당원의 증가는 이루었지만 질적 공고화는 부족하였다. 구체적으로 살펴보면 중공업부문의 전체 노동자 중에서 10년 이상의 경력을 가진 사람은 4%에 불과하였고, 반수 이상의 노동자들이 1년 미만의 노동경력밖에 가지지 못한 실정이었다.24) 또 근본적으로는 인민들의 머릿속에 '일제 통치시대의 사상적 잔재'가 남아있었고, 미국과 남한의 자본주의로부터 영향을 받고 있었다.

'허가이의 관문주의'로 인하여 복당이 허락되지 않았던 사람들에 대한 처벌도 완화되었다. 당중앙위원회 4차 전원회의 결정 이후 1952년 10월까지 출당건수의 29.8%가 취소되었고, 정당원을 후보당원으로 결정하였던 것을 고친 것이 총건수의 62.1%, 책벌을 취소한 것이 책벌받은 당원수의 69.2%에 달했다.25) 이로써 조선로동당은 48,933개의 초급당단체를 갖추었고, 백만 이상의 당원을 망라하였다. 1950년 한국전쟁이 일어날 시점과 비교하면 노동자 성분이 1%, 빈농 성분이 2.7%, 사무원 성분이 1.1% 각각 증가하였으며, 중농 성분은 3.6%, 부농 성분은 0.2%, 상인·기업가·수공업자·자유직업자·기타 성분은 1.4%가 각각 감소되었다.26) 하지만 일부에서는 1952년 중반 시점에서도 당장성사업에서 노동자의 성분 비율을 따지면서 근로농민들을 당에 받아들이는 것을 꺼리는 경향이 있었다. 적지 않은 당간부들이 당이 농민당이 되지 않을까를 우려하기도 하였고, 농민당원들에 대한 정치사상교양사업이 잘 되지 않고 있었다.27)

---

23) 「조선로동당 중앙위원회 정치위원회에서 한 결론 – 1952.2.15」, 『김일성전집』 14, 303쪽, 310쪽.
24) 「조선로동당 중앙위원회 제6차 전원회의에서 한 보고 – 1953.8.5」, 『김일성전집』 16, 66쪽.
25) 김학준, 『북한 50년사』, 동아출판사, 1995, 163쪽.
26) 「조선로동당 중앙위원회 제5차 전원회의에서 한 보고 – 1952.12.15」, 『김일성전집』 15, 261쪽.
27) 「조선로동당 중앙위원회 정치위원회에서 한 결론 – 1952.8.2~8.3」, 『김일성전

〈표 4-1〉 당원의 성분별 구성(%)

	1950년 7월 1일 현재	1952년 11월 1일 현재
노동자	21.2	22.2
빈농	54.7	57.4
중농	7.5	3.9
사무원	11.4	12.5
학생	1.0	1.4
부농	0.3	0.1
상인·기업가·수공업자·자유직업자·기타	3.9	2.5

출전: 「조선로동당 중앙위원회 제5차 전원회의에서 한 보고-1952.12.15」, 『김일성전집』 15, 261쪽.

　당대열을 급격히 성장시킨 결과 전쟁기간에 45만 명에 달하는 당원들이 새로 입당하였는데, 절대 다수는 정치적 경험과 사업적 경험이 부족하였으며, 새로 입당한 당원의 약 반수가 겨우 국문을 해득하는 수준이었다.28) 하지만 이 결과에 대해 조선로동당은 '극소수의 주동분자들과 악질분자'를 고립시키고, 그들을 따라다니던 자들에 대한 관대한 용서를 통한 재규합을 이루어 냈다29)고 스스로 평가하였다.

　당원의 확충과 더불어 조선로동당은 간부양성사업에도 관심을 기울였다. 전쟁이 진행 중이던 1952년 6월 전에 이미 전선에 있던 교원과 대학생들을 소환하는 작업이 진행되었고 일부는 사회주의국가에 유학생을 보내30) 전후 복구를 위한 기술간부 양성을 준비하였다. 또 간부 양성에 책임성을 강화하기 위하여 당중앙위원회 제4차 전원회의에서 도내 각급

　　집』 15, 146쪽, 148쪽.
28) 위의 글, 263쪽.
29) 「조선로동당 중앙당학교 교직원, 학생들 앞에서 한 연설-1952.6.18」, 『김일성전집』 15, 33쪽.
30) 「김책공업대학 교직원, 학생들 앞에서 한 연설-1952.6.17」, 『김일성전집』 15, 17쪽.

당위원회 위원장들이 2명 이상의 부위원장급 간부를 양성하고, 모든 간부들이 후비 간부를 양성하도록 하였다. 또 전쟁으로 인하여 남자들이 부족한 농촌과 지역 현실에 따라 당의 하부 조직에서는 여성들을 간부로 등용하기 위한 정책도 적극적으로 추진되었다.[31] 물론 이들에게도 당의 노선과 정책을 체계적으로 인식시키는 작업들이 충실히 진행되도록 하였고, 특히 세포위원장의 역할과 당원들 상호 간의 비판이 강조되었다.

또 중앙의 하부조직에 대한 효율적 장악을 위해 1952년 12월 도·군·면·리의 4단계 체계를 군을 세분화하고 리를 확대하는 3단계 체계로 개편하였다(면 폐지). 면을 폐지함으로써 중앙은 하부조직에 대해 직접적인 지배를 강화하였고, 특히 리인민위원장 혼자하던 일을 리인민위원회에 인민위원장(군인민위원회 과장급 대우) 등 5~6명의 유급직원(서기장, 생산지도원, 세납 재정담당 지도원, 민주선전실장)을 배치하여 기능과 역할을 강화하였다.[32]

3) 전쟁시기 하급 당조직과 군(軍) 당조직 실정

(1) 하급 당조직

전쟁 중의 하급당 세포는 대체로 전쟁 전에 입당한 당원들이 핵심적 역할을 하고 있었는데, 당원들은 '계급적 원쑤'들을 제대로 적발해내지 못했고, 태공분자, 건달꾼들과의 투쟁에서도 평화주의적 경향을 나타냈다.[33]

---

31) 「평안북도 책임일군협의회에서 한 연설-1952.6.22」/「중앙고급지도간부학교 교직원, 학생들 앞에서 한 연설-1952.6.23」, 『김일성전집』 15, 83쪽/ 94쪽.
32) 「조선민주주의인민공화국 내각 제24차 전원회의에서 한 결론-1952.11.27」, 『김일성전집』 15, 236~238쪽.
  1954년에는 지방주권기관으로 도(직할시), 시(구역)·군, 읍·리·동 등 3단계의 각급 인민회의를 구성하고 지방주권의 집행기관으로는 각급 인민위원회를 설립하여 주권기관과 집행기관을 분리하였다.
33) 「조선로동당 중앙위원회 조직위원회에서 한 결론-1952.6.28」, 『김일성전집』 15,

이들은 조선로동당의 노선과 정책의 관철을 위해 움직였지만 지식수준이 낮았고, 당세포들의 '전투력'은 높지 못했다. 또 당세포들의 회의 운영은 불필요한 격식에 매달려 당세포회의를 제대로 운영하지 못하는 형편이었다.

당의 조직 실태는 공장당 세포에 비해 농촌당 세포들의 사업수준이 더 낮고, 공장의 당원들에 비해 농촌 당원들의 정치사상적 수준이 더 낮았다. 이처럼 농촌당원들의 정치사상적 수준이 낮은 것은 농촌의 우수한 당원들이 전선에 동원되고, 당 중앙위원회 제4차 전원회의 이후에는 정치적으로 단련되지 않은 사람들이 당대열에 많이 들어온 것과 연관이 있었다. 또 당단체들이 이들에 대한 정치사상 교양사업을 정상적으로 진행하지 못한 데도 원인이 있었다.[34]

이런 상황에서 조선로동당에는 관료주의적 사업작풍이 많이 나타났는데, 특히 내무·안전·철도기관과 군대 내 당 및 정치일꾼들이 당권을 악용하여 세도를 쓰고 행세를 하는 일들이 나타났다.[35] 이들 뿐만이 아니라 성, 중앙기관 일꾼들과 당일꾼들 속에서 관료주의가 나타나 관료주의를 반대하는 투쟁의 조직, 진행이 요구되기도 했다.[36]

특히 조선로동당이 비합법적 지하당으로부터 발전한 것이 아니라 창건 첫날부터 정권을 잡고 합법적으로 발전하여 왔기 때문에 설복으로 군중을 조직하여 동원하는 것이 아니라, 명령과 행정식 방법으로 일하는 경향이 많았다.[37] 또 당내에 간부 등용과 간부 배치에서 친소관계나 과거의 파벌관계가 중요한 영향을 미치는 문제도 계속되었고[38] 당 밖

112쪽.
34) 위의 글, 113쪽.
35) 「조선로동당 중앙위원회 정치위원회에서 한 결론-1952.8.2~8.3」, 『김일성전집』 15, 135쪽.
36) 위의 글, 141쪽.
37) 「중앙로동당 중앙당학교 교직원, 학생들 앞에서 한 연설-1952.6.18」, 『김일성전집』 15, 34쪽.

에서는 위성정당인 우당 당원들에 대한 차별과 편협한 태도가 문제되기도 했다.39)

조선로동당은 당원의 정치사상적 수준을 높이기 위해 학습강사 대열을 튼튼히 꾸리고, 농촌당원에 대한 당내 강연, 군중강연을 강화하였다. 또 1952년 겨울에는 농촌 당세포위원장과 리인민위원장 등을 비롯한 농촌 핵심들에 대한 강습도 조직 진행하도록 하였고, 각종 학습자료도 더 많이 보급하도록 하였다. 더불어 농촌에서의 대중교양을 강화하기 위한 조치로 유야무야한 형편에 있는 무급 민주선전실장이 운영하는 민주선전실을 없애고, 유급 민주선전실장이 2개의 민주선전실을 맡아 운영하도록 하는 조치를 취하기도 하였다.40) 이상과 같이 하부 당조직을 강화하기 위한 노력이 계속되었지만, 하부 당조직에는 많은 결함이 계속 남아 있었다. 1952년 상반년에 세포위원장 중에서 '간첩'으로 규정되거나 실무능력부족 등으로 출당당한 사람의 수가 79명이었고, 평양시 당단체에서는 37.7%의 세포위원장이 교체되었다.41)

반면에 적극적인 당기관 역할 강화는 여러 가지 부정적인 현상이 증가되는 결과도 가져왔다. 당기관의 역할 강화는 행정 대행으로 나타났고, 정권기관은 당기관의 허락없이는 독자적으로 간단한 업무까지 처리할 수 없는 지경이 되었다.42) 당기관의 임무는 경제과업을 실행하는 데 있어서 정치적으로 지도하는 것이라고 반복적으로 강조되었지만, 실제 현장에서는 당기관이 정권기관의 업무를 대행하는 일이 일상화되었다. 그 외에

---

38) 「조선로동당 중앙위원회 제5차 전원회의에서 한 보고-1952.12.15」, 『김일성전집』 15, 270~271쪽.
39) 「도당위원장 협의회에서 한 연설-1953.3.1」, 『김일성전집』 15, 358~359쪽.
40) 「조선로동당 중앙위원회 조직위원회에서 한 결론-1952.6.28」, 『김일성전집』 15, 117쪽, 120쪽.
41) 「조선로동당 중앙위원회 제5차 전원회의에서 한 보고-1952.12.15」, 『김일성전집』 15, 275쪽.
42) 위의 글, 265쪽.

도 여러 가지 부작용이 나타났는데, 로동당의 핵심당원들이 전쟁에 나갔거나 사망함으로 인해 초급당단체들에서 당사업경험이 없는 당원들이 간부로 사업을 하면서 군중을 명령과 강제로 동원하는 현상이 벌어졌다.[43] 노동자나 농민뿐만이 아니라, 당과 정권기관의 경우도 의식수준에서는 큰 차이가 없어서 내무일꾼들은 당조직과 군중의 통제를 벗어나 제멋대로 행동하기 일쑤였고, 사업경험은 적으면서 자신들을 특수한 존재로 여기며 일제 경찰처럼 행세하기도 하였다.[44]

(2) 군(軍) 당조직

조선로동당은 군 장병의 사기 진작을 위하여 이미 1950년 8월 당중앙위원회 조직위원회에서 모범 전투원에 대한 화선입당을 결정한 바 있었다.[45] 그러나 당원 확대는 잘 이루어지지 않았고[46] '관문주의'가 비판된 이후에야 1년간 40%가 성장하여 6·25전쟁기간에 입당자 수는 14만여 명에 달했다.[47] 이러한 군대 내 당원 수는 휴전 당시 북한군 병력의 약 절반이 된다. 이렇게 급격히 확대된 군(軍) 당조직 역시 많은 문제를 가지고 있었다.

1951년 11월 당중앙위원회 제4차 전원회의 결정 이후 1년 동안 인민군대 내 당단체들과 정치기관들의 사업에는 성과와 결함이 함께 나타났다. 인민군대 내 적지 않은 군관들과 장령들이 당성을 단련하기 위한 조직정

---

43) 「조선로동당 중앙위원회 제4차 전원회의에서 한 보고-1951.11.1」, 『김일성전집』 14, 127쪽.
44) 「조선로동당 중앙위원회 정치위원회에서 한 결론-1954.2.12」, 『김일성전집』 16, 328~329쪽.
45) 「조선로동당 중앙위원회 정치위원회에서 한 결론-1950.10.21」, 『김일성전집』 12, 360쪽.
46) 같은 곳.
47) 리권무, 『영광스러운 조선인민군』, 조선로동당출판사(평양), 1958, 52쪽(서동만, 앞의 책, 422쪽에서 재인용).

치사업을 소극적으로 진행하였고, 이로 인해 당의 결정과 지시를 성실히 집행하지 않는 결과도 나타났다. 일부 군관들과 장령들은 당조직 생활에 성실히 참가하지 않고 당규율을 어겼으며, 당원들의 정당한 비판을 억제하고 통제를 못마땅하게 여겼다. 이러한 현상이 나타난 원인 중의 하나는 군대 내 정치일꾼들이 군사지휘관들이 명령을 하달하는 데 간섭함으로써 군사유일관리제를 어기는 것과 관련이 있었다.[48] 이것은 인민군대 내에서 인민군 총정치국을 비롯한 각급 정치기관 일꾼들이 군사지휘관들과 부분적인 갈등을 빚고 있었음을 보여 준다.

이런 상황에서 조선로동당은 당생활을 강화하기 위해 군대 내의 당단체들에 대해 이중규율을 허용하지 않고, 직급에 관계없이 군관이건 장령이건 모든 당원들이 당생활규범에 따라 움직이도록 하였다. 이어 당내 비판사업과 당세포를 강화하도록 하였고, 당원들에 대한 지도와 통제를 강화하기 위해 당세포위원회를 당성이 높은 당원들로 꾸리도록 하였다. 또 당과 정부의 전권대표인 군사위원들이 해당 단위에서 당의 노선과 정책, 당의 전략전술적 방침이 철저히 집행되도록 지도·통제하였다.[49]

4) 개성지역 등 '신영토지역'에 대한 당조직 구축

원래 북한의 영토였던 지역에서의 당사업과 더불어 새로이 점령된 개성과 개풍지역에서 당과 정권기관을 강화하기 위한 노력도 진행되었다. 이들 지역은 주민구성이 복잡하여 피살자 가족과 '악질적으로 만행하고 월남도주한' 사람들의 가족, '반동단체나 적기관'에 복무한 사람과 가족, 북한 정권을 반신반의하며 동요하는 사람들이 있었고, 월남하거나 타지방으로 이주하는 현상도 계속되었다.[50] 이들 지역은 수십만의 인구가 살

---

48) 「조선로동당 중앙위원회 정치위원회에서 한 결론―1952.7.7」, 『김일성전집』 15, 123~125쪽.
49) 위의 글, 132쪽.

던 곳이었는데, 개성의 경우 전체 인구의 60~70%가 남한으로 이동한 상황에 있었다. 이러한 상황에서 이 지역의 당과 정권기관은 월남자 가족에 대한 공민권 박탈과 재산 몰수를 하기도 하였으나, 월남의 성격에 따라 구별하여 처벌하고 회유하였다.[51]

먼저 조선로동당은 개성과 개풍지역 당단체들과 정권기관들의 사업을 강화하기 위하여 개성과 개풍지역을 중앙에 직속시키고, 중앙에서 직접 지도하도록 하였다.[52] 그리고 이 지역에 당중앙위원회와 내각, 사회단체 중앙위원회의 우수한 일꾼들을 파견하였고, 당정치사업과 군중교양을 강화하였다. 조선로동당은 개성과 개풍지역의 당사업을 위해 선전원들을 기구 정원보다 10명씩 증원하도록 하였고, 선전과 학교지원·주민생활 필수품·의료봉사 등도 지원하도록 하였다.[53] 또 조선로동당은 농업현물세를 조금 적게 받아 영세 농민의 생활을 안착시키기 위한 정책도 시행하고, '죄'를 짓고 자수한 사람들을 관대히 용서하고 타지역으로 이주시키는 일이 시베리아로 추방했다는 나쁜 여론을 조성할 수 있으므로 현지에서 교양하고 개조하도록 하였다.[54] 그리고 이러한 교양대책과 더불어 황해도의 일부 농촌당에는 계급적으로 불건전한 자들을 찾아내기 위해 당중앙위원회 조직지도부와 검열위원회에 검열을 지시하기도 했다.[55]

---

50) 「조선로동당 중앙위원회 정치위원회에서 한 결론-1952.10.31」, 『김일성전집』 15, 224~225쪽.
51) 「조선로동당 중앙위원회 제6차 전원회의에서 한 보고-1953.8.5」, 『김일성전집』 16, 67~68쪽.
52) 「조선로동당 중앙위원회 정치위원회에서 한 결론-1951.12.24」, 『김일성전집』 14, 224쪽.
53) 위의 글, 225쪽.
54) 「조선로동당 중앙위원회 정치위원회에서 한 결론-1952.10.31」, 『김일성전집』 15, 226쪽, 228쪽. 이 시기에 주민들을 타지방으로 이주시키는 일이 시베리아로 추방했다는 '나쁜 여론'을 조성하는 문제가 있었다.
55) 「조선로동당 중앙위원회 정치위원회에서 한 결론-1952.8.2~8.3」, 『김일성전집』 15, 151쪽.

더불어 조선로동당은 직업동맹, 농민동맹, 민주청년동맹, 여성동맹을 비롯한 사회단체의 조직을 확대하고 당적 지도를 강화하도록 하였다. 하지만 개성지역에 파견된 일꾼들은 생활풍습 차이로 인하여 주민들과 잘 어울리지 못하였고, 당조직정치사업도 잘하지 못하였다. 이에 대응하여 조선로동당은 인민군에 입대했던 '신해방지구' 출신 주민들을 제대시켜 당과 정권기관의 일꾼으로 등용하도록 하기도 했다.56) 또 '본주민'과 '입주민'으로 사람을 구분하여 '본주민'은 당성이 약한 것으로 평가하여 간부로 등용하지 않는 것을 비판하고57) 도내의 간부들을 해당 지방 출신들로 꾸리도록 함으로써 황해남도 주민들의 호감을 얻어 사업이 원만히 추진되도록 하였다.58)

　이러한 조선로동당의 정책에도 불구하고 황해남도는 노동계급이 적고 주민구성이 복잡하여 1958년에도 농촌진지가 가장 약한 도로 지목되었다.59) 특히 '치안대'에 가담한 사람들과 그 가족, 월남자 가족들에 대한 문제는 매우 민감한 문제로 남아 있었다. 일부 주민들은 '적'들에게 피살당한 남편과 가족, 친척들의 원수를 갚을 수 있도록 '치안대' 가담자들을 처단하게 해달라고 요청하기도 했다.60) 이에 대해 조선로동당은 "당단체들은 조국과 민족을 배반하고 악질적으로 만행한 자들을 내놓고는 모든

---

56) 「조선로동당 중앙위원회 정치위원회에서 한 연설-1954.12.27」, 『김일성전집』 17, 450~451쪽.
57) 「황해남도 연안군 책임일군들과 한 담화-1957.6.1」, 『김일성전집』 20, 275쪽.
58) 「황해남도 당, 정권기관, 경제기관 일군협의회에서 한 연설-1957.2.12」, 『김일성전집』 20, 95쪽.
59) 황해도에서는 1956년에 농업협동조합의 결산분배가 끝난 후, 부농과 중농에 속한 농민들이 협동조합을 탈퇴하려는 움직임이 있었다. 이에 대응하여 조선로동당은 악질 부농과 '반혁명분자'가 협동조합의 파괴를 꾀한다고 선전하고, 이들을 처벌하기 위해 중앙당 집중지도를 전개하여 공개재판으로 처벌하였다. 이와 관련된 자세한 내용은 서동만, 앞의 책, 575~580쪽 참조.
60) 「전국녀성열성자회의에 참가한 애국렬사유가족, 인민군대후방가족들과 한 담화-1957.4.13」, 『김일성전집』 20, 206쪽.

사람들을 다 교양 개조하여 우리당 주위에 묶어 세워야 한다"[61]는 정책을 표방하였다. 특히 '적들의 강요에 못 이겨 치안대에 가담한 사람들과 그 가족', 월남한 사람들의 아내나 자녀들에 대해서는 적극적인 교양개조를 강조하였다.

---

61) 「신천군 새날농업협동조합 관리일군 및 조합원들과 한 담화-1957.2.24」, 『김일성전집』 20, 125쪽.

전후 복구기의 당조직 강화
(1954~1956년)

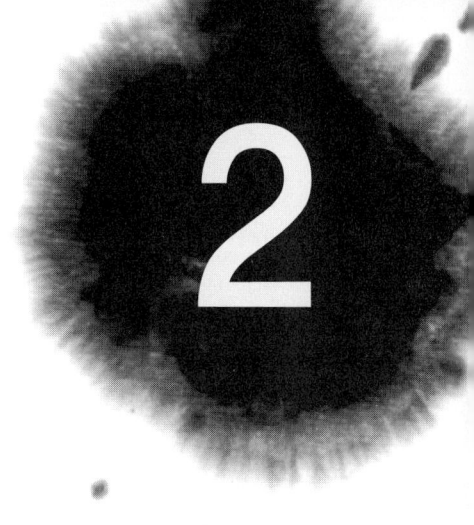

1) 남로계의 숙청과 당조직 정비

남로당은 1947년 당시 수십만의 당원을 자랑하였지만 대량 검거, 대량 탈당 등으로 인하여 당조직이 허약해졌다. 그리고 남로당 간부 대부분은 해주인민대표자대회를 구실로 1948년 8월경에 월북하였는데, 비밀선거를 거쳐 해주에 모였던 1,080명의 대부분은 남로당원이었다.[62] 하지만 김일성이 오기섭 등 국내계 공산주의자들에 대해 견제를 함으로 인하여 남로당 세력과 북한지역의 국내계 공산주의자 세력들의 하부조직에서의 성공적인 연계는 이루어지지 못했다.

따라서 한국전쟁 전 월북한 남로당 출신의 노동당원은 기본적으로 이들 1,000여 명이 중심이 되는데, 이들의 월북 이전에 이미 남한의 지하당 간부나 유격대의 활동은 격감하였고 고립 분산되었다.[63] 또 북한에서 대부분의 계획을 세우고 공작조를 훈련시키는 상태가 되었고, 김일성과 직접 연결된 '권위있는 선'인 성시백이 남한에서 남로당과는 별도의 공작을 벌이는 상태가 전개됨에 따라 남로당의 의미는 반감되었다.

---

62) 북한의 최고인민회의 구성원에 관한 분석은 이주철, 「북한최고인민회의 연구」, 『국사관논총』 96호(2001.6) 참조.
63) 스칼라피노·이정식, 한홍구 역, 『한국공산주의운동사』 3, 돌베개, 491~492쪽.

이런 정치적 상황에서 남로당 출신의 월북자들은 그들대로 새로운 정치구조 내에서 생존을 위하여 움직였다. 그들은 북로당에도 '신용'을 얻어야 했고, 동시에 남로당에도 충실한 모양을 해야 했다.64) 이들의 이러한 태도는 남로당 출신의 북한에서의 처지에 따라 어쩔 수 없는 것이었다고 할 수 있는데, 결국 이들은 이러한 자신들의 약점을 계속 지고 갈 수밖에 없었다.

그러나 한국전쟁 이후 남로당과 국내계 공산주의자들의 입지는 더욱 약화되었다. 중공군에 작전권을 이양한 김일성이 1951년 초부터 당 사업에 적극 관여하기 시작한 이후, 허가이의 사망은 조선로동당 내 파벌 간의 균형이 변화하는 시점이 되었으며, 김일성은 정전협정이 이루어지는 시점에 남로당 계열에 대한 공격을 구체화하였다. 1952년 12월에 개최된 당 중앙위원회 제5차 전원회의에서 김일성은 남로당계열을 겨냥하여 "당 내의 자유주의적 경향"을 비판하기 시작하였고, 휴전협상이 종료되자 즉각 남로계를 제거하는 작업에 착수하였다.65) 그 결과 전쟁의 또 다른 주역이었던 박헌영은 한국전쟁을 통한 '남조선해방'이 실패로 끝나면서 김일성의 공격대상으로 몰리고 말았다.66) 남로계의 숙청은 상부조직뿐만

---

64) 『김일성선집』 2권(1954년 판), 133쪽.
65) 조선로동당중앙위원회 제5차 전원회의결론(1952년 12월 18일)에서 김일성은 종파분자와 자유주의분자에 대해서는 직접적으로 지명하지는 않았으나, 당내에 종파의 잔재가 남아있음을 명백히 하였다. 그리고 이들에게 자기과오를 고치려 한다면 관대하게 포섭할 것이며, 그렇지 않는다면 그냥 묵과하지 않겠다는 경고를 하였다(「조선로동당 중앙위원회 제5차 전원회의에서 한 결론 - 1952. 12. 18」, 『김일성전집』 15, 297~298쪽). 1953년 3월 1일(도당위원장 협의회 연설)에 김일성은 당중앙위원회 제5차 전원회의 문헌토의사업을 하는 과정에 당내에 숨어 있던 리승엽도당과 박헌영의 반당반혁명적 행위가 드러났다고 말했다(「도당위원장 협의회에서 한 연설 - 1953. 3. 1」, 『김일성전집』 15, 349쪽). 이후 김일성은 1953년 3월 19일 내각 제6차 전원회의에서 리승엽, 리강국, 조일명, 림화, 박헌영, 주녕하, 장시우, 죄용달, 조일명, 안기성 등을 일일이 거명하며 간첩사건과 연결하여 비판하였다(「조선민주주의인민공화국 내각 제6차 전원회의에서 한 연설 - 1953. 3. 19」, 『김일성전집』 15, 364~367쪽).

아니라, 국내파들에 대한 광범위한 숙청으로 이어졌다.[67]

　남로계에 대한 숙청이 마무리된 직후인 1953년 8월 조선로동당중앙위원회 제6차 전원회의에서 김일성 단일권력체계가 확립되었다. 전원회의에서는 남로당과 북로당 합당 시에 신설되었던 당 중앙조직위원회를 폐지하고 당 중앙상무위원회를 새로 선거하였다.[68] 또 최고의사결정기구인 당정치위원회는 김일성, 김두봉, 박정애, 박창옥, 김일로 구성되었으며, 당 중앙위원회 위원장 김일성은 당 중앙위원회 비서제를 폐지하고, 박정애, 박창옥, 김일을 부위원장으로 만들었다. 결과적으로 1953년 6차 전원회의를 계기로 김일성을 중심으로 부위원장과 정치위원회가 구성되었고, 상무위원회도 김일성 측근이 장악하였다.[69]

　1954년 7월의 시점에서 김일성은 "역사적인 당중앙위원회 제4차 전원회의와 제5차 전원회의를 통하여 당의 사상의지의 통일을 반석같이 다졌으며", "1952년 2월 이후 관료주의와 탐오낭비를 반대하는 전당적·전인민적 투쟁을 전개하여 지도일꾼들의 사상과 작풍을 적지 않게 바로잡

---

66) 남로계의 이승엽 등 12명이 제거되었고(1953년 7월 30일), 1953년 8월 3일부터 6일까지 재판을 통해 10명이 사형당하였다. 박헌영도 체포되고, 1955년 12월 재판 후에 사형당하였다.
67) 김학준, 앞의 책, 173쪽.
　숙청작업은 남로당 관련자로 최고인민회의 1기 대의원 360명, 금강정치학원생 1천여 명, 기타 전남로당원 500여 명 등 2천여 명이 대상이 되어 진행되었다(강상호, 「내가 경험한 북한숙청-25회」, 『중앙일보-1993.6.28』).
　최고인민회의 1기 대의원 572명 중에서 남한 출신으로 선출된 사람은 360명이다. 이들 360명 중에서 2기 대의원으로 재선에 성공한 사람은 29명(8%)에 불과한데, 이들은 남로당 핵심과는 일정한 거리가 있는 인물들이라는 특징을 가지고 있다(2기 대의원 수는 215명임)(이주철, 「북한최고인민회의 연구」, 『국사관논총』 96호, 256~257쪽).
　금강정치학원에는 수천 명의 남한 출신들이 모여 군사훈련을 받았다.
68) 김일성, 김두봉, 박정애, 박창옥, 김일, 박영빈, 최원택, 최창익, 강문석, 정일룡, 김황일, 김승화, 김광협, 박금철, 남일 15명이 상무위원으로 선임됨.
69) 1953년 6차 전원회의와 관련된 내용은 이종석, 앞의 책, 255~261쪽 참조.

고 …… 당과 대중과의 련계를 개선 강화하였다"고 주장하였다.70) 이 같은 김일성의 발언은 한국전쟁과정에서 빚어진 당내 갈등과 남로계 등 주변 파벌과의 갈등을 정리하는 작업이 진행되었음을 밝힌 것으로 보인다.

　　김일성은 남로계에 대한 배제작업을 사회단체로 확대하여 1954년 12월에는 직업총동맹이 '박헌영도당을 비롯한 반당반혁명종파분자들이 부식한 사상여독'을 제대로 청산하지 못하고 있다고 비판하였다.71) 김일성은 이들을 제거하고, 당성이 강한 능력있는 일꾼들로 간부를 재구성할 것을 지시하였는데, 이 과정에서 남로계와 연결되었던 당원들이 조직의 중요한 부분에서 배제되는 작업이 진행되었음을 추정할 수 있다. 물론 이 작업은 개개인별로 평정이 진행되었다고 하지만72) 이 과정에서 많은 월북자나 남로당 연관자들이 배제되었을 것으로 보인다. 더불어 당내 관할부서를 바꿔서 당 조직지도부가 농민동맹과 직업동맹을 직접 장악하고 근로단체에 대한 당의 통제를 더욱 강화하였다.73)

　　특히 1954년 7월 김일성은 "당대열에 잠입하였던 종파분자들과 불순분자, 불평불만자들이 적발 숙청되고 당의 통일단결이 더욱 강화되었으며 간부사업에서 당적 원칙이 보장"되었다고 평가하였다.74) 이상과 같은 김일성의 주장은 당의 상층부와 간부집단에서 남로계 등의 영향력을 제거해내고, 이 과정을 통해 당원 하층부에 대한 장악력을 강화했음을 의미한다. 그러나 이 시점에도 당일꾼들 속에는 종파주의 · 지방주의 · 사대주의 · 교조주의 · 자유주의 · 개인이기주의 등의 사상경향들이 여전히 비판되었고, 김일성은 지속적인 투쟁을 요구하였다.75) 1955년 4월 전원회의

---

70) 「함경북도당 열성자회의에서 한 연설 – 1954.7.12」, 『김일성전집』 17, 176쪽.
71) 「조선로동당 중앙위원회 정치위원회에서 한 연설 – 1954.12.27」, 『김일성전집』 17, 447~448쪽.
72) 위의 글, 444쪽.
73) 서동만, 앞의 책, 610쪽.
74) 「조선로동당 중앙위원회 정치위원회에서 한 결론 – 1954.7.21」, 『김일성전집』 17, 233쪽.

에서도 김일성은 "당관료를 때리고 인민군대 안의 군벌사상을 때리고 내무기관 안의 경찰사상을 때리고 교조주의를 때리는"76) 과정을 통해 당의 변화를 추진하였다. 그리고 4월 전원회의 이후에는 당세도를 반대하는 투쟁이 진행되었으나 당세도는 쉽게 없어지지 않았고, 당성을 문제 삼아 시비를 걸면 모두가 겁을 먹고 두려워하는 상황이 1950년대 후반까지 북한사회에서 계속되었다.77)

2) 농업협동화78)의 추진과 지방당의 조직변화

1953년 8월 휴전이 이루어지자 조선로동당 중앙위원회 제6차 전원회의가 열렸고, 전후 인민경제복구발전에 대한 계획이 발표되었다. 전쟁으로 인해 농업생산기반 자체가 심각한 위기에 처한 상태에서, 소련의 경험과 같이 오직 사회주의적 협동화의 길로 이끌어야만 농민문제를 해결할 수 있다79)고 생각한 김일성은 농업생산을 발전시키기 위하여 점차 개인농민경리를 일부 지역에서부터 협동조합으로 조직할 것을 밝혔다.80) 더불어 노력의 재배치, 비생산 노력의 축소와 기구 간소화, 여성노력의

---

75) 「조선민주주의인민공화국 내각 제30차 전원회의에서 한 결론-1954.8.23」, 『김일성전집』 17, 286쪽.
76) 「조선로동당 중아위원회 1959년 2월 전원회의에서 한 결론-1959.2.25」, 『김일성전집』 23, 166쪽.
77) 「생산기업소 당 조직원 및 당위원장들, 도, 시, 군당 위원장들의 강습회에서 한 연설-1959.2.26」, 『김일성전집』 23, 178쪽.
78) 농업협동화에 관해서는 이미 남북한에 많은 연구가 축적되어 있다. 농업협동화에 대한 자세한 내용은 남한의 대표적 연구인 김남식, 「북한의 공산화과정과 계급노선」, 『북한공산화과정』(고려대아세아문제연구소, 1972), 서동만 앞의 책과 김성보, 『남북한 경제구조의 기원과 전개』(역사비평사, 2000) 등에 잘 서술되어 있다.
79) 「전국농업협동조합대회에서 한 보고-1959.1.5」, 『김일성전집』 23, 13쪽.
80) 「조선로동당 중앙위원회 제6차 전원회의에서 한 보고-1953.8.5」, 『김일성전집』 16, 35~36쪽.

확대 등을 제기하였다.81) 1954년 북한의 공업 노동자와 사무원 수는 81만 명이었는데, 공업은 90%가 국영공업인 반면에 농업에서는 압도적 부분이 개인경리에 속하였고, 전체 농가호수의 21.5%만 협동조합에 망라되었다.82) 이처럼 농업부문의 사회주의적 개조가 미진한 상태에서 조선로동당은 부농경리를 억제하고 사회주의적 협동화를 적극 추진하였다.

농업협동화를 추진하기 위해 조선로동당은 당과 국가의 힘을 집중하였고, 특히 1955년 초부터 수천 명의 중앙과 지방 간부를 동원하여 해마다 한두 차례씩 집중지도를 실시하였다. 농업협동조합과 빈농민에게는 국가적으로 30여 만 톤의 식량 및 종곡과 243억 원 이상의 영농자금이 대출되었고, 16만 톤 이상의 현물세 및 대여곡 납부와 14억 원 이상의 대부금 상환을 면제하였다. 또 1956년부터는 농민의 부담을 줄이고 생산의 욕을 높이기 위해 전반적으로 고정현물세 제도를 실시하고, 세율을 낮추는 것과 함께 농업협동조합에 대해서는 현물세량의 5%를 더 낮추어 주었다.83)

특히 김일성은 사업의 복잡성과 내외의 비난 선전을 우려하면서도 농업협동화를 대담하게 추진하도록 하였다. 이 시기에는 농업협동조합관리운영규정도 제대로 마련되지 않은 상태였는데, 기준규약을 만들고 관리위원장들을 위한 강습도 추진되었다. 농업협동조합을 추진하는 과정에서 군당위원장과 군인민위원장, 도와 중앙기관의 간부들이 농업협동조합을 하나씩 맡아 지도하면서 관리위원장들에게 조합을 관리운영하는 방법을 가르치도록 하였다.84)

---

81) 위의 글, 42~50쪽.
82) 「조선로동당 중앙위원회 전원회의에서 한 결론-1954.11.3」, 『김일성전집』 17, 331쪽, 336~337쪽.
83) 「전국농업협동조합대회에서 한 보고-1959.1.5」, 『김일성전집』 23, 19~20쪽.
84) 「평안남도 내 농업협동조합관리위원장협의회에서 한 연설-1954.2.13」, 『김일성전집』 16, 360~361쪽.

제4장 1950년대 조선로동당의 하부조직 재편과 당-국가체제 강화 ▌411

　이처럼 당과 정권기관도 협동조합에 대한 준비가 부족하였고, 농민들의 사상의식수준과 경제생활 조건도 같지 않았다. 이런 연유로 농업협동조합은 토지와 농기구를 통합하지 않는 '제1형태'와 토지를 통합하고 노동과 토지에 따라 분배하는 '제2형태', 토지와 기본생산수단을 공동소유로 하고 오직 노동에 의해서만 분배하는 '제3형태'가 병존 추진되었다. 조선로동당은 '제3형태'의 즉각적인 추진을 원했지만, 농민들의 수용이 부진하여 3가지 형태가 병행될 수밖에 없었다.
　조선로동당은 협동조합의 추진과 더불어 농민들의 사상의식을 개조하고, 협동조합을 강화하기 위해 조합 내 당단체를 강화하는 데 치중하였다. 이들 당단체들은 농촌개조의 핵심적 역할을 수행하였는데, 농촌경리를 발전시키기 위해 관개공사, 정보당 수확고 증대, 협동조합 조직을 추진하였다. 그러나 협동조합사업의 추진은 1954년 12월의 상황에서는 여의치 않아서, 김일성은 조선로동당 중앙위원회 정치위원회에서 한 연설을 통해 당의 농업협동화 방침이 일꾼들과 농민들 속에 깊이 있게 침투되지 못하고 있고, 조직사업도 잘 되지 못함을 비판하고 있다.[85]
　김일성은 일부 농민들이 협동조합의 우월성을 똑똑히 인식하지 못하여 가입하지 않고 있다고 비판하고 있지만, 이 시점에서는 북한 농민들이 주로 '제3형태'로 추진되는 농업협동조합으로 인해 토지 상실을 우려하는 것이 주요한 장애가 되었다. 일부 지도일꾼들까지도 농업협동화가 너무 이르지 않은가 하여 머리를 기웃거리는 상황에 있었다.[86] 따라서 조선로동당 당원이라 하여도 상당수가 협동조합에 가입하는 것을 주저하였음을 알 수 있다. 이것을 통해 조선로동당이 농업협동화를 적극 추진한 것은 토지개혁과 한국전쟁을 거치면서 농민들의 자본주의적 성향과 농촌 당원들에 대해 크게 불신하게 된 것과 관련이 있음을 읽을 수 있다.

---

85) 「조선로동당 중앙위원회 정치위원회에서 한 연설-1954.12.27」, 『김일성전집』 17, 429~430쪽.
86) 위의 글, 436쪽.

농업협동화 추진과 더불어 조선로동당은 1955년에 리 전체가 하나의 농업협동조합에 망라된 경우 리당위원회를 농업협동조합초급당위원회로 개칭하고, 리 내에 여러 개의 농업협동조합이 있고 여기에 당원이 분산된 경우에는 협동조합단위로 분세포를 조직하고 리당위원회에 소속하도록 농촌 초급당단체의 조직을 개편하였다.[87] 이처럼 농업협동조합 내에 당단체를 조직한 조치는 당시 약 45만 명에 달하는 농민당원으로 하여금 더 이상 협동조합밖에 개인농으로 남아 있을 수 없게 하는 강력한 압력으로 작용하였다.[88]

1955년에 총농가호수의 49% 그리고 1956년 2월에 총농가호수의 65.6%가 농업협동조합에 들어왔다[89]는 것은 조선로동당이 농민들을 성공적으로 견인해냈으며, 견인할 수 있는 조직을 갖추었음을 보여준다. 1956년 말에는 북한지역 전체 농가 수의 79.3%, 전체 경지면적의 76.4%가 협동조합에 망라되었고, 북한의 중심인 평안남도는 전체 농가의 85% 이상이 협동조합에 들어왔다.[90] 특히 빈농민들의 협동조합 가입이 더 적극적이었는데, 조합을 조직한 이후에는 평안남도의 빈농민 35%가 5% 미만으로 줄어드는 효과도 나타났다.[91]

하지만 협동조합의 추진과정에서 제3형태의 협동조합이 강요되고, 협동조합을 크게 합치는 사업이 진행되면서 여러 가지 문제점도 나타났다. 토지가 많고 비교적 잘사는 농민들은 제3형태의 협동조합에 대해 거부

---

87) 『로동신문』, 1955.3.17.
88) 서동만, 앞의 책, 683쪽.
　　농민동맹은 기본적으로 개인농을 회원으로 하는 단체였기 때문에 협동조합농민의 이탈로 인해 조직이 위축되었고, 농민동맹에 대한 지도권한은 당 농민부에서 당조 직지도부 소관으로 바뀌었다.
89) 「평안북도당대표외에서 한 연설-1956.4.7」, 『김일성전집』 19, 60쪽.
90) 「평안남도 농업협동조합관리일군회의에서 한 연설-1957.1.21」, 『김일성전집』 20, 32쪽.
91) 위의 글, 32쪽.

감을 나타냈고, 잘사는 협동조합과 잘 못사는 협동조합이 통합되는 과정에서 잘사는 협동조합에서 돼지의 90%를 처분하는 일도 있었다.[92] 이에 대응하여 조선로동당은 중농의 이익이 침해되는 것으로 이해되지 않도록 유연하게 협동화를 추진하도록 했고, 협동조합의 규모도 40호에서 100호 정도로 조직하도록 하였다.[93] 하지만 이 과정에서 중요한 일의 하나가 협동조합을 부농이나 중농들로만 조직하지 못하도록 하는 것이었는데[94] 이것은 조선로동당의 농업협동화의 목적이 사회주의적 개조에 있었기 때문이었다.

협동조합이 안정적으로 정착돼 가면서 조선로동당은 협동조합원들에 대해 지주계급에 대한 적대적 교양을 강화하고, 농업협동조합에서 고리대 현상이 나타나는 문제에 대해서 강력한 계급교양사업을 강조하였다.[95] 1957년 즈음 농촌의 90% 이상이 협동화[96]되었고 농민들의 의식은 차이가 있었지만[97] 농업협동조합관리위원장은 대부분 로동당원[98]이었고 특히 협동조합의 조직형태가 거의 제3형태라는 사실은 농업협동화가 조선로동당 당조직의 강력한 견인의 결과였음을 알 수 있다.[99]

---

92) 위의 글, 38쪽.
93) 「평안남도 숙천군 농업협동조합 열성자회의에서 한 연설-1957.1.28」, 『김일성전집』 20, 49쪽.
94) 「조선로동당 중앙위원회 정치위원회에서 한 연설-1954.12.27」, 『김일성전집』 17, 440쪽.
95) 「함경남도 당, 정권기관, 경제기관, 사회단체 일군들 앞에서 한 연설-1957.3.26」/「도, 시, 군 인민위원회 위원장 강습회에서 한 연설-1957.7.12」, 187쪽『김일성전집』 20, 351쪽.
96) 「조선인민군 군정간부회의에서 한 연설-1957.11.27」, 『김일성전집』 21, 78쪽.
97) 「조선로동당 중앙위원회 확대전원회의에서 한 보고-1957.12.5」, 『김일성전집』 21, 106쪽.
98) 「황해남도 농업협동조합열성자회의에서 한 연설-1957.12.13」, 『김일성전집』 21, 146쪽.
99) 「평안남도 농업협동조합관리일군회의에서 한 연설-1957.1.21」, 『김일성전집』 20, 32쪽.

이러한 성과를 바탕으로 김일성은 1956년 시점에서는 불순분자, 우연분자, 이기분자가 입당하지 않도록 신중하게 입당시킬 것을 주장하였다. 이상과 같은 김일성의 주장은 전쟁 중에 허가이의 당원 정책을 강력히 비판하면서 당원 성장을 강력히 요구할 때와 크게 변했음을 알 수 있다. 즉 1956년 4월의 조선로동당원은 이미 수적으로는 충분히 성장하여 질적인 전환이 필요한 상황이었음을 알 수 있다.

이 시점에서 김일성은 당기관에서 사업하는 당원도 조선로동당원이며, 공장·학교·협동조합·정권기관에서 사업하는 당원도 같은 조선로동당원이라며 모두가 당을 위한 사업에 열성과 책임성을 가질 것을 요구하고 있다. 또 '구두쟁이 셋이 모이면 제갈량보다 낫다'는 속담을 들며, 각급 당단체들에서 '집체적 지도'를 강조하였는데[100] 이상의 김일성의 주장을 1956년 시점에서 읽으면, 조선로동당의 조직이 아래로부터 새롭게 전환되는 의미가 있음을 알 수 있다.

즉 6·25전쟁 전의 당원들에 의해 유지되던 당조직이 새로이 충원된 당원들을 바탕으로 운영되는 것을 의미하는 것인데, 농촌 당조직의 간부와 '핵심당원'이 제대 군인들로 충원되었다. 특히 협동조합 내에 당단체가 조직되면서 조직을 운영할 기층 간부를 공급하기 위해 약 8만 명의 인민군이 감축되었는데, 이들 제대 군인은 협동조합에 우선적으로 투입되어 관리간부나 작업반장 등 핵심적 역할을 하였다. 제대 군인과 더불어 '애국열사유가족', '인민군 후방가족', '혁명투쟁 경력자', '열성 농민' 등

1956년 말에는 북한지역 전체 농가 수의 79.3%, 전체 경지면적의 76.4%가 협동조합에 망라되었고, 북한의 중심인 평안남도는 전체 농가의 85% 이상이 협동조합에 들어왔다.
1957년에는 황해북도 등 여러 도인민위원회 소재지와 군인민위원회 소재지에서 수많은 군중이 모인 가운데 '간첩도당과 반혁명분자'에 대한 공개재판이 진행되었다. 농업집단화의 완성단계는 부농과 중농층에 대한 숙청작업과 병행하여 수행되었다(서동만, 앞의 책, 580쪽).
100) 「평안북도당대표회에서 한 연설-1956.4.7」, 『김일성전집』 19, 51쪽, 53~54쪽.

이 관리위원장, 부위원장, 작업반장, 초급당위원장, 분세포위원장, 선동원 등에 배치되었고[101] 이들은 북한사회의 사회주의적 개조의 선봉대가 되었다.

더불어 김일성은 소련이나 중국의 경험보다 북한 내부의 경험이 유용함을 강조하면서 조선의 독자성과 해방 이후 새로 충원된 인력의 중요성을 강조하였다.[102] 이것은 교조주의에 대한 비판의 형식을 띠고 당내의 소련계·연안계·국내계에 대한 비판을 가한 것이며, 하부 당조직과 당원 정책을 새로운 원칙에서 실시할 것을 표명한 것이다.

농업협동화의 추진과 더불어 1955년 4월 당중앙위원회 전원회의는 전 사회의 사회주의적 개조를 선언하였다.[103] 1953년 휴전 후에 개인상업 및 사기업에 대해 실시했던 장려방침을 바꾸어 개인상공업자를 협동경리에 편입시키거나 노동자, 사무원으로 개조하는 정책이 추진되었다. 8월에는 「개인상공업허가에 관한 규정」이 공포되어 상공업을 시작하려는 사람에게는 신규허가를 받도록 하고 이미 허가를 받거나 등록한 사람은 재교부를 받도록 하였다.[104]

1955년 4월 당중앙위원회 전원회의 이후, 각급 당단체들은 전원회의 결정 실행을 추진하였고, 이를 위해 북한 전역에 걸쳐 '자백운동'이 전개되었다. 당원들은 소속 당조직에서, 비당원들은 직업동맹에서 매일 같이 회의를 열었는데 회의에서 취급된 문제 중에서 비행이 큰 것은 반탐오·반낭비투쟁위원회에 회부하여 처벌하였다. 수많은 사람들이 출당·철직·강제노동·투옥당하였는데, 처벌받은 사람의 대부분은 과거부터 상공업자 또는 도시 소시민 성분이었다.[105] 1956년 1월부터 각 리마다 소

---

101) 서동만, 앞의 책, 686~687쪽.
102) 「평안북도당대표회에서 한 연설-1956.4.7」, 『김일성전집』 19, 58~59쪽.
103) 「우리혁명의 성격과 과업에 관한 테제-1955.4」, 『김일성저작선집』 1, 조선로동당출판사, 1967, 481~486쪽.
104) 『민주조선』 1955.9.4.

비조합이 조직되고 1956년 말부터 개인상공업은 제한단계에 들어섰다. 1957년 말까지 개인상공업을 완전히 금하는 것은 아니었지만, 차츰 개인상공업자들은 영업의 자유를 상실해 갔다.

산업부문에 대한 당의 지도를 확대하기 위한 노력도 진행되었다. 1954년에 김일성은 산업운수부문에서의 노동규율 문란을 지적하고[106] 성과국에 있는 기술자들을 생산현장에 내려 보낼 것과 공장 기업소에 대한 당적 지도를 강화할 것을 요구하였다. 이를 위해 공장 기업소의 당일꾼과 지배인, 핵심 노동자 당원으로 각급 당위원회를 튼튼히 꾸려 집체적 지도를 강화할 것을 지시하였다.[107] 이미 도·시·군당위원회 조직부는 공장 내 초급당위원회의 당 내부 조직사업을 지도 통제하는 역할을 맡고 있었는데, 직업동맹에 대한 관할을 맡고 있었던 노동부에는 지배인·기사장·직장장 등 간부와의 사업이 추가되었다.[108]

하지만 시·군당 위원회는 대규모 공장 기업소에 대한 경제적 지도를 수행할 역량이 모자랐고, 대규모 공장의 공장당위원회도 생산에 대한 당적통제를 할 역량이 부족하였다.[109] 또 생산직장 내 초급당단체는 생산활동에 대한 '통제권한'을 정식으로 갖게 되었지만, 당조직의 역량으로 생산활동을 직접 통제하는 데 한계가 있었다.[110] 이런 상황하에서 대규모 공장에 당조직원을 파견하여 정기적으로 경제계획과제의 완수에 대해 당중앙위원회에 보고하게 하는 '당조직원제'가 활성화되었고, 당

---

105) 『북한의 계급정책』, 북한연구소, 92~93쪽.
106) 「조선로동당 중앙위원회 3월전원회의에서 한 결론-1954.3.21」, 『김일성전집』 16, 444쪽.
107) 위의 글, 446~450쪽.
108) 강심, 「정치사업과 경제사업의 올바른 결합은 당사업 성과의 기초」, 『근로자』, 1954년 5월호, 76~79쪽(서동만, 앞의 책, 633쪽에서 재인용).
109) 박영근, 「우리나라에서 공장관리운영체계의 가일층의 완성」, 『경제연구』, 1962년 제2호, 56쪽(서동만, 앞의 책, 632쪽에서 재인용).
110) 서동만, 앞의 책, 629쪽.

제4장 1950년대 조선로동당의 하부조직 재편과 당-국가체제 강화

조직지도부는 이를 통해 대규모 공장을 직접 통제하였다. 대부분의 군당에서도 조직부 지도원을 통해 해당 지역의 공장당위원회를 지도하였다.111)

---

111) 서동만, 앞의 책, 635~636쪽, 646쪽.

3차 당대회 이후의 당조직 재편
(1956~1960년)

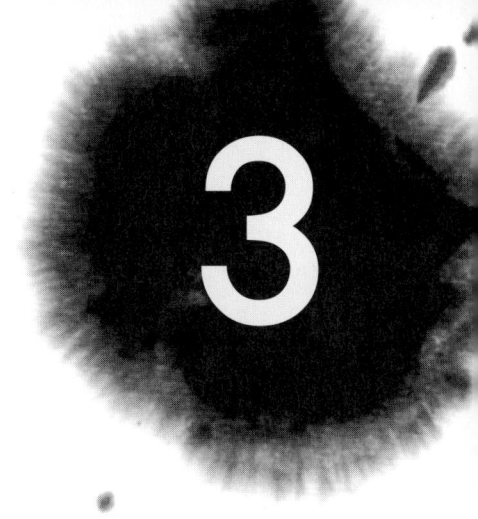

1) 3차 당대회와 당조직 정비

　휴전 후 북한정권이 추진한 전후 복구사업은 비교적 성공적으로 이루어진 것으로 평가되고 있으며, 조선로동당은 농업협동화도 추진하여 북한사회를 전면적인 사회주의체제로 변화시켰다. 이를 바탕으로 조선로동당은 1955년 12월 중앙위원회 전원회의에서 1956년 4월에 조선로동당 제3차 대회를 열 것을 결정하였는데, 1956년 2월 소련공산당 20차 대회에서 중대한 사건이 발생했다. 이 대회에서 소련공산당 제1서기인 흐루시초프가 스탈린의 1인 독재정치를 비판하고, 레닌주의에 입각해 집단지도체제를 지향할 것과 소련을 비롯한 자본주의국가들과의 평화공존을 선언했다. 이러한 소련공산당 20차 대회의 분위기는 『로동신문』과 대회에 참석했던 최용건을 통하여 김일성에게 전달되었고, 김일성은 자신에 대한 개인숭배를 약화시키는 등의 조치를 통해 흐루시초프가 제시한 노선을 수용하는 모습을 보여주면서, 4월에 조선로동당 3차 당대회를 열었다.
　조선로동당 3차 당대회에 참석한 소련공산당의 브레즈네프는 '개인숭배와 관련된 오류'를 지적하며 조선로동당이 흐루시초프의 새 노선을 따를 것을 강조하였지만112) 김일성 등은 박헌영에게 '개인숭배'의 책임을

---

112) 브레즈네프는 각 당단체들이 위에서 아래까지 집체적 영도의 레닌적 원칙을

돌리고 스탈린격하운동이나 집단지도체제 문제 등에 대해서는 언급하지 않았다. 3차 당대회에서는 종래의 당 중앙위원회 정치위원회를 없애고 상무위원회(당의 최고의사결정기구)와 조직위원회(당 결정 집행의 조직과 검열, 간부의 선발 배치 등 집행)를 구성하도록 했다.[113] 71명의 중앙위원과 45명의 후보위원, 11명의 상무위원과 7명의 조직위원이 선출되었는데, 김일성파와 김일성의 권력강화에 기여한 인물들이 선출되었다. 김일성은 중앙위원회 위원장이 되었고, 정치위원회를 폐지하고 신설된 상무위원회에는 김일성, 최용건, 김일, 김광협, 박금철 등 김일성파가 주축이 되어 실권을 장악하였다. 그리고 김일성은 당의 질적 강화를 주장하면서, 맑스-레닌주의 사상과 조직원칙을 창조적으로 적용하면서 항일혁명투쟁의 영광스러운 전통을 계승하고 항일혁명투사들을 골간으로 하여 당대열을 강화했다고 주장하였다.

〈표 4-2〉 조선로동당 당원 변화

	1차 당대회 (1946년)	2차 당대회 (1948년)	3차 당대회 (1956년)	4차 당대회 (1961년)
당원 수	366,000	725,762	1,164,945	1,166,359 (후보당원 145,204)
인구대비 당원 비율	4%	8%	10%	12.2%
당세포 수	12,000	29,763	58,259	65,000
대의원 수		999	916	1,111명

1946년 36만 6천 명의 당원으로 출발했던 북조선로동당은 1948년 2차 당대회(725,762명, 29,763세포)를 거쳐, 1956년 3차 당대회에는 116만 4,945명의 당원과 5만 8259개의 세포를 확보하였다.[114] 이러한 3차 당대회 당

완전히 수립할 것과 개인숭배와 관련된 오류를 범하지 않도록 할 것을 요구하였다(『로동신문』 1956년 4월 25일).
113) 『조선로동당 당대회자료집』 1집, 국토통일원, 1988, 531쪽.

조직 상황은 2차 당대회에 비해 당원 수의 60%, 세포 수의 96%가 증가한 것으로, 한국전쟁 이후 당원확장이 적극적으로 추진됐음을 알 수 있다. 이처럼 당원 수와 세포 수의 큰 증가는 당원 확장에 주력한 김일성의 당 성장정책에 원인이 있지만, 동시에 한국전쟁 이후 다시 공고화된 조선로동당의 사회장악력에도 큰 이유가 있다. 즉 조선로동당의 당원 확장이 갖는 의미는 1956년에 다시 한국전쟁 이전 시기 이상으로 조선로동당이 사회에 대한 장악력을 확보했음을 의미하는 것이다.

당원 구성도 노동자(22.6%)와 빈농(56.8%)이 전체 당원의 79.4%에 달하여 1948년 2차 당대회보다 증가하였고, 전쟁 이후 입당한 당원이 절반이 넘는 51.7%에 달했다.[115] 이는 전쟁 후 신입당원이 60만 명을 넘고, 전쟁 전 당원 약 16만 3천 명이 당에서 배제되었음을 보여준다. 그리고 전쟁 전 당원의 22.4%가 당에서 이탈 또는 사망, 축출되었음을 보여주는 것이다. 이탈 또는 축출과 사망한 당원 비율을 확인하는 것이 필요하지만, 그 구체적인 실상을 알기는 어렵다. 하지만 당원의 사망률이 전체 전쟁 사망자(약 70만)의 비율(전체 인구의 10% 이내)에 비해 상대적으로 높았을 것으로 추정할 수는 있다.[116] 이러한 근거에서 중간 정도 수치를 선택하여 추론한다면 적어도 약 10% 미만의 당원이 조선로동당에서 이탈 또는 출당당했을 것으로 볼 수 있다.

3차 당대회에서 김일성은 항일혁명투쟁의 영광스러운 전통을 계승하고, 항일혁명투사를 중심으로 당의 골간을 이루었다 하면서 박헌영 등 국내계의 해방 전후 활동을 '종파싸움'이라며 강력하게 비난하였다. 또 이들이 전쟁 중에는 '미제의 고용간첩들과 혁명에서 변절타락한 자기의 추종분자들을 당과 국가기관에 잠입시키며 허가이, 주녕하, 박일우와 그

---

114) 「조선로동당 제3차 대회에서 한 중앙위원회 사업총화보고 – 1956.4.23」, 『김일성전집』 19, 175쪽.
115) 위의 글, 192쪽.
116) 한국역사연구회, 『한국현대사』 2, 풀빛, 1991, 62쪽.

밖에 북반부에 있던 종파분자들을 규합하면서' 당에 해독을 끼쳤다고 비난하였다.117)

이러한 특정세력에 대한 김일성의 강력한 비난은 당원들에게 '정치적으로 단련되지 못한 당원들'에 대한 교양과 당내 사상투쟁에 대한 적극적 활동을 요구하는 것으로 이어졌다. 그리고 하급간부들의 충실치 못한 당생활에 대한 지적이 이어졌고, 특히 밑으로부터의 비판을 강화할 것을 요구하였다. 동시에 당간부들에게는 경제사업과 정치사업을 결합시키고 당사업의 성과를 경제계획실행의 결과에 따라 평가할 것을 지시하였다.118) 이상과 같은 김일성의 지시를 통해 볼 때, 3차 당대회 때는 조선로동당이 경제적 성과를 거두는 데 우선적으로 집중하는 단계에 있었음을 확인할 수 있다.

조선로동당 3차 당대회의 중요한 특징의 하나는 당사상사업에서의 교조주의와 형식주의에 대한 비판이 강해졌다는 점이다. 김일성은 '사상사업의 적지 않은 부문에서 주체가 없이' 교조적인 방법으로 진행되고 있다고 비판하였다. 그는 맑스-레닌주의의 일반적 원리를 북한의 구체적 현실에 창조적으로 적용할 것을 요구하고, 당면한 실천적 과제들을 해결할 것을 지시하였다. 이를 위해 오랜 기간 동안 진행된 노동운동과 민족해방투쟁의 역사를 깊이 연구하여 당선전사업에서 주체를 철저히 세울 것을 요구하였다.119) 이상과 같은 김일성의 3차 당대회 중앙위원회 사업총화보고 내용은 스탈린 사후 김일성이 권력의 상부와 하부에서 모두 독자적인 노선을 추진하고, 당 조직을 새롭게 혁신하고자 하는 의지를 나타낸 것으로 볼 수 있다.

3차 당대회 후 김일성은 함남도당에서 오기섭, 정달헌, 김열 등을 지

---

117) 「조선로동당 제3차 대회에서 한 중앙위원회 사업총화보고-1956.4.23」, 『김일성전집』 19, 182~187쪽.
118) 위의 글, 193쪽, 196쪽.
119) 위의 글, 204~205쪽, 208쪽.

칭하며 개인영웅주의를 비난하였다. 그리고 함남 당단체들이 당내에서 개인영웅주의가 나타나지 않도록 사소한 표현에도 묵과하지 말고 비타협적인 투쟁을 벌일 것을 요구하였다. 더불어 당원은 당조직에, 모든 당조직은 당중앙에 복종하는 강철 같은 중앙집권적 규율을 지시하였다.[120) 이상과 같은 함남 당단체에 대한 지시는 북한 전역 당원들에 대한 지시로서 3차 당대회 이후 김일성이 지방주의를 근절하고 철저하게 중앙집권을 강화하고자 하였음을 알 수 있다. 하지만 이 시점에 김일성이 당성이 강하고 군중과의 사업을 잘하며 어떤 당파와의 투쟁도 잘 할 수 있는 당원이 30%만 된다면 그 당단체는 튼튼하다고 볼 수 있다[121)고 말한 것을 감안하면 조선로동당의 당조직이 여전히 양적으로 팽창했음을 알 수 있다.[122)

　1961년 9월에 열린 조선로동당 제4차 당대회에 대해 『로동신문』은 모든 부문에 당의 영도가 미치지 않는 곳이 없고, 전 당이 김일성을 수반으로 철통같이 통일되었다고 주장하였다.[123) 당원 총수가 131만 1,563명(후보당원 14만 5,204명 포함)으로 3차 당대회에 비해 14만 명 이상 증가하였고, 노동자 당원 비율도 30%로 성장하였다. 최고의사결정기구의 명칭이 정치위원회로 바뀌어 당 정치위원회에 모든 권한이 집중되었다. 정치위원 11명은 김일성·최용건·김일·박금철·김창만·리효순·박정애·김광협·정일룡·남일·리종옥인데, 이들은 모두 김일성파나 김일성의 추종자들이었다.

---

120) 「함경남도당 열성자회의에서 한 연설-1956.5.17」, 『김일성전집』 19, 259쪽.
121) 「도, 시, 군 당일군들과 당조직원들 앞에서 한 연설-1957.7.5」, 『김일성전집』 20, 319~320쪽.
122) 이 시기 평안남도 27개 군 중에서 20개 군에 대한 통계자료에 따르면 농촌노력 총수 가운데서 초중 이상 학교 졸업생은 4%에 불과하였다(「평안남도 농업협동조합관리일군회의에서 한 연설-1957.1.21」, 『김일성전집』 20, 29쪽).
123) 『로동신문』, 1961.9.11.

2) '8월 종파사건'124)과 당조직 변화

조선로동당 3차 당대회를 마치고, 김일성은 1957년부터 시작할 5개년 경제계획의 추진을 위한 원조를 얻기 위하여 6월 1일부터 약 80일간 소련과 동유럽 9개국을 순방하였다. 그러나 김일성은 별 소득이 없이 돌아와야 했는데, 이 사이에 최창익 등의 연안계가 중심이 된 반김일성 세력이 결집하여 김일성을 권좌에서 몰아내고자 했다. 최창익(부수상), 서휘(직업동맹위원장), 윤공흠(상업상), 고봉기(황남도당 위원장), 박창옥(부수상), 김승화(건설상), 박의완(부수상 겸 국가건설위원장) 등이 연결되어 김일성을 당위원장에서 끌어내리려고 한 것이다.

이들의 움직임은 최용건 등 김일성파에 의해서 포착되었고, 김일성파는 8월 30일로 연기되어 열린 중앙위원회 전원회의에 대비하였다. 중앙위원회 전원회의에서 김일성의 사회주의국가 순방 보고가 끝난 후 윤공흠, 서휘, 최창익 등이 등단하여 김일성의 개인숭배와 독재에 대해 비판하고 농업과 경공업을 먼저 살릴 것을 주장하였다. 그러나 대부분의 중앙위원들이 김일성을 옹호하고 박금철, 김도만, 김창만 등이 등단하여 연안계를 '반당 종파분자'로 몰아세웠다. 중앙위원회 전원회의에서 불리한 상황이 전개되면서 소련계의 박창옥·김승화·박의완 등은 침묵을 지켰고, 회의장을 나온 윤공흠·서휘·리필규는 압록강을 넘어 중국으로 탈출하였다.

이에 대응하여 조선로동당 중앙위원회 전원회의는 윤공흠·서휘·리필규를 출당시키고, 최창익과 박창옥의 당직과 관련자들의 직위를 박탈하였다. 이 사건을 접한 소련과 중국공산당이 개입하여 소련부수상 미코얀과 중국 국방부장 펑떠화이(팽덕회)가 평양에 파견되어 8월 전원회의의 결정을 취소할 것을 요구하였다. 김일성은 이에 굴복하여 9월 중앙위

---

124) '8월 종파사건'에 대한 자세한 내용은 김남식, 이종석, 서동만 등의 연구 참조.

원회 전원회의를 열고 윤공흠 등의 출당조치를 철회하고, 최창익과 박창옥 등을 복직시켰다.

이러한 북한 국내 정황이 전개되는 과정에서 10월 23일에 헝가리의 부다페스트에서 시민봉기가 일어나고 11월에 소련군이 무력 진압을 하는 상황이 벌어짐으로써 외부 정세가 급변하였다. 이를 계기로 김일성은 1956년 11월 민청 중앙위원회 위원들에게 한 연설에서 최창익·윤공흠 등을 '반당반혁명종파분자'들이라 비판하고, 이들이 인테리들을 당에서 떼내어 당의 조직을 망가뜨리려 했다고 비난하였다.[125] 그리고 당 안에서 8월의 '반당종파분자'들이 제거되었음을 확인하였고[126] 12월 당 중앙위원회 전원회의에서 당일꾼, 인민군대, 내무기관, 사법검찰기관 일꾼들이 '반당반혁명종파분자들과 계급적 원수들'에 대한 무자비한 투쟁을 하도록 지시하였다.[127] 김일성은 더불어 '반당종파분자'들의 간부사업을 서휘, 윤공흠, 고봉기 등의 실명을 들어가며 비판하였는데[128] 이것은 '반당종파분자'들과 연결되어 간부가 되었던 사람들에 대한 숙청으로 연결되었다.

이어서 '반혁명분자'들을 적발 폭로하는 전인민적운동이 전개되었고, 1956년 말부터 1957년 초에 걸쳐 약 4개월 동안 전당적으로 당증 교환사업도 진행되었다. 중요 당단체들에 대한 집중적인 지도검열사업과 1956년 12월 전원회의 결정 실행을 위한 정치경제적 투쟁도 전개되었다.[129] 이러한 검열사업과 정치경제적 투쟁은 '일부 간부들이 당에서 책임을 맡

---

[125] 「새로 선거된 민청중앙위원회 위원들 앞에서 한 연설-1956.11.9」, 『김일성전집』 19, 301~302쪽.
[126] 「당조직원 강습회에서 한 연설-1956.11.25」, 『김일성전집』 19, 338쪽.
[127] 「조선로동당 중앙위원회 전원회의에서 한 결론-1956.12.13」, 『김일성전집』 19, 376쪽.
[128] 「조선로동당 중앙위원회 지도원 이상 일군들과 한 담화-1956.12.17」, 『김일성전집』 19, 380~382쪽.
[129] 「조선로동당 중앙위원회 확대전원회의에서 한 보고-1957.12.5」, 『김일성전집』 21, 103~104쪽.

기면 과오를 범할까 겁부터 먹을 정도'의130) 무거운 분위기를 만들기도 했다.

　1957년 5월 조선로동당 중앙위원회 상무위원회는 '반혁명분자들과의 투쟁을 강화할 데 대하여'라는 결정을 채택하고, 김일성 반대파들에 대한 숙청에 나섰다. 이 과정에서 최창익 등 연안계는 완전히 제거되었고, 박창옥 등의 소련계도 숙청되거나 소련으로 망명 또는 자진 귀국하였다. 당내 '반당종파분자'들에 대한 비판은 1957년 하반기에도 계속되었다. 김일성은 김승화, 박창옥, 리병제 등의 실명을 거명하면서 개인에 맹종하였던 당조직을 비판하고 조직에 대한 복종을 강조하였다. 특히 당정책에 대해 복종하지 않는 간부들에 대해서는 설복하고 교양하는 것이 아니라 출당을 지시하여 반대파들에 대한 강경한 입장과 권력 상층에 대한 교체 의지를 나타냈다.131)

　'8월 종파사건' 이후 하부에서도 연안계의 영향력을 제거하는 작업이 계속 진행되었다. 김일성은 '반당종파분자'들의 중심 인물이 김두봉과 최창익 등 신민당 출신이라고 비난하며, 군대 내에서도 신민당 출신의 세력을 제거해 갔다. 총정치국장 최종학은 '반당종파분자'들의 죄행을 철저히 폭로규탄하지 않았다고 비난받았고, 김을규는 총정치국에서 길주, 명천 사람들을 끌어 모아 종파행동을 하였다고 비판받았다.132) 김일성은 당중앙의 결정과 당중앙이 인민군대에 주는 지시들이 군대 내에 잘 침투되지 않았다고 비판하였고, 또 총정치국이 당중앙에 허위보고를 하고, 군대 내 당조직체계도 제대로 되지 못했다고 비판하였다.133) 이상의 과정

---

130) 「조선민주주의인민공화국 내각 제1차 전원회의에서 한 결론－1957.9.23」, 『김일성전집』 20, 507쪽.
131) 「조선로동당 중앙위원회 전원회의에서 한 결론－1957.10.19」, 『김일성전집』 21, 28～29쪽.
132) 「조선인민군 제324군부대관하 장병들 앞에서 한 연설－1958.2.8」, 『김일성전집』 21, 285～287쪽.
133) 위의 글, 285～286쪽.

은 '8월 종파사건' 이후 김일성이 군내 '종파' 연계자들에 대해서도 철저히 제거하는 작업을 수행했음을 보여준다. 김일성은 군대뿐만 아니라 사법성 부상 박용숙, 검사총장 조성모, 최고재판소 소장 황세환 등도 해독을 끼쳤다며 사법부문도 비판하였다.[134]

동시에 김일성은 생산현장에서도 '반동단체'에 대한 투쟁을 강화하고 철도부문에서도 '낡은 사상' 잔재를 가진 사람들에 대한 정치교양사업과 계급교양사업을 강화할 것을 지시하였다.[135] 또 '종파분자'들의 사상잔재가 남아 있다며 '종파분자'들과의 비타협적인 투쟁을 계속 전개할 것을 강조하였다.[136] 청우당과 민주당 내에서도 이색분자와 불순분자를 반대하는 투쟁이 이루어졌고[137] 다른 나라에 파견하는 유학생도 최대한 줄여 국내에서 양성할 수 없는 일꾼들만을 다른 나라에 유학 보내도록 하였다.[138] 이 과정에서 '공업을 모르는 사람은 당간부가 될 수 없다'[139]는 당 방침을 만들고 당 간부들을 투쟁경험자에서 경제현장 경험자로 바꾸어 갔다.

1957년 5월 11일의 함경북도 당과 정권기관 및 사회단체 일꾼들에게 한 연설에서 김일성은 당사업에서 중요한 과업은 첫째로 경제부문에서

---

134) 「도, 시, 군 당위원장들과 인민위원회 위원장들 앞에서 한 연설-1958.3.7」, 『김일성전집』 21, 328~329쪽.
135) 「함경북도 당 및 정권기관, 사회단체 일군들 앞에서 한 연설-1957.5.11」/「청진철도관리국 일군들 앞에서 한 연설-1957.5.12」, 『김일성전집』 20, 259쪽, 270쪽.
136) 「도, 시, 군 당일군들과 당조직원들 앞에서 한 연설-1957.7.5」, 『김일성전집』 20, 316쪽.
137) 「조선민주주의인민공화국 내각 제1차 전원회의에서 한 결론-1959.1.19」, 『김일성전집』 23, 87쪽.
138) 「조선민주주의인민공화국 내각 제1차 전원회의에서 한 결론-1957.12.9」, 『김일성전집』 20, 65쪽.
139) 「조선로동당 중앙위원회 전원회의에서 한 결론-1957.10.19」, 『김일성전집』 21, 34쪽.

당성을 견결히 고수하는 것이며, 둘째는 경제사업에 대한 당적 지도 강화, 셋째로는 혁명적 경각성을 높여 반혁명분자들과의 투쟁 강화를 지시하였다.140) 이처럼 1957년 중반, 정치권력 내부의 갈등이 일정하게 정리되고 당의 주된 관심이 경제사업으로 이동하였지만, 여전히 김일성은 사대주의, 교조주의, 소극성, 보수주의를 없애기 위한 투쟁을 강화할 것을 강조하였다.141) 이를 위해 김일성은 당원과 노동자들의 교양을 위해 8시간 노동, 8시간 휴식, 8시간 학습을 제시하면서 8시간 학습이 어려우면 하루 2~4시간씩은 학습하는 습성을 키우도록 요구142)하였는데, 이 같은 지시는 이후 당원 교양에 많은 영향을 주었다.

3) 농업협동화의 성과와 당조직의 역할

1957년 7월을 즈음하여 조선로동당은 협동조합에 들지 않은 농민들을 받아들여 농업협동화를 끝낼 것을 강조하였는데143) 1958년에야 농업협동화가 완료되고, 전반적 중등의무교육제가 실시되었다. 농업협동조합에 들어오지 않은 부유한 농민들, 도시주변의 반농반상 농민들, 산간지대 농민들과 '해방지구' 농민들도 1958년 8월까지 농업협동조합에 망라되었다. 중농들은 협동화를 지지하거나 주저하면서 동요하였고, 농촌계층 구성의 0.6%를 차지했던 부농들은 협동화에 반대하는 입장이었지만, 조

---

140) 「함경북도 당 및 정권기관, 사회단체 일군들 앞에서 한 연설-1957.5.11」, 『김일성전집』 20, 257~259쪽.
141) 「조선민주주의인민공화국 내각상무회의에서 한 결론-1957.8.26」, 『김일성전집』 20, 461쪽.
142) 「평안남도 숙천군 통덕농업협동조합 관리일군 및 조합원들과 한 담화-1957.3.10」, 『김일성전집』 23, 143쪽.
143) 이 시점에는 이미 농민의 85% 이상이 협동조합에 망라되었고, 90%에서 100%가 협동조합에 들어간 군도 있었다(「도, 시, 군 인민위원회 위원장 강습회에서 한 연설-1957.7.12」, 『김일성전집』 20, 341쪽).

선로동당의 '응당한 제재'와 '착취적 경향'에 대한 제재로 인해 점차 협동조합에 들어오지 않을 수 없었다.[144]

농업협동화의 성과로 1956년에는 알곡 생산이 전쟁 전 수준을 넘어 287만 톤에 달했고, 1957년에는 320만 톤, 1958년에는 370만 톤에 이르렀다고 선전되었다. 또 일부 협동조합에서는 정당 7.5톤의 벼를 생산하였고, 정당 3톤의 강냉이와 정당 4.5톤의 밀을 생산하는 성과를 낳기도 했다고 김일성은 주장하였다. 이러한 생산량의 증가를 바탕으로 1958년에는 1955년에 비해 농가 1호당 분배 몫이 알곡은 1.5배, 감자류는 2.6배, 현금은 3.6배 이상으로 늘어났다[145]고 한다. 하지만 배화농업협동조합의 경우 1958년에 호당 900kg의 알곡을 분배했다[146]는 김일성의 담화를 보면 협동조합별로 생산량에 상당히 많은 차이가 있었음을 알 수 있다. 또 국영농장들이 다 밑지고 있다하여 농업협동화의 성과가 만족스럽지 못한 측면이 있음도 실토하고 있다.[147]

〈표 4-3〉 협동조합 농가 1호당 분배몫의 장성

	1955년	1956년	1957년	1958년
알곡(kg)	1,250	1,616	1,742	1,826
감자류(kg)	193	357	434	501
현금(원)	5,605	9,542	13,703	20,350

출전: 「전국농업협동조합대회에서 한 보고-1959.1.5」, 『김일성전집』 23, 30쪽.

---

144) 「전국농업협동조합대회에서 한 보고-1959.1.5」, 『김일성전집』 23, 21쪽, 24쪽.
145) 위의 글, 28쪽, 30쪽. 논벼는 정당 4.5~5톤, 강냉이는 3~3.5톤, 밀은 2.5~3톤이 목표 생산량임(같은 글, 『김일성전집』 23, 45쪽).
146) 「안변군 배화중학교, 배화농업기술학교, 원산고 등 농업전문학교 교직원, 학생들과 한 담화-1959.6.8」, 『김일성전집』 24, 72쪽.
147) 「조선로동당 중앙위원회 전원회의에서 한 결론-1959.12.4」, 『김일성전집』 24, 433쪽.

농업협동화의 완료 이후 조선로동당은 1958년 10월에 리 행정구역을 단위로 하여 리 내에 있는 농업협동조합을 하나의 조합으로 통합하고, 리인민위원장이 조합관리위원장을 겸임하게 하였다. 그 결과 1만 3,309개의 농업협동조합이 3,843개로 통합되었고, 조합의 평균 규모는 농호수 80호로부터 300호로, 경지면적에 있어서는 130정보로부터 500정보로 늘어났다.148) 이에 따라 리는 행정단위이자 생산단위로 일치되었고 리인민위원장과 협동농장관리위원장은 같은 사람이 겸임하게 되어 농장의 생산을 책임지는 역할이 중요하게 되었다. 농업협동조합은 군인민위원회가 직접 지도하고 군인민위원회는 다시 군당위원회의 정책적 지도를 받도록 규정되어 농촌에서 군당위원회의 지도적 역할이 강화되었다. 아울러 군당의 지도를 받는 리당이 초급당 성격으로서 리단위의 농업협동조합 관리위원회를 정책적으로 지도하게 되었다.149) 결국 협동조합 조직사업은 해당지역 당단체에 의해 주도되었고, 끊임없이 당의 '행정대행' 문제가 발생하였다.

그러나 농업협동조합 관리일꾼들은 큰 규모의 협동조합관리를 처음 운영하면서 경험 부족 등으로 농사를 잘 짓지 못하는 결과를 초래하였고150) 특히 5개년 계획 진행 이후에는 농민들의 생활이 노동자에 비해 나빠지게 되었다.151) 이로 인해 김일성은 농업협동화의 성과를 높이기

---

148) 「전국농업협동조합대회에서 한 보고-1959.1.5」, 『김일성전집』 23, 32~33쪽.
149) 『협동농장관리운영경험』, 사회과학출판사, 1989, 30쪽.
150) 「평안남도당위원회 전원회의에서 한 결론-1960.1.7」, 『김일성전집』 25, 19쪽.
151) 「조선로동당 중앙위원회 상무위원회 확대회의에서 한 연설-1960.2.23」, 『김일성전집』 25, 218쪽.
순안군의 경우 1959년에는 호당 평균 알곡이 1톤, 현금이 113원 분배되는 데 그쳤고, 1960년에는 호당 평균 알곡이 2.5~3톤, 현금이 200원 이상 분배되도록 목표가 제시되었다(「평안남도 순안군 책임일꾼들과 한 담화-1960.3.16」, 『김일성전집』 25, 266쪽).
한해 농민의 평균 수입은 1,500원인 데 비해 노동자는 3,000~4,000원에 달했다(「평안북도 삭주군 당, 정권기관 및 지방산업공장, 농업협동조합 일군협의

위해 평균주의를 없애고, 작업반 우대제를 실시하도록 지시하였고, 고정폰드·문화폰드 등 공동축적으로 인해 농민들의 생산의욕을 약화시키지 않도록 요구하였다.[152] 또 조선로동당은 1959년에 36개 군의 농업현물세를 면제한 데 이어 몇 해에 걸쳐 나머지 군의 현물세 면제를 추진하지 않을 수 없었다.[153] 이러한 결과로 본다면 조선로동당 하부 당조직들의 역할로는 농업협동조합이 경제적 성과를 만들어 낼 수는 없었던 것으로 평가된다.

농업협동조합에 대한 조직사업이 당단체에 의해 주도된 것처럼 공장 안에서의 모든 일은 공장당위원회의 지도를 받도록 하였다. 공장 안에서의 최고지도기관은 지배인이 아니고 공장당위원회가 되었고, 공장당위원회의 지도 밑에서 지배인은 행정사업을 하고 당위원장은 당사업을 하도록 하였다. 이것은 유일관리제를 취소하는 것을 의미하지는 않았지만, 공장당위원회 즉 당조직의 책임이 강조된 것이다.[154]

회에서 한 연설-1960.7.29」, 『김일성전집』 25, 333쪽).
152) 「평안남도당위원회 전원회의에서 한 결론-1960.1.7」, 『김일성전집』 25, 37~38쪽.
농업과 더불어 공업에서는 도당의 중앙공업에 대한 당적 통제를 강화할 것을 지시하였다(같은 글, 『김일성전집』 25, 38~40쪽). 이를 위해 도당위원회 안에 도경제지도위원회를 조직하도록 하였다(「조선로동당 중앙위원회 상무위원회에서 한 결론-1960.1.15」, 『김일성전집』 25, 68쪽). 도경제지도위원회 위원장은 도당위원장이 겸임하고, 부위원장은 부상급간부로 하였다(같은 글, 70쪽). 농업협동조합의 공동축적이 많은 데 대한 농민들의 불만에 대해 김일성은 농민들의 의식수준이 낮아서 공동축적이 결국 자기들 자신을 위한 것이라는 것을 똑똑히 인식하지 못하고 있다고 비판하였다(「평안남도당위원회 전원회의에서 한 결론-1960.1.7」, 『김일성전집』 25, 22쪽).
153) 「함주군 조양농업협동조합 관리일군 및 조합원들과 한 담화-1960.8.31」, 『김일성전집』 25, 482쪽.
154) 「조선로동당 중앙위원회 전원회의에서 한 결론-1959.12.4」, 『김일성전집』 24, 461쪽.

4) 중앙당 집중지도사업155)의 전개와 당조직 재편

1958년 3월 김일성은 당 대표자회의를 소집하여 조선로동당 내의 조직을 정비하고 '반당파들을 철저히 때려 부시고 우리 당의 통일을 눈동자와 같이 지키겠다'고 결의하였다.156) 김일성은 여기에서 또 한번 종파주의·지방주의·가족주의를 비난하면서, 최창익·김웅·김두봉·한빈·오기섭 등의 실명을 거론하며 이들이 당의 신임을 배신하고 개인적 야심만 키워 왔다고 비난하였다. 더불어 당생활 강화를 논하며, 사상교양을 강화할 것과 당 중앙에 복종하는 민주주의적 중앙집권제 원칙을 강조하였다.157) 당 중앙에 대한 복종을 강조하는 과정에서 김일성은 당 중앙위원회 위원장이 하는 말이나 도당, 군당, 초급당 단체의 일꾼들의 말이 모두 똑같아야 한다며 당의 목소리 통일을 요구하였다.

더불어 김일성은 간부사업의 중요성을 다시 강조하며, 그동안의 당 간부사업이 군당위원장급 간부들에 그쳤을 뿐이라며 하급 간부에 대한 관심을 강조하였다. 그리고 간부사업을 강화하기 위해서 당 중앙위원회 간부부에서 간부를 제공하던 방식을 없애고 매개 부서들에서 자기 부문의 간부사업을 직접 하도록 하였다.158) 또 당 중앙위원회에 행정부를 두어 최고인민회의 상임위원회·재판소·검찰수·내무성 간부들에 대한 간부사업을 하게 했고, 군당에서는 조직부와 선전부에서 인민위원회와 내무기관·재판기관 등을 지도하도록 하였다.159) 이 같은 조치들은 이 시점

---

155) 중앙당 집중지도사업의 기본적인 내용에 대해서는 김남식의 「북한의 공산화과정과 계급노선」(『북한공산화과정 연구』, 아세아문제연구소)을 참조하였다. 중앙당 집중지도는 원래 농업집단화를 위한 수단으로 쓰이기 시작했다가 당내를 단속하기 위한 목적으로 활용되었다(서동만, 앞의 책, 573쪽).
156) 「조선로동당 대표자회에서 한 결론-1958.3.6」, 『김일성전집』 21, 291쪽.
157) 「도, 시, 군 당위원장들과 인민위원회 위원장들 앞에서 한 연설-1958.3.7」, 『김일성전집』 21, 314~317쪽, 321~322쪽.
158) 위의 글, 314~317쪽, 324~325쪽, 328쪽, 329~331쪽.

에 중앙과 지방의 모든 기관 간부들까지 중앙에서 전면적으로 재편하려 한 것으로 이해될 수 있다.

　조직 재편에 이어 김일성은 당원들의 맑스-레닌주의학습과 사회주의 교양을 강화하며 그들의 당성단련과 당생활을 강화하는 것이 당 제1차 대표자회의에서 결정된 당정치사업의 총방향이라고 정리하고 있다.[160] 특히 도시와 농촌의 사회주의적 개조가 거의 끝나가는 상황에서 사회주의교양사업은 사상개조를 위한 교양사업의 강화와 더불어 '반혁명과의 투쟁'을 또다시 강조하였다. 결국 남로당 숙청과 '8월 종파사건' 이후의 또 한번의 숙청작업이 북한사회 전반에 커다란 폭풍을 불러오게 된다.

　1958년 3월 연안계에 대한 전반적인 숙청의 종결에 이어 8월에는 '인텔리의 소극성과 보수주의'가 사회주의 건설의 걸림돌로 제기되었다. 김일성은 당 중앙위원회 1956년 12월 전원회의 이후 계속적으로 지식층의 소극성과 보수주의를 비판하였고, 1958년 9월 조선로동당 중앙위원회 전원회의[161]에서는 보수주의와 소극성을 극복하고 사회주의 건설의 속도 증가를 위한 대책으로서 전체 당원에게 호소하는 "조선로동당 중앙위원회 편지(붉은 편지)"를 채택하였다. 인텔리개조의 발단은 경제부문의 기술자와 관리간부에서 시작되었으나 전체 인텔리에게 파급되었으며, 경제정책에 불만이 있었던 인텔리에 대한 숙청사업이 진행되었다.

　약 1개월간 계속된 '붉은 편지' 토의사업을 통하여 노동계급의 지위는 급속히 제고되었고, 노동자의 의견이라면 무조건 받아들이는 형편이 되었으며, 노동자들이 간부직으로 대거 진출하였다. 한국전쟁 전 국가건설 과정에서 노동자와 빈농이 중심으로 등장하여 지배질서가 재편되었다면, '붉은 편지' 사업은 남아있는 구인텔리에 대한 직접적인 타격을 가하였다.

---

159) 위의 글, 331쪽, 336쪽.
160) 「량강도 당, 정권기관, 사회단체 일군들 앞에서 한 연설-1958.5.11」, 『김일성전집』 22, 56쪽.
161) 『김일성전집』 22권에는 이 회의에 관한 내용이 빠져 있다.

이러한 상황에서 시인민위원회 등의 간부대열에도 변화가 이루어졌다. 평양시 인민위원회는 일꾼들을 조사하여 일을 잘하지 않는 사람은 공장·기업소로 보내 노동을 시키고, 공장·기업소의 모범적인 노동자들을 대담하게 간부로 등용하도록 하였다.162) 그런데 '반혁명과의 투쟁' 과정에서 남반부 출신과 인텔리들에 대해 잘못 처리하는 일이 벌어졌다.163) 일제하 인텔리들은 성분으로 인해 사상적으로 의심을 받았고, 남한에서 올라온 사람들도 신분을 보증해 줄 사람이 없음으로 인하여 어려움을 겪었다. 특히 반혁명분자들과의 투쟁을 강화하는 지시가 있으면 남한에서 들어온 사람들을 의심하는 현상이 나타났다.164)

이어서 조선로동당은 '반혁명분자', '적대분자'를 적발 처단하기 위한 운동을 전군중적으로 몰아갔다. '승리한 사회주의제도'의 공고화를 외치며 당원뿐만 아니라 전체 인민에게 '공산주의 교양'을 강요하였다. 1958년 12월부터 1960년 말까지 약 2년간에 걸쳐 실시된 중앙당 집중지도사업은 '반혁명분자'의 적발처단과 북한주민의 '정치적·사상적 성분'의 파악, 종파투쟁의 지방차원에서의 마무리를 목적으로 하였다. 지도원들은 검열사업(집중지도)에서 결함을 될수록 많이 찾으려 파고들었고 이로 인해 어떤 경우는 결함으로 인해 '당이 당장 망할 것 같은' 결과가 나오기도 했다.165)

중앙당 집중지도사업으로 주민들은 '혁명적 요소', '반혁명적 요소', '중간층'으로 분류되었는데, 반혁명적 요소는 숙청 또는 감시의 대상이 되

---

162) 「조선로동당 중앙위원회 상무위원회에서 한 결론 - 1958.11.17~11.18」, 『김일성전집』 22, 457쪽.
163) 「량강도 당, 정권기관, 사회단체 일군들 앞에서 한 연설 - 1958.5.11」, 『김일성전집』 22, 64쪽.
164) 「평안남도 덕천군 당 및 행정경제 일군협의회에서 한 연설 - 1958.11.1」, 『김일성전집』 22, 446쪽.
165) 「조선로동당 중앙위원회 1959년 2월 전원회의에서 한 결론 - 1959.2.25」, 『김일성전집』 23, 162~163쪽.

었다. '반혁명적 요소'의 적발은 자수와 신고를 바탕으로 신원조회를 추진하였고, 소조투쟁단계로 진입하면서 고문이 자행되고, 반혁명 사건이 날조되기도 하였다. 반혁명적 요소는 과거의 성분을 기본으로 하여 정치사상적 성향이 고려되었는데, 거주제한자인 149호 대상자 8,000여 세대는 자강도·양강도·함북 지역으로 이주되었고, 각 지방의 사회안전부에 등록되어 대중적인 감시를 받았다. 중앙당 집중지도사업의 결과 반혁명적 요소에 해당하는 인원은 300만 명에 달했고, 약 50%의 간부가 철직 또는 강직(降職)되었다고 한다.[166]

이처럼 많은 수의 북한 주민들을 '반혁명적 요소'에 관련시킨 것은 북한 정권의 정책이 상당히 급진적으로 추진되고 있었던 데 원인이 있었다. 특히 인텔리와 한국전쟁 시기 포로가 되었다가 돌아온 귀환병 등은 여러 가지 의심을 받았고, 출신 성분이 나쁘거나 가정 주위환경, 사회정치 생활경위가 복잡한 사람들은 반혁명분자로 몰리지 않겠는가 하여 근심하고 동요하였다.[167] 일부 당일꾼들은 당원들을 교양하지 않고 조금만 잘못이 있으면 처벌하거나 성분을 들먹이며 비판하는 사람이 적지 않았다.[168]

북한사회는 한국전쟁으로 인한 계급 간 갈등, 중앙의 권력 싸움에 이어 중앙당 집중지도사업을 거치면서 또 한번 사회전반에 긴장이 크게 고조되었다. 반면에 중앙당 집중지도사업 이후 당조직이 검열된 핵심 당원으로 교체되는 결과가 이루어졌고[169] 북한체제가 철저하게 성분을 중심으로 움직이게 되는 확고한 토대가 되었다.[170] 해방 이후 북한사회의 지

---

166) 김남식, 앞의 글, 202~214쪽.
167) 「강선제강소 당열성자회의에서 한 연설-1959.2.17」, 『김일성전집』 23, 128쪽, 134쪽.
168) 「평안남도 당위원회 전원회의에서 한 결론-1960.1.7」, 『김일성전집』 25, 9쪽.
169) 조선로동당 중앙위원회 직속 당력사연구소 편, 『조선로동당 력사교재』, 1964, 392쪽.
170) 사회주의 개조과정과 중앙당 집중지도사업을 거치면서 민주당과 청우당은 지방 조직과 당원이 없이 지도부와 간판만 존재하게 되었다.

배질서가 재편되었지만, 중앙당 집중지도사업을 계기로 성분사회의 틀을 구축하게 되었다고 볼 수 있다.171)

5) 지방 당조직의 통제력 강화

'8월 종파사건' 이후 조선로동당 내에는 파벌적인 요소가 많이 감소되었지만, 당의 하부조직에서는 여전히 당기관이 세도를 쓰는 기관으로 남아 있었다.172) 또 노동계급의 혁명의식도 높지 못했고, 전후에 보충된 노동자들의 성분은 도시 소상공인, 수공업자, 기업가, 농민, 의용군으로 북에 온 남한 출신 제대군인과 귀환병 출신들로 구성되었다.173) 이처럼 상부의 당조직은 세도에 익숙하였고, 하부의 노동자는 성분이 복잡한 상태였기 때문에, 북한의 하급당단체와 공장 등 모든 곳에서는 갈등이 심하였다. 이런 상황에서 '중앙의 지도그룹과 도당 지도그룹'이 수시로 내려와 사상검토가 진행되는 복잡한 상황이 계속되었다.174)

김일성은 1959년 3월 조선로동당 중앙위원회 상무위원회에서 함경북도 당단체의 간부구성을 근본적으로 쇄신할 것을 요구했고, 도내 간부들

---

171) 중앙당 집중지도사업을 직접 경험한 탈북자들의 증언은 소수에 불과하지만, 이 사건이 개인의 신상에 대단히 중요한 영향을 미치는 문제였기 때문에 오랜 시간이 흘렀음에도 불구하고 명확한 인식이 남아 있었다. 중앙당 집중지도사업으로 인해서 많은 사람들이 불만을 가지게 되었고, 특히 가족 중에 월남자가 있다든가 하는 경우에는 겁을 먹고 가족들 사이에서도 말조심을 하며 살아야 하는 공포감을 가지게 되었다.
중앙당 집중지도사업이 전개됨으로써 월남자 가족 등이 불이익을 받게 되었지만, 성분으로 인한 불이익은 이후에도 지속적으로 문제가 되었다(중앙당 집중지도사업과 관련된 탈북자들의 증언은 이주철, 「북한주민의 역사인식과 의식변화」, 『한국민족운동사연구』 37, 2003, 354~358쪽 참조).
172) 「생산기업소 당조직원 및 당위원장들, 도,시,군 당 위원장들의 강습회에서 한 연설 – 1959.2.26」, 『김일성전집』 23, 179쪽.
173) 위의 글, 195쪽.
174) 위의 글, 205쪽.

의 충실성을 비판하였다.175) 비판에 따르면 함경북도 당단체는 해방 전 투옥경력이 있으면 덮어 놓고 간부로 등용하였는데, 김일성은 이들 중에서 당에 대해 충실하지 못한 사람들을 제거하고 당에 충실한 새로운 일꾼들을 등용시킬 것을 요구하였다. 이를 위해 김일성은 당과 정부의 지도간부들이 3개 그룹으로 갈라 함경북도에서 20일간 지도사업을 할 것을 지시하였다.176)

당 중앙위원회 지도그룹 성원들은 1959년 3월 한 달가량 함경북도 내의 공장, 기업소, 농목장, 농업협동조합을 돌아보고 토론 등을 통해 전반적 형편을 파악하였다. 그 결과 함경북도 당단체는 다른 지역보다 심한 관료주의와 지방주의의 틀이 15년 동안이나 계속되었다고 비판을 받았다. 장순명을 비롯한 '종파분자'들이 제거된 후에도, 그 밖의 '다른 종파'들에 의해 지방주의·가족주의·관료주의가 계속되었다고 비판을 받았다. 특히 일제하 혁명투쟁의 영향이 컸던 길주군, 명천군, 김책군과 같은 농촌 지역에서 무원칙한 현상들이 계속되었다는 강력한 비판을 받았다.177) 이 과정에서 당 간부사업에서 친인척관계나 동향관계 등에 의한 간부 선발이 심한 비판을 받았고, 당에 충실한 노동자들을 간부로 만들 것이 강조되었다.178)

또 김일성은 강원도에서도 4~5년 동안이나 당과 정권기관의 책임적 지위에 안일부화한 현상들이 있었다며, '종파분자' 리주하의 여독과 문천 지방주의의 여독을 뽑고 노동계급 출신들로 당핵심을 꾸릴 것을 지시하였다.179) 이상과 같은 김일성의 지도사업 지시는 각 도의 간부에 대한

---

175) 「조선로동당 중앙위원회 상무위원회에서 한 결론-1959.3.1」, 『김일성전집』 23, 215쪽.
176) 위의 글, 217쪽.
177) 「조선로동당 함경북도위원회 확대전원회의에서 한 연설-1959.3.23」, 『김일성전집』 23, 324~325쪽.
178) 위의 글, 335쪽.
179) 「원산철도공장 일군들과 한 담화-1959.6.4」, 『김일성전집』 24, 36쪽, 39쪽.

교체와 확고한 장악을 목표로 한 것이며, 이를 계기로 북한 지역의 일부 지방에 남아 있던 '지방의 독자성'이 제거된 것으로 보인다. 이러한 변화에 대해 김일성은 '반당종파분자'들이 제거되고, 함경남도에 도당위원장·도인민위원장이 새로 배치된 이후 1~2년 동안에 함경남도에서 지방주의, 종파주의가 많이 없어졌다고 평가하였다.[180]

특히 김일성은 '함북제일주의'가 함경북도 일꾼들을 교만하게 만들고 못쓰게 만들었다고 함경북도에 대해 강력한 비판을 전개했다. 이 비판을 통해 김일성은 방향을 주는 곳은 오직 당중앙이며, 도당과 군당은 방향을 주는 것이 아니라며 당중앙이 제시한 방향에 따라 사업을 조직 및 집행할 것을 요구하였다.[181] 더불어 군당에서 당 결정서를 무시하거나 따르지 않는 경향에 대해 강력하게 비판하였는데[182] 이러한 김일성의 비판은 각 부문의 협동화가 이루어진 후, 군인민위원회가 계획경제를 성과적으로 운영하지 못한 것과도 깊은 관련이 있었다.[183]

집중지도사업과 더불어 조선로동당은 당의 노선과 정책을 무장시키기 위해 당원들에 대한 학습망을 개편하고, 매주 몇 시간씩 학습을 진행하였다. 특히 김일성은 중앙당 조직부 부부장, 선전부 부부장, 과장, 지도원을 두 그룹으로 나누어 군내 청산리당의 사업과 군당위원회 초급당단

천내리 시멘트 공장의 경우 공장간부들은 군당위원회 위원으로 선거되었으나, 노동자는 한 명밖에 선거되지 못한 경우처럼 노동자가 당단체의 간부가 되는 일이 쉽지 않았음을 알 수 있다(『김일성전집』 24, 83쪽). 강원도 당단체의 일부 일군들은 안면이 있다고 하여 길주, 명천 사람들을 데려다 간부로 등용한 것을 비판받았다(『김일성전집』 24, 133쪽).

180) 「함경남도 당, 정권기관, 사회단체, 경제기관 일군협의회에서 한 연설-1960. 9.2」, 『김일성전집』 26, 14~16쪽.
181) 「회령군당 위원회 전원회의에서 한 연설-1959.3.19」, 『김일성전집』 23, 287쪽.
182) 위의 글, 310~311쪽.
183) 각 부문의 협동화가 이루어진 후 기업가와 상인들에 의해 이루어지던 생산과 유통이 인민위원회에 의해 계획, 지도되는 데 많은 심각한 문제가 나타났다(『김일성전집』 23, 346~347쪽).

체사업을 이해하기 위한 작업을 진행하였다. 이 과정을 통해 그동안 형식적으로 진행되던 리당총회를 비판하였고, 군과 리의 간부들이 '성분이 좋고 좋은 동무들'로 구성되었다184)고 김일성은 주장하였다. 이것은 1950년대 후반을 거치면서 조선로동당이 지방 세력까지도 재편을 마무리하였음을 보여준다.185) 이를 바탕으로 조선로동당은 군인민위원회가 모든 사업에서 반드시 군당위원회의 지도를 받도록 하는 등 지방당의 통제력을 강화하였다.186)

6) 군내(軍內) 군(軍)당위원회의 최고 조직화

1956년 '8월 종파사건' 이후 당내 연안계와 소련계에 대한 숙청이 진행되었다. 이어서 1958년 1월에는 총정치국장 최종학이 해임되었고, 당 중앙위원회 상무위원회는 직접 인민군 총정치국에 대한 검열을 착수하였다. 3월에는 제4군단장 장평산과 민족보위성 부상 김웅 등도 '반당 폭동음모'와 관련되어 숙청되었고, 군내의 소련계와 연안계 고위 간부들로 숙청이 확대되었다.187)

김일성은 1958년 3월 당 중앙위원회 전원회의에서 인민군대 내 당사

---
184) 「조선로동당 중앙위원회 상무위원회 확대회의에서 한 연설-1960.2.23」, 『김일성전집』 25, 186쪽.
185) 지방 당, 인민위원회에 대한 정리, 숙청사업은 1959년 11월경 마무리 단계에 들어섰다(서동만, 앞의 책, 886쪽).
186) 「조선로동당 중앙위원회 상무위원회 확대회의에서 한 연설-1960.2.23」, 『김일성전집』 25, 203쪽.
  모든 기관의 간부들은 매일 4시간의 학습을 의무적으로 하도록 했고, 매주 토요일 오후시간은 전적으로 학습을 하도록 하였다(『로동신문』 1959.12.6).
187) 소련계(총정치국 최종학 상장, 통신국장 리종인 소장, 군사과학국장 최원 소장, 해군참모장 김칠성 소장, 제4사단장 김만석 소장 등), 연안계(민족보위성 김웅 대장, 총참모장 리권무 상장, 부참모장 최인 중장, 총정치국 부국장 김을규 소장, 공군사령관 왕련 중장, 제2집단군 부사령관 심청 소장, 제4군단장 장평산 중장 등).

업에 관련된 결론을 내리면서, 인민군대 내 당사업의 주된 결함을 당원들의 당조직 생활이 건전하게 진행되지 못하는 것이라고 지적하였다.[188] 이것은 당조직 전체에서 일상적으로 지적될 수 있는 문제이기도 하지만, 군대 내 적지 않은 간부들이 당생활에 정상적으로 참여하지 않고 당의 통제를 벗어났다고 비판한 부분은 상당한 의미가 있다.

특히 연대장 이상 간부들이 초급당회의에 잘 참가하지 않고, 비판도 이루어지지 않으며, 군사위원회에서도 간부들을 비판·교양·통제하지 못하고 있다고 비판한 부분은 김일성이 군대 내 당조직에 대한 통제를 확실히 확보하겠다는 의지를 밝힌 것으로 읽을 수 있다.[189] 즉 한국전쟁을 거치면서 독자적인 경향을 가지던 군대에 대한 조선로동당 중앙의 장악력을 높이려는 정책이 당조직을 통해 강화되기 시작한 것으로 볼 수 있다.

한국전쟁 후 일부 군인과 군관들 속에서 규율이 잘 지켜지지 않았고, 부분적이지만 군관들 속에 관료주의와 군벌주의가 남아 있는 현상에 대한 비판은 조선로동당 중앙이 인민군대를 재편하기 위한 시작을 의미한다고 할 수 있다. 이것은 최종학을 비롯한 총정치국 내의 일부가 당 중앙의 사상투쟁에 보조를 맞추지 못한 것에 대한 불만과 연관된 것이기도 하다.[190] 또 하나의 측면은 건군과 전쟁과정에서 군인 당원들도 마구잡이식으로 확장되면서 규율이 중요한 군에서도 당원들의 당조직 생활에 상당히 많은 문제가 있었기 때문이다.

군대 내 당조직을 장악하기 위해서 조선로동당 중앙은 정치생활과 당

---

188) 「조선로동당 중앙위원회 전원회의에서 한 결론－1958.3.8」, 『김일성전집』 21, 345쪽.
189) 위의 글, 346쪽.
190) 위의 글, 346~347쪽, 348쪽.
김일성은 최종학, 김웅을 대표적으로 거명하며 비판하였다(「조선로동당 인민군위원회 전원회의 확대회의에서 한 연설－1960.9.8」, 『김일성전집』 26, 48쪽).

조직생활 및 사상교양사업을 강화하고, 인민군대 내 당조직체계를 고치도록 하였다. 먼저 인민군 부대들의 당사업이 집체적 지도와 통제 밑에서 벗어나 상부기관에만 매여 있는 정치부의 유일적 지도를 받게 되어 있는 점을 고치도록 하였다. 즉 당조직 생활경험이 미숙한 정치부장들이 혼자서 당 정치사업을 계획하고 집행하는 것을 고치도록 하였다. 이를 위해 인민군대 내에 전반적으로 당위원회제도를 시행하도록 하여 인민군대에 대한 당 중앙의 장악을 강화하였다. 그 구체적 내용은 인민군대 전체적으로 인민군 당위원회를 만들어서 당 중앙위원회 상무위원회의 지도를 받아 사업하도록 하고, 군단과 사단 및 연대에도 각각 당위원회를, 대대에는 초급당위원회를, 중대에는 초급당단체를 만들도록 하는 것이었다.191)

그리고 집단군이나, 군단, 총정치국에서 일하는 정치일꾼과 군사간부도 인민군당위원회에 들어가도록 했고, 연대당 위원회에는 연대장과 정치부연대장이 들어가도록 했다. 즉 각 당위원회에 부대의 책임간부들이 반드시 들어가도록 했고, 당위원회 책임자는 당 연한과 수준에 따라서 정치부장이나 부대장이 맡도록 하였다. 이렇게 함으로써 당중앙위원회의 결정이 하달되면 먼저 인민군 당위원회에서 집체적으로 토론하고, 총정치국장은 당위원회를 집행하는 의무를 갖도록 하였다.192) 이로써 총정치국은 지도기관인 인민군 당위원회의 결정을 집행하는 기관이 되어서 이전에 총정치국장이 맘대로 하던 일이 없어지도록 하였고, 당 중앙은 인민군대에 대한 지배력을 강화하였다. 더불어 항일무장투쟁의 혁명전통으로 군인들을 교양하는 사업이 강조되었다.193)

---

191) 「조선로동당 중앙위원회 전원회의에서 한 결론-1958.3.8」, 『김일성전집』 21, 349쪽, 350쪽.
192) 위의 글, 351쪽.
193) 「조선인민군 군단이상 군사, 정치일군들과 한 담화-1959.5.16」, 『김일성전집』 23, 445쪽.
  항일빨치산 출신인 서철이 1958년 10월에 총정치국장이 되었다.

인민군 당조직의 변화와 더불어 간부들의 당생활에 대한 지도와 통제도 강화되었다. 당위원회에 군사간부와 정치간부가 망라되고, 군사간부도 당사업에 참가하고 당의 통제를 받도록 하였다. 이처럼 각 군부대에 당위원회를 조직함으로써 당위원회는 정치부장이나 군단장 등의 당생활을 알 수 있게 되어, 간부들도 초급당단체와 당위원회의 통제를 받게 되었다.[194] 이로써 군대에서 최고 조직은 당위원회가 되어 사단에서는 사단당위원회가 최고 조직이 되고, 군단에서는 군단당위원회가 최고 조직이 되었다.[195] 이로써 북한의 군대 내에 있던 사단장과 군단장의 영향력은 크게 약화되고, 당 중앙의 군대로서의 성격이 강화되었다.

---

194) 「조선로동당 중앙위원회 전원회의에서 한 결론-1958.3.8」, 『김일성전집』 21, 352~353쪽.
195) 「조선로동당 인민군위원회 전원회의 확대회의에서 한 연설-1960.9.8」, 『김일성전집』 26, 49쪽.
당위원회는 협의기관이 아니라 군사정치적 영도기관이다.

1950년대의 조선로동당 당규약의 하부조직 규정 변화

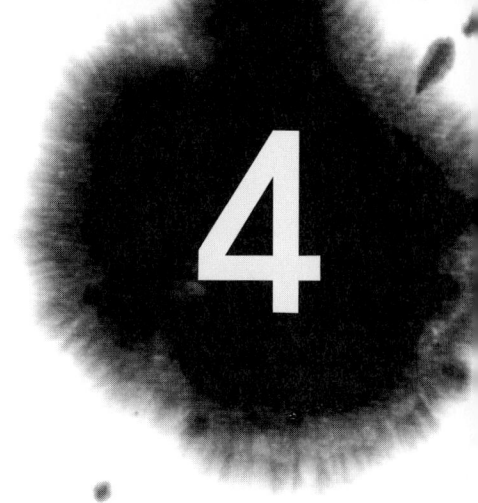

1) 조선로동당 2차 당대회[196]

1950년 7월 당 중앙정치위원회 결정에 의해 발간된 북조선로동당 2차 대회(1948년) 당규약에 따르면 조선로동당의 지방기관은 도, 시(구역) 군, 면, 직장, 리(농촌) 당부와 세포(당위원회)이다. 도에는 도당이 있고, 부서는 조직부·당간부부·선전선동부·노동부·농민부·경리부를 두었다.[197]

시(구역)·군에는 시(구역)·군당 대표회가 최고기관이지만, 대표회와 대표회 사이의 최고기관은 도당위원회가 결정한 위원 수에 의해 선거된 시(구역)·군당 위원회가 최고기관이 되고, 위원 중에서 상무위원회를 선거하여 사업을 지도한다. 면당의 최고기관은 면당 대표회가 되며, 면당 대표회는 도당위원회가 지정한 인원 수의 면당 위원회를 선거하도록 했다.

당의 기본조직은 세포이며, 세포는 공장·광산·탄광·철도·리(농촌) 농장·학교·행정기관·가두·기타 공공시설 등에 5명부터 조직하도록 하였다. 당원 20명부터 당세포는 당위원회를 선거하도록 했고, 당원 100

---

196) 『조선로동당 당대회자료집』 1집, 국토통일원, 1988, 272~274쪽.
197) 당 중앙본부에는 조직부, 당간부부, 선전선동부, 노동부, 농민부, 사회부, 재정 경리부를 둠.

명 이상되는 기관이나 리(농촌)의 경우에는 초급당 위원회를 구성하도록 하였다(32조).

2) 조선로동당 3차 당대회[198]

1956년 3차 당대회에서는 후보당원 1년을 의무화하고 기존의 입당 연령을 20세에서 18세로 낮추었다. 그리고 조선민주청년동맹원의 입당시에는 당원 1명의 입당 보증서로 대신할 수 있도록 해서 입당을 수월하게 하였다(보통의 경우에는 2인의 입당 보증서 제출).

지방기관은 도, 시(구역)·군, 초급당단체를 두고 각각 도당 대표회의, 시(구역)·군 대표회의, 초급당 총회를 최고기관으로 하였다. 도당 대표회의는 도당 위원회를 선거하고, 시(구역)·군 대표회의는 시(구역)·군당 위원회를 선거하도록 했다. 중앙의 하부조직에 대한 효율적 장악을 위해 1952년 12월 도·군·면·리의 4단계 체계를 면을 폐지하는 3단계 체계로 개편함에 따라 면당이 폐지되었다(군이 91개에서 168개로, 리는 10,120개에서 3,659개로, 면은 폐지).

당원 및 후보 당원이 100명 이상 있는 공장, 기업소, 협동조합 및 기관 등 초급 당단체 내에는 시(구역)·군 당위원회의 비준하에 당단체를 조직할 수 있게 했고(54조), 당원 및 후보 당원이 300명 이상 있는 큰 공장, 기업소, 협동조합 및 기관 등에는 당 중앙위원회의 비준을 받아 당 위원회를 조직하도록 했다(55조). 한 개의 리 행정단위(농촌)에서 2개 이상의 초급 당단체가 조직되어 필요하다고 인정될 경우에는 도당 위원회의 비준하에 리당 위원회를 조직할 수 있게 했다(58조).

당 중앙위원회는 중앙의 국가 정권기관 및 사회단체들의 사업을 그 기관 내에 있는 당조를 통하여 지도하도록 했고, 특수한 기관 내에 정치국

---

[198] 『조선로동당 당대회자료집』 1집, 국토통일원, 1988, 529~536쪽.

을, 중요한 국가 기업소 내에 당 중앙위원회 조직원을 두어 지도하도록 했다(37~38조). 또 당 외곽 단체인 국가 정권기관, 사회단체, 협동단체 등에 당조를 조직하여 당의 결정을 집행하도록 했다(59~60조).

3) 조선로동당 4차 당대회[199]

1961년 4차 당대회에서는 당원의 입당 규정은 3차 당대회의 규약과 크게 다르지 않다.

지방기관은 도(직할시)당, 시(구역)·군당, 초급당을 두고 각각 도(직할시)당 대표회, 시(구역)·군당 대표회, 초급당 총회 또는 대표회를 최고기관으로 하였다. 도당 대표회는 도당 위원회를 선거하고, 시(구역)·군 대표회는 시(구역)·군당 위원회를 선거하도록 했다. 그런데 4차 당규약에서는 해당 대표회와 대표회 사이의 최고기관을 해당 당위원회라고 규정하여 위상을 높이고 있다(21조).

반면에 도(직할시)당 위원회, 시(구역)·군당 위원회는 당의 결정 집행을 토의하기 위해 당열성자 회의를 소집할 수 있도록 새로운 규정을 추가하였다(29조). 또 당 중앙위원회가 어떤 당조직에 대해서도 당규약의 위반 또는 실천 부진의 경우에는 당조직 해산을 결정할 수 있도록 하여 지방당에 대한 당 중앙위원회의 권한을 강화하였다(33조).

당의 기본조직은 당세포로 공장, 기업소, 인민군대 등 모든 단체에 당원 3명 이상이 있는 경우에 조직하도록 해서, 모든 기관, 단체에 대한 당기본조직의 구축을 2차 당대회 이후보다 강화하였다(56조). 또 당세포 총회를 1개월에 1회 이상 소집하도록 규정하여 당 규율을 강화하였다.

농촌의 하급당조직의 경우에는 당원 50명부터 리당위원회 또는 초급당 위원회를 조직할 수 있도록 하는 등, 당원 수에 따라 당조직을 유연하

---

199) 공산권문제연구소, 『북한총람(1945~68)』, 672~678쪽.

게 구축할 수 있도록 했다(58조). 전체적으로 4차 당규약은 초급당의 구성과 역할을 확대하여 규정하고 있다.

그 외에 중요한 규정으로는 민주청년동맹의 지방조직들이 해당 당조직의 지도를 받도록 규정한 것과 조선인민군 산하의 각급 당조직들을 유일적으로 망라하는 조선인민군 당위원회 조직을 규정한 것을 들 수 있다(62조, 68조). 조선인민군 내의 당사업을 위해 총정치국을 설치하고, 인민군 당위원회의 위원을 지방당의 위원으로 추천할 수 있게 하여 군조직의 지방당에 대한 연계를 강화하고 있다(67~68조).[200]

조선로동당 2차 당대회에서 4차 당대회까지의 당규약 변화는 대체로 당대회 전시기에 이루어진 북한사회변화를 반영하고 있는데, 1961년의 4차 당규약의 규정들은 1950년대 후반에 이루어진 지방당과 군(軍)당에 대한 조선로동당 중앙의 지배력이 강화된 모습과 지방당과 군(軍)당의 위상이 강화된 모습을 잘 보여준다.

---

200) 제67조 : 조선인민군 내의 각급 당조직은 당중앙위원회가 비준한 지도서에 따라서 활동한다. 조선인민군 내의 당사업을 조직, 집행하기 위해서 조선인민군 총정치국을 설치한다.
　제68조 : 조선인민군 내의 각급 당조직은 지방당조직과 사업상 연계를 강화해야 한다. 조선인민군의 각급 당위원회는 필요한 경우에 해당 당위원회의 위원 또는 간부를 주둔지역의 도(직할시), 시(구역), 군당위원회의 위원 또는 후보위원에 추천할 수 있다.

요약 및 소결

　　조선공산당북조선분국은 1945년 12월의 3차 확대집행위원회까지 당원이 7천 명을 넘지 못했다. 노동자 당원도 적었고, 노동조합의 간부자리도 비당원이 맡고 있는 상황에서 책임비서인 김일성은 당원확장정책을 적극적으로 추진하기 위해 당원의 입당 자격을 완화하였다. 1946년 8월 북조선로동당이 성립된 이후에도 당원확장정책이 적극적으로 추진되었고, 정치사상적 수준보다 노동현장에서의 성실성과 계급적 각성이 당원의 자격으로 중요하게 평가되었다.

　　1948년 1월 북조선로동당의 당원 수가 70만 명을 넘어서면서, 북조선로동당은 입당 자격을 강화하고 당원에 대한 교양사업을 강화하는 등 당원의 정예화에 중점을 두기 시작하였다. 하지만 조선로동당의 하부조직은 비조직적이고 느슨한 상태를 완전히 벗어나지 못한 상황에서 한국전쟁을 겪게 되었고, 북한군의 후퇴 시기에 많은 조선로동당 당원들이 당을 이탈하거나 당증을 훼손시키는 '과오'를 범하였다. 전쟁이 휴전선을 중심으로 전선이 고착화되면서 조선로동당은 당조직 정비를 추진하게 되었는데, 여기에서 '당조직 문제'가 당내 권력투쟁과 연결되었다. 중공군이 북한에 진입하면서 소련의 세력이 약화된 상황에서 김일성은 허가이의 당원 '정예화' 정책을 반대하고 당원의 대중적 확대를 적극 추진하였다.

김일성은 '과오'를 범한 당원과 새로운 당원들을 조선로동당의 주위에 결집시키는 방향으로 적극적인 당원확장정책을 추진하였다. 이 과정을 통해 '과오'를 범하고 당으로부터 책벌을 받은 당원들도 당원 자격을 회복하였고, 개성지역과 같은 점령지역에 대한 당조직사업도 적극적으로 추진되었다. 당의 간부양성사업도 적극 추진되었으며, 1952년에 도·군·면·리의 4단계 체계에서 면을 폐지함으로써 중앙은 하부조직에 대해 직접적인 지배를 강화하였다.

전쟁 시기에 군대 내에 당조직이 만들어져서 군에 대한 조선로동당의 지배력 강화와 김일성의 군 장악 강화가 추진되었다. 조선로동당은 당생활을 강화하기 위해 직급에 관계없이 군관이건 장령이건 모든 당원들이 당생활규범에 따라 움직이도록 하였고, 당내 비판사업과 당세포를 강화하여 당원들에 대한 지도와 통제를 강화하였다. 또 당과 정부의 전권대표인 군사위원들이 해당 단위에서 당의 노선과 정책, 당의 전략전술적 방침이 철저히 집행되도록 지도 통제하였다.

휴전이 되자 김일성은 박헌영 등 남로당 출신을 숙청하고, 국내계의 일부 '종파'를 비판하면서 이들과 하부 당조직을 분리하면서 당원의 질적 강화를 추진하였다. 김일성은 남로계에 대한 배제작업을 사회단체로까지 확대하여 남로계와 연결되었던 당원들을 조직의 중요한 부분에서 배제하였다. 더불어 근로단체에 대한 당의 통제를 더욱 강화하고, 간부사업을 통해 당원 하층부에 대한 장악력을 강화했다.

1953년 8월 김일성은 농업생산을 발전시키기 위해 농업협동화를 추진할 것을 밝혔고, 농업협동화를 위해 1955년 초부터 수천 명의 중앙과 지방 간부를 동원하여 해마다 한두 차례씩 집중지도를 실시하였다. 또 농업협동조합과 빈농민에게는 국가적으로 식량 및 종곡, 영농자금이 지원되었다. 조선로동당은 협동조합의 추진과 더불어 농민들의 사상의식을 개조하고, 협동조합을 강화하기 위해 조합 내 당단체를 강화하는 데 치중하였다.

제4장 1950년대 조선로동당의 하부조직 재편과 당—국가체제 강화

　조선로동당은 1955년에 리 전체가 하나의 농업협동조합에 망라된 경우 리당위원회를 농업협동조합초급당위원회로 개칭하는 등 농촌 초급당단체의 조직을 개편하였고, 이들 당단체들은 농촌개조의 핵심적 역할을 수행하였다. 1956년 2월에 총농가호수의 65.6%가 농업협동조합에 들어왔다는 것은 조선로동당이 농민들을 견인할 수 있는 조직을 갖추었음을 보여준다. 1957년 말에는 농촌의 90% 이상이 협동화되었고, 농업협동조합관리위원장은 대부분 로동당원이었으며, 특히 협동조합의 조직형태가 거의 제3형태라는 사실은 농업협동화가 조선로동당 당조직의 강력한 견인의 결과였음을 알 수 있다.
　농업협동화의 완료 이후 조선로동당은 리 행정구역을 단위로 하여 리 내에 있는 농업협동조합을 하나의 조합으로 통합하고, 리인민위원장이 조합관리위원장을 겸임하게 하였다. 이에 따라 리는 행정단위이자 생산단위로 일치되었으며 리인민위원장과 협동농장관리위원장은 같은 사람이 겸임하게 되었고, 농촌에서 군당위원회의 지도적 역할이 강화되었다. 아울러 군당의 지도를 받는 리당이 초급당 성격으로서 리단위의 농업협동조합관리위원회를 정책적으로 지도하게 되었다.
　1956년 3차 당대회에서는 71명의 중앙위원과 45명의 후보위원, 11명의 상무위원과 7명의 조직위원이 선출되었는데, 김일성파와 김일성의 권력강화에 기여한 인물들이 선출되었다. 또 3차 당대회에는 당원이 116만 4,945명으로 2차 당대회에 비해 60% 증가하였고, 세포 수도 96%가 증가하였다. 3차 당대회 후 김일성은 당내 개인영웅주의에 대해 비타협적인 투쟁을 벌일 것을 요구하였고, 모든 당조직에 대해 당중앙에 복종하는 강철 같은 중앙집권적 규율을 지시하며 지방주의를 근절하고 철저하게 중앙집권을 강화하고자 하였다.
　1956년 '8월 종파사건'이 발생하자 김일성은 권력의 일부를 분점하던 연안계를 축출하고, 하부 당조직에 대한 재편을 추진하였다. '반혁명분자'들을 적발 폭로하는 전인민적운동이 전개되었고, 1956년 말부터 1957년 초에 걸쳐 약 4개월 동안 전당적으로 당증 교환사업도 진행되었다. 이 과정에서 군대 내에서도 연안계의 세력이 제거되었고, 생산현장과 청우당, 민주당에서도 반대세력을 제거하였다. 이 사건을 계기로 마침내 당내의 이질적 세력들을 완전히 제거해 낸 김일성파는 1958년 3월 당대표자대회를 소집하고 당생활 강화와 당중앙에 복종하는 '민주주의적 중앙집권제 원칙'을 강조하면서, 중앙과 지방의 모든 기관의 간부들까지 중앙에서 전면적으로 재편을 시도하였다.

   사상개조를 위한 교양사업의 강화와 더불어 '반혁명과의 투쟁'이 다시금 강조되면서 '8월 종파사건' 이후 또 한번의 숙청이 전개되었다. 인텔리개조는 경제부문의 기술자, 관리간부에서 시작되었으나 전체 인텔리에게 파급되었고, 경제정책에 불만이 있었던 인텔리에 대한 숙청사업이 진행되었다. 약 1개월간 계속된 '붉은 편지' 토의사업을 통하여 노동계급의 지위는 급속히 제고되었고, 노동자들이 간부직으로 대거 진출하였다. 조선로동당은 '반혁명분자', '적대분자'를 적발 처단하기 위한 운동을 전 군중적으로 몰아가면서, 1958년 12월부터 1960년 말까지 약 2년간에 걸쳐 중앙당 집중지도사업을 전개하였다. 그 결과 '반혁명분자'의 적발처단과 북한주민의 '정치적·사상적 성분'의 파악, 종파투쟁의 지방차원 마무리작업이 이루어지고, 당의 하급 간부들까지 중앙에서 전면적으로 재편, 장악하는 과정이 진행되었다. 이로써 당 중앙의 지시가 하부까지 관철되는 당조직 강화가 이루어졌으며, 일부 지방에 남아있던 '지방의 독자성'도 제거되었다. 중앙당 집중지도사업 이후 당조직이 검열된 핵심 당원으로 교체되는 결과가 이루어졌고, 북한체제가 철저하게 성분을 중심으로 움직이게 되는 확고한 토대가 되었다.

   사회전반에 대한 개편이 진행된 1958년에 조선로동당 중앙은 정치생활과 당조직생활, 사상교양사업을 강화하고 인민군대 내 당조직체계를 고치도록 하였다. 인민군대 내에 전반적으로 당위원회제도를 시행하도록 했고, 인민군대에 대한 당 중앙의 장악을 강화하였다. 인민군대 전체적으로 인민군 당위원회를 만들어서 당 중앙위원회 상무위원회의 지도를 받아 사업하도록 하고, 군단과 사단·연대에도 각각 당위원회를, 대대에는 초급당위원회를, 중대에는 초급당단체를 만들도록 하였다. 총정치국은 지도기관인 인민군 당위원회의 결정을 집행하는 기관이 되었고, 당 중앙은 인민군대에 대한 지배력을 강화하였다. 인민군 당조직의 변화와 더불어 간부들의 당생활에 대한 지도와 통제도 강화되어 간부들도 초급당단체와 당위원회의 통제를 받게 되었다. 이로써 군대에서 최고조직은 당위원회가 되었으며, 북한의 군대 내에 있던 사단장과 군단장의 영향력은 크게 약화되고 당 중앙의 군대로서의 성격이 강화되었다.

1950년대에는 김일성이 추진하였던 조선로동당 하부당조직의 강화도 진전되었고, 당조직을 통한 국가 전체에 대한 통제력도 강화되었다. 당 하부조직의 전면적 재편과 군(軍) 당위원회의 최고조직화는 북한사회주의체제와 김일성의 단일지배체제 구축에 크게 기여하였다. 해방 후 1940년대의 조선로동당 당조직 정책이 하부로부터의 자발성을 끌어내는 데 무게가 주어졌다면, 전쟁 후인 1950년대의 당조직 정책은 상부로부터 강제되어 북한 사회를 전면적으로 재편하였다.

결론

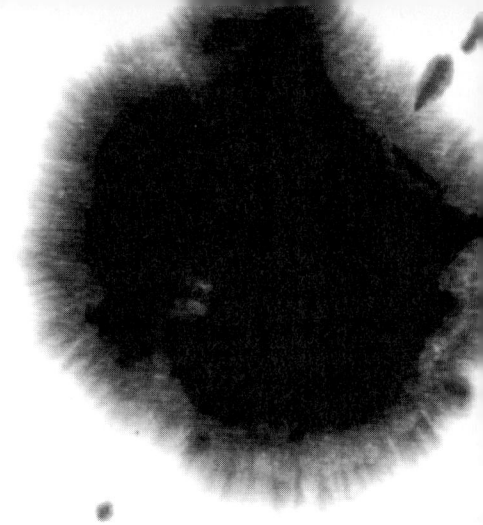

　본고는 북한사회를 주도했던 조선로동당의 당원과 당조직을 통해 해방 후부터 1960년까지 북한에서 이루어진 사회혁명 결과와 주도세력을 실증적으로 규명하고자 하였다. 1940년대에 북한에서는 사회주의혁명이 진행되었고 그 결과 사회주의정치체제가 성립되었다. 그리고 6·25전쟁과 1950년대 전후 복구과정을 거치면서 사회주의경제체제가 완성되고 '1인 독재의 1당 체제'인 사회주의체제로 변해 갔다.

1

　제2차 세계대전 종결 후 미국과 소련은 각각 점령지역에 우호적 국가를 세우려 하였고, 북한의 정세는 소련의 의도에 크게 어긋나지 않았다. 북한 각지에 인민위원회가 조직되었고, 평남지역을 제외하고는 좌익이 대체로 우세한 상황이었다. 이러한 정세는 소련군의 영향이 컸지만, 우익세력이 강했던 평남인민위원회에서도 조만식이 권력을 좌익과 양분하지 않을 수 없는 상황이었다. 특히 그동안 국내외에서 일제에 투쟁했던 조선인 공산주의자들은 소련군과 연대할 수 있는 중요한 사상적·인적 요소가 있었기 때문에 더더욱 유리한 입장이 될 수 있었다.

좌익과 우익세력 모두 인민대중과의 연결이 공고하지는 못했던 것이 해방 직후의 북한 정치세력과 인민대중의 관계였다. 북한의 인민대중은 일제의 강압통치하에서 조직화되지 못했고, 이로 인해 해방 후 정치세력의 과제는 인민대중과의 연결을 확보하는 것이 초점이 될 수밖에 없었다.

조만식세력은 1945년 11월에 민주당을 창립했으나, 모스크바 3상회의에 대하여 남한의 우익과 연계하려는 태도를 가졌고, 그 결과 소련군과의 대립으로부터 벗어날 수 없었다. 그리고 조만식의 연금이 일부 우익세력의 월남으로만 이어졌을 뿐 조직적인 정치적 저항으로 연결되지 못했다는 사실은 평남인민위원회가 소수의 유력자들에 의한 조직이었을 뿐 인민대중과 견고히 연결된 조직은 아니었음을 보여준다.

조공분국이 1945년 12월까지 7천 명의 당원에 불과했던 것도 인민대중과의 연계가 부족했었음을 보여준다. 그러나 조공분국은 소련군의 지원 아래 서울과 분리하여 독자적인 방향을 선택함으로써 북한지역에서 독자적인 정책과 노선을 추진할 수 있었다. 조공분국은 소련과의 밀접한 관계하에서 정권기관인 인민위원회에 참여함으로써 자연스럽게 국가기구에 대한 주도적 입장을 확보해 나갔다. 또 소련군과 김일성파가 주도하는 보안기구는 이면에서 반소나 반공에 대한 억압 조치를 취했는데, 이것이 일제의 강압통치에 익숙했던 우익 정치세력들의 저항의지 자체를 소멸시켰을 수 있다.

이 과정을 통하여 김일성은 조공분국의 책임비서가 될 수 있었고, 그와 더불어 중앙정권기관인 북조선인민위원회 위원장이 됨으로써 당과 국가 모두를 주도할 수 있는 위치에 서게 되었다. 이 과정은 밑으로부터의 지지로 성립된 과정이라기보다는 위로부터의 지원으로 이루어진 과정이었다고 할 수 있는데, 이때까지가 소련군의 역할이 정점에 오른 때라고 할 수 있다. 조공분국의 조직이 취약한 상태에서 김일성의 중앙정권기관 장악은 인민대중에게 국가의 지도자로서 인식될 수 있었다는 점에서 중요한 의미를 부여할 수 있다. 북임인위의 정책은 국가의 이름으로 인민대중에게 다가갔고, 김일성은 조공분국의 지도자로서보다는 '민족의 지도자'로 호칭될 수 있게 되었던 것이다.

이후 김일성이 북로당을 주도하게 된 결정적 요인의 첫째는 공산당의 조직원칙을 들 수 있다. 공산당의 상명 하복 원칙은 단순한 당내의 규정이 아니라 국제 공산주의자들의 조직원칙이었으며, 특히 소련 스탈린 체제의 영향하에 있던 모든 공산당의 원칙이었다. 이 원칙은 해방 전부터 공산주의운동을 해 왔던 조선인 공산주의자들 모두에게 강요되었고, 소련의 지원을 받는 김일성의 당내 지도권 확보에 중요한 영향을 미쳤다.

둘째는 북임인위의 장악을 들 수 있는데, 당보다는 국가기구가 권력의 중심에 있는 상황에서 김일성이 중앙국가기구인 북임인위의 위원장이 된 것은 보안기구·사법기구·군에 대한 권력을 확보할 수 있었다는 점에서 매우 중요하다. 특히 북임인위를 통하여 토지개혁을 결정하고 실행에 나선 것은 중요한 의미가 있는데, 토지개혁의 과정에서 김일성의 역할이 강조된 것은 인민대중의 의식에 중요한 영향을 미쳤다.

또 김일성의 북임인위 장악은 조공분국의 영향력 강화와 당원 확장에 영향을 주었고, 북로당의 창립과 확대·강화로 연결되었다. 북로당의 확대·강화는 당이 국가기구와 사회단체에 대한 직접적인 영향력을 확보할 수 있는 계기가 되었고, 김일성에게는 당 내부의 하급간부층과 당원을 변화시키고 아래로부터의 지지기반을 확보하는 계기가 되었다.

이처럼 김일성이 주도하던 조공분국과 북임인위가 사회주의혁명단계로 빠르게 이행하게 된 것은 다음과 같은 조건 때문이었다. 첫째, 소련의 점령으로 인하여 사회주의체제가 성립할 수 있는 유리한 조건이 형성되었다. 둘째, 그 결과 북한의 인민위원회와 보안기관과 같은 권력기구에 대한 항일 공산주의자들의 주도권이 확보되었다. 셋째, 모스크바 3상회의 결정으로 대표적인 우익세력이 배제됨으로써 실질적인 통일전선의 회복이 어렵게 되었다. 넷째, 토지개혁의 논의과정에서 빈농들의 토지소유 욕구가 폭발하였고, 조공분국과 북임인위가 이들을 지지기반으로 구축하기 위하여 토지개혁을 급진적으로 실행하였다. 그 결과 사회전반에 좌경적 경향이 강화되었으며, 지주와 자본가계급뿐만 아니라 일부 중농과 중간계급에서도 불안과 불만이 조성됨으로 인하여 중간계급과의 연합에 어려움이 나타났기 때문이다. 이러한 객관적인 정세 변화로 인하여 조공분국과 북임인위는 노동자와 빈농을 주축으로 한 체제구축을 진행할 수밖에 없게 되었다.

이상과 같은 조건이 1946년 상반기에 성립됨으로써, 북한사회는 '1946년 초의 질서'로부터 근본적으로 규정받는 상황이 벌어졌다. 즉 부르주아민주주의혁명단계라는 주장이 공식적으로 변화하진 않았지만, 사회의 변화는 이미 부르주아민주주의혁명단계가 가지는 특징으로부터 벗어나기 시작했다.

2

북임인위와 조공분국은 토지개혁을 거쳐 정권의 통치력을 강화하고 노동자와 빈농을 지지기반으로 견인하였다. 이어서 북로당으로 당의 확대·강화를 이루어내고, 하부인민위원회를 재편하여 지방과 하급기관에 대한 북로당의 지배력을 확보하였다. 북로당의 확대·강화와 하부인민위원회의 재편을 통한 사회주의정치체제의 수립과정을 정리하면 다음과 같다.

북임인위는 토지개혁의 성공적 실시로 중앙집권적 통치를 강화할 수 있게 되었고, 북임인위 안에 있는 하급 구성원들의 통일성도 강화되었다. 해방 초기에 자발적으로 조직되어 구성원의 통일성이 약했던 보안기관도 숙청을 통하여 구성원의 성분을 일치시켜 갔고, 사법기구도 정비되었다. 인민재판소가 설치되고 판사와 참심원의 성분도 빈농이나 노동자를 중심으로 재편되어 국가기관 내에서의 인적인 성분개조와 사상적 통일도 진행되었다.

조공분국도 토지개혁의 실행결과 위상이 강화되었고, 각 지역에서 당조직이 강화되었다. 조공분국의 당원확대와 당조직의 강화는 토지개혁의 영향을 크게 받았는데, 각 지역에서 조공분국의 약진이 활발하여 지역 내의 사회단체에 대한 주도권도 강화되었다. 반면에 타 정당 세력은 약화되어, 민주당 중앙조직은 조공분국의 영향하에 들어왔고 지방 조직도 개편되었다.

토지개혁 후 조공분국은 급속히 당원을 확장하여 성분만 빈농이나 노동자라면 누구나 당원이 될 수 있을 정도였다. 이러한 조공분국의 당원정책은, 국가기구와 사회단체의 주도를 위하여 당의 확대가 시급히 요구되었지만, 사상적으로 단련된 사람들이 부족한 상황에서 불가피한 측면이 있었다. 또 미소공위의 진행으로 남북한 모든 정당이 당원확보를 통하여 당을 확대하려 했던 것처럼, 조공분국도 당원확장을 의식한 면이 있었다. 실제 조공분국과 같이 국가기구와 사회단체, 국영기업소까지 주도하는 정당으로서는 당원의 확장처럼 중요한 일은 없었다고 할 수 있다.

조국분국의 당원확장과정에서 주목할 점은 성공적으로 당원이 확장되고 있었다는 점이다. 성공적인 당원확장의 이유로는 착취구조 개혁을 통한 빈농과 노동자 지지기반 확보를 들 수 있다. 또 조공분국이 국가권력을 장악하고 주도적으로 하급 인민위원회와 같은 국가기구를 장악하면서 당조직의 위상이 강화되었던 것도 중요한 원인이 되었다. 이러한 과정에서 조공분국은 여러 정당 중의 하나가 아니라 정권을 주도하는 정당으로서의 위상을 가지게 되었고, 노동자와 빈농계급의 청년당원을 중심으로 하부조직을 강화하고 재편하면서 북한사회를 주도해 나갔다.

조공분국은 신민당과의 통합으로 더욱 확대되었다. 두 당은 비슷한 계급을 기반으로 하였지만, 당풍과 구성원의 성분에 작지 않은 차이가 있다. 그런데 두 당이 모두 당원 확장에 치중하면서 하부 당조직에서 마찰이 있었던 것도 중요한 합당 원인이 되었다. 하지만 조공분국이 두 당을 합쳐야 했던 보다 근본적인 이유는 정권기관과 사회단체 등에 대한 통일적 지도를 필요로 했기 때문이다. 또 인민위원회와 같은 국가기구 내에 영향력이 약했던 점도, 신민당이 조공분국에 통합을 요청해야 했던 이유이다. 즉 조공분국은 북한에서의 통일적인 주도권을 확보하기 위하여 신민당과의 통합이 필요했으며, 신민당 지도부는 조공분국이 국가권력을 장악하고 있는 상황에서 독자적인 정당으로서의 발전에 어려움이 있었기 때문에 조공분국과의 통합이 필요했던 것이다.

통합 이후 북로당의 당원 확장은 가속화되었다. 북로당은 '대중정당'으로서의 면모를 가지고 타당 당원에 대한 흡수력까지 가지게 되었고, 이같은 당원확장을 바탕으로 당조직 강화를 추진하게 되었다. 먼저 당원에 대한 교양이 강화되었고, 유일당증 수여사업을 통하여 '청당사업'이 진행되었다. 유일당증 수여사업과 청당사업의 진행은 당내 규율의 강화라는 성과를 거두었고, 북로당의 당원확장정책은 계속되었다.

이처럼 북로당의 당원확장이 추진될 수 있었던 이유는 당원의 자격을 '사상수준'에서 찾지 않고 계급기반과 노동성실성에 두었기 때문이다. 이것은 이 시점의 북로당의 성격을 보여주는 동시에 북로당이 중점을 둔 과제가 이미 정권의 문제보다는 경제건설이었음을 알 수 있다. 해방 초기에 정치적 주도권이 결정된 북한에서는 경제건설로 북로당의 관심이 옮겨졌던 것이다. 이와 관련하여 노동조합을 보면, 해방 직후 일제가 남긴 중요산업이 인민위원회의 관리하에 들어가고, 국가가 소유권과 관리권을 가지면서 노동조합은 직맹으로 명칭과 성격이 변화되어 국가의 협의대상으로서의 위상을 강요받게 되었다.

3

북로당은 당의 확대·강화가 이루어지고 국가기구에 대한 통일적 지도가 가능해지면서, 해방 초기에 자연발생적으로 조직된 도·시·군 인민위원회의 재편이 필요하게 되었다. 1946년 11월의 도·시·군 인민위원회 선거는 북로당의 주도하에 있던 북조선민전에서 인민위원을 추천하였는데, 선거에서 북로당은 도·시·군 인민위원의 31.8%를 북로당원으로 추천하여 통일전선정책을 유지하였다. 그리고 2개의 타당에는 18.1%를 추천하게 하고, 북로당의 영향권 안에 있는 50.1%의 무소속을 추천하여 인민위원회 내의 주도권을 확보하였다. 이어서 1947년 2월 북조선인민회의를 통하여 북조선인민위원회는 합법적인 중앙인민위원회의 위상을 확보하였다.

북인위의 수립에 이은 면·리 인민위원회 위원선거는 북한 하부사회의 질서를 크게 변화시켰다. 면·리 인민위원 중에서 북로당원 비율은 평균 60%에 달했는데, 이것은 북로당의 영향력이 도·시·군의 층위보다는 농촌을 중심으로 더욱 깊게 뿌리내렸음을 보여 준다. 면·리 인민위원회 선거를 거침으로써 농촌 내 기존의 지배질서는 빈농을 중심으로 개편되었다.

지방 단위의 인민위원회를 인제군을 통해서 살펴보면, 인제군당은 인민위원회 위원후보에 대한 추천을 결정하였고, 인제군 인민위원회에서는 북로당원들이 인민위원장과 중요 직책을 담당하였다. 지역별 차이는 있겠지만 농촌지역일수록 북로당의 인민위원회에 대한 영향력은 더욱 강하였을 것으로 보인다. 인제군당은 군인민위원회의 과장들과 농맹, 민청 간부들의 배치를 결정하는 등 인민위원회와 사회단체를 지배하고 있었다.

인제군당의 영향하에 있던 인제군 민전은 북한의 정부수립 전까지 행정적 문제의 해결에서도 중요한 역할을 하였다. 이것은 북로당의 행정적 문제 해결의 한 방식을 보여주는 것인데, 북로당은 인민위원회에 대한 영향력을 북조선민전을 통해 보충하였다. 즉 지방에서의 북조선민전의 역할은 타당과 사회단체에 대한 견제와 협력을 이끌어 내는 것이었다.

선거를 통한 인민위원회의 합법화와 더불어 북로당은 1947년 2월에 각급 인민위원회·사회단체 등에 북로당원이 3명 이상 있을 때는 당조를 조직하고, 당조를 통하여 북로당의 정책을 실행하도록 하였다. 따라서 북로당의 당조 조직을 통해 북로당이 1947년을 기점으로 인민위원회와 사회단체 등 사회전영역에서 확고한 지배적 위치에 서게 되었음을 알 수 있다.

인제군의 경우를 보면 군인민위원회 위원장이 군인민위원회 당조위원장이 되었고, 각 사회단체의 위원장이던 북로당원이 해당 단체의 당조위원장이 되었다. 이미 실질적으로는 북로당 당원이 중요 직위를 맡고 있는 상태에서 또 하나의 당조직이 만들어진 것인데, 이것은 권력기관에 대한 북로당의 우위를 공식화한 것을 의미하며 북로당원에 의해 국가운영이 이루어진 것을 의미한다.

하급 인민위원회가 재편되고 사회단체들이 조직을 강화해 가면서 북로당의 사회 전체에 대한 영향력이 강화되었다. 특히 상급 직위일수록 북로당원의 비율이 높거나 북로당원이 장악하였다. 이처럼 북로당이 강화될 수 있었던 첫째 요인은 국가권력을 장악한 북임인위의 지원이라고 할 수 있다. 조공분국은 정치권력을 장악함으로써 신민당의 견인을 끌어냈으며, 조선민주당과 청우당의 확대를 견제하고, 북로당으로 발전할 수 있었던 것이다.

강력한 국가기구의 성립은 시민사회가 허약한 데서 가능했는데, 인민대중은 토지개혁과 같은 사회혁명을 거치면서 준국가기관인 사회단체에 편성되었다. 북로당은 민청, 직맹, 농맹, 여맹과 같은 사회단체를 통하여 인민대중을 조직화해냈고, 사회단체가 북로당 조직에 의하여 장악된 것은 체제 강화의 바탕이 되었다. 특히 민청은 북로당과 유사한 형태를 취한 상당히 강력한 규율로 조직된 사회단체였다. 이들 사회단체에는 북로당과 국가의 영향이 크게 미쳤으며, 당연히 사회단체의 자율성은 취약하였다.

4

　1947년 말에 제2차 미소공위가 결렬되고, 1948년 3월 북로당 제2차 당대회를 전후하여 북한사회에는 중요한 변화가 이루어졌다. 그동안 '민주개혁'과 '북로당조직의 확대·강화', 국가기구에 대한 북로당의 장악 과정을 통하여 김일성의 권력이 확고해졌다. 그리고 당내 하급간부의 구성도 변화하였는데, 과거의 '사회운동' 경력자보다는 생산현장에서 일하는 노동자와 농민이 하급간부의 중심이 되었고 당원의 입당자격도 강화되었다.
　입당 보증인 수와 보증인의 자격이 강화되었고, 입당을 원하는 당원은 적어도 1년은 동일한 직장에서 일을 한 경력을 가져야 했다. 당원들의 당 학습회 참여율, 당비 납부율이 높아졌고, 북로당은 당원들을 성공적으로 동원하게 되었다. 특히 민청은 북로당원의 주도하에 1948년 말에는 연령 해당자의 80.5%를 조직하였고, 학교와 군에서의 핵심적인 조직이 되었으며, 지방 정권기관의 행정을 지원하였다. 인제군의 경우를 보아도 당원과 사회단체 맹원들에 대한 인제군당의 동원은 성과적으로 수행된 것으로 보이며, 북로당원들은 주동적 역할을 하였다.
　1947년 여름에는 각 도·시·군 당부의 각부(各部) 부부장 전원이 생산노동자인 당원으로 배치되었다. 1948년이 되면서 각 시·군에는 151개의 야간 당학교가 조직되어 하급간부가 양성되었고, 새로운 간부들로 교체되었다. 대학에서는 노동자·농민의 자녀를 중심으로 장학금을 지원하였다. 학교의 책임자가 당원이 되었고, 교직원들의 북로당 가입이 증가하였으며, 학생들에 대한 종교적 영향력이 감소하고 조직화가 진전되었다. 군대에서는 군관의 경우 80%가 북로당원인 사례를 볼 수 있을 만큼 군 간부들에 대한 북로당의 영향력이 커졌으며, 사법기관의 판사 성분도 노동자와 농민 성분이 75%를 담당하게 되었다.
　1948년에 수립된 조선민주주의인민공화국은 북로당의 당조직이 정권기관과 사회단체를 주도하는 체제 위에서 수립되었다. 북로당의 하부주도세력은 철저하게 빈농과 노동자가 중심이 되었다. 그중에서도 노동자는 각각의 계급인구 중에서 가장 높은 비율로 북로당에 참여했고 가장 많은 수가 하급간부가 되었는데, 이것은 북로당이 지향한 혁명단계가 무엇이었는가를 보여준다. 노동자와 함께 빈농이 또 하나의 중심적인 역할을 하였고, 침묵과 묵시적 동의로 토지개혁을 지켜 본 중농은 북한사회의 질서변화과정에서 다수가 순응적 태도를 취하였다.

지주와 부농, 기업인과 상인, 종교인의 활동이 위축되었고 지방의 하부조직에서는 통일전선의 원칙이 실질적으로는 지켜지지 않았다. 해방 초기에는 사무원 성분들도 북로당에 참여하였지만, 이들 역시 사회질서의 변화과정에서 점차 배제되었다. 결과적으로 북로당은 노동자를 중심에 놓고 빈농을 연합시킨 노·빈농 연합계급이 주축이 된 당이었다.

인제군당을 통해서 보면 당내의 규율도 강화되었고, 당원들의 참여도 높아졌다. 하지만 당내에서도 성분이나 정치적 성향에 따라 갈등하는 당원이 존재하였고, 그들의 일부는 적극적으로 월남을 하기도 하였는데 그 비율은 당원의 약 10%에 달했다. 이것은 북한사회 내에 많은 갈등과 마찰이 있었음을 보여준다.

해방 후 4년 동안 북한의 하부사회는 근본적으로 변화하였다. 북로당원이 지방과 하급 인민위원회와 사법기관, 군, 사회단체, 기업소, 학교 등 모든 곳을 주도하게 되었다. 노동자계급이 빈농과 함께 간부의 중심이 되었고, 북한 하부사회의 지배질서는 완전히 변화하였다. 중앙정부에서는 형식적인 연립정부의 성격을 띠었지만, 실제 하부에서의 사회변화는 사회주의혁명이 진행되었다. 이를 바탕으로 북로당이 국가를 장악하여 사회주의정치체제를 형성하고, 남북의 로동당을 합하여 조선로동당을 만들었다.

5

 조선로동당의 당원 조직이 미숙한 상황에서 1950년 6·25전쟁이 진행되었고, 북한군의 후퇴 시기에 많은 조선로동당 당원들이 당을 이탈하거나 당증을 훼손시키는 '과오'를 범하였다. 전쟁 중에 조선로동당은 당조직 정비를 추진하게 되었는데, 김일성은 허가이의 당원 '정예화' 정책을 반대하고 당원의 대중적 확대를 적극 추진하였다. 이 과정을 통해 '과오'를 범하고 당으로부터 책벌을 받은 당원들도 당원 자격을 회복하였고, 개성지역과 같은 점령지역에 대한 당조직사업도 적극적으로 추진되었다. 당의 간부양성사업도 적극 추진되었으며, 중앙은 하부조직에 대해 직접적인 지배를 강화하였다. 전쟁 중에 군대 내에도 당조직이 만들어져서 군에 대한 조선로동당의 지배력 강화가 추진되었고, 당세포를 강화하여 당원들에 대한 지도와 통제를 강화하였다. 휴전이 되자 김일성은 박헌영 등 남로당 출신을 숙청하고, 남로계와 연결되었던 당원들을 조직의 중요한 부분에서 배제하였다. 더불어 근로단체에 대한 당의 통제를 더욱 강화하고, 간부사업을 통해 당원에 대한 장악력을 강화했다.
 1953년 8월 김일성은 농업협동화를 추진할 것을 밝혔고, 조선로동당은 협동조합을 강화하기 위해 조합 내 당단체를 강화하는 데 치중하였다. 1957년 말에는 농촌의 90% 이상이 협동화되었고, 농업협동조합관리위원장은 대부분 로동당원이 차지하였다. 농업협동화는 조선로동당 당조직의 강력한 견인으로 완전한 사회주의형태인 '제3형태'로 이루어졌고, 리 행정구역을 단위로 하여 리 내에 있는 농업협동조합이 하나의 조합으로 통합되었다. 농촌에서 군당위원회의 지도적 역할이 강화되었고, 군당의 지도를 받는 리당이 초급당 성격으로서 리단위의 농업협동조합관리위원회를 정책적으로 지도하게 되었다.
 1956년 3차 당대회에서는 김일성파와 김일성의 권력 강화에 기여한 인물들이 권력을 장악하였다. 3차 당대회 때는 당원이 116만 4,945명으로

2차 당대회에 비해 60% 증가하였고, 김일성은 모든 당조직에 대해 당중앙에 복종하는 중앙집권적 규율을 요구하며 중앙집권을 강화하고자 하였다. 1956년 '8월 종파사건'이 발생하자 김일성은 권력의 일부를 분점하던 연안계를 축출하고, 하부 당조직에 대한 재편을 추진하였다. 이 과정에서 군대와 생산현장, 청우당, 민주당에서도 반대세력을 제거하였다. 이 사건을 계기로 당내의 이질적 세력들을 완전히 제거해 낸 김일성파는 1958년 3월 당대표자대회를 소집하고 '민주주의적 중앙집권제 원칙'을 강조하면서, 중앙과 지방 모든 기관의 간부들까지 중앙에서 전면적으로 재편을 시도하였다.

사상개조를 위한 교양사업의 강화와 더불어 '반혁명과의 투쟁'이 다시금 강조되면서 '8월 종파사건' 이후 또 한 번의 숙청이 전개되었다. 인텔리에 대한 숙청사업이 진행되었고 노동자들이 간부직으로 대거 진출하였으며, 조선로동당은 1958년 12월부터 1960년 말까지 약 2년간에 걸쳐 '중앙당 집중지도사업'을 전개하였다. 그 결과 '반혁명분자'의 적발처단과 북한주민의 '정치적·사상적 성분'의 파악, 종파투쟁의 지방차원 마무리 작업이 이루어지고, 당의 하급 간부들까지 중앙에서 전면적으로 재편·장악하는 과정이 진행되었다. 이로써 일부 지방에 남아있던 '지방의 독자성'도 제거되었고, 북한체제가 철저하게 성분을 중심으로 움직이게 되는 확고한 토대가 구축되었다.

1958년에 조선로동당 중앙은 인민군대 내 당조직체계를 고쳐 전반적으로 당위원회제도를 시행하도록 했고, 인민군대에 대한 당 중앙의 장악을 강화하였다. 총정치국은 지도기관인 인민군 당위원회의 결정을 집행하는 기관이 되었고, 간부들도 초급당단체와 당위원회의 통제를 받게 되었다. 이로써 군대에서 최고조직은 당위원회가 되었으며, 사단장과 군단장의 영향력은 크게 약화되고 당 중앙의 군대로서의 성격이 더욱 강화되었다.

6

　북한은 이미 1940년대 후반 건국과정에서 소련공산주의체제를 모델로 하여 당-국가체제를 구축하였다. 하지만 1940년대 후반에 구축된 북조선로동당의 당원조직은 아직 미숙한 단계에 있었으며, 특히 6·25전쟁을 거치면서 그 허약성을 노출하였다. 이러한 조건하에서 전후 복구에 나선 조선로동당은 농업협동화와 더불어 개인 상공업 등 경제 전반을 완전히 사회주의체제로 개편하고, 농민·노동자를 비롯하여 모든 사회구성원을 당조직의 통제하에 장악하도록 하였다. 그 결과 1950년대에는 북한사회 전체의 기존 당조직이 복구·강화되었고, 국가 전체에 대한 당조직의 통제력도 강화되었다. 당 하부조직의 전면적 재편과 군(軍) 당위원회의 최고조직화도 당-국가체제 구축에 크게 기여하였다.

　조선로동당은 당원 조직을 바탕으로 모든 국가기구와 사회단체, 공장·기업소 등을 장악하였고, 타 정당까지 통제하는 등 북한의 모든 정치권력을 주도하였다. 이로써 조선로동당의 정치적 기능이 사회전체에 침투되고 당 조직망이 사회말단에까지 철저하게 구축되었으며, 당의 지시는 하향식으로 강력하게 전달되었다. 조선로동당은 당의 지시에 아무도 도전할 수 없는 체제를 갖추었고, '1인독재의 1당체제'의 기틀을 마련하게 되었다.

　결과적으로 1950년대를 거치면서 조선로동당은 중앙의 통제를 받는 당원조직을 통해 사회전반의 의사 소통체계를 장악하였으며, 당의 목표를 달성하기 위해 북한인민들을 인적·물적으로 동원할 수 있는 체제를 구축하였다. 해방 후 1940년대의 조선로동당 당조직 정책이 하부로부터의 자발성을 끌어내는 데 무게가 주어졌다면, 전쟁 후인 1950년대의 당조직 정책은 상부로부터 강제되어 북한 사회를 전면적으로 재편했다는 특징이 있다.

보 론

최고인민회의 대의원 연구*
1기~8기를 중심으로(1948~1990)

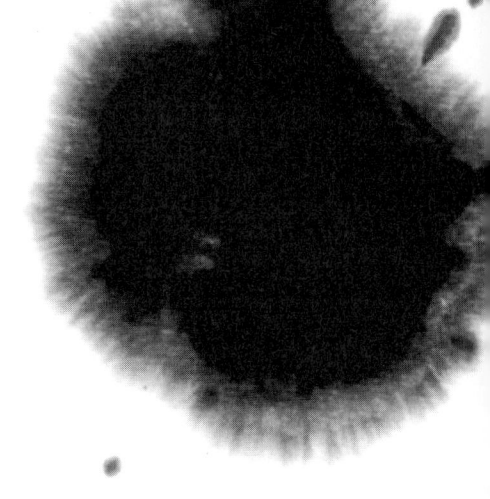

1. 머리말

 북한의 입법기관인 최고인민회의는 1948년 헌법 제정으로 처음 구성되었다. 이때 성립된 최고인민회의는 제도적으로나마 최고주권기관으로서 중요한 정책결정권과 대표적인 직책에 대한 임면권을 가지고 있었다. 그러나 1972년에 헌법이 개정되면서 권한의 대부분을 국가 주석과 중앙인민위원회에 이관함으로써 1948년 헌법에서 가지고 있던 권한을 제도적으로 박탈당하였다.

 김정일의 권력 승계를 준비하는 의미가 매우 컸던 1992년 헌법은 1972년 헌법의 기저에 깔려 있던 맑스-레닌주의를 삭제하고, 주체사상으로 대체하였다. 그리고 국가주석이 가지고 있던 군통수권을 국방위원장에게 이관시켰고 김정일에게 국방위원장의 자리를 넘겨 권력승계를 제도적으로 대비하고자 하였다.

 따라서 주석의 권한을 줄여, 외국과의 조약 비준과 폐기를 중앙인민위원회의 소관으로 넘기고, 중앙인민위원회 서기장과 위원의 선거와 소환에 대한 주석의 제의 권한을 삭제하였다. 동시에 중앙인민위원회의 권한

---
* 『국사관논총』 96집, 국사편찬위원회, 2001에 수록된 글임.

을 축소하여 국방위원회와 최고인민회의, 최고인민회의 상설회의로 분산하였다. 이로써 최고인민회의는 1972년의 헌법개정으로 상실했던 권한을 부분적으로 회복하여, 주석의 제의가 없이도 중앙인민위원회 서기장과 위원을 선거 또는 소환할 수 있게 되었고, 정무원 부총리도 임명할 수 있게 되었다.

  1998년에 개정된 헌법은 김일성의 사망에 따라 김정일체제를 제도적으로 정비하는 의미를 가지고 있다. 권력구조에서 주석제와 중앙인민위원회를 없애고, 그 권한을 최고인민회의 상임위원회와 내각에 배분시켰다. 이로써 최고인민회의 상임위원회와 내각은 국방위원장와 제도적으로는 부분적인 책임분산적 성격을 가지고 있다.

  북한의 최고인민회의는 연구 주제로서 크게 주목받지는 못하였다. 기존의 최고인민회의에 대한 연구[1]들은 자료상의 한계 등으로 인하여 헌법상의 기능에 대한 연구에 초점이 두어졌으며, 대의원을 중심으로 한 연구도 초보적인 분석이상 진행되지 못하였다.

  이러한 결과가 온 이유로는 최고인민회의의 위상이 북한체제 내에서 크지 않다는 것이 가장 커다란 이유라는 생각이다. 최고인민회의가 북한체제를 이해하는 데 핵심적인 중심고리는 아니지만 북한체제에 대한 이해를 확충하는 보완적·방증적 의미는 충분히 가지고 있다. 이에 본고는 최고인민회의 1기부터 8기까지의 대의원에 대한 보다 구체적인 정리를 통해서 기존에 설명되던 북한체제와 최고인민회의에 대한 이해를 넓히고자 한다.

---

1) 양성철, 「북한의 최고인민회의 대의원 성향 분석」, 『정책연구』 101, 1991.
   김갑식, 「북한 최고인민회의 기능에 대한 연구」, 서울대 정치학과 석사학위논문, 1994.
   신기현, 「북한 최고인민회의 구성과 운영에 대한 비교 분석」, 『전북대 공산권연구』, 1994.

2. 최고인민회의의 위상 변화

1) 정치적 변동위상

체제의 성격과 관계없이 저발전단계의 사회는 비민주적 정치질서와 권력을 가지고 있다. 일제 식민지에서 미·소 연합국의 주도적 힘으로 독립한 한반도, 남북한에 성립했던 권력이 법을 무시하거나 자의적으로 법을 해석한 것은 늘상 반복된 일이다.

1948년에 수립된 북한정부도 스스로 제시한 헌법질서를 그대로 준수한 것은 아니었다. 1948년 헌법은 내각 수상인 김일성과 최고인민회의 상임위원회가 권력을 분할하도록 되어 있었지만, 강력한 소련의 영향과 북조선로동당을 중심으로 짜여진 권력 구도는 실제로는 법적 규정에 의하여 제한받지 않는 측면이 많이 있었다. 그러나 그나마의 헌법적 규정도 1950년대 말을 거치면서 세력 간에 제한된 균형을 유지하던 각 정치세력이 소멸함에 따라 유일적 독재권력의 지배하에 들어가게 되었다.

제2기 최고인민회의가 시작된 1957년에는 한국전쟁 후 이루어졌던 북한 정권의 권력투쟁이 마무리되는 정치적 상황이 전개 되었다. 1953년 8월에는 박헌영과 허가이가 조선로동당 중앙위원회 부위원장에서 제거되었고, 김일성계라고 할 수 있는 박정애·박창옥·김일이 부위원장이 되었다. 정치위원회와 상무위원회도 김일성계가 각각 4/5, 10/15를 차지하는 상황이 이루어졌다. 김일성은 자신의 권력 기반을 핵심기구장악에서 대부분의 권력기구 장악으로까지 확장했으며, 북한경제의 사회주의적 개조에 힘을 쏟았다. 그 결과 농업과 상공업의 협동화가 진행되었고, 중공업 중심의 경제 재건이 진행되었다.

1956년 2월에는 소련공산당 20차 대회의 개인숭배 비판의 물결이 북한에도 영향을 주었지만 김일성은 1956년 4월 조선로동당 3차 대회에서 이 영향에 일정한 선을 그어 제지하였다. 그리고 당 중앙위원회 선거에서는

파벌 간의 정치연합적 성격을 완전히 청산하고 김일성계에 의한 권력의 독점을 이루었다.2)

이후 최창익을 중심으로 하는 연안파와 박창옥 등을 중심으로 '8월 종파사건'이 표출되었고 김일성은 1956년 8월 당 중앙위원회 전원회의의 결정을 9월 전원회의에서 번복해야 했다. 하지만 이들 '8월 종파'에 대한 공격을 계속 추진했고, 1956년 말과 1957년 초까지 숙청을 동반한 당증교환사업을 진행하였으며, 내부에 남아있던 타 파벌을 제거해 갔다. 그럼에도 불구하고 1957년 8월에 215명을 선출한 최고인민회의 대의원 선거에서 김두봉, 오기섭, 류축운 등은 대의원으로 당선될 수 있었다.

이상과 같은 사실은 1957년 8월 2기 최고인민회의 대의원 선거시점에도 비김일성계의 상당수가 국가 주요 부문에 자리 잡고 있었음을 보여주며, 2기 대의원들의 상당수가 이러한 파벌적 영향력하에 있었던 것으로 볼 수 있다.

1962년 10월 3기 대의원 선거가 있기 전인 1961년 9월에 조선로동당 4차 당대회가 열렸다. 4차 당대회는 당 창립일을 합당시점인 1946년 8월에서 조선공산당 북조선분국 결성일인 1945년 10월로 확정하였다. 또 당 중앙위원회의 연안계와 소련계가 완전히 몰락하였으며, 85명의 중앙위원 중에서 항일유격대 관련 인사들이 37명이나 중앙위원회 정위원으로 진출하였다. 특히 항일유격대 관련자들은 중앙위원회 부위원장의 4/5, 정치위원회 위원의 6/11을 차지하였는데 이들 부위원장과 정치위원 모두는 김일성계라고 할 수 있다. 따라서 1962년 3기 최고인민회의 대의원들은 이후의 북한 정치구조를 결정하는 데 기여한 것으로 볼 수 있다.

내적으로 안정되어 보이던 김일성체제는 1960년대 전반에 중소분쟁, 베트남전 확전이라는 대외정세 변화를 만나게 되고, 이에 기인하는 정치경제적 어려움에 처하였다. 이에 대응하여 1966년 10월에 개최된 조선로

---

2) 이종석, 『조선로동당연구』, 역사비평, 1995, 274쪽.

보론 | 최고인민회의 대의원 연구 | 475

동당 제2차 대표자대회는 사회주의 진영의 분열에 대응하고 내적으로는 국방과 경제의 병진건설 노선을 재확인하였다. 그리고 당규약을 개정하여 당의 중앙조직을 개편하였고, 새로 설치된 정치위원회 상무위원에 김일성·최용건·김일·박금철·이효순·김광협을 선출하여 항일유격대 관련자들을 포진시켰다. 또 비서국 성원들의 대부분을 항일유격대 관계자들로 구성하여 정치적 안정성을 유지하였다.

이후 중국에서 문화혁명의 영향이 미쳐오면서 북한 핵심 지도부는 대내적 단결의 정점으로 수령을 강조하였으며 김일성사상으로 규정된 주체사상과 개인숭배의 물결이 더욱 강력해졌다. 그리고 1967년 5월 당 중앙위원회 제4기 15차 전원회의에서 숙청이 이루어졌다. 이때 숙청의 대상은 박금철·이효순·허익선·김왈룡 등 조국광복회 관련 인사들이었는데, 이들은 김일성의 유일지도를 훼손시키는 것으로 지목되었다.3) 이 과정은 김일성 유일체제를 완성하는 의미가 있으며, 동시에 김정일이 이 숙청을 주도하고 이 과정에서 당내 권력구조의 핵심으로 등장했다는 점을 주목할 수 있다.4)

또 한번의 정치적 격동이 이루어진 지 얼마 되지 않아 1967년 11월에 제4기 최고인민회의 대의원 선거가 진행되었다. 1967년의 숙청이 있었음에도 1968년 말에 군부를 대표하는 김창봉·허봉학 등 상당수의 군 고위 관계자들이 다시 숙청되었고, 최광 등의 항일유격대 출신들과 김광협·석산 등의 숙청이 이어졌다.

이 과정을 거쳐 1970년 11월에는 5차 당대회가 거행되었는데, 5차 당대회에서는 당규약을 개정하여 당 중앙위원회에 군사위원회를 설치하였다. 이로써 사단과 연대에 있는 정치간부들에 대한 당 중앙위원회 조직지도부의 관할을 강화하였고, 군을 다시 수령의 직할 범위 안으로 확보

---

3) 위의 책, 304쪽.
4) 위의 책, 310쪽.

하였다. 이상과 같은 정치적 상황을 거쳐 구축된 질서를 바탕으로 1972년 12월에는 최고인민회의 5기 대의원이 선출되었고, 최고인민회의 5기는 3기에 버금가는 정치적 생명을 누리는 대의원들을 많이 배출하였다.

특히 5기들은 5기 대의원 총수의 10.9%인 59명이 1990년에 선출된 9기 최고인민회의 대의원이라는 점에서도 김정일과 함께 하는 세대라는 점을 특징으로 설명할 수 있다.

2) 법적, 제도적 위상 변화

북한 건국 헌법인 1948년 헌법에는 많은 근대국가의 가치가 담겨 있으며, 법치사회의 규정이 제시되어 있다.5) 1948년 헌법에 의하면 최고권력구조는 내각과 최고인민회의 상임위원회가 권력을 분할하는 형태를 지니고 있었다. 그러나 이 헌법은 김일성파의 권력 독점이 이루어진 1961년 4차 당대회 이후에는 변화된 권력 실상과 맞지 않게 되었다. 특히 1966년 당 대표자대회에서 조선로동당 내의 권력구조 변화가 있었고, 이후 당내의 숙청을 통하여 이루어진 권력기반을 국가 단위에서 제도화할 필요가 제기되었다.

1948년 헌법에는 "입법권은 오직 최고인민회의만이 행사한다"(33조), "최고인민회의는 국가최고권력을 행사한다"(37조)고 규정되어 있던 것을 1972년 헌법에서는 최고인민회의와 최고인민회의 상임위원회의 권한을 대폭 축소하였다. 그리고 국가 주권의 최고지도기관으로 중앙인민위원회가 신설되었고, 중앙인민위원회의 수위인 주석은 국가 수반이자 국가 주권을 대표하고 지도하도록 규정되었다. 최고인민회의는 국가부주석,

---

5) 체제유지를 위한 법으로서 1950년 3월 3일에 개별 형사법령을 형법전으로 집성하였다. 1950년 형법은 1974년에 최고인민회의 상설회의 결정으로 개정되었다. 1984년 형법은 다시 1987년에 최고인민회의 상설회의 결정으로 다시 개정되었다.(최달곤·신영호, 『북한법 입문』, 세창출판사, 1998, 319쪽)

중앙인민위원회 서기장과 위원, 정무원 총리, 국방위원회 부위원장을 선거하거나 소환할 때, 주석의 제의가 반드시 있어야 가능한 것으로 규정되어 사실상 무소불위의 주석의 권한이 제도화되었다.

그리고 국가주권의 최고집행기관이었던 내각은 최고주권기관의 행정적 집행기관인 정무원으로 변화하였다. 주석제 실시를 가장 중요한 내용으로 하고 있는 1972년 헌법은 북한의 구헌법과 대부분 사회주의 헌법에서 인정하고 있는 국가 수반과 행정부 수반의 헌법적 분리를 제거하였고, 국가 주석에게 강력한 권한을 부여하였다. 이로써 주석에게 막대한 권한을 부여하여 국가의 정책이 당의 정책이고, 당의 정책은 수령의 정책이 되는 결과를 가져왔다고 할 수 있다.

〈표 1〉 최고인민회의 선거일과 실제 임기

기	선거일	헌법상 임기/ 실임기
1	1948. 8. 25	3/ 9
2	1957. 8. 27	4/ 5.2
3	1962. 10. 8	4/ 5.1
4	1967. 11. 25	4/ 5.1
5	1972. 12. 12	4/ 5
6	1977. 11. 11	4/ 4.4
7	1982. 2. 28	4/ 4.8
8	1986. 11. 2	4/ 3.5
9	1990. 4. 22	5/ 8

출전 : 『북한최고인민회의 자료집』 I, 국토통일원, 11~22쪽.

1948년 헌법에 따르면 최고인민회의의 임기는 3년(1957년 2기부터 4년)이었고, 정기회의는 1년에 2차 소집하도록 되어 있었다. 1972년 헌법에서는 최고인민회의 임기가 4년이고, 정기회의는 1년에 1~2차를 열도록 되어 있었다. 임기 중에 한국전쟁이 일어났던 1기의 경우를 제외하면 대체적으로 최고인민회의의 임기는 법적으로 지켜졌다고 볼 수 있지만,

1990년에 시작된 9기의 임기는 지켜지지 않았다. 1994년에 김일성이 사망한 사건이 '한국전쟁에 못지 않은 충격'이었다고 비교할 수도 있으나, 근본적으로는 최고주권기관인 최고인민회의의 법적 권위를 인정하지 않는 것이 관행이었다는 점이 더 중요한 원인이었으며, 김정일 통치기의 의미있는 특징으로 파악할 수 있다.

〈표 2〉 최고인민회의에 관한 헌법 내용

주요 내용	1948년 헌법 최고인민회의	1972년 헌법 최고인민회의	1972년 헌법 중앙인민위원회
헌법의 승인 또는 수정	*	*	
국내, 국외정책에 대한 기본 원칙의 수립	*	*	* (정책수립)
주석 선거		*	
부주석, 중앙인위서기장, 위원 선거		*	
상설회의 위원장, 위원 선거		*	
주석제의에 의해 국방위 부위원장 선거		*	
상임위원회(상설회의) 선거	*	*	
내각의 조직	*		*
법령의 채택 및 상임위의 중요 정령 승인	*		
인민경제계획 승인	*	*	
국가예산의 승인	*	*	
행정구역의 신설 및 변경	*		*
대사권의 행사	*		*
최고재판소의 선거	*	*	
검사총장의 임명	*	*	
전쟁과 평화문제 결정		*	
최고인민회의 휴회 중 제기법안 심의 결정 다음에 승인받기			
최고인민회의 휴회 중 법령 수정 다음에 승인받기		*	
최고인민회의 대의원 선거사업	상임위	*	
최고인민회의 대의원과의 사업		*	
최고인민회의 휴회중 회의 위원회들과 사업		*	

지방 인민회의 대의원 사업		*	
중앙재판소 판사, 인민참심원 선거		*	
최고인민회의 소집	*상임위	*	
현행법령의 해석 및 정령의 공포	*상임위	해석기능	
헌법에 저촉되는 내각의 결정 폐지	*상임위		*1)
최고인민회의 채택 법령 공포	*상임위		주석 권한
특사권의 행사	*상임위		주석 권한
휴회 중 수상의 제의에 의한 상의 임면 및 승인의 요구	*상임위		*
훈장, 명예칭호의 수여	*상임위		*
외국과의 조약의 비준 및 폐기	*상임위		주석 권한
대사, 공사의 임명 및 소환	*상임위		*
외국 사신의 신임장 및 해임장의 접수	*상임위		주석 권한
정무원 인민위원회 사법 검찰 국방 사업 지도			
전시상태와 동원령 선포			*
중요군사간부 임명 해임			*

* 1) 최고인민회의법령, 주석명령, 중앙인민위원회 정령, 결정, 지시에 어긋나는 국가기관의 결정, 지시 폐지.
* 1948년 헌법 최고인민회의 항목에 있는 상임위는 상임위원회의 권한을 나타냄.
출전 : 북한 1948년 헌법과 1972년 헌법을 정리한 것임.

〈표 2〉에 나타난 바와 같이 1948년 최고인민회의는 헌법상의 많은 권한을 가지고 있었다. 하지만 1972년 헌법 개정으로 중요한 권한의 대부분이 박탈되었으며 행사 진행이라는 형식상의 권한만이 남게 되었다.[6]

최고인민회의는 1948년 1기부터는 상당히 많은 회의를 하였다. 연평균 횟수는 1기부터 8기까지 연평균 1~2회, 기간은 2~4일로 큰 차이가 없지만, 1972년 헌법 개정 전에는 상임위원회가 많은 활동을 하였음을 확인할 수 있다. 이 시기에는 1972년 헌법 개정으로 주석과 중앙인민위원회 권한으로 넘어간 부분을 상임위원회가 대부분 가지고 있었기 때문이다.

---

6) 1998년 개정 헌법은 1948년 헌법과 매우 유사한 형태를 가지고 있다.

〈표 3〉 기별 회의 소집 수와 날짜

	실제 임기 (연-월)	회의 차수	연 평균 회수	차별 평균 회의기간(일)	비고
1	9	13	1.4	4.2	1차 9일 진행
2	5-2	11	2.1	3.1	8차 6일 진행
3	5-1	7	1.4	3.1	4차 5일 진행
4	5-1	6	1.2	3	4차 4일 진행
5	5	7	1.4	4.3	2·3차 6일 진행
6	4-3	5	1.2	3	전회 3일 진행
7	4-9	5	1.1	2.6	1차 1일 진행
8	3-5	5	1.5	2.2	4차 1일 진행

출전 : 『북한최고인민회의 자료집』 Ⅰ, 국토통일원, 11~22쪽에서 정리.

전체적으로 평가를 한다면 1972년 헌법 개정 전에는 최고인민회의가 일정부분 자신의 역할이 있었던 반면에 헌법개정 이후에는 그야말로 '거수기'로 변모하였다고 할 수 있다.

3. 상임위원회(상설회의) 분석

1) 상임위원회 위원장단(상설회의 의장단)

최고인민회의의 기능은 1972년 사회주의 헌법개정으로 크게 변했는데, 이러한 변화는 최고인민회의 상임위원회(헌법 개정 후 상설회의)의 인적구성에서도 뚜렷하게 나타났다. 1948년 헌법 제정 당시에는 최고인민회의 의장(허헌)과 상임위원회 의장(김두봉)을 분리하여 상임위원장의 위상을 부분적으로 약화시켰지만, 북조선로동당 위원장의 자리에 있던 김두봉이 상임위원장이 되었다. 김두봉은 실권이라는 측면에서는 허약한 점이 있었지만 북조선 로동당 창립기에는 권력서열에서 2인자의 지

보론 | 최고인민회의 대의원 연구 | 481

〈표 4〉 최고인민회의 상임위원회 명단(*는 위원장이나 상설회의 의장)

	1기	2기	3기	4기	5기	6기	7기	8기
상임위원장단 (상설회의 의장단)	김두봉* 홍남표 홍기주	최용건* 리극로 현칠종 김원봉 한설야(보) 고준택(보) 백남운(보) 강량욱(보)	최용건* 박정애 홍명희 백남운 박금철 강량욱	최용건* 홍명희 박정애 강량욱 리영호	황장엽* 홍기문 허정숙	황장엽* 허정숙 홍기문	양형섭* 손성필 여연구	양형섭* 손성필 여연구
상임위원 (상설회의 의원)	강진건 성주식 구재수 리구훈 박정애 김창준 장순명 장권 류영준 박윤길 라승규 최경덕 리능종 김병제 리기영 강순 조운	박정애 강진건 성주식 김병제 원홍구 리만규 리송운 한상두 김창덕 정로식 김천혜 하앙천 장해우 계응상 리면상 송영	리효순 하앙천 현무광 박신덕 최현 리영호 김왈룡 김옥순 로익명 김창덕 송영 리만규 리면상 계응상 리재복 도유호	최현 허봉학 김영주 리국진 최광 오진우 김동규 박신덕 김려중	서철 한익수 전창철 박신덕 김영남 정준기 렴태준 김성애 김이훈 리영복 윤기복 리두찬 강성산 오현주 천세봉 리면상	전창철 김영남 정동철 윤기복 김관섭 김기남 김봉주 지재룡 장윤필 김성애 손성필 천세봉	김이훈 정동철 김관섭 김기남 리용익 렴태준 정두환 리영수 김봉주 김성애 김일대 천세봉	렴태준 정두환 리몽호 주창준 최용해 박수동 김성애 김경봉 석윤기 류호준 남순희

1·2·3·4기는 의장단과 상임의장단이 다름(1기-허헌, 김달현, 리영, 2기-최원택, 리기영, 김창준, 3기-최원택, 리기영, 김득란, 4기-백남운, 리기영, 김득란).
출전: 『북한최고인민회의 자료집』 I, II, III, IV에서 정리(국토통일원).

위에 있었던 인물이었다.

    1950년대 중반의 권력투쟁을 거쳐 성립된 2기 최고인민회의 상임위원회 위원장에는 3차 당대회 중앙위원회 서열 2위의 최용건이 선출되어 실질적 2인자가 최고인민회의의 수장이 되었다. 김일성이 내각 수상으로 있는 동안 내내 최용건은 최고인민회의 상임위원장으로서 자리했고, 1972년 헌법 개정 후 김일성이 주석이 되면서 부주석으로 자리를 옮겼다.

그러나 헌법이 개정된 후 성립된 최고인민회의 상설회의 의장에는 황장엽이 선출되었다. 이 당시 황장엽은 김일성대 총장을 역임한 사람으로 5차 당대회 당 중앙위원회 서열 102위의 인물이었다. 황장엽은 5기에 이어 6기에도 상설회의 의장역을 했으며, 1982년 7기와 1986년 8기 상설회의 의장에는 양형섭이 선출되었다. 양형섭은 중앙당학교 교장과 사회과학원 원장을 역임한 학자 출신으로 6차 당대회 중앙위원회 서열 50위에 있었다.[7]

이상의 상임위원회의 위상 변화와 인물 교체는 최고인민회의의 위상이 어떠하였는가를 뚜렷하게 설명해 준다. 조선로동당이 국가기구를 모두 장악한 상황에서 상설회의 의장의 당중앙위원회 서열이 후반에 속했다는 것은 실질적인 영향력이 매우 약한 형식적 기구로 변모하였음을 설명해 준다.

부위원장의 경우를 살펴보면 3기와 4기에 상임위원회 부위원장이었던 박정애, 백남운, 박금철, 리영호(4기)는 각기 1961년 3차 당대회 당 중앙위원회 서열 3위, 후보위원 26위, 16위, 46위였다. 반면에 5기부터는 부위원장이 2명으로 줄었는데, 2차례씩 연임한 홍기문, 허정숙(5, 6기)과 손성필, 여연구(7, 8기)는 모두 대남활동과 관련된 조직을 맡고 있다는 특징이 있다.

홍명희의 아들인 홍기문은 조국평화통일위원회(이하는 조평통으로 줄임) 위원장과 조국통일민주주의전선(이하는 조국전선으로 줄임) 중앙위 의장을, 허헌의 딸인 허정숙은 조국전선 서기국장과 부위원장(1981년)을 역임했다. 또 여운형의 딸인 여연구는 조평통 부위원장, 조국전선 중앙위 의장을, 손성필은 북한 적십자 중앙위 위원장을 역임했었다.

이상을 통해 보면 최고인민회의는 1972년 헌법개정 이후에는 제도적

---

7) 『조선로동당 당대회 자료집』 Ⅳ, 국토통일원, 99쪽.

으로뿐만 아니라 구성원이라는 측면에서도 권력기구로서의 위상을 상실
했으며, 1970년대 초반의 남북대화 분위기에 맞추어 대남관계에서의 역
할이 중요하게 되었다고 볼 수 있다.

2) 상임위원(상설회의 의원)

〈표 5〉 상임위원의 당 중앙위원회 서열[8]

	1기	2기	3기	4기	5기	6기	7기	8기
상임위원 수 (A)	17	16	16	9	16	12	12	11
중앙위원 수 (B)		3차 당대회 5명	4차 당대회 6명	7명*	5차 당대회 12명(후보 1명 포함)	5차 당대회 9명(후보 2명 포함)	6차 당대회 5명	7명**
B/A		31.3%	37.5%	77.8%	75%	75%	41.8%	63.6%
중앙위원 서열 (중앙위원총수)		3, 18, 21, 47, 55 (총 71명)	6, 14, 18, 28, 52, 65 (총 85명)		9, 11, 23, 27, 61, 64, 66, 80, 98, 103, 105 (총 117명)		40, 49, 104, 105, 131 (총 145명)	

* 1966년 10월 당대표자회의 선출 정치위원회 정치위원과 후보위원에 4차 당대회 중앙위원회 위원인 김영주와 후보위원 1인을 포함한 숫자임.
** 6차 당대회 당 중앙위 위원 3명, 1986년 당 중앙위 위원 4명(후보 2명 포함).

    상임위원회 위원(상설회의 의원 포함)들이 조선로동당 중앙위원회의
위원인가 하는 것은 북한체제 내의 위치를 압축적으로 보여준다. 대체로
2기와 3기에는 30%대에 머물렀던 중앙위원회 위원 비율은 4기에는 정치

---

8) 『조선로동당 당대회 자료집』, Ⅰ, Ⅱ, Ⅲ, Ⅳ, 국토통일원.

위원회 위원(후보위원 포함)과 4차 당대회 중앙위원회 위원(후보위원 포함) 비율이 77.8%로 높아졌다(〈표 5〉).

이상의 사실은 2기에는 최고인민회의 상임위원회가 다양한 세력과 분야가 어우러지는 기구였던 데에서 1966년 10월 당대표자회의를 거치고 성립된 4기 최고인민회의 상임위원회는 김일성의 직계로 구성된 데 원인이 있었다. 따라서 최고인민회의 상임위원회가 조직상으로 힘이 있었던 시기는 4기 최고인민회의였다고 볼 수 있다. 하지만 4기 최고인민회의 역시 조선로동당의 예산을 통과시키는 기능 이외의 특별한 역할을 하지는 않았다.

헌법이 개정된 후 성립된 5기 최고인민회의 상설회의는 당 중앙위원회 위원의 비율로는 75%에 달하지만, 당 중앙위원회의 위원 수가 증가한 데 따른 것으로 서열 65위 이내의 위원 수를 가지고 보면 37.5%이며, 7기의 경우에는 16.7%에 불과하다(〈표 5〉). 따라서 최고인민회의 상설회의는 구성원의 위상이라는 측면에서도 매우 취약한 기구가 되었음을 알 수 있다.

〈표 6〉을 통해 보면 먼저 1972년 헌법개정으로 상임위원회의 위상이 변한 모습을 한눈에 볼 수 있다. 상임위원회와는 달리 상설회의는 당 중앙조직에서 책임을 맡고 있는 사람과 군 관련 인사가 감소하였다. 반면에 사로청·직맹·농근맹·여맹과 같은 대중단체의 책임자가 증가하였으며, 대남 정책 기구와 선전에 관련된 전문단체 관계자가 많이 배치되었다.

2기와 3기의 경우 상임위원회 위원의 소속기관이 확인되지 않은 경우도 있지만, 대체로 1972년 이후 최고인민회의가 권력기구로서의 기능보다는 조선로동당의 인전대로서 갖는 역할이 보다 강조되었다고 할 수 있다.

〈표 6〉 상임위원회 위원(상설회의 의원)의 소속기관9)

		1기	2기	3기	4기	5기	6기	7기	8기
인원		17	16	16	9	16	12	12	11
소속 기관		·중앙선거 위원회 ·농맹 ·김일성대 교수 ·최고검찰소 ·재정상 ·민족보위성 부상 ·조국전선 ·검찰소 검사 ·음악가동맹 ·대외위	·당 중앙위 연락국장 ·김일성대 ·당 중앙위 중공업부장 ·체신상 ·군 장성 ·조평통 위원 ·당 중앙검사위 위원 ·문예총중앙위 부위원장 ·조평통 위원	·당 중앙위 정치위원 ·인민군 총정치국장 ·당 중앙위 조직지도부장 ·인민군 총참모장 ·인민군 총정치국장 ·평양시당 책임비서	·당 비서 ·조국전선 ·당 중앙위 국제부장 ·정무원 부총리 ·직맹 ·여맹 ·농근맹 ·사로청 ·대외위 부위원장 ·평양시당 책임비서 ·작가동맹 ·음악가동맹	·조국전선 ·당 비서 ·중앙검찰소(조국전선 겸임) ·대외위 ·기자동맹 ·직맹 ·사로청 ·여맹 ·적십자사 ·작가동맹	·농근맹 ·중앙인민위 사법안 전위 위원 ·대외위 ·기자동맹 ·청진시 인민위원회 ·조국전선(공동의장) ·조국전선(공동의장) ·사로청 ·직맹 ·여맹 ·작가동맹	·조국전선 ·대외위 ·기자동맹 ·사로청 ·농근맹 ·여맹 ·과학원 ·작가동맹 ·조국전선 서기국장 ·삼흥대
소속 미확인			6	7	3	4	2	1	1
구 분	당			3	3	3	1		
	행정 기관		4	1	1	1	1	2	
	군		1	1	3				
	대중 단체		1			4	3	4	3
	대남 기구		1	2		1	2	2	2
	전문 단체		3	2		3	3	2	5

* 기관명이 쓰인 것은 기관의 최고책임자임.
* 확인이 어려워 위원 선출 이후의 소속기관을 사용한 경우도 일부 있음.
* 농맹(농민동맹), 농근맹(농업근로자동맹), 대외위(대외문화연락위원회), 문예총(문학예술총동맹), 사로청(사회주의노동청년동맹), 여맹(여성동맹), 직맹(직업총동맹).
* 전문단체에는 대외위, 음악가동맹, 작가동맹, 기자동맹, 문예총, 기자동맹, 과학원, 대학을 포함하였음.
* 대남기구는 조평통, 조국전선, 적십자사를 포함하였음.

9) 서울신문사, 『북한인명사전』, 1996.
 북한연구소, 『북한총람(1983~1993)』, 1994.
 강만길 외, 『한국사회주의 운동 인명사전』, 창작과 비평사, 1986.
 극동문제연구소, 『북한전서(1945~1980)』, 1980.
 日本 外務省 亞細亞局 北東亞細亞科, 『北朝鮮人名錄』, 1967.
 김광운, 『북한 권력구조의 형성과 간부 충원』, 한양대 사학과 박사학위논문, 1999.

3) 최고인민회의 위원회

(1) 자격심사위원회

〈표 7〉 자격심사위원회 위원

	1기	2기	3기	4기	5기	6기	7기	8기
자격 심사 위원회	구재수* 김재욱 리홍렬 전찬배 조영 전봉화 김충규	리효순* 김태근 김원봉 리홍열 신홍래 박창식 박용태	최용진* 박웅걸 한동백 리제운 류기익 추상수 로영세	리국진* 김석룡 김룡호 림형구 최종건 리달룡 리계산	김동규* 박영순 박수동 리용무 리용익 장인석 리창도	자료 없음	임춘추* 서철 조세웅 김만금 리봉원 리지찬 변창복	임춘추* 서철 김국태 리길송 리봉원 변창복 김학봉

*는 자격심사위원회 위원장임.
출전 : 『북한최고인민회의 자료집』Ⅰ, Ⅱ, Ⅲ, Ⅳ, 국토통일원.

자격심사위원회의 위원장은 남조선신민당 비서처장을 역임한 구재수 (1기)와 4기의 리국진을 제외하면 모두 김일성의 항일무장투쟁과 관련이 있는 사람들이라는 특징을 가지고 있다. 이들의 해당 시기 당 중앙위 서열은 리효순 당 중앙위 연락국장이 7위(3차 당대회), 최용진 수산상이 23위(4차 당대회), 김동규 중앙인민위 위원이 8위(5차 당대회), 임춘추 국가부주석이 8위(6차 당대회)로 대단히 높았음을 알 수 있다. 상임위원장이던 최용건 등 극히 소수를 제외하고는 대부분의 상임위원조차도 이들보다 당 서열이 낮았다는 점에서 최고인민회의의 대의원 자격심사가 매우 중요한 일이었음을 알 수 있다. 또 사실상의 독자적 정책 결정권을 최고인민회의가 갖고 있지 못했다는 점에서 최고인민회의 내에서 가장 중요한 자리였다는 설명이 가능하다. 그리고 이것은 최고인민회의의 중요 기능의 하나가 북한체제 내의 지도급 인물과 모범적 인물들을 인정하고 공식화하는 것이었음을 보여준다.

〈표 8〉 자격심사위원회 위원의 직책과 당 중앙위원회 서열[10]

	1기	2기	3기	4기	5기	6기	7기	8기
위원 수	6	6	6	6	6	6	6	6
직책	미확인	미확인	·문화상 ·황해제 철소 천 리마용 해 직장 장	·황북도 당 책임 비서 ·인민군 중장 ·협동농 장관리 위원장 (노력영 웅)	·당 중앙 위 위원 ·당 중앙 위 조직 지도부 부부장 ·군 총정 치국장 ·황북도 당 책임 비서 ·개성시 인민위 원장	자료 없음	·당 중앙위 검열위 원 장 ·평남도당 책임비서 겸 인민위 원장 ·중앙인민위 원 ·당 중앙군 사위 위원 ·전력공업부 부장 ·당 중앙위 위원	·당 중앙위 검열위원장 ·당 중앙위 간부부 부장 ·교통위 위원 장 ·인민무력부 총정치국 부국장 ·남포시 농촌 경리위원장 ·당 중앙위 위원
미확인		6	4	3	1		0	0
당 중앙 위원 수		2	1		4		6	5
당 중앙 위원 서열		54, 후보 3 (3차 당대회)	후보 6 (4차 당대회)		30, 58, 65, 95 (5차 당대회)		9, 21, 43, 59, 96, 128 (6차 당대회)	9, 41, 43, 75, 96 (6차 당대회)

 이러한 특징은 법제위원회와 예산심의위원회 위원장들과 비교해도 뚜렷하다. 법제위원회의 위원장은 4차 당대회에서 김익선 국가검열상이 당 중앙위원회 서열 12위에 오른 것이 제일 높았으며, 각각 30위, 61위, 19위, 16위의 자리에 있었고 당시에 맡고 있는 직책도 자격심사위원회 위원장에 비하여 낮았다고 할 수 있다. 예산심의위원회 위원장들도 당 중앙위 서열이 각각 송봉욱이 20위(3차 당대회), 림계철이 58위(4차 당대회), 오태봉이 18위(5차 당대회), 홍시학이 59위(5차 당대회), 김환이 14위(6차 당대회), 윤기복이 19위(6차 당대회)로 자격심사위원회 위원장과 차이가 있다.

---

10) 주 9) 자료와 같음.

3기와 4기의 자격심사위 위원에는 노력영웅이 들어가 있다는 점이 특별해 보이며, 이후 시기에는 당과 군의 중요직책이 위원에 포함되었음을 알 수 있다. 특히 1972년에 시작된 5기와 1986년에 시작된 8기는 각각 당 중앙조직지도부 부부장과 인민군 총정치국장(이상 5기), 당 중앙위 간부부 부장, 인민무력부 총정치국 부국장(이상 8기)이 위원에 참여하여 심사를 진행하였다는 점에서 보다 엄밀한 심사와 변화가 필요했다는 추정이 가능하다. 또 위원 다수의 경력이 확인된 5기부터는 대부분의 위원이 당중앙위원이었다는 점을 통해서도 자격심사위원회의 위상을 이해할 수 있다.

(2) 법제위원회

〈표 9〉 법제위원회 위원

	1기	2기	3기	4기	5기	6기	7기	8기
법제위원회(법안심의위원회)	허 헌* 외 22인	김익선* 김용진 신남철 조영 유철목 최종학 리유민 허학송	김익선* 허봉학 김동규 최기철 리재영 김희준 로익명 김국훈 김시중	김려중* 리용구 김좌혁 백학림 리림수 렴태준 김창복 리승기 김국훈	윤기복* 정동철 방학세 한석진 김병률 리봉길 박춘식	윤기복* 정동철 리진수 방학세 김윤혁 김석기 변창복	윤기복* 리진수 방학세 한상규 김성룡 박수동 안승학	계응태* 백학림 방학세 한상규 강현수 김의순 정문산

*표는 법제위원회 위원장임.
출전: 『북한최고인민회의 자료집』 Ⅰ, Ⅱ, Ⅲ, Ⅳ, 국토통일원.

법제위원회 위원 3기와 4기에는 각각 인민군 총정치국장, 내무성 정치국 국장과 민족보위성 부총참모장, 안전호위처 사령관이 참여하였다는 점이 특징적이다(〈표 10〉). 이 시기가 김일성파의 권력장악이 완결되고 동시에 김일성파 내에서도 숙청이 벌어진 시점이었던 것을 통해 분위기를 이해할 수 있다. 또 3기, 5기, 7기에는 당 중앙위원의 수가 증가하였다 (〈표 10〉). 이것은 당대회 후에는 법제위원회의 활동이 증대되었던 것으로 해석할 수 있다.

〈표 10〉 법제위원회 위원의 직책과 당 중앙위원회 서열[11]

	1기	2기	3기	4기	5기	6기	7기	8기
위원 직책	미확인	평양시 인민위 위원장	· 인민군 총정치 국장 · 당 중앙 위 행정 부장 · 내무성 정치국 국장 · 당 중앙 위 국제 부 부부 장 · 중앙당 학교 교장	· 민족보 위성 부 총참모 장 · 안전호 위처 사 령관 · 황북 인 민위 위 원장 · 평북 인 민위 위 원장 · 과학원 화학연 구소 함 흥분원 소장 · 김책공 대 학장	· 중앙검 찰소 소 장 · 중앙재 판소 소 장 · 평북 인 민위 원 장 · 자강도 당 책임 비서	· 조국전 선 의장 · 중앙검 찰소 소 장 · 중앙재 판소 소 장 · 정무원 사무장 · 개성시 인민위 원장	· 중앙검 찰소 소 장 · 중앙재 판소 소 장 · 당 비서 · 평양시 행정위 원장	· 사회안 전부 부 장 · 중앙재 판소 소 장 · 중앙검 찰소 소 장 · 당 중앙 위 검열 위 제1부 위원장 · 평남 행 정 경 제 지 도 위 원장 · 정무원 사무국 장
위원 수		8	9	9	7	7	7	7
직책 미확인 수		6	3	2	2	1	1	
당 중앙위 위원 수		3	4	2	4	2	5	3
당 중앙위 위원 서열		19, 50, 후보 1 (3차 당대회)	22, 40, 78, 83 (4차 당대회)		28, 48, 67, 93 (5차 당대회)	28, 48 (5차 당대회)	35, 47, 63, 67, 132 (6차 당대회)	31, 63, 67 (6차 당대회)

---

11) 주 9) 자료와 같음.

1972년 헌법 개정 후에는 중앙검찰소 소장이나 중앙재판소 소장이 위원으로 참여하는 등 전문가적인 측면이 강조되었음을 알 수 있다. 동시에 북한의 최고재판소와 최고검찰소의 책임자가 모두 최고인민회의 법제위원회 위원이라는 점에서 당이 국가의 모든 기관을 일원적으로 지배하는 북한체제의 특징을 확인시켜 준다고 할 수 있다.

(3) 예산심의위원회

〈표 11〉 예산심의위원회 위원장 경력[12]

	림계철	오태봉	홍시학	김환	윤기복
대의원진입 기수	3	3	3	7	3
예산심의 위원장	3기, 4기	5기	6기	7기	8기
위원장 전 관련 직책	국가계획위 위원장, 경공업위 위원장	내각 사무국장	광업상, 강원도 인민위 위원장	화학공업부 부부장	재정상, 국가계획위 위원장
위원장 후 관련 직책	당 중앙위 계획재정부장	중앙인민위 위원	부총리 겸 채취공업위 위원장	화학공업부장	중앙인민위 경제정책위원회 위원장

예산심의위 위원장은 2기에 송봉욱, 3기와 4기에 림계철, 5기에 오태봉, 6기에 홍시학, 7기에 김환, 8기에 윤기복이었다. 이들 예산심의위원회 위원장의 경력은 대체로 국가계획위원회 위원장이나 경제관련 부서의 상을 역임하였다는 점에서 관련 업무 경험자로 구성되었다고 할 수 있다. 그리고 이들이 대부분 3기에 진입했던 대의원 출신이라는 점도 주

---

12) 서울신문사, 『북한인명사전』, 1996.
북한연구소, 『북한총람(1983~1993)』, 1994.
극동문제연구소, 『북한전서(1945~1980)』, 1980.
日本 外務省 亞細亞局 北東亞細亞科, 『北朝鮮人名錄』, 1967.

목할 수 있다(〈표 11〉).

〈표 12〉 예산심의위원회 위원 직책13)

기별	3기·4기*1)	5기	6기	7기	8기
위원 직책	·당 중앙위 경공업 부장 ·평양시 인민위 위원장 ·평북 인민위 위원장 ·함남 농업경영위 위원장 ·함남 인민위 위원장 ·자강도 인민위 위원장 ·사회과학원 역사연구실장	·함남 인민위 위원장 ·개성시 인민위 위원장 ·농업위원회 위원장 ·흥남비료연합기업소 당 책임비서 ·송림공업대학장	·농업위원회 위원장 ·평남 인민위 위원장 ·기계공업부 부장 ·경공업위원회 위원장 ·국가계획위 제1부위원장	·국가계획위 원장(전) ·농업위원회 위원장 ·화학공업부 부장 ·자강도 행정경제위 위원장	·국가계획위 위원장 ·농업위원회 위원장 ·남포시 인민위 위원장 ·전력공업위 부위원장 ·중앙통계국장 ·황북 행정경제위 위원장
위원 수	14·10명	6명	6명	6명	6명

* 1) 3기와 4기 위원은 경력 확인이 잘 되지 않았으나 확인된 경우는 주로 도인민위원회 위원장이 많았음.
* 위원 경력이 미확인된 경우가 4기까지는 많으나 5기부터는 1~2명을 제외하고는 모두 확인됨.

　예산심의위원회 위원들의 경력은 주로 지방(도) 인민위원회 위원장들과 정무원의 경제관련 부서의 책임자들로 구성되었다고 할 수 있다(〈표 12〉). 특히 1972년 5기 최고인민회의부터는 최고인민회의의 가장 중요한 기능이 예산의 통과였다는 점에서 경제 관련 책임자들이 예산심의위원회 위원을 맡은 것으로 이해할 수 있다.
　그러나 예산심의위원회 위원들이 경제 관련 책임자들이지만 그 인원

---

13) 서울신문사, 『북한인명사전』, 1996.
　　북한연구소, 『북한총람(1983~1993)』, 1994.
　　강만길 외, 『한국사회주의 운동 인명사전』, 창작과 비평사, 1986.
　　극동문제연구소, 『북한전서(1945~1980)』, 1980.

이 1972년 헌법개정 후에는 6명으로 크게 줄어들었다는 점과 회의 일수가 평균 2~3일에 불과하다는 점에서 그리고 회의 진행 결과를 통해 보면 위원회의 실질적인 예산심의 기능은 거의 없었다고 평가할 수 있다.

4. 대의원 분석

1) 기별 대의원의 특징

최고인민회의는 매기마다 처음 소집되는 1차 회의에서 대의원 자격심사위원회의 보고를 받는다. 이 보고에는 선거 결과, 대의원들의 소속, 출신, 성별 분포, 재선 비율, 투쟁 경력과 훈장 수상, 연령 분포와 학력 등이 발표된다. 1948년의 1기부터 1986년에 구성된 8기까지 발표된 내용을 일관된 항목으로 정리하기는 부적당하다. 각 대의원들의 구성을 보여주는 기준이 조금씩 변했고, 연령과 학력도 분류 기준이 변했기 때문이다. 따라서 대의원들을 분석하기 위해서는 부분적인 추정을 통해 통계를 다시 만들어야 하기 때문에 정확한 분석에는 어려움이 있다.

(1) 성분, 직업 분석

1기 대의원 중에서 '남한에서 선출된' 360명을 제외한 북한 지역 선출 대의원은 212명인데 남한 지역 선출 대의원들의 직업은 대체로 정당 또는 사회단체 복무자와 북한 정권기관 근무자였을 것으로 추정된다.

1기와 2기 대의원의 중요한 차이로는 우선적으로 남한지역 대의원들이 대부분 제거되었다는 점을 들 수 있다. 360명의 남한지역 대의원[14]

---

14) 해주 남조선인민대표자대회에서 선출된 360명 대의원 중에서 24명은 북한 최고인민회의 1기 대의원 명단 중에서 확인하기가 어렵다. 이 숫자는 000으로 표시된 사람들을 성씨로 구분하여 모두 포함하고 남은 숫자로 일부 남한 출신 대

〈표 13〉 대의원의 성분

	1기	2기	3기	4기	5기	6기	7기	8기
노동자	20.9% (120)	39.1% (84) 노동자 대표	56.1% (215) 노동자 대표	63.9% (292) 노동자 대표	64.1% (347) 노동자 출신	42.8% 노동자	34.6% 노동자	36.4% 노동자
농민	34% (194)	31.6% (68) 농민 대표	16.2% (62) 농민 대표	15.3% (70) 농민 대표	13.3% (72) 농민 출신	11% 협동 농장원	10.2% 협동 농장원	12% 협동 농장원
사무원	26.7% (152)	27.9% (60) 사무원, 인테리 대표	26.4% (101) 사무원, 지식인 대표	20.8% (95) 사무원, 지식인 대표	22.6% (122) 사무원 출신	40.4% 과학자, 기술자, 전문가	49.4% 과학자, 기술자, 전문가	45.8% 과학자, 지술자, 전문가*[1]
문화인	5.8% (33)							
종교인	2.4% (14)							
기업인, 상인, 수공업	10.1% (58)	1.4% (3)						
기타	0.02% (1)		1.3% (5)					
	572 (212)	215	383	457	541	579	615	655

* 1) 북한의 대의원의 대표기관이나, 출신에 대한 발표가 불규칙적이어서 정확한 정리에 어려움이 있다. 8기의 과학자, 기술자, 전문가의 범주에 학위직 소유자를 포함하면 56%가 된다. 하지만 출신 성분이 밝혀지지 않은 비율을 6·7기 비율과 같은 5.8%로 추정하면 45.8%로 볼 수 있다.
* 2) 1기 대의원은 현재의 직업 소속으로, 2기·3기·4기는 현재의 성분으로, 5기는 출신으로, 6기·7기·8기는 현재의 직업으로 구분된 것으로 볼 수 있다.
출전 : 『북한최고인민회의 자료집』 Ⅰ, Ⅱ, Ⅲ, Ⅳ, 국토통일원.

중에서 재선에 성공한 사람은 29명으로 약 8%에 불과하다. 1기 대의원

의원이 최고인민회의 대의원이 되지 못했거나, 이름이 달리 사용되었을 가능성이 있다.

중에서 74명이 재선15)되었으므로 북한 출신은 약 21% 가량이 재선 된데 비하여 남한 출신은 보다 적은 수가 재선되었다. 이것은 한국전쟁 후 북한의 정치세력 변화를 보여 줌과 동시에 남한 출신 대의원들의 상당수가 정치적으로 몰락하였음을 보여준다.

하지만 약 20여 명이 재선된 것 역시 중요한 의미를 갖는데 이들의 명단은 다음과 같다.

〈표 14〉 2기에 재선된 남조선 출신 대의원 명단

고경인, 김기수, 김병제, 김원봉, 김이순, 김일선, 김창준, 라승규, 라윤철, 리극로, 리만규, 리여성, 리 영, 리용선, 리인동, 리재영, 리정숙, 리종만, 박문규, 박정현, 백남운, 성주식, 신남철, 윤형식, 정로식, 정칠성, 최원택, 허성택, 홍명희, 홍중식

출전 :『북한최고인민회의 자료집』Ⅰ, Ⅱ(국토통일원)에서 정리.

이들 재선의원의 경력은 제2기 최고인민회의가 갖는 기능의 일단을 보여주는데, 남로당 핵심과는 일정한 거리가 있는 인물들이라는 특징을 가지고 있었다. 이것은 남한에 대한 혁명을 목표로 하는 통일전선정책에서 전쟁 후의 분단된 질서를 인정하는 방향으로 정책적 변화가 있었음을 보여 주며, 대남선전 기능이 최고인민회의의 중요한 기능의 하나였음을 보여 준다.

(2) 연령과 학력 분석

대의원의 연령은 1기부터 8기까지 35살 이하의 청년층의 감소가 눈에 확연히 보인다. 1기에는 32.3%가 35세 이하였던 것은 독립운동과 관계가 깊다. 하지만 이 비율은 점차 감소되어 4기부터는 10% 이하로 떨어지고 7기부터는 5%로 이하로 떨어졌다(〈표 15-2〉). 이것은 재선자의 증

---
15)『최고인민회의 자료집』Ⅱ, 29쪽.

가와도 관계가 있지만, 55살 이상 대의원 비율의 증가로 이어졌다는 점에서 최고인민회의가 고령화되고 있음을 보여준다.

〈표 15-1〉 대의원 연령

	1기	2기	3기	4기	5기	6기	7기	8기	
~30	12.8%	2.3%	3.1%						
31~40	39.0%	15.8%	25.8%	14.0%	17.7%	5.6%	3.9%	2.7%	35 이하
41~50	30.4%	46.0%	47.3%	48.1%	51.8%	78.9%	71.2%	68.7%	55 이하
51~60	13.4%	25.1%	18.5%	29.8%	23.3%	15.5%	24.9%	28.6%	55 이상
61~	4.4%	10.7%	5.2%	8.1%	7.2%				

출전: 『북한최고인민회의 자료집』 I, II, III, IV, 국토통일원.

〈표 15-2〉 대의원 연령(수정된 표)

	1기	2기	3기	4기	5기	6기	7기	8기
35살 이하	32.3%	10.2%	16%	7.0%	8.9%	5.6%	3.9%	2.7%
55살 이하	56.6%	66.5%	69.5%	70.0%	72.3%	78.9%	71.2%	68.7%
55살 이상	11.1%	23.3%	14.5%	23%	18.9%	15.5%	24.9%	28.6%
35살 이하 숫자		22	61	32	48	32	24	18

* 〈표 15-2〉 수정된 표는 〈표 15-1〉을 6기 이후의 자료에 맞춰 수정하였다. 31~30세와 51~60세는 해당 연령을 반으로 나누었다.

최고인민회의의 연령별 변화를 보면 35살 이하 청년층의 최고인민회의 진입이 3기에서 4기로 넘어가면서 크게 감소한 것을 볼 수 있다. 1962년 3기 대의원에서는 16%(61명)이던 것이 1967년 4기 대의원부터는 최고인민회의 대의원의 수가 119%로 증가했음에도 불구하고 비율적으로도 수적으로도 절반 수준으로 감소하였다.

이러한 추세는 4기부터 꾸준하게 계속되었는데 2기와 3기, 4기에 노력영웅(천리마 작업반장 포함)의 비율이 7%(15명)에서 26.9%(103명), 23.0%(105명)로 증가하던 추세가 1972년의 5기에는 15.0%로 감소하는 것과 관련이 있을 수 있다. 즉 북한 경제의 전후 복구과정에서 나타났던 노력영 웅의 발굴이 정체되기 시작했다는 의미로 해석할 수 있다.

이 시점은 북한 경제가 1960년대의 국방 우선정책으로 말미암아 경제 개발에서 문제가 발생한 시점과 연관이 있으며, 북한체제 내부의 인력성 장과 계급정책의 변화와도 관련이 되어 있다. 즉 해방 후에 적극적으로 추진되던 프롤레타리아 중심의 계급정책이 전문가를 중용하고 강조하는 정책으로 변화했음을 보여준다.

이러한 특성은 1972년 5기 대의원들의 자격 심사에서 강조된 구성원 의 직업 비율 발표를 통해서도 알 수 있다. 4기까지 강조되던 노동계급 의 구성원보다는 박사·교수·기사를 비롯한 과학자·기술자를 강조하 는 특징이 나타났다. 5기에는 박사·교수·기사를 비롯한 과학자·기술 자가 21.6%였으며, 이들의 비율은 계속 증가하여 6기에는 40.4%, 7기에 는 49.4%가 되었다(〈표 13〉).

이것은 조선로동당의 교육 정책이 그동안 상당한 성과를 거두어 인테 리계급을 양성해낸 것과 관련이 있다. 더불어 지배층 내부에 새로이 등 장하는 신진세력보다는 기득권을 유지하려는 세력이 그만큼 많아지고, 그들을 중심으로 지배세력화하고 그에 맞는 이데올로기가 구축된 것으 로 이해할 수 있다. 더 크게 본다면 1972년에 이루어진 남북관계의 진전 이 북한 내부의 계급정책에 영향을 주었으리라는 추론도 가능하다.

〈표 16〉 대의원 학력(단위 %)

	1기	2기	3기	4기	5기	6기	7기	8기
소학교	34.6	44.2						
중학	25.8	20.0	66.8	43.8	40.3	30.5	36.8	24.2
전문	39.6	8	(고중 포함) 6.8	7.9	9.6	11.2	12.8	19.1
대학		27.9	26.4	48.4	50.1	58.3	50.4	56.7

출전:『북한최고인민회의 자료집』 I, II, III, IV, 국토통일원.

〈표 16〉은 최고인민회의 대의원의 학력이 2기 대의원의 경우 1기보다 저학력자와 고학력자가 증가하는 모습을 보여준다. 이것은 한국전쟁 후 남한지역 대의원의 감소와 관련이 있으며, 특히 저학력자의 증가는 노동자 출신의 발탁에 기인한 것으로 이해된다. 3기 이후 대의원의 학력은 대학졸업자의 증가가 특히 눈에 띈다.

대학졸업자가 50%를 넘은 1972년 5기 대의원부터는 해방 이후 북한정권이 기울인 교육에 대한 투자가 결실을 맺은 것으로 볼 수 있다. 특히 5기 대의원의 학력이 높아진 데는 김정일의 권력 핵심부 진출과 연관된 맥락에서 볼 수 있다.

2) 재선 대의원

북한에서 재선에 성공한 최고인민회의 대의원 분석은 여러 면에서 유의미하다.

최고인민회의는 북한 정치에 있어서 주도 변수라기보다는 보조변수라고 할 수 있다. 즉 북한 정치의 변화를 먼저 암시하는 기구가 아니라 정착된 정세를 확인시켜 준다는 것이다. 이상의 재선자 비율은 이러한 북한의 정치적 변화를 확인시켜주는 의미가 있다.

1957년의 2기 대의원 중에서 1기 대의원 역임자는 572명 중에서 74명이었다. 비율로는 12.9%가 재선된 것인데, 이 비율은 이후의 재선 비율 (52.1%, 49.6%, 34.8%, 34.3%, 32.1%, 68.1%)과 비교하여 대단히 낮은 비율이다(〈표 17〉). 이것은 1948년에 형성되었던 세력 분포가 김일성파로서는 만족스럽지 못한 것이었음을 보여준다.

반면에 2기 출신과 3기 출신 대의원은 북한 역대 대의원 재선 비율에 비하여 매우 높았고, 특히 7기 대의원의 재선 비율은 68.1%라는 대단히 높은 특별한 경우가 발생하였다(〈표 17〉). 2기와 3기에는 김일성파가 북한에서 완전한 권력 장악을 하였고, 7기에는 김정일 후계체제가 구축되

〈표 17〉 재선 비율

	전기 대의원 출신	대의원 총수	대의원 증가 비율	재선자 증가 비율	차기 대의원 재선자 수/ 해당기 대의원 총수	재선된 전기대의원 수/ 차기 대의원 총수
1		572			12.9%	
2	74명*1)	215	100%	100%	52.1%	34.4%*3)
3	112명*2)	383	178%	151.4%	49.6%	29.2%
4	190명	457	212.6%	256.8%	34.8%	41.6%
5	159명	541	251.6%	214.9%	34.4%	29.4%
6	186명*4)	579	269%	251.3%	32.1%	32.1%*4)
7	186명*4)	615	286%	251.4%	68.1%	30.25%
8	419명	655	304.7%	566.2%		64%

* 1) 『최고인민회의 자료집』 Ⅱ, 29쪽.
* 2) 『최고인민회의 자료집』 Ⅱ, 1145쪽.
* 3) 1기 출신 재선자 전원의 수는 74명이며 이 숫자로 계산하면 34.4%가 된다.
* 4) 186명 - 5·7·8기 대의원 역임자를 6기도 역임한 것으로 단순 추정.
출전 : 『북한최고인민회의 자료집』 Ⅰ, Ⅱ, Ⅲ, Ⅳ, 국토통일원(3기 이후 대의원의 재선 여부는 명단에서 확인하였으나, 자료의 오자 등으로 인하여 약간의 차이가 있을 수 있음).

는 과정에서 변화보다는 안정적인 권력계승이 이루어졌다.

그런데 이 시점에 나타난 변화가 북한 사회에 어떠한 기여를 했는가 하는 추론이 필요하다. 비록 최고인민회의 재선자의 비율이 증가했다는 것은 사회의 안정성이란 측면에서는 긍정적으로 볼 수 있지만, 사회 변동이란 측면에서는 바람직하다고 할 수는 없다.

특히 7기 대의원과 같이 많은 수가 재선되어 8기 대의원 중에서 2/3에 가까운 64%가 재선 지명을 받았다는 것은 새로운 충원을 할 수 있는 인자들이 소진되는 모습 또는 사회가 정체과정에 들어서 있음을 보여준다고 할 수 있다. 결과론적인 해석이 되겠지만, 1980년대 이후의 북한 사회가 발전을 하였다기보다는 정체 내지 쇠퇴의 길을 걸었다는 점을 주목할 필요가 있다. 이 시기 북한에서 체제가 역동적으로 움직이지 못하고 기존의 세력들을 그대로 끌고 가는, 변화에 대한 거부가 체제의 침체로 연결되었다는 해석이 가능하다.

〈표 18〉을 보면 8기까지의 대의원 중에서 같은 기 대의원들이 3선 이상을 한 사람의 비율은 3기가 독보적으로 높다. 1962년에 대의원이 된 3기들이 김일성권력하에서 가장 우호적인 지지 세력이 되었음을 쉽게 추정할 수 있다. 그리고 그다음으로는 17.4%가 3선 이상의 대의원이 된 5기도 주목할 만하다. 5기는 1972년에 대의원이 되었다는 점에서 김정일의 등장과 매우 밀접한 관련이 있으며, 김정일의 권력 승계를 뒷받침한 세력이라는 평가가 가능하다. 실제 5기 대의원 중에서 3선 이상자의 비율은 전체 3선 이상 대의원의 35.1%로 가장 많았다.

반면에 2기 진입(1957년) 대의원은 불과 12.6%만이 3선 이상 대의원이 되었고, 3선 이상 대의원 총수의 10.1%밖에 차지하지 못했다. 또 4기 진입(1967년) 대의원은 불과 6.1%만이 3선 이상 대의원이 되었고, 3선 이상 대의원 총수의 10.4%밖에 차지하지 못한 점은 이 기간 동안 정치적

〈표 18〉 기별 다선 대의원의 수

	7선 이상	6선	5선	4선	3선	3선 이상 합(A)	A/기별 대의원 총수	A/268명
1기	5	3	7	11	5	31	14.6%	11.6%
2기	3	6	2	6	10	27	12.6%	10.1%
3기		22	9	8	49	88	23%	32.8%
4기				14	5	9	28	6.1%	10.4%
5기					77	17	94	17.4%	35.1%
6기								
합	8	31	32	107	90	268		100%

* 1기 대의원 총수는 북한 쪽 대의원 수로만 계산(212명).
* 6기는 전체 명단이 확인되지 않으므로 계산하지 않았음.
출전 : 『북한최고인민회의 자료집』 I, II, III, IV(국토통일원)에서 대의원 명단을 가지고 확인한 것임(자료의 오자로 인하여 약간의 차이가 있을 수 있음).

으로 변동이 컸음을 보여준다.

3) 역대 다선 대의원[16]

최고인민회의가 갖는 성격은 이미 여러 가지 자료의 분석을 통해 설명되어 왔는데, 여기에서는 구체적으로 다선 대의원들을 살펴보고자 한다. 1기에서 8기까지 즉 1948년부터 1990년 9기 대의원이 시작되기까지 약 42년간의 대의원의 변화는 최고인민회의의 성격을 이해하는 데 도움을 줄 수 있다.

〈표 19〉 최고인민회의 다선자 수

선수	7선 이상	6선	5선	4선	3선	2선	초선
대의원 수	8	31	32	107	90	499	1,909

* 최고인민회의 대의원 총 수(1기부터 8기까지 4,017명)의 50% 이상이 재선의원들로 선출되었음.
출전 : 『북한최고인민회의 자료집』 Ⅰ, Ⅱ, Ⅲ, Ⅳ(국토통일원)에서 대의원 명단을 가지고 확인한 것임(자료의 오타로 인하여 약간의 차이가 있을 수 있음).

위 표로 보면 최고인민회의 대의원에 재선된 수는 498명에 달해 가능성이 많은 반면 3선과 4선은 100명 내외로 상당히 어려운 일임을 알 수 있다. 그리고 5선 이상의 경우는 특별한 의미가 있는 사람들이라는 설명이 가능하다.

---

16) 대의원의 경력은 다음 자료들을 참고하였음.
  서울신문사, 『북한인명사전』, 1996.
  북한연구소, 『북한총람(1983~1993)』, 1994.
  강만길 외, 『한국사회주의 운동 인명사전』, 창작과 비평사, 1986.
  극동문제연구소, 『북한전서(1945~1980)』, 1980.
  日本 外務省 亞細亞局 北東亞細亞課, 『北朝鮮人名錄』, 1967.
  김광운, 『북한 권력구조의 형성과 간부 충원』, 한양대 사학과 박사학위논문, 1999.

(1) 7선 이상 대의원

〈표 20〉 7선 이상 대의원

이름-첫 번째 대의원 선출 기수	대의원 첫 번째 선출 시기 직책	주요 직책
강량욱-1	북조선기독교연맹 중앙위 위원장	국가 부주석
김성률-1	민주당 중앙위 위원장	
김 일-1	당중앙위 위원-항일유격대	국가 부주석
김일성-1	수상	국가 주석
리면상-2	평양음악대학 학장	당 중앙위 후보위원
리승기-2	과학원자연 및 기술과학위원장	과학원 명예원사
방학세-1	내무성 정치보위국장	최고재판소장
안달수-2		협동농장 명예관리위원장

출전 : 『북한최고인민회의 자료집』 Ⅰ, Ⅱ, Ⅲ, Ⅳ(국토통일원).

〈표 20〉을 보면 1990년까지 8기의 대의원이 선출되는 과정에서 8번의 대의원으로 모두 선발된 사람은 김일성을 제외하면 없다. 1기나 2기에 대의원이 되었던 강양욱, 김성률, 김일, 김일성, 리면상, 리승기, 방학세, 안달수만이 7선 이상의 대의원이 되었다. 이들 중에서 강양욱은 1983년, 김일은 1984년에 사망함으로써 이후에 대의원이 될 수 없었지만, 모두 사망할 때까지 대의원의 지위를 가지고 있었고, 충분히 대의원의 자격을 유지할 만한 사람들이었다. 따라서 최고인민회의 대의원은 일종의 명예 직의 성격이 있으며, 정치적으로 건재함을 보여주는 상징적인 의미를 가지고 있다고 할 수 있다.

특히 북조선 기독교연맹 중앙위 위원장이었던 강양욱, 민주당 중앙위 위원장이었던 김성률, 유명한 과학자인 리승기, 최고재판소장을 역임한 방학세, 협동농장 명예관리위원장인 안달수가 모두 사망할 때까지 대의원으로 선출되었다.

(2) 6선 대의원

〈표 21〉 6선 대의원

이름-대의원 첫 번째 선출 기수	대의원 첫 번째 선출 시기 직책	주요 직책
고금순-3	천리마작업반장, 노력영웅	대의원
김국훈-3	당 중앙당학교 부교장	당 중앙위 위원
김기선-3	연안군 당위원장	중앙인민위 위원, 인민군 중장
김만금-2	평남도 당 위원장	정무원 부총리
김봉률-3	인민군 상장-소련군 출신	국방위원회 위원
김석형-3	마르크스레닌방송대학 부총장	김일성종합대 교수
김응상-3	국가건설위 위원장	국가건설위 위원장
김중린-3	당 중앙위 후보위원	당 중앙위 비서국 비서
리계산-2	노력영웅(여)	협동농장 고문관리위원장
리두익-3	인민군 제9사단장-항일유격대	차수, 이중영웅
리을설-3	인민군 중장	차수, 이중영웅, 인민무력부 호위총국장
리종옥-2	국가계획위원회 위원장	국가 부주석
박성철-3	외무상-항일유격대	국가 부주석
박영섭-2	철도공장 공훈노동자	함북도 인민위 위원장
박영순-3	체신상	체신상, 공화국영웅
박정현-1	여	조총련 여맹 중앙위 위원장
서 철-3	인민군 총정치국장-항일유격대	인민군대장, 공화국영웅
양형섭-3	당 중앙당학교장	최고인민회의 의장
오진우-3	중장(제1집단군 사령관)-항일유격대	인민무력부장, 원수, 이중영웅
윤병권-3	직장장	지배인, 노력영웅
장윤필-2	평남도 인민위 위원장	농업위원회 위원장
전문섭-3	제2집단군 사령관(상장)-항일유격대	인민무력부 부부장, 이중영웅
주도일-3	인민군 연대장-사단장	국방위원회 위원, 차수, 이중영웅

주성일-3	천리마작업반장, 노력영웅	직총 중앙위 위원장
최 광-1	인민군제1사단장-항일유격대	국방위 부위원장, 차수, 이중영웅
최 현-2	상장-민족보위성 부상-항일유격대	민족보위상
한찬옥-3	(여)	농촌경리위 위원장
허정숙-1	북조선로동당 중앙위원	당 중앙위 비서
현무광-3	당 중앙위 중공업 부장	정무원 부총리
홍시학-3	당 청진시위 위원장	정무원 부총리
황순희-3	당 중앙위 후보위원-항일유격대	조선혁명박물관 관장, 이중영웅

* 경력 확인이 어려워 대의원 선출 이후의 직책을 사용한 경우도 일부 있음.
출전 : 『북한최고인민회의 자료집』Ⅰ, Ⅱ, Ⅲ, Ⅳ(자료의 오자로 인하여 약간의 차이가 있을 수 있음).

　6선 이상 대의원이 된 31명에 대한 분석은 여러 가지 유의미한 설명을 준다. 이들 중에서 71%인 22명이 3기에 대의원이 되었다는 점에서 이들은 이후 연속적으로 6선 대의원이 된 최고의 신임을 받는 사람들이라는 특징을 가지고 있다. 1기에 대의원이 되었던 박정현과 최광, 허정숙을 제외한 나머지 28명은 모두 1956년 '8월 종파사건' 이후의 등장인물이라는 점에서도 특징이 있다.

　2기에 대의원이 처음 되어 6선 이상의 대의원이 되었던 김만금, 리계산, 리종옥, 박영섭, 장윤필, 최현은 각각 평남도당위원장, 노력영웅, 국가계획위원회 위원장, 철도공장 공훈노동자, 평남도 인민위원장, 민족보위성 부상의 직책에서 대의원이 되었다. 이들 중에서 항일유격대 출신인 최현을 빼면 주로 전문성과 노동성실성이 중요한 선출 배경이 되었다는 추정이 가능하다.

　3기에 대의원이 되어 6선 이상의 명예를 누린 22명의 3기 진입 대의원은 항일유격대 또는 군 출신 9명(41%), 지방당 책임자 또는 전문가 9명(41%), 노력영웅 4명(18%)로 구성된다. 이 중에서 지방당 책임자의 일부가 군인이었음을 감안하면 김일성파의 주축이 되는 인물들이 이때에 대거 정치적으로 부각되는 시기였음을 알 수 있다.

특히 이들 3기 진입 6선 이상 대의원들의 상당수는 원수, 차수, 중앙인민위 위원, 국방위원회 위원, 인민무력부장, 정무원 부총리 등의 요직을 거듭했고, 이중영웅, 공화국영웅이 되었다는 점에서 3기 진입 대의원들의 김일성과의 밀착도는 매우 컸다는 사실을 확인할 수 있다.

〈표 22〉 6선 대의원의 소속기관(대의원 첫 번째 선출 시기)

	당	내각	지방행정	군	노력영웅, 기업소, 협동농장
비율	30%	13.3%	10%	30%	16.7%

1·2·3기의 진입자들인 6선 대의원들을 구분해 보면 군과 당 관련 기관 소속이 각각 30%로 가장 높고, 노력영웅과 지배인이 16.7%, 내각 관련자가 13.3%, 지방 행정기관이나 교육기관 관련자가 10%를 차지하였다(〈표 22〉). 가장 많은 비율을 군 출신이 차지하였던 것은 군 출신이 이후 북한 정권 내에서 가장 오랫동안 성공적으로 권력을 유지하였던 사실과 일치하는데, 이런 점에서 최고인민회의는 북한사회의 권력구도를 잘 반영한다고 할 수 있다.

6선 대의원 중에서 군 출신은 사단장·중장·상장·총정치국장이었으며, 당은 시당·군당 위원장·중앙당학교의 교장·부교장·당 중앙위원회 부장급이 대의원으로 선출되었음을 알 수 있다. 내각의 경우에는 외무상과 같은 상급 인물이 대의원으로 선출되었다.

(3) 5선 대의원

5선 대의원 32명은 1기에 진입한 사람이 7명(21.9%), 2기 2명(6.3%), 3기 9명(28.1%), 4기 14명(43.8%)으로 구성된다. 3기와 4기에 진입한 대의원들이 이후 훨씬 안정되게 정치적 지위를 누렸음을 알 수 있다. 특히 4기에 진입한 대의원 중에서 14명만이 5선 이상의 대의원이 되었다면 3기 출신은 31명이 5선 이상의 대의원이 되었다는 점에서 3기 진입 대의원의 김일성과의 밀착은 다시 한번 확인할 수 있다.

〈표 23〉 5선 대의원

이름-대의원 첫 번째 선출 기수	대의원 첫 번째 선출 시기 직책	주요 직책
강희원-3	평양시 인민위 위원장	정무원 부총리
김득란-1	태천군 인민위 위원장(여)	평북도 인민위 위원장, 여맹 비서장
김룡택-4	함흥시 인민위 위원장	외무성 부상
김영채-4	평양전기기계공장 지배인	체신부 부장
김창준-1		낙원기계연합기업소 기사장
김회일-2	철도상	철도상, 당중앙위 위원, 노력영웅
남 일-1	교육성 부상	인민군 총참모장, 부총리
량인길-4	노력영웅	공단구분대장
리계백-4	조총련 중앙상임위 부의장	조총련 부의장
리근모-4	제2기계공업상	정무원 총리
리금녀-4	협동농장 관리위원장	
리기영-1	문예총 중앙위 위원장	인민작가
리동춘-4	전기석탄공업성 경영계획국장	건재공업부 부장, 당 중앙위 위원
리진규-4	조총련 조선대학 부학장	조총련 중앙위 부의장
리진수-1기[*1)]	사회안전성 부상(중장)	중앙검찰소장, 국가보위부장
리창선-3	문화상	당 문화예술부장
림춘추-3	당 중앙검사위원회 위원장-항일유격대	국가 부주석
백남운-1	교육상	과학원장
서관히-4	평양시 인민위원장, 농근맹 위원장	당 중앙위 비서국 비서
양옥녀-4		
오극렬-4	인민군 중장	총참모장

오백룡-3	민족보위성 부상(상장)-항일유격대	당 중앙군사위 위원
윤기복-3	보통교육상	중앙인민위 경제정책위 위원장
전창철-3	직총 중앙위 위원장	당 중앙위 위원
정동철-3	임업상	중앙검찰소 소장
정두환-2	당 중앙위 상업재정부 부장	상업상, 당 중앙검사위 위원
정준택-1	국가계획위원회 위원장	부수상
정희철-4	노력영웅	함흥영예군인 수지일용품 공장 지배인
최용건-1	조선인민군 총사령관-항일유격대	국가 부주석
최인덕-4	인민군 중장	차수, 이중영웅
최중산-3	성진제강소 천리마 용해직장장	
한덕수-4	조총련 중앙위 의장	조총련 중앙위 의장
황장엽-3	노동당 선전선동부 부부장	최고인민회의 상설회의 의장

* 경력 확인이 어려워 대의원 선출 이후의 소속기관을 사용한 경우도 일부 있음.
* 1) 리진수는 5기에 선출된 4선 대의원일 수 있다.

〈표 24〉 5선 대의원의 소속기관(첫 번째 대의원 선출 시기)

	당	내각	지방행정	군	노력영웅, 기업소, 협동농장	조총련	사회단체
비율	9.7%	29%	12.9%	16.1%	16.1%	9.7%	6.5%

5선 대의원이 되었던 인물들의 대의원 진입기 직책은 내각, 정무원 소속 29%, 지방 행정기관 소속 12.9%, 군관련 기관 소속 16.1%, 노력영웅과 기업소 지배인, 협동농장관리위원장 16.1%, 당 소속 9.7%, 조총련 관련 9.7%, 사회단체 책임자 6.5%로 구분할 수 있다(〈표 24〉). 따라서 당으로부터 커다란 신임을 받는 기관인 내각(정무원), 지방행정기관, 군, 기업소 관련 일꾼들이 북한사회와 최고인민회의의 주축임을 보여준다. 동시에 조총련 관련 일꾼으로 최고인민회의에 대의원으로 선출된 리계

백, 리진규, 한덕수가 모두 4기(1967년 선거) 대의원으로 진입하여 이 시기에 북한 정권과 조총련 간의 관계가 보다 발전했음을 보여준다.

구체적으로 살펴보면 내각의 경우에는 철도상과 같은 상급이 주로 대의원이 되었고, 지방행정기관은 시나 군의 인민위원장도 대의원이 되었다. 당에서는 중앙검사위원회 위원장, 당 중앙위 상업재정부 부장, 당 선전선동부 부부장이 대의원이 되었다는 점에서 부부장급 이상이 대의원으로 선출되었다고 볼 수 있다.

5선 대의원 중에서 군 출신은 중장이 3명, 상장이 1명, 총사령관 1명으로, 대개 중장 이상이 최고인민회의 대의원으로 선출되었음을 추정할 수 있다.

(4) 4선 대의원

〈표 25〉 4선 대의원의 출신 기관(첫 번째 대의원 선출 시기)

	당	내각	지방행정	군	노력영웅, 기업소, 협동농장	대중단체	전문단체, 기관	계
인원	16	12	2	7	32	3	7	79
비율	20.3%	15.2%	2.5%	8.9%	40.5%	3.8%	8.9%	100.1%

* 4선 대의원 106명 중에서 88명을 경력을 확인하였는데, 이들 중에서 대의원 진입기 직책을 확인할 수 없는 대의원을 제외한 79명을 구분하였다. 이들 중에서 대의원 진입기 직책이 확인되지 않지만 추정가능한 경우 18명은 주요 경력을 참고하여 분류하였다(이들은 주로 기업소 노동자 출신이다).

5기에 처음 선출된 대의원 중에서 4선 대의원인 59명이 1990년 9기 최고인민회의 대의원으로 선출되었다. 5기에 선출된 대의원들이 9기까지 대의원으로 계속 남아있었다는 것은 당의 신임이 그만큼 높았다는 것을 의미한다. 그리고 이것은 1972년부터 1990년까지 그 신임이 계속되었다는 것을 의미하며, 이 시기가 김정일의 등장과 김정일의 권력 상속으로 이어진 시기라는 점에서 김정일과의 깊은 관련을 읽을 수 있다.

〈표 25〉의 4선 이상 대의원의 경우에서 특히 주목되는 것은 노력영웅, 기업소, 협동농장 관련자들이다. 32명 중에서 24명이 직접 생산현장과 관련이 깊은 인물들이라는 점에서 1972년 5기 최고인민회의는 이러한 새로운 인물들이 진입한 시기라는 추정이 가능하다. 즉 김정일의 등장과 더불어 북한 사회의 젊은 세대들이 이 시점에 새로이 북한 사회의 지도층으로 진입하였다는 것을 보여준다. 그리고 이들 최고인민회의 대의원들은 그들을 대표하는 상징적 인물이라고 볼 수 있다.

이들 생산현장 출신들은 이후 협동농장 관리위원장, 농촌경리위 위원장, 기업소 지배인 등으로 성장하기도 하였지만, 이들 중에서 건국 초기의 노력영웅들과 같은 화려한 출세를 한 경우는 별로 보이지 않는다. 이것은 새로운 인물들이 진입을 하였지만, 이들 현장 출신이 크게 성장할 수 있는 때가 이미 지난 것이라고 할 수 있다. 즉 사회가 이미 기득권층으로 굳혀져 있었고, 이들 현장 일꾼들은 신분 상승이 아니라 현장에서의 전문가로 성장하는 것이 대체적인 방향이 된 것이다.

반면에 당 관련 인물들은 이후 당 중앙위 부장, 부총리, 총리, 중앙인민위 위원 등으로 성장하여 당관련 기관에서 일하다 대의원이 된 경우는 대부분이 화려한 출세의 길로 접어들었음을 보여준다. 결국 출세를 위해서는 당조직에서 일을 해야 한다는 것을 보여준다고도 할 수 있다.

4선 대의원이 된 군 출신은 대부분 대의원 선출기에는 소장, 중장, 인민군 부총참모장, 사단장이었는데 이후 인민무력부 부부장, 국방위원회 위원이 되기도 하였다. 따라서 최고인민회의 대의원은 당으로부터 상당한 신임을 확인받은 것임을 보여준다.

(5) 3선 대의원

3선 대의원 91명 중에서 대의원 진입 이후 주요 경력이 확인된 사람은 43명인데, 이들의 주요 경력을 살펴보는 것은 의미가 있다. 〈표 26〉에서

〈표 26〉 3선 대의원의 첫 번째 대의원 선출 기수

	1	2	3	4	5	6	계
인원	6	10	49	9	17	미확인	91
비율	6.6%	11%	53.8%	9.9%	18.7%		

출전: 『북한최고인민회의 자료집』 I, II, III, IV(국토통일원)에서 명단을 확인하였음.

보듯이 3선 대의원 중에서는 3기가 53.8%로 가장 많다는 것이 특징적이다. 이들 3선 대의원들의 주요 경력을 살펴보면, 부주석 2명, 중앙인민위위원 1명, 부수상(부총리) 4명, 중장 이상 군인과 인민무력부 부부장 6명, 상·도 인민위 위원장·중앙당 부장·도당 책임비서 16명이다. 즉 3선 대의원들 중에서 31.9%는 고위직까지 승진하였음을 보여준다. 이들 외에도 경력이 확인된 14명 중에서도 대부분이 중요 단체나 기관의 위원장이나 부위원장 등의 경력을 가지고 있다. 이상을 통해서 보면 적어도 3선 대의원의 약 반절은 국가의 고위직 경력을 가진 인물들이라는 점을 알 수 있다. 경력을 확인한 3선 대의원 중에는 기업소 작업반장과 공훈광부도 4명 포함되어 있다. 노동자 출신이 소수인 이유는 이들 노동자 출신 대의원의 경력 확인이 잘 안되고 있기 때문이며, 경력이 확인된다면 다수가 노동자 출신으로 밝혀질 것으로 추측된다.[17]

5. 맺음말

이상의 논의를 상임위원회와 대의원을 중심으로 정리하면 다음과 같다.
첫째, 1972년 헌법 개정으로 신설된 최고인민회의 상설회의 의장단의 당 중앙위원회 서열은 상임위원회 시기에 비하여 하락하였으며, 부의장

---

17) 경력을 확인하지 못한 경우는 대부분이 중앙의 권력기관에서 높은 지위를 갖지 않은 경우가 많다.

의 경우에는 주로 대남 활동과 관련된 기관의 책임자들로 구성되었다.

상임위원들은 김일성의 직계로 구성된 4기에 당 서열이 가장 높았으며, 상설회의 의원이 된 5기부터는 당 중앙위 서열이 모두 낮아졌다는 점에서 구성원들의 위상이 취약하였다. 또 상설회의 의원의 소속 기관도 당과 군, 행정기관과 같이 영향력 있는 부문이 감소하고, 대중단체와 대남 관련 기구·선전과 관련된 전문 단체들이 중심이 되었다.

둘째, 자격심사위원회는 최고인민회의 내의 각종 위원회들 중에서 가장 중요한 기구였으며, 위원장의 당 중앙위원회 서열도 타 위원회에 비하여 높았다. 특히 5기 이후에는 당과 군의 중요 간부가 위원회 위원으로 참여하였다는 점에서 대의원 자격 심사과정이 엄격하게 진행되었다는 추정이 가능하다.

최고재판소와 최고검찰소의 책임자가 모두 법제위원회 위원이라는 점에서 북한체제의 성격을 확인시켜 준다. 예산심의위원회는 구성원들이 주로 중앙과 지방의 경제 관련자들로 구성되었지만, 위원의 수가 적고, 회의 일수가 짧아 실질적인 역할은 크지 않았다.

셋째, 2기와 3기에 처음 대의원으로 선출된 사람들의 재선 비율이 비교적 높았으며, 특히 7기 대의원의 재선 비율은 68.1%에 달했다. 2기와 3기가 김일성의 권력 장악과 관련된 시점이고, 7기가 김정일의 후계체제가 구축되는 시점이라는 특징이 있다. 특히 8기까지의 대의원 중에서 같은 기 대의원들이 3선 이상을 한 비율은 3기가 독보적으로 높으며, 김정일의 등장과 밀접한 관련이 있는 5기 대의원들이 3선 이상 대의원이 된 비율이 다음으로 높다. 반면에 2기와 4기에 첫 번째 대의원이 된 경우에는 3선 이상 대의원이 된 비율이 매우 낮아 이 시기의 정치적 변동과 연관이 있음을 알 수 있다.

넷째, 3선 이상 대의원이 된 경우는 모두 268명이며, 재선이 된 경우는 499명으로 매우 많다. 3선 이상 대의원이 된 경우는 당의 신임이 매우 높은 인물들이었음을 알 수 있으며, 이들의 상당수가 국가의 고위직으로 승진하였다. 이들 중에서 특히 고위직으로 오르는 데는 당과 군 조직에서 일하는 것이 중요하였다. 특히 6선 이상의 대의원이 된 경우는 항일유격대와 군 출신이 가장 많았으며, 이들은 국가의 최고 요직을 거듭하였다.

다섯째, 3선 이상을 한 대의원들을 통해 대의원이 되는 경우을 보면, 당 조직에서는 주로 중앙당 부장급, 내각에서는 상급, 군 출신은 소장 이상이 주로 대의원으로 선출되었다. 더불어 노력영웅, 기업소 지배인, 협동농장 관리위원장들 중에서도 상당수가 5선 이상의 대의원으로 선출되기도 하였다.

전체적으로 볼 때, 최고인민회의는 그 권한이 크지 않지만, 구성원들인 대의원이 북한의 정치적 변동을 잘 반영하고 있다는 점에서 북한 사회를 이해하는 중요한 분석 대상이 될 수 있음을 확인할 수 있었다.

현재의 최고인민회의에 대한 연구는 미진한 점들이 많이 있으며 앞으로도 연구가 보다 진행될 필요가 있다. 본고를 쓰면서 몇 가지 면에서 부족함을 적지 않을 수 없다. 이 연구는 주로 대의원에 초점을 두고 접근하였는데, 이들 대의원의 경력을 제대로 확인하기가 어려웠다. 적게는 대의원의 이름이 오자로 인하여 정확하지 않은 경우가 있었다. 그리고 초선이나 재선 대의원의 경우 경력을 확인하기가 더욱 어려웠다.

이런 이유로 이 논문은 대의원들 중에서 상층을 분석하는 데 그쳤다는 아쉬움이 있다. 또한 다선자들을 중심으로 분석을 하고 이것이 3선 이상의 경우에 그침에 따라 결과적으로 1982년(7기)·1986년(8기)에 대의원으로 진입한 인물들에 대한 분석이 미진하게 되었다.

조선로동당의 당역사
서술 변화*

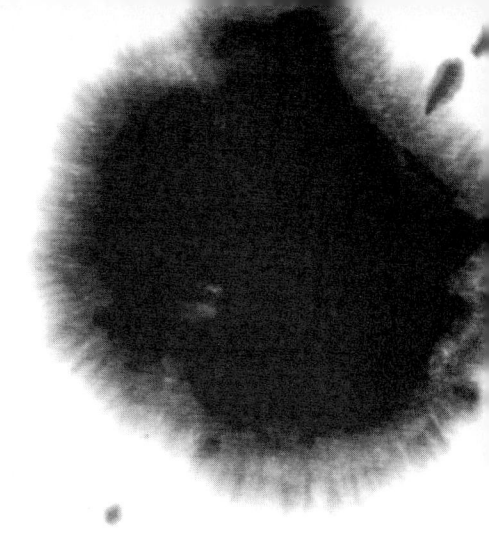

1. 분석 대상과 서술 방향

　북한 헌법을 보면 '조선민주주의인민공화국은 조선로동당의 영도 밑에 모든 활동을 진행한다'[1]고 규정되어 있다. 즉 조선로동당은 북한의 모든 국가기관을 영도하는 정당인 것이다. 이런 이유로 북한의 역사는 조선로동당의 역사라고 해도 과언이 아니며, 조선로동당의 역사는 '김일성의 통치사 내지 혁명역사'라고도 할 수 있다.

　북한의 대표적인 역사서인 『조선전사』역시 조선로동당의 역사를 서술했다고 할 수 있다. 다만 그 양적 측면에서 각 부문에 대한 서술이 개별적으로 풍부하게 이루어지고 있다. 반면에 조선로동당에 중점을 둔 서술이 조선로동당사라고 할 수 있다. 북한에서의 조선로동당 역사 연구는 다수의 자유로운 연구자들이 중심이 되어 개별적으로 연구가 진행되는 남한의 연구와는 기본적으로 성격이 매우 다르다. 북한의 경우 체제 성격상 자유로운 역사연구가 여러 가지 제한을 받지만, 일반적인 역사 연구와 달리 조선로동당의 역사에 대한 연구는 또 다른 의미의 제한이 있

---

* 국사편찬위원회에서 발간한 『북한의 한국사 연구동향(2)』, 2003에 수록된 글임.
1) 북한 헌법(1998년) 제11조.

을 수밖에 없다.

　남한의 경우 해방 이후 집권 정당이 여러 차례 변화해 왔으며, 이 과정에서 각 정당이 자신들의 역사를 체계적으로 정리한 경우는 드물다. 또 일부 정당이 자신들의 역사를 부분적으로 정리한 경우도 있지만 주목을 받지는 못했다.

　그러나 조선로동당은 해방 후부터 50여 년간 북한을 유일하게 지배해 온 정당이며, 특히 체제 성격상 북한 내부에서도 자유롭고 독자적인 연구의 대상으로 허용되지 않는다. 따라서 조선로동당사 서술 현황에 대한 연구는 조선로동당에서 자신의 역사를 어떻게 서술하고 있으며, 어떤 변화가 있는가를 구체적으로 확인하는 작업이 될 수밖에 없다.

　본고는 조선로동당에서 편찬한 조선로동당사의 내용과 그 변화, 특징 등을 중심으로 서술하도록 한다. 이 작업은 조선로동당에서 자신의 역사를 서술할 때 무엇에 중점을 두고 있는 지를 설명할 것이며, 이러한 서술이 어떻게 변화했는가, 그리고 그 서술의 정확성을 검증하는 데 중점을 두게 될 것이다.

　6·25전쟁 이전 시기에 대해서는 이미 많은 논의가 이루어졌기 때문에 본고에서는 서술 시기를 6·25전쟁 이후부터 1990년까지로 한다. 서술의 마지막을 1990년으로 잡은 것은 1991년에『조선로동당력사』가 출판되었기 때문이다.

　북한의 조선로동당에 대한 역사서술은 1950년대를 거치면서 단일한 구조로 정리되었다. 1956년 '8월 종파사건'의 마무리를 계기로 북한 내부에서는 실질적으로 단일한 파벌만이 존립하게 되었으며, 김일성의 '항일무장투쟁 경험'만을 혁명전통으로 서술하게 되었다. 북한의 권력을 김일성이 유일적으로 장악하게 됨에 따라 모든 북한의 역사 서술은 '김일성 정권의 시각'에 바탕을 두어야만 가능하게 되었다.

　이런 과정에서 조선로동당은 1964년에『조선로동당 력사교재』를 출판하였고, 1979년에『조선로동당략사』(이하는 1979년 판으로 약칭), 1991년에 『조선로동당력사』(이하는 1991년 판으로 약칭)를 편찬하였다.[2] 이 외에도 조선로동당에 관한 역사서술의 존재 가능성은 있지만, 이 세 가지 책이 현재 남한에서 접할 수 있는 대표적인 것이다. 이 중에서 1979년 판과 1991년 판 조선로동당사를 비교, 정리함으로써 조선로동당 역사서술 현황을 설명하고자 한다.

2. 목차 비교

두 책은 모두 동일한 시기구분을 가지고 있다. 다만 1991년 판 『조선로동당력사』가 1980년 이후 시기를 서술하고 있는 차이를 가지고 있다. 본고에서 다루지는 않지만 해방 전시기에 대한 시기구분도 두 책은 동일한 내용을 가지고 있다. 두 책은 모두 1926년~1931년 12월, 1931년 12월~1936년 2월, 1936년 2월~1940년 8월, 1940년 8월~1945년 8월의 4시기로 해방전사를 서술하고 있다.

두 책의 해방 전후 시기구분과 목차를 비교하면 다음과 같다.

	1979	1991
1926~ 1931.12	주체형의 공산주의혁명가대오의 형성. 혁명의 지도사상, 주체적 혁명로선의 확립	위대한 수령김일성동지께서 주체의 혁명위업 개척. 새형의 혁명적당창건방침의 확립
1931.12~ 1936.2	항일무장투쟁을 중심으로 반일민족해방운동의 새로운 높은 단계로의 발전. 공산주의 대렬의 조직사상적 통일을 위한 투쟁	반일민족해방운동의 무장투쟁단계에로의 발전. 조선인민혁명군 당위원회 결성. 공산주의대렬의 조직사상적통일을 위한 투쟁

---

[2] 조선로동당 중앙위원회 직속 당력사연구소 편, 『조선로동당 력사교재』, 조선로동당출판사, 1964 ; 조선로동당 중앙위원회 직속 당력사연구소 편, 『조선로동당사』, 조선로동당출판사, 1979(이하『조선로동당략사』로 표기함) ; 조선로동당 중앙위원회 당력사연구소, 『조선로동당력사』, 조선로동당출판사, 1991(이하 『조선로동당력사』로 표기함).

1936.2~ 1940.8	항일무장투쟁을 확대하며 반일민족 통일전선운동을 전국적 범위로 발전시키기 위한 투쟁. 당창건 준비사업의 전면적 추진	무장투쟁을 중심으로 하는 반일민족해방투쟁을 일대 앙양에로 이끌어올리기 위한 투쟁. 전국적 범위에서 당창건 준비사업의 적극적 추진
1940.8~ 1945.8	조국광복의 대사변을 주동적으로 맞이하기 위한 투쟁, 항일무장투쟁의 위대한 승리	조국광복의 대사변을 주동적으로 맞이하기 위한 투쟁, 항일무장투쟁의 위대한 승리. 당창건의 조직사상적 기초축성사업의 완성
1945.8~ 1947.2	공산당의 창건과 근로인민의 대중적당, 로동당으로의 발전. 반제반봉건민주주의혁명과업수행을 위한 당의 투쟁	주체형의 혁명적당, 공산당의 창건과 근로인민의 대중적당, 로동당으로의 발전. 반제반봉건민주주의혁명과업수행을 위한 당의 투쟁
1947.2~ 1950.6	북반부에서 사회주의혁명단계에로의 이행. 인민경제의 부흥발전과 조국의 자주적 평화통일을 위한 당의 투쟁. 당의 령도적 기능의 확대·강화	북반부에서 사회주의혁명단계에로의 이행. 인민경제의 부흥발전과 조국의 자주적 평화통일을 위한 당의 투쟁. 당의 질적 공고화와 령도적 기능의 강화
1950.6~ 1953.7	조국해방전쟁승리를 위한 당의 투쟁. 당대렬의 확대와 당의 조직사상적 강화	조국해방전쟁승리를 위한 당의 투쟁. 당대렬의 확대와 당의 조직사상적 강화
1953.7~ 1960	전후인민경제복구발전과 사회주의 기초건설을 위한 당의 투쟁. 력사적으로 내려오던 종파의 분쇄	전후인민경제복구발전과 사회주의 기초건설을 위한 당의 투쟁. 력사적으로 내려오던 종파의 청산
1961~ 1970	사회주의의 전면적 건설에로의 이행. 나라의 공업화를 실현하며 온 사회의 혁명화, 로동계급화를 다그치기 위한 당의 투쟁. 유일한 주체의 사상체계에 기초한 당의 통일단결의 빛나는 실현	사회주의의 전면적 건설에로의 이행. 나라의 공업화를 실현하며 온 사회의 혁명화, 로동계급화를 다그치기 위한 당의 투쟁. 당의 유일사상체계의 확립
1971~ 1980	사상, 기술, 문화의 3대혁명을 추진하여 온 사회의 주체사상화를 다그치며 혁명의 전국적 승리를 앞당기기 위한 당의 투쟁. 당사업에서의 새로운 전환	온 사회의 주체사상화의 기치 밑에 사상, 기술, 문화의 3대혁명을 다그치기 위한 당의 투쟁. 주체위업계승문제의 빛나는 해결. 당사업의 획기적 발전
1981~ 1990		온 사회의 주체사상화를 다그치며 사회주의의 완전한 승리를 촉진하기 위한 당의 투쟁. 전당과 전체 인민의 일심단결의 확고한 실현

해방 전 시기에 대한 두 책의 시기구분과 목차는 커다란 차이는 없지만, 1991년 판에는 해방 직전 시기에 '당창건의 조직사상적 기초축성사업의 완성'을 집어넣은 것이 눈에 띈다. 이것은 해방 후의 당창건과 해방 전의 항일무장투쟁을 연결하고자 한 것이다.

해방 전 시기에 대한 두 책의 시기 구분에 큰 차이가 없는 반면, 1964년 판 『조선로동당 력사교재』는 조금 차이가 있다. 이 책에서는 해방 전 시기 김일성의 항일투쟁을 1920~1931년, 1932~1945년 8월의 두 시기로 구분하고 있다.

1920~1931년 시기는 '조선에서 맑스-레닌주의의 보급과 초기 공산주의 운동'을 제목으로 하고 있는데, 1925년의 조선공산당 창건을 중요하게 다루고 있다. 반면에 1979년 판 『조선로동당략사』부터는 1926년 김일성이 조직했다는 '타도제국주의동맹'을 '우리 나라에서 처음으로 되는 참다운 공산주의혁명조직'이라 하여 1926년을 '조선공산주의운동과 조선혁명의 새로운 출발을 알리는 력사적인 선언'이었으며, '우리 나라에서 새형의 혁명적 당건설의 출발점으로 되었다'고 주장하고 있다.

또 1964년 판 『조선로동당 력사교재』는 1932~1945년 8월시기를 '항일무장투쟁과 반일민족통일전선운동. 공산당창건의 조직사상적 준비'로 제목하고 1979년 판부터 3시기로 나누어 서술한 것을 한 시기로 구분하였다. 이것은 1964년의 시점에도 김일성의 항일무장투쟁에 대한 평가와 서술이 지금과 같이 체계화되지 못했음을 보여준다.

해방 후 시기에 대한 1979년 판과 1991년 판 제목의 차이는 크지 않다. 1991년 판에서 1945년에 창건된 조선공산당 북조선분국을 '주체형의 혁명적 당'으로 서술한 것과 1947년 이후의 시기에 '당의 질적공고화'가 이루어졌다고 규정한 특징이 있다. 한국전쟁 이후의 시기에서는 1979년 판에서 '력사적으로 내려오던 종파의 분쇄'를 1991년 판에는 '종파의 청산'이라 하여 김일성의 유일적인 지도를 강조하여 서술하였다.

또 1979년 판에서 '당사업에서의 새로운 전환'으로 서술한 것을 1991년 판에서 '주체위업계승문제의 빛나는 해결. 당사업의 획기적 발전'으로 서술한 것이 의미있는 변화라고 할 수 있다. 1991년 판의 서술은 1979년 판과는 달리 김정일의 후계 등장과 김정일의 당사업에서의 주도적 역할을 확실하게 강조한 것이라고 할 수 있다. 이상의 제목만으로 보아도 1991년 판의 특징은 김정일의 역할을 부각하는 측면이 있다.

같은 의미로 볼 수 있는 것인지 아니면 1991년의 시대적 상황―소련과 동구사회주의국가의 붕괴―에 따른 것인지 명쾌하지는 않지만, 1991년 판에선 김일성의 이름이 1979년 판에 비하여 크게 감소된 점도 중요한 변화의 하나로 들 수 있다.

단적인 예로 1979년 판에는 1953년 이후 1970년대까지의 시기만 정리하여도 목차에서만 김일성의 이름이 20회가 적시된 반면 1991년 판에는 김일성의 이름이 1회, 김정일의 이름이 1회 적시되어 있다. 결국 목차의 제목만으로 추정을 하면 조선로동당의 역사 서술에서 김일성에 대한 부각을 상대적으로 약화시키고, 1970년대부터는 김정일에 대한 서술을 부각시키려는 의도가 있음을 알 수 있다.

이러한 김일성에 대한 구체적인 명시의 축소는 본문 속에서도 뚜렷이 나타난다. 본문 서술 속에서 김일성을 주어로 서술하던 많은 부분이 당이나 당 중앙위원회 전원회의 등으로 변경되었다. 하지만 김일성에 대한 거명의 축소가 조선로동당 역사 속에서 김일성의 역할을 축소하는 의미는 아니다. 그동안 김일성에 대해 과도하게 서술되었던 부분을 조금 완화시켰다는 정도로 볼 수 있다.

1979년 판과 1991년 판의 시기구분과 목차, 서술 내용은 기본적으로 상당히 유사하다. 하지만 1991년 판에는 1979년 판에 비하여 중언부언하거나 김일성의 교시를 부각시킨 부분, 김일성의 위대성을 칭송하는 불필요하고 과도한 서술들이 상당량 삭제된 특징을 가지고 있다. 각 시기별로 구체적인 소제목들을 정리하면 다음과 같다.

보론 | 조선로동당의 당역사 서술 변화　519

(1) 1953년 7월~1960년

1953년 7월부터 1960년까지의 목차는 1979년 판과 1991년 판이 거의 유사하다. 당중앙위원회 6차 전원회의에서부터 시작되는 이 시기는 전후 인민경제 복구발전과 사회주의 기초 건설을 위한 조선로동당의 투쟁과 '종파의 청산'에 중점을 두고 서술되었다. 중요한 내용은 생산관계의 사회주의적 개조, 조선로동당 제3차 대회, 1956년 '8월 전원회의'('8월 종파사건'), 조선로동당 대표자대회, 사회주의하에서의 계속혁명에 관한 김일성의 이론, 천리마운동, 청산리방법 등이 주된 서술 내용이다.

1991년 판에는 제11절에 '수정주의를 반대하며 사회주의나라들과 국제공산주의운동의 단결을 강화하기 위한 투쟁'이 추가되었다. 이 부분에 관한 서술은 1991년의 시점에서 상당한 강조의 의미를 가졌던 것으로 보인다. 마치 1953년 스탈린 사망 이후 수정주의 물결이 대두하여 김일성 정권에게 위협이 된 것과 같은 상황이 1990년을 전후하여 전개되었기 때문이다. 따라서 이 시기에 있었던 '수정주의'와 '종파'사건에 대한 명확한 정리를 필요로 했던 것으로 예상할 수 있다.

(2) 1961년~1970년

이 시기도 1979년 판과 1991년 판의 목차는 대체로 비슷하다. 이 시기는 조선로동당 제4차 대회에서 서술이 시작되어 대안의 사업체계, 당사업에서 청산리정신과 청산리방법의 구현, 경제건설과 국방건설의 병진, 사회주의 농촌건설, 1966년 조선로동당 대표자대회, 당의 유일사상체계 확립 등이 주로 서술되었다.

1979년 판에서 '당사업에서 행정식 방법을 극복하기 위한 투쟁'으로 서술되었던 것이 1991년 판에는 '당사업에서 청산리정신, 청산리방법을 철저히 구현하기 위한 투쟁'으로 서술되었다. 김일성의 「자본주의로부터 사회주의에로의 과도기와 프롤레타리아독재 문제에 대하여」와 「사회주의경제의 몇 가지 리론문제에 대하여」가 2개의 절로 서술되어 있던 것이

1991년 판에는 1개의 절로 정리되었다. 반면에 조선로동당 대표자대회와 같은 절에서 서술되었던 '국제적인 반제반미공동투쟁을 강화하며 세계혁명을 추진시키기 위한 당의 활동'이 독립된 절로 확대 서술된 것도 변화라고 할 수 있다.

(3) 1971년~1980년

이 시기는 1979년 판과 1991년 판에서 변화가 가장 많은 부분이다. 이 부분부터 김정일의 이름이 목차에 등장하며, 1974년에 김일성의 후계자로 등장한 김정일에 대한 서술이 강조되어 있다. 1991년 판은 이 시기부터 김정일을 중심에 놓고 서술한다는 점에서 1979년 판과 근본적인 차이가 있다.

이 시기는 조선로동당 제5차 대회에서 서술을 시작하여 3대기술혁명, 사회주의헌법의 채택, 3대혁명과 3대혁명소조운동, 전당의 주체사상화를 위한 투쟁, 6개년 계획의 완수, 조국통일 3대원칙과 5대방침 등이 주된 서술 내용이다.

1979년 판과는 몇 가지 점에서 차이가 있는데, 1991년 판 3절에서 '정치적 수령의 후계자문제의 빛나는 해결. 친애하는 지도자 김정일 동지께서 온 사회의 주체사상화 강령 선포'가 추가된 것이 가장 큰 변화이다. 이어서 4절에 '전당의 주체사상화를 위한 투쟁. 당사업에서의 새로운 전환'과 5절 '혁명전통을 대를 이어 계승발전시키기 위한 투쟁. 항일유격대식 사업기풍, 학습기풍, 생활기풍의 전면적 확립'이 수정 첨가되었다. 이 절들은 모두 김정일의 행적과 밀접한 관련이 있다는 점에서 1991년 판 변화의 의미를 보여준다.

이 외에도 '3대혁명 붉은기 쟁취운동', '제2차 7개년 계획수행을 위한 투쟁. 숨은 영웅들의 모범을 따라 배우는 운동'에 관한 서술이 목차에 추가되었다. 그리고 1979년 판에서 시기적인 이유로 서술하지 못했던 '광주인민봉기'에 대해서도 서술하고 있다.

(4) 1981년~1990년

이 시기 서술은 1991년 판에서 처음 시작되었다. 1980년의 조선로동당 제6차 대회에서 서술이 시작되어 '80년대 속도 창조운동', '친애하는 지도자 김정일동지의 고전적 로작『주체사상에 대하여』. 주체사상의 심화발전', '인민정권의 기능과 역할의 제고. 주체의 사회주의 경제관리체계를 철저히 옹호관철하기 위한 투쟁', '주체위업계승의 요구에 맞게 당의 기초를 튼튼히 다지기 위한 투쟁', '위대한 수령 김일성동지의 고전적로작『조선로동당 건설의 력사적 경험』. 주체의 당건설리론을 구현하기 위한 투쟁의 강화', '제3차 7개년 계획의 성과적 추진', '조성된 정세의 요구에 맞게 사회주의제도를 옹호고수하며 당을 더욱 강화하기 위한 투쟁', '고려민주련방공화국창립방안을 실현하기 위한 당의 활동' 등이 주된 서술 내용이다.

3. 각 시기별 서술의 주요 변화

1) 1953년 7월~1960년

(1) 전후 경제복구

6·25 전쟁 직후인 1953년 8월 전원회의에서 김일성은 경제복구의 기본 노선을 중공업의 선차적 복구발전을 보장하면서 경공업과 농업을 동시에 발전시키는 방향으로 정했다. 그리고 이 방향이 경제토대를 튼튼히 할 수 있고 인민생활도 빨리 개선할 수 있다고 주장하였다.[3] 이 노선은 이후 북한 경제 재건의 기본 방향이 되었는데, 이에 대하여 1979년 판에는 "불멸의 주체사상을 구현한 독창적인 로선으로서 자본주의나라들에

---

3)『김일성저작집』8권, 조선로동당출판사, 18쪽.

서와 같이 경공업을 먼저 발전시켜 자금을 축적한 다음 중공업을 건설하 거나 또 일부 사회주의나라에서처럼 일정한 기간 중공업을 먼저 건설한 다음 경공업을 발전시킨 경제건설경험과는 전혀 다른 새로운 길을 밝힌 경제건설로선이었다"고 평가되었다.[4]

이 평가는 기본적으로 1991년 판에도 계속된다. 하지만 1991년 판에는 자본주의국가와 사회주의국가에 대한 지칭이 삭제되었고, 1979년 판에 서술된 "이 경제건설로선만이 전후복구건설을 성과적으로 보장하는 유일하게 정확한 노선이었다"는 평가가 삭제되었다. 이 부분의 삭제는 ―단정할 수는 없지만― 1991년 판이 출간된 시점의 북한 경제 상황을 감안하여 보면, 6·25전쟁 이후 약 30여 년간 계속되어 온 북한의 전후 경제복구 노선에 대한 평가가 부분적으로 수정된 의미가 있다.

즉 1991년 판의 서술대로 "독창적인 경제건설로선"[5]이었지만, '유일하게 정확한 노선'이었다고 고집하지 않는 쪽으로 해석의 변화가 있다고 생각할 수 있다. 이 부분은 '반당종파분자들'이 중공업 우선정책에 대한 당의 방침을 반대한 것을 '반혁명적 책동'[6]이라고 한 1979년 판의 서술이 1991년 판에는 '반혁명적 견해'[7]라고 수정된 것과 관련이 있을 수 있다.

1979년 판에 서술된 경제복구 과정에서 사상사업을 강화할 데 대한 부분에서 "신해방지구사업에 대해서도 세세히 가르치시였다"와 "당의 통일단결을 좀먹는 그 어떤 경향도 철저히 분쇄하여야 한다"는 부분[8]이 1991년 판에는 삭제되었다. 이러한 1991년 판의 서술 방식은 6·25전쟁 후 존재하였던 북한 내의 '비통일적인 요소'들의 존재에 대한 서술을 삭제하는

---

4) 『조선로동당략사』, 25쪽(여기에 적은 쪽수는 국내에서 출판된 『조선노동당략사』 2권, 돌베개, 1989에 따른 것임. 이하 동일함).
5) 『조선로동당력사』, 322쪽.
6) 『조선로동당략사』, 31쪽.
7) 『조선로동당력사』, 326쪽.
8) 『조선로동당략사』, 27쪽.

것을 의미하는 것이다. 반면에 1991년 판에는 전후 복구과정에서 "당과 국가의 우수한 일꾼들을 경제건설부문에 파견하였으며 수많은 군인들을 제대시켜 인민경제 여러 부분에 보내였다"고 추가 서술되어 있다.

이상과 같은 서술의 변화는 북한 사회 내부의 통일적인 안정성을 강조하고 이러한 안정성이 이룩된 것을 실제보다 이른 시기로 확정하고자 하는 것이다. 또 1991년 당시 북한 경제가 처한 어려움을 극복하는 한 방법으로 6·25전쟁 이후의 사례를 서술하고 있는 것으로 보인다.

전체적으로 볼 때, 전후 경제복구에 관련된 서술은 경공업의 부진으로 인하여 인민 생활이 어려웠던 1991년 경제 상황에 대한 반성적 평가가 영향을 주었다고 추정된다. 이상에서 제시된 경우 외에도 1971년 판에 서술되었던 김일성의 교시 2개가 삭제되었고, 경제사업에서의 당의 조직 정치사업, 근로 대중의 열의와 창발성 발양, 전후 복구 건설에 관한 구체적 지시 등 주로 경제관련 내용이 약 2쪽 정도 삭제되었다.

(2) 생산관계의 사회주의적 개조

1991년 판에는 1979년 판에 비해 '부정적 현상'에 대한 서술이 많이 삭제된 것이 중요한 변화이다.

'북반부에서만의 사회주의 추진에 대한 종파분자들의 반대'[9]가 삭제되었고, 전후시기의 계급 역량, 농민 처지와 사상상태로 보아 농업협동화에 유리한 때로 보고, "이런 유리한 때를 놓치고 농업협동화의 시기를 늦잡는다면 농업협동화사업이 오히려 큰 난관에 부닥칠 수 있었다"[10]는 서술도 삭제되었다.

또 "농민들의 토지와 농기구를 단순히 통합한 공동경리에서도 개별적 소농경리에서는 이룩할 수 없는 경리의 개선을 가져올 수 있으며 로동생

---

9) 『조선로동당략사』, 33쪽.
10) 『조선로동당략사』, 37쪽.

산능률을 몇 배로 높일 수 있다"11)는 부분도 삭제되었다. 이 부분이 삭제된 것은 1991년 시점에서 굳이 '토지와 농기구를 단순히 통합한 공동경리'와 같은 '협동화의 초보적 단계'에 대한 긍정적 서술을 할 필요가 없었기 때문이다.

농업협동화 문제에 대한 1991년 판 서술의 중요한 차이는 농업협동화에 대한 서술이 1979년 판에 비하여 분량적으로 약 1/3이 삭제된 점이다. 1979년 판에 서술된 중농과 부농에 대한 구체적 계급정책, 농업협동조합의 규모와 관련된 지도 방침, 조합간부의 배치와 조합원들에 대한 교양사업, 농업협동조합에 대한 국가의 물질적 지원, 농업협동화 후의 농업생산의 증가와 농민들의 생활 향상에 관한 통계 서술 등이 삭제되었다.

전체적으로 볼 때 1991년 판에는 농업협동화에 대한 서술이 간략해졌고, '자원성의 원칙'을 부정하는 것은 전혀 아니지만, 1979년 판에 비해 농업협동화 추진과정에서 조선로동당의 지도적 역할이 보다 강조된 것으로 이해할 수 있다.12)

이상과 같은 1991년 판의 서술이 갖는 의미는 농업협동화의 성과에 대한 통계 서술을 삭제한 것에서 실마리를 읽을 수도 있다는 생각이다. 북한 정권이 자랑해 왔던 농업협동화가 농업정책 실패의 원인으로 지목되는 현실이 서술의 축소로 이어진 것이 아닌가 하는 생각이다. 1991년 판의 개인상공업의 사회주의적 개조에 대한 서술에서 1979년 판에 서술되었던 "전후 자본주의적 상공업자들을 사회주의의 길로 이끄는 것은 우리 사회주의혁명의 요구일 뿐만 아니라 그들의 처지로부터 흘러나온 객관적 필연성이었다"13)를 삭제한 것도 이와 관련이 있어 보인다.

---

11) 『조선로동당략사』, 37쪽.
12) "농업협동화에서 자원성의 원칙을 지킨다는 것은 결코 이 운동을 자연발생성에 내맡긴다는 것을 의미하지는 않았다. 그것은 농민대중 속에서 사상교양과 실물교육을 적극적으로 진행하면서 그들로 하여금 자각적으로 농업협동화의 길에 나서도록 하는 것이였다"(『조선로동당력사』, 331쪽).

(3) 1950년대 당원 문제와 사상사업에서의 주체 문제

1979년 판에는 1950년대 당원들의 사상에 대한 부정적 서술이 상당히 자세하게 서술되어 있다. 6·25전쟁 후의 북한 로동계급은 아직 청소(靑少)하고 농민이나 소시민 출신이 많은 비중을 차지하고 있었다. 이로 인하여 노동계급 안에는 여러 가지 뒤떨어진 사상이 들어오게 되었고, 생활이 높아짐에 따라 착취와 압박에 시달리던 지난날의 처지를 잊어버리는 현상들이 나타났다[14]고 한다. 그렇기 때문에 당원과 근로자들에 대한 계급교양 사업을 결정적으로 강화해야 할 필요가 있었다고 한다. 그런데 1991년 판에는 1979년 판에서 구체적으로 서술된 당원들의 사상문제가 대부분 삭제되었다.[15]

1979년 판에는 관료주의를 없애기 위한 구체적 방도와 김일성의 혁명 역사가 장황하게 강조된 데 비하여 1991년 판에는 상당히 간략하게 서술되어 있다. 반면에 1991년 판에는 1956년 2월 당중앙위원회 상무위원회에서 당사상사업의 내용과 형식을 전면적으로 개편하여 당원들과 근로자들을 조선로동당의 주체사상으로 튼튼히 무장시키기 위한 적극적인 대책을 세웠다[16]는 부분이 첨가되어 1955년이 주체를 세우기 위한 역사적 전환점이 되었다는 주장이 보완되고 있다.

(4) 당중앙위원회 1956년 8월 전원회의('8월 종파사건')

1991년 판에는 '8월 종파사건'과 관련된 1979년 판 서술의 약 1/3이 삭제되었다. 1979년 판에 서술되었던 '8월 종파사건'의 구체적인 진행 과정과 최창익·박창옥 등 관련자에 대한 비난도 간략하게 축소되었다. 또한 이들이 주장했다는 '반당반혁명적'인 내용들에 대해서도 간략하게 서술

---

13) 『조선로동당략사』, 45쪽.
14) 『조선로동당략사』, 47쪽.
15) 『조선로동당략사』, 47쪽.
16) 『조선로동당력사』, 341쪽.

되고 있다.17)

1979년 판에 서술되었던 '수정주의'와 '프롤레타리아독재'에 대한 김일성의 장황한 교시도 1991년 판에는 간략히 서술되었다.

(5) 3개년 인민경제 계획의 성과

1991년 판에는 1979년 판에서 서술되었던 3개년 인민경제 계획의 성과가 간략하게 서술되고 있다. 1979년 판에는 "3개년 인민경제 계획이 1956년 연말까지는 122%로 넘쳐 수행되었다. 1956년에 공업총생산액은 1953년에 비하여 2.8배로 올라갔고 1949년 수준을 1.8배로 뛰어 넘었고" "공업생산에서 사회주의적 성분의 몫은 98%에 이르렀으며 농업협동화에서 결정적 승리가 이루어졌다"18)고 서술된 반면, 1991년 판에는 "1956년에 이르러 공업 총생산액은 1949년에 비하여 1.8배로 높아졌으며"19)라고 간략하게 서술되고 있다.

또 1979년 판에 서술된 1957년 한해 동안 공업운수부문에서 있었던 창의고안, 합리화 안이 14,000건을 넘었다20)는 내용과 5개년 계획의 첫해 과업의 승리적 완수로 "도시와 농촌의 면모는 날로 새로워지고 인민생활이 또한 빨리 향상되어 갔다"21)는 내용도 1991년 판에는 삭제되었다. 이러한 내용들이 삭제된 것은 1991년 판에서 대체로 경제문제에 대한 서술이 간략해진 경향과 관련이 있지만, 1991년의 북한 경제 실정이 서술에 상당한 영향을 미친 것으로 추정해 볼 수 있다.

북한정권은 50여 년 동안 매시기마다 경제적 성과가 크게 이루어졌다

---

17) 1979년 판에는 최창익 등의 통일전선에 기초한 상태에서의 프롤레타리아독재 정권 문제, 인권옹호, 사회주의건설성과에 대한 비난이 서술되어 있다(『조선로동당략사』, 67~68쪽).
18) 『조선로동당략사』, 76쪽.
19) 『조선로동당력사』, 352쪽.
20) 『조선로동당략사』, 80쪽.
21) 『조선로동당략사』, 80쪽.

는 서술을 반복하였지만, 1991년의 경제위기상황에서 조선로동당은 그동안의 경제적 성과에 대한 서술에 부담을 느끼게 된 것으로 보인다.

(6) 생산관계의 사회주의적 개조 완성

1991년 판에는 1979년 판에 서술되었던 농업협동화 과정에서의 '반혁명분자들의 반항'과 '반혁명분자들에 대한 전군중적 투쟁', '농업협동조합 통합 사업의 복잡성', '농업협동화의 완성으로 인한 농촌의 착취 소멸과 행복하게 잘사는 사회주의 농촌으로의 전변' 등이 삭제되었다.22)

그리고 개인상공업의 사회주의적 개조에 첨예한 계급투쟁이 동반되었다는 서술도 삭제되었다.23) 결론적으로 1991년 판은 1979년 판에 서술되었던 북한 사회 내부의 갈등과 투쟁이 대체로 삭제 서술된 특징을 가지고 있다.

1991년 판에는 사회주의하에서의 계속혁명에 대한 '김일성의 독창적인 리론'에 대해서도 1979년 판에 비하여 상당히 간략하게 서술되었다.

(7) 기계공업발전과 중소규모 지방공업발전 문제

1979년 판에는 1958년에 김일성의 지시에 따라 자동차와 트랙터를 만들었던 경험에 대해 자세히 서술되어 있다. 이때 김일성의 지시를 받은 노동계급은 자력갱생의 혁명정신을 발휘하여 설계 도면이나 전문설비도 제대로 갖추지 못한 상태에서 트랙터와 자동차를 분해하여 도면을 하나하나 그려가면서 부속품을 깎아내어 자동차와 트랙터를 생산했다24)고 한다.

1991년 판에는 1979년 판의 트랙터와 자동차 생산과정이 간략하게 서술되고 있으며, "기술이 락후한 조건에서 뜨락또르와 자동차의 생산은

---
22) 『조선로동당략사』, 85~86쪽.
23) 『조선로동당략사』, 87쪽.
24) 『조선로동당략사』, 96쪽.

아직 이르다느니, 수지가 맞지 않으므로 수입해서 쓰는 것이 낫다느니"25)하면서 반대했다는 의견도 삭제되어 있다. 이 부분의 삭제는 1990년대에 북한의 경제 운용에서 자력갱생의 논리가 변화한 것과 일련의 상관관계를 가질 수 있다. 같은 맥락에서 1979년 판의 공작기계새끼치기운동이 "기계제작공업의 토대를 빨리 늘림으로써 인민경제의 기술적 장비를 전면적으로 강화할 수 있게 하였다"26)는 서술의 삭제도 이해될 수 있다.

지방공업의 발전문제에 대해 1979년 판에는 중소규모 지방공업발전의 성과에 따라 인민들의 소비품 수요가 충족되었고, 도시와 농촌의 차이를 점차적으로 없애는 역사적 과업이 더 잘 풀려나가게 되었다고 서술되었다. 또 지방공업의 발전이 가지는 국방상의 의의와 김일성의 독창적인 경공업건설방침이라고 평가되었다.27) 그런데 1991년 판에는 지방산업공장의 증가가 강조되었을 뿐이다. 따라서 1991년 시점에서 본 지방공업발전에 대한 평가는 1979년과 일정한 차이점이 생긴 것이 아닌가 하는 추정을 하게 된다.

(8) 청산리방법

1991년 판에는 1979년 판과는 '당사업의 기본'에 대한 서술의 중심이 다르다. 1979년 판에는 "당사업은 사람들과의 사업입니다"라는 김일성의 교시가 말 그대로 서술되고, '민주주의 중앙집권적 규율', '당생활', '간부사업', '당사상교양의 방법'이 서술되어 있다. 반면에 1991년 판에는 "당사업은 사람들과의 사업입니다"라는 김일성의 교시가 "사람과의 사업은 사람의 사상과의 사업이다"28)라고 강조하여 설명되어 있다. 이것은 1979년

---

25) 『조선로동당략사』, 96쪽.
26) 『조선로동당략사』, 97쪽.
27) 『조선로동당략사』, 100쪽.
28) 『조선로동당력사』, 372쪽.

판과 상당한 차이를 가지는 것으로 사상사업을 강조하는 김정일의 논리가 강조된 것으로 이해할 수 있다.

1991년 판에는 청산리방법이 나오게 되는 과정이 1979년 판보다 추가 설명되어 청산리방법이 만들어지는 과정의 합리성이 보충 설명되고 있다.29) 하지만 1979년 판에 서술된 '복잡한 계층'과의 사업30)에 대한 서술이 삭제되었다. '복잡한 계층'과 관련된 서술이 삭제된 것은 1991년 판에서 전체적으로 '부정적 요소'에 대한 서술이 회피되고 있는 것과 관련이 있어 보인다.

(9) 남한 문제

1991년 판에서 보이는 특징은 1979년 판에 비하여 남한에 대한 비난이 간략해진 것을 들 수 있다. 1979년 판의 '남한의 정치와 경제가 초보적인 인권도 허용하지 않고, 수십만의 어린이들이 굶주리며 거리를 헤매고 있다'31)는 구체적인 서술들이 삭제되었다.

1991년 판에는 '조봉암을 학살하는 야수적 만행을 감행'32)하였다는 진보당 관련 서술이 추가되어 있으나, 사회대중당의 활동에 대한 서술은 간략하게 삭제되었다.33)

(10) 수정주의 문제

1991년 판에는 한 개의 절이 추가되어 수정주의 문제가 서술되고 있다. 여기에서는 반수정주의 투쟁을 강조하면서, 김일성의 사회주의국가들과의 단결을 위한 활동이 부각되어 있다.

---

29) 『조선로동당력사』, 374~375쪽.
30) 『조선로동당략사』, 121쪽.
31) 『조선로동당략사』, 124~125쪽.
32) 『조선로동당력사』, 380쪽.
33) 『조선로동당략사』, 130쪽.

2) 1961년~1970년

(1) 조선로동당 제4차 대회

조선로동당 제4차 대회에 관한 1991년 판 서술은 구체적인 부분에서 여러 가지 차이가 있다. 1979년 판에는 제4차 당대회에서 "사회주의 혁명과 사회주의 건설에서 빛나는 성과가 이룩되어 선진적인 사회주의제도가 확립되고 지난날 뒤떨어진 식민지농업국가였던 우리나라가 자립적 민족경제의 토대를 가진 사회주의공업농업국가로 전변"[34]되었다고 김일성이 보고한 것으로 서술되었으나, 1991년 판에는 이 부분이 삭제되었다.

또 1979년 판에 서술되었던 '7개년 계획기간의 국민소득의 증가 목표, 노동자와 농민의 수입, 무료교육, 무상치료, 유급 휴양제 등에 대해 제시한 과업'[35], '당창건 이후의 파벌과 종파 청산'[36]에 관한 구체적 내용이 1991년 판에는 삭제되었다. 조선로동당 제4차 대회에 관한 1991년 판 서술의 변화는 제4차 당대회 전후의 경제적 성과에 대한 구체적 서술이 없어졌다는 점이 특징이다.

(2) 당중앙위원회 제4기 제5차 전원회의(1962년 12월) 전후의 경제사정

당중앙위원회 제4기 제5차 전원회의는 경제건설과 국방건설을 병진시킬 데 대한 방침이 제시된 시점이다. 이 시기를 전후한 시점에 대해 1991년 판에서는 7개년 계획 2년 동안 "공업과 농업 생산이 높은 속도로 장성하고, 그 결과 자립적 민족경제의 토대가 더욱 강화되고 인민생활을 획기적으로 높일 수 있는 넓은 전망이 열려 졌다"[37]는 선전적 서술과 국방

---

34) 『조선로동당략사』, 139쪽.
35) 『조선로동당략사』, 142쪽.
36) 『조선로동당략사』, 144쪽.
37) 『조선로동당략사』, 161쪽.

력 강화로 인하여 경제발전과 인민생활에 큰 부담이 되었다[38]는 내용이 삭제되었다. 더불어 1991년 판에는 1979년 판에 비하여 중공업에 대한 서술의 비중이 축소되어 상대적으로 경공업과 인민생활 향상과 관련된 서술의 비중이 증대되었다.

(3) '우리나라 사회주의농촌문제에 관한 테제'(1964년 2월 당중앙위원회 제4기 8차 전원회의) 발표 이후 농촌 문제

1991년 판에는 1979년 판에 서술된 사회주의농촌건설 문제에 대해 김일성이 "수많은 새로운 이론실천적 문제들을 하나하나 해결해 왔다"[39]는 식의 김일성에 대한 찬양 서술이나 교시가 일부 삭제되었다. 또 "테제가 발표된 1964년 한해 동안만 하여도 논관개면적이 새로 6만여 정보나 더 늘어나고 2,400대의 뜨락또르와 화물자동차를 비롯한 수많은 농기계들이 농촌에 공급되었으며 전체 농촌리의 95.5%와 전체 농가 수의 81%에 전기가 들어갔다. 그리하여 농업생산이 끊임없이 늘어나고 협동농장들이 조직정치적으로뿐만 아니라 물질적으로 빨리 공고발전되어 갔으며 모든 농촌들이 더욱 문화적으로 꾸려지고 농민들의 사상정신적 풍모와 일본새가 날을 따라 개변되여갔다"[40]는 긍정적 서술도 삭제되었다.

(4) 당중앙위원회 제4기 제10차 전원회의(1964년) 결론

1964년 당중앙위원회 제4기 제10차 전원회의에서 김일성은 '지도일꾼들의 당성, 계급성, 인민성을 높이며 인민경제의 관리운영사업을 개선할 데 대하여' 결론하였다. 1991년 판의 이 부분에 대한 서술은 1979년 판의 약 절반으로 축소되었다.

1979년 판에는 이 시기에 일부 지도일꾼들이 낡은 식으로 사업을 하고

---

38) 『조선로동당략사』, 164쪽.
39) 『조선로동당략사』, 168쪽.
40) 『조선로동당략사』, 177쪽.

있었다며, 특히 간부들의 당성, 노동계급성, 인민성을 높이기 위한 투쟁의 강화가 서술되어 있다.[41] 또 사상 단련을 위해 당조직생활이 강조되었고, 기술실무사업을 담당하는 경제지도 일꾼들에게도 정치사업을 하도록 지시[42]한 내용이 서술되어 있다.

1979년 판에는 당중앙위원회 제4기 제10차 전원회의와 관련된 이상의 서술 외에도 "위대한 수령님께서 이미 기술혁명과 로동행정사업에 관한 당의 방침을 뚜렷이 밝혀 주시였음에도 불구하고 일부 경제지도 일꾼들이 당의 정책적 요구를 관철하려는 립장과 태도, 당성, 로동계급성, 인민성이 부족한 데로부터 이 분야에서도 일련의 심중한 결함을 나타내고 있었다"[43]고 서술되어 있다. 이상의 내용 대부분은 당시 북한경제 관리의 문제점에 관련된 부분들로서 1991년 판에는 삭제되어 있다.

1979년 판에서 전원회의 후에 "성 및 중앙기관 당조직들을 비롯한 각급 당조직들에서는 일꾼들의 사상관점문제와 지도방법문제를 풀기 위한 날카로운 사상투쟁이 벌어졌다"는 서술이 1991년 판에는 "일꾼들의 당성, 로동계급성, 인민성을 높이며 사업방법과 사업작풍을 개선하기 위한 투쟁을 힘있게 벌리였다"[44]라고 수정되었다. 1991년 판의 수정을 통해 볼 때, 1964년 제4기 제10차 전원회의 후의 상황이 상당히 심각했음을 느끼게 해준다.

(5) 당중앙위원회 제4기 제15차 전원회의(1967년)

1967년 당중앙위원회 제4기 제15차 전원회의는 유일사상체계 확립과 관련하여 당중앙위원회 비서국 비서인 박금철, 이효순 등의 갑산계가 숙청된 회의이다. 이들은 당중앙위원회 제4기 제15차 전원회의에서 혹독한

---

41) 『조선로동당략사』, 187쪽.
42) 『조선로동당략사』, 188~189쪽.
43) 『조선로동당략사』, 193쪽.
44) 『조선로동당력사』, 422쪽.

비판을 받고 숙청되었는데, 1991년 판에는 이 회의를 '전당을 수령님의 혁명사상, 주체사상으로 일색화 하는 데서 결정적인 전환의 계기'[45]로 규정되어 있다. 이들의 숙청과정에 김정일이 중요한 역할을 한 것으로 확인되고 있다는 점에서 이 회의에 대한 의미 부여가 김정일과 관련이 있는 것으로 볼 수 있다.

이 사건에 대해 1979년 판과 1991년 판에 모두 '당안에 숨어있던 부르죠아 및 수정주의분자'들과 일부 당원들의 맹종맹동에 대한 강한 비판이 서술되어 있다. 하지만 1979년 판에 "이자들은 남조선혁명과 조국통일 문제에서도 우리 당의 원칙적 립장에서 벗어나 우경적·수정주의적 궤변을 늘어놓으면서 큰 해독을 끼치였다", "이자들은 또한 자본주의적인 생활양식을 류포시킴으로써 사회주의적 생활양식을 튼튼히 세우기 위한 우리 인민의 투쟁을 저애 하였으며 특히 혁명의 시련을 겪어보지 못한 청년들을 타락시키려고 하였다"[46]고 서술된 '남조선혁명'과 '자본주의적 생활양식' 관련 부분이 1991년 판에는 삭제되어 있다.

1991년 판에는 1979년 판에 서술된 '혁명투쟁에서 차지하는 수령의 역할'과 '유일사상체계 확립'과 관련된 서술이 간략화되면서, 1980년대에 정리된 주체사상의 개념으로 '뇌수'인 수령의 역할이 재정리되어 있다.

1991년 판에는 김일성의 1964년 조선예술영화촬영소 방문이 추가되었고, "위대한 수령님과 당중앙의 현명한 령도에 의하여 우리의 사회주의 문학예술은 참말로 당적이고 혁명적이며 인민적인 문학예술로 급속히 발전하고 근로자들을 혁명화, 로동계급화하는 사업에 더 잘 복무하게 되였다"[47]고 서술되어 있다.

1991년 판 수정의 특징은 박금철, 이효순에 대한 일부 비판을 삭제하고, 새로 정리된 주체사상의 개념이 활용되고 있으며, 당중앙(김정일)의

---

45) 『조선로동당력사』, 432쪽. 1979년 판에는 새로운 획기적 계기로 표현됨.
46) 『조선로동당략사』, 217쪽.
47) 『조선로동당력사』, 436쪽.

문학예술 관련 활동이 추가되어 있다는 점이다.

(6) 1차 7개년 계획의 완수

북한은 제1차 5개년 계획(1957~1960)에서 상당한 성과를 거두고, 1961년부터 1967년까지 제1차 7개년 계획을 추진하였다. 그러나 1차 7개년 계획은 중소갈등, 국방비 증가와 같은 북한 내외의 여러 가지 여건의 변화에 따라 상당한 어려움을 겪었다. 경제성장률과 노동생산성 증가율이 둔화되었고, 1960년대 후반에는 마이너스 성장이 나타나기도 하였다. 결국 제1차 7개년 계획은 3년간 연장되어야 했다.

이 문제에 대해 1979년 판에는 1차 7개년 계획에 대해 전력공업, 채취공업, 야금공업, 기계제작공업, 화학공업, 경공업, 철도운수사업 등 각 부문별로 성과가 서술되었다.[48] 그러나 1991년 판에는 성과에 대한 자세한 서술이 모두 삭제되었고, 생산수단생산과 소비재생산 증가에 관한 통계도 삭제되어 있다. 반면에 교육사업의 성과는 확대 서술되어 있다.[49]

이상과 같은 1991년 판의 수정은 1차 7개년 계획의 성과에 대한 평가가 1979년 서술 당시와는 달라졌을 가능성이 있음을 의미한다.

(7) 통일혁명당의 창건

1991년 판은 1979년 판에 서술된 남한에 대한 많은 비난이 삭제되었다. 1979년 판의 "군사정변 후 석달 동안에만도 10만여 명의 애국적 인민들을 체포, 투옥, 학살", "남조선의 민족공업은 더욱더 파산되고 농촌 경리는 황폐화", "박정희역도와 같은 극악한 매국적 군사깡패들이 이를 등에 업고 날뛰고 있는 조건에서 혁명역량을 빨리 강화하여 결정적인 투쟁을 벌리지 않는 한 미제를 몰아낼 수 없으며 혁명의 승리를 이룩할 수

---

48) 『조선로동당략사』, 247~250쪽.
49) 『조선로동당력사』, 445쪽.

없는 것", "혁명에 동원될 수 있는 기본계급과 그 속에 깊이 뿌리박은 맑스-레닌주의당"50) 등의 서술이 삭제되었다.

반면에 1991년 판에는 통일혁명당의 외곽단체로서 '민족해방전선', '조국해방전선'과 같은 비합법적 조직이 명기되었고, 1979년 판에 "통일혁명당의 창건에 의하여 남조선혁명운동은 새로운 단계로 발전하게 되었다"51)고 서술된 것이 "통일혁명당의 창건은 남조선인민들의 반미구국투쟁에서 획기적 의의를 가지는 력사적 사변이었다"52)로 수정되어 있다. 또 1991년 판에는 "통일혁명당이 창건됨으로써 남조선에서 혁명적 당을 건설할 데 대한 위대한 수령 김일성동지의 방침이 빛나게 실현되었다"53)는 서술이 삭제되어 있다.

이상과 같은 1991년 판 서술의 변화는 1990년대 이후 남북관계의 변화, 남한의 경제적 발전, 통일혁명당 활동의 실패에 원인이 있는 것으로 보인다.

3) 1971년~1980년

(1) 조선로동당 제5차 대회

1970년에 진행된 조선로동당 제5차 대회는 사회주의헌법의 채택과 김정일이 후계자로 등장하는 시대를 여는 의미를 가지고 있다. 조선로동당 제5차 대회에 관한 서술은 1979년 판에는 13쪽에 가까운 분량이었으나 1991년 판에는 5쪽에 가까운 분량으로 내용이 간략화되었다.

'국방력 강화', '인민생활 향상 문제', '사상 혁명화 투쟁' 등의 반복 서술이 간략화 되었는데, 특히 1차 "7개년 계획 기간에 사회주의공업화와 인

---

50) 『조선로동당략사』, 252~255쪽.
51) 『조선로동당략사』, 260쪽.
52) 『조선로동당력사』, 451쪽.
53) 『조선로동당략사』, 260쪽.

민경제의 전면적 기술개건사업을 힘있게 밀고 나감으로써 사회주의의 물질적 토대를 쌓는 데서 커다란 전진을 가져왔다"[54]는 평가가 삭제되어 있다.

이 외에도 1991년 판에는 1979년 판에 장황하게 서술되었던 '남조선혁명 문제', '미제와의 투쟁문제'가 각각 6줄로 축소되었다.[55] 유일사상체계를 세우기 위한 당사업에 대해서도 간략히 서술되어 있으며, 6개년 계획(1971~1976)의 목표[56]도 삭제되어 있다.

제5차 대회에 대한 평가에서도 "세계의 모든 혁명적 인민들을 끝없이 고무하였으며, 원수들에게 커다란 타격과 공포를 안겨주었다"[57]는 거친 서술이 1991년 판에는 "우리혁명의 구제적 련대성을 강화하기 위한 투쟁에서 새로운 리정표를 제시한 뜻깊은 대회였다"[58]고 순화되어 있다.

(2) '복잡한 계층' 문제와 김일성 60회 생일

1979년 판에 비하여 1991년 판은 대부분의 서술이 간략화되고 있는 것이 기본적인 경향이다. 그런데 1979년 판에 서술된 1970년대의 '복잡한 계층'에 대한 서술은 거의 일치하고 있다.[59] 약 2쪽 가량 서술된 '복잡한 계층' 문제에 대한 서술의 일치는 1991년의 시점에서도 이 문제에 대한 정책적 원칙이 일치하며, '복잡한 계층'의 문제가 아직도 중요한 과제임을 의미한다고 해석할 수 있다.

김일성 60회 생일과 관련해서 1991년 판에는 약 1/3 정도로 간략 서술

---

54) 『조선로동당략사』, 262쪽.
55) 1979년 판에는 각각 2쪽과 1쪽 분량이 서술되었다(『조선로동당략사』, 268~271쪽).
56) 『조선로동당략사』, 273쪽.
57) 『조선로동당략사』, 274쪽.
58) 『조선로동당력사』, 462쪽.
59) 『조선로동당력사』, 464~465쪽.

되어 있다.

(3) 사회주의헌법 제정

1991년 판에는 1979년 판에 서술된 사회주의헌법의 의의에서 남한 사회의 민주화 투쟁에 힘있는 추동력을 주었다[60]는 부분이 삭제되어 있다. 또 1991년 판에는 1979년 판에 서술된 사회주의헌법의 제정 이후 새 헌법에 기초하여 법규범과 규정들을 전면적으로 개정한 사실과 근로자들이 새 법을 철저히 지키도록 교양사업과 법적 통제를 강화한 부분에 대한 서술[61]도 삭제되어 있다.

(4) 후계자 문제

1991년 판과 1979년 판이 크게 다른 부분이 바로 후계자 문제에 대한 서술 항목이 추가된 부분이다. 1991년 판에는 1970년대 서술에서 정치적 수령의 후계자 문제를 통해 무게 중심이 김일성에서 김정일로 이동되어 있다. 1991년 판에는 후계자 문제에 대해 김정일의 출생과 성장과정, 정치적 활동이 서술되고 김정일 후계의 구축이 갖는 '정당성'이 자세하게 서술되어 있다.[62]

1991년 판에 따르면 김정일은 '애국적이며 혁명적인 가정의 혈통', '고결한 공산주의 혁명가의 풍모를 갖추고 성장', '아버지 장군님에 대한 충성과 효성의 한마음', '독창적인 명제와 리론들로 수령님의 혁명사상을 가일층 풍부화', '수령님의 령도방법, 령도작풍을 그대로 체현', '당안에 잠입한 반당수정주의분자들을 폭로 분쇄'하였다고 한다. "그리하여 친애하는 김정일동지의 현명한 령도를 높이 받들어 나갈 때만이 주체의 혁명위업을 성과적으로 완성해 나갈 수 있고, 조국의 무궁한 번영과 민족의

---

[60] 『조선로동당략사』, 284쪽.
[61] 『조선로동당략사』, 284~286쪽.
[62] 『조선로동당력사』, 470~473쪽.

영원한 행복을 담보할 수 있다는 신념을 지니게 되었으며"[63] 끝없이 존경하고 받들어 모시게 되었다고 서술되어 있다.

각급 당조직과 전국 각지 당원들과 근로자들이 김정일을 당과 인민의 영도자로 모실 것을 청원서와 편지로 당중앙위원회에 보냈고, 조선로동당은 이러한 간절한 소망을 담아 1973년 9월 당중앙위원회 제5기 제7차 전원회의에서 당중앙위원회 비서로 김정일을 추대하였고, 이어서 1974년 2월에 열린 당중앙위원회 제5기 제8차 전원회의에서 당중앙위원회 정치국 위원으로 추대하고 유일한 후계자로 추대하였다[64]고 1991년 판에는 서술되어 있다.

(5) 온사회의 주체사상화 방침

1979년 판에는 1974년 2월과 7·8월에 전국당선전일꾼강습회와 전국당조직일꾼강습회가 진행되었는데, 이 강습을 통해 조선로동당의 조직사업과 사상사업을 개선·강화하여 온사회의 주체사상화를 힘있게 다그치는 중요한 계기가 되었다[65]고 서술되어 있다. 1991년 판에는 이 부분에 대해 '김정일이 1974년 2월 전국당선전일꾼강습회에서 당사상사업의 기본임무와 과업을 전면적으로 밝히면서 온 사회의 주체사상화를 당의 최고 강령으로 선포하였다'[66]고 서술되어 있다.

(6) 당사업에서의 새로운 전환

1979년 판에는 당사업의 새로운 전환에서 김일성이 중심에 놓여 있다. 김정일은 당중앙으로 표현되고, 당의 유일사상체계를 철저히 세우는 데서 당중앙의 유일적 지도를 강화하는 것이 가장 중요한 요구로 된다[67]고

---

63) 『조선로동당력사』, 472쪽.
64) 『조선로동당력사』, 473쪽.
65) 『조선로동당략사』, 297쪽.
66) 『조선로동당력사』, 474쪽.

하였지만, "당중앙의 유일적 지도를 떠나서는 당안에서 사상의지적 통일을 보장할 수 없으며"[68]라고 김일성의 교시가 인용되고 있다. 당사업의 구체적 방안에 대해서도 김일성의 교시가 체적으로 인용 설명되어 있다.[69]

그러나 1991년 판에는 서술의 중심에 김정일이 위치하고 있다. 김정일의 교시가 김일성의 교시를 대체하고, '김정일의 로작'이 '김일성의 로작'을 대체하고 있다. 1991년 판에는 1979년 판에 비하여 '젊은 사람들을 간부로 대담하게 등용', '간부들과 당원들의 당생활을 정규화, 습성화하고 새로운 당생활총화제도의 우월성 발휘'에 대해 강조되었고, '사회주의경제건설을 위한 선전선동사업 강화', '혁명적 출판물과 문학예술작품의 역할 고양', '복잡한 군중과의 사업 강화'가 추가 서술되어 있다.[70]

당사업의 새로운 전환이 서술된 절에서는 김일성을 김정일로 완전하게 대치되는 것이 가장 중요한 특징이라고 할 수 있다.

(7) 항일유격대식 기풍의 확립

1991년 판에는 1979년 판에서 당사업에 관한 절에서 부연하여 설명하던 '항일유격대식 기풍의 확립'에 관한 절이 독립적으로 서술되면서 김정일이 중심으로 부각되어 있다. 1979년 판에서 김일성을 중심으로 서술되던 내용이 1991년 판에는 김정일의 교시가 인용되었고, '혁명전통교양'의 강화를 위한 김정일의 활동이 구체적으로 서술되어 있다. 1991년 판에 따르면 김정일은 '김일성동지혁명사상연구실'에 대한 운영 체계와 방법, 연구실을 이용한 혁명전통교양의 구체적 방도들을 가르쳤다고 한다.[71]

혁명전통교양을 위해 도서와 교양자료가 대대적으로 편찬되었으며,

---

67) 『조선로동당략사』, 298쪽.
68) 『조선로동당략사』, 298쪽.
69) 『조선로동당략사』, 299~304쪽.
70) 『조선로동당력사』, 479~481쪽.
71) 『조선로동당력사』, 484쪽.

신문과 방송 등 모든 선전 수단을 이용하여 선전사업이 진행되었다. 더불어 각지에 혁명사적지, 혁명박물관, 혁명사적관들이 꾸려지게 되었다고 한다.[72] 그리고 지금도 익숙한 "생산도 학습도 생활도 항일유격대식으로!"라는 혁명적 구호를 1974년 3월에 김정일이 제시하였다고 서술되어 있다.[73]

(8) 6개년 계획

1979년 판에는 6개년 계획의 성과에 대해 매우 장황하게 서술되어 있다. 그러나 1991년 판에는 1979년 판에 서술되었던 6개년 계획의 구체적 전망 수치, "중요공업생산물의 인구 한 사람당 생산량에 있어서 세계에서 가장 앞선 나라들의 대열", 세금의 완전 폐지와 공업상품 가격의 인하, 6개년 계획의 연평균 공업장성속도 16.3% 등의 구체적 통계 수치, 농촌의 전면적인 현대화 공업화에 따른 식량문제의 여유있는 해결 등[74]이 삭제되었다.

1979년 판에는 당중앙의 '70일 전투' 조직지도에 관해 간단히 서술되고 있는 데 비하여 1991년 판에는 김정일의 속도전 제시, '70일 전투'의 조직과 '기적적인 성과'[75]가 서술되어 있다. 더불어 김정일의 황해제철소, 검덕광산 지도 등[76]이 부가 서술되어 김정일의 경제 지도가 부각되어 있다.

1991년 판에는 1979년 판에 소략하였던 농업문제에 대한 서술이 강화되어 있는데, 1973년 1월 당중앙위원회 정치위원회를 비롯한 여러 회의에서 '농사제일주의' 방침이 제시되었다며, 주체농법의 구체적 내용[77]도

---

72) 『조선로동당력사』, 484쪽.
73) 『조선로동당력사』, 485쪽.
74) 『조선로동당략사』, 309~311쪽, 316~317쪽.
75) 『조선로동당력사』, 493~494쪽.
76) 『조선로동당력사』, 494쪽.

서술되어 있다. 1991년 판의 농업문제에 대한 서술 확대는 북한의 식량문제가 점차 심각해지는 시점에서 당의 농업에 대한 관심을 강조하고자 하는 의미가 있었던 것으로 여겨진다.

(9) 3대혁명소조

3대혁명소조와 관련하여 1979년 판과 1991년 판의 중요한 차이는 김정일의 역할과 3대혁명붉은기쟁취운동이 추가된 것이다. 3대혁명소조 운동의 발기에 대해 1979년 판에는 사상의식수준과 정치실무수준이 낮은 일부 일꾼들 속에서 보수주의, 경험주의, 기관본위주의, 관료주의가 적지 않게 나타나 사회주의건설에 큰 장애가 되었기 때문이라고 설명되어 있다.[78] 반면에 1991년 판에는 경제규모가 커지고 경제건설의 모든 부문이 현대과학기술을 요구하는 조건에서 간부들이 가지고 있는 지식과 경험만으로는 사회주의 건설을 힘있게 밀고 나갈 수 없었기 때문이라는 순화된 서술이 되어 있다.[79]

1991년 판에는 3대혁명소조운동의 진행과정에 대해 구체적인 중요회의(1973년 2월 당중앙위원회 정치위원회 확대회의, 1973년 3월 당중앙위원회 정치위원회 강서확대회의, 1973년 9월 당중앙위원회 제5기 제7차 전원회의, 1975년 2월 당중앙위원회 제5기 제10차 전원회의) 등이 적시되어 있으며, 김정일이 3대혁명소조사업을 당중앙위원회에서 통일적으로 지도하는 전일적인 체계로 세워주었다고 서술되어 있다.[80] 1979년 판에는 3대혁명소조의 투쟁대상이 간부들 자체가 아니라 그들에게 남아있는 낡은 사상이라고 김일성의 교시까지 인용하며 반복적으로 서술[81]되고

---

77) 『조선로동당력사』, 495~496쪽.
78) 『조선로동당략사』, 287쪽.
79) 『조선로동당력사』, 487쪽.
80) 『조선로동당력사』, 489쪽.
81) 『조선로동당략사』, 289쪽.

있는 반면, 1991년 판에는 이에 관한 서술이 뚜렷하지 않은 점도 특징있는 차이다.

1991년 판이 1979년 판과 다른 중요한 점은 3대혁명붉은기쟁취운동에 대한 서술 항목이 추가된 것이다. 1991년 판에 따르면 1973년에 김일성이 3대혁명붉은기쟁취운동에 대한 구상을 하였고, 김정일이 3대혁명붉은기쟁취운동을 1975년에 시작하도록 하였다고 한다. 이어서 1991년 판에는 김정일의 3대혁명붉은기쟁취운동 대한 지도가 강조 서술되어 있다.[82] 1979년 판에 3대혁명소조운동의 성과가 자세하게 나열되어 있는 것에 비하여 1991년 판에는 3대혁명붉은기쟁취운동의 성과가 나열되어 있다.

3대혁명소조운동 서술부분 역시 1991년 판에서는 김정일의 역할이 부각된 것이 중요한 변화이다.

(10) 제2차 7개년 계획

1978년부터 진행된 제2차 7개년 계획에 대해 1979년 판에는 제2차 7개년 계획의 시작만이 서술되었다. 1991년 판에는 제2차 7개년 계획은 인민경제의 주체화, 현대화, 과학화를 다그쳐 사회주의경제와 인민생활을 보다 높은 단계로 발전시키기 위한 웅대한 경제건설강령이라고 서술되어 있다.[83] 공업부문의 중심과업은 이미 있는 공업의 토대를 최대한으로 이용하면서 그것을 더욱 확대하여 북한 공업의 주체성을 강화하며, 농촌 경리의 중심과업은 자연개조사업을 대대적으로 벌리는 데 두었다.[84] 이상과 같은 공업과 농업의 중심과업 설정은 북한 경제가 처해 있던 1970년대 후반 실정을 사실적으로 반영한 것으로 보인다.

1991년 판에는 제2차 7개년 계획의 수행을 위한 '100일 전투', '200일 전

---

82) 『조선로동당력사』, 491쪽.
83) 『조선로동당력사』, 498쪽.
84) 『조선로동당력사』, 499쪽.

투', 김정일의 활동이 설명되어 있다. 김정일은 "우리식대로 살아나가자"는 구호와 '숨은 영웅들의 모범을 따라 배우는 운동'의 방침을 제시하였으며, 1979년 2월에는 전군을 주체사상화 할 데 대한 방침을 제시하였다고 한다.[85] 특히 전군을 주체사상화하는 문제와 관련하여 1991년 판에는 "인민군대에서 3대혁명 붉은기쟁취운동과 붉은기중대운동을 힘있게 벌리며 당조직들을 튼튼히 꾸리고 그 역할을 더욱 높여 전군이 당의 명령지시에 무조건 복종하는 엄격한 규률을 세우도록 하였다"[86]고 서술되어 있다.

제2차 7개년 계획의 수행과 숨은 영웅들의 모범을 따라 배우는 운동을 제목으로 하여 추가된 제10장 제8절에서 제2차 7개년 계획의 성과에 대한 서술은 간단하다. 이 시기 김정일의 활동이 일부 소개되고, 군을 장악하는 김정일의 모습이 서술의 중심에 놓여 있다.

(11) '사회주의교육에 관한 테제'와 문학예술

1979년 판에 '사회주의교육에 관한 테제'(김일성이 1977년 9월 당중앙위원회 제5기 제14차 전원회의에서 발표)가 자세하게 서술된 데 비하여 1991년 판에는 구체적인 서술이 삭제되고 간략하게 정리되어 있다.

문학예술에 대한 서술에서 1979년 판은 김일성을 중심으로 서술되어 있으며, 김정일에 대해서는 언급되지 않았다. 특히 문학예술에 있어서 김정일의 활동이 중심에 있었음에도 불구하고 전혀 언급되지 않은 것은 매우 흥미로운 일이다. 반면에 1991년 판에는 김일성에 관한 서술이 약 1/7 정도로 줄어들고, 김정일 중심으로 서술되고 있다.

1991년 판에는 김정일이 1960년대 중엽부터 사회주의문학예술의 모든 분야를 조직지도 했으며, 당 안에 숨어있던 부르주아분자, 수정주의 분

---

85) 『조선로동당력사』, 501~503쪽.
86) 『조선로동당력사』, 503~504쪽.

자들의 해독도 완전히 제거했다87)고 설명되어 있다. 또 김정일의 『영화예술론』, '종자론', 문학예술일꾼들에 대한 지원, '고전적 명작들의 영화와 가극, 연극화', 무대예술의 성과 등에 대해 자세하게 서술되어 있다.88)

(12) 조국통일 3대원칙(7·4 남북공동성명)과 5대방침

1979년 판과 1991년 판은 모두 7·4 남북공동성명에 대한 북한 측의 주동적 조치를 주장하고 있다. 1979년 판에는 7·4 남북공동성명에 대한 남한 측의 '의구심'과 7·4남북공동성명 이후 진행된 유신체제의 출범, 일본에서의 '김대중납치사건'이 구체적으로 서술되어 있다.89) 그러나 1991년 판에는 남한에 대한 비난이 축소되고 '김대중납치사건'과 '통일혁명당의 남조선혁명운동에 대한 령도적 역할 강화'90)에 대한 서술이 삭제되어 있다.

"만일 두 개의 조선으로 유엔에 들어간다면 우리나라가 국제적으로 두 개 국가로 인정되게 될 것이며 나라와 민족은 영원히 둘로 갈라치고 말 것이다"91)라는 1979년 판의 주장도 남북한의 유엔 동시가입이 이루어짐에 따라 1991년 판에서는 '영원한 분단'이 삭제되어 있다.

1991년 판에는 1973년 11월에 북한이 제기한 '대민족회의 개최'와 북·미사이의 '평화협정 체결'이 추가 서술되어 있다.92) 그리고 1979년 판 발행 이후 발생했던 '광주민주화운동'에 대한 서술도 추가되었다.93)

1991년 판의 중요한 변화는 남한에 대한 노골적 비난을 축소하고 1980

---

87) 『조선로동당력사』, 508~509쪽.
88) 『조선로동당력사』, 508~511쪽.
89) 『조선로동당략사』, 336쪽.
90) 『조선로동당략사』, 340쪽.
91) 『조선로동당략사』, 338쪽.
92) 『조선로동당력사』, 516쪽.
93) 『조선로동당력사』, 519쪽.

년대 이후 형성된 새로운 국제정세에 따라 '남북한 UN 동시가입'과 북·미 사이의 '평화협정체결' 문제가 서술된 점이다.

(13) 1970년대 국제 관계와 주체사상의 보급

1991년 판에는 닉슨 미국 대통령의 1971년 중국방문에 대한 김일성의 평가가 추가되어 있다. 이때 김일성은 "당시 닉슨의 중국 방문이 중국에 대한 장기간의 봉쇄와 고립화 정책이 완전히 파산됨에 따라 하는 수 없이 흰 기를 들고 들어오는 패배자의 행각"[94]이라고 평가하였다고 한다. 1991년 판의 이러한 서술은 북한의 자본주의 국가들과의 관계 변화를 설명하고자 하는 의도가 있는 것으로 보인다.

1991년 판에는 김일성의 1975년 해외 방문에 대해 1979년 판과는 달리 국가 이름이 삭제되고 대륙이름이 적혀 있다.[95] 이것은 1980년대 말 동구 사회주의국가의 붕괴에 따른 작은 서술의 변화이지만, 조선로동당이 받은 충격의 일면이 엿보인다. 1991년 판에는 해외의 주체사상에 대한 서술도 간략해졌다. 1979년 판에는 해외에서 발간된 김일성의 저작이 25억 부에 달한다는 내용과 레바논, 소말리아 등에서의 주체사상 연구토론회 활동 등이 간략하게 서술되어 있다.

4) 1980년~1990년

(1) 조선로동당 제6차 대회

1991년 판에서부터 1980년 이후의 조선로동당 역사가 서술되고 있다. 조선로동당 제6차 대회가 열린 1980년의 남한 정세는 "반미반파쑈투쟁이 더욱 강화"되었으며, 조선로동당의 전투력과 영도적 역할이 비상히 강화

---

94) 『조선로동당력사』, 523쪽.
95) 『조선로동당략사』, 347쪽.

된 것으로 서술되어 있다.96) 제6차 대회에 관한 서술에서는 온사회를 주체사상화하는 사업, 인민들의 물질문화생활 개선, 고려민주연방공화국 창립에 중심이 놓여 있다.

제6차 대회에서 김정일이 공식적인 후계자로 등장한 것에 대한 서술은 없는데, 이것은 김정일의 후계자 등극이 1970년대에 서술되어 있기 때문이다. "주체의 혁명위업을 끝까지 완성하며 우리 당을 영원히 주체의 당으로 강화발전시킬 수 있는 당의 조직사상적 기초가 튼튼히 마련되었다"97) 하여 김정일의 당지도가 높이 평가되어 있다.

(2) 1980년대 경제

1980년대는 제2차 7개년 계획이 완료되고, 제3차 7개년 계획(1987~1993)이 시작된 시기이다. 제2차 7개년 계획에 대한 서술에서 김정일의 활동이 부각되고 있다. 김정일이 주체사상탑과 개선문, 김일성경기장, 인민대학습당 등의 '대기념비적 창조물' 건축을 지도하고, '80년대 속도창조운동'을 제시한 것이 강조되어 있다.98)

김일성은 간석지 개간, 20만 정보의 새 땅 찾기, 서해갑문 건설, 태천발전소 건설, 화학공장 건설, 경공업 공장 건설을 지도한 것으로 서술되어 있다. 전체적인 서술은 김정일에 보다 무게가 주어졌는데, 김정일이 경제 건설보다 건축과 대중운동을 지도하였음을 알 수 있다. 제2차 7개년 계획 기간 동안 공업생산이 매해 평균 12.2%의 속도로 성장되었고, 인민생활도 훨씬 높아진 것으로 서술되어 있다.99)

제3차 7개년 계획의 목표에 대한 서술에서는 인민생활 수준의 향상, 과학기술발전이 강조되고 있으며, '200일 전투'와 연결하여 김정일의 활

---

96) 『조선로동당력사』, 527쪽.
97) 『조선로동당력사』, 527쪽.
98) 『조선로동당력사』, 533~534쪽.
99) 『조선로동당력사』, 536쪽.

동이 강조되고 있다. 제3차 7개년 계획에 관한 서술에서는 김일성이 중심에 놓여 있다.

(3) 과학기술 발전

1980년대 서술에서 나타난 특징의 하나가 과학기술 발전에 관한 새로운 절의 추가이다. 1980년대에 들어서면서 세계 각국의 과학기술 발전이 더욱 뚜렷해지고, 이로 인한 격차가 확대됨에 따라 조선로동당에서도 과학기술의 발전을 보다 중시하게 되었음을 알 수 있다.

김일성이 1982년 2월 과학기술부문 일꾼 협의회와 1983년 3월 과학원 과학자들에게 과학 발전을 위한 과업을 제시하였고, 김정일도 1985년 8월 당중앙위원회 책임일꾼들에게 과학기술 발전 방향에 대한 '혁명적 대책'을 세워주었다고 서술되어 있다.[100] 이후에도 1986년 2월, 1988년 3월, 11월의 당중앙위원회 전원회의에서 과학기술 발전에 대해 논의와 결정들이 있었음이 서술되어 있으며, 과학기술 발전을 위한 정책들이 구체적으로 서술되어 있다.[101]

과학기술 발전을 위한 사업에서도 당조직의 역할과 당적 지도 강화가 강조되고 있으며, 당의 지도 아래 "과학기술적 문제 해결에 커다란 진전이 이룩되었으며, 생산의 자동화, 로봇화, 전자계산기화를 실현하고 농업과 수산업을 현대생물학의 성과에 토대하여 발전시키는 데서 새로운 전환이 일어나게 되었다"[102]고 간단히 정리되고 구체적인 서술은 되지 않고 있다.

과학기술 발전과 관련하여 김정일의 '대중적 기술혁신운동', '기술자, 전문가 양성사업 강화' 지시가 자세하게 서술되어[103] 과학기술 발전 문

---

100) 『조선로동당력사』, 574쪽.
101) 『조선로동당력사』, 575쪽.
102) 『조선로동당력사』, 575~576쪽.
103) 『조선로동당력사』, 576~577쪽.

제에 대한 김정일의 역할이 부각되어 있다.

(4) 인민생활 개선

조선로동당의 역사 서술은 매 시기 인민 생활의 개선이 이루어진 것으로 되어 있다. 그러나 1991년 판에는 김일성이 1982년 4월 당중앙위원회, 최고인민회의 합동회의를 비롯한 여러 회의에서 인민생활을 높이기 위하여서는 무엇보다도 먹는 문제를 잘 풀어야 하며 인민소비품 생산에서 새로운 전변을 가져와야 한다104)고 강조한 사실이 서술되어 있다. 1980년대 초에 '먹는 문제'를 강조해야 하는 상황이 서술된 것은 이 시기 인민생활에 상당한 문제가 있었음을 인정한 것으로 보여진다.

1991년 판 서술에는 김정일이 1984년 8월 3일 평양시 경공업제품 전시장을 지도한 후 '8월 3일 인민소비품' 생산운동이 벌어진 사실, 김정일이 평양에 창광원과 수만 세대의 현대적 살림집을 건설하도록 지시한 내용이 자세히 서술되어 있다.105) 더불어 김정일이 서한을 보낸 1990년 6월 전국경공업대회가 당의 경공업혁명 방침 관철을 위한 투쟁에서 획기적인 전환의 계기가 되었다고 서술되어 있다.106)

1990년대는 소련과 동구 사회주의국가들이 붕괴함으로 인하여 이미 경제적 어려움에 처해 있는 북한 경제가 더욱 큰 위기에 접어들던 시기이다. 그러나 1991년 판에는 "국가가 책임지고 인민들의 물질문화 생활을 보장하여 주는 우리나라에서는 근로자들이 로동의 량과 질에 따라 분배를 받을 뿐 아니라 국가로부터 안정한 로동조건과 휴식조건을 보장받고 거저나 다름없는 식량공급제 그리고 무상치료제와 무료교육제의 혜택을 누리고 있다"107)고 서술되어 있으며, 북한 경제가 처한 실질적인 어

---

104) 『조선로동당력사』, 579쪽.
105) 『조선로동당력사』, 580~582쪽.
106) 『조선로동당력사』, 581쪽.
107) 『조선로동당력사』, 583쪽.

려움에 대해서는 서술되지 않았다.

(5) 주체사상

1991년 판에는 주체사상을 김일성이 창시하고, 김정일이 주체사상을 발전 풍부화시켰다고 정리되어 있다. 김정일은 1982년 3월 '주체사상에 대하여'를 발표하였는데, 여기에는 주체사상의 창시로부터 주체사상의 철학적 원리와 사회역사원리, 주체사상의 지도적 원칙, 주체사상의 역사적 의의가 체계 정연하게 서술되었으며, 주체사상의 모든 원리와 내용이 새롭게 심화발전되었다[108]고 평가되어 있다. 또한 새로이 정리된 주체사상의 이론이 '김정일의 저작'을 중심으로 요약되고[109] 서술의 중심이 완전히 김정일로 옮겨져 있다.

(6) 사회주의제도 고수 옹호

소련과 동구사회주의 국가의 붕괴에 대해 1991년 판에는 "국제공산주의운동 안에서는 당건설에서 혁명적 원칙을 포기하고 당의 령도를 약화시키는 기회주의자들의 책동이 우심해지고 있으며 이로 인하여 엄중한 후과들이 조성되고 있었다"[110]고 서술되어 있다. 1990년대 초의 사회주의권 붕괴에 대해 1991년 판에는 '인민정권의 기능과 역할의 제고', '사회주의경제관리체계 옹호 관철', '당의 기초 강화', '당의 군중노선 관철', '주체의 당건설 이론' 등의 주제에 대해 3개의 절로 서술되어 있는데 '사회주의제도 고수'를 강조하는 의미가 있다. 이 부분에 관한 서술은 역사 서술 형식과는 상당히 다른 부분이다.

또 제10절에는 1980년대 후반기에 이르러 "제국주의자들과 반동들의 책동에 의하여 세계 여러 나라들에서 심상치 않은 사태들이 련이어 일어

---

108) 『조선로동당력사』, 539쪽.
109) 『조선로동당력사』, 540~546쪽.
110) 『조선로동당력사』, 559쪽.

나고 사회주의 위업은 심각한 좌절과 시련을 겪게 되었으며 일부 사회주의나라들에서는 사회주의제도 자체가 와해되는 엄중한 현상까지 빚어지게 되었다"111)고 서술되어 있다. 이러한 사태에 대응하여 '북한 사회주의체제의 우월성'과 '인민대중 중심의 북한식 사회주의'가 주장되어 있고, '사회주의국가의 우월성'을 "단순히 생산력의 발전을 보장하는 정도에 의해서가 아니라 력사의 주체인 인민대중에게 자주적이며 창조적인 생활을 보장하는 정도에 따라 규정되여야 한다"112)며 경제외적 조건을 강조하는 논리가 서술되어 있다.

그러면서도 이미 경제가 곤란한 처지에도 불구하고 인민이 "풍요한 경제생활을 보장받고", "유족한 물질생활을 보장해 주고"있다고 서술되어 있다.113) 그리고 체제 유지를 위하여 당대열과 유일사상체계의 강화, 당원들과 근로자들이 당과 수령에게 충성과 효성을 다할 것을 강조하고 있다.

(7) 대남 문제

1991년 판에는 조선로동당 제6차 대회에서 제시한 고려민주연방공화국 창립방안과 1984년 1월 중앙인민위원회, 최고인민회의 상설회의 연합회의 등에서 제시된 정전협정의 평화협정 전환, 북·미·남 3자회담이 서술되어 있다.114) 1984년 홍수 때 남한에 5만 석의 쌀을 지원한 사실, "15만 명의 조선인민군 병력을 떼내여 사회주의 대건설장에 돌린 데 뒤이어 10만여 명의 병력을 일방적으로 축소"했다는 내용, 1990년 김일성의 조국통일 5대방침 등이 서술되어 있다.115)

---

111) 『조선로동당력사』, 584쪽.
112) 『조선로동당력사』, 586쪽.
113) 『조선로동당력사』, 586~587쪽.
114) 『조선로동당력사』, 593쪽.
115) 『조선로동당력사』, 594~595쪽.

보론 | 조선로동당의 당역사 서술 변화 | 551

　남한에서는 1980년 '광주인민봉기'를 계기로 '반미자주화 투쟁', '반파쑈 민주화투쟁'이 적극화되었다며, 1987년 6·10항쟁과 전대협 활동 등도 서술되어 있다. 이어서 통일혁명당의 활동과 한국민족민주전선으로의 개칭, '구국의 소리' 방송 활동도 서술되어 있다.

4. 조선로동당사 서술 변화의 주요 특징

1) 서술의 간략화

　1991년 판 『조선로동당력사』는 1979년 판에 비하여 비슷한 내용이 중복되거나 부연하는 서술이 크게 감소한 특징을 가지고 있다.
　이런 변화는 1991년 판이 1979년 판에 비하여 김일성에 관련된 상투적이거나, 조금씩 말을 바꿔 반복하는 칭송이 크게 감소한 데 이유가 있다. 그리고 김일성의 교시나 이론에 대한 서술이 간략해진 것도 중요한 이유이다.
　예를 들면 1979년 판에는 김일성의 「공산주의 교양에 대하여」(1958년 연설)를 설명한 부분이 5쪽가량 되지만, 1991년 판에는 김일성의 교시 인용이 4군데나 삭제되고, 1쪽 분량으로 요약 정리되어 있다.[116] 또 1991년 판에는 1960년 근로단체사업에 관한 서술에서도 뒷부분에서 김일성의 교시가 2군데나 삭제되어 있다.[117]
　이처럼 김일성의 교시가 삭제된 경우는 서술에서의 불필요한 반복을 피하는 데 주요 이유가 있는 것으로 보인다. 그리고 일부 삭제의 경우는 김일성의 교시가 관철되지 않았거나, 현재의 관점에서 부적절한 경우도

---

116) 『조선로동당력사』, 370쪽.
117) 『조선로동당략사』, 185쪽.

이유가 된 것으로 보인다.

2) 김일성 비중 축소

1991년 판에는 김일성에 대한 비중이 축소되었다. 거의 모든 장과 절에 김일성의 이름이 명시되었던 1979년 판과는 달리 1991년 판에는 김일성의 이름이 목차에서 거의 삭제되었으며, 실제 본문 안에서도 김일성을 거명하거나 교시를 내세우는 빈도가 크게 감소하였다.

예를 들면 1979년 판에서 "위대한 수령 김일성동지의 현명한 령도밑에 우리 당은 공화국북반부에서 사회주의기초건설을 다그치면서 이에 맞게 당사상사업을 힘있게 밀고 나갔다"[118]는 서술이 1991년 판에는 "당은 사회주의기초건설을 다그치면서 이에 맞게 당사상사업을 힘있게 밀고 나갔다"[119]로 수정되었다. 이상과 같이 전체적으로 김일성을 주어로 서술되던 것이 대부분 삭제되었고, 주어도 당이나 전원회의 등으로 수정되었다.

또 1979년 판에는 "당원들로 하여금 위대한 수령님을 위하여, 당과 혁명을 위하여"[120]라고 서술되어 있던 것이 1991년 판에는 "당과 수령을 위하여, 조국과 인민을 위하여"[121]로 수정되었다. 또 김일성의 60회 생일 관련 서술도 1/3로 축소되었는데, 이상과 같은 변화는 1980년대 후반의 소련과 동구사회주의국가의 붕괴와도 관련이 있다고 추정할 수 있다. 작은 부분인 것 같지만 1979년 판이 가졌던 '김일성 우상화' 서술을 부분적이나마 교정한 의미가 있다고 할 수 있다.

---

118) 『조선로동당략사』, 46쪽.
119) 『조선로동당력사』, 336쪽.
120) 『조선로동당략사』, 49쪽.
121) 『조선로동당력사』, 338쪽.

3) 김정일 관련 서술의 확대

김일성에 관한 서술이 감소한 반면 김정일에 관한 서술은 대폭 증가하였다. 1964년 김일성의 조선영화예술촬영소 방문을 추가하여 당중앙(김정일)에 대한 서술이 시작되었고, 1970년대를 서술하면서 정치적 수령의 후계자 문제를 통해 무게 중심이 김일성에서 김정일로 이동되었다. 김정일의 자질과 후계자 추대과정이 상세히 서술되어 있으며 후계자 등장의 정당성이 강조되고 있다.

주체사상의 이론이 '김정일의 저작'을 중심으로 요약되었고, 당사업에서의 새로운 전환과 3대혁명소조 등에서 서술의 중심이 김일성에서 김정일로 옮겨져 있다. 특히 문학예술 관련 서술에서는 김일성에 관한 서술이 1/7정도로 감소하고 김정일을 중심에 놓고 있다.

4) 경제정책 관련 서술 변화

1991년 판의 중요한 변화 중의 하나는 그동안의 경제정책에 관한 서술이 일부 삭제된 것이다. 주요 삭제 부분으로 '6·25전쟁 후 전후 복구노선이 유일하게 정확한 노선이었다는 평가', '농업협동화의 성과', '개인상공업의 사회주의적 개조와 계급투쟁 동반' 등이 있다. 앞에 열거한 부분의 삭제가 갖는 의미를 적극적으로 해석하기는 조심스럽지만, 정책의 성과에 문제가 있거나, 현재의 경제 상황 변화에 따라 해석의 변화가 있었을 가능성이 있다.

중공업에 대한 서술 비중이 축소되었고, 경공업과 인민생활에 관한 서술은 증가되었다. 또 1973년 1월 당중앙위원회 정치위원회를 비롯한 여러 회의에서 '농사제일주의'방침이 제시되었다는 서술의 추가는 현재의 경제 상황이 서술에 영향을 미친 것으로 보인다.

5) 경제관련 통계 서술의 감소

　경제 정책에 관련된 서술이 일부 삭제된 것도 중요한 변화이지만, 경제적 성과에 대한 중요 통계가 거의 삭제된 것도 큰 변화이다.
　농업협동화의 성과, 3개년 인민경제계획의 성과, 4차 당대회 전후의 경제적 성과, 제1차 7개년 계획과 6개년 계획의 성과도 서술이 대폭 축소되거나 거의 삭제되었다. 이처럼 경제 통계가 대부분 삭제된 것은 그동안 제시되었던 통계가 부실하였거나, 현재 북한 경제의 어려움이 삭제에 영향을 준 것으로 보인다.

6) 북한 내부의 부정적 현상과 관련된 서술의 축소

　1991년 판은 1979년 판에 비하여 대체적으로 북한 내부의 통일적인 안정성을 강조하는 측면이 있다.
　구체적인 예로는 '북반부에서만의 사회주의 추진에 대한 종파분자들의 반대', '1950년대 당원들의 사상수준 미약', '8월 종파사건', '1967년 숙청된 박금철, 이효순에 대한 비판' 등 부정적 현상에 대한 서술이 감소하거나 삭제된 것을 들 수 있다.

7) 시대적 상황 변화에 따른 수정

　1980년대 말의 소련과 동구 사회주의국가의 붕괴가 서술에 영향을 미쳤다. 수정주의 문제와 '사회주의제도 옹호'와 관련된 서술이 1991년 판에는 추가되어 강조되고 있으며, 남북한이 UN에 동시 가입한 후 유엔 동시가입을 '영원한 분단'이라고 주장했던 서술이 삭제되어 있다. 또 국제정세와 남북한 관계의 변화에 따라 '북미 사이의 평화협정체결' 문제도 추가되어 있다.

과학기술의 중요성이 커짐에 따라 과학기술 관련 서술이 증가되었으며, 이 부분과 관련하여 김정일이 부각되어 있다.

8) 남한과 '미제'에 대한 비난의 감소

1991년 판에는 남한과 '미제'에 대한 비난 서술이 1979년 판에 비하여 많이 감소하였다. 예를 들면, 남한의 정치, 경제 상황과 인권 상황에 대한 비난이나 '군사정변후 10만여 명의 애국적 시민들이 체포, 투옥, 학살' 되었다는 식의 비난 서술이 감소되거나 삭제되었다. 통일혁명당 창건에 대한 평가도 부분적으로 변화하였으며, '남조선혁명 문제', '미제와의 투쟁 문제' 등에 대한 서술도 축소되었다.

전체적으로 볼 때 1991년 판에서는 남한의 경제가 좋아진 반면, 북한의 경제가 심각하게 어려워진 현실이 남한 경제 현실에 대한 심한 비난 서술을 축소시킨 것으로 볼 수 있다. 그리고 미국과의 관계 개선에 대한 의지도 '미제'에 대한 비난이 축소된 이유로 볼 수 있다.

참고문헌

1. 자료

1) 북한 자료

(1) 정기간행물, 신문
『근로자』
『인민』
『정로』
『로동신문』
『민주조선』
『평북로동신문』(1948. 1~1948. 5)
『강원로동신문』
『함남로동신문』
『함북로동신문』(1947. 4~1947. 9)
『북조선농민신문』(1947. 3~1947. 4)
『함남인민보』(1948. 7~1949. 4)
『민주청년』(1947. 4)
『조선신문』

(2) 미군노획문서
국사편찬위원회 편,『북한관계사료집』제1~51권.

기타 국사편찬위원회 소장 미간행 복사본 문서.

(3) 공보, 결정집, 연감, 일지, 사전
『내각공보』
『法令公報』
北朝鮮人民委員會 司法局 編,『北朝鮮法令集』, 1947.
조선 민주주의 인민 공화국 최고 인민회의 상임 위원회 편,『조선 민주주의 인
    민 공화국 법령 및 최고 인민회의 상임 위원회 정령집』1권(1948~
    1950년), 2권(1951~1953년).
조선로동당중앙위원회 · 상무위원회,『결정집』(1946~1948년).
『해방후 10년 일지, 1945~1955』, 평양 : 조선중앙통신사, 1956.
조선중앙통신사,『朝鮮中央年鑑』, 각년도판.
『력사사전』1, 2권, 평양 : 사회과학출판사, 1971.

(4) 김일성 저작집, 당사
金日成,『民族大同團結에 對하야』, 淸津 : 朝鮮共産黨 淸津市委員會, 1946. 3.
金日成,『조국의 통일독립과 민주화를 위하여(1)』, 평양 : 국립인민출판사,
    1949.
『김일성선집』제1권, 평양 : 조선로동당출판사, 1953.
『김일성저작선집』1 · 2, 1967.
『김일성저작집』1~44권, 1979~1996.
『김일성전집』1~58권, 조선로동당출판사, 1996~2005.
조선로동당 중앙위원회 직속 당력사연구소 편,『조선로동당력사교재』, 평양 :
    조선로동당출판사, 1964.
조선로동당 중앙위원회 당력사연구소,『조선로동당략사』, 조선로동당출판사,
    1979.
조선로동당 중앙위원회 당력사연구소,『조선로동당력사』, 조선로동당출판사,
    1999.
사회과학원 력사연구소,『조선전사』, 과학백과출판사, 1979~1982.

(5) 남한에서의 편집물

『조선로동당대회자료』 1집, 국토통일원, 1988.

돌베개 편집부 엮음, 『북한 '조선로동당'대회 주요문헌집』, 돌베개, 1988.

『북한최고인민회의자료집』 1~4집, 국토통일원, 1988.

翰林大學校 아시아文化硏究所 編, 『北韓經濟統計資料集』, 春川 : 翰林大學校出版部, 1994.

翰林大學校 아시아文化硏究所 編, 『朝鮮共産黨 文件資料集(1945~46)』, 春川 : 翰林大學校出版部, 1993.

『조선의 해방』, 모스끄바 : 소련 과학아카데미, 1976 / 국토통일원 번역, 1987.

2) 남한 자료

(1) 정기간행물, 신문, 자료집, 사전

강만길·성대경 엮음, 『한국사회주의인명사전』, 창작과비평사, 1996.

金南植·李庭植·韓洪九 編, 『韓國現代史資料叢書』 제12권, 돌베개, 1986.

김남식 엮음, 『남로당 연구 2-자료편』, 돌베개, 1988.

張基榮 編, 『朝鮮經濟年報』 1948年版, 朝鮮銀行調査部, 1948.

(2) 증언·회상

중앙일보 특별취재반, 『秘錄 조선민주주의 인민공화국』 상·하권, 서울 : 중앙일보사, 1992.

김진계, 「조국」, 현장문학사, 1990.

신경완, 「압록강변의 겨울」, 다섯수레, 1991.

「쉬띄꼬프일기」, 국사편찬위원회, 2004.

3) 미군 자료

『미군정 정보보고서-주한미육군사령부정보참모부일일보고서』(G2, Periodic Report).

4) 기타

『모택동선집』 3·4, 북경 : 민족출판사.
J. V. 스탈린 지음, 서중건 옮김, 『스탈린선집』 1·2, 전진, 1990.
『코민테른 자료선집』 1·2·3, 동녘.

2. 연구논저

1) 단행본

(1) 북한
김승준, 『우리나라에서의 농촌문제해결의 력사적 경험』, 평양 : 조선로동당출판사, 1965.
김승준, 『우리나라 농촌문제해결의 력사적 경험』, 평양 : 사회과학출판사, 1988.
변락주·박동근 외, 『우리나라의 인민경제발전, 1948~1958』, 평양 : 국립출판사, 1958.
사회과학원 력사연구소, 『조선전사』 제23~33권, 평양 : 과학·백과사전출판사, 1981~1982.
손성필, 『해방후 우리나라에서의 로농동맹』, 평양 : 조선로동당출판사, 1965.
손전후, 『우리나라 토지개혁사』, 평양 : 과학·백과사전출판사, 1983.
오대호, 『농촌경리에 대한 지도관리와 지원 경험』, 평양 : 사회과학출판사, 1985.

(2) 남한
강만길, 『통일운동시대의 역사인식』, 청사, 1990.
강정구, 『좌절된 사회혁명: 미군정하의 남한, 필리핀과 북한 연구』, 열음사, 1989.

고병철 외, 『한국전쟁과 북한사회주의 체제 건설』, 경남대 극동문제연구소, 1992.
고현욱 외, 『북한사회의 구조와 변화』, 극동문제연구소, 1987.
김광운, 『북한정치사연구Ⅰ』, 선인, 2003.
김남식, 『"朝鮮勞動黨" 研究(1945~1949)』, 국토통일원, 1976.
김성보, 『남북한 경제구조의 기원과 전개』, 역사비평사, 2000.
김영명, 『한국현대정치사 -정치변동의 역학』, 을유문화사, 1992.
김일평 외, 『북한체제의 수립과정』, 극동문제연구소, 1991.
김창순, 『北韓 十五年史』, 지문각, 1961.
박명림, 『한국전쟁의 기원과 발발』 Ⅱ, 나남출판사, 1996.
박일원, 『남로당의 조직과 전술』, 세계, 1984.
방인후, 『北韓「朝鮮勞動黨」의 形成과 發展』, 아세아문제연구소, 1967.
박형중, 『북한적 현상의 연구』, 연구사, 1994.
변형윤 외, 『분단시대와 한국사회』, 까치, 1985.
서동만, 『북조선사회주의체제 성립사 1945~1961』, 선인, 2005.
서재진, 『또 하나의 북한사회』, 나남, 1995.
스칼라피노·이정식 공저, 한홍구 옮김, 『한국공산주의 운동사』, 1972년 판 번역본, 돌베개.
양호민, 『북한의 이데올로기와 정치』 (1)·(2), 아세아문제연구소, 1967·1972.
역사문제연구소 편, 『한국의 '근대'와 '근대성' 비판』, 역사비평사, 1996.
이종석, 『조선노동당 연구』, 역사비평사, 1995.
이종석, 『현대북한의 이해』, 역사비평사, 1995.
이종석 편, 『북한의 근로단체연구』, 세종연구소, 1998.
이홍영, 『중국의 정치엘리트』, 나남, 1997.
정창현, 『인물로 읽는 북한현대사』, 민연, 2000.
지수걸, 『일제하 농민조합운동연구 -1930년대 혁명적 농민조합운동』, 역사비평사, 1993.
최완규, 『북한은 어디로』, 경남대출판부, 1996.
현성일, 『북한의 국가전략과 파워엘리트』, 선인, 2007.

(3) 기타

V. P. 드미트렌코 외, 이인호 외 편역,『다시 쓰는 소련현대사』, 열린책들, 1993.
김광수,『소련경제사』, 숭실대출판부, 1990.
김학준,『소련정치론』, 일지사, 1976.
김학준·전인영,『소련 및 동구공산주의』, 서울대학교 출판부, 1984.
김학준 편,『현대소련의 해부』, 한길사, 1981.
나창주,『비교공산정치론』, 형성사, 1983.
니꼴라이 V. 랴자노프스키, 김현택 옮김,『러시아의 역사』 2, 까치, 1982.
레오날드 샤피로, 양흥모 역,『소련공산당사』, 문학예술사, 1982.
로버트 H. 맥닐, 이병주 역,『볼셰비키전통』, 사계절, 1983.
박두복 등,『중국의 정치와 경제』, 집문당, 1993.
송두율,『소련과 중국』, 한길사, 1990.
송영우·소치형·한인희 공저,『중국의 정치동원』, 집문당, 1996.
스테판 화이트·존 가드너·조오지 쉐플린, 서규선·박재주 옮김,『공산주의 정치체제』, 인간사랑, 1989.
안병영,『현대공산주의 연구』, 한길사, 1982.
안택원 편저,『소련정치의 체계적 이해』, 경남대출판부, 1986.
양성철,『북한정치론』, 박영사, 1991.
와다 하루끼 지음, 이종석 옮김,『김일성과 만주항일전쟁』, 창작과비평사, 1992.
和田春樹,『北朝鮮 遊撃隊國家の 現在』, 岩波書店, 1998.
이명식·신정현 공편,『현대공산체제의 비교분석』, 일신사, 1987.
이상민,『소련관료정치론』, 법문사, 1986.
이홍영 저, 강경성 역,『중국의 정치 엘리트』, 나남, 1997.
조정남,『소련반체제론』, 대왕사, 1983.
파울로트, 최정호 옮김,『소련의 보도기관과 정보정책』, 정음사, 1984.
Cumings, Bruce, The Origins of the Korean War: Volume Ⅰ·Ⅱ, Princeton University Press, 1990.

2) 논문

(1) 남한

기광서, 「북한정치체제의 형성과 소련의 역할(1945~47)」(露文), 러시아과학 아카데미 동방학연구소 박사학위논문, 1997.

기광서, 「해방 후 김일성의 부상과 집권과정」, 『역사와 현실』 48호, 2003.

기광서, 「소련의 대한반도북한정책 관련기구 및 인물분석 : 해방-1948. 12」, 『현대북한연구』 창간호, 경남대 북한대학원, 1998.

김광운, 「소련의 대북한정책과 공산당중앙지도기관의 결성」, 『역사와 현실』 22호, 1996.

김광운, 「전쟁 이전 북한 인민군의 창설 과정」, 『한국전쟁의 새로운 연구1』 2001.

김근식, 「북한 발전전략의 형성과 변화에 관한 연구」, 서울대 정치외교학과 박사학위논문, 1999.

金南植, 「北韓의 共産化過程과 階級路線」, 『北韓 共産化過程 硏究』, 고려대학교출판부, 1972.

김성보, 「북한의 토지개혁과 농업협동화」, 연세대 사학과 박사학위논문, 1997.

김성보, 「해방 후 북한의 엘리트 형성에 관한 연구」, 『한국과 국제정치』, 1998 봄.

김연철, 「북한의 산업화 과정과 공장관리의 정치(1953~70) : '수령제' 정치체제의 사회경제적 기원」, 성균관대학교 정치외교학과 박사학위논문, 1996.

김용복, 「해방 직후 북한 인민위원회의 조직과 활동」, 『해방전후사의 인식』 5, 1989.

김용현, 『북한의 군사국가화에 관한 연구』, 동국대 정치학과 박사학위논문, 2001.

김운근·이두순·조일환, 『수복지구의 남북한 농지개혁에 관한 연구』, 韓國農村經濟硏究院, 1989.

김재웅, 「북한 '건국사상 총동원운동'의 전개와 성격」, 고려대 사학과 석사학위 논문, 2002.
류길재, 「북한체제 변화론의 재고찰」, 『한국정치사회의 새흐름』, 극동문제연구소, 1993.
류길재, 「북한의 국가건설과 인민위원회의 역할, 1945~1947」, 고려대 정치외교학과 박사학위논문, 1995.
박정진, 「북한의 '생산정치(Politics of Production)'와 노동자 조직의 성격변화에 관한 연구」, 동국대 정치학과 석사학위논문, 1996.
朴璨杓, 「韓國의 國家形成 : 反共體制 樹立과 自由民主主義의 制度化, 1945~48」, 고려대 정치외교학과 박사학위논문, 1995.
박형중, 「1950년대 북한의 정치와 권력」, 『현대북한연구』 2권2호, 경남대북한대학원, 1999.
백준기, 「정전후 1950년대 북한의 정치변동과 권력재편」, 『현대북한연구』 2권 2호, 1999.
方善柱, 「虜獲 北韓筆寫文書 解題(1)」, 『아시아문화』 1호, 1986.
서동만, 「北朝鮮における 社會主義體制の 成立(1945~1961)」, 東京大學大學院 박사학위논문, 1995.
신주백, 「만주지역 한인의 민족운동연구(1925~1940) : 민족주의 및 사회주의 계열의 동향과 통일과정을 중심으로」, 성균관대 사학과 박사학위논문, 1995.
신효숙, 「소군정기 북한의 교육정책」, 한국정신문화연구원 한국학대학원 교육·윤리전공 박사학위논문, 1998.
廉仁鎬, 「朝鮮義勇軍 硏究-民族運動을 中心으로」, 국민대 국사학과 박사학위논문, 1994.
예대열, 「1947~1950 북한의 노동조합논쟁과 노동정책 특질」, 고려대 사학과 석사학위논문, 2007.
윤경섭, 「1948년 북한헌법의 제정배경과 그 성립」, 성균관대 사학과 석사학위논문, 1995.
이종석, 「북한 지도집단과 항일무장투쟁」, 『解放前後史의 認識 5』, 한길사,

1989.

이신철, 「북의 통일정책과 월남북인의 통일운동(1948~1961)」, 성균관대 사학과 박사학위논문, 2006.

이주철, 「1946년 북한의 토지개혁에 대한 연구」, 고려대 사학과 석사학위논문, 1989.

이주철, 「토지개혁이후 북한 농촌사회의 변화-1946~1948년을 중심으로」, 『역사와 현실』 16호, 1995.

이주철, 「북한 토지개혁의 추진주체 : 소련주도설에 대한 비판」, 『韓國史學報』 창간호, 고려사학회, 1996.

이주철, 「북한의 국영기업관리와 노동정책 -1945~1948년을 중심으로」, 『사총』 46, 1997.

이주철, 「북조선로동당의 당원확장과 당의 변화」, 『현대북한연구』 창간호, 경남대 북한대학원, 1998.

이주철, 「북한 국가의 역사적 변천」, 『현대북한연구』 4집, 2001.

이주철, 「북한주민의 역사인식과 의식변화」, 『한국민족운동사연구』, 2003년 12월호, 2003.

林京錫, 「高麗共産黨 硏究」, 성균관대 사학과 박사학위논문, 1993.

전현수, 「소련군의 북한 진주와 대북한정책」, 『韓國獨立運動史硏究』 9집, 1995.

전현수, 「해방직후 북한의 사회경제 개혁(1945~1948년)」(露文), 모스크바대 박사학위논문, 1997.

정용욱, 「1942~1947년 미국의 대한정책과 과도정부형태구상」, 서울대 국사학과 박사학위논문, 1996.

정해구, 「남북한 분단정권 수립과정 연구, 1947. 5~1948. 9」, 고려대 정외과 박사학위논문, 1995.

차문석, 「사회주의국가의 노동정책」, 성균관대 박사학위논문, 1999.

최완규, 「초기 조선인민군의 발전과정과 당-군관계」, 『북한체제의 수립과정 1945~1948』, 극동문제연구소, 1991.

한모니까, 「1947~1949년 인제군 개답사업에 나타난 당·정의 역할과 인민노력 동원」, 『역사와 현실』, 2006.6.
Hak Soon Paik, NORTH KOREAN STATE FORMATION, 1945~1950, Universiry of Pennsylvania 박사학위논문, 1993.

표 목차

제1장 북조선로동당의 당원확장과 조직강화

〈표 1-1〉 북조선 도별 신민당 당원 통계표(1946년 5월 중순)   53
〈표 1-2〉 신민당원의 인민위원회 참여
          (군인민위원회 이상 단위, 1946년 5월 31일 현재)   56
〈표 1-3〉 신민당의 각 도내 당원 통계(1946년 5월 중순)   57
〈표 1-4〉 강원도 인제군 서화면 주요 단체장 당별 분포   58
〈표 1-5〉 당증 수여사업시 숙청대상   64
〈표 1-6〉 북로당 당원 증가 수   69
〈표 1-7〉 연령별 당 대표 비교   77
〈표 1-8〉 사회 성분별 당대표 비교   78
〈표 1-9-1〉 직업별 당대표(창립시)   78
〈표 1-9-2〉 직업별 당대표(2차 당대회)   79
〈표 1-10〉 당년별 당대표 비교   80
〈표 1-11〉 해방 전후 투쟁 경력 비교   80
〈표 1-12〉 지식별 당대표 비교   81
〈표 1-13〉 북로당 세포 증가 수   87
〈표 1-14-1〉 조공분국 하부당조직(1946년 4월)   88
〈표 1-14-2〉 북로당 당 중앙본부 및 하급당부의 인원 수(1946년 9월)   88
〈표 1-14-3〉 북로당 기본조직(2차 당대회)   89
〈표 1-15〉 북로당 면당부 일꾼 월급(1947년 3월)   92
〈표 1-16〉 당원의 의무   104

〈표 1-17〉 입당금과 당비 ... 107
〈표 1-18〉 당비 납부(평양시 중구 도당세포, 1948년) ... 109
〈표 1-19〉 인제군당 당원 당비 납부비율 ... 109
〈표 1-20〉 농촌생산반과 농업증산돌격대 조직 정형(1946년 5월) ... 112
〈표 1-21〉 인제군의 군중동원 ... 115
〈표 1-22〉 강령 해득률(1946년 11월 강원도 인제군 서화면당) ... 119
〈표 1-23〉 제강의 기본 제목 ... 120
〈표 1-24〉 평북지역 당부의 학습상황 ... 121
〈표 1-25〉 월별 월남인구 통계와 그래프 ... 126
〈표 1-26〉 출당 원인과 연령관계 ... 129
〈표 1-27〉 출당 원인과 성분관계 ... 132
〈표 1-28〉 출당 원인과 출신관계 ... 135
〈표 1-29〉 출당 원인과 학력관계 ... 137
〈표 1-30〉 출당 원인과 입당 당관계 ... 138
〈표 1-31〉 출당 원인과 성별관계 ... 140
〈표 1-32〉 각 도당학교 교육내용 ... 145
〈표 1-33〉 자서전 작성요령 ... 148
〈표 1-34-1〉 간부 학습 ... 148
〈표 1-34-2〉 도당 간부 훈련 방침 ... 149
〈표 1-35〉 학교와 학생 수의 증가 ... 155
〈표 1-36〉 각 기술전문학교 교원 당별 소속 ... 162

제2장 북조선로동당과 정권기관의 관계

〈표 2-1〉 「북조선임시인민위원회」 조직구성 ... 182
〈표 2-2〉 도·시·군 인민위원회 위원 성분 구성 ... 186
〈표 2-3-1〉 도·시·군 인민위원회 위원의 정당별 구분 ... 188
〈표 2-3-2〉 도·시·군 인민위원회 위원의 정당별 구분(도별) ... 188
〈표 2-4〉 북조선인민위원회 간부(1947년) ... 190
〈표 2-5〉 북조선인민위원회 직원조사보고(1947년 4월) - 교육국 ... 191
〈표 2-6〉 책임간부에 대한 당적 책벌 문제 취급 범위 ... 195

〈표 2-7〉 1947년 7월 인민경제계획 완수를 위한
　　　　　인민위원회와 북로당의 과업　　　　　　　　　　　　　196
〈표 2-8〉 면·리(동) 인민위원회 선거에서 당선된 후보자에 대한 찬성률　201
〈표 2-9〉 면·리 인민위원회 위원의 정당별 구분　　　　　　　　　203
〈표 2-10〉 도별 면·리(동) 인민위원회 위원 중 북로당원의 비율　　203
〈표 2-11〉 면인민위원회 위원 사회 성분(1947년 3월 5일)　　　　　204
〈표 2-12〉 인제군 인구(1948년)　　　　　　　　　　　　　　　　209
〈표 2-13〉 당과 연령과의 관계　　　　　　　　　　　　　　　　　210
〈표 2-14〉 당과 성분과의 관계　　　　　　　　　　　　　　　　　212
〈표 2-15〉 당과 출신과의 관계　　　　　　　　　　　　　　　　　214
〈표 2-16〉 당과 학력과의 관계　　　　　　　　　　　　　　　　　216
〈표 2-17〉 당과 성별과의 관계　　　　　　　　　　　　　　　　　218
〈표 2-18-1〉 1948년 2월 인제군당 간부 명단과 성분　　　　　　　220
〈표 2-18-2〉 인제군당 간부 성분 비율　　　　　　　　　　　　　　221
〈표 2-19〉 인제군당 당원 증감　　　　　　　　　　　　　　　　　222
〈표 2-20〉 인제군당 당원 계급 구성　　　　　　　　　　　　　　224
〈표 2-21〉 인제군당 입당자의 연령　　　　　　　　　　　　　　　226
〈표 2-22〉 인제군당 입당자의 성별 구분　　　　　　　　　　　　227
〈표 2-23〉 인제군당 입당자의 성분　　　　　　　　　　　　　　　228
〈표 2-24〉 인제군당 입당자의 출신 성분　　　　　　　　　　　　229
〈표 2-25〉 인제군당 입당자의 학력　　　　　　　　　　　　　　　230
〈표 2-26-1〉 인제군당 입당신청 부결자　　　　　　　　　　　　　231
〈표 2-26-2〉 인제군당 입당 부결자의 원인 구별　　　　　　　　　231
〈표 2-27〉 북로당과 인제군당 노동자 성분 비율　　　　　　　　　231
〈표 2-28〉 인제군 각 정권기관, 사회단체 간부 명단과 직책(북로당원)
　　　　　(1948년 2월~1949년 12월)　　　　　　　　　　　　　235
〈표 2-29〉 인제군 각 면 정권기관, 사회단체 간부 명단과 직책(북로당원)
　　　　　(1948년 2월~1949년 12월)　　　　　　　　　　　　　236
〈표 2-30〉 인제군당 상무위원회의 기관·단체 간부 비준　　　　　237
〈표 2-31-1〉 인제군당 상무위원회 방청자 소속
　　　　　(시기 : 1948년 2월 4일~10월 21일)　　　　　　　　238

〈표 2-31-2〉 인제군당 상무위원회 방청자 소속
　　　　　　(시기 : 1948년 10월 31일~1949년 6월 24일)　　　　239
〈표 2-31-3〉 인제군당 상무위원회 방청자 소속
　　　　　　(시기 : 1949년 7월 6일~12월 27일)　　　　　　240
〈표 2-32〉 인제군당 상무위원회의 월간사업 계획(사례; 1949년 3월)　242
〈표 2-33〉 인제군 민전의 관여 실제 내용(사례-신학년도 준비사업)　245
〈표 2-34〉 1대대 중기중대 조직통계표(1949년 10월)　　　　　　258
〈표 2-35〉 조선인민군 249군부대 5대대 대원 성분구성표
　　　　　　(1950년 6월~8월중 자료로 추정)　　　　　　　　258
〈표 2-36〉 문화간부 성원 통계표(1949년)(정원 2,542명, 현원 1,892명)　259
〈표 2-37〉 황해도 내 지방재판소 성립과정(1946년 4월 보고)　　262
〈표 2-38〉 판사의 성분 변화　　　　　　　　　　　　　　　　264
〈표 2-39-1〉 참심원 성분　　　　　　　　　　　　　　　　　265
〈표 2-39-2〉 북조선 최고재판소 참심원 성분과 정당소속, 연령(1948년)　265

제3장 북조선로동당과 타당·사회단체·기업소 관계

〈표 3-1〉 황해도 지역 조공분국과 타당과의 관계(1946년 4월 상황)　288
〈표 3-2〉 천도교 청우당 순천군 간부(1947년 2월 14일)　　　　294
〈표 3-3〉 각 군 청우당 당원 성분 표(1947년 1~2월 통계)　　　294
〈표 3-4〉 북한의 사회단체 결성 시기　　　　　　　　　　　　300
〈표 3-5〉 조공분국과 사회단체와의 관계(1946년 4월 황해도 상황)　302
〈표 3-6〉 1946년 7월 22일 사회단체 가맹 인원(북한 전체)　　　302
〈표 3-7-1〉 조선민주청년동맹강령　　　　　　　　　　　　　305
〈표 3-7-2〉 조선민주청년동맹강령　　　　　　　　　　　　　305
〈표 3-8〉 직업(총)동맹의 업무와 역할　　　　　　　　　　　　311
〈표 3-9〉 민청 강령(1948년 11월 제3차 대회 수정)　　　　　　319
〈표 3-10〉 민청 규약(1948년 11월 제3차 대회 수정)　　　　　320
〈표 3-11〉 민청 내 면위원장 이상 여성간부의 도별 인원
　　　　　　(1948년 10월 25일 현재)　　　　　　　　　　　324
〈표 3-12〉 인제군 민청 맹원　　　　　　　　　　　　　　　　327

〈표 3-13-1〉 산별 개편 331
〈표 3-13-2〉 직업동맹 중간지도기관 해소방안 332
〈표 3-14〉 리(동) 농민동맹위원회 위원 성분과 정당별 구분 338
〈표 3-15〉 인제군 농민동맹 위원 성분과 소속 정당 340
〈표 3-16〉 인제군 여맹 맹원 통계 345
〈표 3-17〉 일제소유 공장 접수·관리 주체 349
〈표 3-18〉 1947년 북조선 노동자, 사무원들의 출근률 362
〈표 3-19〉 7개월 이상 근속자 長成比 362
〈표 3-20〉 식량배급량의 변화과정-1인당 1일 배급량임 364
〈표 3-21〉 평양의 소매물가지수 365
〈표 3-22〉 1948년 6월의 물가지수와 임금지수 365
〈표 3-23〉 지방산업처 산하 공장 지배인 분석(1948년) 372

제4장 1950년대 조선로동당의 하부조직 재편과 당-국가체제 강화

〈표 4-1〉 당원의 성분별 구성 396
〈표 4-2〉 조선로동당 당원 변화 420
〈표 4-3〉 협동조합 농가 1호당 분배몫의 장성 429

보론 최고인민회의 대의원 연구

〈표 1〉 최고인민회의 선거일과 실제 임기 477
〈표 2〉 최고인민회의에 관한 헌법 내용 478
〈표 3〉 기별 회의 소집 수와 날짜 480
〈표 4〉 최고인민회의 상임위원회 명단 481
〈표 5〉 상임위원의 당 중앙위원회 서열 483
〈표 6〉 상임위원회 위원(상설회의 의원)의 소속기관 485
〈표 7〉 자격심사위원회 위원 486
〈표 8〉 자격심사위원회 위원의 직책과 당 중앙위원회 서열 487
〈표 9〉 법제위원회 위원 488
〈표 10〉 법제위원회 위원의 직책과 당 중앙위원회 서열 489

〈표 11〉 예산심의위원회 위원장 경력 490
〈표 12〉 예산심의위원회 위원 직책 491
〈표 13〉 대의원의 성분 493
〈표 14〉 2기에 재선된 남조선 출신 대의원 명단 494
〈표 15-1〉 대의원 연령 495
〈표 15-2〉 대의원 연령(수정된 표) 495
〈표 16〉 대의원 학력 496
〈표 17〉 재선 비율 498
〈표 18〉 기별 다선 대의원의 수 499
〈표 19〉 최고인민회의 다선자 수 500
〈표 20〉 7선 이상 대의원 501
〈표 21〉 6선 대의원 502
〈표 22〉 6선 대의원의 소속기관(대의원 첫 번째 선출 시기) 504
〈표 23〉 5선 대의원 505
〈표 24〉 5선 대의원의 소속기관(첫 번째 대의원 선출 시기) 506
〈표 25〉 4선 대의원의 출신 기관(첫 번째 대의원 선출 시기) 507
〈표 26〉 3선 대의원의 첫 번째 대의원 선출 기수 509

찾아보기

|ㄱ|

간부 결정과정 327
간부 명단 220, 235
간부 비준 237
간부 성분 221
간부 학습 148
간부문제 374
간부비율 78
간부사업 153
간부양성 150, 171
간부양성사업 396
간부의 표준 146
갑산파 82
강령 해득률 119
강진건 336
개성 402
개인기업장려 355
개인상공업 524, 527
계급 갈등 131
계급정당 43
고려민주연방공화국 550
공리단체 206

공산당 18
공산당원 37, 42
공산당조직의 원칙 75
공산주의 교양에 대하여 551
공작기계새끼치기 운동 528
공장 내 당단체 371, 383
공장 지배인 372, 373
공장관리 352
공장기업소 348
공장당위원회 417
공청 306
과학기술 547
관료주의 398
관문주의적 경향 394
국영기업장 관리령 359
국영농장 429
군(軍) 당조직 400
군대 내의 당원 256
군중동원 115
기독교청년회 317
기본조직 89
기술 동급사정 368

기술자 367
김두봉 426
김일성 49, 76, 165, 251, 422, 518, 552
김일성전집 27
김일성파 252
김일성항일유격대파 261
김정일 478, 510, 520, 537, 553
김정일의 로작 539

ㅣㄴ

남로계 408
남로당원 405
남북로동당 연합중앙위원회 387
남북조선로동당 98
남북한 UN 동시가입 545
남조선혁명 533, 555
남한 출신 대의원 494
노동 규율 105
노동법령 360
노동생산능률 369
노동성실성 103
노동영웅운동 366
노동자 정책 283
노동조합 308
노력동원 169
노력영웅 511
농민동맹 312, 335, 381
농민동맹 기본 사업 340
농민동맹위원회 위원 성분 338
농민자위대 337
농업증산돌격대 113

농업현물세 431
농업협동조합 410
농업협동조합초급당위원회 412
농업협동화 409, 428, 448, 523

ㅣㄷ

다선 대의원 499, 500
당기관 역할 강화 399
당날 97
당내 민주주의 100, 101
당내 성분 93
당대표 77, 79
당대회 규약 104
당비 106, 109
당열성자학교 143
당원 계급 구성 224
당원 증가 69
당원심사사업 291
당원의 자격 68
당원확장사업 393
당원확장정책 166
당재정 108
당적 책벌 195
당조 199, 234, 274, 343
당조위원장 236
당조직 확장 61
당조직원제 416
당조직원칙 167
당중앙위원회 94
당중앙위원회 4차 전원회의 395
대응분석 134

대의원 492
대의원 연령 495
대의원 학력 496
대의원의 성분 493
대중정당 51, 87
도·시·군 인민위원회 위원선거 273
도당학교 145, 149
독립채산제 357
동원 111

ㅣㄹㅣ
림춘추 505

ㅣㅁㅣ
맑스-레닌주의 60
면·리 인민위원회 200, 232
모범노동자 81
모범일꾼 370
모스크바 3상회의 179
문맹 156
문맹퇴치사업 246
문화간부 260
문화혁명 475
물가지수 365
미군노획문서 26
미소공동위원회 70
민간기업 354
민족해방운동 20
민주적 중앙집권주의 74
민주주의민족통일전선 중앙위원회 289
민주청년동맹 303, 315, 379

민청 강령 319
민청 규약 320
민청맹원 322
민청조직 161
민청학원 321
민청훈련소 258

ㅣㅂㅣ
박금철 532
박헌영 406
반당종파분자 425
반혁명적 요소 435
법률학원생 266
법제위원회 487
보수 규정 92
보안간부학교 255
보안간부훈련소 254
보안국 249
보안기관 247, 277
보안원 250
보통강 개수공사 112
복잡한 계층 536
복종의 원칙 102
부패 현상 268
부패구조 271
북로당 규약 59
북로당 세포위원장 269
북로당 입당자 211, 215
북로당원 191, 203
북로당창립대회 54
북미 사이의 평화협정체결 554

북조선농민연맹대회 결정서 313
북조선로동당 17, 447
북조선로동당 2차대회 73, 443
북조선민전 29, 185, 244, 377
북조선인민위원회 174, 190
북조선인민회의 189
북조선임시인민위원회 180, 182
북조선직업총동맹 311
북조선최고재판소 참심원 278
북한사 19
불법행위 270
붉은 편지 433
비당원 116, 122
비밀투표의 원칙 202
빈농 성분 212

ㅣㅅㅣ

사단당위원회 442
사법기구 263
사회단체 282, 300
사회단체 가맹 인원 302
사회보험 361
사회주의교육에 관한 테제 543
사회주의농촌건설 531
사회주의정치체제 175
사회주의혁명 32
산별 개편 331
상설회의 483
서동만 23
성별관계 140
성분관계 132

성인문맹자 159
세포학습회 152
세포회의 96
소년단 326
소련 62, 194, 257, 265
소련 형법 248
소련공산당 162
소련공산당 20차 대회 419
소련군 15, 25
소비에트체제 22
소비에트화 21
수동적 순응 328
수정주의 519
수풍발전소 350
숙청 65
슈티코프 205
스탈린 50
스탈린격하운동 420
시기구분 28
식량배급 363
신구화폐교환법령 364
신민당 53, 55, 56, 139, 141
신민당 입당자 133, 136, 214, 216
신영토지역 401
신의주시 342
신진간부 151

ㅣㅇㅣ

양곡수매사업 267
여성간부 324
여성동맹 341

연결벨트 299, 378
연대 민청위원회 318
연립내각 279
열성당원 71, 95
예산심의위원회 491
오기섭 329
오백룡 506
우당관계 295
월남 125, 170
월남동기 127
월남인구 통계 126
월남자 33
유일관리제 356, 382
유일당증 64
유일사상체계 538
유일제강 120
유일학습제강 323
인민경제계획 196
인민군 414
인민군 당위원회 441, 446, 451
인민군 총정치국 389, 439
인민무력부 488
인민위원회 177, 197
인민위원회 선거 201
인민위원회 위원 성분 186
인전대 484
인제군 24, 114
인제군 농맹 339
인제군 당원 130
인제군 민전 245
인제군 민청 325

인제군 여맹 344, 345
인제군 여맹 상무위원회 346
인제군 인구 209
인제군 직맹 334
인제군당 123, 208, 218, 222, 226, 227, 228, 229, 243, 275
인제군당 상무위원회 117, 223, 233, 241, 242, 276
인제군당 상무위원회 방청자 238, 239, 240
인제군당 출당자 128
인제면당 225
인천상륙작전 391
일본인 기술자 353
일제소유 공장 349
입당 40
입당 당관계 138
입당 부결자의 원인 231
입당자격 72

| ㅈ |

자격심사위원회 486
자백운동 415
자서전 147
자습당원 124
자위대원 292
잠폴리트(zampolit)제 259
장기근속률 362
재선 대의원 497
재선 비율 498
정규학교 154

정당별 구분　188
정무원　477
정세보고　301
제1차 7개년 계획　534
제2차 7개년 계획　542
제2차 세계대전　351
제3차 7개년 계획　546
제3형태　411, 413
조공분국　16, 36, 58, 184, 219
조공분국 당원　38
조공분국 입당자　210, 213, 217
조국통일 3대원칙　544
조만식　290
조선독립동맹　52
조선로동당 3차 당대회　421, 444
조선로동당 력사교재　517
조선로동당 제4차 대회　423, 445, 530
조선로동당력사　515
조선로동당사　514
조선로동당중앙위원회 제6차 전원회의　407
조선민주당　67
조선민주주의인민공화국　198
조선민주청년동맹강령　305
조선민주청년동맹북조선위원회　304
조선전사　513
조직의 원리　83
조직정리사업　392
조평통　485
종파　91
종파분자　437

종합대학　157
주석제　472
주체사상　521, 549
중간 지도기관　332
중공군　390
중공업 우선정책　522
중앙검찰소　490
중앙당 집중지도사업　432, 434, 450
중앙당학교　144
중앙의 지도그룹　436
중앙인민위원회　476
중요산업 국유화　347
지방재판소　262
직업동맹　307, 333, 380
직장세포　86

｜ㅊ｜

천도교 천우당　287
청당사업　63, 66
청산리방법　529
청우당 간부　293
청우당 당원 성분　294
최현　503
최경덕　310
최고인민회의　99, 471
최고인민회의 상임위원회　473
최용건　286, 481
최종학　440
출당 원인　129
출신관계　135
치스챠코프　309

치안대 404

ㅌ

토지개혁 45, 47, 183
토지개혁법령 작성위원회 314
토지정책 44
토착공산주의자 35
통신망 85
통일전선정책 187, 285, 297
통일혁명당 535
트로츠키주의 330
특권당 296
특별부담금 107

ㅍ

판사의 성분 264
평남인민위원회 178
평양교원대학 158
평양학원 253

ㅎ

하급당조직 207
하부당조직 88
하부조직 39, 168
학교교육 172
학력관계 137
학생 수 155, 160
학생정보망 163
학습망 121
학습회 118
함북제일주의 438

함흥시 316
항일유격대 474
행정경제일꾼 375
행정대행 193, 430
허가이 386
허헌 480
헌법 개정 479
혁명운동자 80
혁명의 근거지 204
현물세 48
협동농장 관리위원장 508
황장엽 482
황해남도 403
황해도 288
흐루시초프 90

기타

3·7제 투쟁 46
3개년 인민경제 계획 526
3대혁명소조 541
3선 대의원 509
3차 확집위 41, 84
4선 대의원 507
5선 대의원 504
6개년 계획 540
6선 대의원 502
7선 이상 대의원 501
8월 3일 인민소비품 548
8월 종파사건 424, 427, 449, 525

이주철

- 고려대학교 철학과, 대학원 사학과 석사·박사 졸업, 북한사 전공
- 북한대학원 석사, 박사과정 수료
- 고려대·서강대·이대·중앙대 등에서 강의
- 2000년부터 KBS 통일방송연구 담당
- 현재 KBS 남북교류협력단 박사연구원
- 논문
「토지개혁이후 북한농촌사회의 변화」,「북한 토지개혁의 추진주체」,「북한의 국영기업관리와 노동정책」,「입북재일동포의 북한체제 적응에 관한 연구」,「북한국가의 역사적 변천」,「조선중앙TV 드라마 연구」,「북한주민의 역사인식과 의식변화」,「북한주민의 정권인식과 체제선전에 대한 반응」,「대북정책에 대한 여론 변화 추이」,「1950년대 북한 농업협동화의 곡물 생산성과 연구」 등
- 단행본
『김정일의 생각읽기』,『김정일연구 2 : 분야별 사상과 정책』(공저),『북한연구방법론』(공저),『북한현대사 1』(공저),『조선중앙TV 프로그램 변화 연구』,『남북회담의 전개와 방송교류』,『북한의 정치 1』(공저),『북한 '도시정치'의 발전과 체제변화』(공저),『남북한 사회문화협력 거버넌스 활성화방안』(공저) 등